中国式现代化发展研究院 INSTITUTE OF CHINESE PATH TO MODERNIZATION | 系列研究报告

数字经济与中国（2024）

DIGITAL ECONOMY AND CHINA

南开大学数字经济交叉科学中心编写组 编著

中国财经出版传媒集团
中国财政经济出版社
·北京·

图书在版编目（CIP）数据

数字经济与中国. 2024 / 南开大学数字经济交叉科学中心编写组编著. -- 北京 : 中国财政经济出版社, 2024. 10. -- ISBN 978-7-5223-3400-4

Ⅰ. F492

中国国家版本馆CIP数据核字第2024AK0967号

责任编辑：苏小珺　　　　责任校对：胡永立

封面设计：六　元　　　　责任印制：党　辉

数字经济与中国（2024）

SHUZI JINGJI YU ZHONGGUO（2024）

中国财政经济出版社 出版

URL：http：//www. cfeph. cn

E－mail：cfeph@ cfeph. cn

社址：北京市海淀区阜成路甲 28 号　邮政编码：100142

营销中心电话：010－88191522

天猫网店：中国财政经济出版社旗舰店

网址：https：//zgczjjcbs. tmall. com

中煤（北京）印务有限公司印刷　各地新华书店经销

成品尺寸：185mm×260mm　16 开　28 印张　580 000 字

2024 年 10 月第 1 版　2024 年 10 月北京第 1 次印刷

定价：98. 00 元

ISBN 978－7－5223－3400－4

（图书出现印装问题，本社负责调换，电话：010－88190548）

本社质量投诉电话：010－88190744

打击盗版举报热线：010－88191661　QQ：2242791300

编写组成员及分工

组　长　佟家栋

副组长　盛　斌　张玉利　刘秉镰　张玉志　施炳展

团队成员及分工：

佟家栋（第1章）　张玉志（第2章）　施炳展（第3章）

李　凯（第4、5章）　谢娟娟（第6章）　白雪洁（第7、8章）

杜传忠（第9章）　刘维林（第10章）　戴金平（第11章）

许家云（第12章）　陈　兵（第13章）　庞瑞芝（第14章）

序

1946年，美国宾夕法尼亚大学制造出世界上第一台通用电子数字计算机“埃尼阿克”（ENIAC），计算机的出现极大地提升了人类的计算速度。随后的两年中，晶体管和程序存储机的发明与量产，使电子数字计算机大规模普及变为可能。但此时计算机的使用范围仍然十分有限。直至1951年世界上首台商用数字计算机的出现，标志着电子数字计算机开始在经济活动中真正发挥作用。在此之后，集成电路的发展进一步促进了电子计算机的推广，而光纤通信技术的出现则引发了另一场具有重要意义的变革，即信息通信技术的革新。1977年，集成电路技术实现了大规模到超大规模的跨越。微处理器的应用推动了电子技术的巨大进步。与此同时，光纤通信也首次实现商用，为互联网与移动通信的普及奠定了基础。随着基础设施的广泛建设和电子技术的不断更新，1994年，互联网首次开展商业用途，意味着以互联网为载体的信息通信技术推动着全球经济进入全新的时代。电子数字计算机、集成电路、光纤通信、互联网等信息通信技术的飞速发展和基础设施的建设，极大地促进了数字技术在全球经济活动中的推广和应用。同时，大数据、人工智能、云计算、区块链等一系列新兴数字技术的出现，为数字经济的发展提供了坚实的支撑和保障。

因此，探究信息经济、知识经济和数字经济之间的联系是把握数字经济发展脉络的重要路径。相较于传统经济学理论，乔治·斯蒂格勒（George J. Stigler）在1961年通过引入信息不完全的假设条件，使经济数理分析更加符合现实情况。同时，这项工作也使信息经济学在经济研究中首次确立了自身的地位。信息不仅成为信息经济的关键要素，还在经济活动中发挥着重要的贡献和价值。信息区别于物质，是一种对不完全、不对称和有序性的描述，可以减少不确定性，并且具有特有的效用和价值，进而对经济活动产生重要的影响。在微观层面，信息经济主要关注信息要素对资源配置优化的作用及其机制；在宏观层面，信息经济探究信息产业对经济增长的贡献。信息通信技术与信息经济的快速发展，在很大程度上压缩了信息的传递成本，促使信息要素在信息经济发展中发挥作用。然而，单纯依靠信息要素来解决经济活动的不确定性是比较困难的，将信息有效地转化为知识有助于解决这一问题。1962 年，“知识产业”（knowledge industry）这一概念由弗里兹·马克卢普（Fritz Machlup）首次提出，他认为知识产业是信息技术和社会发展的理论基础。知识经济始终与信息经济相伴发展，经合组织（OECD）在 1966 年正式提出“知识经济”的概念，并将其描述为以知识和信息的生产、分配和使用为基础的新型经济。在知识经济时代，知识要素具有非竞争性和部分非排他性，与信息要素共同构成经济发展的关键要素。由此可见，信息经济、知识经济与数字经济是相互依托、共同发展的。

伴随数字经济新生产要素的加入，社会经济生产、流通、交换、分配、消费发生了巨大的变化。一方面，劳动生产率的提高使社会生产力产生巨大发展；另一方面，产业结构也发生了巨大的变化。学者们希望理论和政策的研究能够跟上社会经济现实发展的步伐，一方面，密切跟踪和研究社会经济发展变化的现实；另一方面，将现实上升到理论与政策，指导社会经济，特别是数字经济发展的本质特征、发展动力、发展结构和发展效益，从而为政府制定政策、参与国际数字经济秩序与治理建立有力的支撑。

早在 21 世纪初，南开大学不同学科领域的学者就开始关注信息经济、知识经济，并展开了多学科、多层面、多领域的研究，试图找到数字经济发展的规律。2019 年，在南开大学建校 100 周年之际，学校提出，基于数字经济的形成和发展既涉及数学、统计学、计算科学、人工智能等理工科学，也涉及经济学、管理科学、法学、行政管理等人文社会科学，所以必须在交叉学科的基础上建立和完善，进而提出要建立数字经济交叉学科研究中心。经过近 3 年的筹备，2022 年 6 月，南开大学数字经济交叉科学研究中心终于成立。作为综合性大学，中心的专家来自经济学，包括理论经济学和应用经济学，管理科学，数学与统计学，计算机科学与技术，人工智能与软件科学，法学等学科。他们发挥各自的优势，相互补充，逐步融合，形成了具有数字经济理论与应用研究、技术研究、信息技术理论与应用研究的交叉学科队伍。他们的主要成果涉及五个方面，即数字经济理论研究、数字企业发展研究、数字产业与发展研究、数字经济法与治理研究、数字贸易与国际治理研究。这些研究领域既是数字经济发展过程中自然形成的理论与政策框架，也是现实数字经济发展所展示的基本逻辑。按照这个基本功能，中心要全面研究和把握数字经济发展的基本理论、微观结构、产业结构的转型升级，数字经济秩序的建立与完善，国际数字经济与贸易秩序的建设与完善；发出中国声音，参与国际数字经济秩序的制定，进而为中国数字经济政策的制定和治理提供系统的咨询建议；形成中国数字经济研究的重要基地。

我们理解，中国式现代化，是现代经济发展阶段意义上的现代化。因此，经济数字化，即数字技术产业化和传统产业数字化是中国式现代化的应有之义。南开大学为全面贯彻党的二十大发展战略，为党和国家制定战略和政策提供科学依据和政策咨询，于2022年12月成立了南开大学中国式现代化研究院。数字经济研究成为中国式现代化研究的重要方面。我们也相信，中国式现代化是建立在数字强国基础上的现代化。没有数字技术、数字要素总体规模的扩大，没有互联网、大数据和算力、算法的发展与强大，就没有数字经济的发展，中国式现代化就难以在科技和经济发展方式上取得巨大进展。

《数字经济与中国（2024）》是年度系列报告的第三部。从第一部报告发布，就得到了社会各界的广泛关注。该系列报告是南开大学数字经济研究的比较全面的成果展示，更是对数字经济研究的良好开端。希望该系列报告的出版发行，能够为推动中国乃至世界对数字经济的研究提供一个全面而有特色的研究成果。

南开大学校长

陈雨露

2024年8月

目　　录

第一章
数字经济发展理论与新质生产力①

数字经济是继农业经济、工业经济之后的新生产方式，是新时期形成的一种新兴经济形态，并逐渐成为全球经济增长与发展的重要支撑。数字经济是以数字化的信息、知识和智能体作为关键生产要素，以现代信息网络为载体，使数据要素、数字技术、数字资本、数字劳动与传统生产要素充分结合，产生可交易的数字产品和数字服务，形成新的生产、交换、流通、分配和消费的经济运行全过程，逐步成为继农业经济、工业经济之后新时代下的新生产方式。在数字时代，数字技术与数字经济关键生产要素正在重新定义生产力和生产方式，新的生产要素应运而生。数字经济时代新型生产要素不仅包括数字技术与数据要素，还包括数字要素。数字要素是数字化的信息、知识和智能，是一种延伸、增强和逐步替代人类脑力劳动的智能体。数字要素能够依托数字产品和服务，以现代信息网络为载体，贯穿生产、交换、流通、分配和消费的经济运行全过程。

2024 年《政府工作报告》提出，“大力推进现代化产业体系建设，加快发展新质生产力”。加快形成新质生产力是构建新发展格局、推动高质量发展的重要动力，是实现中国式现代化的关键。数字经济带来新的经济增长方式，为新质生产力赋予新的内涵，为加快形成新质生产力提供新的路径。新质生产力是数字经济时代的生产力。数字经济革命性和颠覆性创新能够促进全要素生产率水平提升，有助于实现劳动者、劳动资料、劳动对象及其优化组合的跃升，推动现代化产业体系建设。

第一节　数字技术与数字经济发展趋势

数字经济是继农业经济、工业经济之后的新生产方式，是新时期形成的一种新兴经济形态，并逐渐成为全球经济增长与发展的重要支撑。近年来，我国数字经济发展规模不断

---

① 本章作者为张千、佟家栋。其中：张千，南开大学 APEC 研究中心助理研究员；佟家栋，南开大学数字经济交叉科学中心教授。

突破新的高度。根据中国信息通信研究院的统计，2022 年，我国数字经济规模达到 50.2 万亿元，同比名义增长 10.3%，占当年 GDP 比重达到 41.5%。值得注意的是，数字经济增速已连续 11 年显著超过同期 GDP 名义增速。本节主要分析数字技术的发展现状与趋势，进而探讨数字经济的未来趋势。

一、数字软件领域的创新

在数字化浪潮的推动下，我们正迅速步入一个由数字技术重新定义生产力和生产方式的新时代。从云计算到人工智能，从物联网到量子计算，软件技术正成为推动科技创新和产业升级的核心力量；硬件技术作为支撑，提供了实现这些软件功能的强大基础。一方面，我国通过大力发展信息技术创新产业（信创产业）实现关键数字技术的自主安全可控，推动了数字产业化的规模性增长；另一方面，我国将数字技术与战略性新兴产业深度融合、孕育新质生产力，促进了产业数字化转型。因此，得益于我国在数字经济领域的全方位大规模投入，近年来数字技术及其在产品生产中的应用飞速发展，数字技术发展中的关键领域可以细分为软件领域、硬件领域和其他关键技术领域。

软件技术是数字经济的关键中枢，正经历着前所未有的创新，其发展不仅推动了信息技术的革新，还为各行各业提供了智能化解决方案。人工智能（AI）和机器学习平台的发展，为智能应用开发提供了强大的工具和框架。深度学习、强化学习、知识图谱等技术的应用，正在推动智能算法的边界不断扩展。这些技术的广泛应用正在使数据分析、模式识别和决策支持变得更加高效和精准。

云计算和边缘计算的兴起与发展，为企业提供了更加灵活的数据存储、处理和分析服务，这不仅是技术层面的突破，更是商业模式与运营效率的革新。云计算通过其弹性的资源分配和按需服务模式，极大地降低了企业的初始投资和运营成本。企业无须再为硬件设施的维护和升级投入大量资金，而是可以根据实际需求，快速扩展或缩减资源，实现资源的最优配置。边缘计算则进一步将数据处理和分析能力推向网络的边缘，即更靠近数据源的地方。这种分布式的计算架构，有效减少了数据传输的延迟，提高了响应速度，尤其适用于对实时性要求极高的应用场景，如智能制造、自动驾驶等。边缘计算的实施，使数据在本地即可得到快速处理。其结果不仅减轻了数据中心的负担，还提升了数据处理的安全性和隐私性。

大数据平台的发展，为企业提供了强大的数据分析工具和算法，使企业能够从海量的数据中提取有价值的信息，实现数据驱动的决策。通过数据挖掘、模式识别等技术，企业可以更好地理解市场趋势、客户需求和运营效率，从而作出更加精准和前瞻性的业务决策。大数据分析不仅帮助企业优化现有的业务流程，还能够发现新的商业机会和创新点。

量子计算软件和区块链技术的融合，为数据安全和计算能力提供了新的解决方案。量子计算以其超越传统计算的并行处理能力和算法优化潜力，为解决复杂数学问题和大规模数据分析提供了可能。区块链技术则以其去中心化、不可篡改的特性，为数据安全和交易透明度提供了保障。两者的结合，不仅可以提高数据加密的安全性，还能够在供应链管理、金融服务等领域实现更加高效和可靠的数据处理。

工业互联网和机器人流程自动化（RPA）的应用，正在重塑传统工业的生产模式。工业互联网通过物联网技术，实现了设备、生产线、工厂和供应链的智能连接，使生产过程更加自动化和智能化。RPA 技术则通过软件机器人自动执行重复性的业务流程任务，大幅提高了生产效率，减少了人为错误。这些技术的应用，不仅优化了生产流程、降低了运营成本，还提升了产品和服务的质量。

数字软件领域发展情况如表 1－1 所示。

表 1－1　数字软件领域发展情况

软件领域	简介	技术	产品	相关中国企业
人工智能（AI）和机器学习平台	提供深度学习和机器学习的工具和框架，支持开发智能应用	深度学习、强化学习、知识图谱等	机器学习框架、自然语言处理工具包、计算机视觉 API 等	百度（深度学习平台 PaddlePaddle）、华为（昇思 MindSpore）、商汤科技（计算机视觉和深度学习平台）、旷视科技（人脸识别和图像识别技术）等
云计算和边缘计算	提供数据存储、处理和分析的在线服务，支持企业数字化转型	虚拟化技术、分布式计算、云存储技术、容器化技术、微服务架构等	阿里云服务、腾讯云服务、华为云服务、CUC－MEC 边缘智能业务平台等	阿里巴巴、腾讯、华为、中国联通、中国移动、中国电信、网宿科技等
大数据平台	大数据分析和处理平台，帮助企业洞察数据价值	数据挖掘、数据仓库、分析和报告工具等	FusionInsight、星环科技大数据平台等	华为、星环科技、青云科技等
量子计算软件	用于设计、模拟和运行量子算法的程序，通常与量子硬件协同工作，以实现量子计算的能力	量子编程语言、量子算法、量子模拟、量子软件开发工具包（SDK）等	本源量子的量子软件开发平台、国盾量子的量子密钥分发（QKD）系统等	本源量子、国盾量子等
区块链技术	一种分布式账本技术，通过加密方法确保数据的不可篡改性和透明性	加密算法、共识机制、智能合约、分布式账本等	腾讯的 Tencent TrustSQL 区块链解决方案等	腾讯等
工业互联网	将互联网技术应用于工业领域，实现设备、生产线、工厂和供应链的智能连接和管理	工业物联网（IIoT）、工业协议转换、设备连接与数据集成等	树根互联的工业互联网平台、富士康的工业自动化和智能制造解决方案等	树根互联、富士康、三一重工等

续表

软件领域	简介	技术	产品	相关中国企业
机器人流程自动化（RPA）	使用软件机器人自动执行重复性的业务流程任务，提高效率和准确性	流程自动化、屏幕抓取、自然语言理解、机器学习等	云扩科技的 RPA 平台、阿里云的 RPA 服务等	云扩科技、阿里云等

资料来源：由作者整理编制。

二、数字硬件领域的突破

硬件技术的进步是数字技术革命的基石，为软件功能的实现提供不可或缺的物理支撑。在人工智能硬件领域，AI 芯片和神经网络处理器（NPU）的快速发展，标志着计算能力的飞跃。这些专用硬件不仅优化了算法的处理速度，还提升了能效比，使机器学习模型的训练和推理过程更加高效，为智能化应用的广泛部署奠定了基础。

5G 技术的商用化，作为通信领域的一次重大突破，为数据传输提供了前所未有的速度和稳定性。5G 网络的低延迟特性，使实时数据交换成为可能，这对于物联网（IoT）设备的广泛连接和协同工作至关重要。在自动驾驶领域，5G 技术能够实现车辆与交通基础设施之间的即时通信，极大地提高了行车安全和交通效率。远程医疗领域也将因 5G 技术的低延迟特性而受益，医生可以远程进行高精度的手术操作，为患者提供更及时的医疗服务。

工业自动化设备的创新，如机器人和自动化控制系统，正在引领制造业的转型。这些设备通过集成先进的传感器、机器视觉和智能算法，能够实现更加精准和灵活的作业，减少人工干预，提高生产效率和产品质量。自动化生产线的实施，不仅减轻了工人的劳动强度，还使生产过程更加可控和可预测，为制造业的定制化和智能化提供了可能。

传感器和物联网设备的发展，为智能家居、智慧城市等场景提供了关键的技术支持。智能传感器能够实时监测环境参数，如温度、湿度、光照等，并与智能设备联动，实现自动化调节，提高居住和工作环境的舒适度和能源使用效率。物联网设备通过收集和分析大量数据，为城市管理提供了决策支持，使城市服务更加智能化和人性化。

量子计算硬件的突破，预示着未来在处理复杂问题上的巨大潜力。量子计算机利用量子力学的原理，能够在某些特定问题上实现超越传统计算机的计算速度。量子比特（Qubit）的叠加和纠缠特性，使量子计算机在药物研发、材料科学、密码学等领域具有巨大的应用前景。随着量子硬件技术的不断成熟，我们有望解决更多传统计算机难以处理的问题，推动科学研究和技术创新进入一个新的时代。

数字硬件领域发展情况如表 1－2 所示。

表 1-2 数字硬件领域发展情况

硬件领域	简介	技术	产品	相关中国企业
人工智能硬件	人工智能硬件包括专为 AI 算法设计的芯片和处理器，它们为执行机器学习任务提供必要的计算能力	并行处理、深度学习加速、神经网络模拟、专用集成电路（ASIC）	AI 芯片、神经网络处理器（NPU）等	华为（Ascend 系列 AI 处理器）、地平线（自动驾驶和 AIoT 领域的 AI 芯片）等
5G 技术	第五代移动通信技术，提供高速率、低延迟的网络连接	毫米波通信、大规模 MIMO、网络切片等	5G 基站、5G 智能手机等	中国电信、华为、中兴通讯、OPPO、vivo 等
工业自动化设备	工业自动化设备包括机器人、自动化控制系统等，用于提高生产效率和质量，实现生产过程的自动化	运动控制、机器视觉、传感器集成、自动化控制软件等	工业机器人、自动化生产线等	富士康（提供工业自动化解决方案）、汇川技术（专注于工业自动化产品的研发和制造）、新松机器人、埃斯顿等
传感器和物联网设备	传感器和物联网设备是实现智能监测和控制的基础，广泛应用于智能家居、智慧城市、工业监测等领域	无线通信技术、数据采集、嵌入式系统、智能算法等	智能传感器（用于收集温度、湿度、光照等环境数据）、物联网网关（连接传感器和云平台，进行数据传输和处理）等	京东方（提供智能显示和传感器产品）、海尔智家（提供智能家居解决方案）等
量子计算硬件	量子计算硬件利用量子力学原理进行信息处理，具有极高的计算速度和处理复杂问题的能力	量子比特（Qubit）、量子纠缠、量子门操作、量子退火等	量子计算机（基于超导量子比特或离子阱技术的量子计算机）、量子密钥分发设备（用于实现量子通信和安全加密）等	本源量子、国盾量子等

资料来源：由作者整理编制。

三、其他关键数字技术领域的发展

自动驾驶技术的发展，通过集成感知、决策和执行系统，实现了车辆的自主驾驶。这项技术的核心在于传感器融合，它能够将来自多个传感器的数据整合，为车辆提供全面的环境感知能力。路径规划技术则确保车辆能够根据实时交通状况，选择最优的行驶路线。自动控制技术则负责车辆的精确操控，确保行驶的安全性和稳定性。中国企业在自动驾驶技术领域取得了显著的进展，华为推出的 MDC 智能驾驶计算平台，为自动驾驶汽车提供了强大的计算支持。这些企业的创新和突破，正在推动自动驾驶技术从实验室走向商业化应用，为智能交通系统的发展奠定了基础。

数字孪生技术通过创建物理对象的虚拟数字副本，为模拟、分析和优化提供了新的工具。这项技术的应用范围非常广泛，从产品设计、制造过程优化到建筑信息模型（BIM）的构建，都能够发挥重要作用。三维建模技术为数字孪生提供了基础的几何和物理属性描述，实时数据集成则确保了数字副本与物理对象的同步更新。达索系统的数字孪生技术在航空航天、汽车制造等行业得到了广泛应用，而广联达的 BIM 技术则在建筑行业发挥了重要作用。

自然语言处理（NLP）技术使计算机能够理解、解释和生成人类语言，极大地扩展了人机交互的边界。语言模型技术为计算机提供了理解和生成语言的能力，文本分析技术使计算机能够从文本中提取关键信息，机器翻译技术实现了不同语言之间的自动转换。百度的 NLP API 为开发者提供了丰富的语言处理工具，科大讯飞的语言识别工具在语音识别和语音合成方面达到了国际领先水平。这些技术正在推动智能客服、智能助手等应用的快速发展。

计算机视觉系统使计算机能够从图像或多维数据中解释和理解视觉信息，为图像识别、物体检测、场景重建等应用提供了技术支持。这项技术在安防监控、自动驾驶、医疗影像分析等领域有着广泛的应用。商汤科技的人脸识别系统在安防和金融领域得到了广泛应用，旷视科技的图像分析工具在零售和物流行业发挥了重要作用。这些不仅提高了自动化和智能化水平，还为数据分析和决策提供了新的视角。

车联网技术通过将车辆连接至网络，实现了智能交通和车辆管理。V2X 通信技术使车辆能够与其他车辆、交通基础设施和行人进行信息交换，车载信息娱乐系统为驾驶员和乘客提供了丰富的信息服务，远程诊断技术使车辆的维护和故障排除更加便捷。华为的车联网服务平台为车辆提供了全面的网络连接和管理服务，蔚来、小鹏汽车、理想汽车等企业的智能车载设备为驾驶员和乘客提供了更加安全、便捷的驾驶体验。这推动了智能交通系统的发展，为解决交通拥堵、提高行车安全等问题提供了新的解决方案。

其他关键数字技术领域发展情况如表 1-3 所示。

表 1-3　其他关键数字技术领域发展情况

其他关键技术领域	简介	技术	产品	相关中国企业
自动驾驶技术	集成感知、决策和执行系统的技术，实现车辆自主驾驶	传感器融合、路径规划、自动控制等	MDC 智能驾驶计算平台、自动驾驶汽车、ADAS 系统等	华为、蔚来、小鹏汽车、理想汽车、地平线等
数字孪生技术	创建物理对象的虚拟数字副本，用于模拟、分析和优化	三维建模、实时数据集成、虚拟仿真、物联网集成等	达索系统的数字孪生技术、广联达的建筑信息模型（BIM）技术等	达索系统、广联达等

续表

其他关键技术领域	简介	技术	产品	相关中国企业
自然语言处理（NLP）工具包	使计算机能够理解、解释和生成人类语言的技术	语言模型、文本分析、机器翻译等	NLP API、语言识别工具等	百度、科大讯飞等
计算机视觉系统	使计算机能够从图像或多维数据中解释和理解视觉信息	图像识别、物体检测、场景重建等	人脸识别系统、图像分析工具等	商汤科技、旷视科技等
车联网技术	将车辆连接至网络，实现智能交通和车辆管理	V2X 通信、车载信息娱乐系统、远程诊断等	车联网服务平台、智能车载设备、车路云一体化等	华为、蔚来、小鹏汽车、理想汽车等

资料来源：由作者整理编制。

四、数字技术与数字经济发展趋势

在数字化浪潮的推动下，我们正步入一个以数据要素、数字技术、数字要素为核心驱动力的新时代。数字技术作为推动社会进步和经济发展的关键力量，正在全球范围内引发一场深刻的变革。从 5G 通信的广泛应用到自动驾驶的市场普及，从超级计算机的强大算力到人工智能的智能决策，这些技术的快速发展不仅重塑了传统产业的面貌，还催生了新兴产业的蓬勃兴起。在新的时代，数字技术和数字经济的发展趋势，其重点就在于数字经济领域的创新热点和关键技术，以及这些技术如何推动经济结构的优化升级和增长动力的转换。

面向未来的发展趋势，首先，我国聚焦于 5G 技术，探讨其如何通过高速率、低时延、大连接的特性，为工业互联网、智慧城市等提供强大的网络支持，并朝着 5G +、6G 的方向不断推进。其次，我国在人工智能领域不断寻求突破性进展，包括机器学习、深度学习等算法的创新，以及它们在自然语言处理、图像识别等领域的应用。同时，高端芯片作为信息技术的核心硬件，其设计和制造技术的进步将直接影响数字经济的发展速度和质量，能否独立自主地攻克相关技术并形成规模性产出，是我国高端制造和高端智能化应用能否全面普及的关键。最后，量子信息、物联网、区块链等前沿技术的发展，将为数据的安全传输、智能设备的互联互通、去中心化的数据管理提供新的解决方案。工业互联网的建设将加速制造业的数字化转型，推动生产效率和产品质量的双重提升。而元宇宙的探索将打开虚拟现实与现实世界交互的新维度，为社交、娱乐、教育等领域带来革命性的体验。

除了数字技术本身外，数字基础设施的建设，数据资源的管理和数字安全屏障的构建，这些也都是数字中国建设的重要基础。通过这些技术的融合与创新，数字经济将展现出更加广阔的发展前景，为社会带来更加丰富的价值和可能性。在这一过程中，我国正积极构建数字技术创新体系，强化企业在科技创新中的主体地位，推动数字经济与实体经济的深度融合，为全面建设社会主义现代化国家提供坚实的技术支撑和创新动力。

第二节　数字要素与数字经济理论分析

数字经济作为一种新型经济形态，逐渐成为经济发展的重要组成部分。对数字经济及其关键生产要素概念内涵的准确把握和深入理解，是准确认识和分析数字经济的关键，也是进一步开展数字经济相关研究的必要环节。本节首次提出数字要素的概念，以刻画数字经济中具有智慧属性的新型生产要素，重点关注了数字要素与数字经济的经济学内涵，并探究数字要素的特性，分析数字要素与数字产品、数字服务之间的关系，从理论上阐述数字要素贯穿生产、交换、流通、分配和消费经济运行全过程，定性分析数字要素、数字经济与经济发展之间的关系。

一、数字经济的经济学内涵

自2016年G20杭州峰会首次对数字经济的概念进行描述以来，中国信息通信研究院持续更新数字经济的定义：数字经济是以数字化的知识和信息作为关键生产要素，以数字技术为核心驱动力量，以现代信息网络为重要载体，通过数字技术与实体经济深度融合，不断提高经济社会的数字化、网络化、智能化水平，加速重构经济发展与治理模式的新型经济形态[①]。

当我们从经济学角度把握数字经济的本质特征时，会为其赋予一种更具经济学色彩的定义：数字经济以数字化的信息、知识和智能体作为关键生产要素，以现代信息网络为载体，使数字要素、数据要素、数字技术、数字资本、数字劳动与传统生产要素充分结合，产生可交易的数字产品和数字服务，形成新的生产、交换、流通、分配和消费的经济运行全过程，逐步成为继农业经济、工业经济之后新时代下的新生产方式[②]。这些定义表明，数字经济作为一种新生产方式，既涵盖了信息经济与互联网经济的内涵，又通过数字经济关键生产要素和数字技术不断丰富的经济运行全过程。

二、数字要素成为一种新的生产要素

新的经济形态中通常会存在新的生产要素、新的生产方式和新的生产关系，而这些区

① 中国信息通信研究院．全球数字经济白皮书（2023年）[R]．2024.

② 佟家栋，张千．中国式现代化建设与数字中国[J]．南开学报（哲学社会科学版），2023（3）：22－31.

别于农业时代和工业时代的“新成分”正是数字经济为全球经济发展带来超常贡献的关键。全面考察数字经济发展程度，特别是反映数字经济对现代经济的全部意义和超常贡献，仍然需要更加深入的研究。所谓超常贡献，就是指在国民经济运行过程中，由新的生产要素与传统生产要素结合引发的生产、交换、流通、分配及消费价值创造带来的显性和隐性的价值倍增贡献。因此，准确理解数字经济中新生产要素的内涵和价值，以及新生产要素对经济增长和发展的超常贡献十分重要。

在数字经济时代，数据和数字技术逐渐成为全球经济增长与发展的核心引擎。随着数据采集、标注、分析、存储相关标准的完善与能力的提升，海量原始数据不断被积累，并逐渐形成有效的数据，应用到广阔、丰富的场景之中。然而，数字经济时代中新生产要素的内涵早已超越数据本身。有效数据是形成新生产要素的关键，也是形成数字化“智慧”的基础。人类脑力劳动基于有效数据形成新的知识，人工智能技术以有效数据为原材料产生了新的智能和智慧。换而言之，人类和人工智能基于有效数据分别形成知识和智能，而有效数据、知识和智能借助数字技术实现数字化，并以现代信息网络为载体，充分融合，形成数字化的“智慧”。这种“智慧”极大延伸了数字经济关键生产要素的内涵，可以充分参与生产、交换、流通、分配和消费各个环节，也更加符合人们对于新生产要素的界定。我们可以认为，这种由有效数据和“智慧”相互融合产生的数字要素，也逐渐成为继土地、劳动、资本、技术、数据之后又一新型生产要素。然而，我们对新生产要素的理解和刻画，仍面临一系列问题：新的生产要素是怎样产生的？数字要素与目前普遍提出的数据要素有何区别？数字要素为什么可以被视为一种新的生产要素？相较于传统生产要素，数字要素有何特性？这些问题亟须我们去探究和解答，而深入理解新型生产要素的内涵和意义正是关键所在。

一种新型生产要素逐步被纳入一个时代的发展中，往往伴随着各生产要素对经济增长贡献的结构性变化。同样，我们也可以认为，一个新的时代是因新生产要素和新生产方式的产生而到来。回顾各种生产要素产生的历程和它们对经济增长作出的贡献，有助于我们更加深入地认识数字经济中新的生产要素。

在农业社会中，劳动是财富之父，土地是财富之母，这集中反映了土地和劳动两种生产要素在农业社会中的贡献和地位。在工业社会的前期阶段，工场手工业的发展再次提升劳动力的地位，劳动生产率成为手工产品产出的决定性因素。这时，劳动生产率的提升，特别是劳动力熟练程度的提高、劳动分工的细化是社会生产力水平提升的关键。在这一时期，劳动创造价值成为劳动价值理论的关键要素，或者是起到主导作用的力量。

在工业社会的机器大工业时期，机器（蒸汽机、发动机等）和电力代替人力在正规社会生产中扮演主要角色，而资本和附着在资本上的技术成为这一时期的关键生产要素。这种替代延伸了人力在产品生产和服务提供等方面所付出的体力劳动，极大地提升了劳动生产率。这一时期的生产力主要来自机械，劳动力则变成相对次要的生产要素。在后工业时代，伴随人类机械生产技术的进步，特别是精密机械、数控机床乃至机器人的使用，机器带来的机械力不仅可以在力量上代替甚至超越人力，还会在提升精密度、实现产业链等方面大大超出人类劳动的约束，使社会生产更加精密化、自动化，从而摆脱了人类劳动因为疲劳感可能产生的效率降低或产品质量的不稳定。

到了信息时代，以及正在发生的数字经济时代，数字技术和信息通信技术的快速发展，使人们对数据收集、筛选、整理、加工、分析的能力变强，一种新的生产要素应运而生。这种新的生产要素不再是对人类体力劳动的简单代替，也不只是一种对原有范畴下以超越人类体力劳动为目标的生产技术的突破，而是基于先进数字技术、信息通信技术，以现代信息网络为载体，所形成的一种逐步替代甚至超越人类脑力劳动的独立生产要素，我们称其为数字要素。

数字要素是数字化的信息、知识和智能，是一种涵盖且超越人类脑力劳动的智慧。在这种定义下，数字要素涉及三种重要成分。首先，数字要素包含了数字化的信息。随着数字技术和信息通信技术的发展，人们对数据收集、标注、分析和储存的能力不断增强。海量数据逐渐被转变为可以供人们使用的有效数据，融入社会经济活动的各个环节，并依靠先进数字技术形成数字化的信息。其次，数字要素包含了数字化的知识。人类依靠自身的智慧对有效数据和信息进行分析和总结，形成知识，从而有效地指导生产活动和消费活动，极大地提升了经济发展效率。最后，数字要素包含了数字化的智能。在数字时代中，分析和处理有效数据、有效信息的主体已经不仅是人类脑力劳动，以人工智能、深度学习为代表的前沿算法同样可以在有效数据和信息的基础上形成具有智慧属性的部分，即智能。与此同时，信息、知识和智能这三种因素不是完全独立的，它们通过相互作用、相互融合，更进一步延伸出新的智慧，而这些共同形成了数字经济时代的新生产要素——数字要素。

作为一种新的生产要素，数字要素具有一系列区别于传统生产要素的特性。从上述定义可知，数字要素不仅具备信息、知识和智能所具有的属性，还带有数字技术、信息通信技术和现代信息网络所赋予的数字化特征。从数字化的角度来看，数字技术、信息通信技术和现代信息网络的不断革新与发展，使构成数字要素的关键因素得以数字化，摆脱了传统生产要素自身物理属性的束缚，从而超越时间和空间的限制，具有虚拟性。从信息的角度来看，数字要素有助于对有序性展开描述，可以帮助人们减少不确定性。从知识的角度，数字要素具有非竞争性、部分非排他性、要素规模报酬变化、外部性、共享性等特征。因此，数字化的信息和知识使数字要素具有与数据要素十分类似的属性。然而，数字要素区别于数据要素的关键因素在于数字化的智能。蔡跃洲和陈楠发现，人工智能具有渗透性、替代性、协同性和创造性等经济特征①。由本节对数字要素的定义可知，一方面，

① 蔡跃洲，陈楠．新技术革命下人工智能与高质量增长、高质量就业［J］．数量经济技术经济研究，2019（5）：3－22.

人类脑力劳动所形成的智慧可以借助数字技术和前沿算法实现进一步的延伸；另一方面，人工智能、深度学习等前沿算法也会实现对人类智慧的超越。因此，智能与信息、知识相互交融，在经济活动中不仅具有信息和知识的特性，还形成了对劳动的部分替代性、与各要素的渗透性和协同性、与人类智慧交融后的创造性，而这些都会传递成为数字要素的特性。

三、数字产品与数字服务

数字产品和数字服务是数字要素完成价值实现以及对经济增长产生贡献的重要路径之一。数字要素代表了人类脑力劳动和人工智能算法在有效数据上所形成的智慧，是对单纯的人类体力劳动和脑力劳动的延伸与超越，极大地降低了产品和服务的生产成本，甚至以共享经济的形式实现了在某些经济运行环节中因规模扩大带来成本趋近于零的状况，进而提升产品生产和服务供给的效率，有助于解决单纯依靠人类体力和脑力劳动在生产环节所面临的瓶颈和难题。由本文对数字经济的定义可知，数字要素是人们借助数字技术和信息通信技术对数据进行收集、筛选、整理、加工、分析得到的数字化的信息、知识和智能，数字要素参与生产环节并与其他生产要素相互作用，为人们带来了数字产品和服务。与此同时，数字产品和服务是数字经济运行的主要内容，人们借助现代信息通信技术和数字技术实现（或部分实现）数字产品和服务的价值交换，这使数字产品和服务能够贯穿生产、交换、流通、分配和消费的经济运行全过程。

数字产品和数字服务贯穿数字产业化和产业数字化的进程。在数字要素参与下，数字产品和服务的表现形式十分丰富，涵盖了游戏、广告、社交媒体、电子商务、教育培训、医疗保健、数字制造等领域。一方面，数字产业化是形成数字产品和服务的主要来源，即信息通信产业是数字产品和服务的主要生产者，包括但不限于电子信息制造业、电信业、软件和信息技术服务业、互联网行业等。另一方面，传统产业既能接收数字产业化带来的新产品和新服务，也会受到数字产业化高效率生产的影响和示范效应。数字产品和服务的进入，加速了传统产业数字化转型的进程，并且提升了产业数字化转型的质量。同时，传统产业应用数字技术所带来的产出增加和效率提升部分，包括但不限于工业互联网、智能制造、车联网、平台经济等融合型新产业、新模式、新业态，又会反过来改进和完善由新生产要素加入带来的新产品和新服务，甚至创造出更加新颖的数字产品和服务，进一步实现传统产业的数字化转型。由此可见，数字产品和服务贯穿数字产业化、产业数字化的全部进程，能够改进原有产品的生产设计、生产效率和生产模式，从而极大地提升数字化转型后产品和服务的市场竞争力。

数字要素和现代信息网络使数字服务与传统服务产生本质区别。伴随数字要素的参与和数字技术的发展，数字服务借助大数据、人工智能、区块链等技术，以现代信息网络为载体，形成区别于传统服务的新特征。回顾传统服务所具有的特性，包括无实体形式感知、不可分离性、不可复制性、不可储存性等。这些与实体产品具有明显差异的属性，导致传统服务在供给端和需求端都会受到一定的限制，尤其是服务的生产和消费环节难以分离，这极大地限制了传统服务提供的时空范围。例如，金融服务、法律服务、工程承包等传统服务，都是以服务的提供与服务的获得在空间上不可分离、不可独立的方式实现的。然而，在数字经济时代，借助数字要素、数字技术和现代信息网络，许多传统服务都转变为数字产品和数字服务，例如，产品设计、会议规划、音像制品、营销方案的数字化产品和服务，还有传统广告或产品展示的数字平台化和虚拟现实化等。数字要素的加入，以及数字技术和现代信息网络的使用，极大地增强了数字服务的可分离性、可储存性、可复制性，也加强了数字服务借助有形产品进行形式化服务内容供给的可行性。与此同时，这种可分离、可储存、可复制、可有形的特征也会极大地增强数字服务的可交易性、可贸易性，使贸易的范围在原来有形产品贸易的基础上，进一步扩展到数字服务的范围，从而克服了服务供求不可分割的局限。

因此，数字要素加速迎来新的生产方式，也推动经济发展方式的变革。一方面，数字要素加入产品生产和服务提供的过程，贯穿数字产业化和产业数字化的进程，不断更新和创造新的产品和服务。这意味着，数字经济作为新的生产方式，有着明确可辨的数字产品和服务的生产。另一方面，数字要素的加入实现了经济发展方式的革命，推动第三产业在数字经济条件下的新发展。不仅如此，数字服务借助有形产品实现可形式化的特征，使数字产品和数字服务在贸易中的界限逐步模糊。这种原本明确的界限被打破，预示着我们即将迎来一场科技革命和新一轮经济增长的长周期。我们认为，数字要素的加入正是世界经济即将进入一个全新增长期的重要标志。

四、数字经济中新的经济运行全过程

数字要素贯穿新的经济运行全过程。正如前文对各个经济时代关键生产要素的梳理，数字经济时代不仅包含土地、劳动、资本、技术等传统生产要素，还包括特有的数字要素。其中，经典的要素随着农业社会、工业社会的发展不断更新，而数字要素依托数字产品和服务，以现代信息网络为载体，贯穿生产、交换、流通、分配和消费的经济运行全过程。

第一，对于生产环节，数字要素改变了生产中的产品和技术，甚至形成新的生产过程。由前文可知，数字要素所代表的智慧，不仅涵盖了数字化的信息，还包括人类和算法基于有效数据信息形成的知识和智能。一方面，这些智慧会直接凝结在数字产品和数字服务中，数字要素既可以与传统产品或服务相结合，实现原有实体产品的数字化转型，又可以与其他生产要素相互融合，创造出全新的数字产品和服务。另一方面，数字要素中的智慧不仅体现在数字产品和服务的生产上，还可以在产品生产或服务提供之前，根据对市场的预测和消费者偏好的分析，对产品设计、成本控制、产量配置等方面作出更加高效、精准的规划。因此，在数字要素的参与下，生产环节的效率得以提升，生产成本不断降低，产品生产和服务提供的过程发生巨大变革。

第二，对于交换环节，数字要素的价值凝结在数字产品和数字服务之中，即数字要素通过数字产品和服务在市场上的交换来实现自身的价值。数字要素的价值来源主要分为两个方面：一方面，数字要素中凝结的智慧，来源于代表有效数据的信息，其中，有效数据是人们利用数字技术和信息通信技术对数据进行收集、筛选、标注、整理和分析得到的，这意味着数字化信息本身也凝结着有效数据形成过程中对应的劳动价值和资本价值；另一方面，数字要素中还蕴含着数字化的知识和智能，即人类和算法基于有效数据分别形成的智慧部分，这些智慧形成过程本身也包含着价值，并且在指导人类其他经济活动中也发挥着重要作用，创造新的价值增量。然而，数字要素的市场化面临一系列的挑战，包括但不限于数字要素价值衡量标准的制定、数字要素确权问题等。但是，通过凝结数字要素价值的数字产品和服务的交换，为我们提供了一种实现数字要素价值衡量和交换的有效途径。在数字产品和服务的交换过程中，数字要素在某种程度上完成了价值实现，也改变了原有的商品交换环节。

第三，对于流通环节，数字要素有助于改变产品和服务的流通形式，提高流通效率。在数字要素与传统生产要素结合的条件下，一些具有实体属性的商品，以及生产和消费场景不可分离的服务，会转型为数字产品和数字服务，也会创造许多新的数字产品和服务。因此，数字产品和服务也会具有虚拟性、非竞争性、部分非排他性等特征，在一定程度上摆脱了时空限制，凭借现代信息网络的发展，使商品的流通形式变得更加快速、便捷。与此同时，数字要素中蕴含的智慧，尤其是人工智能等算法基于商品流通数据对流通方案进行不断优化，极大地提升了数字产品和服务，乃至传统商品流通的效率。例如，人们利用大数据、人工智能等数字技术，对流通过程中产生的历史数据进行分析，形成更加高效的运输、调配和流通方案，实现陆路运输配送、海上运输中集装箱和组合集装箱国际联网港口调配、数字传输配置的最优化组合，使商品流通变得更加智慧。在智慧流通的背景下，数字要素对商品流通环节的改变不仅涉及 B2B 领域，还会扩展 B2C 的配送规模，大型生产商既可以高效对接其他商家，又可以通过数字化流通平台调度或使用平台范围内任意独立的运输个体，从而实现商品流通载体资源的充分利用。

第四，对于分配环节，数字要素、数字产品和服务的参与有助于进一步实现“按劳分配为主体，多种分配方式并存”。借助大数据、区块链等数字技术，依托互联网的发展，人们可以有效、合理地度量企业或个人在生产数字产品和服务过程中所付出的各种形式的劳动、智力和智能，从而以数字计量的方式支付要素报酬、分配企业的各项收入。同时，数字技术和数字平台为人们提供按劳分配的新依据。例如，对数字平台中自媒体的收视、点赞、关注等数据的统计和比较，都可以成为内容创造者和提供者获取较多收入的依据，按劳分配的原则得到充分的体现，并且不会因投入形式的变化而改变。

第五，对于消费环节，数字要素不仅凝结在数字产品和服务中以改变消费形式和消费内容，还可以实现个性化消费，改变消费行为的底层逻辑。一方面，伴随互联网和数字支付手段的广泛使用，消费行为可以大规模地转向线上进行，此时，数字产品和服务成为新的消费内容，与传统的商品一同通过线上和线下相结合的方式，极大地改变了传统经济中的消费形式。另一方面，数字要素中凝结的信息和智慧既可以使消费者更加便捷地搜寻、定制符合个人独特需求的产品或服务，又有利于生产者对市场和消费者信息的精准把握，从而将个性化定制和消费变为可能。这意味着，数字经济中的消费环节在消费内容、形式、逻辑上都发生了重大变革。与此同时，由于数字产品和数字服务的价值既包括作为私人物品本身涵盖的价值，又包含作为公共物品被私人以营利为目的获得使用权时所付出的费用，因此，数字产品和服务在消费环节也具有区别于传统商品的特殊属性。

综上所述，我们为数字经济提出了一种经济学范畴的定义，发现数字要素成为数字经济时代中关键的生产要素，并且具有一系列区别于传统生产要素的特性。数字要素所蕴含的智慧会凝结在数字产品和数字服务之中，也会体现在传统商品的数字化转型过程中。这些产品和服务，与数字要素一同融入社会经济活动中生产、交换、流通、分配和消费的各个环节，贯穿经济运行全过程，逐渐成为社会经济的主要运行方式。由此可见，这一过程是表达数字要素价值增量和数字要素对经济增长独特贡献的重要路径之一。

第三节　数字经济时代加快发展新质生产力

加快形成和发展新质生产力是构建新发展格局、推动高质量发展的重要动力，是实现中国式现代化的关键。2023 年 9 月，习近平总书记在黑龙江考察时首次提出了“新质生产力”，并指出，“整合科技创新资源，引领发展战略性新兴产业和未来产业，加快形成新质生产力”。2024 年 1 月，习近平总书记在中共中央政治局第十一次集体学习时强调，“发展新质生产力是推动高质量发展的内在要求和重要着力点，必须继续做好创新这篇大文章，推动新质生产力加快发展”。新质生产力是现代化产业体系建设的重要组成部分，创新是加快发展新质生产力的动力源泉。党的二十大报告指出，“建设现代化产业体系。坚持把发展经济的着力点放在实体经济上，推进新型工业化，加快建设制造强国、质量强国、航天强国、交通强国、网络强国、数字中国”。发展数字经济是建设现代化产业体系和推动技术进步的关键路径之一。因此，我们要深刻理解新质生产力和中国式现代化的内涵，在数字经济这一新兴经济形态中把握新型生产要素和新质生产力的内涵，着力打造具有国际竞争力的数字产业集群，加快现代化产业体系的转型升级与发展①。

① 佟家栋．以数字经济发展为增长依托，加快建设现代化产业体系［EB/OL］．（2024-03-07）［2024-03-11］．http：//www.rmlt.com.cn/2024/0307/696932.shtml.

一、数字经济时代新质生产力的内涵

数字经济为新质生产力赋予新的内涵，新质生产力是数字经济时代的生产力。

关于新质生产力的内涵，2024 年 1 月，习近平总书记在中共中央政治局第十一次集体学习时指出，“概括地说，新质生产力是创新起主导作用，摆脱传统经济增长方式、生产力发展路径，具有高科技、高效能、高质量特征，符合新发展理念的先进生产力质态。它由技术革命性突破、生产要素创新性配置、产业深度转型升级而催生，以劳动者、劳动资料、劳动对象及其优化组合的跃升为基本内涵，以全要素生产率大幅提升为核心标志，特点是创新，关键在质优，本质是先进生产力”。这一重要论述，为我们深入刻画了新质生产力的内核、特征、基础、关键和本质，为把握新质生产力内涵和进一步推进中国式现代化建设提供科学指导。我们从新质生产力的内涵出发，理解其与数字经济的关系。

数字经济带来新的经济增长方式。数字经济作为一种新兴经济形态，产生了新的生产要素和生产关系，数字技术、数据要素和数字要素等新型关键生产要素带来了新的经济增长方式，也为新质生产力发展注入新动能。数字经济逐渐成为我国经济增长的重要支撑，带来经济增长“量”的变化。一方面，中国数字经济发展规模稳步扩大，2022 年，我国数字经济规模达到 50.2 万亿元，占 GDP 比重为 41.5%。另一方面，中国数字经济增长速度较为显著，2022 年，我国数字经济规模同比名义增长 10.3%，超出同期 GDP 名义增速 4.98 个百分点。数字经济优化产业结构，带来经济增长“质”的变化。2022 年，我国数字产业化和产业数字化发展规模分别达到 9.2 万亿元和 41 万亿元，占数字经济整体规模比重分别为 18.3% 和 81.7%，并且数字经济在一、二、三产的渗透率分别达到 10.5%、24.0% 和 44.7%①，数字经济对现代工业和服务业展现出较强的驱动作用。这意味着，数字经济逐渐成为我国经济增长的重要支撑。

数字经济具备新的生产力发展路径。数字经济时代的创新正在成为新质生产力的重要推手。第一，数字技术的革命性突破为新质生产力带来技术支撑。数字技术的不断革新贯穿了整个数字经济发展历程：在数字经济的萌芽时期，从电子数字计算机的诞生到超大规模集成电路技术的发展，随着光纤通信和互联网技术的商用普及，数字技术促使经济展现信息化和现代化的特征；在数字经济进入快速发展的时期，人工智能、大数据、云计算、区块链、物联网等一系列数字硬件和数字软件技术快速崛起和发展，数字技术的创新与应用极大地丰富了新时代劳动者、劳动资料和劳动对象的内涵。第二，数字经济关键生产要素的创新性配置为新质生产力带来质变效应。随着数字技术的创新与发展，数字经济逐渐形成一系列新型生产要素，包括数据要素、数字要素、数字资本和数字劳动等。一方面，数字经济新型关键生产要素能够通过替代效应、补充效应和渗透效应改变原有生产要素的

---

① 中国信息通信研究院．中国数字经济发展研究报告（2023 年）［R］．2023.

配置；另一方面，这些新生产要素与其他传统要素的创新性融合发展，进一步优化了劳动者、劳动资料和劳动对象的组合形式。第三，数字产业化和产业数字化作为数字经济的重要组成部分，促使产业深度转型升级。一方面，以信息通信产业为代表的数字产业化逐渐成为数字经济中新的核心产业；另一方面，数字技术、数据要素和数字要素使传统产业产出和效率提升，产业数字化深刻影响产业转型与升级。这意味着，数字经济时代的创新发展有助于实现劳动者、劳动资料、劳动对象及其优化组合的跃升，为加快形成新质生产力提供新的路径。

数字经济具有高科技、高效能、高质量等新发展理念的特征。2024 年 1 月，习近平总书记在中共中央政治局第十一次集体学习时指出，“科技创新能够催生新产业、新模式、新动能，是发展新质生产力的核心要素”。数字经济作为一种新兴经济形态，依靠数字技术推动数字产业化和产业数字化融合发展，使高科技在现代产业中得以充分应用。数字经济时代，传统产业的数字化转型有助于提升产业和企业的资源配置效率，绿色低碳产业与数字技术深度融合有助于实现工业绿色化转型，使数字经济具有高效能的属性。同时，以人工智能为代表的前沿数字技术引发一系列数字创新，能够有效推动技术进步，提升全要素生产率水平，从而带来高质量的数字经济生产力。

数字经济逐渐改变经济增长方式，丰富了新质生产力的内涵，为加快形成新质生产力提供有效途径。综上所述，新质生产力是数字经济时代的生产力。

二、数字经济时代新质生产力发展路径

近年来，互联网、大数据、人工智能、生物医药、新能源、新材料等新兴现代化产业迅速发展，数字技术与实体经济深度融合，数字经济逐渐拉开第四次科技革命的序幕。学者们开始关注数字经济赋能新质生产力的路径，已有研究认为，数字经济能够促进提升颠覆性技术创新水平、驱动战略性新兴产业创新发展和契合新质生产力应然特征等渠道推动新质生产力的发展①，数据要素和数字技术对新质生产力水平具有推动效应②，同时，数字产业化和产业数字化也为加快形成新质生产力提供实体基础③。这些研究分别从技术、要素、产业等角度阐释了数字经济赋能新质生产力发展的路径与机制。我们认为，在数字经济时代，把握数字经济时代的创新是加快发展新质生产力的关键。新质生产力的发展主要是由技术革命性突破、生产要素创新性配置、产业深度转型升级催生和推动。在数字经济时代，这分别对应着数字技术突破、数字经济关键生产要素配置、数字产业化与产业数字化等方面的创新发展。这意味着，数字经济时代的创新是加快发展新质生产力的动力

① 张森，温军．数字经济赋能新质生产力：一个分析框架［J］．当代经济管理，2024，46（7）：1－9．

② 翟绪权，夏鑫雨．数字经济加快形成新质生产力的机制构成与实践路径［J］．福建师范大学学报（哲学社会科学版），2024（1）：44－55．

③ 周文，叶蕾．新质生产力与数字经济［J/OL］．浙江工商大学学报，1－11［2024－04－24］．

源泉。

回顾数字经济的内涵，自 2016 年 G20 杭州峰会首次对数字经济的概念进行描述以来，中国信息通信研究院持续更新数字经济的定义：数字经济是以数字化的知识和信息作为关键生产要素，以数字技术为核心驱动力量，以现代信息网络为重要载体，通过数字技术与实体经济深度融合，不断提高经济社会的数字化、网络化、智能化水平，加速重构经济发展与治理模式的新型经济形态①。从经济学的视角出发，数字经济是以数字化的信息、知识和智能体作为关键生产要素，以现代信息网络为载体，使数字要素、数据要素、数字技术、数字资本、数字劳动与传统生产要素充分结合，产生可交易的数字产品和数字服务，形成新的生产、交换、流通、分配和消费的经济运行全过程，逐步成为继农业经济、工业经济之后新时代下的新生产方式②。这些定义表明，数字经济作为一种新生产方式，既涵盖了信息经济与互联网经济的内涵，又通过数字经济关键生产要素和数字技术不断丰富经济运行全过程。

从数字经济的内涵出发探究新质生产力发展路径。从数字经济的定义可以看出，新型关键生产要素和数字技术是数字经济的基础，现代信息网络是数字经济的重要载体。科技创新能够催生新型生产要素，赋能发展新质生产力。一方面，数字技术革命性突破，加速形成数据要素和数字要素等数字经济新型生产要素，前者对应数字化的信息与知识，后者对应数字化的智能体。另一方面，在数字技术、数据要素和数字要素的影响下，传统生产要素也逐渐分离出数字资本要素和数字劳动要素。同时，数字技术创新也带来新型生产关系。数字技术颠覆性创新渗透到生产、交换、流通、分配和消费经济运行全过程，改变各个环节的经济运行方式。这些数字经济关键生产要素与传统生产要素的相互融合和创新性配置，加速推动数字产业化和产业数字化的发展，成为加快现代化产业体系建设的动力源泉，同时，有助于实现工业体系的数字化、智能化、现代化。其中，数字产业化和产业数字化是现代产业体系建设与发展的方向与内涵，前者对应了数字技术的产业化，后者则表现为传统产业的数字化渗透和转型。根据这个传导过程，可以看出：一方面，数字技术革命性突破、数字经济生产要素创新性配置、数字经济产业深度转型与升级是数字经济时代加快发展新质生产力的重要路径；另一方面，这些路径是逐层递进的关系，即从数字技术创新突破到数字经济生产要素创新生成与配置，再到现代化产业体系的创新转型与升级。

数字经济时代革命性和颠覆性创新在技术、要素、产业的逐层表达逐渐成为加快发展新质生产力的动力源泉，并且这些发展路径最终会体现在建设现代化产业体系之中。一方面，现代化产业体系发展过程总会伴随着科学技术的不断创新与广泛应用，数字技术能够有效降低搜索成本、复制成本、运输成本、追踪成本和验证成本③，从而降低产品和服务

---

① 中国信息通信研究院．全球数字经济白皮书（2023 年）［R］．2024.

② 佟家栋，张千．中国式现代化建设与数字中国［J］．南开学报（哲学社会科学版），2023（3）：22－31.

③ Goldfarb A，Tucker C. Digital economics［J］．Journal of Economic Literature，2019，57（1）：3－43.

的生产成本和交易成本，促进产业体系的现代化建设。另一方面，数字技术和数字经济中新的关键生产要素有助于促使各类生产要素和资源进入高附加值产业，有利于提升资源在产业内和产业间的配置效率，推动数字产业快速发展与传统产业的数字化转型。与此同时，数字技术和数字经济关键生产要素不仅直接影响产业结构的转型与升级，还能够通过促进技术进步，提升全要素生产率，推进现代化产业体系建设进程。

数字经济时代革命性和颠覆性创新极大地促进了全要素生产率水平的提升，这标志着新质生产力的形成，从根本上推动现代化产业体系的建设。国内外学者研究结果表明，数字技术和数字经济关键生产要素会加速生产率的提升。尽管这种效应在不同规模和数字化程度的产业，以及产业内不同企业之间存在异质性，数字技术创新和生产要素创新性配置总体上会带来全要素生产率的显著提升①。通过使用增长核算框架对我国经济增长来源进行分解，我们发现作为数字要素的载体，数字资本和数字劳动的贡献率逐年提升，也对全要素生产率产生显著影响。一方面，数字技术和数字经济关键生产要素促进传统产业向数字化和智能化转型，数字经济革命性和颠覆性创新进一步提升各类生产要素在产业内和产业间的配置效率，降低要素与资源的错配程度，同时，数字经济时代的创新有助于产业和企业突破传统生产方式的生产可能性边界②，促使数字产业化和产业数字化协调发展，提高现代产业的生产效率。另一方面，数字要素助力数字经济革命性和颠覆性创新，促进全要素生产率水平的提升。在数字技术和数据要素的基础上，数字经济逐渐形成具有智慧属性的新生产要素，我们称之为数字要素。数字要素既可以辅助人类寻找和整合知识，又可以独立生成和创造知识，从根本上促进技术进步，逐渐成为全要素生产率提升的重要驱动力。数字经济时代的创新为现代产业带来额外的利润回报，反过来刺激各产业对数字技术和数字要素的应用，同时，这些创新成为落后企业追赶先进企业的重要途径，为各类产业共享数字经济发展成果提供机遇，进而形成数字产业化和产业数字化相互促进、协调发展的机制。

综上可知，在数字技术和数字经济关键生产要素的作用下，数字经济时代的创新在技术、要素、产业上逐层表达，带来全要素生产率的提升，有助于实现劳动者、劳动资料、劳动对象及其优化组合的跃升，进而加快新质生产力的发展。因此，数字经济革命性和颠覆性创新成为推进现代化产业体系建设、加快发展新质生产力的动力源泉。

三、数字经济时代推进现代化产业体系建设

2024 年《政府工作报告》指出，“大力推进现代化产业体系建设，加快发展新质生产

① Anderton R, Botelho V, Reimers P. Digitalisation and productivity: gamechanger or sideshow [Z]. Working Paper Series 2794, European Central Bank, 2023.

② Acemoglu D. Labor－and capital－augmenting technical change [J]. Journal of the European Economic Association, 2003, 1 (1): 1－37.

力”。现代化产业体系是形成新质生产力的关键载体①，也是发展新质生产力的重要成果。近年来，互联网、大数据、人工智能、生物医药、新能源、新材料等新兴现代化产业迅速发展，数字技术与实体经济深度融合，数字经济逐渐拉开第四次科技革命的序幕。在数字经济时代，把握数字经济时代革命性和颠覆性创新带来的新发展机遇，是促进现代产业转型、升级与发展的关键。数字经济中，创新在技术、要素、产业上的逐层表达加快了新质生产力的发展，这也意味着现代化产业体系建设在数字经济基础之上。

从工业经济到数字经济，现代化产业体系建设总是与产业革命联系紧密。在工业经济时代，机械化、电气化和自动化作为三次产业革命，依次推动了工业体系的发展，促使经济和社会发生巨大的变革。随着数字技术的快速发展和数字经济关键生产要素的不断投入，工业经济逐渐转向数字经济。数字化和智能化逐渐成为数字经济时代的产业革命，进一步推动产业体系的现代化进程。产业体系的数字化表现为新兴数字技术产业的发展与传统产业的数字化转型。一方面，数字经济发展出新的产业形态，即以数字技术为核心的数字核心产业，包括电子信息制造业、电信业、软件和信息技术服务业、互联网行业等，极大地丰富了现代化产业体系。另一方面，数字技术与数字要素促使传统产业进行数字化转型，有助于传统产业的产出增加与效率提升，包括但不限于工业互联网、智能制造、平台经济等，进一步推动现代化产业体系建设。产业体系的智能化体现在新质生产力对人类体力劳动和脑力劳动的延伸和替代。工业经济中产业体系的现代化更多体现在机械化、电气化和自动化对人类体力劳动的替代。然而，在数字技术、数据要素和数字要素的相互作用下，数字经济时代的新质生产力包含智慧属性，不仅可以实现对人类体力劳动的高效替代，还能够逐渐延伸和替代人类的脑力劳动。未来，随着前沿数字技术的革新涌现，人类经济与社会发展的前沿与边界也会不断延拓。

数字经济时代推进现代化产业体系建设，加快发展新质生产力。自 20 世纪 50 年代起，在党的领导下，历经几代人奋发图强，我国开始建设现代工业体系，努力实现制造业大国的建设目标。根据《中华人民共和国 2023 年国民经济和社会发展统计公报》，2023 年，我国全部工业增加值达到 39.9 万亿元，总产值规模居全球首位。同时，我国拥有 41 个工业大类、207 个工业中类、666 个工业小类，成为全球涵盖工业产业分类最完全的国家。我国已经建成世界上规模最大、门类最齐全的制造业体系。然而，在工业经济向数字经济转型的今天，现代化早已超越了机械化、电气化、自动化的内涵，是以数字经济革命性和颠覆性创新融合与渗透工业经济中各类产业为标志的现代化，是以数字产业化和产业数字化为基础的现代化。这意味着，产业体系的现代化需要有更加完善的信息通信技术的支撑，尤其是以人工智能、大数据、云计算等为代表的前沿数字技术。2024 年《政府工作报告》指出，“大力推进现代化产业体系建设，加快发展新质生产力”需要“推动产业

---

① 任保平．生产力现代化转型形成新质生产力的逻辑［J］．经济研究，2024（3）：12－19.

链供应链优化升级”“积极培育新兴产业和未来产业”“深入推进数字经济创新发展”。

以数字经济革命性和颠覆性创新链接与优化产业链供应链。在工业经济向数字经济转型过程中，数字经济创新既能保证工业经济向数字经济平稳过渡，又有助于促进重点产业链高质量发展。一方面，数字技术的产业化带来新的经济增长点，传统产业的数字化转型也产生显著的价值增量，支撑工业经济平稳转向数字经济。另一方面，在信息通信技术和互联网的基础上，以人工智能、大数据等为代表的新兴数字技术进一步连接产业体系和产业运行，进而增强产业链供应链的韧性和竞争力。在数字经济时代，无论是制造业技术改造与升级，还是建设先进制造产业集群，都离不开数字经济革命性创新。数字经济创新能够提高制造业资源配置效率，促进技术进步与创新，优化管理组织结构，在一定程度上使产业链供应链突破时空束缚，进而推动传统产业高端化、智能化、绿色化转型。数字创新还有助于加快发展现代生产性服务业。先进数字技术的发展与创新可以有效降低信息传输成本和物流运输成本，从而对现代交通运输业、现代物流业、金融服务业、信息服务业和商务服务业等现代生产性服务业产生深刻影响。从国际产业链的视角出发，我国既形成了相互依赖的全球价值链、产业链和创新链，又在信创产业等关键领域具备较强的韧性和竞争力。从产业链的角度来讲，我国信创行业已基本建立起从上游软硬件到下游应用的替代产业链条。因此，以数字产业为代表的重要产业链供应链自主可控能力提升，是数字经济时代产业链供应链高质量发展的关键。

以数字经济革命性和颠覆性创新为中心布局新兴产业和未来产业。数字化与数字创新促进新兴产业和未来产业创新发展，同时，新兴产业和未来产业是数字经济的基础和支撑。发展战略性新兴产业和未来产业是增强国家竞争力的重要路径，这要求我们积极依托前沿数字技术发展先进制造业和现代服务业，重点关注具有高成长性、战略性、先导性的产业，特别是新一代信息技术、生物技术、新能源、新材料、高端装备、新能源汽车、绿色环保、航空航天、海洋装备等产业[①]。一方面，新一代信息技术产业作为数字经济核心产业，不仅涵盖了数字基础设施、信息通信技术核心基础产业、软件信息服务等领域，还逐渐开辟量子技术等新赛道，必然离不开数字化与数字创新。另一方面，数字化与数字创新能够有效降低其他战略性新兴产业的成本，促进先进技术的革新与创造，有助于扩大生产和消费规模，进而促进这些新兴产业和未来产业蓬勃发展。在产业实现机械化、电气化和自动化的基础上，数字化与数字创新通过人工智能技术、数字要素、数据要素不断延伸和替代人类的脑力劳动，有助于新材料、新能源的创新发展与推广使用，有助于高端装备制造业转型升级，有助于新能源汽车、航空航天、海洋装备具备智能化特性，有助于生物技术应用数字技术和新材料实现重大突破，有助于通过绿色低碳产业与数字技术深度融合实现工业绿色化转型。与此同时，发展数字经济的关键也是数字化和数字创新，这些新兴

① 新华社．中共中央关于制定国民经济和社会发展第十四个五年规划和二〇三五年远景目标的建议［EB/OL］．(2020－11－03)［2024－03－11］．https：//www.gov.cn/zhengce/2020－11/03/content_5556991.htm.

产业和未来产业的蓬勃发展既为数字技术创新发展提供能源和材料基础支撑，也为数字经济发展提供广阔的应用市场。因此，以数字化与数字创新为中心建设新兴产业和未来产业正是为数字经济发展储备动能，也是中国在未来提升全球竞争力的关键。

以数字经济革命性和颠覆性创新深入推进数字经济创新发展。2024 年《政府工作报告》指出，推进数字经济创新发展需要“制定支持数字经济高质量发展政策，积极推进数字产业化、产业数字化，促进数字技术和实体经济深度融合”，“实施制造业数字化转型行动，加快工业互联网规模化应用，推进服务业数字化”。其中，数字产业化与产业数字化的本质正是数字技术产业和传统产业的数字化，特别是制造业数字化转型和服务业数字化。同时，数字创新有助于促进数字技术与实体经济不断融合发展。推进数字经济创新发展还需要“深化大数据、人工智能等研发应用，开展‘人工智能 +’行动，打造具有国际竞争力的数字产业集群”。数字化的信息、知识和智能逐渐成为数字经济新的关键生产要素，其中，信息和知识的数字化能够形成数据要素，成为大数据、人工智能等技术发展的原料和基础。数字创新不仅可以促使人工智能等前沿技术不断革新，还会形成具有智慧属性的智能体。这意味着，在数字创新的作用下，数字技术和数字要素将极大延拓人工智能的应用领域，从而有助于形成更加数字化和智能化的数字产业集群。与此同时，积极建设数字基础设施、打造全国一体化算力体系、搭建数据开发和流通平台，能够进一步释放数字化与数字创新对数字经济创新发展的驱动作用。

综上，现代化产业体系建设需要聚焦产业链供应链优化、培育布局新兴产业和未来产业、数字经济创新发展等方面。无论是从产业链接到产业布局，还是从产业培育到新型经济形态发展，都需要以数字化与数字创新为中心建设现代化产业体系。

四、数字经济时代加快形成新质生产力

深入理解新质生产力的内涵，我们认识到新质生产力是数字经济时代的生产力。数字化与数字创新既是产业体系现代化的动力源泉，也是现代化产业体系建设的中心。加快形成和发展新质生产力是构建新发展格局、推动高质量发展的重要推动力。从数字化与数字创新出发，大力发展数字经济是实现中国式现代化的关键。这也意味着，积极推进现代化产业体系建设，加快形成新质生产力，乃至实现中国式现代化，都是建立在数字经济的基础之上。数字经济时代加快形成新质生产力，我们需要明确如下六个方面的工作。

第一，需要进一步加大全国数字经济建设投入，为加快形成新质生产力提供良好的数字基础设施和数字技术基础。在数字经济时代，数字化与数字创新为劳动力、劳动资料和劳动对象赋予新的内涵。无论是现代化产业体系的构建，还是全要素生产率的提升，都离不开与数字经济相关的基础设施、技术研发、实物资本和人力资本的大规模投入。2024 年《政府工作报告》指出，“适度超前建设数字基础设施，加快形成全国一体化算力体系，培育算力产业生态”。积极发展 5G、数据中心、云计算、人工智能、物联网、区块链等新

一代信息通信技术，加快建设与之匹配的基础设施，为数字技术的产业化和传统产业数字化转型提供坚实的保障。在全国范围内进一步优化算力资源、降低算力使用成本，在中心城市有序搭建超算中心，推进“东数西算”工程，在构建全国一体化算力体系的同时，加强算力产业在各领域的应用推广。在工业经济向数字经济转型的过渡期，大规模的数字经济建设投入成本较低，这也为产业结构转型、新质生产力发展和经济结构升级创造了良好的条件。

第二，需要产业链供应链优化升级，逐步实现核心产业链供应链的自主可控。首先，要完成现代产业链供应链的强链、补链和延链，既要依托数字技术和数字要素进一步增强我国优势产业的竞争力，也要提升关键产业的安全性和韧性，还要拓宽产业的覆盖面，打造具有国际竞争力的产业集群。其次，要积极促进科技创新成果应用到产业链供应链上，尤其要将数字经济时代前沿数字创新成果转化应用到现代产业链和产业当中，进而推动传统产业高端化、智能化和绿色化转型。再次，需要充分发挥数字化与数字创新有效降低信息成本、运输成本、管理成本和服务成本等方面的作用，加快发展现代生产性服务业，在积极发展服务业的同时，进一步促使实体产业在数字化转型中受惠。最后，还需要注意数字经济时代核心产业的自主可控，尤其是新一代信息技术、高端制造、生物技术等具有战略意义的产业和产业链，坚持产业链供应链关键节点自主可控是增强现代化产业体系韧性和竞争力的关键。

第三，需要推进数字产业化和产业数字化两化融合，建设数字经济时代的现代化产业体系。数字经济为现代化产业赋予新的内涵，数字制造业和数字服务业逐渐成为现代化产业的关键支撑。一方面，需要加快推动数字产业化，尤其关注云计算、大数据、物联网、工业互联网、区块链、人工智能、虚拟现实和增强现实等数字核心产业的发展，既要通过提升数字核心产业增加值带动整体经济规模增长，又要促使数字技术和数字经济新型生产要素为其他产业赋能。另一方面，需要将数字技术和数字经济关键生产要素引入传统产业，依靠数字化和数字创新促使传统产业转型优化与升级，形成具有先进生产力的数字农业、数字制造业和数字服务业。与此同时，数字产业化为产业数字化提供技术创新支持，产业数字化也为数字产业化带来广阔市场，两化融合促进数字经济现代化产业体系建设和数字经济创新发展。

第四，需要大力发展战略性新兴产业和培育未来产业。在全球数字经济蓬勃发展和大国竞争愈发激烈的时代背景下，从数字技术产业化出发，聚焦具有战略意义的新兴产业和未来产业，是我国加快发展新质生产力和提升国际竞争力的关键。在战略性新兴产业的基础上，重点关注量子技术、生命科学、集成电路、大数据、人工智能、区块链、新材料、新能源等前瞻性领域，借助数字化和数字创新，努力攻克关键技术领域，突破西方国家对中国的技术制裁与束缚。同时，需要巩固扩大我国智能网联新能源汽车等产业的领先优势，积极“打造生物制造、商业航天、低空经济等新增长引擎”。在努力发展战略性新兴产业的基础上，开创建设一批未来产业先导区，并逐渐在全国范围内复制推广。

第五，需要开展“人工智能+”行动，促使全产业共享数字创新发展成果。新质生产力本质是先进生产力，以全要素生产率大幅提升为核心标志。工业经济时代，资本和技术进步主导了经济增长，而到了数字经济时代，经济增长更加需要全要素提升作为内在驱动力。在人口红利逐渐减少的背景下，人工智能为进一步推动技术进步提供新动能。人工智能技术与数据要素所产生具有智慧属性的数字要素能够实现对人类脑力劳动的延伸和替代，逐渐成为知识创造和技术进步的新载体。依托先进数字技术，着力发展人工智能和大数据技术，充分开发数据要素，推动人工智能对传统产业的渗透、改造和升级，从而提升现代产业的全要素生产率水平。

第六，需要培养数字劳动力，加快形成新质生产力。数字技术有助于劳动者提升数字技能，使其逐渐具备符合新质生产力发展要求的素质。需要建立全面、适配的数字劳动培养方案，积极扩大公共数字资源的供给与开放，分层搭建数字技能培训平台，为不同年龄、职业的劳动者提供适配的数字技能学习和应用途径，全面提升人民数字素养。与此同时，发挥高等院校与研究机构在数字技术创新和培养高质量数字人才等方面的优势，既需要培养能够创新前沿科学技术、创造新型生产工具的高端人才，又需要向社会输送熟练使用新质生产资料和新质生产工具的专业人才。

新质生产力是数字经济时代的生产力，数字化与数字创新是新质生产力发展的动力源泉。以数字化和数字创新为中心建设现代化产业体系，能够加快发展新质生产力，为中国式现代化奠定坚实的基础。

参考文献

［1］蔡跃洲，陈楠．新技术革命下人工智能与高质量增长、高质量就业［J］．数量经济技术经济研究，2019（5）：3－22.

［2］任保平．生产力现代化转型形成新质生产力的逻辑［J］．经济研究，2024（3）：12－19.

［3］佟家栋，张千．中国式现代化建设与数字中国［J］．南开学报（哲学社会科学版），2023（3）：22－31.

［4］佟家栋．以数字经济发展为增长依托，加快建设现代化产业体系［EB/OL］．（2024－03－07）［2024－03－11］．http：//www. rmlt. com. cn/2024/0307/696932. shtml.

［5］新华社．中共中央关于制定国民经济和社会发展第十四个五年规划和二〇三五年远景目标的建议［EB/OL］．（2020－11－03）［2024－03－11］．https：//www. gov. cn/zhengce/2020－11/03/content_5556991. htm.

[6] 翟绪权，夏鑫雨．数字经济加快形成新质生产力的机制构成与实践路径［J］．福建师范大学学报（哲学社会科学版），2024（1）：44－55.

[7] 张森，温军．数字经济赋能新质生产力：一个分析框架［J］．当代经济管理，2024，46（7）：1－9.

[8] 中国信息通信研究院．全球数字经济白皮书（2023年）［R］．2024.

[9] 中国信息通信研究院．中国数字经济发展研究报告（2023年）［R］．2023.

[10] 周文，叶蕾．新质生产力与数字经济［J/OL］．浙江工商大学学报，1－11［2024－04－24］.

[11] Acemoglu D. Labor－and capital－augmenting technical change [J]. Journal of the European Economic Association, 2003, 1 (1): 1－37.

[12] Anderton R, Botelho V, Reimers P. Digitalisation and productivity: gamechanger or sideshow [Z]. Working Paper Series 2794, European Central Bank, 2023.

[13] Goldfarb A, Tucker C. Digital economics [J]. Journal of Economic Literature, 2019, 57 (1): 3－43.

第二章
软件技术发展与数字经济[①]

数字经济发展与软件技术发展的关系之密切，是很难形容的。一定意义上来说，数字经济的发展源自软件的发展，没有软件的发展就没有数字经济的发展，软件与数字经济是一体的。软件使数字在经济的各个角落发挥作用，才出现了数字经济。

农业社会，经济的主体依赖于土地，土地的变化是缓慢的，所以农业社会的发展也相对缓慢；工业社会，经济的主体是以工厂为代表的工业生产，土地不再是关键制约因素，发展速度明显加快，但受制于劳动力的投入、能源和需求等的发展速度，发展速度维持在个位数；信息社会，主要建立在计算机的基础上，而计算机的发展符合摩尔定律，每18—24个月性能会翻1倍，几十年的发展非常平稳，经济和社会实现了快速增长；软件的发展，经济规律又有所不同，在网络时代，一个成功的软件可以很快在世界各地普及，复制的成本低到可以忽略不计，“边际成本趋近于零，可实现爆炸式增长”成为软件发展的主要规律，2023年ChatGPT的发展就是一个代表。

软件技术快速发展、激烈竞争、赢者通吃的新特点，给传统的经济规律、竞争规律、管理规律和社会发展规律都带来了严重的冲击。这逐步成为一类社会和经济发展现象，如现在的直播带货、网红经济等，都具有相似的发展规律。传统的投入产出分析、产品走势曲线、竞争策略制订等方法事实上已经失效了。

免费软件、开源软件、奖励式营销这些新的营销趋势；高额浪费的多团队并行开发、不计投入的孤注一掷式开发、包含上下游的注重生态建设等模式正在快速发展，成为一种全新的业态。现在这种新的业态还是局部，但可能会很快发展到多个方面。

数字经济就是要分析解释、研究探索这些新的现象，找出新的发展特点，找到数字经济发展的特殊规律，从而促成数字经济时代投资、组织、管理、竞争新模式的建立和完善，更好地适应数字经济时代的发展和变化。

---

① 本章作者为张玉志，南开大学软件学院教授。

第一节　软件技术与数字经济：经济数字化转型双引擎

软件技术作为数字经济发展的重要驱动力，不仅极大地提升了生产效率和生活质量，还为各行各业带来了革命性的变革。随着人工智能、大数据、云计算等前沿技术的融合应用，软件技术正以前所未有的速度和广度渗透到社会的每一个角落。与此同时，数字经济的快速增长也为软件技术的发展提供了肥沃的土壤。市场需求的激增促使软件开发者不断探索新的技术解决方案，以满足用户对于更智能、更便捷、更安全的产品的需求。这种双向的促进作用，不仅加速了技术的迭代更新，还催生了新的产业形态和商业模式。软件与数字经济共同构成了一个充满活力与创新的生态系统，二者相互依存、相互促进，共同推动着全球经济的数字化转型。

一、软件技术多方位支撑数字经济应用

在全球科技快速发展的浪潮中，软件技术已崛起为推动数字经济发展的关键基础。近年来，一系列新兴技术如大数据、物联网（IoT）、区块链、云计算、大数据和人工智能（AI）的快速崛起，不仅为数字经济注入了源源不断的创新动力，还为经济增长提供了新的增长点。

众多新兴技术相互融合，共同促进了产业的数字化转型。大数据提供了强大的数据处理与分析能力。通过对海量数据的分析挖掘，为数字经济的决策提供了数据支持；物联网技术通过连接物理世界与数字世界，实现了设备的智能化和自动化，大幅提升了生产效率与产品质量；区块链以其去中心化和安全性，为数据交换和交易提供了新的信任机制，不仅在金融交易中发挥了重要作用，还延伸至供应链管理、知识产权保护和电子政务等领域；云计算为数字经济提供了弹性的计算资源，降低了数据存储、加工成本，并加速了创新步伐，进一步推动了相关业务创新和成本优化；大数据提供了强大的数据处理与分析能力，通过对海量数据的分析挖掘，为数字经济的决策提供了数据支持；人工智能通过模拟人类智能，提升数据经济的个性化和智能化水平。

在政策支持和技术创新的双重驱动下，中国的数字经济近年来取得了显著成果。截至2023年底，中国数字经济核心产业增加值达到了占GDP的10.1%。其中，软件和信息技术服务业增速最为迅猛，2023年营业收入达到了12.33万亿元，同比增长13.42%①。从金融科技到智能制造，再到智慧城市，我国软件技术的进步为数字经济的发展注入了强大动力。信息技术服务业的快速扩展，实现了数字技术与传统产业的深度融合，开创了全新

① 中国信息通信研究院．全球数字经济白皮书（2023年）[R]．2023.

的商业模式和产业生态。

未来，软件技术将继续在数字经济中扮演关键角色，驱动各行业的数字化转型和创新发展。随着5G、人工智能、机器人等前沿技术的发展，软件技术将在更广泛的领域中得到应用。高速、低延时的5G网络将为物联网、智能制造和智慧城市等领域提供坚实的网络基础，而AI和机器学习技术则将在医疗、教育、金融等领域更加深入地应用，提高效率和用户体验。区块链技术将在金融、供应链管理等领域继续发力，推动多元化数字金融业务的发展。

二、数字经济的发展推动软件技术创新

数字经济的蓬勃发展为软件技术创新提供了丰富的土壤和广阔的舞台。随着数字经济的不断深入，对软件技术的需求日益增长，这直接推动了软件技术的创新和发展。

数字经济的快速发展带来了多样化的市场需求，这些需求促使软件企业不断探索和开发新的技术解决方案，以满足市场对高效、智能、安全软件产品的追求。数字经济的核心是数据。大量的数据积累为软件技术的发展提供了丰富的原材料，软件企业可以利用这些数据进行深度学习和模式识别，从而推动算法和应用的创新。此外，数字经济的发展促进了不同行业之间的合作，软件企业与金融、医疗、教育等行业的结合，构建了多元化的生态系统，为软件技术的创新提供了更多可能性。

许多国家和地区的政府已经认识到数字经济的重要性，并出台了一系列政策来支持软件技术的研发和创新。例如，2021年，欧盟正式批准“数字欧洲计划”；2023年，美国发布了《国家人工智能研发战略计划》等。我国与数字经济关联密切的部分重点软件工程项目也在紧锣密鼓地推进中。雄安新区的智慧城市项目、粤港澳大湾区的智能制造示范区，为软件技术和数字经济的深度融合提供了示范样本。

不断加速的产业数字化转型对软件技术进步提出了更高要求。随着各行业逐步拥抱数字化，企业对高效、安全、智能的软件解决方案需求愈发迫切。一方面，企业需要通过数字化工具来优化生产流程、提升资源利用率和降低运营成本；另一方面，数字化转型也要求软件技术能够提供高度定制化和集成化的服务，以满足不同业务场景下的特定需求。

第二节 软件技术提供数字基础设施

数字基础设施是以信息基础设施为核心，提供数字转型、智能升级、融合创新等服务支撑经济社会数字化发展的新型基础设施体系，是实现数字化、网络化、智能化的重要载体①。

① 何苏燕，武志勇．习近平关于数字经济的重要论述及创新性贡献［J］．企业经济，2024，43（2）：101－110.

数字基础设施是数字经济发展的前提和基础，以5G、大数据、云计算、人工智能等为代表的新一代通信技术和新型数字基础设施的加速创新突破，成为推动数字经济和社会发展的关键力量①。

一、数字化建设助力数字经济崛起

在全球科技革命和产业变革的浪潮中，数字化作为数字经济的前提，正以前所未有的速度推动社会进入网络化、智能化的新阶段。数字经济以其多要素、高聚集、广应用等特点，不仅重塑了经济格局，更成为经济增长的新动能。面对这一趋势，各国纷纷制定战略，加快数字化转型，以抢占未来发展的制高点。我国目前已具备打造数字经济强国的土壤和基础。实施数字经济发展战略，不仅符合全球发展趋势，也是我国推动高质量发展的必然选择。党的二十大报告明确指出，“坚持高水平对外开放，加快构建以国内大循环为主体、国内国际双循环相互促进的新发展格局”。这一战略部署为我国数字经济发展指明了方向，也提供了广阔的空间和机遇。在“十四五”规划纲要中，我国明确提出要“加快数字化发展，建设数字中国”。这不但是对未来五年我国数字经济发展的总体要求，也是对我国在全球数字经济竞争中取得领先地位的具体部署。

（一）数字化建设提升生产效率和创新能力

数字化建设通过引入先进的技术，如大数据、人工智能、物联网等，极大地提升了生产效率和企业的创新能力。自动化和智能化生产设备的应用，减少了人工成本和错误率，同时提高了生产速度和产品质量。此外，数字化技术还促进了新产品和新服务的开发，使企业能够更快地响应市场需求，保持竞争力。海尔集团的“互联工厂”利用物联网技术，使各个生产环节实现互联互通，通过大数据分析优化生产流程，显著提升了生产效率和产品质量。此外，海尔还通过用户数据的实时反馈，迅速迭代产品设计，满足个性化需求，提高了企业的创新能力。

（二）数字化建设优化资源配置和决策支持

数字化建设使资源配置更加高效和精准。通过数字化平台，企业可以实现数据的实时采集、分析和共享，从而更好地掌握市场动态和客户需求。这不仅有助于企业优化供应链和库存管理，减少浪费和成本，还能为决策提供有力的数据支持，帮助管理层作出更明智的商业决策。例如，通过大数据分析，企业可以发现市场趋势和潜在商机，从而制定更加有效的战略规划。

---

① 黄鑫．推进数字基础设施体系现代化［N］．经济日报，2024－05－22（006）．

（三）数字化建设促进产业升级和生态系统建设

把握数字化、网络化、智能化方向，推动制造业、服务业、农业等产业数字化，利用互联网新技术对传统产业进行全方位、全链条的改造，提高全要素生产率，发挥数字技术对经济发展的放大、叠加和倍增作用①。数字化建设推动了传统产业的转型升级，形成了新的产业生态系统。通过数字化转型，传统产业可以实现业务模式的创新和流程的再造，增强市场竞争力。同时，数字化建设促进了各行业之间的融合发展，催生了新的商业模式和服务形态，如共享经济、平台经济等。此外，数字化生态系统的构建，为中小企业和初创企业提供了更多的发展机会和市场空间，推动了整个经济生态的繁荣与发展。

二、网络基建是数字经济的基石

网络基建作为数字经济的基石，其重要性在我国数字经济发展中日益凸显。2023 年 2 月，中共中央、国务院发布的《数字中国建设整体布局规划》明确强调了网络基础设施的重要性，提出要加快 5G 网络与千兆光网协同建设，以夯实数字中国建设基础。目前，我国在网络强国建设方面取得了历史性成就，5G 网络和千兆光网等关键设施的建设和应用均处于世界领先行列。与此同时，中国卫星互联网行业的快速发展不但体现了技术进步和产业升级，也是中国在全球通信领域追求领先地位的重要步骤。这些网络基础设施的成就不仅显著提升了我国在全球通信领域的竞争力，还为各行各业的数字化转型提供了强有力的支撑。

新一代网络技术驱动数智化生产新变革，助力传统行业的智能化转型。通过与人工智能、云计算等技术融合，低时延网络技术实现了远程控制和协同作业，提升了能源开采效率与安全；在仓储运输方面，5G 网络为港口和仓储提供全面感知和互联②，推动无人化、智能化操作，提高作业效率和安全水平；内蒙古呼伦贝尔传统食品工厂采用“5G 智慧工厂”系统，对生产制造全流程数据进行精准采集、快速传输和实时反馈，实现农作物的自动化加工作业。这些网络技术应用已在各行业形成规模化发展，不仅释放了数据要素价值，还推动了 IT 与 OT 的深度融合，为企业精细化管理、精准决策提供了有力支持。

新一代网络技术拓宽智慧交通新纪元，筑牢安全高效出行基石。这些技术正不断拓宽智慧交通的新边界，实现道路交通的安全高效运转和城市轨道交通的智慧运营。通过部署新一代网络及路侧智能化设备，实现了车—路、车—人、车—云间的信息实时交互，助力交管部门精准管理，提升路网运行效率，同时保障行人与车辆安全。在城市轨道交通领域，结合大数据、云边协同技术，通过路基设备与车载终端的协同，提供丰富的信息服

① 中国信息通信研究院．全球数字经济白皮书（2023 年）[R]．2023.
② 中国信息通信研究院．中国 5G 发展和经济社会影响白皮书（2023 年）[R]．2023.

务，显著提升地铁运营效率与安全保障水平，为乘客带来更安全、高效的绿色出行体验。

新一代网络技术与卫星通信融合，开启卫星互联网新篇章。卫星互联网作为现代网络基础设施的重要组成部分，正在为全球数字经济的发展注入新的动力。通过在地球轨道上运行的通信卫星，卫星互联网能够覆盖全球各个角落，尤其是地面互联网难以到达的偏远和农村地区。卫星互联网按轨道高度分为地球同步轨道（GEO）卫星、低地球轨道（LEO）卫星和中地球轨道（MEO）卫星。GEO卫星覆盖广泛但延迟较高，而LEO卫星由于轨道较低，延迟较低并且通过大量卫星组网实现全球覆盖，正成为当前发展的主流方向。SpaceX的Starlink、OneWeb和亚马逊的Kuiper等项目正在积极推进，计划发射数千颗LEO卫星以提供高速、低延迟的互联网服务。卫星互联网不仅能够快速部署，适应复杂地理条件，还能增强网络韧性，特别是在自然灾害等紧急情况下提供稳定的连接。然而，卫星互联网也面临高成本、信号延迟和监管复杂等挑战，但随着技术的不断进步，其在全球数字经济中的地位和作用将愈发重要。

三、算力是数字经济重要驱动力

在数字经济高速发展的时代背景下，算力作为其重要驱动力，正日益显现出巨大的影响力。随着技术的发展，算力已经从单纯的数学运算能力演变为涵盖数据处理、存储、传输和分析等多方面能力的综合体。在数字经济中，算力扮演着至关重要的角色，它不仅为各种数字化应用提供了强大的计算支持，还是推动新技术、新业态不断创新发展的关键要素。因此，算力的强弱直接影响着数字经济的发展速度和质量，是衡量一个国家或地区数字化水平的重要标志。

算力引领科技创新与产业升级。数字经济背景下，计算技术与应用场景创新为产业升级发展提供强劲动能，构建形成澎湃算力下的多元应用市场持续增长格局[①]。伴随数字经济向深向广发展态势，以及5G网络、人工智能、增强现实（AR）、虚拟现实（VR）等技术的成熟应用，算力在数字政府、物联网、工业互联网、智慧车联网、金融科技等应用场景的融合应用潜能已得到充分挖掘。算力在电力、交通、航空、医疗、教育等传统行业的应用范围和应用创新近年来已显著提升。

算力推动经济高质量发展。根据中国信息通信研究院测算，2022年，我国算力核心产业规模达1.8万亿元，算力每投入1元，将带动3—4元的GDP增长。算力“用得好”，对发展数字经济意义重大。2023年底，国家发展改革委等五部门发布《国家发展改革委等部门关于深入实施“东数西算”工程加快构建全国一体化算力网的实施意见》，提出到2025年底，普惠易用、绿色安全的综合算力基础设施体系初步成型，用户使用各类算力的易用性明显提高、成本明显降低，国家枢纽节点间网络传输费用大幅降低。在2024年

① 郭锦辉. 中国数字经济发展观察［N］. 中国经济时报，2024-05-21（003）.

《政府工作报告》中，“一体化算力体系”被首次提出，算力建设上升成为国家战略。这一战略决策的背后，是对算力在推动经济高质量发展中的关键作用的深刻认识。

算力扩容提速，智算日趋火热。近年来，我国算力基础设施水平持续提升，算力总规模近5年年均增速近30%①。截至2023年底，我国在用数据中心机架总规模超810万标准机架②，算力总规模达每秒230百亿亿次浮点运算，位居全球第二。高性能计算持续处于全球第一梯队。伴随着人工智能技术的飞速发展，智能算力在算力总规模中的比重日益增加。智能算力是指用于支持人工智能应用的计算能力，其快速增长反映了人工智能技术在各行业的广泛应用和深远影响。2023年底，智能算力规模已经达到每秒70百亿亿次浮点运算，占比达30%，增速超过70%，这一增长速度远超传统算力。回顾过去，2016年智能算力在算力总规模中的比重仅为3%，而如今这一数字已经大幅提升，并且预计到2030年将提升至85%以上③。智能算力的核心是AI芯片，英伟达在全球AI芯片市场上具有垄断地位。在国际主流厂商GPU供应紧缺和对我国高端芯片禁运的背景下，国产AI芯片加快落地算力产业链，AI芯片的国产化替代正加速推进。受限于国际主流厂商在生态的垄断地位，我国AI芯片的生态构建尚不完善，在各AI芯片公司致力于构建各自生态的同时，学术界提出了开源作为国产AI芯片发展的创新路径④。

四、数字经济发展的信任保障

在数字经济的迅猛发展中，信任保障成为关键议题，涵盖区块链、机密计算、多方安全计算、数字签名和公钥基础设施、生物识别技术、人工智能（AI）和机器学习（ML）、可信硬件等先进技术。区块链通过去中心化、不可篡改、透明公开和可追溯特性，构建了强大的信任机制，成为金融、供应链、医疗和政务等领域的重要基础设施。机密计算利用隔离、可信和加密技术，确保数据在使用过程中的机密性和完整性，提供有效的隐私保护。AI和ML通过实时监控、精准风险评估和自动化决策，提升系统安全性和可靠性，并结合差分隐私和解释性AI等机制，增强数据隐私保护和系统透明度。这些技术的融合，为数字经济的安全和持续健康发展提供了坚实的信任保障。

区块链技术作为数字经济发展中的关键技术，正展现出十分重要的价值。区块链技术通过去中心化、不可篡改、透明公开和可追溯等特性，为数字经济构建了信任机制。其去中心化特性消除了对单一中介机构的依赖，降低了信任成本；不可篡改和透明公开的特性确保了数据的真实性和可信度；可追溯性提供了审计和监管能力。区块链技术不仅为金融、供应链、医疗、政务等多个领域提供了技术支撑，还促进了新兴业态的发展。作为数

---

① 王群．算力成推动经济高质量发展的新引擎［N］．工人日报，2023-08-22（006）．

② 郭倩，裴桐．数字基建提速应用持续拓展［N］．经济参考报，2024-05-16（002）．

③ 刘啸．算力高铁“通车”人工智能“进站”［J］．数字经济，2024，（5）：38-41．

④ 刘怡鹤．智能算力需求热度延续AI芯片国产化提速［N］．上海证券报，2024-01-04（005）．

字经济秩序基础建设的可行解决方案，区块链已成为数字经济中的重要基础设施，为数字经济的发展提供了有力保障。

机密计算作为一种通用且高效的隐私计算技术，应运而生。机密计算利用隔离、可信和加密等关键技术，对数据进行加密处理，从而确保在数据使用过程中的机密性和完整性。该技术涵盖了可信执行环境、全同态加密和零知识证明等方面，为数据隐私保护和安全计算提供了强有力的解决方案。机密计算的应用，无疑将在数字经济的发展中发挥越来越重要的作用，为保护数据隐私和推动数字经济的持续增长作出重要贡献。

人工智能（AI）和机器学习（ML）技术在信任保障方面也发挥了至关重要的作用。AI 和 ML 通过数据分析、模式识别和自动化决策，为数字经济提供了强大的支持，增强了系统的安全性和可靠性。AI 和 ML 能够实时监控数据流和用户行为，识别异常模式，及时预防欺诈活动，提升系统的安全性。此外，AI 和 ML 提供精准的风险评估和管理能力，帮助企业进行复杂的风险分析和个性化防护策略制定，提高整体安全水平。在数据隐私保护方面，AI 和 ML 结合差分隐私等技术，确保数据在使用过程中的机密性。AI 与区块链上的智能合约结合，实现自动化和可信的决策流程，减少人为错误并增加透明度。解释性 AI 和模型审计机制进一步提升了 AI 系统的透明性和可信度，为用户提供对 AI 决策的理解和信任保障。通过这些技术手段，AI 和 ML 不仅增强了系统的安全性和可靠性，还提高了数据隐私保护水平，为数字经济的持续健康发展提供了坚实的信任保障。

第三节　软件技术对数字经济的重要作用

一、软件技术是数字经济的基础支撑

在数字经济的快速发展过程中，软件技术是至关重要的基础支撑。作为数字经济的基石，软件技术为各类数字化应用和服务提供了必要的工具和平台，驱动了生产、生活、消费等各个领域的数字化转型。

首先，操作系统和基础软件提供了运行环境和开发基础。操作系统（如 Windows、Linux、macOS 等）是所有数字化应用的基础，确保计算设备能够正常运行。基础软件（如数据库管理系统、网络协议栈等）为数据存储、传输和处理提供了基础服务。它们共同构成了数字经济的底层架构，保障了各类数字应用的稳定运行和高效互动。

其次，软件开发工具和平台为数字经济的发展提供了便利。现代软件开发环境（如 IDE、代码版本控制系统等）极大地提高了开发效率和代码质量。同时，各类开发平台（如 Android、iOS 开发平台）为不同设备和系统的应用开发提供了标准化支持，使开发者能够更加专注于创新应用的设计和实现。这些工具和平台的进步，推动了大量高质量数字

应用的涌现，促进了数字经济的繁荣。

再次，云计算平台为数字经济提供了强大的计算和存储能力。通过云计算，企业和个人无须自建昂贵的硬件设施，即可获取强大的计算资源和海量的数据存储空间。这不仅降低了数字化转型的门槛，还显著提升了资源利用率和灵活性。

最后，开源软件社区的繁荣为数字经济提供了丰富的资源和创新动力。开源软件[①]不仅降低了软件开发的成本，还促进了技术的快速迭代和创新。开源社区的协作模式，也为数字经济的发展注入了持续的创新活力。

软件技术通过提供必要的工具和平台，构建了数字经济发展的基础支撑体系。无论是操作系统、开发工具，还是云计算平台、开源软件，都是数字经济的重要组成部分。正是这些基础支撑，使数字技术能够广泛应用于各个领域，推动了创新发展、产业升级和商业模式的变革，使数字经济在全球范围内促成了经济发展。

二、软件技术推动数字经济：创新与产业升级

随着数字经济蓬勃发展，软件技术成为推动创新的重要力量。通过不断的技术革新和应用扩展，软件技术提供了各种形式的新型服务，满足着市场的新需求，带来了前所未有的发展机遇。与此同时，在全球经济进入数字化时代的过程中，传统产业面临着前所未有的挑战和机遇。软件技术作为数字化转型的关键驱动力，为传统产业的升级和变革提供了强有力的支持。通过应用先进的软件技术，传统产业能够提升生产效率、优化管理流程、创新商业模式，实现全方位的数字化转型。

首先，软件技术在大数据和人工智能领域的应用，显著提升了企业的决策能力和运营效率。大数据技术使企业能够从海量数据中挖掘出有价值的信息，帮助其更精准地把握市场趋势和消费者需求。人工智能技术通过机器学习、深度学习等方法，提升了数据分析的深度和广度，推动了智能化应用的发展。例如，推荐系统的广泛应用，使电商平台能够根据用户行为提供个性化的商品推荐，提高了用户体验和销售转化率。

其次，软件技术在生产制造领域的应用，推动了智能制造的发展。通过引入物联网（IoT）和工业互联网，企业能够实现设备的互联互通和数据的实时采集分析，从而提升生产过程的自动化和智能化水平。例如，制造企业利用 MES（制造执行系统）软件，可以实时监控生产线的运行状态，优化生产计划，提高生产效率和产品质量。此外，借助于大数据分析和人工智能技术，企业可以实现预测性维护，提前发现设备故障并进行维护，减少停机时间和维护成本。软件技术在供应链管理中的应用，显著提升了供应链的透明度和协同效率。通过 SCM（供应链管理）软件，企业可以实现对供应链全流程的数字化管理，

① 陈晓红，周源．数字经济时代下的开源软件科技创新政策及治理研究［J］．科学管理研究，2022，40（4）：16－23.

从原材料采购、生产制造到物流配送的各个环节都能实时监控和优化。

再次，区块链技术的引入，进一步提升了供应链的透明度和信任度，确保每个环节的数据都真实、不可篡改。例如，沃尔玛利用区块链技术实现了对食品供应链的追踪，大幅缩短了食品安全问题的追溯时间。此外，区块链技术利用去中心化、不可篡改的特点，重塑了数字信任机制，推动了金融等领域的创新应用。软件技术在金融服务行业的应用，推动了金融科技（FinTech）① 的快速发展。通过引入区块链、人工智能和大数据分析等技术，金融机构能够提升风险控制能力、优化业务流程、创新金融产品。例如，人工智能技术在风控和反欺诈领域的应用，使金融机构能够实时监控交易行为，识别和预防潜在的欺诈行为，提高了金融服务的安全性。同时，区块链技术在跨境支付和智能合约中的应用，极大地提高了交易效率和透明度，降低了交易成本。

最后，软件技术在移动互联网和 5G② 通信领域的进步，带来了全新的消费模式和用户体验。移动互联网的普及，使各种移动应用和服务迅速发展，改变了人们的生活方式和消费习惯。5G 技术以其高速率、低延迟和大连接的特点，进一步推动了虚拟现实（VR）、增强现实（AR）等新兴技术的应用，为数字经济注入了新的活力。边缘计算通过将计算资源部署到靠近数据源的地方，提高了数据处理的实时性和可靠性，满足了智能制造、自动驾驶等对低延迟、高可靠性的需求。

软件技术通过在大数据、人工智能、物联网、区块链等领域的持续创新，不断推动数字经济的发展和变革。这些技术不仅提升了企业的竞争力和运营效率，创造了新的商业模式和市场机会，还推动了传统产业的数字化转型和升级。借助于先进的软件工具和平台，传统产业不仅提升了运营效率和竞争力，还实现了商业模式的创新和价值链的重构。软件技术的持续进步，将进一步推动产业向数字化、智能化方向发展，为经济的高质量发展注入新的动力。

三、软件技术催生新型商业模式

在数字经济的快速发展中，软件技术不仅推动了传统产业的转型升级，还催生了多种创新的商业模式。共享经济和电子商务作为其中的典型代表，通过软件技术的支持，改变了人们的消费方式，也重塑了市场结构和商业生态。

首先，共享经济模式的兴起，离不开软件平台的支持。共享经济通过互联网和移动应用连接供需双方，实现资源的高效配置和共享。以共享出行为例，优步、滴滴等平台通过智能调度系统和大数据分析，实现了车辆和乘客的精准匹配，提高了交通资源的利用效

---

① Cao L, Yang Q, Yu P S. Data science and AI in FinTech: An overview [J]. International Journal of Data Science and Analytics, 2021, 12 (2): 81-99.

② Jabagi N, Park A, Kietzmann J. The 5G Revolution: expectations versus reality [J]. IT Professional, 2020, 22 (6): 8-15.

率。同时，共享住宿平台通过在线预订系统和用户评价机制，提升了房屋资源的利用率和用户体验。这些平台的成功，依赖于软件技术在用户数据分析、实时调度和信任机制构建方面的应用，显著提升了资源配置效率和服务质量。

其次，电子商务①模式的普及，深刻改变了传统的购物方式和商业模式。得益于软件技术的发展，电子商务平台不仅提供了便捷的购物体验，还通过大数据分析实现了个性化推荐和精准营销。例如，亚马逊和京东等平台通过强大的推荐算法，为用户提供个性化的商品推荐，显著提高了销售转化率和用户满意度。淘宝和天猫平台，通过社交电商、直播带货等创新模式，不仅提升了用户互动性，还创造了全新的购物体验。电子商务的成功，离不开软件技术在用户数据分析、物流优化和支付安全等方面的支持。

再次，在线服务平台的兴起，进一步丰富了消费模式和服务形式。在线教育、在线医疗等领域，通过软件平台实现了资源的共享和远程服务。例如，慕课和 Coursera 等在线教育平台，通过视频课程、在线测试和互动讨论，实现了优质教育资源的全球共享。在线医疗领域平台，如微医、平安好医生，通过在线问诊、健康管理和医药配送等服务，为用户提供了便捷的医疗解决方案。这些在线服务模式的成功，依赖于软件技术在视频流媒体、数据加密和用户交互方面的创新和应用。

最后，金融科技平台的兴起，带来了新的金融服务模式和消费体验。通过软件技术的支持，金融科技平台实现了在线支付、移动银行、个人理财等多种服务。例如，支付宝和微信支付，通过便捷的移动支付和多元化的金融服务，改变了用户的消费和支付习惯。同时，借助大数据分析和人工智能技术，金融科技平台能够提供个性化的理财建议和信用评估，提高了金融服务的精准度和安全性。

软件技术通过支持共享经济、电子商务、在线服务和金融科技等创新模式，不仅带来了新的消费方式，还推动了市场结构和商业生态的变革。这些创新的商业模式，通过提升资源配置效率、优化用户体验和创造新的价值链，成为数字经济发展的重要动力。随着软件技术的不断进步，未来还将涌现更多创新的商业模式，为经济发展注入新的活力。

四、全球范围内的经济增长：世界案例

在全球范围内，软件技术作为数字经济的核心驱动力，推动各国经济的增长和产业升级。各国通过不同的战略和措施，积极推动软件技术的研发和应用，取得了显著的经济成果。

美国硅谷是全球软件技术创新的中心，通过汇聚顶尖的科技人才和资本，持续推动软件技术的发展②。硅谷孕育了众多全球领先的科技公司，如苹果、谷歌、微软等，这些公

① Laudon K C, Traver C G. E－commerce 2020－2021: business, technology, society [M]. Pearson, 2021.

② Pisano G P, Shih W C. Restoring american competitiveness [J]. Harvard business review, 2009, 87 (7/8): 114－125.

司在全球范围内推动了软件技术的应用和普及。例如，谷歌通过搜索引擎、安卓操作系统和云计算平台，极大地改变了人们的生活方式和企业的运营模式；苹果的 iOS 生态系统，通过 App Store 为开发者提供了广阔的创新平台，推动了移动应用的繁荣。

德国在工业 4.0 战略的推动下，通过软件技术实现了制造业的数字化和智能化转型①。西门子公司作为工业 4.0 的领军企业，通过 Mindsphere 物联网操作系统，将设备、生产线和企业连接起来，实现了数据的实时采集和智能分析，提升了生产效率和产品质量。德国制造业的数字化转型，不仅提升了全球竞争力，还为全球制造业的转型升级提供了宝贵的经验。

印度通过发展软件外包和 IT 服务业，成为全球软件服务的重要提供者②。印度的班加罗尔被誉为“印度的硅谷”，聚集了大量软件开发和服务外包公司，如 Infosys、Tata Consultancy Services（TCS）等。这些公司通过提供高质量的软件开发和 IT 服务，帮助全球企业降低成本、提升效率。印度的软件外包和 IT 服务业，不仅为其国内创造了大量就业机会，也为其经济增长作出了重要贡献。

以色列是全球科技创新的重要中心③。以色列的高科技产业，尤其是在软件、网络安全和人工智能领域，取得了显著的成就。以色列的 Check Point 公司在网络安全领域处于全球领先地位，其创新的安全解决方案为全球数百万企业提供了强有力的保护。以色列的创新生态系统，通过政府的支持和风险投资的推动，催生了大量高科技初创企业，推动了经济的持续增长。

中国在数字经济领域的快速崛起，得益于政府的积极推动和庞大的市场需求④。阿里巴巴、腾讯、华为等科技巨头通过电子商务、移动支付和 5G 技术，极大地推动了中国经济的数字化转型。阿里巴巴的淘宝和天猫平台，创造了全球最大的在线购物市场，推动了电子商务的发展。腾讯的微信支付和 QQ，使移动支付成为主流支付方式，极大地便利了日常生活。华为在 5G 技术上的领先地位，为全球 5G 网络的建设和应用奠定了基础，推动了智能制造、自动驾驶等新兴产业的发展。

全球范围内的软件技术应用，不仅推动了各国的经济增长和产业升级，还促进了全球经济的互联互通。通过分享不同国家的成功经验和案例，可以更好地理解软件技术在推动数字经济发展中的重要作用，启示各国在未来的发展中更好地利用软件技术，实现经济的高质量发展。

---

① Veile J W，Kiel D，Müller J M，et al.. Lessons learned from Industry 4.0 implementation in the German manufacturing industry［J］. Journal of Manufacturing Technology Management，2020，31（5）：977－997.

② Gupta G，Basole A. India's Information Technology industry：prospects for growth and role in structural transformation［J］. Decision，2020，47（4）：341－361.

③ Senor D，Singer S. Start－up nation：The story of Israel's economic miracle［M］. McClelland & Stewart，2011.

④ Zhang M L，Chen M S. China's digital economy：Opportunities and risks［M］. International Monetary Fund，2019.

五、数字经济的未来发展

随着数字经济的不断发展，数据已经成为最重要的生产要素之一。未来，数据将成为数字经济的重要组成部分，但与此同时，数据隐私和算法歧视等问题也将带来新的社会挑战。

（一）数据流通的兴起

数据流通市场通过提供一个规范的平台，使数据所有者和数据需求方能够高效、安全地进行数据交换。例如，数据局（Data Bureau）作为数据流通的中介机构，可以提供数据质量评估、数据安全保障等服务，促进数据流通的规范化和透明化。此外，数据集作为数据流通的基本单位，通过标准化的格式和协议，确保数据在不同系统和平台之间的兼容性和可用性。未来，数据流通将变得越来越普遍和重要。

（二）数据集

数据集在数据流通中的角色尤为重要。一个数据集通常包含特定领域的大量数据，这些数据经过清洗、标注和结构化处理，便于分析和利用。数据集的标准化和共享，能够大幅提升数据的利用效率和价值。例如，在医疗领域，医疗数据集可以用于疾病研究和药物开发，提高医疗水平和创新能力；在交通领域，交通数据集可以用于优化城市交通管理，减少拥堵和污染。

（三）数据隐私的挑战

在数据流通日益频繁的背景下，数据隐私保护将面临巨大的挑战。数据的广泛收集和流通，增加了个人隐私泄露的风险。为了应对这一挑战，各国需要制定严格的数据隐私保护法规，并加强对数据使用和交易的监管。例如，欧盟的《通用数据保护条例》（GDPR）已经为全球的数据隐私保护树立了标杆，通过赋予用户对其数据的控制权，增强了数据隐私保护的力度。

此外，企业和数据流通平台需要采用先进的数据加密和匿名化技术，确保数据在传输和流通过程中的安全性。区块链技术由于其去中心化和不可篡改的特性，也为数据隐私保护提供了一种新的可能。通过智能合约，数据所有者可以更精细地控制数据的使用权限和流通条件，进一步提升数据流通的安全性和透明度。

（四）算法歧视的问题

随着人工智能和大数据技术的广泛应用，算法歧视问题日益凸显。算法歧视是指在数据分析和决策过程中，由于算法设计或训练数据的不公正，导致某些群体受到不公平的对待。例如，在招聘、信贷审批等领域，算法可能会因为训练数据的偏见而对某些群体产生歧视。

为了应对算法歧视问题，需要在算法设计和开发过程中，注重公平性和透明度。开发者应采用多样性数据集进行模型训练，并通过公平性测试来检测和纠正算法中的潜在偏见。此外，建立透明的算法审计机制，使外部专家和公众能够对算法进行独立评估，从而提升算法的公正性和可信度。政府和行业协会也应制定相关的标准和法规，对算法的设计、开发和应用进行规范。

例如，美国国家标准与技术研究院（NIST）提出的《AI 风险管理框架》①，为算法的公平性和透明度提供了指导原则。通过多方合作，共同推动算法的公平使用，减少算法歧视对社会的负面影响。

未来，数据流通和算法应用将进一步推动数字经济的发展，但也将带来新的社会问题。为了实现数字经济的可持续发展，各方需要共同努力，平衡数据利用和隐私保护，确保算法的公平性和透明度。通过制定和实施科学合理的政策和措施，可以在推动技术进步的同时，保障社会的公平和公正。

第四节　软件定义的数据要素流通

一、构建数据要素基础制度

2022 年 12 月，中共中央、国务院印发了《中共中央　国务院关于构建数据基础制度更好发挥数据要素作用的意见》，简称“数据二十条”。这是世界上第一份提出全面构建数据基础制度的总体政策性文件，在世界范围内建设数据基础制度、激活数据蕴含的价值方面发出了中国声音，提出了中国的发展路线，具有引领示范效应。此后，国内各地政府以“数据二十条”倡议内容为依据，陆续开展数据要素市场化改革、数据知识产权登记、公共数据授权运营管理等工作，为合法依规使用数据、做大做强我国数字经济发挥了重要引领作用。“数据二十条”最大的原创贡献是区分界定了数据持有权、数据加工使用权和数据产品经营权，简称数据“三权分置”，为合理、合法使用数据以及继续论证数据产权的法理问题提供了政策依据。

2023 年 2 月，中共中央、国务院印发了《数字中国建设整体布局规划》。这一规划对建设“数字中国”工程进行了整体规划，阐述了全局体系建设方面的阶段性目标和要求。规划按照“夯实基础、赋能全局、强化能力、优化环境”的要求，提升数字中国建设的整

① Broad James. Risk management framework［M］. 2013.

体性、系统性、协同性，促进数字经济和实体经济深度融合，以数字化驱动生产生活和治理方式变革推进中国式现代化进程。

2023 年 4 月，全国首笔个人数据合规流转交易在贵阳大数据交易所场内完成。这笔交易成为促进个人数据合规使用、规范交易、合法收益的经验样板，首次论证了个人作为数据要素市场的直接参与方并获益的可行性，也是落实“数据二十条”中有关数据资源持有权、数据加工使用权和数据产品经营权“三权分置”原则的实践。

生成式人工智能技术的发展离不开海量数据要素的支持，为确保人工智能安全、可靠、持续发展，2023 年 7 月，国家网信办、国家发展改革委、教育部、科技部、工业和信息化部、公安部、广电总局七部门联合发布了《生成式人工智能服务管理暂行办法》。这是全球范围内第一部专门针对生成式人工智能的法规，提出了治理生成式人工智能监管的中国方案，为全球人工智能治理开辟了思路。该办法坚持发展与安全并重，以包容审慎、分级分类为思路，从输入端的数据层面即作出规定要求，既为生成式人工智能的研究与发展留足了空间，又从源头对安全、可靠的要求作出了规定。

为充分激励企业数据登记确认为资产，并规范企业数据资产价值入账，2023 年 8 月，财政部印发《企业数据资源相关会计处理暂行规定》。这一规定坚持了会计审慎原则，细化会计处理方法，创新式地采取了强制披露与自愿披露相结合的方式，兼顾企业信息需求、成本效益和商业秘密保护，体现了数据基本特征，为规范数据资源会计处理和促使企业加强信息披露提供了重要依据，为激活企业级数据登记资产并确认价值等行为提供了明确指引。

2023 年 10 月，国家数据局挂牌成立，由国家发展和改革委员会主管。国家数据局的成立，是我国强化国家数据资源建设顶层统筹、加快建设全国统一、辐射全球数据要素市场的重要标志，有利于协调各地推动数据基础制度落地，统筹数据资源的整合和开发利用，为我国数字经济创新发展带来强大的驱动力。

2024 年 1 月 4 日，国家数据局等 17 部门联合印发《“数据要素 ×”三年行动计划（2024—2026 年）》，旨在充分发挥数据要素乘数效应，赋能经济社会发展。据统计，2023 年底，中国数据产量已占到全球数据总量的 10.5%，“数据要素 ×”这项新行动以推动数据要素高水平应用为主线，促进多场景应用，先行聚焦工业制造、现代农业、商贸流通等 12 个领域，推动在行业中发挥数据要素的乘数效应，释放数据要素价值，实现经济规模和效率的倍增。相关部门将通过提升数据供给水平、优化数据流通环境、加强数据安全保障等多重保障措施，促进我国数据基础资源优势转化为经济发展新优势。

这一行动计划明确了截至 2026 年底的工作目标：到 2026 年底，数据要素应用广度和深度大幅拓展，在经济发展领域数据要素乘数效应得到显现，打造 300 个以上示范性强、显示度高、带动性广的典型应用场景，涌现出一批成效明显的数据要素应用示范地区，培育一批创新能力强、成长性好的数据商和第三方专业服务机构，形成相对完善的数据产业生态，数据产品和服务质量效益明显提升，数据产业年均增速超过 20%，场内交易与场外交易协调发展，数据交易规模倍增，推动数据要素价值创造的新业态成为经济增长新动力，数据赋能经济提质增效作用更加凸显，成为高质量发展的重要驱动力量。

2024 年 5 月，中国加入《数字经济伙伴关系协定》工作组就中国加入该协定进行了第五轮首席代表谈判，彰显了中国参与制定全球数字经济规则的开放姿态，体现了中国积极参与全球治理、参与构建国际贸易新规则的决心和努力，有助于中国在新发展格局下与各成员加强数字经济领域合作、促进创新和可持续发展，有利于中国在数字经济领域提升国际竞争力和影响力。

国家互联网信息办公室发布的《数字中国发展报告（2022 年）》数据显示，2022 年，我国数据产量达 8.1ZB，同比增长 22.7%，占全球数据总量的 10.5%，位居世界第二。截至 2022 年底，我国存力总规模超 1000EB，数据存储量达 724.5EB，同比增长 21.1%，占全球数据总存储量的 14.4%。根据国家工业信息安全发展研究中心的资料，数据要素市场主要分为数据采集、数据存储、数据加工、数据交易、数据分析、数据服务和生态保障等多个板块，其中，数据存储市场规模达 180 亿元，数据分析市场规模达 175 亿元，数据加工市场规模达 160 亿元，总市场规模超 800 亿元，预计 2025 年市场规模超 2000 亿元①。

为充分释放数据要素价值，落实《“数据要素×”三年行动计划（2024—2026 年）》，2024 年 5 月 24 日，国家数据局会同生态环境部、交通运输部、金融监管总局、中国科学院、中国气象局、国家文物局、国家中医药局等部门在第七届数字中国建设峰会上发布了首批 20 个“数据要素×”典型案例，如表 2－1 所示。

表 2－1　国家数据局等多部门联合发布首批 20 个“数据要素×”典型案例（排名不分先后）

序号	行业领域	所在地区	机构名称
1	工业制造	北京	国家能源投资集团有限公司
2		四川	四川长虹电子控股集团有限公司
3	现代农业	江苏	江苏省互联网农业发展中心
4	商贸流通	浙江	浙江中国小商品城集团股份有限公司
5		上海	上海钢联电子商务股份有限公司
6	交通运输	浙江	浙江四港联动发展有限公司
7	金融服务	浙江	浙江网商银行股份有限公司、蚂蚁科技集团股份有限公司
8	科技创新	北京	国家空间科学数据中心、国家高能物理科学数据中心、国家天文科学数据中心
9		安徽	合肥机数量子科技公司
10	文化旅游	湖南	湖南省博物院
11		湖北	武汉理工数字传播工程有限公司

① 中商产业研究院．深度分析：数据要素产业加速建设 市场迎来机遇［EB/OL］．（2023－11－23）［2024－6－5］．https：//www.askci.com/news/chanye/20231123/0956032700710855800127 88_2.shtml.

续表

序号	行业领域	所在地区	机构名称
12	医疗健康	安徽	讯飞医疗科技股份有限公司
13		北京	北京市计算中心有限公司
14	应急管理	广东	广东省应急管理厅
15		福建	福建省电子政务建设运营有限公司
16	气象服务	四川	四川省国土空间生态修复与地质灾害防治研究院、四川省气象台
17		浙江	台州市气象局
18	城市治理	山东	烟台市大数据中心建设镇街综合数据平台
19	绿色低碳	新疆	国网新疆电力有限公司
20		安徽	合肥市生态环境局

二、数据要素市场的软件组成及现状

党的十九届四中全会首次将数据与土地、劳动力、资本、技术并列作为参与分配的生产要素。2020 年 4 月，中共中央、国务院发布《关于构建更加完善的要素市场化配置体制机制的意见》，明确提出“加快培育数据要素市场”，明确“引导培育大数据交易市场”。党的十九届五中全会进一步提出“建立数据资源产权、交易流通、跨境传输和安全保护等基础制度和标准规范，推动数据资源开发利用”。

数据作为数字经济的战略性、基础性、配置性要素资源，具有与传统要素不同的特点与特性，特别是在流通过程中的“原本与副本的物理表现形式一致”“原本与副本的使用价值相脱离提供方物理控制即失控”等特性，决定了数据的登记与流通不能简单地借鉴传统商品或服务的方式，应当根据数据要素的特性进行系统和深入的研究与探索。

区块链技术在解决互联网环境下的可信协同问题上具有重要的作用，因此如何应用区块链技术进行数据的安全登记与可信流通，也成为业界关注的重点。但是区块链的分布式账本、智能合约等技术在数据流通领域的重要应用价值在于通过基于密码学与技术代码所保证的“信任”构建，而无法解决数据登记的计量、语义与特征值等问题，也无法支持数据上链后通过区块链实现可信流通，因而智能作为支持技术，发挥数据流通过程中的信任对称作用，构建数据流通过程中的对等信任、透明可控和不易篡改机制，实现高效的信任协同与信任协作。

目前，隐私计算是保护数据安全并实现可信流通的主要技术，也是国家数据局局长刘烈宏提出的数据基础设施建设的六大能力之一①。目前，隐私计算的三大主流技术在应用过程都具有一定的不足：可信执行环境（TEE）对软硬件要求都比较高，同时需要数据物

① 中国新闻网．国家数据局局长刘烈宏：加快推进数字基础设施建设［EB/OL］．（2024－03－26）［2024－6－5］．https：//baijiahao. baidu. com/s?id＝1794567632548200231&wfr＝spider&for＝pc.

理传输后进行计算；安全多方计算目前需要消耗过高的算力成本，适用场景特征为“数据密度低、价值高”，大规模应用范围有限；联邦学习在计算过程中会产生大量的交互流量，计算过程不透明，需要额外提供可信的自证手段，但联邦学习是目前最有可能进行大规模推广的技术之一。

从国内与全球探索与实践来看，数据流通技术与规范还处于早期阶段，目前世界上还没有已经验证成功的数据交易所或数据流通体系，数据流通利用属于世界级难题，国内大数据交易所的探索与尝试表明：传统的金融、大宗商品交易所模式并不适用于数据要素交易流通。因此，需要“系统思维”，构建法律、技术、经济、商业四位一体、相互协同的整体技术与运营体系。

在全球范围内，美国主要通过政府数据免费开放、数据经纪人、互联网平台数据服务等方式，在保护隐私基础上较少进行限制；欧盟在报数个人数据权属的基础上，通过构建数据空间来促进数据的安全利用。

在数据登记方面，美国和欧盟都没有特殊的制度规范与技术平台。欧洲主要通过数字单一市场、数据空间来解决数据的流动问题，同时通过 GDPR 来保护个人数据隐私；美国的数据经纪人制度以及《美国数据隐私和保护法案》、加州《消费者隐私保护法》（CC-PA）均未对数据登记与价值评估进行规范。

在数据基础设施发展方面，美国于 2019 年发布了《国防部数字现代化战略白皮书》，提出了在国防信息系统网络（机器互联网络）之上构造国防信息网络（数据互联网络）进而实现网络中心战向数据中心战转型。软件定义网络（SDN）发明人、斯坦福大学 Nick McKeown 教授联合普林斯顿大学和康奈尔大学于 2020 年承担了美国国防部先进计划研究局（DARPA）价值 3000 万美元的项目 Pronto，探索在新一代 5G 技术下建立一个覆盖云、网、边、端到端的软件定义网络，使网络层资源全栈可编程、可验证，形成闭环网络控制。

大数据核心系统软件 Spark 研制团队、加州大学伯克利分校 Ion Stoica 和 Scott Shenker 教授在 2021 年提出 Sky Computing，旨在构建各个云计算数据中心之间的算力互联网，让云计算应用更方便地使用不同云计算提供商的特色服务，提供更好的安全性、可靠性和性能，降低云计算应用的成本。

我国在数联网相关的云计算与大数据、互联网新型结构、软件定义技术、泛在系统软件等领域有众多的研究与实践，特别是在以数字对象架构（DOA）为代表的数联网系统软件和应用实践等方面取得了世界一流的水平和成果。

在数联网系统软件方面，依托科技部组织实施的国家重点研发计划“云计算与大数据”项目，由北京大学、清华大学、复旦大学、香港理工大学和中国科学院等国内一流团队，于 2018 年启动数联网架构与系统软件的研究，2020 年牵头制定数字对象架构两大核心协议之一的数字对象接口协议 DOIP 新版标准，2021 年实现 DOIP 协议开源软件栈，标志着我国掌握了数联网领域主流技术标准 DOA 的重要话语权和软件自主权。

在数据登记与可信流通层面，目前国内主要实现形式仍然是通过政府内部共享交换、政府对外开放服务、交易所交易流通等方式进行，全程主要通过隐私计算技术和区块链技术进行支持。例如，2021 年 11 月 3 日，国网新乡供电公司依托北京大学研发的“数据要素确权与可信流通平台”，通过离线计算技术，成功解决了数据不出域、算法与结果双审核的可信流通利用问题，根据客户需求研发编制数据分析产品——《“碳达峰、碳中和”新乡市新旧能源转换报告》，以总价 10061.95 元出售给了河南碳中和生态科技研究院，实现了相对于成本法计算数据价值的 29 倍增值溢价。

第五节　人工智能和 GPT 重构数字经济未来

从 20 世纪的搜索引擎、专家系统和推荐系统等软件开始，人工智能软件就一直在数字经济发展中扮演着重要的角色，人工智能软件一直都是数字经济发展的核心引擎之一，是推动数字经济快速崛起和发展的重要因素之一。而随着 21 世纪初开始的基于深度神经网络架构的人工智能软件的迅速发展，各种类型的人工智能软件正成为数字经济发展的主要推动力量。如图 2－1 所示，谷歌（Google，母公司为 Alphabet）从 2004 年上市以来，市值增长增加了数千倍，从 272 亿美元增加到约 2.18 万亿美元，其主要业务均和人工智能（AI）软件相关①。根据 Statista 的数据，全球 AI 市场规模从 2018 年的约 200 亿美元增加到 2024 年的近 500 亿美元，预计到 2030 年将突破 1 万亿美元②。而随着基于深度神经网络的 AI 大模型的出现，其表现出的智能涌现能力，有望彻底改变以往的数字经济模式，重构数字经济未来。2024 年《政府工作报告》首次提出了开展“人工智能＋”行动，将其与 2015 年提出的“互联网＋”并列，指出随着大模型和人工智能技术与中国产业升级的大势紧密相连，人工智能将成为推动我国产业转型升级的重要力量③。

人工智能软件，依据其对数字经济的不同支撑和推动作用，可以分为四种类别：人工智能框架软件、人工智能平台软件、人工智能应用软件与 AI 大模型软件。人工智能框架软件是用于构建和训练人工智能软件的基础软件，提供了基础模型架构模块和训练模块，关注于快速、高效的人工智能软件训练和生成，其作用辐射到人工智能产业的方方面面，是现代的基于深度神经网络架构的人工智能软件的基底。人工智能平台软件为开发者和企业提供了计算资源、数据存储、模型训练、部署等服务，是人工智能软件生产到其部署应

① YCharts. Alphabet Market Cap Analysis [EB/OL]. 2024. https://ycharts.com/companies/GOOG/market_cap.

② Statista. Global Artificial Intelligence (AI) Market Size & Forecast [EB/OL]. 2024. https://www.statista.com/statistics/941835/artificial-intelligence-market-size/.

③ 人民网．政府工作报告首提“人工智能＋”有何深意 [EB/OL]. (2024-03-10). http://www.bjrd.gov.cn/zyfb/zt/14jqgrd02chybjdbthdztbd/bgjd/202403/t20240310_3584488.html.

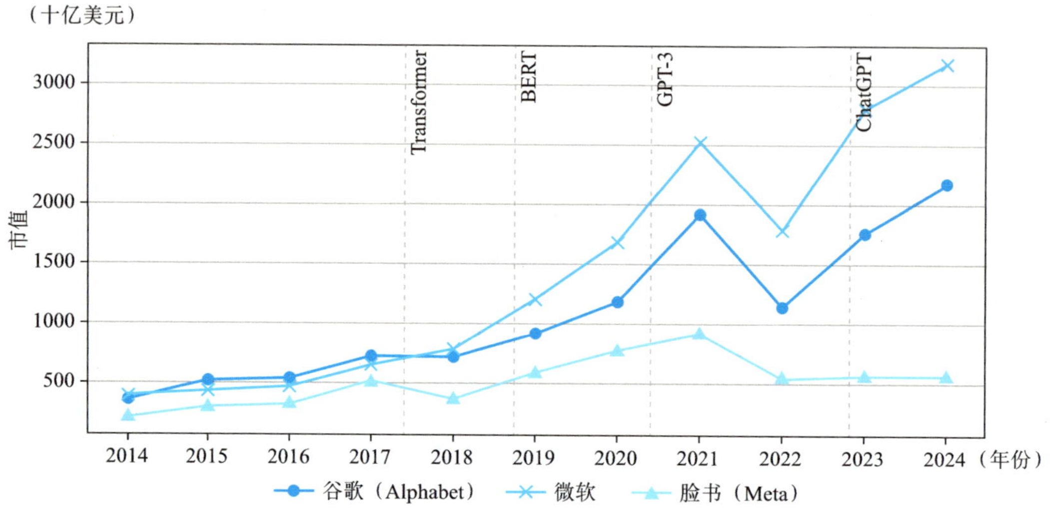

图 2－1　谷歌、微软和 Meta 公式市值随着 AI 大模型出现节点的变化

用间的桥梁。人工智能应用软件为用户提供了方便人性化的人工智能服务，是将技术转化为经济效益的关键步骤，是促进数字经济发展的直接力量。AI 大模型软件不同于以往的所有软件，其可以为之前的软件注入灵魂，可以重构以往的服务范式和工作模式，重构数字经济未来。

一、AI 框架软件支撑数字经济基础

AI 框架软件用于孵化人工智能软件，是支撑人工智能数字经济产业的基础。例如，谷歌母公司 Alphabet 在 2022 年的收入为 2828 亿美元，其中很大一部分归功于其 AI 驱动的服务和产品，如谷歌搜索、YouTube 和谷歌广告，这些软件大多基于谷歌推出的 TensorFlow 框架开发①。脸书（Meta）在 2022 年的收入为 1179 亿美元，AI 在其服务中的关键作用包括内容审核和广告定位，由其开发的 PyTorch 框架软件支撑了目前绝大部分人工智能模型构建和训练部署②。

当前 AI 框架软件如图 2－2 所示，这些软件主要关注快速的人工智能软件构建，高效的人工智能软件训练和生成。在 AI 框架出现之前，构建基于深度神经网络的人工智能模型往往是非常复杂且工作量大的工作，研究专家需要手动构建模型计算和加速代码、数据处理、训练流程等，这极大地阻碍了人工智能软件的发展，从而限制了人工智能软件在各行业的应用落地。因此，开发效率和计算效率是 AI 框架软件的主要目标，其封装了与深度学习相关的所有模块，可以极大地加速基于深度神经网络的人工智能软件的构建和训

① YCharts. Alphabet Market Cap Analysis［EB/OL］. 2024. https：//ycharts. com/companies/GOOG/market_cap.

② YCharts. Market capitalization of Meta Platforms（Facebook）（META）［EB/OL］. 2024. https：//companiesmarket-cap. com/meta－platforms/marketcap.

练。AI 框架的发展大致可以分为三个阶段：基于数值微分的 AI 框架、基于静态图的 AI 框架和基于动态图的 AI 框架。

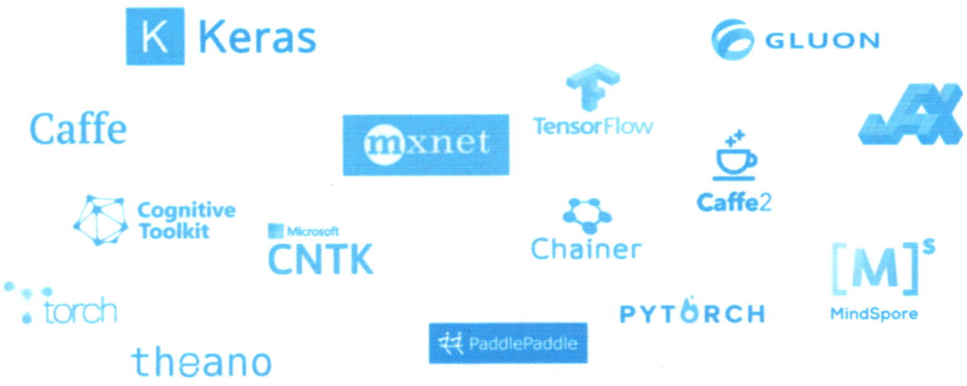

图 2-2 AI 框架软件

第一代 AI 框架以 Caffe 为代表，主要基于数值微分技术，提供了一种灵活且高效的计算模型，用户可以轻松定义和训练卷积神经网络（CNN）和其他深度学习架构。此外，Caffe 因其速度快而著称，特别是在处理图像分类任务时表现出色，使其在学术界和工业界广受欢迎。Caffe 简化了复杂的深度学习模型的开发过程，提高了开发效率，从而加速了 AI 应用的落地。尤其是在计算机视觉领域，Caffe 帮助企业更快地开发出图像识别、目标检测等应用，这些应用广泛用于自动驾驶、智能监控、医疗影像分析等领域，大大推动了这些行业的数字化转型和经济增长，在推动数字经济发展方面起到了显著作用。然而，Caffe 的灵活性有限，主要集中在卷积神经网络（CNN）的实现，对其他类型的神经网络支持较少。Caffe 作为第一代 AI 框架，为深度学习的推广和应用奠定了基础，但其局限性推动了更先进的静态图 AI 框架的发展。

第二代 AI 框架以 TensorFlow 1. x 为代表，引入了静态计算图的概念，使用计算图来表示计算任务，用户可以在图中定义操作，并在会话中执行这些操作。这种方式允许对计算图进行优化，提高了计算效率。相比 Caffe，TensorFlow 1. x 在数字经济中的促进作用更加显著。Caffe 主要专注于卷积神经网络（CNN）的实现，而 TensorFlow 则提供了更广泛的支持，涵盖了各种深度学习模型，如循环神经网络（RNN）、生成对抗网络（GAN）等。这种多功能性使 TensorFlow 能够应用于更多领域，从而推动更多行业的数字化转型。例如，在自然语言处理、语音识别和推荐系统等领域，TensorFlow 的应用广泛提升了这些领域的技术水平和商业价值。然而，TensorFlow 1. x 的静态图定义方式相对复杂，无法处理需要动态变化的模型（如递归神经网络），调试过程非常烦琐，修改和调试模型的灵活性受到限制，这限制了许多动态模型的普及和应用，推动了基于动态图的 AI 框架的发展。

第三代 AI 框架是我们目前普遍使用的 AI 框架，主要软件包括 PyTorch、TensorFlow 2. x，以及国产的 AI 框架 MindSpore 和 PaddlePaddle，它们都基于动态图（Dynamic Computation Graph)，即计算图在运行时动态构建。这些 AI 框架允许开发者在执行代码的同时修改模型，这意味着可以更快速地进行原型设计和实验，极大地提高了开发效率，推动了人工智能软件的发展。国产的 AI 框架如 MindSpore 和 PaddlePaddle 也在迅速发展，并逐渐在全球范围内获得认可。MindSpore 由华为开发，具有高性能、分布式计算和端边云协同等特点；PaddlePaddle 由百度开发，提供了丰富的预训练模型和工具，广泛应用于工业界和学术界。更重要的是，第三代 AI 框架的高效性和灵活性使 AI 技术的开发和部署更加快速，从而加速了 AI 应用的落地。无论是自动驾驶、智能医疗还是金融科技，这些领域都因 AI 技术的进步而获得了显著的发展和创新。第三代 AI 框架的大规模应用直接推动和促成了大模型的发展。大模型（如 GPT－3、BERT 等）在自然语言处理、计算机视觉等领域展现出了强大的性能，得益于第三代 AI 框架的高效计算能力和灵活性。大模型的出现和普及极大地提升了 AI 应用的智能化水平，推动了数字经济的快速发展。

AI 框架软件是快速构建和开发基于深度神经网络的人工智能软件的基础软件，是人工智能软件快速开发和迭代的重要工具，从第一代基于数值微分的 AI 框架软件到第三代基于动态图的 AI 框架软件，AI 软件的开发效率和效果得到极大提升，促成了基于深度神经网络的人工智能数字经济的形成和发展。围绕高效而便捷的 AI 框架软件，各种人工智能软件和平台开始兴起，共同构建了繁荣的人工智能数字经济产业。

二、AI 平台软件助力数字经济腾飞

在数字化时代的背景下，AI 平台软件正以其强大的功能和灵活的服务，成为推动数字经济快速发展的核心力量。这些软件不仅赋予 AI 开发者高效实用的开发工具，同时为众多企业提供了全面的 AI 解决方案。

AI 平台软件为开发者提供了模型压缩工具，利用先进的技术如剪枝、量化和蒸馏，将原本复杂的 AI 模型进行精简，确保其准确性不受影响的同时，更加高效和经济。例如，谷歌的 TensorFlow Lite 通过模型优化，使移动设备上的 AI 应用能够实现高达 4 倍的加速。此外，模型优化工具也是 AI 平台软件的重要组成部分。这类工具通过算法优化、并行计算和硬件加速等方法，显著提升 AI 模型的训练和推理速度。例如，NVIDIA 的 CUDA 深度学习加速平台，能够为深度学习训练提供强大的 GPU 加速能力，对深度学习训练过程有着显著的性能提升作用。

有些开源的接口管理和分发系统甚至能支持多种大型模型，为开发者提供了更加高效便捷的开发环境。同时，可视化工具的出现，使 AI 模型的开发和调试过程更加直观。开发者可以轻松地通过可视化界面查看和理解模型的结构、参数以及训练过程中的各项指标，这对于模型的优化至关重要。例如，TensorBoard 是 TensorFlow 的一个可视化工具，可以帮助开发者监控模型训练过程中的各种指标。

在服务层面，AI 平台软件同样表现出色。云计算平台如 AWS、Azure、GCP 等，为 AI

应用的开发和运行提供了稳定而强大的计算资源、数据存储和模型训练能力。这些平台的弹性扩展特性，使它们能够满足各种规模和复杂度的 AI 应用需求。例如，AWS 的 Amazon SageMaker 服务，允许开发者快速构建、训练和部署机器学习模型，支持从数据准备到模型部署的整个机器学习流程。

自动化机器学习平台的兴起，进一步降低了 AI 技术的门槛。这类平台通过自动化技术和先进的机器学习算法，帮助开发者快速构建和部署 AI 应用，让更多企业和个人能够享受到 AI 技术的红利。例如，DataRobot 的自动化机器学习平台，能够将机器学习项目的开发时间从几个月缩短到几周。

为了满足 AI 应用的训练和验证需求，数据集服务也应运而生。这些经过精心标注和处理的数据集，能够有效提升 AI 模型的准确性和泛化能力，为 AI 应用的成功提供有力保障。例如，Kaggle 提供了超过 1000 个公开数据集，供全球的数据科学家用于机器学习模型的训练和验证。

AI 平台软件对数字经济发展的推动作用不容忽视。它们不仅为 AI 技术的创新和应用提供了坚实的基础，还在推动各行各业的数字化转型中扮演着关键角色。从金融到医疗，从教育到交通，AI 平台软件正在助力企业实现智能化升级，提升服务质量和效率。展望未来，随着技术的不断进步和应用的持续拓展，AI 平台软件将继续发挥其重要作用，为数字经济的腾飞注入新的活力。它们将成为推动社会进步和发展的重要力量，引领我们进入一个更加智能、高效和便捷的新时代。

三、AI 应用软件勾勒数字经济蓝图

AI 应用软件，作为直接面向用户或特定行业应用的软件，正以其独特的魅力勾勒出数字经济的宏伟蓝图。这些软件不仅解决了实际问题，提高了工作效率和生活质量，更在推动数字经济的发展中发挥着不可或缺的作用。根据中国信息通信研究院的预测，到 2026 年全球人工智能产业规模将达 8941 亿美元。其中，软件在市场中持续占据主导地位，其市场份额占比近 9 成①。

在图像与视频处理领域，AI 应用软件展现了其独特的魅力。例如，Adobe 的 Sensei 平台利用 AI 技术，为创意专业人士提供智能编辑和设计功能，从而推动了创意产业的发展。同时，图像和视频处理软件能够自动分析和解决图像和视频中的各种问题，极大地提升了广告、新闻、影视等行业的制作效率和质量。例如，2022 年冬奥会期间，央视视频通过使用 AI 智能内容生产剪辑系统，高效生产与发布冬奥冰雪项目的视频集锦内容，为深度开发体育媒体版权内容价值创造了更多的可能性②。自然语言处理领域的 AI 应用软件同样备

① 中国信息通信研究院．全球数字经济白皮书（2023 年）[R]．2024.

② 中国信息通信研究院，京东探索研究院．人工智能生成内容（AIGC）白皮书（2022 年）[R]．2022.

受瞩目。智能客服系统能够自动处理客户咨询和售后服务，极大地提升了客户服务效率。例如，IBM Watson Assistant 能够显著提高客户服务效率。机器翻译和情感分析技术则能够处理自然语言数据，实现语言的自动转换和情感分析，促进了全球贸易和文化交流。

智能推荐系统作为 AI 应用软件的重要组成部分，正以其独特的优势推动着数字经济的发展。无论是电商推荐还是内容推荐，这些系统都能够基于用户行为和偏好进行个性化推荐，提升用户体验和转化率。

自动化与机器人技术的应用也在不断地推动着数字经济的发展。自动驾驶技术能够提升交通效率和安全性，减少了交通事故的发生，改善了人们的出行体验。工业自动化技术能够提升生产效率和降低成本，推动了传统产业的升级和转型，如宝马公司在其 BMW VISION NEXT 100 概念车中通过 AIGC 辅助设计开发了汽车动态功能性外表皮和内饰①。智能家居技术能够提升生活便利性和舒适度，让人们的生活更加美好。这些技术的发展和应用不仅催生了新的产业和就业机会，更促进了物联网、大数据等相关技术的发展和应用。

在金融领域，AI 应用软件同样发挥着重要的作用。风险评估、欺诈检测、智能投资等应用能够利用 AI 技术提升金融服务的效率和安全性，降低金融风险和成本，提升金融行业的稳定性和可持续发展能力。

AI 应用软件以其独特的功能和优势在数字经济的发展中发挥着重要的作用。它们不仅解决了实际问题，提高了工作效率和生活质量，更在推动数字经济的发展中发挥着不可或缺的作用。随着技术的不断进步和应用场景的不断拓展，AI 应用软件将继续为数字经济的发展注入新的动力，勾勒出更加宏伟的蓝图。

四、AI 大模型重构数字经济未来

AI 大模型表现出了令人惊叹的零样本学习能力。通过在大量语料上进行无人工标注的自回归学习，AI 大模型可以理解人的意图并作出正确的回复。不同于传统的机器学习及深度学习应用和软件，AI 大模型软件表现出的智能涌现能力仿佛具有了灵魂，回归了人工智能的提出最初愿景：使机器具有人的智能，可以代替人的工作。由此，AI 大模型再一次助推了人工智能研究的热潮，有望实现真正的通用人工智能（artificial general intelligence，AGI）。

从数字经济的角度来看待 AI 大模型，其价值无疑是难以估量的。简单而言，如果说 AI 大模型之前的人工智能软件是数字经济中的重要推动力量，那么 AI 大模型软件就是数字经济中的革命者，完全革新了数字经济中的生产方式，以史无前例的生产效率实现生产力的跃迁。AI 大模型有望实现 1956 年以来提出的人工智能愿景，使用具有人一样智能的机器来完成各种工作，使现有人类社会一切经济生成资料都可能由 AI 大模型进行重构，从而实现史无前例的生产效率提升，完成一场类似于工业革命一般的人工智能革命。因此，在数

① 中国信息通信研究院，京东探索研究院．人工智能生成内容（AIGC）白皮书（2022 年）[R]．2022.

字经济中，AI 大模型软件脱胎于传统深度神经网络却完全不同于以往的人工智能软件。

据统计，虽然 AI 大模型的基本 Transformer 架构提出还不到 10 年，而 AI 大模型 ChatGPT 提出也仅仅不到 2 年，基于 AI 大模型的应用软件数量就已经超过 10000 款，而提出大模型概念进行创业的公司多达 300 家，其市值总和超过 1 万亿美元。仅在中国范围内提出的 AI 大模型数量就超过 100 个。以 AI 大模型软件为卖点的手机和电脑等设备也已推出，而训练和推理 AI 大模型的计算设备一时间洛阳纸贵，即使是 10 年前的 NVIDIA K80 古董显卡竟然也有涨价的一天。而 AI 大模型的浪潮也助力 OpenAI 这个初创公司一夜之间成为世界知名公司，估值超过 290 亿美元，使谷歌、微软、Nvidia 等公司市值突破新高[①]。

聊天机器人无疑是当下 AI 大模型最具有代表性应用，其使用 AI 大模型充当一个智能聊天助手，可以和用户进行一对一的对话交流，从而帮用户解决各种问题。聊天机器人可以通过添加不同的提示词迁移到许多不同的应用领域，从而替代原有的需要由人工来完成的任务并产生实际的经济效益，提升生产效率。例如，基于 AI 大模型的聊天机器人可以非常容易地作为智能客服来解决用户的各种问题。相比传统的智能客服机器人，AI 大模型可以理解客户的诉求并产生正确的回复，相比人工客服，经过简单的微调的 AI 大模型客服机器人可以回答并解决各种与商品有关的问题，无论是产品咨询和技术问题，无需繁杂的人工培训，24 小时在线，所有客服服务质量一致且高效。就当下而言，人工客服的应用场景非常广泛，不限于网购、游戏、教育培训、社区服务等多种应用场景，可能产生的经济效益巨大，目前正在快速推广。

除了通用的聊天问答，AI 大模型在专业领域也能表现得游刃有余。例如，在医疗领域，AI 大模型可以处理和分析大量医疗数据，提高诊断的准确性和速度[②]。在法律领域，AI 大模型正在改变法律咨询和法律研究的方式。通过自动化合同审查、法律文档生成和法律研究，AI 不仅大幅减少了律师的重复性劳动，还提高了法律服务的准确性和效率。据调研与市场公司（Research and Markets）的研究，全球法律 AI 市场的价值预计将从 2023 年的 1.63 亿美元增长到 2028 年的 6.4 亿美元，这表明了该领域的快速扩展和技术进步带来的显著市场价值提升[③]。此外，生成式 AI 大模型正成为文字、图像、音频等内容创

---

① Grand View Research. Large Language Model Market Size, Share & Trends Analysis Report By Application (Customer Service, Content Generation), By Deployment, By Industry Vertical, By Region, And Segment Forecasts, 2024 – 2030 [EB/OL]. 2024. https://www.grandviewresearch.com/industry – analysis/large – language – model – llm – market – report.

② Scott W Menzies, et al.. Comparison of humans versus mobile phone – powered artificial intelligence for the diagnosis and management of pigmented skin cancer in secondary care: a multicentre, prospective, diagnostic, clinical trial [J]. The Lancet Digital Health, 2023, 5 (10): 679 – 691.

③ Research and Markets. LegalTech Artificial Intelligence Market to Soar to $6.4 Billion by 2028: Global Long – term Forecast to 2033 – Strategic Acquisitions Shaping the Landscape, Advancement in Contract Management [EB/OL]. 2024. https://www.globenewswire.com/news – release/2024/04/29/2871412/0/en/LegalTech – Artificial – Intelligence – Market – to – Soar – to – 6 – 4 – Billion – by – 2028 – Global – Long – term – Forecast – to – 2033 – Strategic – Acquisitions – Shaping – the – Landscape – Advancement – in – Contract – Manag.html.

作的重要工具，可以极大地降低数据生成的成本，同时保证高质量的内容生成。生成式AI大模型在数字经济发展中发挥了重要作用，通过自动化生成内容，可以替代大量人工创作任务，从而提高生产效率，降低运营成本。例如，在广告和营销领域，基于生成式AI大模型的工具能够快速生成大量高质量的广告文案和视觉素材，确保内容的多样性和创意性。在新闻传媒行业，AI大模型可以辅助记者撰写新闻稿件，生成报道素材，提高新闻发布的速度和精准度。同时，在影视制作、游戏设计等创意产业中，生成式AI大模型可以帮助创作者快速构思和实现各种创意想法，极大地提升创作效率和作品质量。例如，广告公司现在能够利用AI生成的文案和创意来快速响应市场需求，显著缩短从创意到发布的时间。这种变化带来了显著的经济效益，据国外调研机构Markets and Markets预测，到2030年，生成式AI市场将达到1367美元①。这些应用不仅显著提升了相关行业的生产力，还推动了新兴数字经济模式的形成和发展，带来了深远的经济变革影响。

从理论上来讲，传统经济社会中许多需要人工决策的任务都可以使用AI大模型软件进行驱动，从而提升生产效率和生产质量，包括智能问答、医疗咨询、法律咨询、资源管理等。然而，AI大模型软件对数字经济发展的潜在影响远不止对当下任务的简单替换和效率提升，还体现在完全不同于以往的生产模式，推动创新和创造新市场。

以自动驾驶为例，传统的交通系统和驾驶依赖人工操作和管理，而AI大模型通过对大量交通数据和实时监控信息的处理，能够优化交通流量，提供自动驾驶和智能调度服务，使完全无人驾驶汽车的开发成为可能，这不仅将改变交通运输行业，还将对城市规划、环保和公共安全产生深远影响。据麦肯锡估算，到2030年，自动驾驶汽车将在全球创造5.5万亿至12.6万亿美元的价值②。在医疗领域，AI大模型通过分析患者的基因数据、病历和生活习惯，能够提供高度个性化的治疗方案和健康建议。在教育领域，AI大模型可以根据学生个人的学习情况和偏好，制订定制化的学习计划和辅导内容。使用AI驱动的教育平台可以提高学生的学习效率，这不仅提高了教育质量，还使教育资源的分配更加公平和高效。在金融领域，使用AI大模型分析大量金融数据，并提供个性化的投资建议和风险管理策略，可以帮助投资者优化投资组合。利用AI进行金融分析和风险管理，可以为企业带来显著的成本节省和收入增长。企业通过采用先进的数据分析技术，可以识别和量化潜在风险，制定有效的风险管理策略，从而实现更高的运营效率和成本节约。这些新兴市场和生产模式不仅推动了传统行业的转型升级，还催生了许多全新的商业机会和就业岗位。

---

① Markets and Markets. Generative AI Market by Offering (Transformer Models (GPT - 1, GPT - 2, GPT - 3, GPT - 4, LaMDA), Services), Modality (Text, Image, Video, Audio & Speech, Code), Application (Content Management, Search & Discovery), Vertical and Region - Global Forecast to 2030 [EB/OL]. 2024. https://www.marketsandmarkets.com/Market - Reports/generative - ai - market - 142870584.html.

② McKinsey. Better business: How to harness value from IoT technologies [EB/OL]. 2021. https://www.weforum.org/agenda/2021/11/internet - of - things - value - 2030.

这些数据和案例表明，AI 大模型作为数字经济的核心驱动力，不仅提升了生产效率，还在创新和创建新经济模式方面具有重要的战略意义，推动了全新的经济模式和市场的形成，带来了深远的经济和社会变革，重构数字经济未来。

参考文献

[1] 陈晓红，周源．数字经济时代下的开源软件科技创新政策及治理研究［J］．科学管理研究，2022，40（4）：16－23．

[2] 郭锦辉．中国数字经济发展观察［N］．中国经济时报，2024－05－21（003）．

[3] 郭倩，裴桐．数字基建提速应用持续拓展［N］．经济参考报，2024－05－16（002）．

[4] 何苏燕，武志勇．习近平关于数字经济的重要论述及创新性贡献［J］．企业经济，2024，43（2）：101－110．

[5] 黄鑫．推进数字基础设施体系现代化［N］．经济日报，2024－05－22（006）．

[6] 刘啸．算力高铁“通车”人工智能“进站”［J］．数字经济，2024，（5）：38－41．

[7] 刘怡鹤．智能算力需求热度延续 AI 芯片国产化提速［N］．上海证券报，2024－01－04（005）．

[8] 人民网．政府工作报告首提“人工智能＋”有何深意［EB/OL］．（2024－03－10）．http：//www.bjrd.gov.cn/zyfb/zt/14jqgrd02chybjdbthdztbd/bgjd/202403/t20240310_3584488.html．

[9] 王群．算力成推动经济高质量发展的新引擎［N］．工人日报，2023－08－22（006）．

[10] 中国新闻网．国家数据局局长刘烈宏：加快推进数字基础设施建设［EB/OL］．（2024－03－26）［2024－6－5］．https：//baijiahao.baidu.com/s?id＝1794567632548200231&wfr＝spider&for＝pc．

[11] 中国信息通信研究院，京东探索研究院．人工智能生成内容（AIGC）白皮书（2022 年）［R］．2022．

[12] 中国信息通信研究院．全球数字经济白皮书（2023 年）［R］．2023．

[13] 中国信息通信研究院．中国 5G 发展和经济社会影响白皮书（2023 年）［R］．2023．

[14] 中商产业研究院．深度分析：数据要素产业加速建设 市场迎来机遇［EB/OL］．（2023－11－23）［2024－6－5］．https：//www.askci.com/news/chanye/20231123/095603270071085580012788_2.shtml．

[15] Broad James. Risk management framework［M］．2013．

[16] Cao L, Yang Q, Yu P S. Data science and AI in FinTech: An overview [J]. International Journal of Data Science and Analytics, 2021, 12 (2): 81-99.

[17] Grand View Research. Large Language Model Market Size, Share & Trends Analysis Report By Application (Customer Service, Content Generation), By Deployment, By Industry Vertical, By Region, And Segment Forecasts, 2024-2030 [EB/OL]. 2024. https://www.grandviewresearch.com/industry-analysis/large-language-model-llm-market-report.

[18] Gupta G, Basole A. India's Information Technology industry: prospects for growth and role in structural transformation [J]. Decision, 2020, 47 (4): 341-361.

[19] Jabagi N, Park A, Kietzmann J. The 5G Revolution: expectations versus reality [J]. IT Professional, 2020, 22 (6): 8-15.

[20] Laudon K C, Traver C G. E-commerce 2020-2021: business, technology, society [M]. Pearson, 2021.

[21] Markets and Markets. Generative AI Market by Offering (Transformer Models (GPT-1, GPT-2, GPT-3, GPT-4, LaMDA), Services), Modality (Text, Image, Video, Audio & Speech, Code), Application (Content Management, Search & Discovery), Vertical and Region-Global Forecast to 2030 [EB/OL]. 2024. https://www.marketsandmarkets.com/Market-Reports/generative-ai-market-142870584.html.

[22] McKinsey. Better business: How to harness value from IoT technologies [EB/OL]. 2021. https://www.weforum.org/agenda/2021/11/internet-of-things-value-2030.

[23] Pisano G P, Shih W C. Restoring american competitiveness [J]. Harvard business review, 2009, 87 (7/8): 114-125.

[24] Research and Markets. LegalTech Artificial Intelligence Market to Soar to $6.4 Billion by 2028: Global Long-term Forecast to 2033-Strategic Acquisitions Shaping the Landscape, Advancement in Contract Management [EB/OL]. 2024. https://www.globenewswire.com/news-release/2024/04/29/2871412/0/en/LegalTech-Artificial-Intelligence-Market-to-Soar-to-6-4-Billion-by-2028-Global-Long-term-Forecast-to-2033-Strategic-Acquisitions-Shaping-the-Landscape-Advancement-in-Contract-Manag.html.

[25] Scott W Menzies, et al.. Comparison of humans versus mobile phone-powered artificial intelligence for the diagnosis and management of pigmented skin cancer in secondary care: a multicentre, prospective, diagnostic, clinical trial [J]. The Lancet Digital Health, 2023, 5 (10): 679-691.

[26] Senor D, Singer S. Start-up nation: The story of Israel's economic miracle [M]. McClelland & Stewart, 2011.

[27] Statista. Global Artificial Intelligence (AI) Market Size & Forecast [EB/OL].

2024. https：//www. statista. com/statistics/941835/artificial – intelligence – market – size/.

[28] Veile J W，Kiel D，Müller J M，et al.. Lessons learned from Industry 4. 0 implementation in the German manufacturing industry [J]. Journal of Manufacturing Technology Management，2020，31（5）：977 –997.

[29] YCharts. Alphabet Market Cap Analysis [EB/OL]. 2024. https：//ycharts. com/companies/GOOG/market_cap.

[30] YCharts. Market capitalization of Meta Platforms（Facebook）（META）[EB/OL]. 2024. https：//companiesmarketcap. com/meta – platforms/marketcap.

[31] Zhang M L，Chen M S. China's digital economy：Opportunities and risks [M]. International Monetary Fund，2019.

第三章
数据流动与数据价值[①]

近年来，我国数字经济蓬勃发展，作为国民经济“稳定器”“加速器”的作用日益凸显。据中国信息通信研究院统计，2022 年，中国数字经济规模达到 50.2 万亿元，占 GDP 比重为 41.5%。另外，中国数字经济增长速度较为显著，2022 年，中国数字经济规模同比名义增长 10.3%，超出同期 GDP 名义增速 4.98 个百分点。在数字经济浪潮中，数据已成为推动经济增长和技术创新的关键生产要素，数据的价值在各个领域得到了前所未有的重视和挖掘。从企业运营到政府决策，从金融服务到个人生活，数据的应用无处不在，其潜能正逐步被释放。党的十九届四中全会首次将数据增列为生产要素。中共中央、国务院印发的《关于构建更加完善的要素市场化配置体制机制的意见》将数据列为五大核心要素之一。2017 年 12 月，习近平总书记在中共中央政治局第二次集体学习时指出，要构建以数据为关键要素的数字经济。数据要素的价值实现过程涉及数据的收集、处理、分析和应用等多个环节。本章旨在深入探讨数据要素的经济价值，以数据要素的定义和数据市场的发展现状为起点，从微观、宏观和开放环境三个层面分析数据如何创造价值。通过对数据要素经济价值的全面梳理，本章揭示了数据作为生产要素在现代经济体系中的重要性，并为未来的数据管理和政策制定提供了理论依据和实践指导。

第一节　数据要素与数据市场

一、数据要素的定义

在现代经济体系中，数据的角色愈加重要，已成为推动生产力发展的重要动力。数字经济时代，任何产品和事件都可以被编码为二进制语言，以 0 和 1 表示，这就是数据。数

① 本章作者为施炳展、徐嘉擎。其中：施炳展，南开大学数字经济交叉科学中心教授；徐嘉擎，南开大学经济学院研究生。

据可以被存储在硬件中，如海底电缆和数据中心，并在硬件之间传输，由此就产生了数据流。数据在个人、企业和国家之间流动是互联网和数字经济的运作基础。

（一）从可能的生产要素到现实的生产要素

值得注意的是，数据并不是天然就成为生产要素进入生产过程，从个人行为、产品、事件等收集的原始数据并不具备直接的经济价值。那么，数据价值是如何产生的呢？从数据价值链的角度看，收集数据并进行整理和分析，可以使数据从原始状态进阶到信息（information）阶段，完成了第一次价值提升；知识（knowledge）是在信息的基础上，通过抽象思考、逻辑推理和经验总结等过程提炼而成，是对信息的深入理解和系统化表达。进一步地，知识经过精练和升华达到智慧（wisdom）层面，智慧不仅是知识的高级形态，更是数据价值的最终形态。在这一过程中，数据的潜在价值得到了充分体现，并随着加工转换的深入而不断增值。值得注意的是，数据要素的价值增值并非仅限于技术层面的处理，还涉及数据的治理、合规使用、安全保护等方面。只有在确保数据的真实性、准确性、完整性和时效性的基础上，数据才能在价值链中发挥应有的作用，为经济社会发展提供强有力的支撑。同时，在这一增值过程中，数据必须借助信息通信技术、互联网、云计算、大数据和人工智能等先进技术进行处理和分析，才能从可能的生产要素转变为现实的生产要素，在企业的生产过程或政府的公共政策制定过程中发挥作用、实现价值。许宪春等①认为，国民经济核算框架下的“数据”可定义为，已记录为可存储、传输或处理的数字化形式观察结果，并能够从中获取信息和知识以支持决策，不包括数据收集阶段未经数字化记录转化之前的观察。随着大数据、人工智能等技术的不断进步，数据要素的潜能将进一步被释放，为社会创造更多的价值。

（二）数据的分类

数据资源是释放数据要素价值的“原材料”。随着数字经济的迅猛发展，各类主体在生产、经营、管理、服务、消费等过程中产生大量数据。数据分类存在多种维度和多种方法，适用于不同场景。

遵循数据价值链的理念，可以依照数据在信息系统中使用和处理的层次进行分类，分为基础层、中间层和应用层。这种分类方式反映了数据从原始状态到最终被应用程序使用的整个过程：基础层数据，通常指的是原始数据，这些数据直接从数据源（如传感器、数据库、文件等）获取，没有经过任何加工或处理，往往是杂乱无章的，需要通过数据清洗、转换和整合等过程才能变得有价值和可用；中间层数据，位于基础层和应用层之间，这些数据通常经过基础层的一些处理，如数据清洗、转换、整合，包括数据仓库中的结构

---

① 许宪春，张钟文，胡亚茹．数据资产统计与核算问题研究［J］．管理世界，2022，38（2）：16－30＋2.

化数据、数据湖中的存储数据或者经过 ETL（extract，transform，load）过程的数据，这些数据为特定的业务分析、报告或机器学习模型提供了基础，但仍然需要进一步加工和提炼才能用于具体的应用；应用层数据是指已经被处理并可以直接用于应用程序或业务流程的数据，这些数据通常是按照特定的业务需求定制的，可以是报告、分析模型或机器学习预测结果等形式，是与用户直接交互的数据，用于支持具体的业务操作和决策制定等。

除此之外，按收集数据的方式可以分为自愿数据和观测数据。自愿数据是指用户有意提供的信息，如注册账号时填写的个人信息等；观测数据是应用程序或第三方软件在用户知情或不知情的情况下收集的信息，如位置数据、网络关系、网络行为数据等。数字技术，尤其是数据分析技术的发展主要与观测数据有关，换言之，数据要素主要由观测数据组成。数据还可以分为结构数据和非结构数据，大数据通常与非结构化数据有关，近 9 成的数据是非结构化的。按照数据安全的维度，还可分为一般数据、重要数据、核心数据等，通过数据分类分级降低数据安全风险。

在法律层面，各国主要根据权益归属划分数据类型。美国《开放政府数据法案》将数据分为公共数据和非公共数据两大类：公共数据是处于世界范围内公有领域中的数据，任何人都可以公开使用；非公共数据是通过许可协议获得使用的非公共数据——具体来说，非公共数据是指该数据基于隐私性、安全性、保密性或其他基于法律的原因不能对外公开，或该数据基于合同当事人之间的合同约定而被合同、许可协议、专利权、商标权、版权、商业秘密、法规或其他限制而不能对外公开。美国以此制定政府数据公开策略，要求所有政府部门都要向公众开放非敏感类的政府数据，从而加强公众、企业或其他组织对政府公开数据的利用。欧盟《通用数据保护条例》（GDPR）基于对不同数据主体采取差异化数据权利规定的角度，将数据分为个人数据和非个人数据。个人数据是指与已识别或可识别的自然人相关的任何信息，包括姓名、地址、电话号码、电子邮件地址、身份证号码、IP 地址、网络浏览历史等；非个人数据是指不能与任何已识别或可识别的自然人直接或间接相关的数据，这类数据可能包括匿名化或去标识化的信息，或者是一组聚合后的数据，这些数据不再能够指向任何特定的个人。GDPR 主要关注个人数据的保护，规定个人用户产生的数据必须为个人所拥有，同时对个人数据在事前、事中、事后的使用进行了最高程度的尊重和保护，赋予用户包括知情权、访问权、更正权、可携权、删除权、限制处理权、反对权、自决权在内的多项权利。对于非个人数据，虽然 GDPR 不要求同样严格的保护措施，但对于那些可能涉及大量数据处理的活动，即使是非个人数据，也可能需要遵守 GDPR 中的某些原则和规定，同时，欧盟还制定了《非个人数据在欧盟境内自由流动的框架》《数据法案》等推进非个人数据的自由流动与跨境传输。我国“数据二十条”提出“建立公共数据、企业数据、个人数据的分类分级确权授权制度”，依据归属主体将数据分为公共数据、企业数据和个人数据三大类型，突出不同类型的数据在制定管理制度时应具有不同的侧重点。在公共领域，数据的开放与共享已成为推动社会进步的关键。尽管我国在公共数据开放方面已取得显著进展，但数据的共享程度和质量仍需提升，并且当前公共数据分布较为分散，不便于汇总。如何进一步打破信息壁垒，实现公共数据资源的广泛共享，是当前亟待解决的问题。在企业层面，数据的整合和分析能力是提升竞争力的核心。企业拥有海量的数据资源，但如何有效整合这些数据，提取有价值的信息，用于指导决策，是企业发展的关键。企业数据包括企业自行收集的数据、生产经营数据和再加工的数据，企业为这些数据赋予的价值需要得到有效评估与认定。同时，确保数据安全，防止数据泄露，也是企业必须关注的问题。对于个人数据而言，则要考虑如何在尊重个人隐私的基础上，实现数据的最大化利用。

二、数据的收集、传输和存储

数据从产生到成为一种生产要素进行交易并被企业、政府等主体利用，还需经历收集、传输和存储三个重要的中间环节，各个环节都依托于深厚的技术基础。

（一）收集

数据收集主要依靠数字平台和物联网。微软、亚马逊、阿里巴巴、腾讯等数字平台是最主要的数据收集方。消费者在使用数字平台提供的服务的过程中，也向数字平台提供了个人数据。大型数字平台通过网络效应和规模经济增加市场势力，具有垄断趋势。而物联网（IoT）则通过联网电子设备（如传感器、仪表、射频识别）收集数据。目前，全球物联网市场处于快速增长状态。2020 年，物联网连接（如联网汽车、智能家居设备和联网工业设备）首次超过非物联网连接的数量（智能手机、笔记本电脑、平板电脑和电脑），据 IDC 数据，2021 年全球物联网市场规模超 5 万亿元，同比增长 11%，预计 2026 年超过 10 万亿元，2021—2026 年复合增长率 13%，物联网市场规模达万亿级别，未来发展空间广阔。

（二）传输

数据的传输需要借助一系列物理设施。5G 技术以超高速和低时延提升了数据传输的速度，为物联网处理大量数据提供了可行性，并对移动设备的客户体验产生积极影响。电缆相比卫星等其他信道，可以更低的成本传输更多的数据，其中，海底电缆的铺设是跨境数据传输的先决条件。此外，互联网交换点（IXP）是不同电信运营商之间为连通各自网络而建立的集中交换平台，一般由第三方中立运营，是互联网的重要基础设施，可以显著提高本地网络传输数据、交换信息的效率。

（三）存储

在数据的存储环节，关系型数据库（relational database）、数据仓库（data warehouse）

和大数据平台（big data platform）是用于数据存储、管理和分析的三种不同类型的系统，它们在功能和设计上有所区别，但也存在一定的关联和互补。关系型数据库是一种广泛使用的数据库技术，它基于关系模型，使用结构化查询语言（SQL）进行数据查询和操作。关系型数据库的主要特点包括数据的一致性和完整性、事务支持、数据标准化等，适用于在线事务处理（OLTP）系统，即处理日常的交易和操作，如银行交易、订单处理等。数据仓库是一种特殊类型的数据库，用于存储大量的历史数据，以便进行复杂的查询和分析。数据仓库通常用于在线分析处理（OLAP）系统，支持数据挖掘、商业智能（BI）报告和决策支持系统。数据仓库的设计重点在于数据的聚合、组织和优化查询性能，以便快速响应业务分析需求。大数据平台是为处理和分析海量数据而设计的系统，可以处理结构化、半结构化和非结构化数据。大数据平台通常包括数据存储、数据处理、数据分析和数据管理等多个组件，这些平台适用于各种大数据应用，如搜索引擎、推荐系统、社交网络分析、物联网数据分析等。三者之间存在着相辅相成的关系：关系型数据库通常用于日常事务处理，数据仓库用于集中存储和分析这些事务数据，以支持战略决策；大数据平台扩展了数据仓库的概念，能够处理更加复杂和庞大的数据集，包括非结构化和半结构化数据。关系型数据库和数据仓库可以被视为大数据平台的一部分，为大数据分析提供结构化数据的基础。在实际应用中，三者可能并存，关系型数据库和数据仓库可以作为大数据平台的补充，提供不同的数据存储和处理能力。

总的来说，关系型数据库和数据仓库更适合于结构化数据的存储和分析，而大数据平台则提供了更加广泛的数据处理能力，可以应对多样化和大规模的数据挑战。三者的发展和应用，反映了随着数据量的增长和数据处理需求的复杂化，数据库技术和数据管理解决方案的不断进步。

三、数据要素市场

数据经收集、传输和存储，并经过数字企业的加工和处理后形成数据产品，在数据要素市场上进行交易后，才能流向使用数据的企业。数据要素市场是以数据产品及服务为流通对象，以数据供方、需方为主体，通过流通实现参与方各自诉求的场所，是一系列制度和技术支撑的复杂系统①。供方具体包括数据交易所、企业主导型数据服务平台等，需求方通常涵盖金融业、通信业、制造业、医疗健康等行业。数据要素市场交易也是数据价值实现中非常重要的一环——尹西明等②认为，数据价值化实现的逻辑是，在数据通过“提纯”提高数据质量的基础上，明晰数据产权，评估数据价值，确定数据价格，促进数据流通和交换，才能实现数据应用，进而实现数据价值增值。

① 中国信息通信研究院．数据要素白皮书（2022 年）［R］．2022.

② 尹西明，林镇阳，陈劲，等．数据要素价值化动态过程机制研究［J］．科学学研究，2022，40（2）：220－229.

（一）数据要素与其他生产要素的区别

数据要素市场交易的数据产品包括数据包、数据 API、数据报告和数据服务等，与我们熟知的资本、劳动、技术等生产要素存在本质上的区别。与资本、劳动等“有形”生产要素相比，第一，数据要素是无形的，不受物理空间的限制，可以随时随地被获取和利用，还具有无限可复制性；第二，数据要素是非竞争性的，可以被多个主体同时使用，而不会出现资源的枯竭或价值的损耗，例如，同一组消费者数据可以被业内多个企业用于分析、研究和创新，从而提高生产效率，而不会出现任何折旧和贬值。不过，数据要素的使用并非没有限制，对数据的访问可能会受到技术或法律手段的限制，这导致了数据要素市场存在不同程度的排他性，企业可能通过技术手段加密数据，使之难以被竞争对手获取，或通过法律法规来保护自身的数据资源，这些限制措施在一定程度上影响了数据要素的流动和共享。

与技术、知识、管理等“无形”生产要素相比，数据要素在生产规模、生产成本、价值增值等方面具有更加优越的性质。数字经济时代，数据的产生突破了时空的约束，每一个个体、机器、事物、场景都是“数据生成器”，实现了数据的爆炸式增长，同时覆盖了从生产到消费的多个场景，无时不在、无处不在；数据在算力、算法的加持下，全时、实时、即时地生产数据、建模分析、迭代优化、灵活反馈，形成动态问题解决方案，具有高增值性。此外，受摩尔定律影响，数据分析处理成本急剧下降，有助于降低数字基础设施的固定成本，而数据的高再生性、高共享性和易复制性也使数据的边际成本很低，甚至几乎为零。数据要素自身还具有无限复制、无限迭代等独有的特性，使其在数字经济时代成为一种独特的生产要素给传统的社会经济活动带来颠覆性的变革①。因此，数据要素市场不能照搬传统生产要素市场的制度体系，需要根据数据要素的特性进行改进和创新。

（二）产权问题

产权是经济学中的一个核心概念，指对某种资源或资产拥有使用、支配、收益和转让的权利。产权可以是有形的，如对土地、房屋或物品的所有权；可以是无形的，如知识产权、专利权或版权。产权的明确界定对于资源的有效配置和经济的健康发展至关重要，明确且受到法律保护的产权能够激励个人和企业进行投资和创新，这种激励机制是市场经济的基石。与所有权（ownership）不同，产权并不是绝对的、普遍的，而是一种相对的权利，是不同的所有权主体在交易中形成的权利关系。在构成上，产权这个概念事实上包含了“一组权利”（a bundle of rights），包括使用权、排他权和处置权等，这些权利可能属于同一个主体，也可能分属于不同的主体②。产权安排的不同会带来不同的激励效果，进

---

① 李海舰，赵丽．数据价值理论研究［J］．财贸经济，2023，44（6）：5－20.

② 费方域，闫自信，陈永伟，等．数字经济时代数据性质、产权和竞争［J］．财经问题研究，2018（2）：3－21.

而影响资源配置的效率。

目前，产权归属不清是数据要素市场交易的最大阻碍。2020 年 3 月 30 日通过的《中共中央　国务院关于构建更加完善的要素市场化配置体制机制的意见》提出，“加快培育数据要素市场”的任务之一是“根据数据性质完善产权性质”。考虑到数据要素的非竞争性和非排他性，数据产权归属的主要症结在于无论是将产权赋予产生数据的一方——大部分情况下是用户和消费者，还是赋予加工数据的一方——通常是提供数据收集、分析服务的数字企业，都难以平衡个人的隐私保护需求和企业的数据应用需求，难以实现数据资源配置效率最大化。

将数据产权分配给个人虽然可以保护个人隐私和数据主权，但可能会导致企业与个人之间的谈判成本、交易成本和确权成本增加。随着数据量的不断增长，企业需要与众多个人就数据使用权进行磋商，这不仅增加了交易的复杂性，还可能导致谈判成本的大幅上升，增加企业的成本负担。此外，将数据产权分配给个人必然伴随着严格的法律约束和规定，这会大大增加企业从个人处获取数据的难度和成本，从而给数据场景化和规模化应用带来阻碍，甚至可能导致数据资源无法充分流通和共享，影响数据应用的收益规模。此外，将数据产权分配给个人还可能忽视企业在数据采集和加工过程中的投入，导致企业缺乏投资动机，而数据的采集、清洗、分析和应用恰恰需要企业投入大量资源，因此将数据产权赋予个人不利于数据资源的充分流转和价值增值，也降低了企业在数据相关领域的创新和竞争力①。戚聿东和刘欢欢认为，“GDPR 式”过于严苛的数据产权保护将导致产权的系统成本、设权成本和估量成本过高，超过使用数据能够带来的收益，从而抑制平台企业等数据控制者使用数据的积极性②。Jia 等从实证角度证实了这一观点，研究表明 GDPR 的实施导致欧盟境内企业融资金额下降约 26.5%，减少就业岗位 5000—30000 个③。

若将数据产权分配给企业，特别是主要业务为数据采集、加工、分析的数字平台企业，则会产生巨大的商业价值。就消费者使用互联网平台产生的数据而言，通常来说，个体数据在数量和维度上都极其有限，很难就个体数据进行加工和分析产生有价值的信息，因而对消费者本人意义不大，但如果这些数据由平台企业拥有，平台企业可以汇总全部消费者的数据，显然体量更大、来源更广、维度更为多样，因此，可以借助统计方法来分析消费者的消费模式，并根据消费者的具体行为作出预测推断等，由此产生巨大的商业价值④。不过，将数据产权赋予企业在优化数据资源配置效率的同时，也会造成数据垄断、大数据杀熟等问题，以及对个人隐私权的保护构成威胁。少数几家大型数字平台企业凭借

---

① 李海舰，赵丽．数据价值理论研究［J］．财贸经济，2023，44（6）：5－20.

② 戚聿东，刘欢欢．数字经济下数据的生产要素属性及其市场化配置机制研究［J］．经济纵横，2020（11）：63－76＋2.

③ Jia J，Jin G Z，Wagman L. The short－run effects of GDPR on technology venture investment［J］．SSRN Working Paper，2019.

④ OECD. Data－Driven Innovation for Growth and Well－Being［R］．OECD STI Polify Note，2015.

先发优势掌握了大量数据资源，因此可以获取更全面、更有价值的信息，实现自身的迅速扩张和发展，从而在数据市场上形成了垄断地位。数据市场垄断者通常能够控制价格和市场准入条件，导致消费者面临更高的价格和更差的服务，同时设置数据壁垒，阻碍其他竞争者接入数据，导致数据要素配置的低效率，也对初创企业进入市场造成阻碍，不利于整个行业的发展。大数据杀熟指的是数据市场垄断者利用掌握的大数据和算法，实施个性化定价或价格歧视的行为，剥削消费者的利益。此外，海量的数据和先进的数字技术还为平台企业创造了更加“便利”的价格歧视机会——通过分析大量的个人数据，垄断企业能够精确了解每位消费者的偏好、消费习惯、购买能力等信息，并利用这些信息来制定个性化的定价策略，对不同的消费者收取不同的价格，以最大化利润，即使是购买同一商品或服务的不同消费者，也可能面临不同的价格，老顾客甚至会面临更高的价格——这就是所谓的“大数据杀熟”。这种行为严重损害了消费者的利益，打击了消费者的信心和消费意愿，并且由于信息的庞杂，消费者往往难以辨别是否成为价格歧视的对象，相关法律法规的缺失更使其难以向相关部门投诉维权，这使大数据杀熟行为更加隐蔽和难以监管，进一步加剧了消费者的不公平遭遇，影响市场的正常运作。

因此，将数据产权配置给个人和企业各有利弊，部分研究也证明了这一点。熊巧琴和汤珂①认为，个人或企业拥有数据所有权没有绝对的优劣，取决于二者货币化数据能力的差别以及隐私保护和经济效益之间的权衡。Jones 和 Tonetti② 认为，将数据产权赋予消费者，由消费者在对隐私的担忧与向所有相关方出售数据所带来的经济收益之间进行权衡取舍，交易量接近最优；若赋予企业，则交易量达到社会最优，但企业可能由于担心数据带来的创造性破坏而囤积数据，造成交易不足。因此，现阶段需要综合考虑个人隐私保护、消费者权益保障、企业创新动力、数据资源利用效率等多方面因素，制定既能保护个人权益又能促进数据资源有效利用的合理分配机制。

在此基础上，有学者认为，单一赋权模式不适用于数据市场，应当设置数据所有权和使用权分离的二元结构。无论平台企业、数据公司对数据的采集、存储、加工投入多少，都不足以使其超越数据的原发者而成为数据所有权人，只能取得数据的使用权，包括数据控制权、数据开发权、数据许可权和数据转让权等，这样分配权利既尊重了权利的来源，又尊重了平台企业对数据的投入③。在具体操作上，为避免数据滥用和垄断，应当针对不同隐私和风险级别的个人信息，给予数据生产者（自然人）不同级别的拒绝权、可携权、获取收益等数据控制权，赋予数据产品持有者（如数据收集者、设备生产者等）有限制的占有权，即除所有权之外的收益权、使用权等权益集合④。此外，在交易过程中，可遵循

① 熊巧琴，汤珂．数据要素的界权、交易和定价研究进展［J］．经济学动态，2021（2）：143－158.

② Jones C I，Tonetti C. Nonrivalry and the economics of data［J］．American Economic Review，2020，110.

③ 申卫星．论数据用益权［J］．中国社会科学，2020（11）：110－131＋207.

④ 同①.

“原始数据不出域，数据可用不可见”的原则进行使用权交易，并且在签订合约时明确应用场景，强调用途可控，防止滥用①。

有别于使用权和所有权分离的观点，刘涛雄等以分级授权为核心提出了一套同时适用于个人和企业的数据确权方式②：数据作为一种生成品，遵循生成品确权的“按贡献分配”和“事前确权”的原则，把数据生成参与方区分为信息提供者和数据采集者，提出数据的初始产权应该在参与数据创造的各方之间分配，可以通过参与主体之间分散的市场化契约完成；数据要素分级授权的基本思路是从后续对数据使用与交易的权限出发，对其内容和程度进行标准化分级，从不予授权到允许外部主体在本地利用数据，再到可以将数据在匿名化的基础上流出、允许原始数据的流出；在数据采集之前，数据采集者应当向信息提供者说明不同授权级别下信息采集的范围和采集者能够拥有的数据使用与交易权限，并明确各授权级别下采集方能够为信息提供者支付的报酬，信息提供者需要选择最大化其效用的授权级别，并签署合约；在合约形成之后，数据采集者按照合约规定的内容在授权范围内使用和交易数据要素。与一对一的协商相比，分级授权将协商结果划分为有限的区间，双方只需要就选择哪一个授权级别以及其对应的补偿条件达成协议，大大降低了双方在协商过程中所花费的时间与精力。目前，大部分数字平台的隐私政策协议均体现了分级授权的原则，用户能够通过弹窗许可或者更改授权等方式对平台能够利用个人数据的权限范围进行选择。

（三）交付形式

就交付形式而言，数据产品也不同于实体商品在物理层面上的简单交割，而是呈现出更加多样化的形式。以下是一些常见的数据产品交付形式。

数据文件下载是最基本的数据产品交付形式之一。数据提供商将数据以文件的形式提供给用户进行下载，通常以 CSV、Excel、JSON 等常见的格式。这种形式适用于用户需要将数据导入本地系统或分析工具中进行进一步处理和分析的情况。

应用程序编程接口（API）服务允许开发人员通过编程方式访问数据。数据提供商通过 API 提供数据查询、检索和更新功能，使开发人员能够实时获取数据并与其进行交互。这种形式通常适用于需要实时数据更新和定制化集成的场景，如数据分析、机器学习模型等。

在线平台或应用程序是用户直接访问和交互数据的方式。数据提供商建立了在线平台或开发了应用程序，用户可以通过网页浏览器或移动设备上的应用程序访问数据，查询和下载所需的数据集。这种形式通常提供了用户友好的界面和交互功能，使用户能够轻松地浏览、搜索和分析数据。

定制化报告和分析：数据提供商根据客户的需求定制化报告和分析服务。它们收集、

---

① 龚强，班铭媛，刘冲．数据交易之悖论与突破：不完全契约视角［J］．经济研究，2022，57（7）：172－188.
② 刘涛雄，李若菲，戎珂．基于生成场景的数据确权理论与分级授权［J］．管理世界，2023，39（2）：22－39.

整理和分析数据，并生成专门针对客户需求的报告、洞察和建议。这种形式适用于客户对特定领域或行业的数据分析需求较高的情况，如市场调研、行业报告、风险评估等。

数据订阅服务允许用户定期获取数据更新或新数据集。用户可以选择订阅特定的数据源或数据主题，并按照预定的频率（如每日、每周、每月）自动接收数据更新。这种形式适用于需要定期更新数据的用户，如金融市场分析师、市场营销人员等。

（四）数据估值

确保数据要素在市场中高效流通的另一个关键点是数据的价值度量问题。鉴于数据要素显著不同于传统生产要素的诸多性质和交易方式，度量数据要素价值的方式有待进一步确立。Fleckenstein 等①总结了以下三种主要的估值方式。

第一种是基于市场交易成本与收入的估值方法。这种基于市场的数据估值方法是实物资产估值的延伸，数据也可以根据其成本、售价或潜在收入进行估值。例如，2014 年，可以以 75.95 美元的价格购买 400 万封电子邮件②。在实际操作中，数据要素的估值可以参考其他无形资产的价值评估方式，如专利、版权或软件等。美国国税局的无形资产评估指南将“技术数据”列为无形资产的一种类型，其价值可以以与有形资产相同的方式确定：使用成本法，衡量资产在市场上的价值，或根据相关资产的收入潜力确定资产价值。

第二种是通过保险成本来度量。具有较大规模数据资产的公司通常会评估数据泄露或丢失给公司带来的损失，如违约成本、客户流失、相关罚款等，以确定为其购买多少额度的保险。从这个角度看，数据的价值是根据资产减值为公司带来的损失衡量的，其直观体现就是保险额度或保费。此外，基于市场交易的估值还可以参考数据密集型公司的收购和并购，收购和并购价格在很大程度代表了公司的数据资产在市场上的价值。例如，2006 年，谷歌以 17 亿美元收购 YouTube；脸书以 10 亿美元收购照片墙（2012 年）和 WhatsApp（2014 年）；2016 年，微软以 262 亿美元收购了领英。

这种估值方式的局限性在于，目前为止，数据市场规模较小，入场的买家和卖家数量有限，并且大部分交易价格不公开，难以进行归纳总结。同时，基于市场的估值方式也忽略了平台公司从免费得到的消费者数据中获取广告收入这一环节中消费者的价值创造。对此，Brynjolfsson 等③通过大规模调查个人放弃某些数据密集型应用程序（如电子邮件、地图和社交媒体）所需补偿的方式进行了补充，他们估计，一个典型的脸书美国用户每月需要 48 美元才能放弃使用。

---

① Fleckenstein M, Obaidi A, Tryfona N. A review of data valuation approaches and building and scoring a data valuation model [J]. Harvard Data Science Review, 2023, 5 (1).

② 参见：https://www.cio.com/article/291030/leadership-management-cios-consider-putting-a-price-tag-on-data.html.

③ Brynjolfsson, E, Collis, A, & Eggers, F. Using massive online choice experiments to measure changes in well-being [J]. PNAS, 2019, 116 (15), 7250-7255.

第三种是基于经济效益的估值方式，多见于公共数据的价值度量，如人口普查数据、地理测绘数据等。这种度量方式与基于市场交易的度量方式出发点有较大不同，基于经济效益的估值方式通常着眼于这些数据对公众的整体价值，往往涵盖多个行业和多个主体，着眼于基础设施、隐私保护、就业促进、健康医疗等公共价值维度；企业主要用基于市场交易的估值方式测算成本，以此降本增效，提高企业的利润。基于经济效益的估值方式通常会聚合多个来源的数据测度其总体价值，并由政府牵头开展。例如，根据英国财政部2018年的报告，英国水文局（UKHO）在地表水和地理空间测量方面从纸质地图升级为数字地图，使UKHO能够聚合不同来源的地图数据进行相关应用分析；目前，除了皇家海军和国防部，90%的国际贸易船只都使用这些聚合的地图数据，每年会产生1.5亿英镑的收入。

除了以上两种估值方式，还有一种更为全面和普适的方法——多维度量化。类似于Laney在其信息经济学著作中对于信息资产的价值评估方法：

$$Business\ Value\ of\ Information = \sum_{p=1}^{n}(Relevance_p) \times Validity \times Completeness \times Timeliness \quad (3-1)$$

其中，p = the number of business process functions

多维度量化的数据价值评估方法遵循如下步骤：先将数据价值拆解成不同维度，如数据维度、规模、质量、及时性等，并制定量化方式使其可加总、可比较。Niv Ahituv① 的一项早期研究制定了一套评估数据系统的数学公式，价值维度包括及时性（响应时间和频率）、非期望数据水平、数据聚合值、格式（传输介质、数据组织和数据表示）和数据重要性排名。Moody 和 Walsh② 的数据价值研究则基于会计学层面的信息价值度量方式，即分为成本、市场价值和预期收入现值。近年的研究拓展了度量维度，Laney③ 将数据价值分为多个层面，包括内在价值（有效性、完整性、稀缺性、生命周期）、业务价值（相关性、有效性、完全性、及时性）、绩效价值（利用信息资产时的相对关键绩效指标收益）等；Brennan 等④重新构建数据价值维度的层次结构，包括效用（包括运营影响）、环境（包括及时性和竞争优势）、使用和质量、成本（包括重置成本）四个大的方面，具体包括运营价值、重置成本、竞争优势、监管风险、及时性，还有测量难度和数据质量。多维度量化方法最大的优势在于使不同数据集之间具有可比性，同时关注到了其他两种方式所

① Ahituv, N. A systematic approach toward assessing the value of an information system [J]. MIS Quarterly, 1980, 4 (4), 61-75.

② Moody, D L, Walsh, P. Measuring the value of information - An asset valuation approach [C]. European Conference on Information Systems, 1999.

③ Laney, D. B. Infonomics: How to Monetize, Manage, and Measure Information as an Asset for Competitive Advantage (1st ed.) [M]. Routledge, 2017.

④ Brennan, R., Attard, J., Petkov, P., Nagle, T., Helfert, M. Exploring data value assessment: A survey method and investigation of the perceived relative importance of data value dimensions [C]. 21st International Conference on Enterprise Information Systems, 2019.

忽略的、难以被交易价格代表的其他方面的特性。

（五）数据要素市场现状

在我国数字经济蓬勃发展的背景下，充分发挥数据要素市场化配置是数据供需双方高效调配数据资源的必然要求，也是近 10 年来国家政策的主要关注点。2014 年，“大数据”第一次被写入《政府工作报告》，标志着我国对大数据产业顶层设计的开始。在“十三五”期间，大数据相关的政策文件密集出台，技术不断进步，基础设施不断完善，数据资源极大丰富，为数据作为生产要素在市场中进行配置奠定了坚实的基础。2020 年是我国“十三五”规划收官之年，截至当年，我国大数据市场规模已经达到 1 万亿元。随着数据在国民经济中的地位不断突出，要素属性逐渐凸显。2020 年 3 月，中共中央、国务院印发《中共中央　国务院关于构建更加完善的要素市场化配置体制机制的意见》，将数据列为生产要素，明确指出了市场化改革的内容和方向。数据要素市场的培育将消除信息鸿沟、信任鸿沟，促进数据资源要素化体现，推进各方对数据资源的合作开发和综合利用，实现数据价值最大化。2022 年 12 月 19 日，中共中央、国务院提出《中共中央　国务院关于构建数据基础制度更好发挥数据要素作用的意见》，也被称作“数据二十条”，反映了我国对数据交易构建的高度关注。

据国家工信安全中心测算数据，2020 年，我国数据要素市场规模达到 545 亿元，“十三五”期间市场规模复合增速超过 30%；“十四五”期间，这一数值将突破 1749 亿元，整体上进入高速发展阶段①。头豹信息科技南京有限公司、上海数据交易所等机构发布《2023 年中国数据交易市场研究分析报告》显示，中国数据交易行业在过去几年内经历了稳定高速增长的发展阶段，2022 年，整体市场规模较 2021 年增长 42. 0%，达到 876. 8 亿元，占全球数据市场交易规模的 13. 4%，占亚洲数据市场交易规模的 66. 5%②。数据交易可基于交易场所分为场内和场外两大类别。场内是指经由数据交易所的数据产品交易。截至 2024 年 3 月底，全国共计成立 49 家数据交易场所，共分布在 25 个省份，除西藏、黑龙江、辽宁、江西、云南、青海、宁夏外，其余省级行政区均成立过相关数据交易场所。其中，广东和江苏交易所数量并列第一，均为 6 家。目前，全国的数据交易平台多为国资主导或国资全运营公司，例如，贵阳大数据交易所由贵阳国资部门管理运营，广州数据交易有限公司的实际控制人为广州市政府。北京国际大数据交易所、上海数据交易所、广州数据交易所、深圳数据交易所和贵阳大数据交易所已汇聚大批数据产品，探索在金融、制造、信息等多个场景中的应用。据前瞻产业研究院的测算，截至 2024 年 4 月，上海数据交易所上架产品数量最多，超过 2000 个；广州数据交易所、贵阳大数据交易所和北京国际大数据交易所上

---

① 参见：https：//cics - cert. org. cn/web_root/webpage/articlecontent_101006_1387711511098560514. html。

② 参见：https：//www. thepaper. cn/newsDetail_forward_25898747。

架产品数量也都在1000个以上；深圳数据交易所上架产品数量较少，不足500个[①]。不过，当前我国场内数据交易占比极低，很大一部分数据交易所的交易额属于备案制，即企业间的数据交易完成后，在数据交易所备案。

目前，我国大部分企业尚未参与数据交易流通。2022年，参与交易流通的企业中，约87.67%的企业购买数据，33.32%的企业出售数据[②]，数据供不应求。同时，数据定价和评估机制尚未完善，数据合规等环节缺乏统一标准；数据流通主要依靠点对点交易，双方存在较强的信息不对称性；不同行业、不同设备对应的数据标准和接口不统一，为数据的整合和互联带来较大不便。因此，虽然我国各地区、各行业都在加速建设数据要素市场，但仍有很多难题需要解决。

第二节　微观层面的数据价值

生产要素是指在生产过程中用来创造商品和服务的各种资源和条件，是价值创造和经济增长的基础。同理，数据要素固然包括根据特定生产需求汇聚、整理、加工而成的计算机数据及其衍生形态，但数据要素这一概念不只是对各行业各领域各类数据的指代，更是对数据所蕴藏巨大价值的强调。换言之，数据要素的概念聚焦于数据价值释放，其内核是提高生产效率与资源配置效率[③]。随着互联网和数字技术的快速发展，各行各业的数据量呈爆发式增长。数据的经济价值如何在具体的生产经营活动中体现是备受关注的问题。接下来，本章从企业、金融机构和政府三个主体来分析数据在微观层面如何产生价值，即企业在生产经营和研发过程中使用数据、金融机构在进行投资决策时使用数据、政府在日常运营和公共管理事务中使用数据。

一、企业层面

（一）将数据用于企业生产经营、市场营销和管理运营过程

数据在企业层面产生价值可以通过多种途径，其中最直接的是将海量数据应用于企业生产经营、市场营销和管理运营过程，提升企业绩效。

就生产经营过程而言，数据的丰富性对于企业决策至关重要。根据信息理论，拥有更多、更全面的信息可以加速决策过程，减少不确定性，使企业能够更快地响应市场变化。数据的深度挖掘和利用能够为企业经营提供精确的洞察力，使企业能够基于客观、全面的

---

① 参见：https：//new. qq. com/rain/a/20240612A08TQ300。

② 参见：https：//mp. weixin. qq. com/s？ __biz = MzU5MDc0NjU4Mg = = &mid = 2247565007&idx = 3&sn = 623debf6c42d62c3caeecb3fae666bfa。

③ 中国信息通信研究院．数据要素白皮书（2023年）［R］．2023.

事实分析而非仅依靠管理者的经验和直觉作出决策，能更准确地预测趋势、识别机会和规避风险，进而在竞争激烈的市场中占据优势。与此同时，大数据分析和人工智能等先进技术的融合应用，正在改变传统的生产模式。这些技术推动了生产过程的自动化和智能化，减少了人工操作的需求，从而提高了生产效率、降低了生产成本。在某些行业，如制造业和物流业，这种转型尤为明显，智能化的生产线和自动化仓库管理系统极大地提高了工作效率。

数据和数字技术的进步也彻底改变了传统营销模式的面貌，为企业提供了更为精准、高效的营销手段。一方面，数据和数字技术为企业提供了强大的用户行为数据分析能力。通过先进的数据分析工具和技术，企业可以收集、处理和分析海量的用户行为数据，如搜索记录、浏览历史、点击行为等。例如，Google Analytics 是谷歌公司推出的网站分析工具，能够帮助企业深入了解用户在网站上的行为，包括访问时长、页面浏览量、转化率等指标，从而为企业提供精准的用户数据支持。基于这些数据，企业可以创建详细的用户偏好画像，准确把握用户需求，精准定位目标受众。另一方面，数据和数字技术也促进了线上线下营销渠道的整合与协同。随着互联网和移动互联网的普及，线上销售渠道已经成为企业营销的重要组成部分。企业可以通过建立自己的电子商务平台、社交媒体账号等线上渠道，实现与用户的直接沟通和交流，从而提升营销效率。而线下店铺则提供了产品试用、实体体验等独特的服务，能够吸引更多顾客并提高品牌认知度。通过线上线下渠道的整合与协同，企业可以实现全渠道的营销覆盖，为消费者提供更为便捷和丰富的购物体验。例如，苹果公司将线上销售与线下实体店相结合，通过线上预约和线下体验，提升了用户购买体验，增强了用户的品牌忠诚度。数据和数字技术的发展为企业提高营销效率提供了无限的可能性。

在企业内部管理运营方面，数据的运用同样革命性地改变了组织架构和运营方式，不仅可以优化企业内部各个部门之间的协作，还能够改善企业与外部合作伙伴、客户和政府之间的关系，在内部协作和外部沟通两个方面都起到了关键作用。数据为企业内部协作提供了强大的支持和驱动力。通过建立统一的数据平台和采用先进的数据分析工具，企业能够实现各个部门之间信息的实时共享和互通，消除信息孤岛，简化信息流，使企业能够实现更高效的内部沟通和协调。例如，生产部门可以根据销售部门提供的实时数据进行生产计划的调整，以满足市场需求的变化。此外，数据分析还能够帮助企业识别内部运营中的潜在问题和瓶颈，并及时采取措施进行优化。这种内部协作的优化不仅提高了决策速度，还促进了跨部门合作，增强了企业的整体执行力，降低内部运营风险。而从外部沟通的角度看，数据也为企业与外部合作伙伴、客户和政府之间的沟通提供了便利。通过数据共享和分析，企业能够更加准确地了解外部利益相关者的需求和关注点，从而更好地满足其期望并提供更优质的服务。例如，一些先进的客户关系管理系统（CRM）可以帮助企业基于客户数据实现个性化营销，提高客户满意度和忠诚度。值得注意的是，数据的作用不仅局限于优化某个环节，而是贯穿整个业务流程，通过数据驱动的全流程优化，企业可以实现从产品设计到生产制造、销售服务等各个环节的数据共享和优化，进而提高整体运营效率和竞争力。例如，一些先进的供应链管理系统可以通过数据分析实现供需匹配的精准预测，降低库存成本和缩短交付周期，提高供应链的灵活性和响应速度，充分利用数据赋能企业运营。

学术界已有大量研究证实了相关结论。早期的研究多着眼于典型案例分析，例如，英国大型工业供应商 Rapid Ranking 使用大数据技术筛选目标客户使其获取客户的成本降低了 47%，同时收入增长了 8%[①]；联合利华正在运营的两个全球数据中心，共有 4000 台服务器，使其能够进行基于超大数据集的全球消费者分析[②]；通用电气公司将大数据技术应用于生产系统的监控和调度，提高管理效率，节约人力成本[③]。随着微观数据的完善，对企业数字化经济效应的研究也从代表性企业的案例分析发展至更具有普遍意义的经济学分析。Brynjolfsson 和 McElheran[④] 发现，2005—2010 年，美国制造业使用数据驱动决策的企业数量占比从 11% 增加到 30%，几乎增加了 2 倍，同时，这些企业拥有更高的产出和生产力；Müller 等[⑤]发现，在 IT 密集型和竞争激烈的行业中，大数据资产的使用可以使企业生产率平均提高 3%—7%；张叶青等[⑥]利用中国的数据也得到了相似的结论，通过对上市公司年报进行文本分析，发现大数据应用可以通过提高企业生产效率和研发投入来提升企业的市场价值，不过，由于数字技术门槛较高，且需要相关设备、人才、组织结构配合，企业必须具备一定条件才能使用数据促进企业绩效的改善；李唐等[⑦]认为，企业的数据管理能力对企业生产率具有显著影响，数据管理能力得分每提高 1 个标准差，企业全要素生产率平均增加 18.15%。

可以看出，绝大多数研究都证实了企业将数据应用于生产经营过程可以有效提高企业绩效，数据在企业生产经营中产生的价值是毋庸置疑的。

（二）将数据用于研发创新

除了直接作用于生产经营、市场营销和管理运营过程，数据还可以促进企业研发创

① Liu, Y. Big data and predictive business analytics [J]. The Journal of Business Forecasting, 2014, 33: 40-42.

② Nguyen D, Paczos M. Measuring the economic value of data and cross-border data flows: A business perspective [C]. OECD Digital Economy Papers, 2020.

③ Dawn, Garcia, Ward. A guide to the strategic use of big data [J]. Information Management Journal, 2014.

④ Brynjolfsson, E and McElheran, K. The rapid adoption of data-driven decision-making [J]. American Economic Review, 2016, 106 (5): 133-139.

⑤ Müller, O, M Fay, and B J Vom. The effect of big data and analytics on firm performance: An econometric analysis considering industry characteristics [J]. Journal of Management Information Systems, 2018, 35 (2): 488-509.

⑥ 张叶青，陆瑶，李乐芸. 大数据应用对中国企业市场价值的影响——来自中国上市公司年报文本分析的证据 [J]. 经济研究，2021，56 (12)：42-59.

⑦ 李唐，李青，陈楚霞. 数据管理能力对企业生产率的影响效应——来自中国企业—劳动力匹配调查的新发现 [J]. 中国工业经济，2020，387 (6)：174-192.

新。通过收集海量数据进行大数据分析，企业可以更加精准地了解消费者需求并预测市场走势，从而在产品研发上作出更精准的定位，更有效地满足市场需求。更进一步，大数据分析帮助企业实现的不仅是对现有需求的满足，更是对未来市场的引领——通过对数据的深度挖掘，企业可以发现潜在的用户需求和偏好，在消费者自行意识到之前就满足他们——这样的先发优势，可以帮助企业在激烈的市场竞争中占据有利位置，实现持续的增长。此外，数据在降低研发成本方面的作用也不容忽视。传统的研发过程往往伴随着高成本、长周期、高风险的特点，而大数据的应用可以有效改变这一现状。通过数据分析，企业可以更准确地把握消费者需求，避免资源浪费，提高研发效率，同时可以帮助企业在研发过程中及时发现问题，调整方向，减少不必要的损失。

总的来说，数据要素在推动企业创新方面具有重要的作用，可以帮助企业更好地理解市场，更精准地满足需求，更高效地开展研发。谢康等①利用 101 位 EMBA 学员的问卷调查数据证明了数据资源可以有效促进企业创新，并且特别强调数据需要通过与大数据分析（劳动）、组织学习（知识）和组织惯例更新（管理）相结合，才会对产品创新绩效产生影响。唐要家等②也证实了数字经济发展显著促进了创新产出。除了直接促进研发创新绩效的改善，数据的使用还可以推动创新模式的转变。肖静华等③发现，大数据可以促进企业创新模式的改进；对韩都和汇美两家企业的调研结果显示，在大数据环境下，消费者可以通过数据化方式参与研发，而企业通过对消费者大数据的利用，使研发决策从依靠人的经验判断转变为依靠人与数据的结合，从而实现更加高效的研发创新。此外，Ghasemaghaei 和 Calic④ 区分了大数据的不同特性对企业创新绩效的影响，发现大数据在数据多样性和收集处理数据的速度方面的优势显著促进了企业创新，但数据量在提高企业创新绩效方面并没有产生显著影响。

（三）异质性问题

数据在企业生产经营和研发创新中产生的价值已经得到基本证实，而其中伴生的异质性问题也受到了部分学者的关注，主要包含数据循环反馈（data feedback loop）和创新模式的分化两个方面。

数据要素在企业生产经营过程中产生价值的大小具有显著的企业异质性。数据成为一种生产要素的首要条件是具有足够大的规模。成立多年的大企业在过去的生产和销售中积

---

① 谢康，夏正豪，肖静华．大数据成为现实生产要素的企业实现机制：产品创新视角［J］．中国工业经济，2020，386（5）：42－60.

② 唐要家，王钰，唐春晖．数字经济、市场结构与创新绩效［J］．中国工业经济，2022，415（10）：62－80.

③ 肖静华，吴瑶，刘意，谢康．消费者数据化参与的研发创新——企业与消费者协同演化视角的双案例研究［J］．管理世界，2018，34（8）：154－173＋192.

④ Ghasemaghaei M，Calic G. Assessing the impact of big data on firm innovation performance：Big data is not always better data［J］．Journal of Business Research，2019，108.

累了大量数据，相比新成立的小企业，在数据规模上具有天然的优势；进一步，大企业通过运用大量数据优化决策，提高生产力，进一步发展壮大，从而获得更多的数据，赢者通吃——这一过程称为数据循环反馈[①]。由此，大企业更大，小企业止步不前，市场高度集中，少数大企业具有强垄断势力，不利于市场良性发展。理论上，只有当数据规模报酬递减，这一过程才存在收敛性，不过目前尚未有关于数据规模报酬递增或递减的统一结论。

数据促进企业创新的过程则呈现了另一种异质性。创新可分为两种主要类型：突破式创新——发明之前未有的产品；迭代式创新——对已有产品进行优化升级。数据的应用对于后者具有较大的促进作用。这是因为数字技术的优势在于对已有数据的强大的分析能力，特别是大数据可以实现“总体”分析，避免了人工抽样推断可能带来的误差，而这可以直接应用于产品的迭代升级。相比之下，突破式创新是“从无到有”的过程，数字技术尚不能对这一过程产生较大的影响。因此，未来企业创新的异质性还可能体现在，基于企业拥有数据量和掌握数据技术的不同，在“突破式”和“迭代式”两种创新方式之间选择的不同。徐翔等[②]认为，相比传统经济环境，数字经济中的大企业更倾向于依赖生产过程中伴生的数据要素进行迭代式创新，突破性创新动力不足，这将使资源较少、能力较弱的小企业成为突破性创新的主体，创新活动呈现“逆向选择”特征；不过，当企业之间的数据要素共享水平超过一定阈值时，企业的创新激励将趋向于传统经济环境中的形式，市场份额较大的企业将趋向突破性创新。

（四）开拓全新的业务场景

除了优化现有的流程，数据的贯通和连接还可以拓展企业的边界，为企业创造全新的业务场景。

曹鑫等[③]对小米案例的分析表明，基于数据的贯通和连接，该企业从智能手机扩展到相关产品的其他部件，并将不同产品连接在一起，形成智能互联产品体系，从而影响了企业的边界范围。传统的企业边界，主要由机械和电子部件等物理部件功能所决定。通过小米案例发现，小米开发智能模块，通过感知识别用户行为，产生用户行为数据，并利用智能计算能力（如边缘计算），使产品以自组织方式进行记录、计算甚至思考，优化了产品原有功能，强化了产品与用户的连接，提升了企业的市场掌控力，稳定了企业现有边界。进一步，利用智能部件的交互功能，通过数据连接和共享强化产品与产品交互，使产品成为功能集合体平台，通过功能模块交互，形成聚合多种产品、多种功能的数字平台，生成

① Farboodi, Maryam, and Laura Veldkamp. Data and markets [J]. Annual Review of Economics, 2022, 15.
② 徐翔，赵墨非，李涛等. 数据要素与企业创新：基于研发竞争的视角 [J]. 经济研究，2023，58（2）：39-56.
③ 曹鑫，欧阳桃花，黄江明. 智能互联产品重塑企业边界研究：小米案例 [J]. 管理世界，2022，38（4）：125-142.

智能产品系统，提供智能生活解决方案①。例如，小米与理想智造 ONE 合作，利用智能语音助手打造语音交互场景，促进家和车的语音设备连接、数据连接、场景连接，实现同一数据的多场景应用，极大地发挥了数据应用价值。数据连接程度越高，说明用户、产品、服务、内容之间交互程度越深、聚集程度越广、企业边界越模糊，拓展的可能性越高。与此同时，平台端赋能智能模块功能，则进一步突破了产品的物理连接，实现虚拟连接，从而推动小米实现数据从散件化组合、产品化整合到体系化融合的升级，例如，小米在产品智能化的基础上，与百度等数字平台企业合作布局平台端，统筹储存、分析和管理数据，包括连接管理平台、设备管理平台、云和 AI 板块等，进一步拓展了企业边界。

二、金融机构层面

在金融市场上，数据的广泛使用丰富了金融机构的信息来源，使其可以对融资企业进行更全面的评估和更准确的预测，降低风险溢价，在提高金融机构收益的同时降低了企业的融资成本。

金融信贷业务需要大量信息进行评估，谢丹夏等②认为，过去这些信息大部分来自企业的财务数据，而现在商业银行和金融机构不再仅依据财务报表，还可以收集企业内部数据、个人数据、政府数据、社交网络数据、第三方数据和利益相关者数据，利用大数据技术可以对借贷企业进行更加全面准确的评估。同时，有证据表明，除财务数据之外的各种企业数据蕴含了与企业基本面相关的各种信息，例如，廖理等③证实了中国电商企业销售数据可以预测公司的未预期收入、未预期盈余和盈余公告累计超额收益，向金融市场传递有效信息。不过，在金融市场中也存在和数据循环反馈类似的过程。Begenau 等④认为，金融市场中大数据的投资激励效应在企业间的分布是不均匀的，大企业有更多的经济活动和更长的企业历史，产生了更多的数据，可以进行更详尽的财务分析，提高投资者预测的准确性，从而降低大企业的风险溢价和融资成本，因此，大企业从数据和数字技术的应用中获益更多。Farboodi 等⑤也证实了这一结论，随着投资者越来越多地利用数据对企业进行评估，大规模企业和小规模企业在数据体量上的差别造成二者融资比例的差距愈发拉大，这会对小企业的发展造成负面影响。

---

① 李海舰，陈小勇．企业无边界发展研究——基于案例的视角［J］．中国工业经济，2011（6）：89－98.

② 谢丹夏，魏文石，李尧等．数据要素配置、信贷市场竞争与福利分析［J］．中国工业经济，2022，413（8）：25－43.

③ 廖理，崔向博，孙琼．另类数据的信息含量研究——来自电商销售的证据［J］．管理世界，2021，37（9）：90－104.

④ Begenau J，Farboodi M，Veldkamp L. Big data in finance and the growth of large firms［J］．Journal of Monetary Economics，2018，97（8）：71－87.

⑤ Maryam F，Adrien M，Laura V，et al.. Where has all the data gone［J］．The Review of Financial Studies，2021（7）：7.

三、政府层面

效率是政府治理的核心问题。政府治理效率体现在行政管理效率、反腐败力度、法治和监管水平、政府规模等方面①。相比互联网时代将移动通信技术应用于政府治理催生的电子政务，大数据技术更进一步，将数据处理的范围从有限的、结构化的数据库扩展至原始的、非结构化和半结构化的数据，将分析范围从对已知问题的统计分析扩展至对新问题的发掘，将文本分析延伸至图形、音频和视频分析，同时，运算速度和处理能力的提高可以实现对数据的实时分析，形成低延迟、交互式、可视化的决策和分析报告②。将大数据作为一种新的技术和资源引入政府治理中，可以从减少腐败、提高透明度、增加便利性、降本增效、提高税收遵从度等多个方面改善政府治理的效率。

现有文献从多个角度研究了大数据应用于政府治理对治理效率的改善。Rajagopalan 和 Vellaipandiyan③ 认为，在互联网高度发达的今天，公众通过社交媒体、新闻媒体分享观点，政府可以利用大数据分析处理这些非结构化数据，使公众参与到政府决策中来，使政策制定更符合民意，提高政策的有效性。熊光清④认为，大数据技术为政府公共服务流程再造提供了新的技术支持，可以使服务流程更简捷、更方便、更快速，从而大大降低政府公共服务的行政成本。廖晓明和郑燕⑤认为，大数据可以通过拓展数据收集范围、增强数据结构多样性、提升数据处理速度来更加及时、全面地识别公职人员的腐败行为，有效杜绝公职人员对于腐败的侥幸心理。赵云辉等⑥研究发现，大数据发展水平有助于政府绩效的提升，并能有效抑制腐败行为，可能的途径是减少无效交易活动并提高信息透明度，不过，大数据治理的效果也受制于制度环境（如知识产权保护、市场竞争环境等），制度缺陷会造成数字鸿沟和数据造假等。

税收是公共财政最主要的来源，也是政府最重要的职责之一。将大数据技术应用于税务工作，可以增强企业的税收遵从度，有效规避偷税漏税行为，增强政府税务工作的效率。

现有文献普遍认为，非专为税收征管而生产但与企业运营状况相关的第三方信息有助于提升税收遵从度。Slemrod 等⑦研究发现，企业接收信用卡支付的交易数据作为一种第三方信息，能够有效提升被认为是税收征管难点的小企业的税收遵从度。而在数字经济的背

---

① 赵云辉，张哲，冯泰文，等. 大数据发展、制度环境与政府治理效率［J］. 管理世界，2019，35（11）：119－132.

② M R Rajagopalan and S Vellaipandiyan. Big data framework for national e－governance plan［C］. 2013 Eleventh International Conference on ICT and Knowledge Engineering，Bangkok，Thailand，2013.

③ M R Rajagopalan and S Vellaipandiyan. Big data framework for national e－governance plan［C］. 2013 Eleventh International Conference on ICT and Knowledge Engineering，Bangkok，Thailand，2013.

④ 熊光清. 大数据技术的运用与政府治理能力的提升［J］. 当代世界与社会主义，2019，138（2）：173－179.

⑤ 廖晓明，郑燕. 论大数据视阈下公职人员腐败治理［J］. 江西社会科学，2019，39（1）：233－239.

⑥ 同①。

⑦ Slemrod，J，B Collins，J L Hoopes，D Reck，and M Sebastiani. Does credit－card information reporting improve small business tax compliance［J］. Journal of Public Economics，2017，149（5）.

景下，税收部门可以通过大数据技术获取大量企业数据。将互联网上形成的大量与企业运营密切相关的数据用于税收征管也是一种第三方行为。孙鲲鹏和石丽娜[①]利用2009—2019年中国A股上市公司样本研究发现，互联网大数据治税举措能显著提升企业税收遵从度，因为在信息不对称的情况下，企业有动机利用信息优势从事避税活动以获取信息租金，而企业越是认为税务部门掌握了其真实运营信息，就越税收遵从。

相应地，我国税务工作改革也特别关注了大数据技术方面的革新。2015年，国家税务总局发布《“互联网+税务”行动计划》，提出将互联网等新兴感知技术采集的第三方数据整合形成税收大数据，并用于优化纳税服务、提高税收征管水平。2021年3月，中办和国办《关于进一步深化税收征管改革的意见》进一步明确提出，着力建设以内外部涉税数据汇聚联通、线上线下有机贯通的智慧税务。目前，部分地区已经落实了相关举措。例如，青岛市税务局利用税收大数据指标模型筛选出存在逾期预缴税款风险的异地纳税人，并在“大数据+精细服务”的模式下，通过提示提醒、在线辅导等方式为纳税人解决异地预缴成本高的难题，实现了税收风险管理与纳税服务的深度融合，大幅降低了纳税人的办税成本，极大地提升了税法遵从度，实现了纳税人和税务部门的双赢。

可以看出，数据在公共治理领域也发挥了极大的价值，可以从多个方面有效提高政府治理效率，特别是对征税这一重要政府职责，可以有效提高企业的税收遵从度，实现税务工作效率的提高。

四、小结

数字经济时代，数据作为一种新的生产要素进入企业生产过程中，与大数据、云计算等数字技术相结合，为企业的生产经营活动带来全新的影响。在微观层面，企业可以利用数据改善生产经营效率并促进创新，金融机构可以利用数据拓展信息来源、提高投融资效率，政府机关可以利用数据在公共管理事务中降本增效，数据的经济学价值已经从多个方面得到了证实。不过，现有研究在衡量各个主体对数据的利用时大多局限在“是否使用”的层面，如用企业是否使用大数据和各种数字技术的调查数据来刻画，鲜有涉及企业具体使用了多少数据的研究，进而也难以准确测度数据产生价值的大小。诚然，对于数据使用规模确实难以直接衡量，但也有一些间接的方法，如通过企业数据保险的报价间接评估其数据价值，还可以参考一些以数据交易为动机的企业并购，如微软2016年收购领英、2018年收购GitHub。总之，对微观企业层面数据规模和数据价值的测度是有待发掘的，形成全面而科学的度量体系将会为微观层面数据的经济学研究带来突破。同样值得注意的是，微观层面的数据价值具有较为明显的企业异质性，企业规模越大，积累的数据越多，利用数据改善企业生产经营活动获得的收益越大，进一步获取更多的数据——这会使大、

① 孙鲲鹏，石丽娜．企业互联网使用与大数据治税的效应［J］．经济研究，2022，57（5）：176－191.

小企业间的差距出现滚雪球式的拉大。如何在数字经济时代防止这种“一家独大，赢者通吃”的局面对市场竞争的破坏是值得研究的问题。

第三节　宏观层面的数据价值

一、数据与经济增长问题

以往的经济增长理论通常强调传统物质资本、劳动、生产技术和ICT资本的重要性，而在数字经济时代，经济增长理论也与时俱进，将数据作为一种全新的生产要素纳入经济增长的理论框架进行分析，主要围绕数据如何影响生产力提高和技术进步展开。

大部分研究将数据纳入内生增长模型。这类研究普遍认为，数据是经济活动的副产品，随着时间的推移会内生增长，促进生产力提高和技术进步以及经济增长。徐翔和赵墨非[①]认为，数据可以通过促进企业的生产要素配置间接提高生产率，主要通过两个途径：一方面促进企业生产效率升级和经济结构改善，另一方面提升数据分析和处理能力，即数据资本本身的积累效率；将数据资本引入产业组织模型中的企业微观创新过程，令以上两种创新以不同的形式引入生产函数，随后将创新过程平稳化，构建包含数据资本的内生增长模型，分析表明经济体存在一个非平衡增长的稳态，其中数据资本的稳态增长高于其他经济变量的稳态增长，且数值模拟结果与真实数据相近，反映了数据资本拉动宏观经济增长的潜力。Cong等[②]也将数据引入内生增长模型，认为数据内生于消费，消费者数据可以促进中间品创新，并为最终的产品生产作出贡献，从而推动经济增长；研究发现，在平衡增长路径（BGP）上，去中心化经济的增长速度与社会最优增长速度相同，但初始阶段的数据使用会对劳动力产生挤出效应，同时存在数据的过度使用问题，使社会福利和消费者剩余较低，针对这两个问题，对研发创新进行补贴比对数字使用征税的缓解效果更好。杨俊等[③]将大数据作为生产要素引入生产函数，构建了多部门熊彼特质量阶梯模型，发现在短期内，大数据与其他生产要素存在融合成本，带来的研发模式转型会抑制经济产出，对经济增长具有波动效应；从长期看，大数据通过乘数作用提升中间品质量水平和促进生产技术进步，持续推动经济增长，具有显著的增长效应，并且，乘数作用对经济增长的驱动力随大数据应用程度的提高而增大；在中国要素收入分配偏向资本的情景下，大数据将发挥更大的经济增长效应。

与以上研究不同的是，Farboodi和Veldkamp[④]考虑了在技术条件不变的情况下，数据作

① 徐翔，赵墨非．数据资本与经济增长路径［J］．经济研究，2020，55（10）：38－54.

② Cong L W，Xie D，Zhang L. Knowledge accumulation，privacy，and growth in a data economy［J］．Papers，2021.

③ 杨俊，李小明，黄守军．大数据、技术进步与经济增长——大数据作为生产要素的一个内生增长理论［J］．经济研究，2022，57（4）：103－119.

④ Farboodi M，Veldkamp L. A growth model of the data economy［J］．NBER Working Papers，2021.

为一种信息是否会对经济增长产生影响。企业可以用数据进行预测，减少不确定性，从而提高盈利能力，据此构建一个企业积累数据的增长模型。研究发现，当数据是稀缺资源时，由于存在数据反馈循环（data feedback loop），数据是报酬递增的，而数据水平较低的企业和国家会陷入数据贫困陷阱，但当数据可自由复制、具有非竞争性时，类似于 Solow 模型中的资本，数据可以增加产出，或是成为技术创新的一种投入，但不能独自维持增长。他们还提出了数字经济分工的构想，由于数据是一种长期资产，部分企业会在前期以低于成本的价格向消费者提供数字产品和服务以换取数据，后期通过贩卖数据盈利。因此，在未来可能会出现这样一种分工格局，在数据生产方面具有比较优势的大企业的大部分利润来自数据销售，其产品被视为一种对数据积累的投资，与此同时，小企业在高质量产品生产方面具有比较优势，大企业生产和销售大量低价商品，以产生数据并将其出售给生产高质量商品的小企业。

从数据增值的过程看，数据是获得信息的“原材料”，数据加工增值后即为信息，而知识是信息的进一步提炼。知识的流动也可以促进经济增长。

在理论研究层面，Lucas① 率先将知识流动引入经济增长的分析框架中，认为工业革命之所以在全球范围内带来经济腾飞，是因为受教育阶层的迅速扩张，他们在整个职业生涯中交换思想，解决与工作相关的问题，产生新的知识并进行交流。Alvarez 等②将一个经济体的技术前沿描述为生产不同商品的可用成本的概率分布，认为单个生产者的技术水平是一个从技术前沿分布中提取的随机变量，如果知识流动为生产者带来更优的成本理念，生产者会进行技术革新，用新的成本水平代替旧的技术水平——从这个角度看，技术前沿可以用常微分方程表示，其形式取决于知识流入的形式，可以是随机的，也可以是确定性的。基于此，Lucas 和 Moll③ 建立了由个人知识的持续改进驱动的内生增长模型，生产者可以将时间分配在两项活动上——用已经掌握的知识生产商品，或向他人学习新的、提高生产力的知识④——这共同决定了经济体的生产水平及其增长率；具体而言，经济状况可以用生产力水平的分布来描述，每个生产者的时间分配决策将取决于这种分布，因为其他人的生产力水平决定了他自己通过学习提高生产力的机会，而个人的时间分配又反过来决定了学习的情况，从而决定了生产力分布的演变。进一步，Alvarez 等⑤将贸易引入知识流动驱动的内生增长模型，认为贸易是知识流动的载体，国际贸易可以通过选择效应使国内企业与最高效的外国企业进行交流，形成知识流入，还可以通过以高生产率的外国企业代

---

① Lucas R E. Ideas and growth [J]. NBER Working Papers, 2008, 76 (301): 1 - 19.

② Alvarez, Fernando E, Francisco J Buera, and Robert E Lucas. Models of idea flows [J]. National Bureau of Economic Research, 2008.

③ Lucas Jr, Robert E, and Benjamin Moll. Knowledge growth and the allocation of time [J]. Journal of Political Economy 2014, 122 (1): 1 - 51.

④ 学习的过程是与他人的随机会面，如果对方的生产率高于自己，那么可以通过学习提高生产率，每个人的生产率是他所见过的所有人生产力的最大值。学习的过程即知识流动的过程。

⑤ Alvarez, Fernando E, Francisco J Buera, and Robert E Lucas. Idea flows, economic growth, and trade [J]. National Bureau of Economic Research, 2013.

替部分低生产率的国内企业改善国内企业能接触到的知识流，从而驱动一国经济增长。Coleman[①] 评估了 WTO/TRIPS 和其他知识产权条约对跨境专利流动的影响，使用来自欧洲专利局（EPO）PATSTAT 数据库 1980—2015 年 211 个国家和地区的数据研究发现，贸易自由化条约和知识产权条约显著促进了国家间的专利流动；专利合作条约（PCT）在发达国家和发展中国家都产生了显著的正面影响，提高专利跨境流动达 70%，其中特别促进了发达国家与发展中国家之间的跨境专利流动，其他条约（《巴黎公约》、关贸总协定、WTO、TRIPS）对发展中国家间的专利跨境流动有显著影响，但对发达经济体间的影响有限。Howard 等[②]利用世界银行 PTA 数据库 1995—2015 年的数据，采用引力模型来分析 PTA 成员国和非成员国之间的专利申请流动，其中区分了 PTA 成员国内部和外部的专利申请，研究发现，优惠贸易协定中的知识产权相关规定对国际专利申请产生积极影响；协定的具体特征使这些影响存在显著差异——包含多个与贸易有关的知识产权（TRIPS – Plus）规范的协定显著增加了成员国之间的专利申请，而其他类型的知识产权鼓励了来自非成员国的更多专利申请。

在数据与经济增长的相关研究中，大部分将数据要素纳入内生增长框架，普遍得到了数据可以推动技术进步、促进经济增长的结论，只是路径有所不同；有学者另辟蹊径，从数据提高企业预测能力而不是技术进步的角度进行研究，得出略有不同的结论。此外，可以将数据以经加工处理后的更高形态"知识"引入经济增长框架，构建知识驱动的内生增长模型。

二、数据与经济核算问题

在数字产品市场上通常会出现这样一种现象：消费者可以免费使用数字企业提供的各种服务，如观看视频、购物、社交等，只有部分服务需要付费。那么，这些免费服务是真的免费吗？实际上，数字企业的营收方式不是只有直接向消费者售卖数字产品服务。消费者除了付出金钱，还可以付出个人信息以及注意力和时间，而企业则可以通过向第三方出售消费者信息、为第三方发布线上广告等方式盈利[③]。由此可见，数字企业与消费者之间的交易属于"部分以物易物"，数字产品的价格不能完全代表它的价值，因为其中一部分价值是由消费者提供的有价值的数据支付的，这部分价值由于不涉及货币交易而无法被计入当前的 GDP 中，因此为经济核算带来了困扰。

针对这一问题，部分学者提出了不同的解决办法。Goolsbee 和 Klenow[④] 认为，消费者

---

① Coleman E. The effects of multilateral IP treaties on patenting behavior [J]. Vanderbilt University Department of Economics Working Paper, 2022.

② Maskus K E, Ridley W. Intellectual property – related preferential trade agreements and the composition of trade [J]. RSCAS Working Papers, 2016.

③ Lambrecht A, Goldfarb A, Bonatti A, et al. How do firms make money selling digital goods online [J]. Marketing Letters, 2014, 25 (3): 331 – 341.

④ Goolsbee A, Klenow P J. Valuing consumer products by the time spent using them: An application to the internet [J]. American Economic Review, 2006, 96.

购买数字产品的主要成本不是价格，而是使用它们所需的时间，例如，2004 年，美国只有约 0.2% 的消费支出用于上网，但时间使用数据显示，人们在整个休闲时间中约有 10% 用于上网，因此，可以用消费者使用数字产品的时间及时间的机会成本，即工资，来估算消费者从数字产品中获得的收益，计算结果显示，来自互联网的消费者剩余约占总收入的 2% 。Nakamura 等①认为，广告费用可以衡量这种“部分易货交易”，消费者在免费使用数字产品时观看了广告，数字企业的收入来自广告商，不过，这种计算方式主要适用于数字媒体产品，具有一定的局限性。

Brynjolfsson 等②创造性地引入了 GDP－B 的概念，直接衡量数字产品——特别是以零价格换取数据的产品的福利贡献，以补充传统的 GDP 框架；他们使用数字调查技术进行大规模的在线选择实验，通过调查消费者愿意放弃多少金钱换取数字服务，来估计数字产品价值；实验结果表明，2004—2017 年，脸书平均每年为美国 GDP－B 的增长增加 0.05—0.11 个百分点，而在传统的 GDP 核算方式下，这部分由数字产品贡献的消费者剩余价值并未被计算在内。

三、小结

本节对数据在宏观层面的经济价值进行了总结，主要关注了经济增长问题。大部分研究都将数据作为一种全新的生产要素纳入内生增长模型，认为数据随着时间的推移会内生增长，促进生产力提高、技术进步和经济增长。也有研究认为，数据是一种信息，从数据分析提高企业预测能力（而不是技术进步）的角度研究数据对经济增长的影响。从数据增值的过程看，数据的最高形态是知识，数据还可以以知识流动的形式纳入内生增长框架。此外，还可以从经济波动、经济周期等视角研究数据在宏观层面的经济价值。本节还关注了经济核算领域，数字产品交易中经常出现的“部分以物易物”现象使传统的经济核算方法不再适用。针对这一问题，不同学者给出了多种计算数字产品价值的方式，包括时间成本、广告支出和直接衡量消费者剩余价值的 GDP－B 概念。

第四节　开放环境下的数据价值

数据跨境流动是跨国际边界或不同国际市场的数据传输。与一般商品贸易不同，数据跨越国界不需要经过海关，商业软件联盟（The Business Software Alliance）将跨境数据流

① Nakamura L I，Samuels J，Soloveichik R H. Valuing'free'media in GDP：An experimental approach［J］. Social Science Electronic Publishing［2024－07－24］.

② Brynjolfsson E，Collis A，Diewert E，et al. Gdp－B：Accounting for the value of new and free goods in the digital economy［J］. Social Science Electronic Publishing［2024－07－24］.

定义为位于不同国家和地区的服务器之间的数据传输。随着物联网、人工智能等数据密集型产业的发展，数据流动在促进全球商品和服务贸易方面发挥越来越大的作用，越来越多的产品和服务依靠跨境数据流进行生产和交易。许多制造业企业的生产网络遍布全球，在全球范围内进行数据的收集和分析，以便于实时监控和优化效率。例如，大众汽车和亚马逊网络服务（AWS）于2019年3月宣布共同开发“工业云”，联结全球范围内所有工厂的全部机器、设备和系统。同时，许多在线服务平台（如优步、爱彼迎、易贝）在全球范围内提供服务，收集、存储、汇总和分析全球各地消费者的数据，进行预测和优化。

一、数据跨境流动的测度

目前，尚未有较为完善的测量跨境数据流的方式，因而部分研究依然着眼于跨境数据流的定义和测度问题。麦肯锡将其定义为跨境数据和通信流量，通过互联网带宽、互联网渗透率和互联网通话分钟数来衡量，发现数据对全球 GDP 增长的贡献超过了商品贸易。还有研究通过估计 GDPR 等数据流动限制规则的影响来间接测量数据跨境流动的价值，例如，Bauer 等①通过衡量引入 GDPR 造成的贸易、GDP 和整体福利的减少来间接衡量数据流动的价值，估计表明，限制数据的自由流动将导致欧盟 GDP 收缩 0.8%—3.9%，对人均收入的负面影响在 340—1140 美元；Badran② 和 Ferracane 等③从企业和部门的创新潜力和生产力的下降角度衡量了数据限制导致的跨境数据流的损失价值。不过，一些法律和规制问题可能会影响测度的准确性，例如，数据所有权从一个国家的经济主体转移到另一个国家的经济主体，而不将数据移出数据中心，会构成无法被测量的跨境数据流。

二、数据跨境流动的规制

另一部分对数据跨境流动的研究主要关注了规制问题，这与数据主权的特殊性有关。传统意义上的国家主权与领土、边界有关，而数据驱动的数字经济则对主权问题提出了新的挑战。数据通过互联网传输，而互联网作为一个开放空间，使国家边界变得模糊，同时，超大规模跨国数字平台在全世界范围内提供服务，并开展数据收集和分析业务，其影响力不亚于主权国家。因此，国家层面数据的控制权、访问权和使用权等权利规制有待进一步协商和构建。

目前，数据跨境流动已成为数字贸易的重要组成部分，是多边、区域和双边贸易谈判的关键问题。数字贸易的多边贸易准则自 1998 年 WTO 宣布对电子传输暂时免征关税以来

---

① Bauer, P C, Gerdon, F, Keusch, F, Kreuter, F, & Vannette, D. Did the GDPR increase trust in data collectors? Evidence from observational and experimental data [J]. Information, Communication & Society, 2021, 25 (14): 2101-2121.

② Badran M F. Economic impact of data localization in five selected African countries [J]. Info, 2018, 20 (4): 337-357.

③ Ferracane M, Kren J, Marel E. Do data policy restrictions impact the productivity performance of firms and industries [J]. Review of International Economics, 2020, 28.

并没有继续取得较大进展，WTO 成员方在数据流、访问、隐私和网络安全等核心议题上存在较大分歧——欧盟呼吁尊重基本权利，美国主张跨境数据的自由流动，而中国认为数据流动要以数据安全为前提——这与不同国家和地区数字经济发展水平有关。目前，美国已经拥有了全球领先的跨国数据公司和完备的数字生态系统，致力于推动高度一体化的全球市场和自由的数据跨境流动；欧盟在消费者应用程序和在线平台领域的地位较弱，导致其在数据获取方面处于劣势，但欧盟具有领先地位的跨国公司，因此主要着眼于减少数据流动壁垒以高效便捷地连接它们在全球的贸易供应链网络体系；中国尚未形成健全的国内数字规则体系，但在消费者应用程序和在线电子商务平台上具有优势，因而现有提案局限在商贸便利化规则方面[①]。

相比之下，双边和区域数字贸易协定（RTA）进展颇为迅速。全球 RTA 中纳入数字技术相关条款的数量明显增加，每个 RTA 平均含有数字技术条款的数量从 2000 年的 5 个左右上升到 2020 年的 35 个左右，同时“南北”合作大量增加；早期的 RTA 电子商务规则多与促进电子商务环境的条款有关，近来逐渐渗入数据跨境流动等方面[②]。同时，数字贸易 RTA 也呈现较为明显的美国、欧盟、中国之分。美国主导的 RTA 支持数据自由流动，支持市场驱动，贸易规则旨在确保其数字企业不受限制地进入外国市场，通过先发优势和网络效应在世界市场占据主导地位。总体而言，美式数字贸易规则颇具进攻性，对数字贸易的促进作用也比较显著。周念利和陈寰琦[③]发现，贸易双方在签署 RTA 中纳入美式数字贸易规则可显著促进双边数字贸易发展，在 7 项代表性美式数字贸易规则中，跨境数据自由流动、数据存储非强制本地化和源代码保护规则这三项最具雄心的诉求所带来的贸易促进作用更为显著。相比之下，欧盟强调保护个人数据基本权利，高度重视隐私保护，目标是在境内建立一个单一标准的、可自由流动的数字市场，并设置更具防御性的跨境数据流动规则，例如，通过《一般数据保护条例》（GDPR）中的“充分性认定”机制来解决个人跨境数据流动问题，即只有在完全符合提供给公民隐私权的情况下，个人数据才能在欧盟之外转移。这对数据跨境流动造成了一定阻碍，马述忠等[④]研究了 GDPR 对中国电商跨境并购的影响，发现 GDPR 主要通过加大数据泄露的处罚力度、提高数据流动的合规成本等方式限制了企业利用大数据分析进行个性化推荐和精准投放广告等，影响了跨境并购的成本和收益，显著抑制了中国电商跨境并购。中国对数据跨境流动的规制设计则基于网络安全在国家安全中的核心作用，主要强调安全问题。不过，随着国内数字经济的飞速发

---

① 沈玉良，彭羽，高疆，等. 是数字贸易规则，还是数字经济规则？——新一代贸易规则的中国取向［J］. 管理世界，2022，38（8）：67－83.

② 沈玉良，彭羽，高疆，等. 是数字贸易规则，还是数字经济规则？——新一代贸易规则的中国取向［J］. 管理世界，2022，38（8）：67－83.

③ 周念利，陈寰琦. RTAs 框架下美式数字贸易规则的数字贸易效应研究［J］. 世界经济，2020，43（10）：28－51.

④ 马述忠，吴鹏，房超. 东道国数据保护是否会抑制中国电商跨境并购［J］. 中国工业经济，2023，419（2）：93－111.

展，中国对跨境数据流动的限制和监管也发生了一定转变，例如，2020 年，中国表示允许海南自由贸易区的数据跨境流动，同时致力于技术领域的标准化问题，以期通过“一带一路”数字化建设、“中国标准 2035”等途径将中国的数字技术标准推向全世界。

三、数据流动的更高形态——跨境知识流动

如前文所述，数据是获得信息的“原材料”，数据加工增值后即为信息，而知识是信息的进一步提炼。全球范围内的知识流动是数据流动的更高形态。知识流动的一个典型表现是跨境专利申请。跨境专利申请的初衷是保证专利持有者在其他国家和地区开展投资和生产制造活动时，其知识产权可以得到有效保障，防止模仿和侵权。与此同时，跨境专利申请也是各国之间技术和知识交流的载体。当创新者在除现居地外的其他多个国家和地区申请专利保护时，他们需要披露有关其发明的详细信息。在保护知识产权之余，这种披露极大地促进了知识和先进技术的传播，特别是从发达国家到发展中国家的知识流动，为发展中国家提供了学习先进技术的机会。

从图 3－1 1980—2019 年全球主要地区接受跨境专利申请的数量可以看出①，亚洲在过去几十年中日益成为全球跨境专利申请的主要目的地，特别是进入 21 世纪后，东亚地区接受全球跨境专利申请的增长显著加快——这表明先进的知识、方法和技术正在从传统创新国家流出，可能极大地推动了亚洲的发展。在 21 世纪 10 年代，美国和中国已成为发明人寻求知识产权保护最主要的目的地，是 10 年来唯一吸引超过 100 万件跨境专利申请

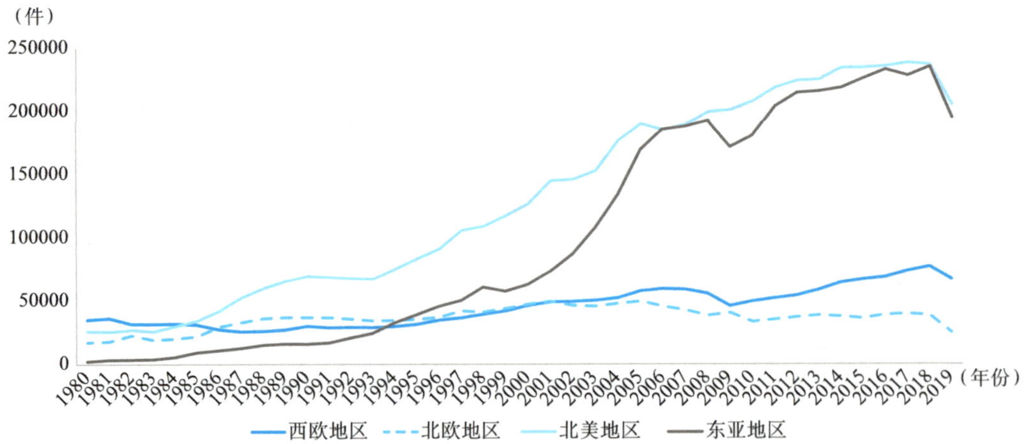

图 3－1　1980—2019 年全球主要地区接受跨境专利申请的数量

资料来源：LaBelle，J，Martinez－Zarzoso，I，Santacreu，A M，Yotov，Y. Cross－border Patenting，Globalization，and Development [R]. Working Papers 2023－031，Federal Reserve Bank of St. Louis，2023.

① 使用联合国定义的地区：澳大利亚和新西兰、中亚、东亚、东欧、拉丁美洲、美拉尼西亚、密克罗尼西亚、北非、北美洲、北欧、波利尼西亚、东南亚、南亚、南欧、撒哈拉以南非洲、西亚、西欧。参见：https：//unstats. un. org/unsd/methodology/m49/。

的国家。可能的原因是这些国家在创新方面越来越具有竞争力，发明人希望确保他们的技术在这里受到保护、不被模仿，或是因为各国在这些国家开展业务越来越多，因此对确保商业资产得到保护的需求增加。

与此同时，越来越多的亚洲国家正在成为专利的原产地，这意味着它们本身正在变得更具创新性。从图 3－2 1980—2019 年全球主要地区申请跨境专利的数量可以看出，自 21 世纪初，东亚逐渐赶超北美并保持领先地位，赶超速度在 21 世纪初非常快，并且其领先趋势在 20 年内逐步扩大，已是全球范围内最大的专利输出地区。

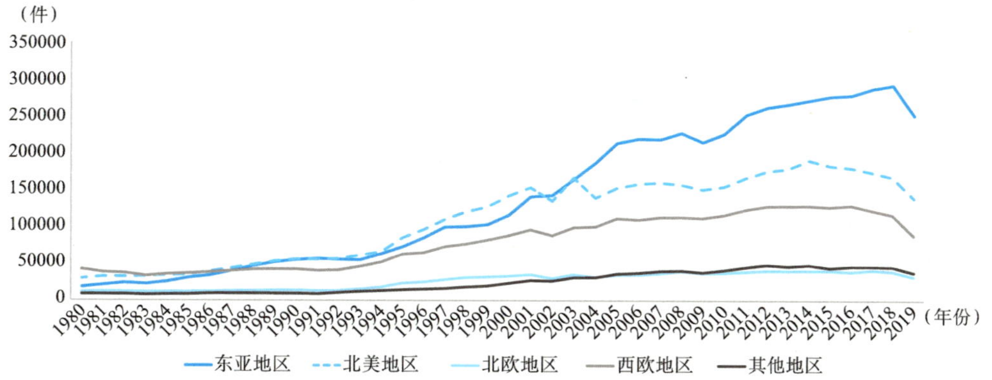

图 3－2　1980—2019 年全球主要地区申请跨境专利的数量

资料来源：LaBelle，J，Martinez－Zarzoso，I，Santacreu，A M，Yotov，Y. Cross－border Patenting，Globalization，and Development［R］. Working Papers 2023－031，Federal Reserve Bank of St. Louis，2023.

从图 3－3 1980—2019 年东亚地区内部情况可以看出，中国、日本、韩国三国贡献了最主要的专利输出，其中，日本的占比大幅领先。中国在近 20 年显现了极快的增速，特别是在日本与韩国跨境专利申请有所放缓的情况下，中国有望成为东亚地区专利输出的最主要推动力。

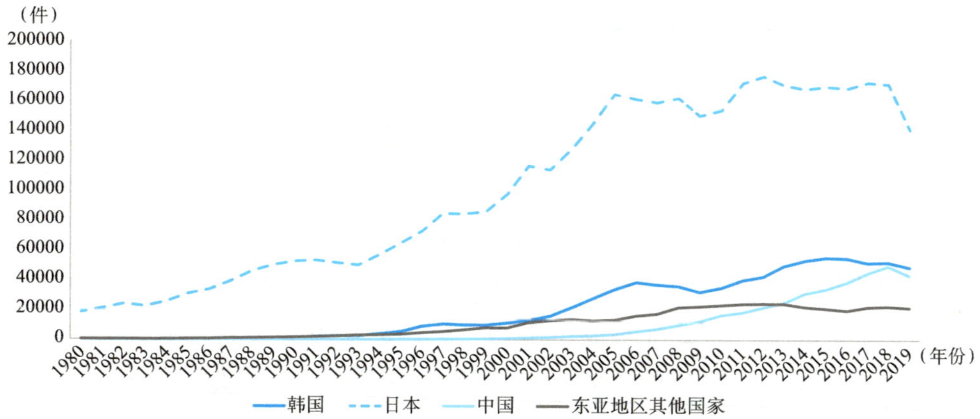

图 3－3　1980—2019 年东亚地区申请跨境专利的数量

资料来源：LaBelle，J，Martinez－Zarzoso，I，Santacreu，A M，Yotov，Y. Cross－border Patenting，Globalization，and Development［R］. Working Papers 2023－031，Federal Reserve Bank of St. Louis，2023.

从图 3－4、图 3－5 中国的专利输入和输出情况来看，改革开放后，接受专利输入的数量显著增加，而对外专利输出的增长主要出现在中国加入 WTO 后，至今依然保持高增长态势。

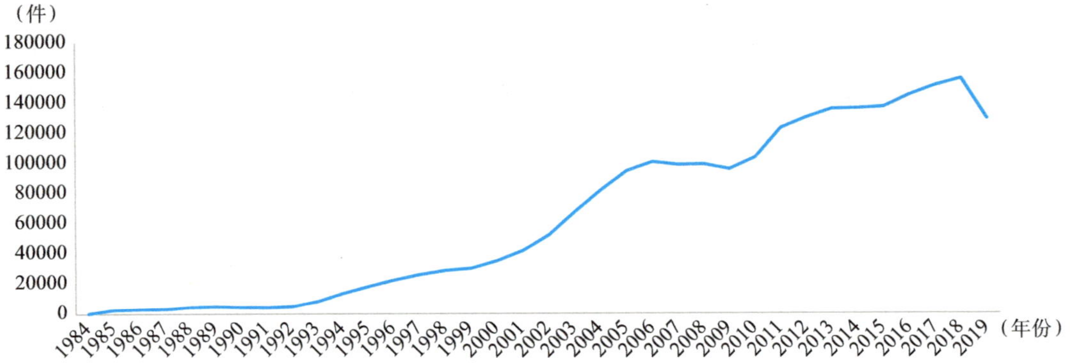

图 3－4　1984—2019 年中国接受跨境专利申请的数量

资料来源：LaBelle，J，Martinez－Zarzoso，I，Santacreu，A M，Yotov，Y. Cross－border Patenting，Globalization，and Development［R］. Working Papers 2023－031，Federal Reserve Bank of St. Louis，2023.

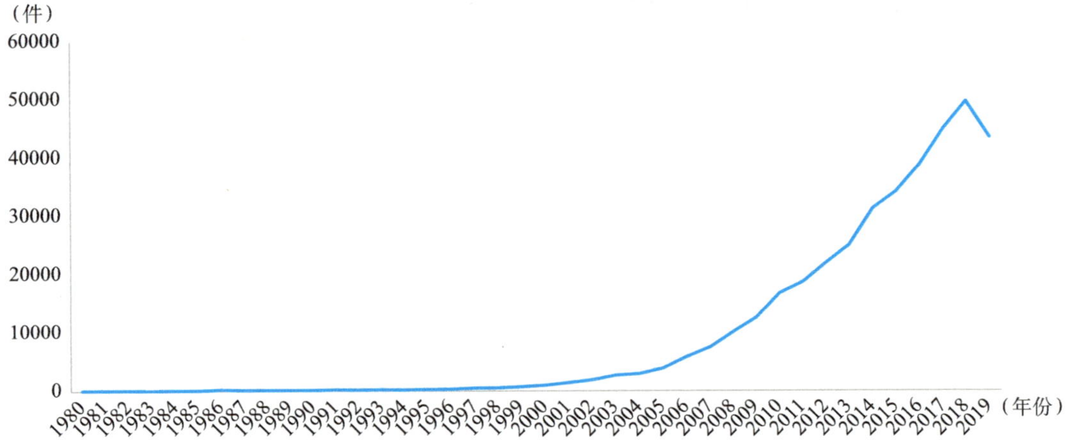

图 3－5　1980—2019 年中国向其他国家申请跨境专利的数量

资料来源：LaBelle，J，Martinez－Zarzoso，I，Santacreu，A M，Yotov，Y. Cross－border Patenting，Globalization，and Development［R］. Working Papers 2023－031，Federal Reserve Bank of St. Louis，2023.

中国对外申请专利的集中度较高，排名前十的目的地国家和地区占中国对外申请专利总量的比例超过 80%。主要目的地是美国、英国、德国等发达国家，其中，美国在 1980—2019 年占据了接近 50% 的比例，俄罗斯、韩国等与中国在地缘关系上紧密的国家也占据了较大比例（见表 3－1）。跨境申请专利目的地的选择往往与一国发明人在其他国家和地区开展投资生产活动的规模有关，而这通常也受两国外交关系的影响。例如，2010 年，匈牙利实行“向东开放”政策后，与中国关系达到新高度，2012 年，中国—中东欧国家“16+1”合作机制建立，匈牙利也在其中发挥重要作用，同时，该机制还是“一带一路”倡议的重要组成部分。可以看出，匈牙利在这一时期接受中国发明人申请专利的比例和数量都有显著提升（见图3-6）。

表3-1 1980—2019年中国向其他国家和地区申请跨境专利的分布

单位：%

1980s		1990s		2000s		2010s	
美国	35.5	美国	26.8	美国	46.0	美国	48.6
英国	15.7	英国	13.3	英国	10.1	英国	8.4
德国	8.5	加拿大	9.2	德国	5.5	韩国	7.0
巴西	8.1	澳大利亚	6.6	韩国	5.4	德国	6.4
西班牙	5.2	马来西亚	5.8	法国	5.2	澳大利亚	4.1
意大利	4.5	中国香港	4.5	澳大利亚	4.4	中国台湾	3.9
加拿大	4.0	巴西	3.9	加拿大	3.8	加拿大	2.7
法国	3.3	印度尼西亚	3.7	中国台湾	3.0	巴西	2.1
日本	2.4	德国	3.6	俄罗斯	2.8	法国	2.0
墨西哥	1.8	日本	2.8	巴西	2.4	匈牙利	2.0

资料来源：LaBelle，J，Martinez - Zarzoso，I，Santacreu，A M，Yotov，Y. Cross - border Patenting，Globalization，and Development [R]. Working Papers 2023 - 031，Federal Reserve Bank of St. Louis，2023.

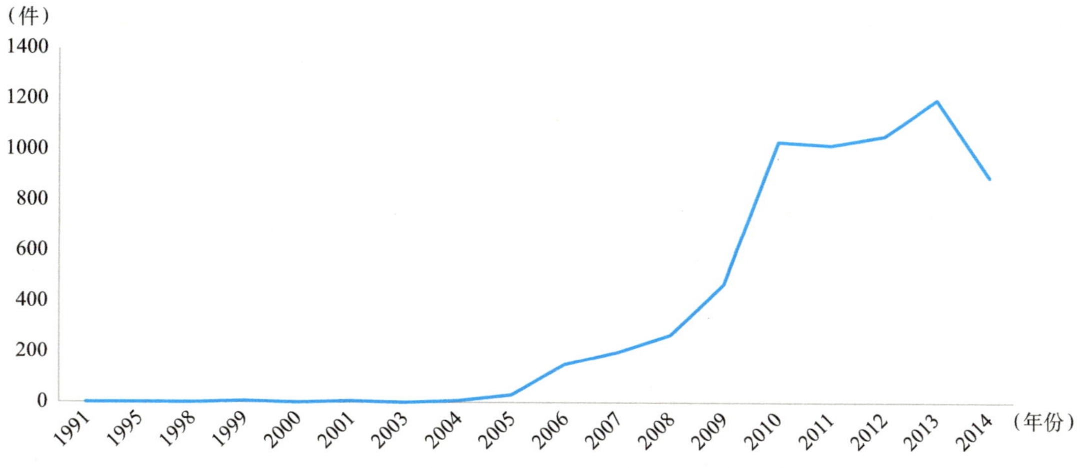

图3-6 1991—2014年中国向匈牙利申请跨境专利数量

资料来源：LaBelle，J，Martinez - Zarzoso，I，Santacreu，A M，Yotov，Y. Cross - border Patenting，Globalization，and Development [R]. Working Papers 2023 - 031，Federal Reserve Bank of St. Louis，2023.

从行业的角度看，中国对外申请专利主要集中在计算机、电子、医疗和光学设备、化工等技术密集型制造业，这些行业在全球专利申请中也占据了极大比例（见表3-2）。值得注意的是，跨境专利申请的目的地和行业分布往往与目的地国家和地区该行业的发达程度有关，例如，中国发明人在德国申请的专利中，计算机械的占比高达42.0%，而同时期中国发明人申请的全部跨境专利中这一比例只有29.3%；向中国台湾地区申请的专利中，广播电视和通信设备行业的比例达到20.2%，该行业在同一时期仅占中国向全球申请专利总数的15.5%，可归因于中国台湾地区在半导体行业积累的技术优势。

表3-2　　2010s中国向其他国家和地区申请跨境专利的行业分布情况　　单位：%

国家和地区 \ 行业	办公室、会计和计算机械的制造	医疗器械、精密仪器和光学仪器、钟表的制造	收音机、电视机和通信设备和装置的制造	化学品及化学制品的制造	未另列明的电力机械和装置的制造	其他非金属矿物制品的制造	未另列明的机械和设备的制造	水的蓄集、净化和分配	食品及饮料的制造
总计	29.3	20.2	15.5	13.1	6.1	5.0	4.8	3.6	2.4
美国	27.7	19.8	18.8	11.4	6.3	5.9	4.7	3.5	2.0
英国	33.5	28.6	11.6	7.4	6.1	3.7	3.9	3.5	1.7
韩国	29.2	19.9	12.6	16.7	6.0	4.0	5.0	3.7	3.0
德国	42.0	17.0	15.1	10.8	5.1	2.9	4.2	1.9	1.1
澳大利亚	17.8	15.5	5.0	26.1	6.0	4.4	11.2	7.5	6.4
中国台湾	23.4	16.3	20.2	18.3	5.7	7.2	3.6	3.0	2.2
加拿大	18.1	16.6	4.8	29.5	6.3	3.9	7.4	6.7	6.8
巴西	34.9	23.9	6.2	16.2	5.2	2.4	3.8	3.4	4.1

资料来源：LaBelle，J，Martinez - Zarzoso，I，Santacreu，A M，Yotov，Y. Cross - border Patenting，Globalization，and Development [R]. Working Papers 2023 - 031，Federal Reserve Bank of St. Louis，2023.

近年来，随着世界范围内专利数据库的不断完善，针对跨境专利申请和引用的研究愈加丰富。大量研究关注了跨境专利如何对贸易产生影响。Brunel和Zylkin[①]使用1974—2006年全球专利申请和贸易数据研究发现，跨境专利对申请国向授予国的出口有促进，而对相反方向的进口则没有显著影响，这意味着创新者在他们预计会有更多贸易的国家申请专利，同时，这些效应在不同行业组之间有很大差异，专利在需求弹性高和在供应链中相对更下游的行业中促进了更多的出口增长，此外，即使在知识产权保护制度较弱的司法管辖区，一旦申请国获得专利，向授予国的出口贸易也会受到促进。De Rassenfosse等[②]进一步细化了数据，利用法国企业级出口数据和跨境专利申请数据，研究了专利保护对出口的影响，发现产品—目的地层面的专利保护增加了该产品从法国向该目的地国的出口；受专利保护的产品在目的地国家的出口量比未受专利保护的产品高4%—11%，同时，注意到专利保护对出口的影响主要通过出口数量而非单价来体现，表明企业更看重专利带来的权

① Brunel C，Zylkin T. Do cross - border patents promote trade [J]. Canadian Journal of Economics/Revue canadienne d'économique，2022，55 (1)：379 - 418.

② De Rassenfosse G，Grazzi M，Moschella D，et al. International patent protection and trade：Transaction - level evidence [J]. European Economic Review，2022，147：104160.

利保护而非设置垄断价格的能力，而当企业在目的地国家失去专利保护时，出口会大幅下降，最高达到70%。

除此之外，还有大量研究集中于贸易自由化政策如何促进国家间知识流动，并进一步促进贸易、缩小发达国家和发展中国家的差距。LaBelle 等①研究了全球化对跨境专利申请的影响，发现如果没有全球化效应，2018 年全球范围内跨境专利申请量将下降 43%；北方和南方国家都从跨国专利申请中获益，其中，在 21 世纪之后，南方国家的收益更大，说明跨境专利申请带来的知识流动缩小了发达国家和发展中国家的收入差距。20 世纪 90 年代以来，贸易协定的激增已成为全球化趋势的一个显著特征，贸易协定也从仅关注关税减让的浅层协定发展到涵盖更广泛政策领域的深层协定，其中包括知识产权保护相关条款。更好的知识产权保护可以促进进出口贸易，尤其是发达国家向发展中国家的高科技产品出口和国际专利。基于这一背景，部分学者特别关注了贸易自由化政策中有关跨境专利的条款。Martinez - Zarzoso 和 Chelala② 利用 1995—2015 年 176 个国家的贸易数据研究发现，包含技术条款（包括技术转让、合作、研发、专利等）的 RTAs 对贸易有积极影响，特别是促进了技术密集型产品的出口。Coelli、Moxnes 和 Ulltveit - Moe③ 使用企业级专利申请和引用数据发现，贸易自由化通过降低出口市场的关税，不仅促进了公司专利申请数量增长，还提高了专利的质量（通过专利引用次数、所属研究团队规模、专利申请归属的技术类别数量衡量），这表明贸易自由化政策对创新的积极影响是全面的，不仅体现在数量上，还体现在质量上。Coleman④ 评估了 WTO/TRIPS 以及其他知识产权条约对跨境专利流动的影响，使用来自欧洲专利局（EPO）PATSTAT 数据库 1980—2015 年 211 个国家和地区的数据研究发现，贸易自由化条约和知识产权的条约显著促进了国家间的专利流动；专利合作条约（PCT）在发达国家和发展中国家都产生了显著的正面影响，提高专利跨境流动达 70%，其中特别促进了发达国家与发展中国家之间的跨境专利流动，其他条约（《巴黎公约》、关贸总协定、WTO、TRIPS）对发展中国家间的专利跨境流动有显著影响，但对发达经济体间的影响有限。Howard 等⑤利用世界银行 PTA 数据库 1995—2015 年的数据，采用引力模型来分析 PTA 成员国和非成员国之间的专利申请流动，其中区分了 PTA 成员国内部和外部的专利申请，研究发现优惠贸易协定中的知识产权相关规定对国际专利申请

---

① LaBelle, J, Martinez - Zarzoso, I, Santacreu, A M & Yotov, Y. Cross - border Patenting, Globalization, and Development [R]. Working Papers 2023 - 031, Federal Reserve Bank of St. Louis, 2023.

② Martínez - Zarzoso I, Chelala S. Trade agreements and international technology transfer [J]. Review of World Economics, 2021, 157 (3): 631 - 665.

③ Coelli F, Moxnes A, Ulltveit - Moe K H. Better, faster, stronger: Global innovation and trade liberalization [J]. Review of Economics and Statistics, 2022, 104 (2): 205 - 216.

④ Coleman E. The effects of multilateral IP treaties on patenting behavior [J]. Vanderbilt University Department of Economics Working Paper, 2022.

⑤ Maskus K E, Ridley W. Intellectual property - related preferential trade agreements and the composition of trade [J]. RSCAS Working Papers, 2016.

产生积极影响，其中，协定的具体特征导致这些影响存在显著差异——包含多个与贸易有关的知识产权（TRIPS – Plus）规范的协定显著增加了成员国之间的专利申请，而其他类型的知识产权鼓励了来自非成员国的更多专利申请。

四、小结

有别于一般商品与服务贸易，数据跨境流动具有一定的特殊性，因此可以作为国际贸易中一个单独议题进行讨论。当前的研究还未就数据跨境流动的测度达成共识，各种直接或间接的测量方式都存在一系列问题。同时，在对数据跨境流动的价值进行讨论时，大多数文献着眼于商业价值，如对企业绩效、人均收入的影响，部分文献探讨了隐私问题，但依然缺乏从多维的视角较为全面地衡量数据跨境流动经济价值的研究。此外，数据跨境流动的贸易规则制定在不同国家和地区间呈现出较为明显的分化，不同宗旨、不同风格的规制会对数据跨境流动造成何种影响，中国、美国、欧盟三大主体间的数字贸易规则在未来趋于分化还是协同，也是值得关注的问题。当从数据价值链的视角考虑数据流动，知识流动也是值得关注的问题。跨境专利申请作为全球知识流动的重要途径，不仅保障了专利持有者的知识产权，防止侵权，还促进了技术和知识的跨国交流。可以看出，东亚地区逐渐成为专利申请的主要目的地，显示出该地区在技术创新和知识吸收方面的迅速发展。中国也在专利申请方面持续增长，特别是在加入 WTO 之后，增速大大加快，且集中于计算机、电子等技术密集型行业。大量研究表明，跨境专利申请对出口有显著促进作用，尤其在知识产权保护制度较弱的地区，授予专利后对专利申请目的地的出口贸易有明显促进。贸易自由化政策，特别是包含知识产权条款的区域贸易协定对促进技术密集型产品的出口和提高专利质量具有积极影响，有助于缩小发达国家和发展中国家之间的收入差距。

第五节　总结

本章深入剖析了数据要素在数字经济中的多维价值与作用，从微观应用到宏观影响，再到开放环境下的跨境流动，全面梳理了数据作为现代经济中关键生产要素的角色和潜力。在微观层面，数据已成为企业经营、金融决策和政府治理不可或缺的资源。它不仅优化了企业的生产流程、市场营销策略和管理效率，还促进了金融机构对风险的精准评估和投资决策的高效制定，同时提高了政府在公共管理和服务供给中的透明度和效率。然而，数据要素的特性也带来了市场垄断的风险，需要政策制定者在激发数据创新潜力和维护市场竞争秩序之间找到恰当的平衡点。在宏观层面，数据的价值超越了单一企业或行业的范畴，成为推动经济增长的新引擎。通过内生增长模型的分析，数据对技术进步和生产力提升的正向作用得到了理论和实证的支持。此外，数据在经济核算中的度量问题也受到了重视，学者们提出了多种创新方法来评估数字产品和数据服务的经济效益，如考虑消费者使用时间的机会成本、广告支出和引入 GDP－B 概念等，这些尝试为传统 GDP 核算体系提供了新的视角和补充。

在开放环境下，数据跨境流动的测度和规制成为国际贸易和全球数字经济中的关键议题。数据流动的特殊性要求我们重新审视传统的贸易规则和政策框架。不同国家和地区在数据流动规制上的分歧，反映了各自的经济发展水平、文化价值观和战略利益。美国、欧盟和中国等主要经济体在推动数据自由流动、保护个人隐私和维护国家安全之间的取舍和平衡，将对全球数字经济的格局产生深远影响。

尽管本章提供了对数据要素经济价值的全面综述，但我们必须认识到，数据要素的相关研究仍处于起步阶段。未来研究需要进一步探索数据要素市场的交易机制、分配公平性、安全隐私保护等问题，以及数据要素对经济周期、经济波动的深层次影响。此外，随着技术的不断进步和应用场景的日益丰富，数据治理、数据伦理和数据法治等新的挑战也亟待解决。只有在确保数据的真实性、准确性、完整性和时效性的基础上，数据才能在价值链中发挥其应有的作用，为经济社会发展提供强有力的支撑。因此，构建一个开放、有序、安全的数据要素市场，不仅对促进经济的持续健康发展具有重要意义，还是实现数字经济潜力、推动社会进步的关键所在。

参考文献

[1] 曹鑫，欧阳桃花，黄江明．智能互联产品重塑企业边界研究：小米案例［J］．管理世界，2022，38（4）：125－142.

[2] 费方域，闫自信，陈永伟，等．数字经济时代数据性质、产权和竞争［J］．财经问题研究，2018（2）：3－21.

[3] 龚强，班铭媛，刘冲．数据交易之悖论与突破：不完全契约视角［J］．经济研究，2022，57（7）：172－188.

[4] 李海舰，陈小勇．企业无边界发展研究——基于案例的视角［J］．中国工业经济，2011（6）：89－98.

[5] 李海舰，赵丽．数据价值理论研究［J］．财贸经济，2023，44（6）：5－20.

[6] 李唐，李青，陈楚霞．数据管理能力对企业生产率的影响效应——来自中国企业—劳动力匹配调查的新发现［J］．中国工业经济，2020，387（6）：174－192.

[7] 廖理，崔向博，孙琼．另类数据的信息含量研究——来自电商销售的证据［J］．管理世界，2021，37（9）：90－104.

[8] 廖晓明，郑燕．论大数据视阈下公职人员腐败治理［J］．江西社会科学，2019，

39（1）：233－239.

［9］刘涛雄，李若菲，戎珂．基于生成场景的数据确权理论与分级授权［J］．管理世界，2023，39（2）：22－39.

［10］马述忠，吴鹏，房超．东道国数据保护是否会抑制中国电商跨境并购［J］．中国工业经济，2023，419（2）：93－111.

［11］戚聿东，刘欢欢．数字经济下数据的生产要素属性及其市场化配置机制研究［J］．经济纵横，2020（11）：63－76＋2.

［12］申卫星．论数据用益权［J］．中国社会科学，2020（11）：110－131＋207.

［13］沈玉良，彭羽，高疆，等．是数字贸易规则，还是数字经济规则？——新一代贸易规则的中国取向［J］．管理世界，2022，38（8）：67－83.

［14］孙鲲鹏，石丽娜．企业互联网使用与大数据治税的效应［J］．经济研究，2022，57（5）：176－191.

［15］唐要家，王钰，唐春晖．数字经济、市场结构与创新绩效［J］．中国工业经济，2022，415（10）：62－80.

［16］肖静华，吴瑶，刘意，谢康．消费者数据化参与的研发创新——企业与消费者协同演化视角的双案例研究［J］．管理世界，2018，34（8）：154－173＋192.

［17］谢丹夏，魏文石，李尧等．数据要素配置、信贷市场竞争与福利分析［J］．中国工业经济，2022，413（8）：25－43.

［18］谢康，夏正豪，肖静华．大数据成为现实生产要素的企业实现机制：产品创新视角［J］．中国工业经济，2020，386（5）：42－60.

［19］熊光清．大数据技术的运用与政府治理能力的提升［J］．当代世界与社会主义，2019，138（2）：173－179.

［20］熊巧琴，汤珂．数据要素的界权、交易和定价研究进展［J］．经济学动态，2021（2）：143－158.

［21］徐翔，赵墨非，李涛，等．数据要素与企业创新：基于研发竞争的视角［J］．经济研究，2023，58（2）：39－56.

［22］徐翔，赵墨非．数据资本与经济增长路径［J］．经济研究，2020，55（10）：38－54.

［23］许宪春，张钟文，胡亚茹．数据资产统计与核算问题研究［J］．管理世界，2022，38（2）：16－30＋2.

［24］杨俊，李小明，黄守军．大数据、技术进步与经济增长——大数据作为生产要素的一个内生增长理论［J］．经济研究，2022，57（4）：103－119.

［25］尹西明，林镇阳，陈劲，等．数据要素价值化动态过程机制研究［J］．科学学研究，2022，40（2）：220－229.

［26］张叶青，陆瑶，李乐芸．大数据应用对中国企业市场价值的影响——来自中国上市公司年报文本分析的证据［J］．经济研究，2021，56（12）：42－59.

［27］赵云辉，张哲，冯泰文，等．大数据发展、制度环境与政府治理效率［J］．管理世界，2019，35（11）：119－132.

［28］中国信息通信研究院．数据要素白皮书（2022 年）［R］．2022.

［29］中国信息通信研究院．数据要素白皮书（2023 年）［R］．2023.

［30］周念利，陈寰琦．RTAs 框架下美式数字贸易规则的数字贸易效应研究［J］．世界经济，2020，43（10）：28－51.

［31］Ahituv，N. A systematic approach toward assessing the value of an information system［J］．MIS Quarterly，1980，4（4），61－75.

［32］Alvarez，Fernando E，Francisco J Buera，and Robert E Lucas. Idea flows，economic growth，and trade［J］．National Bureau of Economic Research，2013.

［33］Alvarez，Fernando E，Francisco J Buera，and Robert E Lucas. Models of idea flows［J］．National Bureau of Economic Research，2008.

［34］Badran M F. Economic impact of data localization in five selected African countries［J］．Info，2018，20（4）：337－357.

［35］Bauer，P C，Gerdon，F，Keusch，F，Kreuter，F，& Vannette，D. Did the GDPR increase trust in data collectors? Evidence from observational and experimental data［J］．Information，Communication & Society，2021，25（14）：2101－2121.

［36］Begenau J，Farboodi M，Veldkamp L. Big data in finance and the growth of large firms［J］．Journal of Monetary Economics，2018，97（8）：71－87.

［37］Brennan，R，Attard，J，Petkov，P，Nagle，T，Helfert，M. Exploring data value assessment：A survey method and investigation of the perceived relative importance of data value dimensions［C］．21st International Conference on Enterprise Information Systems，2019.

［38］Brynjolfsson E，Collis A，Diewert E，et al. Gdp－B：Accounting for the value of new and free goods in the digital economy［J］．Social Science Electronic Publishing［2024－07－24］.

［39］Brynjolfsson，E and McElheran，K. The rapid adoption of data－driven decision－making［J］．American Economic Review，2016，106（5）：133－139.

［40］Brynjolfsson，E，Collis，A，& Eggers，F. Using massive online choice experiments to measure changes in well－being［J］．PNAS，2019，116（15），7250－7255.

［41］Coelli F，Moxnes A，Ulltveit－Moe K H. Better，faster，stronger：Global innovation and trade liberalization［J］．Review of Economics and Statistics，2022，104（2）：205－216.

[42] Coleman E. The effects of multilateral IP treaties on patenting behavior [J]. Vanderbilt University Department of Economics Working Paper, 2022.

[43] Coleman E. The effects of multilateral IP treaties on patenting behavior [J]. Vanderbilt University Department of Economics Working Paper, 2022.

[44] Cong L W, Xie D, Zhang L. Knowledge accumulation, privacy, and growth in a data economy [J]. Papers, 2021.

[45] Dawn, Garcia, Ward. A guide to the strategic use of big data [J]. Information Management Journal, 2014.

[46] De Rassenfosse G, Grazzi M, Moschella D, et al. International patent protection and trade: Transaction – level evidence [J]. European Economic Review, 2022, 147: 104160.

[47] Farboodi M, Veldkamp L. A growth model of the data economy [J]. NBER Working Papers, 2021.

[48] Farboodi, Maryam, and Laura Veldkamp. Data and markets [J]. Annual Review of Economics, 2022, 15.

[49] Ferracane M, Kren J, Marel E. Do data policy restrictions impact the productivity performance of firms and industries [J]. Review of International Economics, 2020, 28.

[50] Fleckenstein M, Obaidi A, Tryfona N. A review of data valuation approaches and building and scoring a data valuation model [J]. Harvard Data Science Review, 2023, 5 (1).

[51] Ghasemaghaei M, Calic G. Assessing the impact of big data on firm innovation performance: Big data is not always better data [J]. Journal of Business Research, 2019, 108.

[52] Goolsbee A, Klenow P J. Valuing consumer products by the time spent using them: An application to the internet [J]. American Economic Review, 2006, 96.

[53] Jia J, Jin G Z, Wagman L. The short – run effects of GDPR on technology venture investment [J]. SSRN Working Paper, 2019.

[54] Jones C I, Tonetti C. Nonrivalry and the economics of data [J]. American Economic Review, 2020, 110.

[55] LaBelle, J, Martinez – Zarzoso, I, Santacreu, A M & Yotov, Y. Cross – border Patenting, Globalization, and Development [R]. Working Papers 2023 – 031, Federal Reserve Bank of St. Louis, 2023.

[56] Lambrecht A, Goldfarb A, Bonatti A, et al. How do firms make money selling digital goods online? [J]. Marketing Letters, 2014, 25 (3): 331 – 341.

[57] Laney, D B. Infonomics: How to Monetize, Manage, and Measure Information as an Asset for Competitive Advantage (1st ed.) [M]. Routledge, 2017.

[58] Liu, Y. Big data and predictive business analytics [J]. The Journal of Business Forecasting, 2014, 33, 40 – 42.

[59] Lucas Jr, Robert E, and Benjamin Moll. Knowledge growth and the allocation of time [J]. Journal of Political Economy 2014, 122 (1): 1 – 51.

[60] M R Rajagopalan and S Vellaipandiyan. Big data framework for national E – governance plan [C]. 2013 Eleventh International Conference on ICT and Knowledge Engineering, Bangkok, Thailand, 2013.

[61] Martínez – Zarzoso I, Chelala S. Trade agreements and international technology transfer [J]. Review of World Economics, 2021, 157 (3): 631 – 665.

[62] Maryam F, Adrien M, Laura V, et al. Where has all the data gone [J]. The Review of Financial Studies, 2021 (7): 7.

[63] Maskus K E, Ridley W. Intellectual property – related preferential trade agreements and the composition of trade [J]. RSCAS Working Papers, 2016.

[64] Moody, D L, Walsh, P. Measuring the Value Of Information – An Asset Valuation Approach [C]. European Conference on Information Systems, 1999.

[65] Müller, O, M Fay, and B J Vom. The effect of big data and analytics on firm performance: An econometric analysis considering industry characteristics [J]. Journal of Management Information Systems, 2018, 35 (2): 488 – 509.

[66] Nakamura L I, Samuels J, Soloveichik R H. Valuing 'free' media in GDP: An experimental approach [J]. Social Science Electronic Publishing [2024 – 07 – 24].

[67] Nguyen D, Paczos M. Measuring the economic value of data and cross – border data flows: A business perspective [C]. OECD Digital Economy Papers, 2020.

[68] OECD. Data – Driven Innovation for Growth and Well – Being [R]. OECD STI Polify Note, 2015.

[69] Slemrod, J, B Collins, J L Hoopes, D Reck, and M Sebastiani. Does credit – card information reporting improve smallBusiness tax compliance [J]. Journal of Public Economics, 2017, 149 (5).

第四章 生成式人工智能的商业应用与价值开发[①]

第一节 生成式人工智能商业应用在中国行业的发展历程

一、国内生成式人工智能大模型在原理层面和应用层面的类型划分

（一）原理层面：从大模型如何构建角度的划分

生成式人工智能大模型的构建基础是深度学习技术的飞跃，特别是近年来的 Transformer 架构革命，它通过自注意力机制解决了序列数据建模中的长距离依赖问题。这类模型的训练往往依托于超大规模数据集，如数百亿乃至数千亿的文本片段、图像或视频帧，这些数据横跨多个领域，使模型能够学习到通用的知识表示。除了标准的 Transformer 架构，研究人员还在不断探索混合架构，如结合卷积神经网络（CNN）进行局部特征提取，或是集成图神经网络（GNN）来处理复杂关系数据，以此增强模型的表达能力和泛化性能。BERT、GPT 系列模型的成功，展示了如何利用自监督学习（如掩码语言模型任务）或强化学习（在复杂决策环境下的序列生成）策略，不仅优化模型的语言理解和生成能力，还促进了对多任务学习的支持，使单一模型能够适应多种下游应用场景。AIGC 技术应用场景分类如图 4－1 所示。

① 本章作者为李凯、张晓飞、张玉利。其中：李凯，南开大学商学院教授；张晓飞，南开大学商学院副教授；张玉利，南开大学商学院教授。

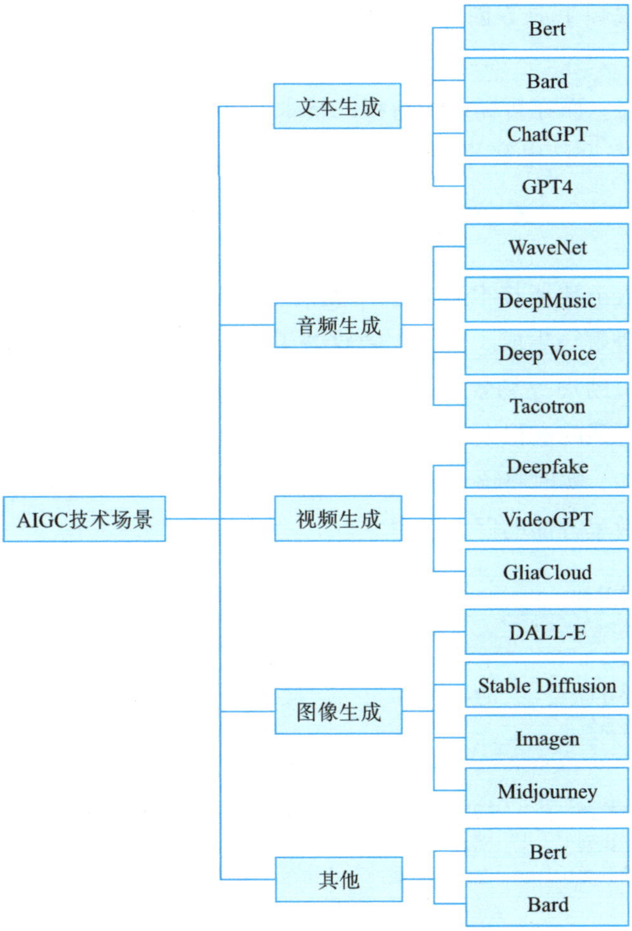

图4－1　AIGC技术应用场景分类

资料来源：华为云社区。

（二）应用层面：从大模型应用领域角度的划分（见图4－2）

1. 自然语言处理（NLP）

NLP是生成式人工智能最成熟的领域之一，其中，文本分类技术被广泛应用于舆情监控、新闻分类等场景；情感分析帮助品牌理解消费者情绪，优化产品和服务；机器翻译技术，如百度翻译、阿里云翻译服务，打破了语言障碍，促进了全球化交流；问答系统，如阿里云的“通义千问”、百度的“文心一言”，为用户提供即时准确的信息查询服务，也作为智能客服系统的核心，提升客户服务质量。此外，基于大模型的智能写作工具，如阿里云的“通义千问”和“通义万相”，正改变内容创作行业，大幅提高内容生产效率和创意多样性。

2. 计算机视觉（CV）

在计算机视觉领域，生成式人工智能技术不仅限于图像分类和目标检测等基础任务，更是在图像生成、视频生成等创造性应用上取得突破。例如，DeepMind 的 Imagen、阿里云的“通义万相”，仅凭文本描述就能生成逼真的图像，推动了艺术设计、广告创意、影视特效等行业的发展。而在目标检测与跟踪技术的支持下，安防监控系统能自动识别异常行为，提升了公共安全；电商平台利用图像识别技术，优化商品推荐系统，提升用户体验。

3. 跨模态应用

跨模态生成式人工智能技术致力于打破信息孤岛，实现不同感知通道（如文本、图像、声音）的统一理解与生成。例如，微软的 TTS 技术将文本转化为自然流畅的语音，应用于有声读物、虚拟助理等场景；字节跳动的虚拟偶像项目，通过文本到视频的转换技术，创造了互动性更强的虚拟人物，改变了娱乐互动方式。此外，智能会议系统，如腾讯会议的字幕转写功能，实时将语音转化为文字，促进了会议沟通的无障碍性，体现了跨模态技术在提升工作效率方面的巨大潜力。

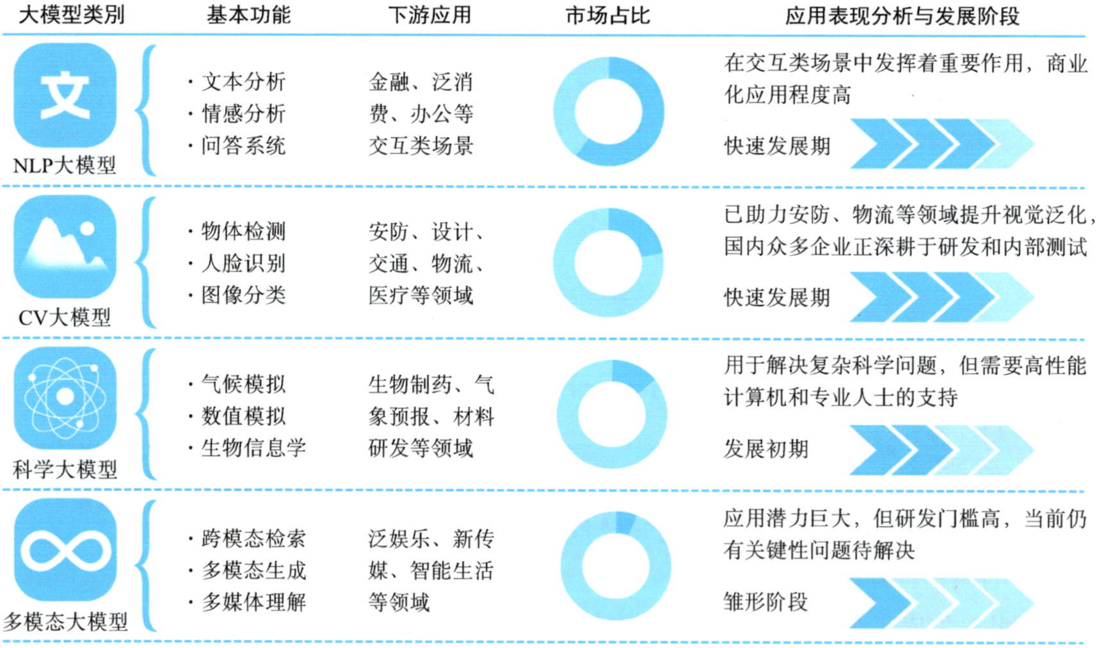

图 4－2　大模型的基本分类

资料来源：沙利文．2023 年中国 AI 大模型应用案例研究［R］．2023.

二、生成式人工智能在中国行业的应用历程

（一）技术萌芽期

生成式人工智能技术在中国的起步大约在 2020 年，这一时期见证了深度学习技术从实验室走向实际应用的关键转折点。随着算法的不断优化和计算成本的显著下降，中国企

业开始积极探索人工智能在内容创作领域的可能性。标志性事件之一是《中国 AI 数字商业产业展望 2021—2025》的正式发布，这份报告不仅揭示了生成式人工智能作为一项具有巨大增长潜力的技术趋势，还明确指出它将成为驱动中国数字商业转型的重要引擎（见图 4－3）。报告中对生成式人工智能技术栈的市场规模进行了乐观预测，激发了业界对这一新兴技术的投资热情和研发动力。这标志着生成式人工智能在国内从理论探索迈向实践应用，为后续的快速发展奠定了坚实的基础。

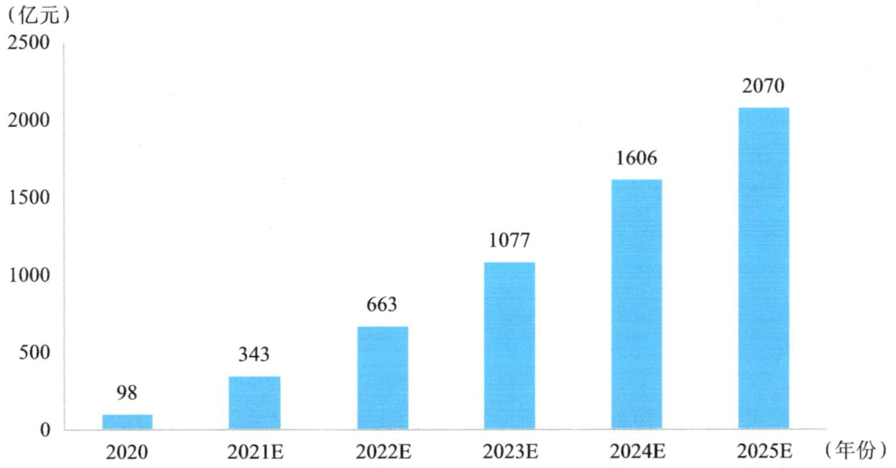

图 4－3　2020—2025 年中国生成式人工智能技术栈应用规模

资料来源：前瞻产业研究院，中关村大数据产业联盟．中国 AI 数字商业产业展望 2021—2025［R］．2021.

（二）应用普及与深化期

随着技术的不断成熟，生成式人工智能在国内的应用进入了快速扩张阶段，形成了面向消费者（C 端）和企业（B 端）两个并行发展的业态。

1. C 端市场创新爆发

面向消费者的生成式人工智能应用百花齐放，从简单的文本生成到复杂的图像、音频、视频内容的自动化创作，甚至虚拟人的生成，各类创意工具层出不穷。这些应用极大地丰富了个人用户的内容创作体验，满足了市场对于个性化、定制化内容的强烈需求。例如，用户可以通过简单的指令生成个性化的艺术作品、合成专属音乐曲目，或是创建与自己互动的虚拟形象，从而在社交媒体、娱乐、教育等多个领域体验到前所未有的参与感和创造力释放。

2. B 端行业深度整合

在企业级市场，生成式人工智能技术的应用更为深入且具体，特别是在游戏开发、媒体与影视制作、电子商务、广告营销等高度依赖内容创新的行业。这些行业利用生成式人工智能技术不仅提高了内容生产的效率和质量，还极大地缩短了创意到产品的转化周期，降低了制作成本。例如，在游戏行业，生成式人工智能能够辅助快速生成游戏场景、角色模型和故事脚本，加速游戏迭代；影视制作中，智能剪辑、特效合成等应用减少了人力投入，提升了制作效率；在电商与广告营销领域，利用个性化内容生成提升用户黏性，精准触达目标消费群体，优化营销效果。

艾瑞咨询2023年的生成式人工智能场景应用展望研究报告进一步强调，未来生成式人工智能将继续沿着产业链上下游拓展，深化与各行业的融合，不仅局限于当前的热门领域，还将向更多传统行业渗透，推动商业模式创新和产业升级，全面重塑内容生产的格局和价值链条。这意味着，生成式人工智能不仅是技术的革新，更是催化社会经济全方位数字化转型的重要力量。

第二节　生成式人工智能行业应用环境

一、政策环境

中国政府对生成式人工智能技术的发展持有明确的支持态度，视其为推动数字经济转型和创新型国家建设的关键力量。《新一代人工智能发展规划》等国家级战略规划文件的发布，不仅明确了AI技术的战略地位，还提出了一系列政策措施以促进其健康发展。政策环境强调了技术创新、产业升级和市场应用的协同发展，同时，针对数据安全与隐私保护，出台了《数据安全法》和《个人信息保护法》，构建了严格的数据监管框架，确保生成式人工智能技术的应用不会侵犯公民权益，保障技术的可持续性发展路径。

二、技术水平

（一）硬件、框架等设施基础

中国在生成式人工智能硬件基础设施的发展上展现出了强劲的自给自足能力。面对全球GPU技术的封锁，华为推出了Ascend系列AI处理器，旨在为AI计算提供强大的动力源泉，尤其是昇腾910芯片，专为云端训练场景设计，展现出不俗的性能。阿里巴巴旗下的“平头哥”则致力于打造“含光800”等AI推理芯片，广泛应用于云服务中，为生成式人工智能应用提供了有力支撑。尽管这些国产芯片在某些性能指标上与国际顶尖产品存在差距，但它们的成功部署标志着中国在算力自主化道路上迈出了坚实步伐。同时，为了进一步提升整体算力水平，中国在数据中心建设上持续发力，不仅在北京、上海等地建立了超大型数据中心，还在西部地区利用丰富的可再生能源建设数据中心集群，形成了规模庞大、分布合理的数据处理和运算网络，为生成式人工智能应用的广泛落地奠定了基础。

（二）数据资源与挑战

数据是驱动生成式人工智能发展的核心要素，而中国拥有世界上最庞大的互联网用户群体，理论上为 AI 模型训练提供了海量的数据资源。然而，这些数据分布在不同的互联网巨头内部，形成了数据孤岛现象，如腾讯的社交数据、阿里巴巴的电商数据、百度的搜索引擎数据等，彼此间难以共享。这种割裂状态限制了数据的综合价值挖掘，影响了模型训练的全面性和深度。为破解这一难题，政府与企业积极探索解决方案。例如，政府推动建设国家级数据交易平台，鼓励企业在保护个人隐私的前提下进行数据交易和共享。同时，像阿里云这样的企业开始尝试联邦学习技术，该技术能够在不直接交换数据的情况下联合多个参与方共同训练模型，既保护了数据隐私，又促进了数据的高效利用。此外，差分隐私技术的应用也在增加，它通过在数据中添加随机噪声，使分析结果可用于研究而不泄露个人信息，平衡了数据利用与隐私保护的需求。

（三）模型与算法创新

在生成式人工智能的核心——模型与算法层面，中国虽已能够构建与国际水平相当的大规模模型，如百度的 ERNIE 系列模型、阿里云的“通义千问”等，均展现了在自然语言处理、图像生成等方面的高超技艺，但原创性算法的匮乏和高端人才短缺成为制约发展的关键因素。与国际前沿，如 OpenAI 的 GPT 系列相比，中国在模型结构创新上较为滞后，尚未出现能够引领全球趋势的重大突破。如何设计更为高效的模型架构，以更低的能耗实现更高质量的内容生成，是中国科研机构和企业面临的重大挑战。为应对这一挑战，部分企业和高校开始加大投入，如清华大学与字节跳动合作设立实验室，聚焦于算法优化和模型创新，力求在深度学习、强化学习等领域取得原创性成果。

三、产业结构与商业范式

（一）产业结构细分（见图 4－4）

1. 算力层企业

以阿里云为例，它不仅提供广泛的云计算服务，还特别针对生成式人工智能需求推出了一系列专属解决方案，如基于 GPU 和 TPU 的高性能计算实例，为大规模模型训练和实时内容生成提供强有力的算力支撑。阿里云的“天池”平台更是汇聚了丰富的数据处理和机器学习工具，帮助用户快速搭建和部署生成式人工智能应用，大大简化了技术接入流程，使初创公司和中小型企业也能便捷地利用高级 AI 能力。

2. 模型层企业

寒武纪科技作为国内知名的 AI 芯片企业，不仅研发高性能的 AI 处理器，还深入参与算法模型的优化，其产品广泛应用于服务器、边缘计算等多个场景，为生成式人工智能应用提供了底层硬件加速。商汤科技则是计算机视觉领域的佼佼者，其 SenseAR 平台结合先进的计算机视觉技术，为娱乐、零售等行业提供了丰富多样的创意内容生成工具，如虚拟试衣、AR 互动广告等，极大地丰富了用户体验。

3. 应用层企业

在教育行业，流利说（Liulishuo）利用生成式人工智能技术开发了个性化的英语学习应用，通过 AI 分析用户的语言习惯和弱点，自动生成适应每位学习者的练习材料和对话场景，提高了学习效率。在设计领域，Canva 中国版通过集成 AI 设计助手，让用户即便没有专业设计技能也能轻松创建出高质量的海报、名片等图形作品，推动了设计行业的平民化和效率提升。

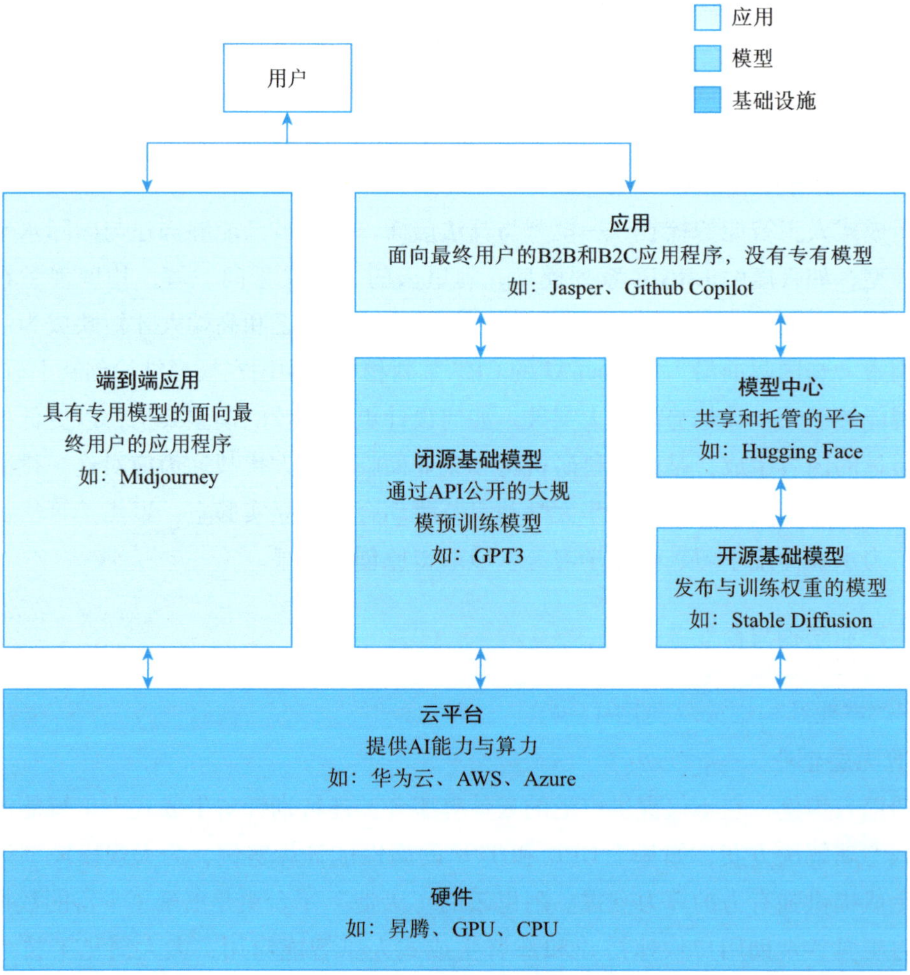

图 4-4　AIGC 市场结构示意图

资料来源：华为云社区。

（二）商业模式探索

1. SaaS、MaaS 模式

图森未来（TuSimple）在自动驾驶领域采取了软件即服务（SaaS）模式，提供基于云的自动驾驶解决方案，客户可以根据需要订阅智能路线规划和车队管理服务，无须投资昂贵的硬件设备，大大降低了进入门槛，促进了自动驾驶技术的商业化应用。

2. 按使用量计费

腾讯云的智能语音服务采取按量计费方式，开发者可以按照实际调用量支付语音合成、语音识别等服务的费用，这种灵活的计费策略降低了初期投入风险，尤其适合那些处于测试阶段或业务量波动较大的创业项目，如开发智能客服系统的初创公司。

3. 个性化定制服务

旷视科技（Megvii）面向高端零售客户，提供从人脸识别算法优化到智能货架管理系统的定制化服务，通过精准的人群分析和商品推荐，帮助客户提升门店运营效率和顾客体验。这种一站式解决方案充分考虑了零售行业的特定需求，实现了技术与商业的深度融合，展示了生成式人工智能技术在垂直领域的巨大潜力。

第三节　生成式人工智能技术商业化应用案例

一、以企业规模划分

（一）初创企业

1. 月之暗面

作为初创企业在生成式人工智能商业化应用领域的杰出代表，月之暗面通过其核心产品 Kimi 智能助手，展示了一条创新且实用的发展路径。Kimi 凭借在长文本处理、智能对话及专业领域应用上的卓越能力，迅速吸引了市场的广泛关注。该企业巧妙地利用技术差异化，特别是在处理超长文本上下文无损技术上的突破，打开了诸如教育、科研和商务等专业领域的新市场，满足了对高效信息处理的强烈需求，构建了商业化的初步桥头堡。

在此基础上，月之暗面采取开放合作策略，对外开放 API 接口，邀请开发者和企业合作伙伴共同探索大模型技术的无限可能，这一举措不仅拓宽了技术的应用边界，还促进了生态系统的构建，为技术授权、企业服务定制等商业模式的探索铺路。同时，企业敏锐地意识到用户对高质量服务的付费意愿，适时提出并逐步实施商业化方案，如优先服务付费用户策略，既优化了资源分配，又为盈利模式的成熟积累了宝贵经验。

面对成长过程中的挑战，如系统稳定性问题，月之暗面及时调整策略，加强技术优化与用户体验，确保了服务连续性和用户满意度，为持续的商业化进程加固了根基。此外，资本市场的正面反馈，如多次成功的融资活动，不仅是对企业实力的肯定，还为技术研究、市场拓展提供了必要的资金支撑。

综上所述，月之暗面通过不断的技术创新、灵活的市场适应策略、开放的合作生态建设和有效的资本运作，成功推进了生成式人工智能技术从理论到实践的跨越，展现了初创企业在激烈市场竞争中如何利用技术优势快速响应市场需求，实现商业化价值转化。

2. 6pen Art

6pen Art 作为初创企业界的一颗新星，通过将创新的生成式人工智能技术与艺术创作领域深度融合，不仅开启了该领域的商业化新篇章，还展示了技术驱动型企业在市场开拓中的活力与潜力。该平台精妙地定位于普通大众与艺术之间的桥梁，利用易于操作的应用程序，让非专业人士仅凭简短的文字描述或图片上传，就能享受到由人工智能生成的高质量艺术作品，有效降低了创作门槛，汇聚了庞大的用户群体。

为了加速商业化进程，6pen Art 采取了多元化的策略组合：一方面，设计了免费试用和付费升级的模式，激励用户为了更丰富的功能和更优质的体验转换为付费用户；另一方面，与多个行业的伙伴携手，如设计公司、教育机构和内容创作者，将 AI 绘画技术深度融入 B 端市场，拓宽了应用场景和收入来源。同时，它还重视社区的构建与维护，鼓励用户互动分享，利用社交网络效应促进有机增长，减少了市场推广的成本，而社区内涌现的优质内容进一步强化了品牌影响力，吸引更多新用户的加入。

在此基础上，6pen Art 积极探索技术输出路径，如技术授权与 API 服务，使自研的 AI 绘画引擎成为赋能其他开发者和平台的工具，这一举措不仅为其开辟了新的营利途径，还将企业的技术版图扩展至更宽广的数字创意产业，充分体现了初创企业在技术创新与市场应用整合方面所展现的深远影响与广阔前景。

（二）头部企业

1. 360 集团

360 集团作为行业领先的科技企业，对生成式人工智能（人工智能生成内容）的商业化应用展开了全方位的布局与实践。360 集团不仅在理论探讨上走在前沿，更是在实际操作中深入探索了生成式人工智能技术如何赋能各行各业，特别是在品牌营销、企业效能提升，以及元宇宙开发等领域。

在品牌营销方面，360 集团商业化市场部通过一系列创新案例，如与“海盗虾饭”的合作，展示了生成式人工智能如何从策略制定、营销推广到销售转化等全链路赋能，解锁了品牌营销的新潜能。利用 AI 数字员工参与产品开发，证明了在生成式人工智能技术的支持下，每个商业故事都能被赋予更广阔的想象空间和影响力放大效应。

针对企业效能，360 集团副总裁梁志辉曾在公开场合分享了生成式人工智能技术在企业能效提升上的应用之道，强调了在人工智能与通用计算领域的创新应用如何帮助企业优化流程、提升效率，预示着生成式人工智能将在企业数字化转型中扮演关键角色。

在元宇宙的探索上，360 集团更是将生成式人工智能视为推动元宇宙空间发展和商业化的关键技术。梁志辉指出，随着大模型的突破性进展，生成式人工智能正在重新定义元宇宙的生产力，为这个新兴领域提供了强大的驱动力。360 集团通过 N 世界项目，积极探索生成式人工智能与元宇宙的结合点，旨在打造更加丰富、互动且高效的虚拟环境，为企业和用户提供前所未有的体验。

2. 字节跳动

字节跳动作为全球领先的技术创新企业，一直在积极推动生成式人工智能（人工智能生成内容）技术的商业化进程，并将其融入公司多元的产品矩阵和业务生态中。该公司凭借强大的 AI 研发能力，不断探索生成式人工智能技术在内容创作、产品优化、用户体验升级和企业服务等方面的应用潜力。

在内容创作领域，字节跳动依托其 AI 实验室的研发成果，如与 ChatGPT 类似的对话和内容生成技术，能为旗下的 PICO 等产品提供技术支持，这意味着未来的虚拟现实体验或能融合更加丰富、个性化的 AI 生成内容，从而增强用户沉浸感和互动性。同时，通过豆包 AI 智能助手等应用，字节跳动将生成式人工智能技术带入大众生活，满足用户从信息查询到日常辅助的多样化需求，进一步拓宽了生成式人工智能的消费级应用场景。

对于企业服务板块，字节跳动推出的 AI 开发平台“Coze 扣子”，旨在帮助企业客户实现智能化转型，提供包括低门槛的 AI 应用开发、个性化定制服务、实时数据分析等一系列解决方案。这不仅展现了字节跳动在生成式人工智能商业化上的深度布局，还意味着其正利用自身在 AI 领域的深厚积累，赋能各行各业，加速企业的数字化进程。

此外，字节跳动还利用生成式人工智能技术优化内部运营效率，如使用 AI 技术成功减少 Linux 内核的内存占用，展现了技术在提高系统性能方面的直接效益。这一系列举措不仅提升了公司的技术竞争力，还为合作伙伴和整个行业树立了技术创新与应用的典范。

二、按行业划分

（一）传统制造业

生成式人工智能技术在传统制造业中的应用深入到了生产与设计的核心环节，正逐步重塑这一领域的运作模式。它通过高级的人工智能算法和机器学习能力，为制造商提供了前所未有的工具，以应对日益复杂和个性化的市场需求。在设计阶段，生成式人工智能能够辅助设计师快速生成和迭代产品模型，无论是精密复杂的机械组件还是时尚多变的消费品外观，都能基于历史数据和市场趋势进行创新设计，加速新产品从概念到市场的进程。这种技术尤其在需要高度定制化或周期性更新设计的行业中展现出了巨大价值，如服装和汽车制造，能够灵活适应消费者不断变化的审美偏好。

进入生产环节，生成式人工智能与智能制造系统紧密集成，优化生产流程，实现高度自动化和灵活性。通过实时数据分析，AI 可以预测维护需求，减少设备故障导致的停机时间，同时优化资源配置，如调度、物料管理和库存控制，确保生产线运行的高效与流畅。在质量控制上，生成式人工智能技术通过高精度的图像识别和数据分析，能即时检测产品瑕疵，确保出厂产品的统一高标准，进一步巩固企业的品牌信誉。

更为深远的影响是，生成式人工智能在促进制造业可持续发展方面的作用。它帮助制造商通过精准预测需求减少过剩生产，利用算法优化能源使用和原材料分配，以及开发循环利用策略，如在纺织业中通过 AI 减少废料并促进废料的再利用，从而减少环境足迹，推动产业向绿色经济转型。

生成式人工智能技术在传统制造业的应用，不仅是关于提升单一环节的效率或创新能力，还关于全面驱动行业的智能化升级，使其能够更好地应对市场竞争、满足客户期待，并在可持续发展的道路上稳步前行。

（二）服务业

生成式人工智能技术作为数字化时代的一大创新推手，正在深度重塑多个行业，尤其是电商、服务业等领域，不仅革新了消费者的体验模式，还极大地推动了企业的运营效率与服务创新。

在电商行业，生成式人工智能技术的应用标志着零售体验的一次重大跃升。例如，阿里巴巴通过阿里云平台推出的“淘宝直播”，利用实时渲染技术和高精度面部捕捉，创造了生动的虚拟主播互动体验，增强了直播的趣味性和互动性；京东运用生成式人工智能优化库存管理，通过预测分析精确匹配供需，减少库存积压，提升物流效率。这些应用不仅提供了沉浸式的购物体验，还实现了商品推荐的高度个性化，基于强大的数据分析能力深入洞察用户偏好，定制化展示商品信息，既便捷了用户决策过程，也促进了电商销售的转化。

服务业的变革同样显著。在零售与酒店业，生成式人工智能能够生成基于客户历史行为的个性化推荐，如定制旅行计划、个性化购物清单等，增强顾客忠诚度。虚拟助理和聊天机器人的引入，如在客服领域实现了全天候即时响应，以人性化的交互处理各种服务需求，大幅提升服务质量和效率。健康与教育领域亦受益匪浅，生成式人工智能在医疗中辅助疾病诊断、个性化治疗计划生成，以及在教育中创造定制学习材料和虚拟教学环境，促进资源的个性化与高效利用。金融服务领域，生成式人工智能通过精准的风险管理、欺诈识别及个性化财务规划，使服务更加智能化和安全可靠。在文旅娱乐方面，生成式人工智能通过生成创意广告、虚拟现实体验等，极大地丰富了用户体验的互动性和沉浸感。

总体而言，生成式人工智能技术通过在不同行业中的广泛应用，不仅为消费者提供了前所未有的个性化服务和沉浸式体验，还助力企业实现了运营效率的飞跃，展示了技术驱动下服务业向智慧化、高效化和人性化的全面迈进。从阿里巴巴的淘宝直播革新，到京东的库存管理优化，再到各领域内个性化服务与管理的深化，生成式人工智能正逐步成为推动社会经济转型升级的关键力量。

（三）传媒业

生成式人工智能在传媒领域的应用深刻地改变了内容创作与分发的格局，它通过融合自然语言处理、计算机视觉和机器学习等前沿技术，实现了从新闻撰写、视频编辑到个性化推送的全链条智能化。例如，在新闻写作方面，AI 能够基于丰富的数据源自动生成稿件，特别是对于体育赛事、财经报告等具有固定模式的信息，极大地提高了报道的速度与效率。视频内容的编辑也受益于生成式人工智能，计算机视觉技术能够自动识别并剪辑关键画面，按需生成吸引人的视频内容。此外，借助机器学习模型深入分析用户行为，传媒平台能够提供高度个性化的新闻推送，增强用户体验并提升用户参与度。

以今日头条和腾讯新闻为例，这些企业通过集成先进的人工智能技术，显著提升了传媒工作的效率并丰富了用户体验。

今日头条运用自然语言处理技术，自动生成新闻稿件和摘要，尤其是在处理体育赛事、财经报告等数据密集型新闻时，能够迅速根据实时信息产出内容。这不仅加快了新闻发布的速度，还减轻了编辑团队的工作负担。此外，今日头条还以其个性化推荐系统闻名，该系统基于复杂的机器学习模型，深入分析用户行为，为每位用户提供量身定制的信息流，增强了用户黏性和阅读满意度。

腾讯新闻则在视频内容自动化处理方面展现了生成式人工智能的强大功能，利用计算机视觉技术识别并提取视频中的关键信息，自动生成引人入胜的预览和摘要，这对于快速适应移动互联网时代的即时信息需求至关重要。腾讯新闻同样重视内容的个性化推送，不断优化推荐算法，不仅确保用户接收到感兴趣的内容，还利用 AI 技术评估新闻质量，维护内容的权威性和可靠性，进一步巩固了其在行业中的领先地位。

（四）影视业

在影视产业，生成式人工智能技术的融入正逐步改变着内容创作的面貌，从前期创意到后期制作，乃至观众交互体验，每一个环节都透露着技术创新的光芒。生成式人工智能凭借深度学习算法的核心优势，不但能够高效完成复杂的图像合成与特效制作任务，大幅缩减了传统影视制作中耗时耗力的手工操作，而且能够基于海量数据洞察观众偏好，辅助编剧精准定位故事走向，使剧本更加贴合市场需求。在后期编辑阶段，生成式人工智能能够智能分析视频内容，自动调整剪辑节奏与配乐，甚至自动生成预告片和设计吸引眼球的电影海报，这些都极大地提高了工作效率，同时保留了艺术创作的灵活性和创新性。

以流媒体巨头 Netflix 为例，其在探索生成式人工智能技术应用的前沿道路上迈出了显著步伐。在项目“Black Mirror：Bandersnatch”中，Netflix 开创性地采用了互动式叙事结构，背后正是 AI 技术的支持。该影片允许观众根据自己的选择决定故事的发展方向，这种高度个性化的观影体验，不仅革新了传统的观影模式，还展现了生成式人工智能在优化剧情逻辑、实现情节分支管理方面的强大能力。通过算法预测不同观众的选择倾向，Netflix 能够提供近乎无限的剧情变体，确保每个观众都能享受到定制化的娱乐之旅。

另一家代表企业爱奇艺，也在积极利用生成式人工智能技术优化内容推荐系统，通过深度学习分析用户历史观看行为，精准推送符合个人喜好的影视作品，提升用户黏性和观看满意度。同时，爱奇艺探索在自制剧集中应用生成式人工智能技术进行初步的剪辑工作，辅助编辑团队快速构建故事框架，加速内容产出流程，保证高质量内容的持续供给。

（五）电子游戏

在娱乐领域，尤其是游戏行业，生成式人工智能技术正引领一场创新革命，重塑着游戏开发与玩家体验的方方面面。通过集成先进的 AI 技术，游戏开发者能够创造出更加丰富多元的游戏世界，提升互动性和沉浸感。具体来说，生成式人工智能技术在游戏中的应用涵盖了智能 NPC（非玩家控制角色）的设计，使这些角色能够展现更复杂多变的行为模式，甚至具备学习和适应玩家策略的能力，极大地增强了游戏的真实感和挑战性。此外，它还能动态调整关卡难度，确保每位玩家都能享受到既不过于简单也不至于挫败的个性化游戏体验。利用大数据分析玩家的行为模式，生成式人工智能技术还能够智能推荐适合玩家偏好的游戏内容、活动或社交匹配，增强用户黏性。

以腾讯游戏为例，作为全球领先的游戏开发商和发行商，腾讯在其热门游戏王者荣耀中巧妙融合了生成式人工智能技术，推出了 AI 助手系统。这一系统不仅能够为新手玩家提供详尽的游戏规则指导，帮助他们迅速熟悉游戏机制，还能根据玩家的实际操作水平，提出策略建议，优化技能组合，使新玩家更快融入游戏社区，享受竞技的乐趣。此外，腾讯还在不断探索利用生成式人工智能技术开发具有高度交互性的语音聊天机器人，让玩家能够通过自然语言与游戏角色或其他玩家进行交流，进一步模糊虚拟与现实的界限，提升游戏的娱乐性和社交性。

网易游戏同样不甘落后，在其多款游戏中积极探索生成式人工智能技术的应用，例如，利用 AI 生成独特游戏音乐，根据游戏场景和玩家情绪变化自动调整背景音乐，创造更加沉浸式的游玩氛围。通过这些创新实践，网易游戏致力于为玩家提供前所未有的个性化娱乐体验。

（六）其他

生成式人工智能技术以其强大的数据处理与模式识别能力，正在深刻影响着多个行业的发展，除上述我们已探讨的应用领域外，还广泛渗透到教育、医疗、金融等关键领域，引领着行业的智能化转型。

在教育领域，生成式人工智能技术正被用于打造个性化学习体验。例如，猿辅导利用AI算法分析学生的学习行为和成绩数据，不仅能够智能评估学生的学习成效，还能根据每个学生的掌握程度和学习速度，定制个性化的辅导计划和推荐学习资源。这种精细化的教学辅助手段，不仅能有效提升教学质量，还能激发学生的学习兴趣，使教育变得更加高效且富有针对性。

医疗健康领域则是生成式人工智能技术展现其深远影响力的另一个重要舞台。平安好医生作为该领域的先行者，通过集成生成式人工智能技术，实现了医疗资源的优化配置。它利用AI进行医疗影像分析，辅助医生快速准确地诊断疾病，例如，通过深度学习模型识别肿瘤细胞，提高早期癌症筛查的准确性。同时，生成式人工智能技术助力制定个性化的治疗方案，通过综合分析患者的病史、基因信息及过往治疗反应，为患者提供最适合的治疗路径，实现精准医疗。

金融行业也不甘落后，利用生成式人工智能技术进行市场趋势预测、风险管理及客户服务优化。金融机构通过分析海量交易数据，应用AI模型预测市场动态，为投资决策提供科学依据。同时，利用生成式人工智能技术进行信用评估，能够在短时间内完成客户信用审核，提升贷款审批效率。在客户关系管理上，AI通过分析客户行为和偏好，定制化推送金融服务和产品，增强客户体验和忠诚度。

生成式人工智能技术作为一种前沿的人工智能应用，广泛渗透到传媒、电商、影视、娱乐、教育、医疗、金融和其他众多领域，其意义在于不仅极大地推动了内容生产的自动化与个性化，还通过深度学习与大数据分析，实现了对用户行为的精准理解与预测，从而制定定制化服务，提升用户体验。在传媒领域，它革新了新闻创作与内容分发方式；在电商领域，它借助AR、VR等技术重塑购物体验，实现智能推荐；影视娱乐业利用生成式人工智能优化剧本创作与后期制作，增强观众互动；在教育与医疗领域，它分别促进了个性化学习和精准医疗的发展；金融行业通过生成式人工智能强化风控与客户服务。整体而言，生成式人工智能技术的应用标志着各行业向智能化、高效化迈进的重要一步，为社会经济的全面升级与可持续发展注入了强劲动力。

第五章 生成式人工智能应用引发企业管理的颠覆性革新[①]

第一节 基于生成式人工智能应用管理特性的理论探讨

在当前信息化和数字化日益加深的背景下，生成式人工智能（人工智能生成内容）已经成为推动企业管理革新的重要力量。生成式人工智能技术以其独特的优势，正在逐步改变企业的运营模式和管理方式，引领着企业管理走向新的发展阶段。

生成式人工智能技术的应用不仅提升了企业的管理效率，还为企业带来了更多的商业机会和竞争优势。通过生成式人工智能技术，企业可以更加精准地把握市场需求，优化产品设计和生产流程，提高产品质量和客户满意度。同时，生成式人工智能技术可以帮助企业实现智能化决策和风险管理，降低经营风险，提高企业的稳定性和可持续发展能力。

因此，生成式人工智能引领企业管理革新是大势所趋，是企业未来发展的必然趋势。企业需要积极拥抱生成式人工智能技术，加强技术创新和应用实践，不断提高自身的管理水平和核心竞争力。

一、生成式人工智能发展（应用）进程

（一）自身进步速度快，更多更快地产生面向企业的新产品

生成式人工智能技术近年来取得了快速发展，不仅算法模型不断完善，处理能力也得到了大幅提升。这使生成式人工智能技术能够更加高效、精准地生成面向企业的新产品。例如，用友等知名企业已经开始利用生成式人工智能技术，推出了众多创新产品，如智能

① 本章作者为李凯、张晓飞、张玉利。其中：李凯，南开大学商学院教授；张晓飞，南开大学商学院副教授；张玉利，南开大学商学院教授。

客服、自动化流程管理等，帮助企业提高了管理效率和服务质量。

用友生成式人工智能在企业管理领域的应用展现出强大的实力，覆盖了从人力资源管理、销售与供应链管理、财务管理到项目管理和合同管理等多个关键环节。通过集中管理员工信息、跟踪销售流程、提供精确的财务核算以及管理供应链和合同数据，用友生成式人工智能显著提高了企业运营的效率和决策的质量。此外，该技术还能帮助企业实现任务的高效管理，通过数据分析和预测，优化资源配置，提升整个企业的执行力和竞争力。

（二）企业用户发展速度快、占有面广

随着生成式人工智能技术的不断成熟和应用场景的不断拓展，越来越多的企业开始认识到生成式人工智能技术的价值，并尝试将其引入自身的运营和管理。这使使用生成式人工智能技术的企业用户数量快速增长，占有面也越来越广。相关数据显示，目前已经有大量企业开始使用生成式人工智能技术，涵盖了金融、制造、零售等多个行业。

（三）行业本身处于爬升期，从爬升到成熟的过程是自然发展过程

从行业发展的角度来看，生成式人工智能目前正处于快速发展的爬升期。在这个阶段，生成式人工智能技术的应用范围不断拓展，应用场景也越来越丰富。同时，随着技术的不断完善和市场的不断成熟，生成式人工智能技术将逐渐走向成熟阶段，并在企业管理中发挥更加重要的作用。这是一个自然发展的过程，也是生成式人工智能技术发展的必然趋势。

二、全球化→核心竞争力（国家发展的需求）（各国发展现状可视化对比）

在全球化的背景下，企业面临着更加激烈的竞争和挑战。为了在全球市场中立足并取得优势地位，企业必须具备强大的核心竞争力。而生成式人工智能技术正是提升企业核心竞争力的重要工具之一。利用生成式人工智能技术，企业可以更加精准地把握市场需求和竞争态势，制定更加有效的市场策略和业务计划。同时，生成式人工智能技术可以帮助企业优化生产流程和提高生产效率，降低生产成本并提高产品质量。这将有助于企业在全球市场中获得更大的竞争优势。

不同国家在生成式人工智能技术的发展和应用上也存在一定的差异。通过可视化技术，我们可以清晰地看到各国在生成式人工智能领域的发展现状和趋势。例如，某些国家可能在算法研究方面领先全球，而其他国家则可能在应用场景拓展方面更具优势。通过对比不同国家的发展现状和趋势，我们可以更加深入地了解生成式人工智能技术的全球竞争格局和发展趋势，这也为企业提供了更多的机遇和挑战，需要企业根据自身实际情况进行选择和调整。

第二节　生成式人工智能的功能实现与企业部门任务的关系

一、潮流之初企业的响应（生成式人工智能已初步颠覆企业管理的现象）

随着生成式人工智能技术的飞速发展，企业界开始意识到这一新兴技术对企业管理的潜在影响。在潮流之初，企业普遍采取了积极的响应策略，以适应生成式人工智能技术的引入和带来的变革。

（一）人力资源部门

在人力资源部门，生成式人工智能技术的引入带来了显著的变化。

1. 裁员

随着生成式人工智能技术的应用，一些传统的人力密集型岗位开始被自动化和智能化技术所替代。这导致人力资源部门需要评估和调整员工结构，以适应新的工作环境和需求。裁员的过程往往伴随着对员工的培训和再分配，以确保他们能够顺利过渡到新的工作领域。

2. 招聘要求改变：具有使用生成式人工智能能力的人

随着生成式人工智能技术的普及，企业对于员工的技能要求也发生了变化。在招聘过程中，企业开始更加注重候选人的数字技能和创新能力，尤其是与生成式人工智能技术相关的技能。因此，人力资源部门需要更新招聘标准和流程，以确保能够吸引和选拔到具备这些技能的人才。

3. 接入生成式人工智能

为了更好地利用生成式人工智能技术，人力资源部门也在积极探索如何将其应用于日常工作中。例如，利用生成式人工智能技术进行简历筛选和面试评估，可以快速识别出符合岗位需求的候选人；通过生成式人工智能技术进行员工培训和发展，可以提供更加个性化和高效的学习资源和培训方案。

（二）销售部门

在销售部门，生成式人工智能技术的应用为销售人员提供了更多的机会和挑战。

生成式人工智能技术可以帮助销售人员更加精准地把握客户需求和市场趋势。通过利用生成式人工智能技术进行客户画像和数据分析，销售人员可以更好地了解客户的购买行为和偏好，从而制定更加个性化的销售策略。此外，生成式人工智能技术还可以协助销售人员与客户进行更有效的沟通和互动，提高客户满意度和忠诚度。

（三）财务部门

在财务部门，生成式人工智能技术的应用使财务管理更加高效和智能。

通过利用生成式人工智能技术自动化处理财务数据、智能分析财务报表等功能，财务部门可以大大提高工作效率和准确性。同时，生成式人工智能技术可以协助财务部门进行风险预测和决策分析，为企业的稳健发展提供有力支持。此外，生成式人工智能技术还可以帮助财务部门实现更精细化的预算管理和成本控制，进一步提升企业的经济效益。

二、不同行业中企业的响应

生成式人工智能技术的应用不仅限于特定的行业，而是广泛渗透到各个领域中。

在软件行业，企业利用生成式人工智能技术可以加速软件开发和测试过程，提高软件质量和用户体验。通过生成式人工智能技术自动生成代码、测试软件性能等，企业可以更加高效地开发出符合市场需求的产品。

在医疗行业，生成式人工智能技术被应用于疾病诊断、治疗方案制定等方面。通过利用生成式人工智能技术对患者进行数据分析和预测，医生可以更加精准地诊断疾病并制定个性化的治疗方案。这不仅提高了医疗服务的效率和质量，还为患者带来了更好的治疗体验。

此外，在制造业、零售业、金融业等行业中，企业也积极探索生成式人工智能技术的应用场景。通过利用生成式人工智能技术优化生产流程、提高销售效率、降低运营成本等，企业可以实现更高效的业务运营和更高的经济效益。这些应用不仅推动了行业的发展和进步，还为整个社会带来了更加便捷和高效的生活方式。

第三节　过往企业管理表征

在探讨生成式人工智能如何重塑企业管理之前，我们先回顾一下过往企业管理中的表征以及为何企业需要生成式人工智能的引入。

一、生成式人工智能的初应用效力

随着技术的不断进步，特定领域的人工智能（窄域 AI）已经得到广泛应用，并且正在向更高级别的人工通用智能（AGI）发展。这一转变不仅标志着技术上的飞跃，还为企业带来了显著的效益。

在窄域 AI 的应用中，我们看到了其在供应链管理、零售等行业的成功应用。例如，在供应链管理中，AI 可以通过智能算法优化物流路径、预测库存需求，从而提高整个供应链的效率和响应速度。在零售领域，AI 可以帮助商家进行精准营销、客户画像分析，以及提供个性化的购物体验。

然而，这些应用仅是生成式人工智能技术潜力的冰山一角。随着技术的进一步发展，生成式人工智能将能够生成更加丰富、多样和具有创造性的内容，从而为企业带来更多的机会和挑战。

二、传统企业的管理弊病（企业管理需要进步）

尽管许多企业已经取得了一定的成功，但传统的管理方式仍然存在着一些弊病，这使企业需要引入生成式人工智能来推动管理上的进步。

（一）效率低

在传统企业管理中，重复性任务占据了大量的工作时间和人力资源。例如，订单处理、发票处理等任务往往需要人工进行烦琐的操作，不仅效率低下，而且容易出错。此外，由于人工操作的主观性和不一致性，还可能导致数据的不准确和混乱。

生成式人工智能技术的应用可以帮助企业自动化处理这些重复性任务，从而提高工作效率和准确性。例如，通过生成式人工智能技术生成的自动化脚本可以自动处理订单和发票，减少人工干预和错误率。

（二）成本高

在传统企业管理中，往往存在着大量的低价值劳动和脏活累活。这些工作不但占据了大量的时间和资源，而且往往难以产生显著的效益。此外，由于信息搜寻的困难和工作指令通知的延迟，还可能导致企业的运营成本和沟通成本上升。

生成式人工智能技术的应用可以帮助企业降低这些成本。通过自动化处理低价值劳动和脏活累活，企业可以释放出更多的时间和资源用于更具价值的工作。同时，生成式人工智能技术还可以帮助企业实现信息的快速检索和传递，提高工作效率和响应速度。

综上所述，传统企业在管理过程中存在着效率低和成本高等弊病。为了克服这些问题，企业需要引入生成式人工智能技术来推动管理上的进步。通过生成式人工智能技术的应用，企业可以实现自动化处理重复性任务、降低成本、提高工作效率和响应速度等目标，从而在激烈的市场竞争中取得优势。

第四节　生成式人工智能如何颠覆企业管理的形式

一、决策制定

在当今数据驱动的时代，生成式人工智能正逐步成为企业决策领域的核心推手，深刻改变着决策的每一个环节，从数据的挖掘与分析，到策略的预测与规划，乃至最终决策的实施与反馈，形成了一套高度智能化、高效协同的决策支持体系。

生成式人工智能技术以其卓越的数据处理能力，为企业打开了数据宝藏的大门。在以往，海量且复杂的数据往往令人望而生畏，而今，生成式人工智能能够迅速筛选、清洗并整合这些数据，揭示出数据背后隐藏的价值。通过高级算法和机器学习模型，它能自动识别数据间的微妙联系与模式，为管理层提供深入、直观的洞察报告。这种即时的数据分析能力，使决策者可以基于最新的市场情报和业务表现，快速作出反应，把握住稍纵即逝的市场机遇，大大缩短了从数据收集到决策执行的时间周期。

更进一步，生成式人工智能通过引入先进的预测分析技术，为企业决策赋予了预见未来的能力。它利用历史数据和当前趋势，构建复杂的预测模型，模拟多种可能的市场走向和业务情景，帮助企业在不确定性中寻找确定性。这种前瞻性的决策支持，使企业能够在风险真正出现之前就做好准备，制定出灵活多变的策略，有效规避风险，同时抓住新兴机会，实现持续的竞争优势。

生成式人工智能的影响力远不止于此，它还极大地提升了决策过程的个性化和定制化水平。通过自动化生成定制化的报告、分析和策略建议，生成式人工智能能够根据不同决策者的需求和偏好，提供最相关的信息和洞见。这种精准匹配不仅节省了人力成本，提高了工作效率，更重要的是，它还确保了每位决策者都能接收到与其职责直接相关的高质量信息，从而作出更为精准、个性化的决策。

此外，生成式人工智能还是促进企业内部沟通与合作的桥梁。它通过构建一个集成的数据和分析平台，打破了信息孤岛，实现了跨部门数据共享和协同作业。在这个平台上，不同职能团队可以轻松访问所需的数据和分析结果，促进了知识的流动和创新思维的碰撞。这种透明、开放的协作环境，促使决策过程更加全面和均衡，确保了企业战略的连贯性和一致性，为实现长远目标奠定了坚实的基础。

下面我们对生成式人工智能在企业财务和风险预测方面决策制定的作用的案例进行分析。

（一）自动化财务报表分析与异常监测

生成式人工智能能够自动读取和解析财务报表，如资产负债表、利润表和现金流量表，快速生成详细的财务分析报告。通过对比历史数据和行业标准，系统能够自动标记异常值或趋势，及时发现潜在的财务风险。例如，若某季度的应收账款周转率显著下降，生成式人工智能能够立即提醒管理层注意可能的回款问题，避免现金流紧张。

（二）信用风险评估与贷款审批

在银行和金融机构中，生成式人工智能结合机器学习算法，可以快速评估借款人的信用风险。通过对申请人的财务数据、交易记录、社交媒体行为等多维度信息的分析，系统能够自动给出信用评分和贷款额度建议，提高审批效率的同时，降低了不良贷款的风险。

（三）现金流预测与管理

生成式人工智能能够根据历史销售数据、市场趋势、季节性因素等，自动生成未来一定时期内的现金流预测模型。这种预测帮助企业更准确地规划资金使用，避免流动性危机。例如，预测到未来某个季度可能出现现金流短缺时，企业可以提前调整资本结构或融资计划，确保运营稳定。

（四）市场趋势与竞争对手分析

生成式人工智能能够监控海量的公开信息，包括新闻、研究报告、社交媒体等，自动提取关于行业动态、竞争对手的最新资讯，辅助企业进行市场趋势预测和竞争策略制定。这有助于企业及时调整经营策略，应对市场变化，保持竞争优势。

（五）财务欺诈检测

利用深度学习算法，生成式人工智能可以识别复杂的财务数据模式，包括不寻常的交易模式、关联方交易的异常等，有效预警潜在的财务欺诈行为。这种技术不仅能保护企业自身的财务健康，对于审计和监管机构而言，还是提升监督效能的重要工具。

（六）资本预算与投资决策优化

生成式人工智能技术能够模拟不同的投资方案，考虑宏观经济、行业趋势、项目回报率等多种因素，自动推荐最优的投资组合。这一过程不但加快了决策速度，而且基于大数据分析的决策更加科学合理，减少了人为判断的主观性和局限性。

通过上述应用，生成式人工智能不仅极大地提升了财务分析的效率和准确性，更是在风险预警、资源优化配置等方面为企业的战略决策提供了强有力的支撑，使企业在复杂多变的商业环境中能够稳健前行。总之，生成式人工智能通过在数据分析、预测建模、个性化支持和跨部门协作等方面的深度应用，不仅加速了决策过程，提高了决策的精确度与前瞻性，还促进了企业内部的融合与创新，构建了一个更加智慧、高效的企业决策生态系统，为企业的未来发展开辟了无限可能。

二、员工与绩效管理

生成式人工智能在企业管理领域，尤其是员工绩效管理方面，展现出了革命性的影响力，其应用广泛且深入，接下来将从数据驱动、实时监控与反馈、潜能发掘、提高沟通效率等方面进行分析。

（一）数据驱动的目标设定与调整

生成式人工智能能够整合多源数据，如工作量统计、客户满意度调查、项目进度报告等，为每位员工量身定制可量化、可追踪的工作目标。这种基于大数据的目标设定方式不仅确保了目标的合理性和挑战性，还能根据实际情况灵活调整，保持目标的时效性和相关性。

（二）实时绩效监控与个性化反馈

借助强大的数据分析能力，生成式人工智能可以实时监测员工的工作表现，即时生成个性化的绩效报告。这种即时反馈机制帮助员工及时了解自己的工作成效，明确改进方向，促进自我管理和持续进步。

（三）潜能挖掘与人才发展

通过深度分析绩效数据，生成式人工智能能识别员工的绩效趋势、潜在优势和技能缺口，为人才培养和发展策略提供科学依据。它能自动推荐个性化的培训资源和职业发展路径，加速员工技能提升，促进个人职业规划与企业战略的契合。

（四）增强透明度与沟通效率

生成式人工智能集成的智能沟通工具促进了绩效管理过程中的开放交流，使目标设定、反馈讨论和成果认可更加透明和高效。这不仅提升了员工的参与感和归属感，还增强了团队间的协作与信任。

（五）减少偏见，确保评价公正性

算法在绩效评价中的应用有助于消除人为偏见，确保评价过程的客观性和一致性。生成式人工智能通过标准化评价标准和流程，提高了绩效管理体系的公信力，营造了一个更加公平的工作环境，让员工相信他们的努力能够得到公正的回报。

（六）激励机制的创新与优化

结合生成式人工智能的数据分析能力，企业能够设计出更加精准有效的激励计划，如基于绩效的奖励、个性化的职业晋升路径等，从而更有效地激发员工的积极性和创造力，推动整体业绩的提升。

综上所述，生成式人工智能通过多个维度的革新，不仅极大地提升了绩效管理的效率和效果，还为员工创造了更加个性化、公平和激励性的工作环境，为企业的长远发展注入了新的活力。

三、客户关系管理（CRM）

生成式人工智能正引领企业客户关系管理领域迈入一个前所未有的个性化与效率时代。通过深度学习与自然语言处理技术，生成式人工智能不仅能够全方位优化客户旅程，从初步接触直至售后维护，提供高度定制化内容，还能够通过对大数据的智能分析，实现客户行为预测、情感分析及需求的即时响应，进而构建更加紧密和持久的客户关系。这不仅提升了客户体验和忠诚度，还为企业创造了更精准的市场定位和增长机会。

（一）个性化客户互动

生成式人工智能能够基于客户的历史行为、偏好和互动数据，自动生成高度个性化的营销内容、邮件、消息推送等，从而提升客户体验，增强客户参与度和忠诚度。这种个性化的内容创造能力远远超越了传统的人工编辑速度和规模，使企业能够大规模地实施一对一营销。

（二）自动化客户服务

通过生成式人工智能，企业能够部署智能客服机器人，自动处理常见查询、投诉和建议，提供 24/7 不间断服务。这些机器人利用自然语言生成技术，能够以接近真人的对话风格回答问题，解决客户问题，减轻人工客服的压力，同时提升响应速度和解决问题的效率。

（三）智能分析与洞察

生成式人工智能技术能够分析大量客户数据，自动生成详细的客户行为分析报告、市场趋势预测和客户细分策略，为企业提供数据驱动的决策支持。这使管理层能够更快地识别市场机会、潜在风险和客户需求变化，从而作出更精准的策略调整。

（四）内容创造与优化

在社交媒体和内容营销领域，生成式人工智能能够自动创建吸引人的文章、视频脚本、广告文案等内容，适应不同平台和受众的特点。这不仅缩短了内容制作周期，还提高了内容的相关性和创新性，有助于企业在激烈的市场竞争中脱颖而出。

（五）UGC 管理和优化

对于依赖用户生成内容（UGC）的品牌而言，生成式人工智能技术可以帮助企业高效地管理和优化 UGC，如自动筛选高质量内容、生成摘要、翻译评论等，促进正面口碑传播，同时有效监控和管理品牌声誉。

（六）预测性维护客户关系

结合机器学习算法，生成式人工智能能够预测客户流失的可能性、购买意向等，使企业能够提前采取措施，如提供定制化优惠、加强沟通，以维持或挽回客户关系，降低客户流失率。

通过这些方式，生成式人工智能不仅提升了客户关系管理的效率和个性化水平，还深化了对客户的理解，推动了企业向更加智能化、数据驱动的 CRM 转型，从而在维护老客户和获取新客户方面都取得了显著成效。

四、创新管理（R&D）

生成式人工智能技术正引领企业管理创新和研发领域经历一场深刻变革，通过加速创意实现、强化数据分析能力、推动个性化定制、辅助高层决策、自动化文档生产、促进跨领域合作，以及支持持续学习与优化，全方位重塑了企业的创新战略和执行效率，开启了智能化研发的新纪元。

（一）加速产品设计与原型制作

生成式人工智能技术能够辅助设计师快速生成设计概念和原型，无论是图形界面、产品外观还是游戏内容，都能通过算法优化和自动化生成过程，缩短设计周期，降低成本，并提高设计的多样性和新颖性。

（二）增强数据分析与洞察力

在 R&D 阶段，生成式人工智能可以整合并分析海量数据，包括市场趋势、用户反馈、竞争对手情报等，帮助研发团队快速识别创新机会和潜在风险，制定更精准的研发策略。

（三）个性化与定制化解决方案

利用 AI 算法，企业能够为不同客户提供高度定制化的产品和服务方案，这种个性化程度的提升有助于增强市场竞争力，同时满足日益增长的消费者个性化需求。

（四）智能辅助决策

生成式人工智能能够基于历史研发项目的数据，为管理层提供智能化的决策支持，如预测研发项目的成功率、评估资源分配的合理性，从而优化研发管线，提升整体研发效率和成功率。

（五）自动化报告与文档生成

在研发过程中，大量的实验报告、技术文档和专利申请等文件工作可以通过生成式人工智能自动完成，减轻研究人员的行政负担，让他们更专注于核心创新。

（六）促进跨领域协作

生成式人工智能可以作为桥梁连接不同专业领域的知识，通过生成易于理解的综合报告或交互式内容，促进跨学科团队之间的有效沟通与协作，激发创新点子。

（七）持续学习与自我优化

生成式人工智能系统能够不断学习最新的研究成果和技术进展，自我进化以适应快速变化的市场需求，推动企业的持续创新。

综上所述，生成式人工智能通过提高效率、增强决策质量、促进创新思维和加速产品迭代，从根本上颠覆了企业管理中的创新管理模式，使之更加灵活高效，面向未来。

五、财务管理

生成式人工智能技术正深刻改变着企业管理中的财务管理环节，通过引入自动化处理、智能化分析预测，以及增强决策支持等功能，不仅极大提升了财务工作效率与准确性，还实现了向更加策略性、前瞻性的财务管理转型。从日常账务处理到复杂财务分析，生成式人工智能全方位赋能企业优化资源配置、强化合规监控、精准预测未来趋势，从而在激烈的市场竞争中确保财务灵活性与可持续发展能力。

（一）自动化会计任务

生成式人工智能可以自动处理发票处理、账目分类、账单支付等重复性高的会计工作，减少人工错误，提高处理速度。例如，利用光学字符识别（OCR）技术配合 AI 算法，自动识别并录入票据信息，转化为结构化数据。

（二）智能财务分析与预测

结合机器学习算法，生成式人工智能能够分析历史财务数据，生成预测模型，为企业未来的财务表现提供预测，包括现金流预测、利润预测等。这有助于企业提前规划资金使用，识别潜在的财务风险。

（三）成本控制与优化

生成式人工智能能够通过数据分析识别成本异常、优化成本结构。例如，自动分析支出模式，能识别不必要的开支或效率低下的领域，提出成本节约建议。

（四）合规性与审计

AI 系统能够持续监控财务数据，确保遵守财务报告准则和税务规定，自动检测潜在的合规问题，减轻审计负担，降低违规风险。

（五）财务报告自动化

生成式人工智能技术能自动生成财务报告、管理报告和监管报告，确保报告的准确性和及时性，减轻财务人员的工作压力，让他们能更多地关注战略层面的财务信息。

（六）智能预算管理

基于历史数据和市场趋势，生成式人工智能可以辅助构建更加灵活和准确的预算模型，支持动态调整预算分配，以应对市场变化。

（七）资本结构与投资决策

生成式人工智能通过复杂的数据分析，帮助财务管理人员更好地理解公司的资本结构，优化资本配置，同时在投资决策时提供基于数据的洞察，提高投资回报率。

通过这些应用，生成式人工智能不但简化了财务管理的日常操作，而且通过深度数据分析和预测能力，增强了财务管理的战略导向，使企业能够在复杂的经济环境中保持财务健康，实现可持续增长。

六、安全管理

生成式人工智能技术正引领企业管理中的安全管理进入一个全新的智能化时代，通过深度学习与自动化工具的集成，彻底改变了风险识别、防御策略、合规监控等多个核心环节，不仅极大提升了安全运营的效率与精确度，还深化了员工安全意识，确保企业能够在日益复杂多变的环境中稳步前行，实现安全与业务的双赢局面。

（一）智能威胁识别与防御

生成式人工智能能够利用机器学习和深度学习算法分析大量安全日志和网络流量数据，自动识别异常行为和潜在威胁，相比传统的基于规则的安全系统，它能更快速准确地发现新型攻击模式，提升响应速度和防御效率。

（二）自动化漏洞管理

通过持续监控系统和应用程序，生成式人工智能可以自动发现安全漏洞并优先排序，帮助 IT 团队及时修补最关键的风险点，减少人工审计的工作量和遗漏风险。

（三）智能风险管理

结合大数据分析，生成式人工智能能够评估企业面临的各类安全风险，包括但不限于供应链风险、数据泄露风险等，提供量化风险分析报告，帮助企业领导层作出更加明智的决策。

（四）定制化安全培训

利用生成式人工智能技术生成个性化安全意识培训材料，模拟真实攻击场景，提高员工对于安全威胁的识别能力和应对措施的掌握程度，增强人防这一关键环节。

（五）应急响应预案优化

生成式人工智能能基于历史事件和模拟演练数据，生成并不断优化应急响应计划，确保在安全事件发生时，企业能够迅速、有效地采取行动，最大限度地减少损失。

（六）合规性自动化监控

面对日益复杂的合规要求，生成式人工智能辅助自动监控企业运营活动是否符合欧盟通用数据保护条例（GDPR）、HIPAA 等国内外安全法规，减少合规成本，避免法律风险。

综上所述，生成式人工智能不仅增强了企业的安全防御深度和广度，还通过智能化手段优化了安全管理流程，使企业在面对日益复杂的安全挑战时能够更加从容不迫，有效保障业务连续性和资产安全。

七、司法监察

生成式人工智能技术以先进的数据分析与处理能力，在企业管理的司法监察领域引发了一场革新，通过实现自动化合规审查、智能案例分析、自动化报告生成、交互式法律咨询、持续监测预警和创新教育培训等手段，极大地提升了监察效率与精确度，同时增强了企业的自我合规能力，标志着企业风控向智能化、预防性转型的重大飞跃。

（一）自动化合规审查

生成式人工智能能够自动分析大量文档、合同及内部通信，快速识别潜在的法律风险和合规问题，相比人工审查更为高效且减少遗漏，帮助企业提前规避法律风险。

（二）智能案例分析

利用学习算法，生成式人工智能系统可以分析过往的司法案例，为当前的监察工作提供预测性见解，帮助决策者理解特定行为可能引发的法律后果，提升决策的合规性。

（三）自动化报告生成

对于监察过程中发现的问题，生成式人工智能能够自动生成详尽的报告，包括违规行为的描述、影响分析及建议的整改措施，减轻了法律团队的工作负担，加快了问题解决的速度。

（四）交互式法律咨询

结合自然语言处理技术，生成式人工智能还可以开发成虚拟法律顾问，为企业员工提供即时的法律咨询服务，解答日常工作中遇到的法律疑惑，增强全体员工的合规意识。

（五）持续监测与预警

生成式人工智能系统能持续监控企业的内外部数据流，及时发现并预警可能的合规偏离或违法行为，使企业能够在问题扩大前采取行动，有效控制风险。

（六）教育与培训

通过生成定制化的培训材料和模拟案例，生成式人工智能技术能够提高员工对法规政策的理解和遵守程度，创新了企业内部的法律教育和培训方式。

综上所述，生成式人工智能凭借强大的数据处理能力、模式识别能力和自动生成内容的能力，正在深刻改变企业管理中的司法监察模式，使之更加智能化、高效化，从而更好地保护企业和员工免受法律风险的侵害。

第五节　生成式人工智能赋能企业管理的局限性

一、准确性、可靠性问题

生成式人工智能技术在革新企业管理模式、提升运营效率的同时，也面临着若干准确性与可靠性层面的局限性。这些局限性主要包括对高质量数据的高度依赖、复杂情境理解能力的不足、伦理与隐私保护的挑战、可解释性缺乏、对环境变化适应性的局限，以及创造性潜能不足等，要求企业在采纳生成式人工智能解决方案时采取谨慎策略并实施有效监管。

（一）数据依赖性

生成式人工智能的性能很大程度上取决于所训练数据的质量与完整性。如果数据集存在偏差、不准确或者覆盖范围有限，生成的内容可能也会反映这些错误或偏见，导致分析结果和决策建议的失准。

（二）情境理解限制

尽管生成式人工智能在特定场景下能够展现出高水平的理解与生成能力，但相比人类，它在理解和处理复杂情境、文化差异、隐含意义及非言语信号方面的能力仍然有限。这可能导致在需要高度情境理解的管理决策中出现误解或误判。

（三）伦理与隐私问题

生成式人工智能在处理敏感信息时，可能会无意中泄露个人隐私或违反数据保护法规，尤其是在未经严格审查的情况下自动生成内容。此外，如何确保 AI 生成的内容符合伦理标准也是一个挑战。

（四）可解释性不足

生成式人工智能的决策过程往往是一个黑箱操作，对于生成内容背后的逻辑和依据，有时难以进行有效追溯和解释。这降低了透明度，使管理者在依赖 AI 建议时可能感到不安，尤其是在关键业务决策上。

（五）适应性与进化性

商业环境不断变化，而生成式人工智能系统可能无法即时适应这些变化，特别是面对突发情况或市场剧烈变动时。系统的更新和优化通常需要时间，且依赖于新的数据反馈循环，这期间可能产生准确性与可靠性的短暂下滑。

（六）创造性局限

虽然生成式人工智能在某些创意领域展现出惊人的能力，但在真正意义上的创新思维、原创性和艺术性创作上，目前的技术水平还无法完全替代人类的创造力。

因此，企业在应用生成式人工智能技术时，需要建立相应的监督机制、数据质量控制、伦理审查流程，并结合人工专业知识进行复核与校正，以确保决策的准确性和可靠性。同时，持续的技术升级和算法优化也是提升生成式人工智能在企业管理中应用效果的关键。

二、监管与规则问题

生成式人工智能技术在革新企业管理模式与提升运营效率的同时，也给监管体系和企业内部管理带来了显著的局限与挑战。这些局限主要体现在法律法规的不适应性、伦理道德约束的模糊性、透明度与可解释性的缺失、数据隐私与安全的隐患、监管技术的滞后，以及跨领域和跨国监管的复杂协调需求。应对这些挑战，需要法规的创新、技术伦理的建设、国际合作的加强和技术本身的不断优化，以确保生成式人工智能技术健康、可持续地服务于企业和社会发展。下面是对一些潜在问题的具体分析。

（一）法规适应性挑战

现有的法律法规往往滞后于技术发展，对于生成式人工智能产生的新问题和挑战，如版权归属、责任界定等，缺乏明确的规定。例如，由 AI 生成的作品其原创性与版权归属尚存在法律灰色地带，企业难以确定如何合规使用这些内容。

（二）伦理道德约束模糊

生成式人工智能可能在无意识中复制或强化社会偏见，如性别歧视、种族刻板印象等，因为 AI 系统的学习材料往往反映着人类社会的既有偏见。目前，如何确保 AI 生成内容的伦理道德性，制定相应的评估标准和监管框架，仍是一大挑战。

（三）透明度与可解释性需求

监管机构和用户越来越要求 AI 系统的决策过程是可追溯和可解释的。但在生成式人工智能中，内容生成的过程可能高度复杂且非线性，使解释生成特定内容的逻辑变得困难，影响了监管的有效性和用户的信任度。

（四）数据隐私与安全

生成式人工智能需要大量数据训练，而这些数据的收集、存储和使用可能侵犯用户隐私。企业需确保符合 GDPR 等数据保护法规，但现有技术在处理敏感信息时的匿名化、加密措施可能不足以完全消除风险。

（五）监管技术的匹配

技术的发展速度远超监管手段的更新，监管机构需要不断升级技术监控能力和专业知识，以跟上生成式人工智能技术的进步，确保有足够有效的手段来监督和管理这一领域。

（六）跨域监管协调

由于生成式人工智能应用跨越多个行业和国界，其监管往往涉及不同国家和地区的法律体系，以及不同行业的标准，这要求跨国协作与统一标准的建立，增加了监管的复杂性。

面对这些局限性，企业和监管机构正积极探索解决方案，例如，建立更加灵活的法规框架、推动技术伦理标准的制定、加强跨行业和跨国界的沟通与合作，以及研发能够提高透明度和可解释性的 AI 算法，以期在促进技术发展的同时，有效管控风险。

三、隐私问题

在企业管理领域，生成式人工智能技术的引入极大地促进了创新与效率，然而其在隐私保护方面亦暴露出显著局限性，主要体现在数据处理透明度缺失、潜在的隐私侵犯风险、模型滥用的可能性、复杂的合规挑战、技术性保护措施的局限性、企业安全策略的有效性问题，以及用户认知不足等方面，这些问题共同构成了生成式人工智能技术广泛应用中必须谨慎跨越的障碍。

（一）数据收集与处理的透明度不足

生成式人工智能技术依赖大量数据进行训练和内容生成，这可能涉及个人数据的收集和处理。用户往往难以了解自己的哪些数据被收集、如何使用以及存储何处，降低了数据处理的透明度，增加了隐私泄露的风险。

（二）隐私侵犯风险

生成式人工智能模型可能会无意中“记住”并泄露训练数据中的敏感信息，如个人身份、位置、健康状况等，尤其是在缺乏有效数据脱敏和匿名化处理的情况下。这不仅侵犯了个人隐私，还可能违反数据保护法规。

（三）模型滥用与数据操纵

恶意第三方可能尝试操纵输入数据或利用生成式人工智能模型生成虚假信息，进而实施诈骗、诽谤或进行其他形式的网络犯罪，损害个人和企业的隐私及声誉。

（四）合规性挑战

随着全球数据保护法规如 GDPR 的实施，企业在使用生成式人工智能技术时必须确保符合严格的隐私保护标准。然而，不同国家和地区的法律差异大，给跨国经营的企业带来复杂的合规挑战。

（五）技术性隐私保护难题

尽管存在数据加密、差分隐私、匿名化等隐私保护技术，但它们在实际应用中往往难以平衡效率与隐私保护的矛盾，且随着技术的发展，新的攻击手段也在不断涌现，使隐私保护措施需要持续更新和强化。

（六）企业安全策略的局限

许多企业虽然实施了多层次的安全策略，但在面对高级持续性威胁（APT）、内部人员恶意行为等复杂情况时，现有安全措施可能不足以全面防护生成式人工智能系统的隐私安全。

（七）用户认知与教育不足

企业和用户对生成式人工智能技术及其隐私影响的理解不足，可能导致用户在不知情的情况下泄露个人信息，或者企业未能采取适当的预防措施。

为应对这些局限，企业需要不断探索和采用更先进的隐私保护技术，加强数据治理，提高模型的透明度和可解释性，同时建立健全的合规体系和用户教育机制，确保生成式人工智能技术在尊重隐私的前提下发挥最大潜力。

四、知识图谱问题

生成式人工智能技术在企业管理领域的应用，特别是与知识图谱的结合，展现出巨大潜力的同时，也面临着若干关键局限。这些局限性主要包括知识图谱的完整性与精确性挑战、语义理解深度不足、动态更新的实时性问题、跨领域知识融合的困难、缺乏解释性和可追溯性，以及高昂的技术与成本投入要求。克服这些局限是实现生成式人工智能技术在企业管理中更广泛、更深层次应用的关键。

（一）知识图谱的完备性和准确性

生成式人工智能生成的内容质量和可靠性高度依赖知识图谱的完善程度与数据准确性。现实中，知识图谱往往存在信息不全、数据错误或过时的情况，这将直接影响生成式人工智能输出内容的准确性和有效性。

（二）语义理解的局限

尽管生成式人工智能在处理结构化数据上有显著优势，但在理解复杂语境、隐喻、文化差异等非结构化或半结构化知识时，仍然面临挑战。知识图谱的构建和维护需要深入理解这些微妙之处，而这正是当前技术难以完美达到的。

（三）动态更新与实时性

企业环境和市场信息快速变化，知识图谱需要频繁更新以保持时效性。然而，生成式人工智能依赖的知识图谱更新往往滞后，特别是在处理突发事件或新兴领域知识时，难以做到即时反应和准确生成相关内容。

（四）跨领域知识融合难题

企业知识往往涉及多个领域，而知识图谱的构建和维护在跨领域知识融合上存在难度。生成式人工智能在处理需要综合多个领域知识的任务时，可能因知识图谱的割裂而影响生成内容的全面性和深度。

（五）解释性和可追溯性

生成式人工智能基于知识图谱生成的内容，其决策过程往往不透明，难以追溯生成逻辑和数据来源，这对于需要高度透明度和可解释性的企业管理决策来说是一大挑战。

（六）技术和成本投入

构建和维护高质量的知识图谱，以及将其与生成式人工智能技术有效集成，都需要较高的技术门槛和资金投入。这对于资源有限的中小企业而言，可能构成重大障碍。

为了克服这些局限，企业和开发者需要不断优化知识图谱的构建与更新机制，提升语义理解能力，发展跨领域知识融合技术，同时提高生成式人工智能系统的透明度和可解释性，以确保生成式人工智能技术在企业管理中的应用既高效又可靠。

五、人才瓶颈问题

生成式人工智能技术在革新企业管理方式的同时，也揭示了一系列人才管理与战略部署上的局限性，主要体现在高端技术人才的稀缺、企业内部技能结构的不平衡、教育培训体系的滞后、企业文化适应性的挑战，以及对管理层创新与战略规划能力的更高要求。这些问题共同构成了生成式人工智能应用过程中的人才瓶颈，亟须企业通过多元化人才策略、持续教育投资、文化转型与领导力升级等手段予以克服。以下是对可能出现的问题的具体分析。

（一）技术人才短缺

随着生成式人工智能技术的快速发展，对具备相关技能的专业人才需求激增。这包括算法工程师、自然语言处理专家、数据科学家等，他们能够开发、维护和优化生成式人工智能系统。然而，市场上这类高级技术人才供不应求，导致企业在部署和升级生成式人工智能解决方案时面临人才招募与保留的挑战。

（二）技能结构失衡

生成式人工智能的应用加剧了企业内部人才技能的不均衡。技术岗位因生成式人工智能的兴起而变得炙手可热，薪酬水涨船高，非技术岗位则可能因自动化程度提高而减少需求，造成人才市场的“冰火两重天”现象。企业需要重新评估并调整人才结构，以适应这种变化。

（三）培训与教育滞后

教育体系和职业培训往往难以跟上快速发展的生成式人工智能技术步伐。现有课程可能无法充分覆盖最新技术和工具，导致新入行者和转行人员在技能准备上存在差距。企业需自行承担起培训责任，但这无疑增加了成本和资源负担。

（四）文化和适应性问题

生成式人工智能技术的引入可能遭遇企业文化与员工心理的抵触。员工可能担心被机器取代，或对学习新技术感到焦虑，这要求管理层有效沟通变革的必要性和好处，同时制定合理的过渡计划，确保员工能够适应新的工作模式。

（五）创新与战略规划能力

生成式人工智能的深入应用要求管理者不仅要有技术洞察能力，还要有将技术转化为业务价值的战略眼光。这意味着高层管理人员需要不断提升自身的数字素养，理解生成式人工智能如何塑造未来的工作流程和商业模式，进而指导企业的长期发展策略。

综上所述，生成式人工智能在企业管理中的应用虽充满机遇，但同时对人力资源管理提出了新的要求，包括解决技术人才缺口、平衡技能结构、加速教育培训、促进文化和心态转变，以及强化领导层的创新与战略规划能力。企业必须正视这些人才瓶颈，并采取有效措施应对，方能在 AI 时代保持竞争力。

第六节 生成式人工智能与企业管理结合的未来方向

在信息技术飞速发展的今天，生成式人工智能正逐渐成为推动企业管理创新的重要引擎，引领着一场从单一人类智能向管理智能与人工智能结合体转变的深刻变革。这一趋势不仅重塑了企业的运作模式，也为管理理念、组织结构、人才发展等带来了前所未有的挑战与机遇。

一、管理对象的改变：从单一人类智能到智能与人工智能结合体

生成式人工智能技术的融入，使企业管理的焦点从纯粹的人力资源管理扩展到人机智能协作的广阔领域。管理者不再仅是指导和激励个体员工的角色，更需成为智能协调者，负责设计、优化并监督人工智能系统与人类团队的无缝对接。这意味着，管理者需掌握如何在保持人类智慧独特价值的同时，有效集成 AI 的能力，促进两者间的互补与协同，以达到决策与执行的最佳效果。构建一个既透明又能提供解释的 AI 管理系统，是确保人机协作顺畅、信任建立与有效沟通的核心。

二、招聘策略的转变：适应智能时代的多元化人才需求

随着生成式人工智能技术的广泛应用，企业的人才战略必须与时俱进。招聘不再仅限于寻找具备特定技能的员工，而是更倾向于那些能够与 AI 系统协同工作的多面手，他们需要具备技术适应性、创新能力，以及跨学科的知识结构。这意味着企业应拓宽招聘视野，吸引具备编程、数据分析能力，同时对 AI 伦理有深刻理解的复合型人才。此外，企业应通过实习项目、短期合作等方式，培养未来人才，并引入外部专家，形成项目制合

作，加速 AI 技术与业务的融合。

三、生成式人工智能工具使用的培训：提升全员 AI 素养

要充分利用生成式人工智能的潜力，企业必须投资全员的 AI 技能培训。这不仅包括为技术人员提供高级编程、算法设计等进阶课程，也应涵盖对非技术员工的基础 AI 概念教育和生成式人工智能工具的实际操作训练。通过线上线下混合学习模式、工作坊、实战模拟等多种形式，提升员工对 AI 技术的理解与应用能力，确保生成式人工智能工具能够被广泛且有效地应用于日常工作中，推动效率与创新能力的双提升。

四、评估体制与责任判定机制的演变：增加创新因子

生成式人工智能时代的企业评估体系和责任判定机制需要更加灵活和创新导向。企业应建立多元化评价标准，不仅关注结果，还要衡量创新过程与尝试，鼓励员工勇于探索生成式人工智能带来的新机会。同时，明确人与 AI 系统在决策中的责任划分，确保在出现错误时能快速定位问题根源，采取纠正措施。通过设立“安全失败区”，鼓励创新尝试，即便失败也能从中吸取教训，不断迭代优化，为企业文化注入持续创新的活力。

五、企业文化的发展：促进人机协作与生产 AI 工具的能力

未来的企业文化应当积极倡导人机协作的精神，鼓励员工将 AI 看作提升工作效率与创造力的伙伴，而非简单的替代工具。更重要的是，企业应培养一种“生产 AI 工具”的文化，鼓励员工参与 AI 工具的设计、优化，将业务痛点转化为技术创新的源泉。这样的文化不仅能增强员工的参与感和成就感，也是企业保持技术领先和持续创新能力的关键。

六、对员工的新要求：独立思考与情感沟通的强化

在生成式人工智能日益普及的背景下，员工需要不断提升自己的独立思考、策略性分析、个性化决策制定能力，以及高效的人际沟通技巧。尽管生成式人工智能可以自动化处理大量重复性工作，但人类的创造力、情感理解和复杂情境应对能力仍然无可替代。因此，企业应鼓励员工不断学习，提升这些核心竞争力，同时强化人情味与情感交流，确保在智能化的环境中，员工的幸福指数和社会责任感得以保持和提升。

生成式人工智能与企业管理的深度融合，不仅是技术层面的革新，更是企业文化和战略思维的深刻转型。通过有效整合人类智慧与 AI 能力，优化管理策略，培养适应智能时代的人才队伍，构建和谐的人机协作模式，企业将在未来的竞争中占得先机，实现长期的可持续发展。

第七节　优秀企业生成式人工智能管理应用案例分析

一、传统数字化供应商的数智化创新：汉得生成式人工智能中台

上海汉得信息技术股份有限公司（HAND Enterprise Solutions Co.，Ltd.）是国内成立较早、经验丰富的IT咨询公司，自1996年起即从事ERP实施服务。作为行业领军者，公司于2011年在深圳证券交易所创业板上市，主营产业数字化、财务数字化、泛ERP及IT外包等业务。凭借超过9000名专业人才，汉得信息在全球范围内提供ERP实施、软件外包、客户支持等多元化服务，覆盖机械、电子、能源等多个行业。凭借卓越的服务能力和广泛的客户基础，汉得信息赢得了良好的市场口碑，并持续致力于成为全球领先的IT咨询服务公司。

业务领域包含营销端、物流端、车间端、财务端等的应用场景，不同场景的需求不同，驾驭生成式人工智能并将其实际应用落地并非易事。作为传统ToB数字化ERP产品提供商，汉得的优势在于了解不同的应用场景，有将新技术工程化并在企业具体场景落地的能力，能够组合多种技术或工具进行调优干预，完成大模型到应用端的工程化工作。

汉得生成式人工智能中台能够帮助企业快速落地AI，提供多模型对接能力，内置智能对话应用、可自配置的多分类智能知识问答应用等，提供向量管理与应用能力、私有模型训练与应用能力，帮助企业高效自定义实现各种业务流程+AI能力，提供智能助手与生成式人工智能应用编排能力，可低代码编排AI化业务流，实现企业流程智能化交互、引导、流转。

缺点在于虽然工程能力强，但是算力和模型基础弱，因此通过调用主流大模型、与华为云合作的方式进行企业级模型部署。

合作应用企业有浙银金租、华电山东、耕盛堂等。自2023年7月发布以来，2023年生成式人工智能中台业务收入达2000万元。

二、人工智能独角兽企业的B端尝试：九章云极

北京九章云极科技有限公司（简称九章云极 DataCanvas）成立于2013年，是中国人工智能基础软件的领军者。公司专注于自动化数据科学平台的持续开发与建设，为数据科学家和AI从业者提供了一整套开发平台，助力政府和企业实现智能化升级和转型。九章云极 DataCanvas 凭借自主研发的标准化AI基础架构软件，将AI技术从研发到生产化过程中的各个环节“自动化”，从而开创了多个行业的新业务新场景应用。截至目前，公司已完成D1轮融资，融资额达3亿元，业务覆盖政府、金融、通信、制造、能源、交通、航

空等10余个行业，拥有广泛的客户群体和强大的市场影响力。

企业日常经营会产生大量工作总结、技术文档等业务信息，存储在不同软件系统及智能终端中，造成检索不便、调用链路长、难以沉淀与复用等问题，在能源、金融、制造等领域的大型企业中尤为凸显。

九章云极DataCanvas联合搜狗输入法发布“企业知识管理助手”私有化解决方案。利用公司基于大模型和多模向量数据库等AI技术自主研发的Jarvex知识智能体，通过私有化安全部署，将大模型能力与企业内部知识体系深度融合，基于企业的私域数据生成面向业务场景的Agent智能体，实现多Agent的联动，提供知识智能体的知识管理、知识问答、知识生成、辅助办公等能力。在解决方案中，以搜狗输入法为载体、将AI能力与办公输入场景结合，简化知识检索，提升企业知识利用效率。

搜狗输入法开发者中心也将开放输入窗口、状态栏、快捷键等20余项能力，并支持第三方大模型、AI工具等应用二次开发。在搜狗输入法开放架构和Jarvex知识智能体双向赋能下，“企业知识管理助手”私有化解决方案能够进一步提升智慧化办公的效率和体验，加速企业知识的灵活复用和价值释放。

三、巨头企业通用企业模型的垂直应用

（一）通义千问2.0

阿里巴巴通义千问大模型是一个超大规模的语言模型，具备多轮对话、文案创作、逻辑推理、多模态理解、多语言支持等功能。通义千问2.0在指令遵循、工具使用、精细化创作等方面作了技术优化，能够更好地被下游应用场景集成。通义大模型官网上线了多模态和插件功能，支持图片输入、文档解析等细分任务。企业专属大模型基于阿里巴巴通义大模型构建，结合企业专属数据及个性化需求所建设的一站式大模型平台。在大模型通用能力之外，允许企业对大模型进行微调及训练，生成个性化API，供企业调用及封装成新的企业应用。

2024年5月21日的阿里AI峰会上，阿里云宣布通义千问GPT－4级主力模型Qwen－Long降价97%，1块钱可以买200万tokens，相当于5本《新华字典》的文字量。

合作应用企业有湖北日报传媒集团、中国一汽等。

1. 湖北日报传媒集团

湖北日报传媒集团是湖北省委机关报的旗舰传媒集团，成立于2007年4月，前身为湖北日报报业集团。集团总资产超过50亿元，在湖北省17个市州以及北上广均设有机构。旗下拥有11份报纸、11份杂志、5个网站和1家出版机构，以及8个公司，构成了一个以党报为核心的综合性传媒集团。集团报刊期发量达800多万份，日原创新闻信息汉字超过100万字，是湖北省最大的新闻信息平台和外界了解湖北的重要窗口。其中，《特别关注》杂志期发量居世界华文报刊之首，《湖北日报》发行量居全国省级党报前列。集

团还荣获了多项国家级新闻奖项，并成功形成了“北有《辽宁日报》，中有《湖北日报》，南有《南方日报》”的发展格局。

湖北日报传媒集团是国内率先大规模应用大模型的传媒集团之一。旗下极目新闻基于通义多模态大模型打造了“极目明眸”智能体，能协助编辑快速完成热点分析、选题策划、素材搜集、文案生成，在保证内容安全的基础上，大幅提高媒体生产效率。在智能客服、会议和公益活动等领域，阿里云通义大模型也正在广泛落地，以提升读者交互体验和内部协同效率。

2. 中国一汽

中国一汽，全称中国第一汽车集团有限公司，是中国汽车工业的摇篮，拥有近 70 年的辉煌历程。作为国有特大型汽车企业集团，中国一汽自 1953 年成立以来，不仅成功制造出新中国第一辆卡车和轿车，更在后续发展中建立了东北、华北、华东、华南、西南五大生产基地，形成了全球化研发布局。公司拥有红旗、解放、奔腾等自主品牌和大众（奥迪）、丰田等合资品牌，累计产销汽车超过 5400 万辆，销量规模位列中国汽车行业第一阵营。2022 年，中国一汽实现营业收入 5963.7 亿元，实现利润总额 490 亿元，展现了强大的经营实力和行业地位。未来，中国一汽将继续坚持创新驱动和可持续发展战略，为全球消费者提供更加优质的产品和服务。

联合阿里通义千问研发 GPT－BI①，是中国一汽的首个大模型落地案例，也是汽车行业的首个大模型 BI 应用。BI 是企业最核心的系统，背后是复杂的数据治理过程，中国一汽创建指标数据治理“五阶十六步”法来保证数据准确性，将指标解构成指标对象、维度和度量，实现指标的数字孪生。

依托阿里云，基于 468 个已治理指标的初始语料，形成 6 万条评测数据，构建一汽数据大模型的指标设计、指标拆解、数据寻源、数据建模和数据分析五项能力，通过持续的 badcase 复盘微调，模型整体准确率由最初的 3.2% 提升到 90%，已超过人工治理的平均水平。一汽数据大模型将需求拉动的核心领域数据治理转变成覆盖企业的全领域数据治理。

GPT－BI 大大缩短了 BI 分析的报表设计、数据建模等交付周期，可以穷尽企业有限域的全量指标、模型和报表，用户输入问题后，大模型识别问题意图，解析决策变量，生成 SQL 数据查询语句，匹配企业实时数据，自动生成最佳决策方案，满足用户更灵活智能的数据需求，实现“问答即洞察”，带来基于动态因子、实时数据的决策革命。

（二）梧桐·招聘

梧桐·招聘，作为领先的招聘服务平台，致力于为企业提供高效、精准的人才招聘解决方案。梧桐·招聘凭借先进的技术和丰富的行业经验，帮助企业快速找到与岗位需求高

① BI，商业智能，基于商业数据作出决策的方法。

度匹配的人才，同时为求职者提供海量优质的职位信息和职业发展机会。梧桐·招聘以专业的服务和良好的口碑，在招聘行业中树立了良好的品牌形象，成为众多企业和求职者信赖的招聘伙伴。

梧桐·招聘采用先进的大模型技术，实现了对招聘需求的快速响应和精准推荐。用户可以通过系统快速搜索符合条件的候选人，并实现在线面试、评估和筛选。系统还提供了丰富的招聘数据分析和报告，帮助企业全面了解招聘情况，及时调整招聘策略。梧桐·招聘不仅是一款招聘工具，更是企业人才管理的重要平台。通过系统，企业可以更加高效地管理招聘流程，实现对候选人的全生命周期管理，提高招聘效率和人才质量。

模型可以实现招聘信息生成、招聘信息优化、人岗匹配、面试题生成等功能，极大降低了 HR 的工作压力（也可能造成大量 HR 的失业）。

本项目的商业模式主要是提供招聘管理系统和相关服务。通过收取软件许可费、实施费和服务费等方式，实现项目的盈利。同时，可以通过与招聘网站、人才市场等机构合作，扩大项目的市场份额。

四、大模型的金融服务业应用：天津金城银行金融私有化领域大模型

天津金城银行，作为全国首批五家民营银行之一，自 2015 年成立以来，始终秉持创新与发展理念。作为天津自贸区内唯一一家民营法人银行，金城银行在 360 安全科技股份有限公司成为其战略投资者和第一大股东后，积极向数字银行战略转型。凭借安全可靠的数字科技实力和独立自主的数字风控能力，金城银行为全国中小微企业及广大消费者提供高效、便捷的数字金融服务，包括吸收公众存款、发放贷款、办理国内外结算等。同时，金城银行积极履行社会责任，通过创新数字金融产品提升小微企业融资体验，如推出“金企贷”等拳头产品，致力于构建风清气正的金融生态环境。

金城银行金融私有化领域大模型利用 360 公司成熟的大语言模型、知识库等产品，结合金城银行数字员工、电销、催收、告警等业务，定制开发企业专有大模型。通过建立金城银行内部办公、会议和文档处理的私有化定制大模型，在建立营销、催收、风控等数字员工基础上，进一步打造金融风险控制、保险理赔服务、财务审计、监管、贷款审核和信用评估智能化虚拟分析师，为企业办公、合规文档编写、业务发展提供高质量的智能辅助，提升企业办公及运营效率，助力银行数智化转型。

大语言模型的训练需要非常庞大的训练数据。从应用场景的投入成本与产出角度评估得出，从底层完全训练自主的大语言模型不是客户当前的诉求。通过内部需求调研，除了大语言模型的基础对话能力之外，客户需求主要集中在业务应用、办公提效和系统自动化三大场景。企业知识库、电销及客服助手都需要对客户现有的业务文档和相关材料进行一定训练微调，训练的内容涉及客户隐私和商业机密，对数据安全要求极高，无法在内网之外的环境进行。

360 公司与金城银行共建的天津金城银行金融大模型标志着人工智能技术在 AI + 金融领域的创新应用，加强了银行的数字化能力，提升了用户体验。

五、传统领域企业的生成式人工智能应用探索

（一）中国金茂人工智能大模型企业内部场景应用

本案例以人工智能技术赋能企业内部场景为主题，以提升企业内部办公效率和质量为目标。本案例表明，传统企业在企业场景应用人工智能大模型技术，可以达到改进企业内部办公方式、提高效率和质量的目的。

中国金茂作为一家地产企业，致力于通过数字化建设来更好地服务客户以及提升企业效率。近年来，中国金茂信息技术中心组织人员成立人工智能大模型技术专项研究小组，以金茂数字科技赋能及业务拓展为研究方向，致力于探索人工智能大模型的潜在应用场景与商业价值。模型的主要应用场景为：企业办公助手、文档知识问答、企业数据问答、工单自动分类。

从经济效益层面看，人工智能相关技术可推动企业提质增效，本案例中每一个创新应用场景每天为每名员工平均节约 0.5 小时的工作时间，人效的提升使更多注意力集中于关键工作，从而提升企业整体水平和竞争力。从社会效益层面看，通过人工智能技术辅助决策和风险识别，可以有效减少人为失误，提高企业的整体运营水平和安全水平，从而对企业的社会形象和声誉产生积极影响。

（二）基于大模型的壹沓数字员工超自动化平台

特步集团是一家始于 1987 年的国际体育用品企业，专业从事运动鞋、服装及配饰的设计、研发、制造和营销。自 2001 年创立“特步”品牌以来，特步凭借独特的娱乐营销策略和不断创新的产品设计，迅速成为中国体育用品行业的领军企业。2008 年，特步在香港联交所成功上市，开启品牌发展的新篇章。近年来，特步不仅继续强化主品牌特步（Xtep）的市场地位，还通过全资收购索康尼（Saucony）、迈乐（Merrell）、盖世威（K - Swiss）和帕拉丁（Palladium）等国际知名运动品牌，实现多品牌、国际化的发展战略。

特步集团面临着复杂的企业管理和大量客户需求，大语言模型在帮助客户问题中发挥了重要作用。过去，特步依赖人力和传统数字技术进行企业内部管理和供应链管理，但随着业务规模的扩大，这些方式已无法满足需求。因此，壹沓科技解决方案专家团队引入了大模型技术，以提升运营效率、人才密度和服务质量。

大模型技术具有自然语言处理能力与文本生成与对话能力，为客户提供开箱即用的 Agent 数字员工，为供应链企业量身打造虚拟数字员工专家团队，如资深供应链运价经理、物流可视追踪经理、供应链新人成长师、行业案例专家行业翻译大师、行政问答助理等，协助白领员工完成各类数字化工作，让人聚焦创意、决策等高价值工作，从而为企业创造

价值。

壹沓科技大模型在特步的应用，带来了显著的经济社会效益。通过提升运营效率，企业降低了运营成本，提高了经济效益。基于大模型，通过提供个性智能化的供应链服务，企业提高了客户服务水平，增加了客户黏性和忠诚度。在大模型技术的助力下，特步建立了全新的商业模式。通过运用大模型技术自动化和优化业务流程，企业实现了高效的数智供应链运营管理，并为客户提供个性化的优质服务。

六、生成式人工智能应用探索——生成式人工智能服务提供商角度

（一）制造业 + 生成式人工智能

1. 设备的预测性维护：SparkCognition

SparkCognition 是一家前沿的人工智能公司，专注于开发和部署先进的机器学习、深度学习、自然语言处理和计算机视觉技术。通过其创新的分析和认知计算平台，SparkCognition 为工业、能源、金融、医疗保健和安全等多个行业提供智能解决方案，旨在通过自动化复杂决策过程和优化运营效率，推动企业数字化转型和智能化升级。其旗舰产品包括 Darwin 企业级机器学习平台和面向国防安全的 SparkCognition Defense 解决方案，公司以其卓越的技术实力和行业影响力，被广泛认可为 AI 领域的领导者之一。

SparkCognition 的 Darwin AI 平台在预测性维护方面表现出色，分析来自机器传感器的数据，避免制造业重复劳动中常见的工人倦怠现象造成危险，预测潜在的故障之前会发生。这种预防性方法最大程度地减少了停机时间，延长了设备的使用寿命，并优化了维护计划，从而确保制造过程的连续性。

2. 产品设计优化：Autodesk Generative Design

Autodesk Generative Design 是一项革命性的技术，融合了人工智能、机器学习和参数化设计原则，为工程师和设计师提供了一种全新的创新方法。这项技术通过自动化的设计过程，允许用户定义设计目标、材料限制和制造约束，然后由系统生成多个满足这些条件的候选设计方案。

利用先进的算法，Autodesk Generative Design 能够探索庞大的设计解决方案空间，识别出传统设计方法可能无法实现的优化和高效结构。这些设计方案通常具有更好的性能、更低的重量和成本效益，同时能考虑到可持续性，如减少材料使用和提高能源效率。

该技术的核心在于其生成式设计引擎，它可以与现有的 CAD 软件无缝集成，使用户能够在熟悉的工作流程中利用生成式设计的优势。设计人员可以设置特定的性能目标和约束条件，如强度、耐久性、重量和成本，而系统则通过迭代过程提出创新的设计方案，这些方案往往超出了人类设计师的想象。

Autodesk Generative Design 的应用范围广泛，从航空航天、汽车制造到建筑和消费品设计，它正在改变产品开发的方式，推动行业向更智能、更高效和更可持续的方向发展。

通过赋予设计师和工程师更大的创造自由度和优化设计的能力，Autodesk Generative Design不仅是一个工具，还是一个推动设计创新和工程突破的平台。

在产品设计和开发中，生成式人工智能算法可以探索解决方案的所有可能变体，快速生成满足重量、强度、材料使用和成本等标准的设计替代方案。Autodesk Generative Design利用这项技术帮助人类工程师创建更高效和创新的产品。

（二）金融业+生成式人工智能

1. 欺诈检测和预防：Featurespace

Featurespace是一家领先的人工智能公司，专注于开发先进的机器学习技术，特别是在行为分析和实时反欺诈解决方案领域。公司的核心产品利用一种称为自适应行为分析的技术，该技术能够学习和识别用户和设备的正常行为模式，从而在异常行为发生时立即检测并警报潜在的安全威胁。

Featurespace的人工智能平台通过分析复杂的数据集，包括交易数据、用户行为日志和网络活动，来构建动态的行为配置文件。这些配置文件使得系统能够在用户进行日常操作时不断学习和适应，同时提高对欺诈行为的识别准确性。

该技术的优势在于能够处理高维数据，捕捉到细微的异常行为变化，而不会因误报而干扰正常用户活动。Featurespace的解决方案已被全球多家金融机构和大型企业采用，帮助它们提高安全防护能力，减少欺诈损失，并增强客户信任。

Featurespace的创新方法在金融科技和保险科技行业中尤为突出，它通过提供可扩展的云解决方案，确保了在不断变化的数字环境中，企业能够保持领先一步的欺诈防御能力。通过持续的技术创新和对机器学习领域的深入研究，Featurespace致力于成为全球反欺诈技术的领导者。

Featurespace的ARIC平台利用生成式人工智能实时检测和防止欺诈交易。通过从每笔交易中学习，生成可以识别异常和潜在欺诈的模型，增强了金融操作的安全性。该平台的适应性意味着它可以保护各种金融交易，从在线支付到银行业务。

2. 个性化金融建议：Cleo

Cleo是一家创新的金融科技公司，专注于开发基于人工智能的智能自动化解决方案，旨在革新个人和企业的财务管理方式。公司的核心产品是一个先进的AI助手，利用机器学习和自然语言处理技术，为用户提供实时的财务洞察、智能预算规划，以及自动化的交易管理。

Cleo的AI平台通过分析用户的银行账户和信用卡数据，能够理解并分类交易，识别支出模式，预测未来的财务需求，并提供个性化的财务建议。该系统通过持续学习和适应，不断提升其预测准确性和个性化服务水平，帮助用户更好地管理资金，实现财务目标。

此外，Cleo 的自动化功能不仅限于数据分析，还包括自动化的储蓄、投资和账单支付等，使用户能够更加高效地处理日常财务事务。Cleo 的智能提醒和实时监控功能，确保用户对账户活动保持完全的控制和透明度，同时及时响应潜在的风险或异常。

Cleo 的解决方案以其用户友好的界面、高度的安全性和隐私保护而受到市场的认可。公司致力于通过技术创新，提供无缝集成的金融管理体验，使用户能够更加专注于生活和业务的其他方面，而不是日常的财务管理。

随着金融科技领域的快速发展，Cleo 正通过其前沿的 AI 技术，扩大个人财务管理服务的范围，为全球用户提供更加智能化、个性化的金融生活伴侣。通过持续的技术创新和市场扩张，Cleo 有望成为全球金融科技领域的领军企业之一。

Cleo 利用生成式人工智能提供个性化的金融建议和预算帮助。通过分析用户的消费习惯和财务数据，Cleo 生成定制建议，帮助用户更有效地管理财务，鼓励储蓄，减少不必要的支出。其友好的对话界面使金融管理更加平易近人，减少了用户的压力感。

3. 自动发票处理：Yooz

Yooz 是一家处于行业前沿的电子烟品牌，专注于提供创新和高品质的尼古丁替代解决方案。该公司以其先进的电子烟产品而闻名，这些产品采用前沿技术，旨在为寻求更健康生活方式的成年吸烟者提供一种更安全、更愉悦的吸烟体验。

为优化应付账款（AP）工作流程，Yooz 集成生成式人工智能技术提出自动化解决方案，该平台通过运用前沿的机器学习算法和自然语言处理（NLP）能力，自动化发票和采购订单的处理过程，极大地提高了财务运营的效率和准确性。

生成式人工智能在 Yooz 中扮演着核心角色，不仅能够从结构化和非结构化的发票数据中提取关键信息，还能够通过深度学习模型生成新的数据表示，从而增强了数据的可读性和可用性。这种能力使 Yooz 能够自动创建会计条目和进行分类，减少了人工录入的需求，同时降低了因手动操作导致的错误率。

Yooz 的自动化流程包括从发票接收到批准的整个生命周期管理。使用光学字符识别（OCR）技术，Yooz 能够识别和转换发票上的文本数据，然后通过生成式模型进行数据的语义分析和上下文理解，确保信息的准确捕捉和处理。此外，Yooz 还能够通过模式识别和异常检测机制，自动识别出潜在的不一致性和欺诈行为，从而提高了财务数据的安全性。

Yooz 平台的智能工作流引擎进一步自动化了审批过程，通过预定义的规则和条件，实现了条件触发的自动化任务执行。这意味着一旦发票数据被验证并生成条目，相应的审批流程就会自动启动，减少了等待时间，并加快了整个应付账款的处理速度。

Yooz 与现有财务系统的集成是通过开放的 API 和适配器实现的，确保了与企业资源规划（ERP）系统的兼容性和数据同步。这种无缝集成策略允许企业在不中断现有工作流程的情况下，平滑过渡到自动化处理流程，实现了业务连续性和流程一致性。

此外，Yooz 的生成式人工智能能力还体现在自我优化的特性上。随着系统处理的发票数量的增加，Yooz 能够通过持续学习机制不断优化其算法，以适应不断变化的业务需求和财务规范。这种自适应学习能力使 Yooz 成为一个不断进化的平台，能够随着企业的成长而提供定制化的服务。

总的来说，Yooz 通过其生成式人工智能技术，不仅提高了应付账款流程的自动化水平，还为企业提供了一个智能、高效、安全的财务处理解决方案，帮助企业实现数字化转型和智能化升级。随着人工智能技术的不断进步，Yooz 有望在未来的财务自动化领域发挥更大的作用。

（三）广告营销＋生成式人工智能

1. 自动化视频制作：Synthesia

与许多视频生成工具一样，Synthesia 利用生成式人工智能从文本输入中创建专业外观的视频。营销人员可以大规模生成高质量的视频内容，包括产品演示、说明视频和个性化客户消息，而无需传统视频制作瀫流程。

Synthesia 是一家在人工智能领域具有创新精神的公司，以在生成式人工智能技术上的突破性应用而闻名。该公司开发了一个前沿的视频生成平台，利用深度学习、计算机视觉和自然语言处理技术，创造出能够以自然、逼真的方式朗读文本内容的虚拟角色。这些虚拟角色基于生成对抗网络（GANs）和变分自编码器（VAEs）等先进技术，能够精确捕捉并再现人类面部表情、口型同步和肢体语言的微妙细节，生成几乎与真人无异的视频内容。

Synthesia 的技术为内容创作领域带来了革命性的变化，使创作者能够快速、轻松地制作出引人入胜的视频，无须依赖昂贵的录制设备或专业演员。此外，该平台的多语言支持功能，使企业能够跨越语言障碍，以受众的母语提供内容，从而触及全球受众。个性化体验也是 Synthesia 技术的一大亮点，企业可以为顾客提供定制化的视频体验，如产品介绍或客户服务，从而提升品牌互动和客户满意度。

通过自动化视频制作流程，Synthesia 平台显著提高了内容生产的效率，同时降低了成本。企业还可以通过分析视频生成过程中收集的数据，获得有关受众行为和偏好的宝贵洞察，进而优化营销策略。在道德和可解释性方面，Synthesia 致力于确保 AI 技术的负责任使用，并提供可解释的 AI 功能，使用户能够理解 AI 决策过程，增强了技术的信任度和透明度。

随着人工智能技术的不断进步，Synthesia 有望继续在创意产业中推动创新，为品牌与消费者之间的互动提供新的可能性，并引领数字媒体和企业通信的未来趋势。通过生成式人工智能技术，Synthesia 正在重新定义视频内容创作和个性化通信的边界，为企业和创作者提供了一个强大的工具，以全新的方式吸引受众。

2. 创新图像生成：Midjourney

Midjourney 是一家在人工智能领域具有前瞻性的公司，专注于利用生成式人工智能技术推动创意产业的创新。该公司通过开发先进的 AI 模型，能够自动生成高质量的内容和设计，从而在创意设计、艺术创作和媒体制作等多个领域中发挥重要作用。Midjourney 的核心优势在于深度学习算法，这些算法经过大量数据训练，能够理解复杂的视觉和文本模式，进而创造出新颖的图像、视频和音频材料。

生成式人工智能在 Midjourney 的应用中表现为一种强大的创新工具，不仅能够辅助设计师和艺术家扩展他们的创作边界，还能够为需要大量内容生成的企业客户提供自动化解决方案。Midjourney 的技术通过理解用户输入的上下文和需求，能够生成符合特定风格和主题的视觉作品，极大地提高了创意产出的效率和多样性。

此外，Midjourney 的生成式 AI 平台还具备学习和适应的能力，随着用户反馈的积累，它可以不断优化生成内容的质量和相关性。这种自适应学习能力使 Midjourney 成为一个动态的创意伙伴，能够随着时间的推移，更精准地满足用户的个性化需求。

Midjourney 致力于推动人工智能在创意领域的应用，通过生成式人工智能技术，为设计师、艺术家和企业提供了一个强大的工具，以前所未有的速度和规模探索创意表达的新维度。随着技术的不断进步，Midjourney 有望成为创意产业中不可或缺的力量，引领生成式人工智能在内容创作和设计领域的未来发展。

Midjourney 以将简短的文本提示转化为生动、富有想象力的视觉形象而脱颖而出，成为广告人和营销人员的不可或缺的工具。

3. 活动内容的动态生成：Jasper Campaigns

Jasper Campaigns 是一家领先的营销科技公司，核心在于运用生成式人工智能技术来革新营销自动化和客户沟通策略。该公司的解决方案通过先进的机器学习模型，能够自动生成个性化的营销内容，从而提高营销活动的效率、效果和参与度。

Jasper Campaigns 的生成式人工智能引擎通过分析大量的市场数据、消费者行为和历史营销活动结果，学习并预测最有效的沟通策略。这种深度学习能力使 Jasper Campaigns 能够创建高度定制化的营销材料，包括电子邮件、社交媒体帖子、广告文案等，同时确保信息的相关性和吸引力。

利用生成式 AI，Jasper Campaigns 不仅能够提升内容创作的质量和速度，还能够通过实时优化和动态调整，确保营销信息与目标受众的需求和偏好保持一致。这种智能的内容生成能力，使 Jasper Campaigns 在竞争激烈的营销科技领域中脱颖而出，为客户提供了一种全新的、数据驱动的营销方法。

Jasper Campaigns 的平台还能够与现有的营销工具和 CRM 系统集成，实现无缝的工作流程和数据共享，进一步增强了营销活动的个性化和自动化水平。通过这种方式，Jasper Campaigns 正在帮助企业构建更深层次的客户关系，提高客户忠诚度，并最终推动业务增长。

借助生成式人工智能的力量，Jasper Campaigns 在各种营销渠道上创建了连贯而引人注目的内容。营销人员可以根据一个简要的概要轻松生成高质量的文字、图像和视频，从而能够快速为整个活动生成一致和引人入胜的内容，增强品牌传播和观众参与度。其分析工具衡量了活动的表现，并提供洞察，有助于完善和优化未来的营销策略。

总的来说，Jasper Campaigns 通过其在生成式人工智能领域的专业应用，为现代营销提供了一种创新的解决方案，这不仅改变了营销人员的工作方式，还为品牌与消费者之间的互动带来了新的可能性。随着 AI 技术的不断进步，Jasper Campaigns 有望继续引领营销自动化和个性化沟通的未来趋势。

参考文献

[1] 鲍明刚. AIGC 来袭，人力资源管理新解法 [J]. 企业管理，2023 (9)：30－34.

[2] 陈建兵，王明. 负责任的人工智能：技术伦理危机下 AIGC 的治理基点 [J]. 西安交通大学学报（社会科学版），2024，44 (1)：111－120.

[3] 樊启明.《生成式人工智能服务管理暂行办法》要点解析及发展建议 [J]. 企业管理，2023 (9)：19－21.

[4] 范芊芊. AIGC 改变千行百业业内：我们或被用 AI 的人取代 [N]. 每日经济新闻，2023－04－04 (003).

[5] 方跃，吕星航. 人工智能与管理：演变、应用与局限 [J]. 中国管理会计，2023 (3)：21－29.

[6] 符道铭. 基于数智化转型的企业员工心理压力问题研究 [J]. 企业改革与管理，2022 (7)：14－16.

[7] 何伟. AIGC 赋能企业管理 [J]. 企业管理，2023 (9)：21－27.

[8] 洪伟权，朱莹莹. 高算力挑战下运营商应优先发展垂直行业 AIGC 模型 [J]. 通信企业管理，2023 (8)：18－21.

[9] 后歆桐. 生成式 AI 成全球 CEO 眼中头号机遇 [N]. 第一财经日报，2024－03－04 (A06).

[10] 黄再胜. AI 大模型赋能新质生产力加快发展：内在机理、现实障碍与实践进路 [J/OL]. 改革与战略，1－12 [2024－03－28].

[11] 江克灿，曾建中. 数智化背景下企业员工关系管理的创新发展研究 [J]. 西部皮革，2022，44 (5)：24－27.

[12] 李磊，何艳辉，钱育成. 与机器赛跑还是共舞？——生成式人工智能、就业规模与劳动收入份额 [J]. 金融市场研究，2024 (3)：51－60.

[13] 鲁晓东，连玉君. 中国工业企业全要素生产率估计：1999—2007 [J]. 经济学

（季刊），2012，11（2）：541－558.

［14］罗文豪，霍伟伟，赵宜萱，等．人工智能驱动的组织与人力资源管理变革：实践洞察与研究方向［J］．中国人力资源开发，2022，39（1）：4－16.

［15］马静．数智化时代企业员工培训开发创新模式浅析［J］．现代商业，2023（17）：80－83.

［16］裴嘉良，刘善仕，钟楚燕，等．AI 算法决策能提高员工的程序公平感知吗［J］．外国经济与管理，2021，43（11）：41－55.

［17］彭惠新．推动 AIGC 技术在金融业落地应用——中科软科技股份有限公司总裁左春访谈［J］．中国金融电脑，2023（11）：50－52.

［18］曲忠芳．美国科技企业裁员潮再起 AI 成“背后推手”？［N］．中国经营报，2024－02－05（C01）.

［19］沈红兵，喻婧，夏森茂．算力新质生产力对全要素生产率增长作用机制研究［J］．重庆理工大学学报（社会科学），2024，38（2）：22－39.

［20］石建勋，徐玲．加快形成新质生产力的重大战略意义及实现路径研究［J］．财经问题研究，2024（1）：3－12.

［21］首个机器人雇佣员工出现未来人类要向 AI 求职［J］．起重运输机械，2019（16）：12.

［22］隋皓辰，李雨朦，崔乃鹏，等．生成式 AI 技术助推人力资源管理的转型前景和潜在风险——基于 ChatGPT 技术的应用场景视角［J］．职业技术，2024，23（1）：99－108.

［23］涂艳红，唐崇梅．数智化人力资源管理对员工创新行为的影响——来自物流企业的实证研究［J/OL］．重庆工商大学学报（社会科学版），1－13［2024－03－28］.

［24］王焕超．当机器智能碰撞人类意识［J］．企业管理，2023（9）：27－29.

［25］王者婧．企服大模型，加速 AI 场景落地［J］．企业管理，2023（9）：39－42.

［26］肖峰．生成式人工智能与数字劳动的相互关联——以 ChatGPT 为例［J］．学术界，2023（4）：52－60.

［27］薛刘洋，宋正刚．企业与核心员工关系演变及实践创新——数智化时代企业核心员工管理模型的构建［J］．未来与发展，2023，47（4）：79－87.

［28］阳镇，陈劲．数智化时代下企业社会责任的创新与治理［J］．上海财经大学学报，2020，22（6）：33－51.

［29］詹希旎，李白杨，孙建军．数智融合环境下 AIGC 的场景化应用与发展机遇［J］．图书情报知识，2023，40（1）：75－85＋55.

［30］张琪，林佳怡，陈璐，等．人工智能技术驱动下的人力资源管理：理论研究与实践应用［J］．电子科技大学学报（社会科学版），2023，25（1）：77－84.

［31］张夏恒，马妍．生成式人工智能技术赋能新质生产力涌现：价值意蕴、运行机

理与实践路径［J/OL］. 电子政务，1－9［2024－03－28］.

［32］张夏恒，肖林. 数字化转型赋能新质生产力涌现：逻辑框架、现存问题与优化策略［J］. 学术界，2024（1）：73－85.

［33］张瑜. 生成式人工智能中的数字剥削问题、症候成因及治理策略［J/OL］. 企业经济，2024（3）：135－142［2024－03－28］.

［34］赵大伟. AIGC 能力本质与应用场景［J］. 企业管理，2023（9）：42－45.

［35］郑金军，邹必颖. 生成式人工智能再造企业管理［J］. 企业管理，2024（1）：23－25.

［36］郑青亭. 生成式 AI 带来四大机遇应用落地仍有痛点［N］. 21 世纪经济报道，2023－09－05（004）.

［37］周文，许凌云. 论新质生产力：内涵特征与重要着力点［J］. 改革，2023（10）：1－13.

［38］Brown，O，Davison，RM，Decker，S，et al. Theory－driven perspectives on generative Artificial intelligence in business and management［J］. British Journal of Management，2024.

［39］Budhwar，P，Chowdhury，S，Wood，G，et al. Human resource management in the age of generative artificial intelligence：Perspectives and research directions on ChatGPT［J］. Human Resource Management Journal，2023.

［40］Kanbach，DK，Heiduk，L，Blueher，G，et al. The GenAI is out of the bottle：Generative artificial intelligence from a business model innovation perspective［J］. Review of Managerial Science，2023.

［41］Lo Leo S. The CLEAR path：A framework for enhancing information literacy through prompt engineering［J］. The Journal of Academic Librarianship，2023.

［42］Pan Yuan，Froese Fabian，Liu Ni，Hu Yunyang，Ye Maolin. The adoption of artificial intelligence in employee recruitment：The influence of contextual factors［J］. The International Journal of Human Resource Management，2022.

［43］Raisch Sebastian，Krakowski Sebastian. Artificial intelligence and management：The automation－augmentation paradox［J］. Academy of Management Review，2020.

［44］Winston T Lin，Benjamin B M Shao. The business value of information technology and inputs substitution：The productivity paradox revisited［J］. Decision Support Systems，2005.

［45］Yusra Qamar，Rakesh Kumar Agrawal，Taab Ahmad Samad，Charbel Jose Chiappetta Jabbour. When technology meets people：the interplay of artificial intelligence and human resource management［J］. Journal of Enterprise Information Management，2021.

第六章
企业数字化转型及其指标体系构建①

本章首先从企业所在行业的数字化转型发展情况入手，主要针对工业和服务业具有数字化转型典型事实的行业，分析企业数字化发展的基本现状，并根据我国国民经济行业分类标准，重点分析制造业消费品、新能源和服务业企业数字化转型的特征和发展趋势。其次，通过梳理相关研究文献以及企业数字化转型与指标衡量的方法，尝试从企业数字化发展的数字基础、政策和技术支撑以及数字化应用成果等方面构建企业数字化转型的衡量指标，期望对企业数字化转型的基本条件和转型效果进行初步的判断，并为进一步度量企业数字化转型的效果、构建和完善企业数字化发展的指标体系打下一个基础。

第一节　企业数字化转型及其发展现状

一、主要产业数字化的发展现状

随着数字经济的发展，我国产业数字化进程不断推进和深化。根据中国信息通信研究院发布的《中国数字经济发展研究报告（2023 年）》，2022 年，我国产业数字化规模达到 41 万亿元，比上年增长约 4 万亿元，占数字经济的比重为 81.7%，与 2021 年基本持平，数字产业化与产业数字化的比例结构较为稳定。其中，第三、第二、第一产业数字经济渗透率分别为 44.7%、24.0% 和 10.5%，同比分别提升 1.6 个、1.2 个和 0.4 个百分点；第二产业的渗透率增幅与第三产业渗透率增幅差距进一步缩小，形成服务业和工业数字化共同驱动发展的格局。此外，数字经济生产率水平和同比增幅都显著提高，对国民经济生产效率提升起到支撑、拉动作用，特别是第三产业数字经济全要素生产率大幅提升，成为驱动数字经济全要素生产率增长的关键力量。

① 本章作者为谢娟娟、肖姝帆、李港。其中：谢娟娟，南开大学经济学院教授；肖姝帆、李港，南开大学经济学院研究生。

（一）制造业数字化是中国产业数字化的核心

1. 制造业是立国之本、强国之基

党的十八大以来，我国制造业规模稳定增长，结构持续优化，配套日臻完善，综合国力和竞争力显著增强。据世界银行统计，2010 年我国制造业增加值首次超过美国，之后连续多年稳居世界第一①。制造业增加值从 2004 年的 5.17 万亿元增长至 2021 年的 31.66 万亿元（见图 6－1），复合增长率为 11.2%。近年来制造业增加值占 GDP 的比重虽整体下滑，但占比平均值仍保持在 27% 左右，远高于世界平均水平，且对经济的贡献度远比世界其他主要经济体更大。我国生产了全球超过 50% 的钢铁、水泥、电解铝，60% 的家电，70% 的化纤、手机和计算机，是全球第一信息通信产品生产国、全球第一汽车生产大国②。我国是全球唯一拥有联合国产业分类中 41 个工业大类、207 个中类、666 个小类完整工业体系的“全产业链”国家③，具备强大的制造能力和完善的配套能力。2023 年我国制造业规模以上工业增加值同比增长 5.0%，制造业增加值占全球比重约 30%，制造业总体规模连续 14 年位居全球首位④。

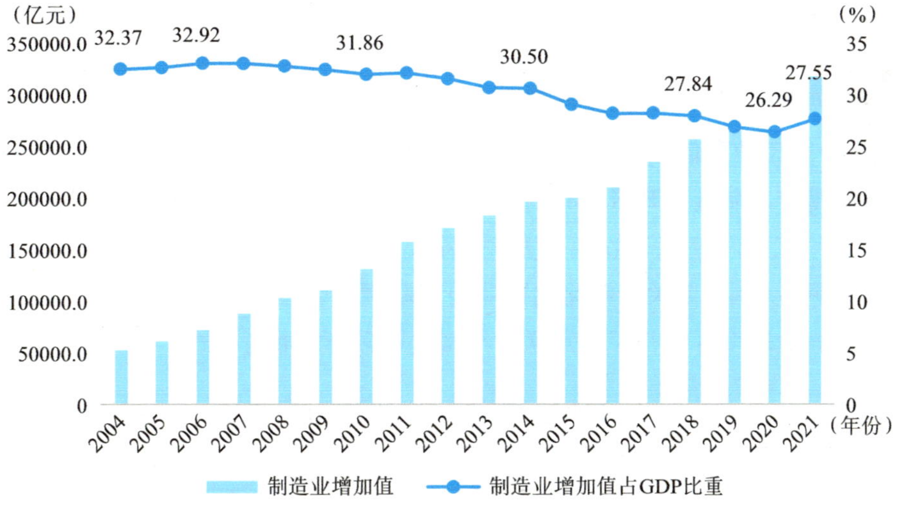

图 6－1 2004—2021 年中国制造业增加值情况

数据来源：国家统计局．中国统计年鉴［Z］.

① 人民日报．我国制造业增加值连续多年稳居世界第一［EB/OL］．（2022－09－17）．http：//cnews.chinadaily.com.cn/a/202203/21/WS6237d6bba3101c3ee7acc824.html.

② 国家发展改革委．坚定不移推动制造业高质量发展［EB/OL］．（2023－01－17）．http：//www.chinasei.com.cn/cyzx/202210/t20221011_50960.html.

③ 光明网．构建以先进制造业为骨干的现代化产业体系［EB/OL］．（2024－01－10）．https：//baijiahao.baidu.com/s?id=1787662974975291597&wfr=spider&for=pc.

④ 光明日报．我国制造业增加值占全球比重约 30%，连续 14 年位居全球首位——制造业强起来步伐持续加快［EB/OL］．（2024－02－22）．https：//www.gov.cn/yaowen/liebiao/202402/content_6933130.htm.

与此同时，我国制造业面临着经济增长受限、低端制造业产业链向东南亚等发展中国家外移、高技术制造业产业链向美国、日本等发达国家回流等新一轮产业转移的问题。因此，如何提升我国产业结构和制造业水平，充分利用当前数字经济浪潮下，云计算、人工智能、大数据和5G等信息技术的发展与制造业的融合应用与推进，企业在研发、生产和管理等环节进行数字化转型成为解决当下难点和问题的突破点，也成为国家新的战略和大力支持经济发展的增长点。

2. 制造业数字化转型的政策支持

党的十八大，以习近平同志为核心的党中央作出了建设制造强国、网络强国的重大战略决策；党的二十大报告强调“加快发展数字经济，促进数字经济和实体经济深度融合”“推动制造业高端化、智能化、绿色化发展”，伴随着数字化技术的广泛应用和政府一系列数字化发展政策的出台，对制造业数字化转型进行了全面部署。工业和信息化部、财政部等部门相继印发《智能制造发展规划（2016—2020年）》《工业互联网发展行动计划（2018—2020年）》等，明确了制造业数字化转型的具体目标和重点任务，就技术研发、成果应用、重点领域突破等方面提出了具体的支持政策与措施，在引领我国产业转型升级、技术创新和商业模式转变等方面发挥了重要作用。表6－1梳理了自2015年《中国制造2025》政策出台以来，国家及各部委对制造业数字化转型的探索历程。归纳这些政策内容可以分为两条主线：一是围绕制造业升级的相关政策，如《产业关键共性技术发展指南（2017年）》《工业和信息化部等八部门关于加快传统制造业转型升级的指导意见》等，明确数字化转型作为制造业升级的有效途径之一，可以助推制造业早日实现智能化、网络化；二是围绕“互联网＋”等数字化相关政策，如《国务院关于积极推进“互联网＋”行动的指导意见》《国务院关于深化制造业与互联网融合发展的指导意见》等，强调数字技术助力传统产业转型升级，探索互联网与制造业融合发展新模式。

表6－1　中国制造业数字化转型政策的探索历程

发布时间	文件名称	发布机构	相关要点
2015年5月	《中国制造2025》	国务院	提高制造业创新能力、推进信息化和工业化深度融合，智能制造作为两化深度融合的主攻方向
2015年7月	《国务院关于积极推进“互联网＋”行动的指导意见》	国务院	“互联网＋”协同推动互联网与制造业融合，提升制造业的数字化、网络化、智能化水平
2016年3月	《中华人民共和国国民经济和社会发展第十三个五年规划纲要》	党中央、国务院	实施《中国制造2025》提高制造业创新能力和基础能力为重点，推进信息技术与制造技术深度融合
2016年5月	《国家发展改革委 工业和信息化部关于实施制造业升级改造重大工程包的通知》	国家发展改革委、工业和信息化部	建立数字化车间、智能工厂示范工程等推动制造业数字化转型；利用工业互联网、物联网、云计算等推进信息技术在制造业的深度融合应用

续表

发布时间	文件名称	发布机构	相关要点
2016 年 5 月	《国务院关于深化制造业与互联网融合发展的指导意见》	国务院	建设制造业与互联网融合的“双创”平台，培育制造业与互联网融合新模式，以推动制造业的数字化转型和升级
2016 年 12 月	《“十三五”国家战略性新兴产业发展规划》	国务院	强调信息技术与制造业的深度融合、数字化转型在提升制造业升级、产业链竞争力的重要作用
2016 年 12 月	《智能制造发展规划（2016—2020 年）》	工业和信息化部、财政部	加大智能制造试点示范推广力度，推动重点领域智能转型；中小企业智能化改造；区域智能制造协同发展，确保制造业数字化转型的顺利实施
2017 年 4 月	《“十三五”先进制造技术领域科技创新专项规划》	科技部	构建数字化、智能化、网络化的智慧化生产线和数字化工厂，提升生产效率和产品质量；推动制造业向数字化、网络化、智能化发展
2017 年 10 月	《产业关键共性技术发展指南（2017 年）》	工业和信息化部	列出了制造业中各子行业的产业关键共性技术发展重点，通过技术创新和产业升级推动制造业向更高端、智能化的方向发展
2017 年 11 月	《国务院关于深化“互联网＋先进制造业”发展工业互联网的指导意见》	国务院	工业互联网能够加速智能制造发展，促进传统产业转型升级
2020 年 3 月	《中小企业数字化赋能专项行动方案》	工业和信息化部	培育符合中小企业需求的数字化平台、系统解决方案、产品和服务，促进中小企业生产要素数字化和服务集成化
2020 年 4 月	《关于推进“上云用数赋智”行动 培育新经济发展实施方案》	国家发展改革委、中央网信办	促进企业研发设计、生产加工、经营管理等业务数字化转型，加快共性技术等研发应用，推进数字化转型伙伴行动、示范工程、突破核心技术等
2020 年 8 月	《关于加快推进国有企业数字化转型工作的通知》	国务院国资委	强调数字化转型在推动国有企业特别是制造业高质量发展中的核心地位，制定数字化转型规划和路线图，协同推进数字化转型工作
2021 年 1 月	《关于支持“专精特新”中小企业高质量发展的通知》	财政部、工业和信息化部	培育一批专注于细分市场、聚焦主业、创新能力强、成长性好的专精特新“小巨人”企业，提升产业链供应链稳定性和竞争力
2021 年 3 月	《中华人民共和国国民经济和社会发展第十四个五年规划和 2035 年远景目标纲要》	党中央、国务院	促进数字技术与实体经济深度融合，赋能传统产业转型升级。培育先进制造业集群，推动集成电路、航空航天等产业创新发展，改造提升传统产业

续表

发布时间	文件名称	发布机构	相关要点
2021 年 6 月	《工业和信息化部 科技部 财政部 商务部 国资委 证监会关于加快培育发展制造业优质企业的指导意见》	工业和信息化部、科技局、财政部等	实施智能制造工程、制造业数字化转型行动和 5G 应用创新行动，组织实施国有企业的数字化转型行动计划，创建制造业数字化转型的标杆企业
2021 年 11 月	《“十四五”信息化和工业化深度融合发展规划》	工业和信息化部	构建制造业数字化转型行动计划、重点行业领域数字化转型路线图、制造企业数字化转型能力体系。推动新一代信息技术向原材料、装备制造、消费品、电子信息、绿色制造等领域数字化转型
2021 年 11 月	《国家智能制造标准体系建设指南（2021 版）》	工业和信息化部、国家标准化管理委员会	根据不同行业的特点制定相应的智能制造标准，旨在通过标准化工作推动制造业的数字化、网络化、智能化转型，提高制造业的整体竞争力
2021 年 12 月	《“十四五”智能制造发展规划》	工业和信息化部、国家发展改革委、教育部等	提出 2025 年 70% 的规上制造业企业基本实现数字化网络化；2035 年全面普及数字化网络化，重点行业骨干企业基本实现智能化
2022 年 6 月	《数字化助力消费品工业“三品”行动方案（2022—2025 年）》	工业和信息化部、商务部等	到 2025 年增强消费品工业领域数字技术融合应用能力，培育一批新品、名品、精品，推动消费品工业“三品”战略迈上新台阶
2022 年 11 月	《中小企业数字化转型指南》	工业和信息化部	为中小企业提供数字化转型的指导和路径，包括开展数字化评估、管理数字化、业务数字化等
2023 年 12 月	《工业和信息化部等八部门关于加快传统制造业转型升级的指导意见》	工业和信息化部、国家发展改革委、教育部等	支持生产设备数字化改造，鼓励龙头企业带动产业链上下游数字化转型，提升制造业的整体竞争力和效率
2024 年 1 月	《原材料工业数字化转型工作方案（2024—2026 年）》	工业和信息化部、国家发展改革委、财政部等	加强数字化基础设施建设，加快新型网络通信技术在工厂、矿山的覆盖，为数字化转型提供关键智能化支撑；推动大中小企业融通发展

资料来源：作者自行整理。

3. 制造业数字化转型的重点

制造业数字化转型与“两化融合”的推进紧密相连。随着数字技术的快速发展和迭代，从互联网与制造业深度融合，再进一步发展到新一代信息技术与制造业的深度融合，可以说制造业数字化转型是实现数字经济和实体经济深度融合的典型体现。因此，加快制造业数字化转型是推动我国经济高质量发展的必然选择，是构建新发展格局的重要支撑，也是加快制造强国、网络强国建设的有力抓手。

截至2023年，我国已布局27家国家制造业创新中心、2家国家地方共建制造业创新中心，建设45个国家先进制造业集群；为推动传统产业技术改造升级，已建成62家“灯塔工厂”，占全球“灯塔工厂”总数的40%，已培育421家国家级智能制造示范工厂、万余家省级数字化车间和智能工厂；大飞机、新能源汽车、高速动车组等领域示范工厂研制周期平均缩短近30%、生产效率提升约30%；同时重点支持中小企业成长，累计培育10.3万家专精特新中小企业，其中“小巨人”企业达1.2万家[①]。

我国制造业体系全、品种多、规模大，具备全产业链工业门类。2022年我国制造业增加值达到33.5万亿元，几乎比2012年翻了一番。在所有制造业产品中，个人计算机、手机、空调、太阳能电池板等重要产品产量占全球一半以上；2023年前三季度，新能源汽车、锂电池、光伏产品等“新三样”合计出口同比增长41.7%。但是，我国传统产业在制造业占比超过80%，是我国保持全球第一制造业大国地位的基本盘。因此，在实施制造业转型升级的过程中，一方面要推动传统产业大规模技术改造与设备更新，加快传统产业高端化、智能化、绿色化发展；另一方面要巩固我国新能源汽车、光伏、通信设备、动力电池、稀土等优势产业，培育壮大新能源、新材料、智能网联汽车等新兴产业和人工智能、6G、量子信息、生物制造、商业航天等前沿技术的开发。

（二）服务业数字化转型拉动经济增长新引擎

近年来，我国服务业的经济增长主引擎作用持续发挥，日益成为推动经济高质量发展的中坚力量。2021年，服务业增加值占GDP比重为53.3%，对经济增长的贡献率达54.9%。在数字经济时代背景下，数字化转型成为服务业发展的必由之路。为此，各地纷纷出台相关政策和行动方案，国家政策端发力明显。同时，“新基建”是新一轮科技和产业革命的基础工程，也是服务业数字化转型的底层架构和基础技术。2021年，我国新型基础设施建设加速推进，已建成大型工业互联网平台超过150家，累计建成开通5G基站超142.5万个，为我国服务业数字化转型提供了有力支撑[②]。

特别是“十四五”期间，我国经济服务化特征更加明显，服务业主导地位进一步巩固，服务经济时代的大格局更加稳固。伴随我国数字经济发展持续加快，服务业数字化水平是三大产业中最高的。2020年，服务业数字经济比重为40.7%，高于全部经济（38.6%）、工业（21.0%）和农业（8.9%）。此外，从我国数字产业营业收入规模来看，排在电子信息制造业后面的便是服务业，如软件业、信息技术服务、云计算和大数据服务及电信服务等（见图6－2）。

---

① 国务院新闻办．国务院新闻办发布会介绍2023年工业和信息化发展情况［EB/OL］．（2024－01－19）．https：//www.gov.cn/zhengce/202401/content_6927371.htm.

② 李雪松．中国五年规划发展报告（2021—2022）［M］．北京：社会科学文献出版社，2022.

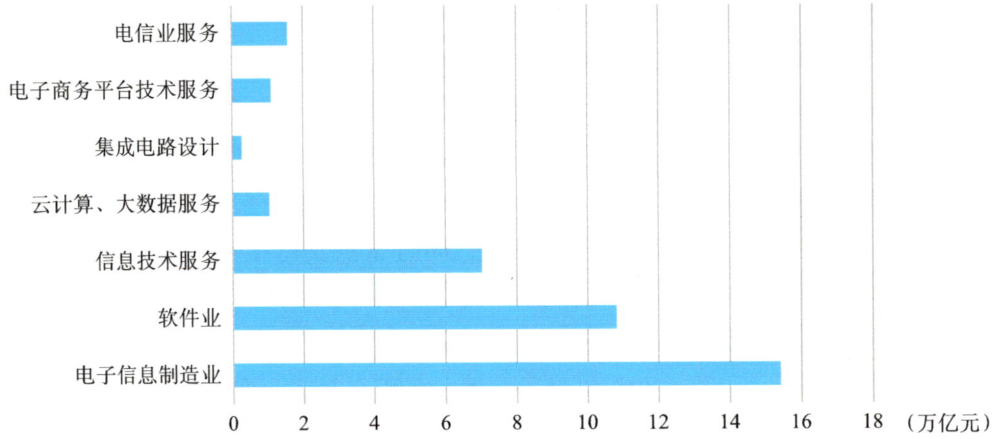

图 6－2　2022 年中国各类数字产业营业收入

数据来源：国家互联网信息办公室．数字中国发展报告（2022 年）［R］．2023.

此外，国家统计局数据显示，2015—2020 年我国经济发展新动能指数分别为 119.6、146.9、191.2、257.9、325.5 和 440.3，年均增长 30%。网络经济指数在新动能指数增长中的贡献最高。2020 年，网络经济指数对总指数增长的贡献率为 81.7%。我国互联网普及率超过世界平均水平，为生活性服务业数字化赋能提供了用户基础。截至 2021 年 6 月，我国网民规模达 10.11 亿，互联网普及率达 71.6%，网上外卖、在线旅行预订用户规模分别达 4.69 亿和 3.67 亿，分别占网民整体的 46.4% 和 36.3%；在线办公、在线教育、在线医疗用户规模分别达 3.81 亿、3.25 亿、2.39 亿，分别占网民整体的 37.7%、32.1% 和 23.7%。从餐饮、旅游到办公、教育、医疗等各类传统服务市场的用户渗透率都持续提升，为推动这些行业线上线下共融共荣、发展质量提高提供了条件。

二、制造业企业数字化转型情况

根据我国国民经济行业分类，我国制造业共分为 31 个大类（C 类制造业分类下代码 13 至 43）。制造业是指通过劳动人力、机器、工具等将原物料通过物理或化学处理后加工制造成可供使用或销售的制成品或最终产品的活动。根据国家统计局的统计制度与行业分类标准，本章重点从原材料制造业、消费品制造业、装备制造业、电子信息制造业和高技术制造业分析企业数字化发展概况。

（一）原材料制造业企业数字化

原材料工业增加值占我国规模以上工业增加值的 30% 左右[①]，是推进制造业数字化转

① 新华网．稳原材料工业，政策这样发力［EB/OL］．（2023－08－25）．https：//baijiahao.baidu.com/s?id=1775204797541068706&wfr=spider&for=pc.

型的主力军。如表 6 – 2 所示，2010 年之前，我国原材料制造业利润总额五年间利润翻了数倍，平均用工人数也大幅增加，增加了大量的就业岗位。2010—2015 年，原材料制造业企业单位数减少约 1000 家，五年间利润总额增长缓慢，平均用工人数略有增加。在“绿水青山就是金山银山”政策的引领下，不少原材料制造业面临转型问题，尤其在 2015 年以后，原材料制造业逐步摸索可行的转型路径，2020 年的有效发明专利数比 2015 年增加了 11.6 万件。2021 年，受疫情后期复工复产的影响，原材料制造业利润总额大幅增长，平均用工人数也有所增长。2022 年虽有效发明专利数增长约 4 万件，但利润总额有所下滑，平均用工人数也略有减少。面对原材料制造业“稳增长”难题，政府提出针对性工作方案，巩固去产能成果，扩大有效供给，加快技术改造，推进绿色智能转型。

表 6 – 2　2005—2022 年原材料制造业总体情况

年份	企业单位数（个）	利润总额（亿元）	平均用工人数（万人）	有效发明专利数（件）	工业成本费用利润率（%）	资产负债率（%）
2005	59782	2033.2	312.42	—	4.17	58.45
2010	100524	10703.5	433.54	16593	7.48	56.98
2015	90768	12890.7	472.09	79719	5.22	57.78
2020	98326	14314.6	372.40	195988	6.02	57.21
2021	109143	23116.7	389.98	227630	7.75	56.97
2022	117257	17388.9	377.32	267742	5.61	58.07

注：数据统计口径为规模以上工业企业。根据国家统计局公布的制造业整体数据以及公布的报告，关于原材料制造业习惯上采用 25、26、30、32、33 几大行业来表示。

数据来源：根据《中国统计年鉴》自行计算。

近年来，我国原材料制造业数字化转型不断向纵深发展，行业绿色智能水平稳步提升，产业结构调整成效显著。但是，我国原材料制造业仍面临对数字化转型认识不足、数字化转型基础差异大、人工智能等数字技术融合应用不深入、复合型人才紧缺等问题。2024 年，工业和信息化部等联合发布《原材料工业数字化转型工作方案（2024—2026 年）》，立足原材料工业数字化转型需求，依托智能制造典型应用场景和示范工厂、工业互联网、新一代信息技术与制造业融合发展等工作基础，在石化化工、钢铁、有色金属、建材等领域打造一批数字化转型典型场景、标杆工厂、标杆企业。

（二）消费品制造业企业数字化

消费品制造业是我国传统优势产业和重要民生产业，涵盖生活的方方面面。根据国家统计局的分类，消费品制造业包括：农副食品、食品、酒饮料和精制茶、烟草、纺织业、纺织服装、皮革毛皮羽毛及其制品和制鞋业、家具、造纸和纸制品、印刷和记录媒介复制业、文教工美体育和娱乐用品制造业、医药、化学纤维共 13 个大类行业。党的十八大以来，我国消费品制造业规模和综合实力显著增强，消费品生产供给质量和水平持续提升，消费品工业增加值占全国工业比重达到27.9%①，规模以上企业从业人数约2700万，百亿规模消费品企业有150家，轻工、纺织出口额占全球30%以上②。

首先，我国消费品在智能制造、绿色制造、“互联网+”协同制造取得积极进展。家电、服装、制鞋等领域与国际标准一致性程度达95%，前10位家电品牌企业销售收入合计占全行业接近70%。2015年之前，消费品制造业规模以上工业企业利润总额在十年间涨了数倍，平均用工人数也有所提升（见表6-3）。由于受2020年疫情影响，消费品制造业利润总额有所下滑，但工业成本费用利润率与2010年持平，达到8.68%。2020年之后，消费者制造业规上企业单位数增加，有效发明专利不断增加，但平均用工人数逐渐下滑，这与消费者制造业数字化转型不断深化，许多就业岗位被机器人或人工智能等数字技术替代，企业数量虽增但用工人数并未上涨有一定关系。

表6-3　2005—2022年消费品制造业总体情况

年份	企业单位数（个）	利润总额（亿元）	平均用工人数（万人）	有效发明专利数（件）	工业成本费用利润率（%）	资产负债率（%）
2005	89514	2800.7	286.59	—	5.52	56.01
2010	138930	11419.6	352.91	12532	8.67	51.15
2015	122786	18703.2	319.57	70020	7.66	47.49
2020	113058	16610.6	207.95	157383	8.68	48.69
2021	120658	20721.5	205.15	183317	7.52	48.66
2022	125984	16496.5	191.14	213238	8.22	50.42

注：数据统计口径为规模以上工业企业。

数据来源：根据《中国统计年鉴》自行计算。

其次，消费品制造的数字化转型，可以满足消费者多层次、高品质和个性化的需求。围绕健康、医疗、养老、育幼、家居等民生需求，新一代信息技术应用不断深化，企业以数字化研发设计促进产品迭代更新，打通生产端和消费端数据链路，发展个性化定制和柔性生产，满足数字时代消费者的多样化、高端化的消费需求。以轻工业为例，2022年全国轻工企业数字化研发设计工具普及率77.1%，工业电子商务普及率69.1%，分别高于制造业平均水平2.0和3.2个百分点③。特别是家用电器产业，2021年我国家用电器行业规

① 新华网．十年来我国消费品工业营业收入、行业利润分别增加35%和64.5%［EB/OL］．（2022-09-14）．https：//baijiahao.baidu.com/s?id=1743950700114387475&wfr=spider&for=pc.

② 经济日报．消费品工业迈向中高端［EB/OL］．（2022-09-19）．https：//www.gov.cn/xinwen/2022-09/19/content_5710552.htm.

③ 新华网．消费品行业加快数字化转型［EB/OL］．（2023-10-16）．https：//baijiahao.baidu.com/s?id=1779866695945856406&wfr=spider&for=pc.

模以上企业营业收入、利润总额分别同比增长 15.5%、4.5%，全行业出口同比增长超 20%①。2022 年工业和信息化部等联合发布的《数字化助力消费品工业“三品”行动方案（2022—2025 年）》提出，到 2025 年消费品工业领域数字技术融合应用能力将明显增强，培育形成一批新品、名品、精品，品质竞争力和品牌影响力不断提升。

（三）装备制造业企业数字化

我国装备制造业是国民经济的重要支柱。2012—2021 年，装备制造业增加值年均增长 8.2%，装备制造业规模实力进一步壮大，有效增强了我国应对外部冲击的能力。根据国家统计局分类，装备制造业包括：金属制品业，通用设备制造业，专用设备制造业，汽车制造业，铁路、船舶、航空航天和其他运输设备制造业，电气机械和器材制造业，计算机、通信和其他电子设备制造业②，仪器仪表制造业。党的十八大以来，习近平总书记强调，努力把关键核心技术和装备制造业掌握在我们自己手中。因此，需要进一步加强核心技术攻关，聚焦共性技术，解决一批关键领域“卡脖子”问题。

首先，我国装备制造业正处于向中高端迈进的关键时期。过去十几年，装备制造业利润总额取得明显增长，2022 年利润总额达 2005 年的 8 倍，规模以上企业单位数也不断增长，并率先克服疫情影响，极大地拉动了制造业尽快恢复。与 2010 年相比，2022 年装备制造业规上企业有效发明专利数节节攀升，从 2010 年的 7.8 万件上涨到 2022 年的 139.9 万件（见表 6－4）。同时，装备制造业不断积蓄新动能，大力发展新能源汽车、医疗装备、机器人等战略性新兴产业，注重加强基础能力建设、加快推动产业链高质量发展，推动细分领域强链补链。2021 年，装备制造业中的战略性新兴产业相关行业营业收入同比增长 18.58%；造船三大指标保持领先，国际市场份额连续 12 年居世界第一；新能源汽车产销量连续 7 年稳居世界第一③。

表 6－4　2005—2022 年装备制造业总体情况

年份	企业单位数（个）	利润总额（亿元）	平均用工人数（万人）	有效发明专利数（件）	工业成本费用利润率（%）	资产负债率（%）
2005	83315	3614.4	315.57	—	4.67	61.54
2010	154406	17314.1	503.24	77745	7.96	57.59
2015	125261	24750.7	496.68	397914	6.98	55.81

① 新华网．十年来我国消费品工业营业收入、行业利润分别增加 35% 和 64.5%［EB/OL］．（2022－09－14）．https：//baijiahao.baidu.com/s?id=1743950700114387475&wfr=spider&for=pc.

② 国家统计局在公布制造业总体数据后，一般从原材料制造、消费品制造、装备制造等展开，但会出现各行业部分统计交叉的现象。如“计算机、通信和其他电子设备制造业”与下文“电子信息制造业”中重合。

③ 工业和信息化部．大力发展高端装备制造业！介绍十年来推动装备制造业高质量发展工作情况［EB/OL］．（2022－09－06）．http：//www.cbminfo.com/mobile/_470511/_1576808/7178252/index.html.

续表

年份	企业单位数（个）	利润总额（亿元）	平均用工人数（万人）	有效发明专利数（件）	工业成本费用利润率（%）	资产负债率（%）
2020	148558	25140. 3	465. 29	1022068	6. 47	56. 70
2021	169007	30170. 1	491. 10	1190629	6. 59	56. 82
2022	183003	28956. 5	493. 16	1398884	6. 08	57. 62

注：数据统计口径为规模以上工业企业。

数据来源：根据《中国统计年鉴》自行计算。

其次，我国装备制造业正加快数字化转型步伐。工业 4. 0 为中国装备制造业提供了通过数字化转型提升核心竞争力的机遇，通过建设智能工厂、推动工业互联网发展，提升了生产效率和管理水平，增强产业核心竞争力。近十年来，我国装备制造业在重点领域实施创新驱动发展战略，取得了包括 C919、“蛟龙”潜海等在内的一系列重大标志性创新成果，引领中国制造不断攀上新高度。工业和信息化部数据显示，我国工业母机行业已突破全数字化高速高精运动控制、多轴联动等一批关键核心技术；2021 年我国医疗装备市场规模突破万亿元，五年内复合增长率超过 12%①。中国汽车工业协会公布，2024 年 1 月我国新能源汽车产销量分别达 78. 7 万辆和 72. 9 万辆，同比分别增长 85. 3% 和 78. 7%。同时，也存在着产业基础薄弱、产业发展环境尚需改善等问题。因此，装备制造业作为我国经济发展基础性产业，其数字化转型将成为我国制造业提质增效的必然选择。

（四）电子信息制造业数字化

我国电子信息制造业作为国民经济的战略性、基础性和先导性产业，近年来取得了显著进步。电子信息制造业包含计算机、通信和其他电子设备制造业以及锂离子电池、光伏及元器件制造等相关领域。2024 年第一季度，我国规模以上电子信息制造业增加值同比增长 13%，手机产量同比增长 13. 6%，其中智能手机产量同比增长 16. 7%；微型计算机设备产量同比下降 0. 8%；集成电路产量同比增长 40%②。2020 年新冠疫情带来的不确定性持续拉动居家办公、远程教育等对于电脑、平板、手机等智能设备的需求，海外需求回暖，2021 年上半年我国电子信息制造业规上企业累计实现出口交货值同比增长 17. 6%，比上年同期提高 13. 6 个百分点③。

首先，我国电子信息制造业利润总额大幅增长。2005 年以来电子信息制造业利润持续

① 光明网 . 装备工业稳健发展，夯实中国制造根基［EB/OL］. （2022 – 09 – 07）. https：//m. gmw. cn/baijia/2022 – 09/07/36010339. html.

② 工业和信息化部 . 2024 年一季度电子信息制造业运行情况［EB/OL］. （2024 – 04 – 29）. https：//www. miit. gov. cn/gxsj/tjfx/dzxx/art/2024/art_2c92e640b1cc4f0f8c6428e55ff8b607. html.

③ 人民资讯 . 电子信息产业增长态势稳固 迈向高质量发展征程［EB/OL］. （2021 – 08 – 24）. https：//baijiahao. baidu. com/s?id = 1708938041679191279&wfr = spider&for = pc.

增长，尤其在2021年达到峰值约1.4万亿元，工业成本费用利润率达6.22%（见表6－5）。电子信息制造业的有效发明专利数也稳步增长，2022年约有81万件，仅一年就增加12.2万件，充分说明电子信息制造业的创新水平正逐步提升。2023年我国电子信息制造业整体先抑后扬，光伏、锂电等能源电子产品逆势增长，生产、出口持续旺盛，技术创新水平加快提升，与新能源汽车并称为中国外贸“新三样”，成为展现中国制造迈向高端化、智能化、绿色化的崭新名片。2023年前三季度，“新三样”产品合计出口7989.9亿元，同比增长41.7%，占我国出口比重同比提升1.3个百分点①。

表6－5　2005—2022年电子信息制造业总体情况

年份	企业单位数（个）	利润总额（亿元）	平均用工人数（万人）	有效发明专利数（件）	工业成本费用利润率（%）	资产负债率（%）
2005	24234	1531.9	393.71	—	3.96	62.01
2010	42375	5989.2	663.28	53622	6.53	55.77
2015	38268	9088.1	736.42	234224	5.98	57.04
2020	47811	10528.4	713.56	570175	5.73	56.58
2021	54465	13775.1	754.64	687925	6.22	56.05
2022	59036	13676.1	754.67	809553	5.62	56.69

注：数据统计口径为规模以上工业企业。

数据来源：根据《中国统计年鉴》自行计算。

其次，电子信息制造企业数字化转型速度加快。2023年8月工业和信息化部和财政部联合印发《电子信息制造业2023—2024年稳增长行动方案》，一方面，促进传统领域消费升级，以智能化、信息化手段服务全民健身，做好智慧健康养老产业发展工作；另一方面，重点培育壮大新增长点，提升虚拟现实产业核心技术创新能力，培育OLED TV、Mini LED、8K、75英寸及以上高端显示整机产品消费需求，推进先进计算产业发展，提高北斗应用普及率，推动了“智能光伏＋储能”在工业、交通、新能源汽车等领域的创新应用。今后，电子信息制造业的数字化转型需要加强光伏、锂电产业链上下游对接，支持龙头企业做大做强，培育专精特新“小巨人”企业，并进一步提速上游关键材料、设备和元器件产品的发展，助力电子元器件、半导体器件、电子材料、集成电路等高技术创新。

（五）高技术制造业企业数字化

高技术制造业已成为我国工业经济的主要驱动力，以及推动经济转型升级的重要力量。依照《高技术产业（制造业）分类（2017）》，我国高技术制造业包括医药制造业，

① 电子信息产业网．重磅！2024年电子信息制造业基本形势研判［EB/OL］．（2024－01－04）．https：//www.cena.com.cn/industrynews/20240104/122520.html.

航空、航天器及设备制造业，电子及通信设备制造业，计算机及办公设备制造业，医疗仪器设备及仪器仪表制造业，信息化学品制造业①。

首先，高技术制造企业利润不断提升。2021 年，高技术制造业利润较上年增长 48.4%，两年平均增长 31.4%，占规模以上工业企业利润的比重较 2019 年、2020 年分别提高 2.1 个和 4.2 个百分点②，展现出较强的发展活力。2022 年，我国高技术制造业规模以上企业增加值较上年增长 7.4%，比全部规模以上工业增加值高出 3.8 个百分点③，在一定程度上支撑了我国工业稳定发展和快速转型升级。

其次，总体来看，我国高技术制造业正处于一个快速发展阶段，特别是创新发展表现突出。从 R&D 经费支出情况来看，自 2005 年以来，我国在高技术制造业的研发经费支出不断增长，其中电子及通信设备制造业的支出占比过半，支撑了高技术制造业创新发展的半壁江山。

最后，医药制造业和医疗仪器设备及仪器仪表制造业，研发投入的不断增长成为医药制造业技术创新并突破关键技术瓶颈的前提。随着智能化、生态化的趋势，制造业正在全面步入工业 4.0 时代，这就要求各行业进行更高水平的技术投入和更新换代，以增强其在市场中的竞争力。

三、服务业企业数字化转型情况

我国的经济高质量发展需要重点强调战略性新兴产业和先进制造业，特别近年面临的“卡脖子”技术大部分集中在制造业，但掌握其中专利的往往是一些相对独立的提供技术服务的研发中心，这些研发中心则属于生产性服务行业。因此，本章首先重点分析作为高端制造业不可或缺的、专业化和高端化的生产性服务业；其次简单介绍生活性服务业；最后是金融服务业的数字化发展，是“数实融合”的典型。2022 年中央经济工作会议特别强调“推动先进制造业和现代服务业深度融合，坚定不移建设制造强国”，充分反映了服务业对于促进高端制造业发展进而实现实体经济高质量发展的重要支撑作用。

（一）生产性服务企业的数字化

首先，制造业是生产性服务业存在的前提条件。最初，许多生产性服务环节是置于实体经济重要基础的制造业内部的，其作为独立的产业的时间晚于制造业和农业。后来随着市场竞争的加剧和社会分工的不断深化，生产性服务业与制造业和农业逐渐分离，这种分

---

① 高技术产业强调国民经济行业中 R&D 投入强度相对高的制造业行业，所以与前面各类中部分行业仍存在交叉重合现象。

② 人民网．高技术制造业引领作用突出［EB/OL］．（2022－02－21）．http：//sn. people. com. cn/n2/2022/0221/c186331－35142421. html.

③ 人民日报海外版．高技术制造，向“高”攀登不止步［EB/OL］．（2023－03－03）．https：//baijiahao. baidu. com/s?id＝1759295089781775826&wfr＝spider&for＝pc.

离又分为两种类型。第一种分离是制造业企业为提高自身生产效率并保持核心竞争力，将作为辅助活动的生产性服务业逐渐分离出来。这种辅助活动往往是一些通用性生产性服务，如人力资源管理、财务管理、营销服务、研发设计等，分离出来的通用性生产性服务企业基于规模经济的考虑，除了为原有的制造业企业提供服务外，还为其他各类企业和产业提供相同的服务，而逐渐形成独立的行业并发展壮大，称为实体经济的“投入服务化”。第二种分离是制造业企业凭借长期生产经营中积累的与自身产品相关的独特优势，分离出能独立为下游产业提供服务的企业。如围绕维修、安装、整体解决方案、金融、租赁等业务形成的独立企业，它们为下游企业提供专业化的服务和产品，称为实体经济的“产出服务化”。

需要进一步说明的是，在生产性服务业从制造业分离出来之后，也出现了生产性服务业自身的裂变，又形成生产性服务行业之间的上下游关系。虽然其中一些生产性服务业没有直接投入制造业，但最终还是通过生产性服务业的中间投入品属性进入实体经济的。

其次，国家和地方政府高度重视生产性服务业的发展。实体经济实现高质量发展，需要专业化、高端化的服务业作为支撑，而生产性服务业的发展水平决定着产业结构、生产规模和生产效率，因此受到国家和地方政府的高度重视。

2014 年，《国务院关于加快发展生产性服务业促进产业结构调整升级的指导意见》就明确指出，生产性服务业涉及农业、工业等产业的多个环节，具有专业性强、创新活跃、产业融合度高、带动作用显著等特点，是全球产业竞争的战略制高点。加快发展生产性服务业，是向结构调整要动力、促进经济稳定增长的重大措施，既可以有效激发内需潜力、带动扩大社会就业、持续改善人民生活，也有利于引领产业向价值链高端提升。2021 年，我国《国民经济和社会发展第十四个五年规划和 2035 年远景目标纲要》明确提出以服务制造业高质量发展为导向，推动生产性服务业向专业化和价值链高端延伸。党的二十大报告也明确提出“构建优质高效的服务业新体系，推动现代服务业同先进制造业、现代农业深度融合”。

各地方政府结合本地发展实际，纷纷出台专项政策，探索推进生产性服务业数字化转型发展路径。如江苏省政府办公厅印发《江苏省生产性服务业十年倍增计划实施方案》明确提出，加快推进生产性服务业数字化转型，积极发展在线研发、数字金融、智慧物流、在线检测、工业电商等生产性服务业领域在线新经济，推广云计算、大数据、人工智能、虚拟仿真、区块链等技术在咨询、信用、知识产权、广告等服务业领域的应用，稳妥有序推进数字货币、元宇宙等新模式新业态健康发展；实施中小企业数字化赋能专项行动，加快企业上云用云步伐，支持面向企业级和行业级用户定制化平台解决方案；建设一批省级生产性服务业数字化转型标杆示范，打造全国生产性服务业数字化转型引领城市；建设一批省级生产性服务业数字化转型标杆示范，打造全国生产性服务业数字化转型引领城市。

最后，生产性服务业需要进一步提升专业化和高端化。中国生产性服务业发展和数字化转型升级步伐加快，但是与发达国家相比仍相对落后。美国生产性服务业占 GDP 的 50% 以上，欧洲 GDP 的 40% 是生产性服务业，而中国生产性服务业占 GDP 的比例不到

20%。我国专业化和高端化的生产性服务业发展相对不足，在一定程度上制约了作为实体经济重要基础的高端制造业的发展。数字技术与数字产业的快速发展为我国生产性服务业数字化转型提供了有效的数字能力支撑，国家和地方也在政策层面积极鼓励生产性服务业企业数字化转型，但我国生产性服务业数字化转型升级仍面临诸多挑战和问题。

第一，企业数字化转型动力不足。我国生产性服务业企业数字化转型整体上还处于初级阶段，企业规模普遍较小，盈利能力相对较弱。在数字化转型方面投入有限，部分企业对数据的重要性认识不足，数据化基础建设相对落后，难以形成基于数字技术的有效创新。加之数字化转型成本与收益仍存在较大不确定性，比如引入科技能力提升业务智能化、改善连接方式创造全新的客户体验、融入数字生态体系接受平台企业的挑战和竞争、打破组织壁垒推行数字文化、运用数据驱动重塑商业场景和供应链等都将对企业现有业务体系和组织体系产生巨大冲击且需较长时间才能评价其收益，特别是中小企业难以承受。

第二，数字化升级供应链不稳。尽管我国在 5G、云计算、人工智能等领域已处于世界领先水平，但数字产业发展仍面临“卡脖子”问题，在关键核心技术领域，如芯片、数控机床和工业软件等，科技创新能力还不够强，缺少重大突破和原创能力。另外，产业链供应链也存在明显的短板，一些关键零部件和关键装备依赖国外，一旦受到制裁或禁运，我国国民经济中的一些关键部分就会受到重大影响。

第三，数字鸿沟与区域发展不均衡。按照国家统计局《生产性服务业统计分类（2019）》，我国生产性服务业涵盖 10 个大类、35 个中类、171 个小类。不同行业大类数字化水平存在明显差异，信息服务、电子商务、金融服务等领域数字化发展水平领先其他行业；中小企业数字化发展水平相对落后，不同区域企业数字化水平差异明显。

第四，数据要素价值未充分释放。尽管我国的数据资源规模庞大，但其价值潜力还没有充分释放，数据的共享开放、资产权属、社会数据流通、数据标准化、数据安全监管等方面仍存在大量问题。而生产性服务业数字化水平的提升依赖于更大范围内数据要素的自由流动、更大范围的有效的数据采集、加工和利用，推进生产性服务业数字化水平提升需要进一步建立完善数据要素市场。

第五，数字经济治理体系有待完善。协调统一的数字经济治理框架和规则体系尚未完全建立，跨部门、跨地区的协同监管机制需要进一步完善；政府数字化监管能力有待增强，监管执法需要更加规范化、法治化、精准化，同时行业和市场监管水平也需要大幅提升。此外，政府主导、多元参与、法治保障的数字经济治理格局尚未完全建成，激发活力、维护权益的平台治理水平仍需明显提升；与数字经济发展新规律、新生态相适应的市场监管、宏观调控、法规制度体系仍需进一步健全和完善。

（二）生活性服务企业的数字化

生活服务业是指满足居民最终消费需求的服务活动。包括十二大领域：居民和家庭服务、健康服务、养老服务、旅游游览和娱乐服务、体育服务、文化服务、居民零售和互联网销售服务、居民出行服务、住宿餐饮服务、教育培训服务、居民住房服务、其他生活性服务等。

首先，政策引导和支持力度不断加强。近年来，我国各级政府通过制定生活服务业数字化的专项行动方案，提升了政策的精准度和支持力度。2023 年 12 月，商务部等 12 部门联合印发《关于加快生活服务数字化赋能的指导意见》，指导推进生活服务业数字化转型升级，实现高质量发展。同时，各地方政府也积极推动生活服务业的数字化转型。2022 年 3 月，北京市商务局发布《北京市生活服务业数字化转型升级工作方案》，启动 2022 年生活服务业数字化升级行动，以餐饮、便利店、蔬菜零售、家政等业态为重点，围绕数字化运营全链条，提升生活服务行业数字化营销、管理和供应链水平。

其次，生活服务行业内数字化发展存在差异。由于疫情的突然冲击，加速了生活服务业的数字化转变，但从生活服务业内部来看，其数字化水平差异较大。如酒店业的数字化率约为 35.2%，餐饮业的数字化率约为 15.1%，家政业的数字化率仅约为 3.5%，养老服务业的数字化率低于 1%[①]。

以餐饮行业为例，由于受疫情的影响，加速了企业通过数字化建设来抵御风险的能力。2020 年 2 月，“纯外卖”的比例增加至 17%，餐饮企业的“自救”行动推动了“堂食 + 外卖”模式的发展。2021 年全国餐饮收入年同比增长 18.6%，达到 4.69 万亿元，餐饮行业市场规模基本恢复至疫情前水平。与此同时，外卖市场的不断增长也推动了餐饮企业经营模式的创新，特别是线上线下（O2O）结合，即时配送的新型服务模式成为各地服务业的新趋势。2021 年中国在线外卖市场规模增长 50.2%，超过 1 万亿元，达到 10036 亿元，在线外卖收入占全国餐饮业收入的比重达到 21.4%（见图 6－3）。可见，数字化的运营会降低餐饮业的经营成本，提升服务水平，成为服务业商家的新标准新要求。

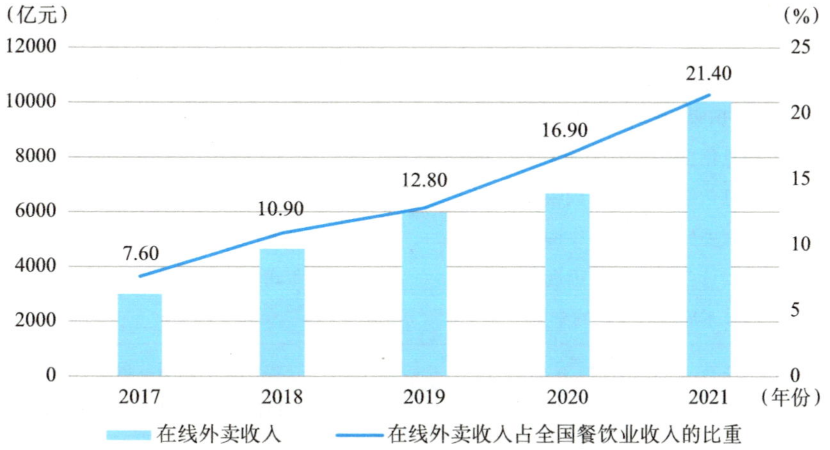

图 6－3　中国在线外卖市场规模

数据来源：国家统计局、国家信息中心。

---

① 资料来源：根据阿里本地生活新服务研究中心、智研咨询整理。

（三）金融服务业的数字化转型

2023 年中央金融工作会议上，习近平总书记对金融服务实体经济作出重要部署，要求做好“科技金融、绿色金融、普惠金融、养老金融、数字金融”五篇大文章。作为现代化经济体系中重要的“金融力量”，全面加快数字化转型、服务数实融合的发展成为时代的“必答题”。

1. 金融服务数字化发展的政策支撑

数字金融作为新兴数字技术与传统金融服务相融合的特殊金融业态，在中央层面被明确提出后，各级政府和部门纷纷制定和出台相应的数字金融发展规划（见表 6－6），不断深化金融供给侧结构性改革，深入推进自身科技创新和数字化转型进程，更好地以数字金融创新服务数字经济发展，做好“数字金融”这篇大文章势在必行。

表 6－6　金融数字化相关政策整理

发布时间	文件名称	发布机构	相关要点
2022 年 1 月	《金融科技发展规划（2022—2025 年）》	中国人民银行	深化金融供给侧结构性改革为目标，以加快金融机构数字化转型、强化金融科技审慎监管为主线将数字元素注入金融服务全流程；注重金融创新的科技驱动和数据赋能，推动我国金融科技迈入新阶段
2021 年 12 月	《国务院关于印发“十四五”数字经济发展规划的通知》	国务院	加快金融数字化转型，合理推动大数据、人工智能、区块链等技术在银行、证券、保险等领域的深化应用，发展智能支付、智慧网点、智能投顾、数字化融资等新模式，稳妥推进数字人民币研发，有序开展可控试点
2021 年 10 月	《中国人民银行办公厅 中央网络安全和信息化委员会办公室秘书局 工业和信息化部办公厅 中国银行保险监督管理委员会办公厅 中国证券监督管理委员会办公厅关于规范金融业开源技术应用与发展的意见》	中国人民银行、中央网信办等五部门	重点在操作系统、数据库、中间件等基础软件领域和云计算、大数据、人工智能区块链等新兴技术领域加快生态建设，利用开源模式加速推动信息技术创新发展
2019 年 8 月	《金融科技（FinTech）发展规划（2019—2021 年）》	中国人民银行	实现稳定创新、自主可控、防范系统性金融风险作为金融 IT 基础建设的关键目标
2018 年 12 月	《关于开展金融科技应用试点工作的通知》	中国人民银行、国家发展改革委等六部委	决定在北京市、上海市、江苏省、浙江省等十个省市组织开展金融科技应用试点工作

资料来源：作者根据公开信息整理。

2. 金融数字化转型的特征和推进

金融业作为数字化发展的先行者，在数字化转型实践中坚持以金融科技为主引擎（见图6-4），以智能移动终端领域为主渠道，以场景化金融生态为主阵地，以丰富和提升客户体验为主路径，以建立敏捷化组织为主轴，持续推进模式创新与体制机制变革。具体来看，主要呈现以下几个特征：

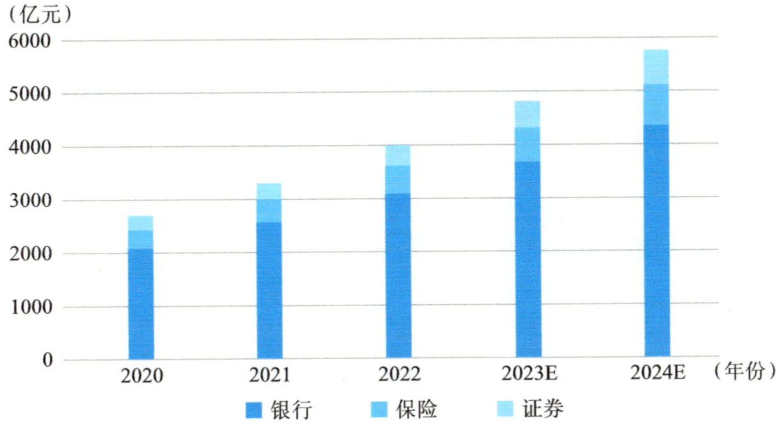

图6-4 中国金融机构信息科技投入情况

资料来源：艾瑞咨询，第一财经。

（1）数据化（datafication）。数字经济的发展及业态创新本质上是基于数据信息的价值创造，通过海量、动态、高增长、多元化的数据在各行各业的广泛应用，创造更多价值，同时降低各类成本，使价值创造更有效率。银行天生与数据相伴，因此，银行业数字化转型重点以数据为核心，持续推进业务数据化和数据业务化，释放数据的业务和经营价值，实现全要素的连接和实时反馈，提升对业务的感知、决策、创新、营销和风控水平，提升业务体验、业务效率与经营价值。

（2）智能化（intelligentization）。是指在计算机网络、大数据、物联网和人工智能等技术的支持下，能满足人的各种需求的属性，是建立在数据化基础上对功能和服务的全面升华。银行业一直坚守服务国计民生的立业初心，在降低服务门槛的同时，充分运用数字化技术，秉持以客户为中心的服务理念，持续提升客户体验，聚焦客户的痛点、难点，以数字化手段，为客户提供智能化、场景化的解决方案。

（3）开放化（openness）。数字经济时代以高效集聚、顺畅融通、开放共享为特征，国内银行业开启了由传统银行逐步向开放银行探索的数字化发展“进阶之路”。开放银行是指利用开放API等技术，实现与第三方机构间的数据共享、银行服务与产品即插即用，以“走出去”和“引进来”两种方式，将终端服务客群衍生至传统银行服务难以触达的长尾客户，全面释放数据价值与规模价值。

（4）生态化（ecologization）。银行业致力于推进金融服务线上线下一体化和跨界生态融合共建，打造精准布局、链式赋能、协同运营的新型生态银行，激活金融服务“内生态”，畅通跨界融合“外生态”，让数字化转型成果更广泛地惠及社会民生。银行业在数字化转型过程中，在实现金融服务的场景输出时，通过将数字化转型应用向产业链上下游、生产的前后端等各环节拓展，重塑产业布局，发现新的产业机遇和增长点，打造优势互补、开放共赢、合作共享的金融生态圈，构建银政企数字共同体，形成强大合力。

第二节　企业数字化转型研究与指标的测度

一、企业数字化转型的相关研究

根据艾瑞研究院2022年发布的《中国制造业数字化转型研究报告》中对制造业数字化转型的界定：制造业数字化转型是指将新一代信息技术覆盖制造企业的设计、生产、管理、销售及服务各个环节，并基于各个环节产生的数据分析与挖掘进行控制、监测、检测、预测等生产经营活动，在缩短研发周期、增加采购实时性、提高生产效率与产品质量、降低能耗、及时响应客户需求等方面赋能。目前，学界有关数字化赋能制造业转型升级的总体判断基本达成了一致意见，认为我国以往的人口红利和低成本要素优势在逐步减弱，亟须进一步推进数字化和工业化深度融合，开拓制造业发展新路径①。Osmundsen②等、王可和李连燕③、郭克莎和彭继宗④等一致认为产业数字化能够有效助推制造业重构竞争优势，且主要通过数字技术融合创新、生产方式变革以及企业形态演进等路径发生作用。本节重点从衡量数字化转型的数字基础、数字支撑和应用效果三个维度，归纳相关研究文献的观点。

（一）企业数字化转型的发展基础

企业数字化转型的核心在于构建数字化系统和管理数据化要素资源，建设过程离不开完善而高效的数字基础设施⑤。特别是制造业数字化转型升级发展的基础取决于数字基础

---

① Jia M Y, Gao Q H. Manufacturing industry in China informatization development analysis based on the Internet of things [J]. Advanced Materials Research, 2013, 694: 2471－2475.

② Osmundsen K., Jon I., Bendik B., Digital transformation: Drivers, success factors, and implications [J]. MCIS, 2018: 37.

③ 王可，李连燕. “互联网+”对中国制造业发展影响的实证研究［J］. 数量经济技术经济研究，2018，35（6）：3－20.

④ 郭克莎，彭继宗. 制造业在中国新发展阶段的战略地位和作用［J］. 中国社会科学，2021（5）：128－149.

⑤ 王如玉，梁琦，李广乾. 虚拟集聚：新一代信息技术与实体经济深度融合的空间组织新形态［J］. 管理世界，2018，34（2）：13－21.

设施的建设，是促使新型数据要素和传统制造业顺利融合的首要条件。加强新型移动互联网通信设施建设、提升数字网络能力，可以加强数字技术在制造业中的深度应用，有力促进制造业数字化转型①。因此，政府应该主导数字基础设施建设，充分利用工业互联网连接产业链的整个过程，高效资源整合，拓展产业空间等方面的优势②，丰富数字传输渠道，帮助制造业企业降低企业运营成本，提高运营质量和效率③；鼓励构建产业数字化平台以满足数字经济时代企业用户多元化的需求，便利制造业企业通过对平台的模块实施改造实现自身数字化转型④。

（二）数字化转型的支撑力量

推动数字技术创新和数字化转型人才培养是数字化转型的必要支撑。制造业数字化转型是一个新兴领域，而促进新一代信息技术与制造业深度融合对我国数字技术创新能力和人才队伍建设等方面提出了更高的要求。

首先，企业数字化转型极度依赖信息技术和数字技术创新的投入。一方面，企业拥有强大的 ICT 能力，可以加速制定和实施高质量决策，从而对不断变化的市场需求作出快速反应⑤。肖静华等⑥基于美的企业 2011—2018 年从大规模制造到智能制造跨越式战略变革的纵向案例研究发现，变革主要通过数字化加速学习机制实现从粗放式管理到数字化管理，通过数字化重构学习机制实现从工业化到智能化这两个阶段的跨越，并认为通过信息技术驱动双跨越的战略变革，是发展中国家制造业企业实现转型升级的重要路径。另一方面，加大对企业数字基础技术和前沿技术的研发支持力度，保证企业有充足的资金进行研发，提高企业数字技术的自主研发能力是我国制造业企业数字化和智能化发展的关键。因此，政府应当强化政策支持引导，健全以企业为主体、多方协同的技术创新体系，可以通过重点项目牵引的方式，引导多企业合作构建创新攻关联合体以解决关键数字技术研发不足的问题⑦。

其次，能否培育一支拥有数字化、网络化知识与技能的人才队伍是企业数字化转型成败的决定性因素。特别是在制造业数字化转型过程中，涉及人工智能、互联网、大数据、云计算等科技前沿领域，制造企业内部通常会出现技能人才储备与数字技术发展水平不匹

---

① 张培，张苗苗．制造企业数字化转型类型与触发机制［J］．管理现代化，2020，40（6）：19－24．

② 刘玉书，王文．中国智能制造发展现状和未来挑战［J］．人民论坛·学术前沿，2021，（23）：64－77．

③ 李春发，李冬冬，周驰．数字经济驱动制造业转型升级的作用机理——基于产业链视角的分析［J］．商业研究，2020（2）：73－82．

④ 王春英，陈宏民．数字经济背景下企业数字化转型的问题研究［J］．管理现代化，2021，41（2）：29－31．

⑤ 郭美晨，杜传忠．ICT 提升中国经济增长质量的机理与效应分析［J］．统计研究，2019，36（3）：3－16．

⑥ 肖静华，吴小龙，谢康，等．信息技术驱动中国制造转型升级——美的智能制造跨越式战略变革纵向案例研究［J］．管理世界，2021，37（3）：161－179．

⑦ 陈志祥，迟家昱．制造业升级转型模式、路径与管理变革——基于信息技术与运作管理的探讨［J］．中山大学学报（社会科学版），2016，56（4）：180－191．

配的状况。赵丽锦[①]调研显示，我国企业在信息化、数字化、智能化等方面人才配置只约占全体员工总数1%，数字化转型过程中缺乏精通业务与技术的专业技术人才。因此，政府应当构建公共式制造业数字技能学习平台，通过政策引导和激励制造业劳动者提升数字技能，同时支持实施数字化转型成功的制造企业和平台开放数字技术学习资源[②]。不仅如此，人才培养离不开高等教育的深化与改革，强化产学研合作，加强特色化示范性软件学院和现代产业学院的建设是培养复合型数字人才的重要途径[③]。通过产学研一体化数字人才的培养与训练，可以从根本上促进制造业企业员工劳动技能的提升和知识结构的优化，从而为提高整个供应链体系的劳动生产效率奠定基础。

（三）数字化转型的应用效果

企业数字化转型的目标是提升企业的生产效率、降低生产成本，从而提升企业经济利润。

首先，增效与降本是企业永恒不变的投资效益追求。而企业无法在传统技术手段下优化自身生产效率以降低生产成本，尤其是制造业企业迫切需要将大数据资源与数字技术融合到经营与生产的过程中，以满足企业对下一阶段智能化、数字化的转型要求。传统企业借助于数字技术手段，在研发、生产、制造、销售等环节创造出更大的价值，从而才能较大幅度地提升生产率，降低生产成本，增强产品竞争力[④]。而基于企业全要素生产率指标来判断，数字化转型对A股上市公司企业全要素生产率具有显著的促进作用，并且这一效应对民营企业更加明显[⑤]。不仅如此，基于不同的研究方法和样本数据证实了数字化转型可以通过简化生产管理流程、提高人力资本以及降低生产成本的机制促进企业全要素生产率的提升[⑥]；以及可以通过规模经济效应、范围经济效应、技术创新效应以及管理效率效应四个间接途径促进企业生产率提升[⑦]。另外，陈付山[⑧]以镇江制造业为研究对象，通过实证的方法探寻企业数字化转型可以在一定程度上降低企业生产成本，增加产品多样化，

① 赵丽锦．“十四五”时期常州制造业数字化转型：发展现状与未来策略［J］．江苏商论，2022（5）：23－27.

② 孔存玉，丁志帆．制造业数字化转型的内在机理与实现路径［J］．经济体制改革，2021（6）：98－105.

③ 沈恒超．中国制造业数字化转型的特点、问题与对策［J］．中国经济报告，2019（5）：102－107.

④ 董安琪，刘全勇．数字经济时代传统企业数字化转型动能、要素与变革路径研究［J］．国际商务财会，2023（23）：56－59.

⑤ 郑博文，霍晓彤，冯海燕．数字化转型与全要素生产率——基于A股上市公司的经验证据［J］．技术经济，2023，42（5）：29－44.

⑥ 刘飞．数字化转型如何提升制造业生产率——基于数字化转型的三重影响机制［J］．财经科学，2020（10）：93－107．李萌萌，郭晓川．数字化应用与资源型企业全要素生产率——基于双元创新的互补效应［J］．技术经济与管理研究，2022（4）：52－58.

⑦ 杜传忠，张远．数字经济发展对企业生产率增长的影响机制研究［J］．证券市场导报，2021（2）：41－51.

⑧ 陈付山．制造业数字化转型路径研究［J］．价值工程，2023，42（34）：5－7.

优化企业资源配置效率和产品结构，提高制造企业竞争力与企业绩效。杨白冰等①基于制造业上市企业年报文本挖掘的样本数据实证分析企业数字化转型中的就业结构效应，结果表明企业通过数字化转型能够更好地调整和优化其员工组成和就业结构，从而提升企业竞争力和经济效益。

其次，数字技术能够显著促进企业创新，并成为企业提升核心竞争力的重要手段。学者们普遍认为数字技术有助于企业对现有产品进行数字化或智能化升级，开展组织结构变革与创新活动，重构企业价值创造体系，从而促进创新产出②。一方面，数字技术能够促进企业知识结构变革与资源流动，进而增强企业自主创新能力。韩平和赵志华③通过选取2012—2019年中国省级面板数据实证检验，结果表明数字化转型能显著提升制造业创新绩效，并且东部地区的促进效应最大。宋加山等④基于2010—2021年A股上市企业数据，采用双向固定效应模型和门限效应模型实证考察企业数字化转型的创新促进效应，结果表明数字化转型能够通过缓解企业融资约束，从而显著提升企业创新效率。然而，在数字化转型超过一定门槛值后，对企业创新的促进作用将会减弱，即呈现倒“U”形关系⑤。另一方面，从资源基础理论来看，数字化转型有助于企业内部创新资源整合⑥，强化自身知识管理能力，通过连接网络共享平台获得大量外部知识，进而提高创新成功率⑦。但需要注意的是，存在着部分企业通过数字化转型申请到大量重复、低质量的专利，并未实现创新质量提升的可能。张国胜和杜鹏飞⑧研究发现数字化转型促进了企业技术创新增量，却没有促进企业技术创新提质；或者数字经济促进了企业突破性创新，但对企业渐进性创新的影响不显著⑨。此外就渠道机制而言，数字化转型可以通过改善企业治理结构⑩、

① 杨白冰，杨子明，郭迎锋．企业数字化转型中的就业结构效应——基于制造业上市企业年报文本挖掘的实证分析［J］．中国软科学，2023（4）：141－150.

② Nambisan S., Lyytinen K., Majchrzak A., et al. Digital innovation management: Reinventing innovation management research in a digital world［J］. MIS Quarterly, 2017（1）：223－238. 黄节根，吉祥熙，李元旭．数字化水平对企业创新绩效的影响研究——来自沪深A股上市公司的经验证据［J］．江西社会科学，2021，41（5）：61－72.

③ 韩平，赵志华．数字化转型是否促进了中国制造业创新绩效的提升？——基于省级面板数据的门槛回归实证分析［J］．井冈山大学学报（社会科学版），2023，44（1）：98－106.

④ 宋加山，涂瀚匀，赵锐锃．数字化转型如何促进企业创新效率提升——来自金融资产配置视角的再审视［J］．科技进步与对策，2024，2（26）：1－10.

⑤ 庞瑞芝，刘东阁．数字化与创新之悖论：数字化是否促进了企业创新——基于开放式创新理论的解释［J］．南方经济，2022，396（9）：97－117.

⑥ 韩先锋，宋文飞，李勃昕．互联网能成为中国区域创新效率提升的新动能吗［J］．中国工业经济，2019，376（7）：119－136.

⑦ 李晓翔，张树含．数字化转型如何影响企业融通创新？［J］．经济管理，2023（4）：41－63.

⑧ 张国胜，杜鹏飞．数字化转型对我国企业技术创新的影响：增量还是提质？［J］．经济管理，2022（6）：82－96.

⑨ 胡山，余泳泽．数字经济与企业创新：突破性创新还是渐进性创新？［J］．财经问题研究，2022，（1）：42－51.

⑩ Bloom N., Garicano L., Sadun R., et al. The distinct effects of information technology and communication technology on firm organization［J］. Management Science, 2014, 60（12）：2859－2885.

优化人力资本[①]、缓解融资约束[②]以及提高企业吸收与适应能力[③]等方式提高企业创新绩效。

最后，绿色低碳转型也是企业数字化转型的一个重要目标方向。企业数字化转型对于企业降碳、减排的绿色转型路径具有直接与间接的影响关系[④]。在直接影响方面，数字化转型通过激活绿色创新动力来实现绿色技术数量与质量的提升，促进生产和制造过程向可持续发展转变，从而减少资源耗费和降低污染排放[⑤]。喻春娇和唐威[⑥]基于中国A股上市工业企业2007—2020年数据，运用面板数据模型和中介效应模型检验了工业企业数字化转型对企业碳排放的影响，结果表明工业企业数字化转型显著降低了其碳排放强度。马从文和杨洁[⑦]以制造业上市公司为研究对象实证研究发现，企业数字化转型主要通过促进企业技术创新、推动企业服务化转型和抑制企业过度投资等三个维度降低其碳排放水平。先进的数字技术具有支持绿色制造过程的潜力，企业将数字技术融入生产活动中，可以实现对生产制造技术的优化和创新，提升各个环节生产工艺的效率和清洁度，这不仅增加了要素配置的有效性，而且减少了资源浪费和污染物排放[⑧]。在间接影响方面，企业数字化转型有助于整合和渗透能源供需双方对接，提高能源效率，推动能源消费结构和发展方式向低碳经济转变，从而实现降低碳排放[⑨]。数字化转型有助于降低绿色活动的模糊性，激励研发人员将数字技术与绿色创新活动深度融合，进而打破传统技术的路径依赖，提升企业绿色创新动能[⑩]。在产出方面，从低技术含量的产业结构向高技术含量的产业结构过渡，必然会提高生产率，有利于降低与生产有关的碳排放。

---

① 张吉昌，龙静．数字化转型、动态能力与企业创新绩效——来自高新技术上市企业的经验证据［J］．经济与管理，2022（3）：74－83.

② Milani S., Neumann R. R&D, patents and financing constraints of the top global innovative firms［J］. Journal of Economic Behavior & Organization, 2022（196）：546－567. 段华友，杨兴柳，董峰．数字化转型、融资约束与企业创新［J］．统计与决策，2023，9（5）：164－168.

③ 张欣，董竹．数字化转型与企业技术创新——机制识别、保障条件分析与异质性检验［J］．经济评论，2023，239（1）：3－18.

④ Luo S., Yimamu N., Li Y., et al. Digitalization and sustainable development: How could digital economy development improve green innovation in China?［J］. Business Strategy and the Environment, 2023, 32（4）：1847－1871.

⑤ Usman A., Ozturk I., Hassan A., et al. The effect of ICT on energy consumption and economic growth in South Asian economies: An empirical analysis［J］. Telematics and Informatics, 2021, 58.

⑥ 喻春娇，唐威．工业企业数字化转型能否促进碳减排——基于中国A股上市工业企业的证据［J］．宏观经济研究，2023（7）：97－110＋127.

⑦ 马从文，杨洁．企业数字化转型的碳减排效应研究——来自制造业上市公司的经验数据［J］．南京财经大学学报，2023（2）：76－85.

⑧ 张泽南，钱欣钰，曹新伟．企业数字化转型的绿色创新效应研究：实质性创新还是策略性创新？［J］．产业经济研究，2023（1）：86－100.

⑨ Cappa F., Oriani R., Peruffo E., Mccarthy I. Big data for creating and capturing value in the digitalized Environment: Unpacking the effects of volume, variety, and veracity on firm performance［J］. Journal of Product Innovation Management, 2021, 38（1）：49－67.

⑩ 周雪峰，韩露，肖翔．“双碳”目标下数字经济对企业持续绿色创新的影响——基于数字化转型的中介视角［J］．证券市场导报，2022（11）：2－12.

二、数字化转型指标与测度

归纳现有文献可以发现，学者们普遍认为数字化转型是以数字技术与数据要素为基础，通过整合与重构企业组织结构、业务流程和商业模式等形成重大创新和变革的过程①，而对企业数字化转型的测度，也从不同的研究视角和研究方法来反映企业数字化转型的程度，而且会因行业、企业性质和规模等不同而难以达成统一的构建方法。

（一）单一指标或多维指标的衡量方法

最早的研究学者多从单一指标体系的角度出发，量化企业数字化转型程度。例如，利用信息人员配置的情况②或利用网络信息技术的覆盖率等③，以及测算企业在数字经济范围内的规模与附加值等进行企业数字化转型程度的识别与测度④，并根据上市企业披露的年末无形资产明细，以数字化无形资产投入测度企业数字化转型⑤；使用“是否加入跨境电商平台”刻画企业是否进行数字化转型来考察企业数字化转型能否缓解反倾销对出口的影响⑥。但由于该类型指标过于单一，距离精准衡量企业数字化水平存在不小的差距。

为了弥补单一性指标难以准确衡量企业数字化转型的不足，多数研究者通过构建多维指标评价体系综合考察企业数字化转型程度⑦。例如，刘政等⑧通过问卷调查等方式，从企业数字化内容与过程的角度出发测度企业数字化转型程度；或者采用完全消耗系数来测度制造业投入数字化水平，并进一步计算完全依赖度表征企业投入的数字化转型程度⑨。郭金花和朱承亮⑩从企业数字化投资、数字技术应用及业务模式数字化三个维度构建企业数字化转型测度指标体系；或通过综合数字化物流作业水平、数字化基础、数字化管理和

---

① Li L., Su F., Zhang W., et al. Digital transformation by SME entrepreneurs: A capability perspective [J]. Information Systems Journal, 2018 (6): 1129 - 1157. 吴非，胡慧芷，林慧妍，等. 企业数字化转型与资本市场表现——来自股票流动性的经验证据 [J]. 管理世界，2021，37 (7): 30 - 144 + 10. 陈东，郭文光. 数字化转型如何影响劳动技能溢价——基于 A 股上市公司数据的经验研究 [J]. 数量经济技术经济研究，2024 (2): 1 - 20.

② 王永进，匡霞，邵文波. 信息化、企业柔性与产能利用率 [J]. 世界经济，2017，40 (1): 67 - 90.

③ 杨德明，刘泳文. “互联网 +”为什么加出了业绩 [J]. 中国工业经济，2018 (5): 80 - 98.

④ 许宪春，张美慧. 中国数字经济规模测算研究——基于国际比较的视角 [J]. 中国工业经济，2020 (5): 23 - 41.

⑤ 张永珅，李小波，邢铭强. 企业数字化转型与审计定价 [J]. 审计研究，2021 (3): 62 - 71.

⑥ 张鹏杨，刘维刚，唐宜红. 贸易摩擦下企业出口韧性提升：数字化转型的作用 [J]. 中国工业经济，2023 (5): 155 - 173.

⑦ 沈国兵，袁征宇. 企业互联网化对中国企业创新及出口的影响 [J]. 经济研究，2020，55 (1): 33 - 48. 柏培文，喻理. 数字经济发展与企业价格加成：理论机制与经验事实 [J]. 中国工业经济，2021 (11): 2 - 20.

⑧ 刘政，姚雨秀，张国胜，等. 企业数字化、专用知识与组织授权 [J]. 中国工业经济，2020 (9): 156 - 174.

⑨ 张晴，于津平. 制造业投入数字化与全球价值链中高端跃升——基于投入来源差异的再检验 [J]. 财经研究，2021 (9): 93 - 107.

⑩ 郭金花，朱承亮. 数字化转型、人力资本结构调整与制造企业价值链升级 [J]. 经济管理，2024 (2): 1 - 21.

数字化效益四个指标以期更全面地评估物流企业数字化转型的实际情况；利用国泰安数据库中的企业数字化转型评价指数来衡量数字化转型程度的高低，主要指数包括战略引领、技术驱动、组织赋能、环境支撑、数字化应用和数字化成果六个一级指标，加权计算得出企业的企业数字化转型评价指数①。

（二）企业数字化成熟度的衡量方法

大多国外学者提出企业数字化成熟度来表示企业在数字化转型过程中的完成程度，Szalavetz② 通过总结了 20 个与数字化成熟度相关的模型作为分析对象以评估企业数字化成熟度水平。基于此，学者们从不同视角开发了数字化成熟度模型，Catlin 等③基于组织文化和业务流程的视角对企业数字化成熟度进行测度，重点关注企业数字化转型所需要的组织治理、业务流程、数字文化以及人才资源等内部要素水平，通过对以上要素进行评估，企业可以全面了解自身文化层面的数字化转型水平，以提升企业内部核心竞争力为核心驱动自身不断调整数字化转型策略。Kopalle 等④基于数字化生态发展视角对数字化成熟度模型进行测度，主要涉及数字化战略、价值链及生态系统建设、数字化商业模式等评估要素。Matarazzo 等⑤构建了以数字化就绪度、数字化强度和数字化贡献度等变量为主要评估要素的测度模型，通过对以上要素进行评估，企业能够全面了解自身数字化的转型水平。国内学者王核成等⑥基于中国转型经济的现实背景和社会基础，开发了基于研发和制造企业的数字化成熟度模型（digital maturity model，DMM），包括 5 个关键领域（战略与组织、基础设施、业务流程与管理数字化、综合集成、数字化绩效）、19 个一级指标和 63 个二级指标。

总之，不同研究视角下的企业数字化成熟度评估模型对数字化转型评估的侧重点不同，并且由于缺乏统一的评估框架和标准，使得不同模型的评估结果之间难以比较和衡量。

（三）文本分析法衡量数字化转型程度

另一种较为全面综合的测度方法是文本分析法，即以企业年报中与数字化转型相关的

---

① 佟岩，刘柯慧，赵泽，等. 企业数字化转型对客户集中度的影响［J］. 北京理工大学学报（社会科学版），2024，26（1）：177－194.

② Szalavetz A. Digitalition, automation and upgrading in global value chains – factory economy actors versus lead companies［J］. Post－Communist Economies, 2019, 31（5）：646－670.

③ Catlin T., Scanlan J., Willmott P. Rasing your digital quotient［R］. Chicago：McKinsey Quarterly, 2015.

④ Kopalle P K., Kumar V., Subramaniam M. How legacy firms can embrace the digital ecosystem via digital customer orientation［J］. Journal of the Academy of Marketing Science, 2020, 48：114－131.

⑤ Matarazzo M., Penco L., Profumo G., et al. Digital transformation and customer value creation in made in Italy SMEs：A dynamic capabilities perspective［J］. Journal of Business Research, 2021, 123：642－656.

⑥ 王核成，王思惟，刘人怀. 企业数字化成熟度模型研究［J］. 管理评论，2021，33（12）：152－162.

关键词词频来衡量企业数字化转型程度，此类方法也是目前为止应用最为广泛的方法①。吴非等②是最早通过对上市公司年报进行文本识别来衡量企业数字化转型程度的文献，并通过构建数字化转型关键词词库，利用文本识别的方式提取沪深 A 股上市公司年报中与数字化转型相匹配的关键词，以关键词出现的频次衡量企业数字化转型水平。关键词分为“底层技术”和“实践应用”两类，其中底层技术包括人工智能、区块链、云计算和大数据；实践应用包括数字技术应用、数字科技、互联网金融等。类似的方法有通过对上市公司年报进行文本识别，将人工智能、区块链、云计算、大数据等关键词列入企业数字化术语词典，构建了一个更为全面反映中国上市企业数字化转型程度的指标。

后续学者开始逐渐推进并完善相关指标体系的构建，采用类别区分方法，确定企业数字化转型的指标体系。例如，根据数字技术的类型和应用部门将数字技术分为四类，分别为大数据技术、智能制造、互联网商业模式、信息化技术，并根据上市公司年报中该类词汇出现的频次表示企业数字化转型程度③。蔡宏波等④使用企业数字化相关词汇频次除以当年企业年报中“管理层讨论与分析”（MD & A）内容字数表示上市公司数字化转型指标。王海等⑤计算企业年报中“人工智能技术”“大数据技术”“区块链技术”“云计算技术”“数字应用技术”五类关键词出现的频次衡量企业数字化转型程度。刘新争⑥通过筛选并提取 2010—2021 年中央政府层面发布的关于数字经济和数字化转型的重要政策文件中与企业数字化转型相关的关键词，并统计相应词汇在上市企业年报中出现的频率来衡量企业数字化转型程度。戴翔和马皓巍⑦考虑到不同企业年报文本长度存在差异，从数字产业化、产业数字化、企业数字化三大方面出发，选用各企业的总得分与对应年报语段长度的比值全面刻画企业数字化转型程度。齐平和宋威辉⑧建立包括数据管理、数据挖掘、数据网络等 159 个关键词的数字化转型特征词库，对沪深 A 股企业年报进行格式转换、内容提取和分词处理，匹配并加总词频以得出数字化转型程度的指标变量。总体来看，词频度量方法可以反映企业数字化转型的最新动向，基于上市公司年报中的数字化相关

---

① 袁淳，肖土盛，耿春晓，等. 数字化转型与企业分工专业化还是纵向一体化［J］. 中国工业经济，2021（9）：137－155. 戴翔，马皓巍. 数字化转型、出口增长与低加成率陷阱［J］. 中国工业经济，2023（5）：61－79.

② 吴非，胡慧芷，林慧妍，等. 企业数字化转型与资本市场表现——来自股票流动性的经验证据［J］. 管理世界，2021，37（7）：130－144.

③ 方明月，林佳妮，聂辉华. 数字化转型是否促进了企业内共同富裕？——来自中国 A 股上市公司的证据［J］. 数量经济技术经济研究，2022，39（11）：50－70.

④ 蔡宏波，汤城建，韩金镕. 减税激励、供应链溢出与数字化转型［J］. 经济研究，2023，58（7）：156－173.

⑤ 王海，闫卓毓，郭冠宇，等. 数字基础设施政策与企业数字化转型：“赋能”还是“负能”？［J］. 数量经济技术经济研究，2023（5）：5－23.

⑥ 刘新争. 企业数字化转型中的“生产率悖论”——来自制造业上市公司的经验证据［J］. 经济学家，2023（11）：37－47.

⑦ 戴翔，马皓巍. 数字化转型、出口增长与低加成率陷阱［J］. 中国工业经济，2023（5）：61－79.

⑧ 齐平，宋威辉. 数字化转型、创新发展与制造业价值链高质量发展［J］. 广东财经大学学报，2024，39（1）：4－18.

词频，将企业微观文本挖掘与宏观指标相结合，对企业数字化转型进行较为科学的度量。

第三节　企业数字化转型指标体系的构建

一、构建原则与思路

基于前文对企业数字化转型问题及其指标的测度相关研究文献的分析可以看出，对数字化转型的理解以及衡量方法，受到行业特性、企业属性和数字化转型程度测度方法等差异的限制，加上统计数据的缺乏，难以形成共识的、统一的指标体系。因此，本节在前文分析重点行业企业数字化发展水平基础上，考虑到数据的可获性，以及未来可持续跟踪企业数字化转型情况，以制造业中具有一定代表性的传统的消费品制造和新能源制造的上市企业，以及服务业的金融服务和通信服务的上市企业为研究对象，分别从企业数字化转型的数字基础、数字支撑和数字成果三个层次作为一级指标，尝试构建相应行业企业的数字化转型指标体系。

（一）消费品和新能源制造企业的数字化发展

1. 选择传统消费品（家电）制造企业的原因

作为重要的消费领域，推动家电消费需求稳健释放、促进家电行业高质量发展是近年来主要政策导向。2023 年 6 月，商务部等四部委联合印发《关于做好 2023 年促进绿色智能家电消费工作的通知》，提出统筹组织绿色智能家电消费促进活动等五方面举措，明确了推动绿色智能家电产业高质量发展的重点工作。

（1）家电企业数字化转型的必要性。

首先，需求冲击下，家电企业需要通过数字化转型降本增效。中国家电行业受前端房地产行业低迷、后端产成品库存高企、物流滞缓等影响，短期内市场内需疲软，供应链的稳定性遭受冲击，生产活动受限。同时，国际市场受全球经济高通胀、经济复苏放缓及国外生产力恢复等因素影响，家电企业的出口压力骤增。因此，家电企业通过数字化转型降低生产边际成本，提高生产和运营等效率势在必行。

其次，市场竞争加剧，家电企业需要通过数字化转型提高核心竞争力。家电行业规模经济日益明显，行业集中度进一步提高。龙头企业强者愈强，二三线品牌生存空间压缩。行业面临的跨界竞争冲击日益加大，不仅拥有硬件产品的互联网公司，而且拥有互联网基因的电商也开始有意识地涉足家电领域；房地产企业也纷纷布局智能化家居业务，从“开发商”转变为“生活服务商”，商品房由“精装修”转变为“精装智能化”。市场竞争日趋白热化，家电企业通过数字化转型进入新赛道以提高企业的核心竞争力。

最后，家电企业数字化转型有望突破信息互通及产品兼容壁垒。从生产经营环节来看，家电企业普遍存在供需信息断层问题。传统家电企业生产部门的制造信息系统和业务部门的市场信息系统无法有效连接，只能以产定销，导致供给侧与需求侧的匹配度下降。同时，传统家电企业与电器供应商协同效率低、信息延迟、反映不及时、后端需求评审得不到有效保障等，影响了整体运营效率。因此，企业数字化转型可以利用云计算、物联网、人工智能等先进信息技术，将生产流程与商业流程打通，实现制造信息系统和市场信息系统的有效连接，让供需信息在实时的环境中流动，从而提升供需匹配度，降低资源浪费。

（2）家电企业数字化转型的突出地位。

放眼整个制造业，家电制造行业的数字化水平相对领先。例如，美的作为家电制造龙头企业之一，目前共有5家“灯塔工厂”，在国内名列前茅。

从产业链看，家用电器业属于重要的中游行业。我国是家电生产和消费大国，经过多年发展，家电制造业已逐渐形成完善的产业链和相关产业体系，其上游承载电子信息制造、钢铁、压缩机制造、机械、塑料化工等行业，中游与信息通信产业密切协同，下游直接连接终端销售渠道，同时衔接住宅地产、商业地产/园区、长短租酒店，以及家电维修、废旧家电回收等相关领域。由于家电产品的耐用消费品属性，且与人们的日常生活联系紧密，家电制造业在轻工业中居于支柱地位，对促进经济发展和增加社会消费发挥着重要积极作用，已成为支撑国民经济实现健康可持续发展的中坚力量。

从产业发展基础看，中国国内家电产业链完整、零部件品类齐全，生产制造对国外供给依赖程度小。中国拥有全球最丰富最复杂的产业链条，是联合国唯一拥有全部工业门类的国家，拥有联合国产业分类规定的41个大类、207个中类、666个小类全品类。目前中国家电企业的原材料基本可从国内采购，龙头公司具有完备的产业纵深布局，大多数零部件自给自足，生产经营对零部件外部采购依赖较小。完善的产业链配套和零部件供给已成为中国作为家电业全球制造基地的核心优势。

2. 选择新能源行业企业的原因

近年来，为贯彻落实“双碳”目标，我国统筹推进能源安全供应和绿色低碳发展，促进了我国新能源产业的快速发展。从国内市场来看，《中国电力行业年度发展报告2023》显示，2022年全国非化石能源发电量3.1万亿千瓦时，比上年增长8.6%，占总发电量比重36.2%。其中，风电、光伏发电量达到1.19万亿千瓦时，同比增长21%，占全社会用电量的13.8%，接近全国城乡居民生活用电量①。从国际市场来看，截至2022年底，我国以风电、光伏发电为代表的新能源发展成效显著，装机规模连续多年稳居全球首位，发

① 经济日报．可再生能源高水平消纳利用［EB/OL］．（2023-02-19）．https：//www.gov.cn/xinwen/2023-02/19/content_5742106.htm.

电量占比稳步提升①。从行业发展来看，新能源作为新兴行业具有巨大的市场潜力，在其开发过程中涉及产业众多，能够带动上下游相关产业发展，进而形成一个规模庞大的产业集群，成为我国经济发展的一个重要支撑和增长点。从生态环境来看，新能源具有清洁、高效、可再生的属性，大规模利用会有效减少温室气体和污染物排放，将在很大程度上缓解环境压力，是我国实现“双碳”目标的重要途径。然而，我国新能源行业仍面临着产品开发迭代成本高昂、核心技术创新能力不足、电力系统消纳能力有限、设备回收产业化水平低下等问题，在一定程度上制约着我国新能源产业的高质量发展。

数字技术的应用为新能源企业走出困境和转型发展提供了新契机。随着“新基建”项目的加快推进，以新能源工业互联网为核心的数字体系建设成为新能源行业战略转型的重要支撑。在运营效率方面，通过数字化技术，如物联网（IoT）、大数据分析和人工智能，可以优化新能源项目的运营效率，实现远程监控和管理，降低运维成本。在智能电网发展方面，通过电网数字化构建能够提高电网的调度灵活性和可靠性，支持可再生能源的大规模并网和消纳，而且数字化技术可以增强电力系统的灵活性和韧性，通过实时数据分析和预测更好地应对可再生能源的波动性。在业态发展方面，数字化技术有助于实现能源消费方式的变革，通过智能化调控来优化能源结构，并且可以为消费者带来新的商业模式和服务，如基于数据的服务、虚拟电厂、需求响应等新型业态，从而提升用户体验。在产业链协同方面，数字化转型有助于加强新能源产业链在各个环节之间的协同与合作，实现资源共享和优化配置，提升整体产业链的竞争力。

由此可见，数字化转型对于新能源行业的发展具有重要意义，不仅能够提升行业技术水平和竞争力，还为国家能源安全和可持续发展战略提供重要支撑。因此，针对新能源企业的数字化转型程度构建指标体系并评价，可以帮助企业了解数字化转型完成的状态和能力，为企业提供科学决策和指导，促进其数字化转型的顺利进行。

（二）服务业金融和通信服务企业的数字化发展

随着大数据、人工智能、物联网等为代表的数字技术快速发展，特别是国内“数实融合”背景下，服务业借助最早应用互联网的优势进行数字化转型走在了各行业的前列。

1. 金融服务企业的数字化

金融业的手机银行、数字支付、网络信贷等数字金融服务不断兴起，推动银行业通过数字化转型提升竞争力。2022 年国务院《“十四五”数字经济发展规划》强调：要加快金融领域数字化转型，推动大数据、人工智能、区块链等技术在银行等领域的深化应用。中国人民银行也多次强调要引导金融机构加快推进数字化转型。2022 年中国大中型银行的信

① 人民日报. 针对新能源发展难点堵点，7 方面 21 项政策举措出台——推动新能源实现高质量发展［EB/OL］.（2022－05－31）. https://www.gov.cn/zhengce/202212/content_6715660.htm.

息科技投入规模达到了1859亿元，比2020年增长了23%①。中国的领先银行已经成功跨越以电子化、信息化为特征，利用数字技术推动业务发展的数字化1.0阶段，迈入以智能化、开放化为特征，利用数字技术引领全面变革的数字化2.0新阶段。与此同时，银行业的传统经营模式已呈现出明显的高成本、低效率、易替代等特点，数字化转型是银行寻求一条低成本、高效率、智能化的新型发展路径的必经之路。

2. 通信服务业是企业数字化转型的底层基础设施

《"十四五"信息通信行业发展规划》明确提出，到2025年信息通信行业整体规模将进一步壮大，基本建成高速泛在、集成互联、智能绿色、安全可靠的新型数字基础设施，大幅增强创新能力，赋能经济社会数字化转型升级的能力全面提升。信息通信服务业作为推动数字经济发展的中坚力量不断释放新动能，发挥基础性、先导性作用，夯实数字经济承载底座。一方面，由于通信服务可以基于海量的互联网数据，社交网络、移动互联应用和云计算平台形成了新的业务和服务模式，通过良好的用户体验短时期吸引了大量客户。另一方面，互联网巨头通过丰富的应用、创新的盈利模式和极具竞争力的价格，已在各自领域取得了近乎垄断的市场地位，不断侵蚀着传统通信业务的市场份额，使通信业营收增长大幅减缓。同时，与大多数行业不同，通信服务业企业遗留系统较多，每一个系统都必须维护并与新系统集成，在这过程中需投入大量自有员工及服务提供商支撑人员以维持、保障网络与业务的正常运行，导致在网络及业务运营运维成本、人工成本方面持续增加。且通信服务业大中型国企占比较高，一般拥有众多子公司、分公司，企业内部管理层级庞大且复杂，员工规模较大。

因此，信息通信作为数字经济核心产业，需要具备更高的数字化能力从而建立起稳固支撑转型的架构来保持高效运营与持续创新。近年来，通信市场竞争越发激烈，产品普遍同质化，各类企业通过价格战的方式在竞争中保持市场规模，无法根本保证收益和规模同步提升，基础通信业务增量难增收的矛盾凸显，特别受疫情和当前宏观经济影响，行业企业面临成本大幅提升和资源紧张的巨大压力。通信服务企业更加关注如何推动开源节流、增收节支、降本增效等，数字化转型成为企业高质量发展的必由之路。

二、消费品（家电）企业数字化转型指标构建

（一）家电企业数字化转型指标说明

目前，围绕家电行业的数字化转型评估研究较少，暂未形成较为典型的评估规范，但是一些市场调查、研究报告与案例分析仍能为本章构建家电企业数字化转型指标提供借鉴。根据中国家用电器协会调研数据，缺乏数字化人才、投入成本高和资金缺乏、担心数据安全位居家电企业转型障碍前列，商品、消费者与营销、渠道销售、供应链、生产制造

① 数据来源：埃森哲：《2023中国企业数字化转型指数》。

与服务体验则是家电企业转型的关注核心。中国工业互联网研究院从产品全生命周期、生产全过程与供应链全环节三个角度分析数字化应用模式，具体而言产品全生命周期包含了产品设计、工艺设计、质量管控、营销管理与售后管理等应用场景，生产全过程包含了工厂建设、计划调度、仓储物流、设备管理、安全管控、能源管理与环保管控等应用场景，供应链全环节包含了供应链计划、供应链采购与交付与供应链服务等应用场景。

上述分析从转型障碍、关注核心以及应用场景等角度关注了家电企业数字化转型行为，刻画了家电企业转型特征，为后续指标构建提供了支撑。因此，本章结合前文数字基础、数字支撑与数字成果三大一级指标以及数据可获取性，对于二级指标和三级指标构建如下：

第一，在数字基础方面，本章主要考虑了数据基础设施与网络基础设施两大类基础设施。数字基础设施是企业进行数字化转型的基石，就家电行业而言，数据基础与网络基础是其转型的核心基础。一方面，数据基础能为企业带来生产、消费、流通等全方面信息，基于数据能进一步优化自身转型路径；另一方面，网络则为数据的充分流动、放大数据的经济效用提供了载体。由此，本章对于数据基础设施使用年报中大数据技术、云计算技术以及人工智能技术关键词词频进行度量，对于网络基础设施使用年报中网络技术关键词词频以及公司所在地移动互联网用户规模进行度量。

第二，在数字支撑方面，主要考虑了数字化资本投入、数字化人才建设与企业运营支撑三个维度。正如中国家用电器协会调研的结果，持续稳定的资本投入与人才投入是企业实现数字化转型的重要保障。此外，健康良好的企业运营同样是企业转型过程中重要外部支撑，正是在资本投入、人才建设与运营支撑的共同作用下，企业数字化转型才能切实可行。由此，本章选取了上述三方面数字支撑指标，对于数字化资本投入使用行业数字资本投入强度、无形资产比率进行度量，对于数字人才建设使用行业人力资本投入强度进行度量，对于企业运营支撑使用库存周转率、营业利润率与管理费用率进行度量。

第三，在数字成果方面，本章重点从转型质量这一维度进行度量，具体地从数字商业模式、用户服务与数字金融三个角度透析企业转型质量。对于家电企业而言，商业模式与用户服务是典型数字化应用场景。前者通过电子商务、数字营销、无人零售等新型商业模式丰富了消费者的消费感受、弥补了传统商业模式的不足；后者通过个性化定制、智能家居、智能穿戴等使得家电产品更能贴合用户需求，并不断进行自我迭代。而数字金融能够补充家电企业的经营不足，如美的、海尔、TCL 等均成立了相关金融公司，以期扩大经营规模、弥补实业不足。由此，本章选取了年报中数字商业模式词频、用户服务词频与数字金融词频对于转型质量进行度量。

（二）家电企业数字化转型指标体系

通过前文对于指标构建的说明，本章最终得到了家电行业数字化转型指标体系，包括 3 个一级指标、6 个二级指标和 14 个三级指标（见表 6－7）。

表 6-7 家电行业数字化转型指标体系

一级指标	二级指标	三级指标
数字基础	数据基础设施	大数据技术词频
		云计算技术词频
		人工智能技术词频
	网络基础设施	网络技术词频
		公司所在地移动互联网用户规模
数字支撑	数字化资本投入	行业数字资本投入强度
		无形资产比率
	数字化人才建设	行业人力资本投入强度
	企业运营支撑	库存周转率
		营业利润率
		管理费用率
数字成果	转型质量	数字商业模式词频
		用户服务词频
		数字金融词频

本章进一步利用25家代表性家电上市公司数据，计算得到了“家电行业企业数字化转型综合指标”，具体结果如附表6-1所示。结果表明，石头科技、创维数字与美的集团在25家企业中位居数字化转型得分前三位。石头科技成立于2014年，智能扫地机器人是其核心产品，根据石头科技统计，石头科技扫地机器人销售额已位居全球第一，产品覆盖170多个国家及地区，市场占有率在全球超过14个国家和地区跻身前三，其自建智能工厂月产最高可达30万台，真正实现“研产销”一体化。创维与美的作为家电行业的两家老牌企业，近年来在数字化转型领域同样取得不错成果，创维集团2023年智能家电业务营业额达306.37亿元，同比增长11%，旗下互联网品牌“酷开科技”，积极探索AI技术的应用，截至2023年12月底，酷开系统在中国市场累计覆盖的智能终端已达2亿台。美的集团于2012年开始布局数字化转型，数字化转型投入超过170亿元，累计打造工业模型超过5000个，为20多万个工业企业提供服务，目前美的已拥有15家国家级绿色工厂、3家零碳工厂、5家世界“灯塔工厂”，并入选国家级“双跨”（跨行业、跨领域）平台。

三、新能源企业数字化转型指标体系构建

（一）新能源企业数字化转型指标说明

从本章第二节的分析可以看到，国内外学者有关数字化转型程度的研究已经取得了一

些进展，主要针对评价指标体系框架及模型研究较多，但针对新能源行业的企业数字化转型程度评价指标体系进行定性、定量分析研究相对较少。本节旨在进一步丰富和完善数字化转型研究方法与成果，为此类企业数字化转型研究提供参考。同样，按照本章的构建思路，从以下三个维度构建“新能源企业数字化转型指标体系”。

第一，企业数字基础是企业数字化发展的基石。企业通过对 AI、大数据、互联网等数字基础设施的投入为企业数字化发展提供有力支撑，数字和电力基础设施越完善，越有助于新能源企业数字化转型。企业数字基础下设数字基础设施和电力基础设施 2 个二级指标和 6 个三级指标。企业平台数字基础设施情况用省份 IP 地址数量、城市数字基础设施评分、省份互联网宽带接入端口数以及城市移动交换机容量来衡量。电力基础设施是新能源行业发展的重要保障，本章用省份电源建设投资额和省份发电装机容量（风能、水能、太阳能总和）衡量电力基础设施。

第二，数字支撑是企业数字化转型的重要组成部分，它为整个转型过程提供了基础架构和关键能力。数字支撑下设数字化资本投入、数字化研发创新和数字化人才建设 3 个二级指标和 6 个三级指标。企业数字化资本投入用无形资产比率和 FC 指数衡量，该指标反映了企业对数字化资本的投入力度，投入越大的企业越能促进数字化转型。数字化研发创新用技术赋能词频和研发人员占比，该指标反映了企业对数字化技术和创新研发的投入力度，为数字化具体应用提供技术支持和应用开发服务，企业研发能力越强的企业越能促进数字化转型。数字化人才建设用组织赋能评分和数字职位招聘需求人数衡量，该指标反映了企业对数字化人才的需求程度。

第三，数字成果是新能源企业数字化发展的目标和动力，数字技术与其他资源相互融合，提升企业在研发、设计、建造和运维等各环节的生产效率，从而创造出更多的经济效益。数字成果下设转型效益和转型质量 2 个二级指标和 4 个三级指标。转型效益用行业新产品开发项目数量和营业利润占比衡量，该指标能够很好地衡量企业的商业发展，是企业开发新产品的具象表现，也是企业数字化转型收益的直接体现。转型质量用能耗转型质量评分和 ESG 得分年平均值衡量，该指标是新能源企业节能降耗和社会责任的综合体现。

（二）新能源企业数字化转型指标体系

首先，本章秉持科学性、系统性、可操作性和适用性等原则，基于上述新能源企业数字化发展内涵和特点，从全面综合、系统集成视角对新能源企业数字化发展水平进行有效测度，构建企业数字化转型程度评价指标体系，包括 3 个一级指标、7 个二级指标和 16 个三级指标，如表 6 – 8 所示。

表 6－8　　新能源企业数字化转型评价指标体系

一级指标	二级指标	三级指标	数据来源
数字基础	数字基础设施	所在省份 IP 地址数量	中国互联网络发展状况统计报告
		所在城市数字基础设施评分	中国城市数字化发展指数
		所在省份互联网宽带接入端口	中国互联网络发展状况统计报告
		所在城市移动交换机容量	中国互联网络发展状况统计报告
	电力基础设施	所在省份电源建设投资额	中国电力统计年鉴
		所在省份发电装机容量（风能、水能、太阳能）	中国电力统计年鉴
数字支撑	数字化资本投入	无形资产比率	根据中国上市企业财报数据计算
		FC 指数（融资约束程度）	中国上市企业数据库
	数字化研发创新	技术赋能词频	中国上市企业数字化转型模块数据
		研发人员占比	中国上市企业数据库
	数字化人才建设	组织赋能评分	中国上市企业数字化转型模块数据
		数字职位招聘需求人数	中国上市企业数字化转型模块数据
数字成果	转型效益	所在行业新产品开发项目数量	中国上市企业数字化转型模块数据
		营业利润占比	中国上市企业数据库
	转型质量	能耗转型质量评分	中国上市企业环境绩效明细
		ESG 得分年平均值	根据中国上市企业财报数据计算

其次，本章采取主成分分析法确定各级指标权重。由于各三级指标在维度上是一致的，因此本章直接计算出 3 组 16 个三级指标的权重。在使用主成分分析法确定每个指标的权重时，先验检验结果显示每组的 KMO 检验值均在 0.5—1；Bartlett 检验结果也均显著。因此，上述指标适合使用主成分分析法确立其权重（见表 6－9）。同时为验证新能源企业数字化转型评价指标体系的科学性，本章选取新能源行业内 29 家中国上市企业的 2022 年数据为例，得到这些企业的最终得分的分布情况，见附录中附表 6－2“新能源行业企业数字化转型综合指标”列表。

表 6－9　　新能源企业数字化转型评价指标权重

一级指标	二级指标	三级指标	主观权重
数字基础	数字基础设施	所在省份 IP 地址数量	0.009
		所在城市数字基础设施评分	0.053
		所在省份互联网宽带接入端口数	0.166
		所在城市移动交换机容量	0.258
	电力基础设施	所在省份电源建设投资额	0.061
		所在省份发电装机容量（风能、水能、太阳能）	0.167

续表

一级指标	二级指标	三级指标	主观权重
数字支撑	数字化资本投入	无形资产比率	0.069
		FC 指数（融资约束程度）	0.001
	数字化研发创新	技术赋能词频	0.018
		研发人员占比	0.104
	数字化人才建设	组织赋能评分	0.011
		数字职位招聘需求人数	0.026
数字成果	转型效益	所在行业新产品开发项目数量	0.029
		营业利润占比	0.119
	转型质量	能耗转型质量评分	0.071
		ESG 得分年平均值	0.005

四、服务业企业数字化转型指标体系构建

（一）商业银行的数字化转型指标体系

1. 对商业银行的数字化转型指数的测度

从当前相关问题的研究来看，北京大学谢绚丽教授团队针对中国商业银行数字化转型指标的测度是比较有代表性和比较详细的，其通过梳理现有关于企业数字化转型的测度方法——案例型、问卷型、量化统计型之后，基于战略数字化、业务数字化和管理数字化三个维度对我国商业银行数字化转型进程进行衡量①，既考虑了商业银行整体战略层面对数字技术的关注，也考虑了商业银行将数字技术融合于自身提供的金融服务和组织管理的程度，较全面、客观地衡量了商业银行数字化转型情况。但就上述的三个维度的分析，是基于最初企业数字化提出后的情况，目前企业数字化发展的进程和水平参差不齐，因此，按照本章的构建思路，分别从数字基础、数字支撑、数字成果三个维度来构建“商业银行数字化转型指标体系”。

首先，数字基础层面，我们主要关注数字基础设施和通信基础设施两个方面。数字基础设施作为数字化转型的基石，本章考虑了我国的 5G 基站建设数量、银行所在省份的 IP 地址数量、银行所在省份的互联网域名数、银行所在省份的单位面积长途光缆长度以及银行所在城市移动交换机容量 5 个三级指标，较为全面地涵盖了商业银行数字化转型所涉及的数字基础设施建设情况。通信基础设施保障了商业银行数字化转型的流畅性与可行性，

① 谢绚丽，王诗卉．中国商业银行数字化转型：测度、进程及影响［J］．经济学（季刊），2022，22（6）：1937－1956.

我们从银行所在省份的移动基站密度、银行所在城市的移动互联网用户规模、银行所在省份的互联网宽带接入端口数量和接入用户规模 4 个三级指标来衡量，既考虑了通信网络畅通对商业银行数字化转型的基础保障，也考虑了商业银行所在城市的移动用户规模为其推行手机银行、数字支付、科技信贷等数字金融服务产生的规模效应。

其次，数字支撑层面，主要从数字化研发创新和数字化人才建设两方面考虑。商业银行的数字化转型离不开金融科技的大力支持，而各项金融工具的研发离不开信息科技人员，我们使用各银行信息科技人员占总员工的比重来衡量商业银行的数字化研发创新程度。商业银行的数字化转型不仅需要信息科技人员，也需要商业银行业人力资本的整体提升。一方面，我们考虑了商业银行业的人力资本投入强度，同时也考虑了各银行对硕士及以上高学历人才的引进程度。另一方面，我们对商业银行数字化人才进行度量，既从商业银行招聘计算机/互联网/通信/电子、软件研发、人工智能、数据工程师等数字职位的招聘信息发布情况以及招聘人数多少进行衡量，也从管理层是否设置首席信息官或首席技术官或首席数字官来衡量。

最后，数字成果层面。商业银行的数字化转型已经进入 2.0 阶段，各家银行几乎都拥有了自己的手机银行 APP，在该指标上并不会产生差异性。因此，我们用各家银行在计算机软件及应用、互联网技术、电信技术等国内外期刊发表数字创新论文数量来衡量银行的数字化转型成果。

2. 商业银行数字化转型指标体系构建

根据上述对指标构建的说明，针对三个维度衡量商业银行数字化转型情况，共有 3 个一级指标、5 个二级指标、16 个三级指标（见表 6 – 10）。然后，以 2022 年数据为例进行测算，运用主成分分析法构建各企业数字化转型综合指数。鉴于数据可得性，最终进入指数计算的银行共有 26 家，其中包括 3 家国有大型商业银行，7 家股份制商业银行，10 家城市商业银行，6 家农村商业银行（见附表 6 – 3）。

表 6 – 10　　商业银行数字化转型指标体系

一级指标	二级指标	三级指标	数据来源
数字基础	数字基础设施	5G 基站数量	工业和信息化部 2022 年通信业统计公报
		IP 地址	《中国社会统计年鉴 2023》
		域名数	《中国社会统计年鉴 2023》
		单位面积长途光缆长度	各省份 2023 年统计年鉴
		所在城市移动交换机容量	中国统计年鉴、中国城市统计年鉴
	通信基础设施	移动基站密度	《中国信息年鉴 2023》
		所在城市移动互联网用户规模	中国统计年鉴、中国城市统计年鉴
		互联网宽带接入端口数量	《中国社会统计年鉴 2023》
		互联网宽带接入用户规模	各省份 2023 年统计年鉴

续表

一级指标	二级指标	三级指标	数据来源
数字支撑	数字化研发创新	信息科技人员占比	上市公司年报、社会责任报告
	数字化人才建设	管理层数字职务设立	上市公司年报
		数字职位招聘信息发布条数	招聘网站
		数字职位招聘需求人数	招聘网站
		研究生及以上学历占比	上市公司年报、社会责任报告
		所在行业人力资本投入强度	上市公司年报
数字成果	转型质量	数字创新论文数量（国外＋国内期刊）	国内外期刊

（二）通信服务企业数字化转型指标体系

1. 通信服务业数字化转型指标的测度

已有研究对通信服务业数字化转型的评价各有侧重。李姗姗等以电信行业数字化转型为研究对象，从战略匹配、服务敏捷、运营智慧、网络领先、人才创新五个维度构建了电信运营商数字化转型成熟度模型①；曹春江等根据数字化转型难易程度和价值效益空间大小，从生产运营优化、产品服务创新、业态转变等方面构建电信运营商数字化转型价值效益模型②。根据上述对指标体系构建的原则和思路，从以下三个维度说明指标的测度方法。

首先，数字基础层面，主要分为数字基础设施和通信基础设施两个方面。数字基础设施是通信服务业的基础，也是重中之重，本章从6个三级指标来考察支撑通信服务业数字化转型的基本架构，包括我国的5G基站建设数量、企业所在省份的IP地址数量、企业所在省份的互联网域名数、企业所在省份的单位面积长途光缆长度、我国具备千兆网络服务能力的10G PON端口数、企业所在城市的移动交换机容量。通信基础设施也通过6个三级指标衡量，确保通信服务业网络正常运行及其他依赖通信网络的行业正常运转，三级指标包括企业所在省份的移动基站密度、企业所在城市的移动互联网用户规模、国家建设的数据中心机架数量、国家对电信业的固定资产投资、企业所在省份的互联网宽带接入端口数量和接入用户规模，多维度展现了通信服务业的通信基础设施。

其次，数字支撑层面，主要从数字化资本投入、数字化研发创新和数字化人才建设三方面考虑。第一，数字化资本投入通过2个三级指标衡量，分别为通信服务业企业数字化相关项目的计划投资总金额和企业所属行业的数字资本投入强度，通信服务业的数字化转型离不开资本投入。第二，通信服务业企业的数字化研发创新既体现在企业的研发投入占比，即研发费用占营业收入的比重，也体现在企业雇佣的研发人员或技术人员占总员工的比重。第三，通信服务业企业的数字化离不开数字化人才，我们对通信服务业企业招聘计

① 李姗姗，李涛，刘辛炎．电信运营商数字化转型成熟度评价研究［J］．信息通信技术，2022，16（1）：58－63.

② 曹春江，赖苏，龚潇，等．电信运营商数字化转型评价指标体系的构建及应用［J］．通讯世界，2024，31（1）：10－12.

算机/互联网/通信/电子、软件研发、人工智能、数据工程师等数字职位的信息发布情况以及招聘人数多少进行衡量，以此来指代数字化人才。同时，我们也考虑了通信服务业企业高学历人才以及行业人力资本投入强度对企业人才池可能产生的影响。

最后，在数字成果层面，通信服务业数字化转型与计算机软件及应用、互联网技术、电信技术、人工智能、云计算、大数据、区块链等领域息息相关，我们用通信服务业企业在上述领域发表的国内外期刊数字创新论文数量来衡量通信服务业企业的数字化转型成果。

2. 通信服务企业数字化转型指标体系构建

根据上述指标构建说明，本章构建了通信服务业数字化转型指标体系（见表6－11），共有数字基础、数字支撑、数字成果3个一级指标，以及6个二级指标和21个三级指标。同样以2022年数据为例，运用主成分分析法构建主要企业数字化转型综合指数（见附表6－4）。

表6－11　　通信服务业数字化转型指标体系

一级指标	二级指标	三级指标	数据来源
数字基础	数字基础设施	5G基站数量	工业和信息化部2022年通信业统计公报
		IP地址	《中国社会统计年鉴2023》
		域名数	《中国社会统计年鉴2023》
		单位面积长途光缆长度	各省份2023年统计年鉴
		千兆光网建设	工业和信息化部2022年通信业统计公报
		所在城市移动交换机容量	中国统计年鉴、中国城市统计年鉴
	通信基础设施	移动基站密度	《中国信息年鉴2023》
		所在城市移动互联网用户规模	中国统计年鉴、中国城市统计年鉴
		数据中心机架数量	工业和信息化部2022年通信业统计公报
		电信固定资产投资	工业和信息化部2022年通信业统计公报
		互联网宽带接入端口数量	《中国社会统计年鉴2023》
		互联网宽带接入用户规模	各省份2023年统计年鉴
数字支撑	数字化资本投入	数字化相关项目计划投资总金额	上市公司临时公告
		所在行业数字资本投入强度	上市公司年报
	数字化研发创新	企业研发投入占比	上市公司年报
		企业研发技术人员占比	上市公司年报、社会责任报告
	数字化人才建设	数字职位招聘信息发布条数	招聘网站
		数字职位招聘需求人数	招聘网站
		研究生及以上学历占比	上市公司年报、社会责任报告
		所在行业人力资本投入强度	上市公司年报
数字成果	转型质量	数字创新论文数量（国外＋国内期刊）	国内外期刊

附表 6 – 1　　家电行业企业数字化转型综合指标

序号	证券代码	企业名称	综合得分
1	688169	石头科技	1.872
2	000810	创维数字	1.848
3	000333	美的集团	1.570
4	002429	兆驰股份	1.351
5	000651	格力电器	1.321
6	600839	四川长虹	1.260
7	000016	深康佳 A	1.202
8	600690	海尔智家	0.953
9	603486	科沃斯	0.919
10	600060	海信视像	0.854
11	002705	新宝股份	0.850
12	002668	奥马电器	0.827
13	603355	莱克电气	0.648
14	002614	奥佳华	0.623
15	002242	九阳股份	0.556
16	603868	飞科电器	0.528
17	000921	海信家电	0.522
18	002050	三花智控	0.440
19	600336	澳柯玛	0.421
20	002032	苏泊尔	0.399
21	002011	盾安环境	0.288
22	601956	东贝集团	0.254
23	000404	长虹华意	0.214
24	000521	长虹美菱	0.206
25	600619	海立股份	0.073

附表 6 – 2　　新能源行业企业数字化转型综合指标

序号	企业股票代码	企业简称	最终得分
1	000027	深圳能源	1.0392
2	000155	川能动力	1.1458
3	000591	太阳能	0.2847
4	000875	吉电股份	0.3189
5	000881	中广核技	1.1994
6	000970	中科三环	0.6183
7	001289	龙源电力	0.2787

续表

序号	企业股票代码	企业简称	最终得分
8	002176	江特电机	0.7075
9	002192	融捷股份	1.7145
10	002240	盛新锂能	1.4810
11	002459	晶澳科技	0.4063
12	002466	天齐锂业	0.3623
13	002497	雅化集团	0.9995
14	003816	中国广核	0.9099
15	300224	正海磁材	1.0228
16	300748	金力永磁	0.3824
17	600366	宁波韵升	1.7002
18	600438	通威股份	0.6403
19	600483	福能股份	0.3501
20	600875	东方电气	0.5227
21	600886	国投电力	0.1632
22	600905	三峡能源	0.2832
23	601012	隆基股份	0.4220
24	601016	节能风电	0.4167
25	601727	上海电气	0.3566
26	601865	福莱特	0.6316
27	601985	中国核电	0.1052

附表 6－3　　　　商业银行数字化转型综合指标

序号	证券代码	银行简称	类型	综合得分
1	601288	农业银行	国有商业银行	1.828
2	601939	建设银行	国有商业银行	1.864
3	601658	邮储银行	国有商业银行	1.843
4	600015	华夏银行	股份制商业银行	1.909
5	600016	民生银行	股份制商业银行	2.000
6	600036	招商银行	股份制商业银行	1.291
7	601166	兴业银行	股份制商业银行	0.385
8	601818	光大银行	股份制商业银行	1.969
9	601998	中信银行	股份制商业银行	2.057
10	601916	浙商银行	股份制商业银行	0.702
11	002948	青岛银行	城市商业银行	0.218
12	002966	苏州银行	城市商业银行	0.715

续表

序号	证券代码	银行简称	类型	综合得分
13	600919	江苏银行	城市商业银行	0. 462
14	600926	杭州银行	城市商业银行	0. 683
15	600928	西安银行	城市商业银行	0. 126
16	601009	南京银行	城市商业银行	0. 599
17	601169	北京银行	城市商业银行	2. 025
18	601187	厦门银行	城市商业银行	0. 494
19	601665	齐鲁银行	城市商业银行	0. 104
20	601963	重庆银行	城市商业银行	0. 288
21	002958	青农商行	农村商业银行	0. 051
22	600908	无锡银行	农村商业银行	0. 414
23	601077	渝农商行	农村商业银行	0. 177
24	601528	瑞丰银行	农村商业银行	0. 208
25	601860	紫金银行	农村商业银行	0. 424
26	603323	苏农银行	农村商业银行	0. 566

附表 6－4　　通信服务业企业数字化转型综合指标

序号	证券代码	企业简称	综合得分
1	002115	三维通信	0. 187
2	002148	北纬科技	0. 072
3	002467	二六三	0. 124
4	002544	普天科技	1. 696
5	002929	润建股份	1. 653
6	300025	华星创业	0. 472
7	300050	世纪鼎利	1. 109
8	300113	顺网科技	0. 389
9	300183	东软载波	1. 076
10	300292	吴通控股	0. 738
11	300310	宜通世纪	1. 592
12	300383	光环新网	0. 157
13	300513	恒实科技	0. 406
14	300571	平治信息	0. 130
15	300597	吉大通信	0. 360
16	300738	奥飞数据	1. 170
17	300846	首都在线	0. 125
18	300921	南凌科技	1. 102
19	601728	中国电信	0. 029
20	603206	嘉环科技	1. 362

续表

序号	证券代码	企业简称	综合得分
21	603220	中贝通信	0. 391
22	603421	鼎信通讯	0. 868
23	603602	纵横通信	0. 722
24	688081	兴图新科	0. 658
25	838924	广脉科技	0. 161

参考文献

［1］柏培文，喻理. 数字经济发展与企业价格加成：理论机制与经验事实［J］. 中国工业经济，2021（11）：2－20.

［2］蔡宏波，汤城建，韩金镕. 减税激励、供应链溢出与数字化转型［J］. 经济研究，2023，58（7）：156－173.

［3］曹春江，赖苏，龚潇，等. 电信运营商数字化转型评价指标体系的构建及应用［J］. 通讯世界，2024，31（1）：10－12.

［4］陈东，郭文光. 数字化转型如何影响劳动技能溢价——基于A股上市公司数据的经验研究［J］. 数量经济技术经济研究，2024（2）：1－20.

［5］陈付山. 制造业数字化转型路径研究［J］. 价值工程，2023，42（34）：5－7.

［6］陈志祥，迟家昱. 制造业升级转型模式、路径与管理变革——基于信息技术与运作管理的探讨［J］. 中山大学学报（社会科学版），2016，56（4）：180－191.

［7］戴翔，马皓巍. 数字化转型、出口增长与低加成率陷阱［J］. 中国工业经济，2023（5）：61－79.

［8］电子信息产业网. 重磅！2024年电子信息制造业基本形势研判［EB/OL］.（2024－01－04）. https：//www.cena.com.cn/industrynews/20240104/122520.html.

［9］董安琪，刘全勇. 数字经济时代传统企业数字化转型动能、要素与变革路径研究［J］. 国际商务财会，2023（23）：56－59.

［10］杜传忠，张远. 数字经济发展对企业生产率增长的影响机制研究［J］. 证券市场导报，2021（2）：41－51.

［11］段华友，杨兴柳，董峰. 数字化转型、融资约束与企业创新［J］. 统计与决策，2023，9（5）：164－168.

［12］方明月，林佳妮，聂辉华. 数字化转型是否促进了企业内共同富裕？——来自中国A股上市公司的证据［J］. 数量经济技术经济研究，2022，39（11）：50－70.

［13］工业和信息化部. 2024年一季度电子信息制造业运行情况［EB/OL］.（2024－

04－29）. https：//www. miit. gov. cn/gxsj/tjfx/dzxx/art/2024/art_2c92e640b1cc4f0f8c6428e55ff8b607. html.

［14］工业和信息化部. 大力发展高端装备制造业！介绍十年来推动装备制造业高质量发展工作情况［EB/OL］.（2022－09－06）. http：//www. cbminfo. com/mobile/_470511/_1576808/7178252/index. html.

［15］光明日报. 我国制造业增加值占全球比重约30%，连续14年位居全球首位——制造业强起来步伐持续加快［EB/OL］.（2024－02－22）. https：//www. gov. cn/yaowen/liebiao/202402/content_6933130. htm.

［16］光明网. 构建以先进制造业为骨干的现代化产业体系［EB/OL］.（2024－01－10）. https：//baijiahao. baidu. com/s?id＝1787662974975291597&wfr＝spider&for＝pc.

［17］光明网. 装备工业稳健发展，夯实中国制造根基［EB/OL］.（2022－09－07）. https：//m. gmw. cn/baijia/2022－09/07/36010339. html.

［18］郭金花，朱承亮. 数字化转型、人力资本结构调整与制造企业价值链升级［J］. 经济管理，2024（2）：1－21.

［19］郭克莎，彭继宗. 制造业在中国新发展阶段的战略地位和作用［J］. 中国社会科学，2021（5）：128－149.

［20］郭美晨，杜传忠. ICT提升中国经济增长质量的机理与效应分析［J］. 统计研究，2019，36（3）：3－16.

［21］国家发展改革委. 坚定不移推动制造业高质量发展［EB/OL］.（2023－01－17）. http：//www. chinasei. com. cn/cyzx/202210/t20221011_50960. html.

［22］国务院新闻办. 国务院新闻办发布会介绍2023年工业和信息化发展情况［EB/OL］.（2024－01－19）. https：//www. gov. cn/zhengce/202401/content_6927371. htm.

［23］韩平，赵志华. 数字化转型是否促进了中国制造业创新绩效的提升？——基于省级面板数据的门槛回归实证分析［J］. 井冈山大学学报（社会科学版），2023，44（1）：98－106.

［24］韩先锋，宋文飞，李勃昕. 互联网能成为中国区域创新效率提升的新动能吗［J］. 中国工业经济，2019，376（7）：119－136.

［25］胡山，余泳泽. 数字经济与企业创新：突破性创新还是渐进性创新？［J］. 财经问题研究，2022，（1）：42－51.

［26］黄节根，吉祥熙，李元旭. 数字化水平对企业创新绩效的影响研究——来自沪深A股上市公司的经验证据［J］. 江西社会科学，2021，41（5）：61－72.

［27］经济日报. 可再生能源高水平消纳利用［EB/OL］.（2023－02－19）. https：//www. gov. cn/xinwen/2023－02/19/content_5742106. htm.

［28］经济日报. 消费品工业迈向中高端［EB/OL］.（2022－09－19）. https：//

www. gov. cn/xinwen/2022 - 09/19/content_5710552. htm.

[29] 孔存玉，丁志帆. 制造业数字化转型的内在机理与实现路径 [J]. 经济体制改革，2021 (6)：98 - 105.

[30] 李春发，李冬冬，周驰. 数字经济驱动制造业转型升级的作用机理——基于产业链视角的分析 [J]. 商业研究，2020 (2)：73 - 82.

[31] 李萌萌，郭晓川. 数字化应用与资源型企业全要素生产率——基于双元创新的互补效应 [J]. 技术经济与管理研究，2022 (4)：52 - 58.

[32] 李姗姗，李涛，刘辛炎. 电信运营商数字化转型成熟度评价研究 [J]. 信息通信技术，2022，16 (1)：58 - 63.

[33] 李晓翔，张树含. 数字化转型如何影响企业融通创新? [J]. 经济管理，2023 (4)：41 - 63.

[34] 李雪松. 中国五年规划发展报告 (2021—2022) [M]. 北京：社会科学文献出版社，2022.

[35] 刘飞. 数字化转型如何提升制造业生产率——基于数字化转型的三重影响机制 [J]. 财经科学，2020 (10)：93 - 107.

[36] 刘新争. 企业数字化转型中的"生产率悖论"——来自制造业上市公司的经验证据 [J]. 经济学家，2023 (11)：37 - 47.

[37] 刘玉书，王文. 中国智能制造发展现状和未来挑战 [J]. 人民论坛 · 学术前沿，2021，(23)：64 - 77.

[38] 刘政，姚雨秀，张国胜，等. 企业数字化、专用知识与组织授权 [J]. 中国工业经济，2020 (9)：156 - 174.

[39] 马从文，杨洁. 企业数字化转型的碳减排效应研究——来自制造业上市公司的经验数据 [J]. 南京财经大学学报，2023 (2)：76 - 85.

[40] 庞瑞芝，刘东阁. 数字化与创新之悖论：数字化是否促进了企业创新——基于开放式创新理论的解释 [J]. 南方经济，2022，396 (9)：97 - 117.

[41] 齐平，宋威辉. 数字化转型、创新发展与制造业价值链高质量发展 [J]. 广东财经大学学报，2024，39 (1)：4 - 18.

[42] 人民日报. 我国制造业增加值连续多年稳居世界第一 [EB/OL]. (2022 - 09 - 17). http：//cnews. chinadaily. com. cn/a/202203/21/WS6237d6bba3101c3ee7acc824. html.

[43] 人民日报. 针对新能源发展难点堵点，7 方面 21 项政策举措出台——推动新能源实现高质量发展 [EB/OL]. (2022 - 05 - 31). https：//www. gov. cn/zhengce/202212/content_6715660. htm.

[44] 人民日报海外版. 高技术制造，向"高"攀登不止步 [EB/OL]. (2023 - 03 - 03). https：//baijiahao. baidu. com/s?id = 1759295089781775826&wfr = spider&for = pc.

［45］人民网．高技术制造业引领作用突出［EB/OL］．（2022-02-21）．http：//sn. people. com. cn/n2/2022/0221/c186331-35142421. html.

［46］人民资讯．电子信息产业增长态势稳固 迈向高质量发展征程［EB/OL］．（2021-08-24）．https：//baijiahao. baidu. com/s?id=1708938041679191279&wfr=spider&for=pc.

［47］沈国兵，袁征宇．企业互联网化对中国企业创新及出口的影响［J］．经济研究，2020，55（1）：33-48.

［48］沈恒超．中国制造业数字化转型的特点、问题与对策［J］．中国经济报告，2019（5）：102-107.

［49］宋加山，涂瀚匀，赵锐锃．数字化转型如何促进企业创新效率提升——来自金融资产配置视角的再审视［J］．科技进步与对策，2024，2（26）：1-10.

［50］佟岩，刘柯慧，赵泽，等．企业数字化转型对客户集中度的影响［J］．北京理工大学学报（社会科学版），2024，26（1）：177-194.

［51］王春英，陈宏民．数字经济背景下企业数字化转型的问题研究［J］．管理现代化，2021，41（2）：29-31.

［52］王海，闫卓毓，郭冠宇，等．数字基础设施政策与企业数字化转型："赋能"还是"负能"？［J］．数量经济技术经济研究，2023（5）：5-23.

［53］王核成，王思惟，刘人怀．企业数字化成熟度模型研究［J］．管理评论，2021，33（12）：152-162.

［54］王可，李连燕．"互联网+"对中国制造业发展影响的实证研究［J］．数量经济技术经济研究，2018，35（6）：3-20.

［55］王如玉，梁琦，李广乾．虚拟集聚：新一代信息技术与实体经济深度融合的空间组织新形态［J］．管理世界，2018，34（2）：13-21.

［56］王永进，匡霞，邵文波．信息化、企业柔性与产能利用率［J］．世界经济，2017，40（1）：67-90.

［57］吴非，胡慧芷，林慧妍，等．企业数字化转型与资本市场表现——来自股票流动性的经验证据［J］．管理世界，2021，37（7）：130-144+10.

［58］肖静华，吴小龙，谢康，等．信息技术驱动中国制造转型升级——美的智能制造跨越式战略变革纵向案例研究［J］．管理世界，2021，37（3）：161-179.

［59］谢绚丽，王诗卉．中国商业银行数字化转型：测度、进程及影响［J］．经济学（季刊），2022，22（6）：1937-1956.

［60］新华网．十年来我国消费品工业营业收入、行业利润分别增加35%和64.5%［EB/OL］．（2022-09-14）．https：//baijiahao. baidu. com/s?id=1743950700114387475&wfr=spider&for=pc.

［61］新华网．稳原材料工业，政策这样发力［EB/OL］．（2023-08-25）．https：//

baijiahao. baidu. com/s?id = 1775204797541068706&wfr = spider&for = pc.

［62］新华网．消费品行业加快数字化转型［EB/OL］．（2023 - 10 - 16）．https：//baijiahao. baidu. com/s?id = 1779866695945856406&wfr = spider&for = pc.

［63］许宪春，张美慧．中国数字经济规模测算研究——基于国际比较的视角［J］．中国工业经济，2020（5）：23 - 41.

［64］杨白冰，杨子明，郭迎锋．企业数字化转型中的就业结构效应——基于制造业上市企业年报文本挖掘的实证分析［J］．中国软科学，2023（4）：141 - 150.

［65］杨德明，刘泳文．“互联网 +”为什么加出了业绩［J］．中国工业经济，2018（5）：80 - 98.

［66］喻春娇，唐威．工业企业数字化转型能否促进碳减排——基于中国 A 股上市工业企业的证据［J］．宏观经济研究，2023（7）：97 - 110 + 127.

［67］袁淳，肖土盛，耿春晓，等．数字化转型与企业分工专业化还是纵向一体化［J］．中国工业经济，2021（9）：137 - 155.

［68］张国胜，杜鹏飞．数字化转型对我国企业技术创新的影响：增量还是提质?［J］．经济管理，2022（6）：82 - 96.

［69］张吉昌，龙静．数字化转型、动态能力与企业创新绩效——来自高新技术上市企业的经验证据［J］．经济与管理，2022（3）：74 - 83.

［70］张培，张苗苗．制造企业数字化转型类型与触发机制［J］．管理现代化，2020，40（6）：19 - 24.

［71］张鹏杨，刘维刚，唐宜红．贸易摩擦下企业出口韧性提升：数字化转型的作用［J］．中国工业经济，2023（5）：155 - 173.

［72］张晴，于津平．制造业投入数字化与全球价值链中高端跃升——基于投入来源差异的再检验［J］．财经研究，2021（9）：93 - 107.

［73］张欣，董竹．数字化转型与企业技术创新——机制识别、保障条件分析与异质性检验［J］．经济评论，2023，239（1）：3 - 18.

［74］张永珅，李小波，邢铭强．企业数字化转型与审计定价［J］．审计研究，2021（3）：62 - 71.

［75］张泽南，钱欣钰，曹新伟．企业数字化转型的绿色创新效应研究：实质性创新还是策略性创新?［J］．产业经济研究，2023（1）：86 - 100.

［76］赵丽锦．“十四五”时期常州制造业数字化转型：发展现状与未来策略［J］．江苏商论，2022（5）：23 - 27.

［77］郑博文，霍晓彤，冯海燕．数字化转型与全要素生产率——基于 A 股上市公司的经验证据［J］．技术经济，2023，42（5）：29 - 44.

［78］周雪峰，韩露，肖翔．“双碳”目标下数字经济对企业持续绿色创新的影

响——基于数字化转型的中介视角 [J]. 证券市场导报, 2022 (11): 2-12.

[79] Bloom N., Garicano L., Sadun R., et al. The distinct effects of information technology and communication technology on firm organization [J]. Management Science, 2014, 60 (12): 2859-2885.

[80] Cappa F., Oriani R., Peruffo E., Mccarthy I. Big data for creating and capturing value in the digitalized Environment: Unpacking the effects of volume, variety, and veracity on firm performance [J]. Journal of Product Innovation Management, 2021, 38 (1): 49-67.

[81] Catlin T., Scanlan J., Willmott P. Rasing your digital quotient [R]. Chicago: McKinsey Quarterly, 2015.

[82] Jia M Y, Gao Q H. Manufacturing industry in China informatization development analysis based on the Internet of things [J]. Advanced Materials Research, 2013, 694: 2471-2475.

[83] Kopalle P K., Kumar V., Subramaniam M. How legacy firms can embrace the digital ecosystem via digital customer orientation [J]. Journal of the Academy of Marketing Science, 2020, 48: 114-131.

[84] Li L., Su F., Zhang W., et al. Digital transformation by SME entrepreneurs: A capability perspective [J]. Information Systems Journal, 2018 (6): 1129-1157.

[85] Luo S., Yimamu N., Li Y., et al. Digitalization and sustainable development: How could digital economy development improve green innovation in China? [J]. Business Strategy and the Environment, 2023, 32 (4): 1847-1871.

[86] Matarazzo M., Penco L., Profumo G., et al. Digital transformation and customer value creation in made in Italy SMEs: A dynamic capabilities perspective [J]. Journal of Business Research, 2021, 123: 642-656.

[87] Milani S., Neumann R. R&D, patents and financing constraints of the top global innovative firms [J]. Journal of Economic Behavior & Organization, 2022 (196): 546-567.

[88] Nambisan S., Lyytinen K., Majchrzak A., et al. Digital innovation management: Reinventing innovation management research in a digital world [J]. MIS Quarterly, 2017 (1): 223-238.

[89] Osmundsen K., Jon I., Bendik B., Digital transformation: Drivers, success factors, and implications [J]. MCIS, 2018: 37.

[90] Szalavetz A. Digitalition, automation and upgrading in global value chains-factory economy actors versus lead companies [J]. Post-Communist Economies, 2019, 31 (5): 646-670.

[91] Usman A., Ozturk I., Hassan A., et al. The effect of ICT on energy consumption and economic growth in South Asian economies: An empirical analysis [J]. Telematics and Informatics, 2021, 58.

第七章
中国数字经济发展与国际比较①

第一节　中国数字经济发展规模及趋势

一、中国数字经济发展规模

（一）数字经济市场规模

数字经济是指以数据资源作为关键生产要素、以现代信息网络作为重要载体、以信息通信技术的有效使用作为效率提升和经济结构优化的重要推动力的一系列经济活动。近年来，我国数字经济规模持续走高，维持在高位运行。2022 年，中国数字经济规模为 50.2 万亿元，同比增加 4.68 万亿元，同比名义增长 10.3%，高于同期的 GDP 名义增速 4.98 个百分点，已连续 11 年显著高于同期 GDP 名义增速，数字经济的经济“加速器”作用日益凸显。此外，数字经济占 GDP 比重达到 41.5%，相当于第二产业占国民经济的比重，数字经济作为国民经济的重要支柱地位更加稳固（见图 7－1）。

2016—2022 年，我国数字经济行业市场规模持续增长，总共增长了 27.6 万亿元，翻了超过一倍。总体来看，我国数字经济行业整体发展潜力较大，行业拥有较大的发展空间。根据中国信息通信研究院，到 2025 年，我国数字经济规模预计将突破 60 万亿元，数字经济投入产出的效率将提升至 3.5。到 2032 年，将超过 100 万亿元，十年间增长将超过 50 万亿元。

---

①　本章作者为白雪洁、翟宁宁。其中：白雪洁，南开大学经济与社会发展研究院教授；翟宁宁，南开大学经济学院研究生。

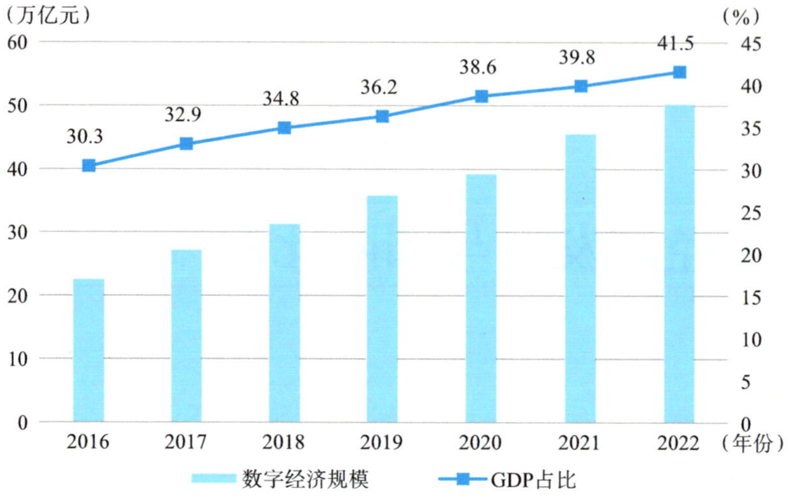

图 7－1　中国数字经济规模及 GDP 占比

数据来源：中国信息通信研究院。

（二）数字经济内部结构

我国数字经济按内部结构可划分为产业数字化和数字产业化两大部分。数字产业化对应于数字经济核心产业，主要包括计算机通信和其他电子设备制造业、电信广播电视和卫星传输服务、互联网和相关服务、软件和信息技术服务业等，是数字经济发展的基础。产业数字化，指应用数字技术和数据资源为传统产业带来的产出增加和效率提升，是数字技术与实体经济的融合，包括但不限于工业互联网、智能制造、车联网、平台经济等融合型新产业新模式新业态。

近年来，产业数字化深入发展获得新机遇，电子商务、平台经济、共享经济等数字化新模式接替涌现，服务业数字化升级前景广阔，工业互联网、智能制造等全面加速，工业数字化转型孕育广阔成长空间。2022 年，产业数字化规模为 41 万亿元，同比名义增长 10.3%（见图 7－2），在 GDP 中的占比为 33.9%。

随着数字产业化实力进一步增强，数字技术新业态层出不穷，一批大数据、云计算、人工智能企业创新发展，产业生产体系更加完备，正向全球产业链中高端跃进。数据显示，2022 年，中国数字产业化规模为 9.2 万亿元，同比名义增长 10.3%（见图 7－2），占 GDP 比重为 7.6%。

总体来看，2016—2022 年，我国产业数字化占数字经济比重在 80% 左右波动，数字产业化占比在 20% 左右波动。2022 年，产业数字化占数字经济比重达 81.7%，为数字经济持续健康发展输出强劲动力（见图 7－3）。互联网、大数据、人工智能等数字技术更加突出赋能作用，与实体经济融合走深向实，产业数字化探索更加丰富多样，产业数字化对数字经济增长的主引擎作用更加凸显。

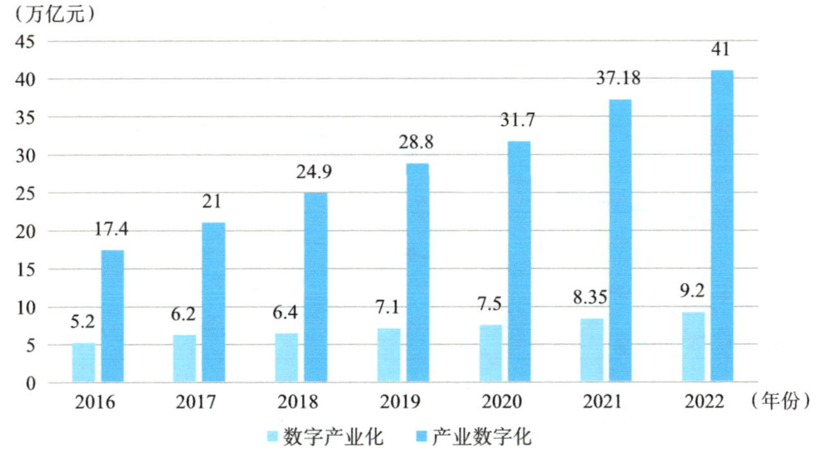

图 7－2　中国数字产业化和产业数字化规模

数据来源：中国信息通信研究院。

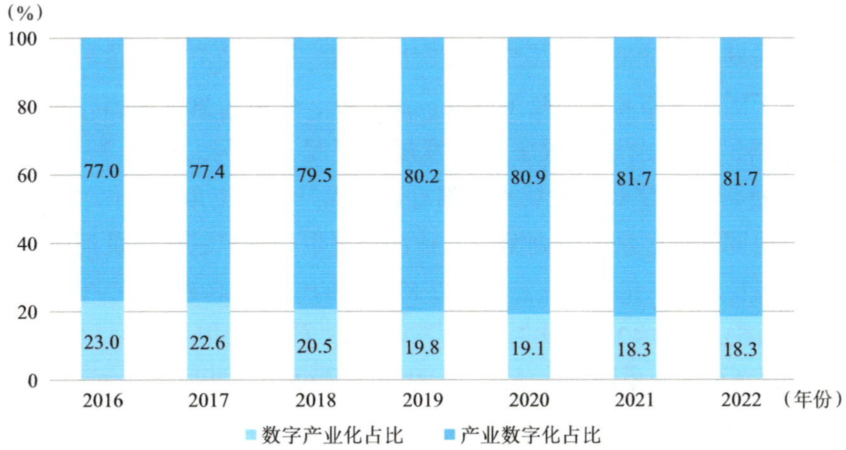

图 7－3　中国数字经济内部结构

数据来源：中国信息通信研究院。

（三）各区域数字经济发展现状

当前，我国数字经济发展区域差异化显著，数字经济规模与地区经济发展水平呈现较强的相关性。从我国东部、中部、西部和东北部四大区域来看，如图 7－4 所示，四大区域的数字经济规模呈递增态势，东部遥遥领先，中部第二，西部位列第三，而东北稍落后于西部。四大区域的数字经济增幅，西部和中部的较高，东北部次之，而东部的增长率相对低于其他三大区域。东部、中部、西部和东北部之间并没有表现出趋同之势，而是随着时序的推进，呈现出的差距愈加明显，说明由于资源禀赋抑或是“虹吸效应”的存在，东部地区数字经济发展水平明显高于其他三大区域，西部和东北部地区长期处于相对低发展水平。因此，区域性发展政策在实现区域协调尤其是区域数字经济协同发展方面存在一定的积极作用，后续应继续推进精准化的区域数字经济发展举措，逐步缩小区域差异。

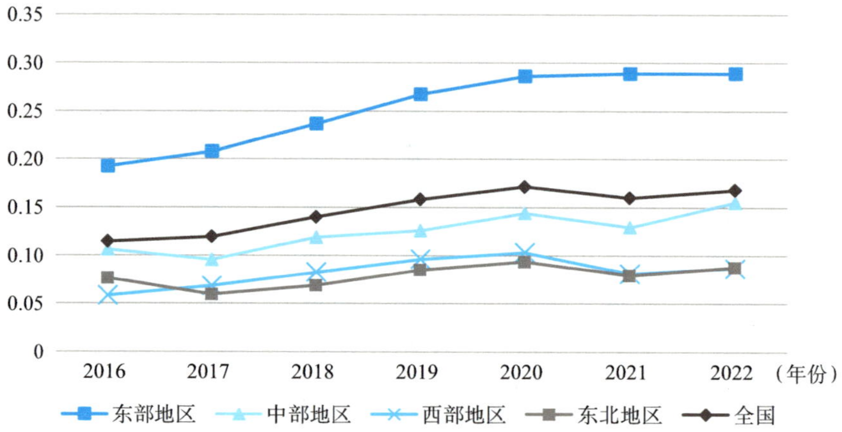

图 7－4　中国四大区域数字经济发展指数

数据来源：整理国家统计局及历年统计年鉴相关指标数据后，手动计算。

从京津冀协同发展经济带、长江经济带、长三角一体化经济带及黄河流域经济带四大经济带来看，由于国家战略和相关政策以及资源禀赋、区域位置等原因，各大经济带经济发展水平不尽相同，从而也导致数字经济发展水平呈现差异。如图 7－5 所示，2016—2022 年，四大经济带的数字经济发展水平都有显著提升。长三角一体化经济带始终处于首要位置，京津冀协同发展经济带位列第二，长江经济带处于第三位，黄河流域经济带处于末位。从增长率来看，长三角一体化经济带以 57.5% 的增长率名列第一，长江经济带和黄河流域经济带分别为 53.2%、42.3% 处于第二、第三位，京津冀协同发展经济带处于末端。这充分说明了数字经济发展水平较落后地区，如黄河流域经济带受到政策的支持具有明显追赶效应，正在逐渐缩小与数字经济发展水平较高经济带之间的差距。同时，体现出国家相关的区域性扶持政策对缩小数字经济不平衡、避免区域“数字鸿沟”出现起到了积极作用。

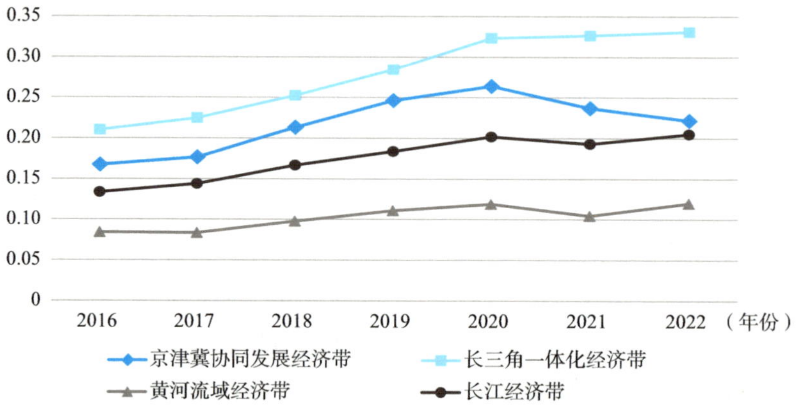

图 7－5　中国四大经济带数字经济发展指数

数据来源：整理国家统计局及历年统计年鉴相关指标数据后，手动计算。

（四）数字经济企业发展现状

数字经济企业具体分为数字产品制造业企业、数字产品服务业企业、数字技术应用业企业、数字要素驱动业企业、数字化效率提升业企业五大类。其中，前四类为数字产业化企业，是数字经济发展的基础。第五类为产业数字化企业，涵盖数字金融、数字商贸、智能制造、智慧农业、智慧物流等领域的企业。

数字产品制造业企业：企业主营业务为计算机制造、通信及雷达设备制造、数字媒体设备制造、智能设备制造、电子元器件及设备制造、其他数字产品制造业等。数字产品服务业企业：企业主营业务为数字产品批发、数字产品零售、数字产品租赁、数字产品维修、其他数字产品服务业等。数字技术应用业企业：企业主营业务为软件开发、电信广播电视和卫星传输、互联网相关服务、信息技术服务、其他数字技术应用业等。数字要素驱动业企业：企业主营业务为互联网平台、互联网批发零售、互联网金融、数字内容与媒体、信息设施基础建设、数字资源与产权交易、其他数字要素驱动业等。数字化效率提升业企业：企业主营业务为智慧农业、智能制造、智能交通、智慧物流、数字金融、数字商贸、数字社会、数字政府、其他数字化效率提升业等。

企查查数据显示，近年来，中国数字经济相关企业注册量持续增加。2017 年我国新增数字经济相关企业 4829 家，2020 年新增数字经济相关企业 3.0 万家，年均复合增长率达 84.6%。2021 年新增数字经济相关企业 8.2 万家，到 2022 年新增注册企业 53.3 万家，增速达到 52.67%（见图 7-6）。

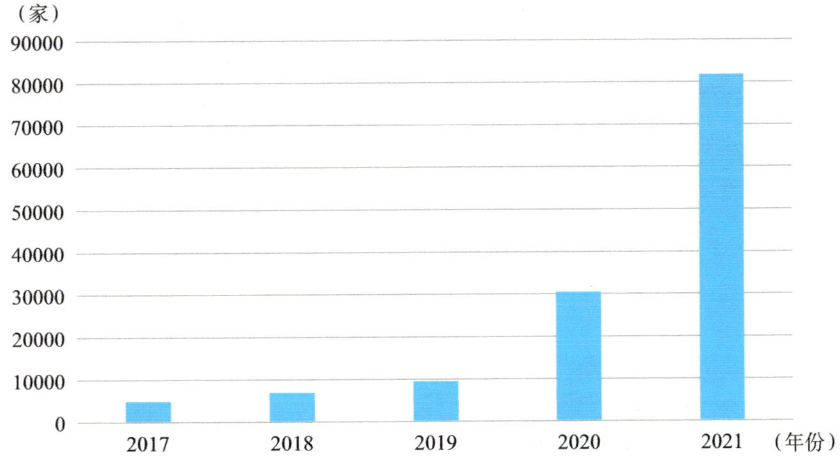

图 7-6　2017—2021 年中国数字经济相关企业注册量统计

数据来源：企查查。

近年来，数字经济企业积极参与新基建、数字化等项目建设，在数字化产品和数字化服务细分领域投融资热情高涨。根据国家统计局数据，2022 年高技术制造业投资同比增长 22.2%，比全部制造业投资高 9.8 个百分点。高技术服务业投资同比增长 12.1%，增速比全部服务业投资高9.1个百分点。自2017年以来，我国数字经济企业共发生超过4万笔融资事件，其中，大数据、集成电路、人工智能、物联网和云计算5个核心产业获得的融资数量和总额都在逐年攀升（见图7－7）。

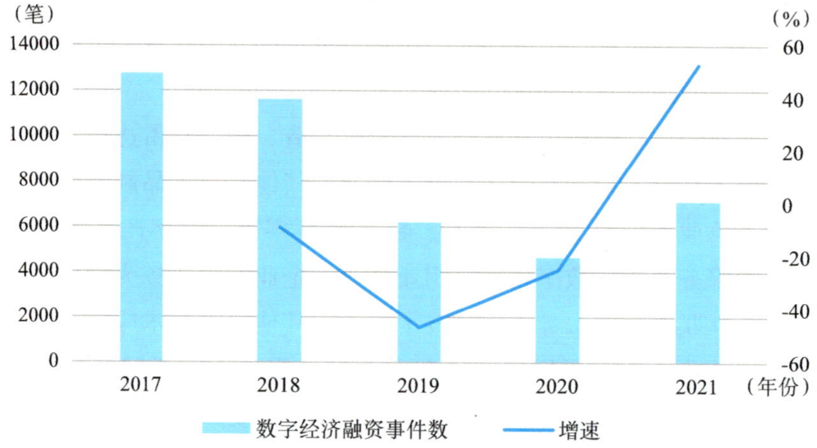

图7－7　2017—2021年数字经济企业融资事件数及增速

数据来源：火石创造．中国数字经济投融资报告（2017—2021）［R］．2022.

《2023数字经济独角兽发展报告》指出，中国数字经济独角兽的总估值预计在五年内突破20万亿元。数字经济独角兽名单是按照全球公认的独角兽企业标准，聚焦数字经济的七大核心赛道遴选出来的，主要聚焦于大数据、云计算、人工智能、工业互联网、物联网和区块链领域。从总体看，2023年中国数字经济独角兽共273家，总估值7.27万亿元，占中国所有独角兽企业的三分之一。从赛道来看，大数据赛道排名第一，共有80家企业，紧随其后的是人工智能和云计算。从区域来看，北京市在数字经济独角兽领域独占鳌头，上海市和广东省则分列第二、第三位。专家认为，未来五年内，数字经济领域会涌现大批独角兽企业。伴随数字资产化呈现加速发展态势，数字经济独角兽企业也在进行多元化、国际化布局。此外，数字经济独角兽企业正在加速向头部城市聚集，人才聚集的城市优势将更加明显。

二、中国数字经济发展趋势

（一）数字经济和实体经济深度融合

2021年以来我国在顶层设计中不断强化数实融合的重要地位。《中华人民共和国国民经济和社会发展第十四个五年规划和2035年远景目标》强调要“充分发挥海量数据和丰富应用场景优势，促进数字技术与实体经济深度融合，赋能传统产业转型升级，催生新产业新业态新模式壮大经济发展新引擎”。《“十四五”数字经济发展规划》提出，以数字技术与实体经济深度融合为主线，协同推进数字产业化和产业数字化。信息化与工业化深度融合是数实融合发展的重点领域。《“十四五”智能制造发展规划》指出，要以新一代信息技术与先进制造技术深度融合为主线，深入实施智能制造工程。工业和信息化部发布《关于印发5G全连接工厂建设指南的通知》，为各地区各行业加快“5G+工业互联网”新技术新场景新模式向工业生产各领域各环节深度拓展，推进传统产业提质、降本、增效、绿色、安全发展提供指导。

（二）数字经济合作空间持续拓宽

目前，我国持续加强国际数字经济领域的合作，工业和信息化部积极参与G20数字经济部长会议、中国—东盟数字部长会议、金砖国家新工业革命伙伴关系论坛等系列活动，进一步深化与东盟、非盟、“一带一路”共建国家的数字经济联系，携手打造开放、公平、公正、非歧视的数字经济发展环境。2023年9月，商务部发言人介绍，中国已经与29个国家建立了双边电子商务的合作机制，与18个国家签署了数字经济的投资合作备忘录，一批数字企业成功出海。目前我国已签署的21个自贸协定中，有10个设置了电子商务或是数字经济的专章，数字经济的国际朋友圈在不断扩大。

（三）夯实数字根基，加快新型信息基础设施的建设

新型基础设施是现代化基础设施体系的重要组成部分，是实施创新驱动发展战略，推动经济社会高质量发展的重要支撑。2018年12月中央经济工作会议首次提出，“加快5G商用步伐，加强人工智能、工业互联网、物联网等新型基础设施建设”。2022年12月出台的《扩大内需战略规划纲要（2022—2035年）》从加快建设信息基础设施、全面发展融合基础设施、前瞻布局创新基础设施等方面对新型基础设施系统布局。2023年1月，国家发展改革委在新闻发布会上表示，将会同有关方面进一步加力支持新型基础设施建设，引导支持社会资本加大相关领域投入。目前，中国在5G等网络基础设施建设上已经初具规模，物联网、卫星互联网等也都开始进入应用阶段，算力基础设施也在全国形成了初步布局。2024年这些基础设施将会与各个产业加速融合，各产业的数字化转型方案也将会进一步促进数字基础设施的建设。2024年，数据基础设施建设在全国将遍地开花，面向数据要素市场、企业数字化转型、政府数字治理等应用场景，各地将积极探索支撑数字经济发展、数字社会治理的云计算、区块链、人工智能等基础设施该如何布局。

（四）激活数据潜能，加快培育数据要素市场

数据作为新型生产要素，已快速融入生产、消费、流通、分配和社会服务管理等各环节，成为推动经济社会高质量发展的关键动力。数据只有在流动中才能更好体现其价值，建立一个更大范围的数据安全可靠流通体系，是发展数字经济的重要前提。为此，必须通

过技术方案和法规制度，加快政府、产业各层级的“横向打通、纵向贯通”，打造新型的数字化生产关系，为一体化推进数字中国建设奠定基础。从宏观层面上来看，从企业数据资源会计准则到“数据要素×”三年行动计划，全国统一的数据要素市场规则已经开始建立。未来各级政府将会积极探索这些新市场规则，进一步巩固中国在宏观数字化生产关系布局上的优势。在微观层面，企业经过近几年的数字化转型道路摸索，已经充分意识到变革生产关系的重要性，未来一些领先的企业将会与政府一道，按照“横向打通、纵向贯通”的总体要求，开始实质性的生产关系变革，让数据要素在企业生产经营中产生出新价值、创造出新模式。

（五）数字技术加速创新，助推行业发展

我国5G/6G、人工智能、未来网络、区块链、量子信息等前沿技术快速发展，充分利用全球创新资源构建自主创新体系，继续通过吸收外资引入先进技术和研发能力，有利于在原始创新、集成创新和引进消化吸收再创新之间形成良性互动关系，加快构建数字经济自立自强创新体系。预计在互联网、大数据、人工智能等技术的加速创新下，数字经济呈现广阔发展前景。

第二节　中国数字产业化与产业数字化发展

一、数字产业化的发展现状、特征与趋势

（一）总体发展状况

数字产业化是通过现代信息技术的市场化应用，推动数字产业的形成和发展。数字产业化的目的是将数字化的知识和信息转化为生产要素，通过信息技术创新和管理创新，商业模式创新融合，不断催生新产业新业态、新模式，最终形成数字产业链和产业集群。数字产业化对应于数字经济核心产业，主要包括电子信息制造业、电信业、软件和信息技术服务业、互联网和相关服务业等，是数字经济发展的基础。2022年数字产业总体保持平稳增长，内部结构趋于稳定。从规模上看，2022年数字产业化增加值规模达9.2万亿元，比上年增长10.3%，已连续两年增速保持在10%以上（见图7－8）。从结构上来看，数字产业化结构维持软化态势，服务部分在数字产业增加值中占主要地位，软件产业和互联网行业在其中的占比持续小幅提升，电信业、电子信息制造业占比小幅回落（见图7－9）。

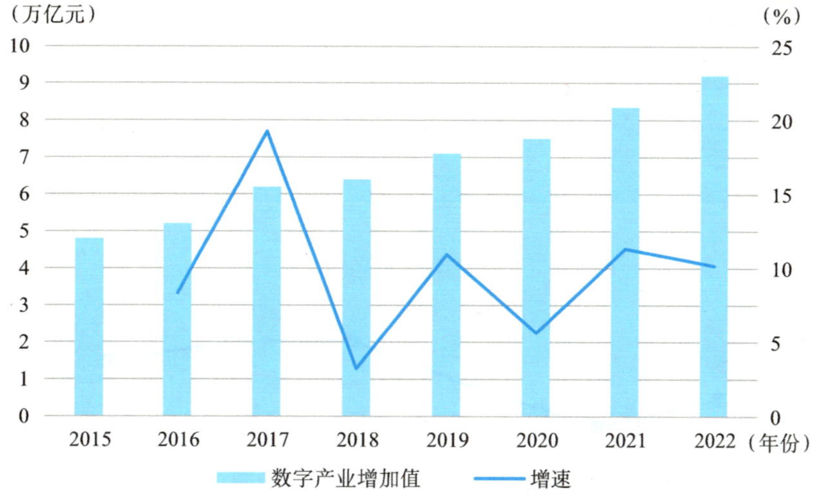

图 7－8　数字产业化规模及增速

数据来源：中国信息通信研究院。

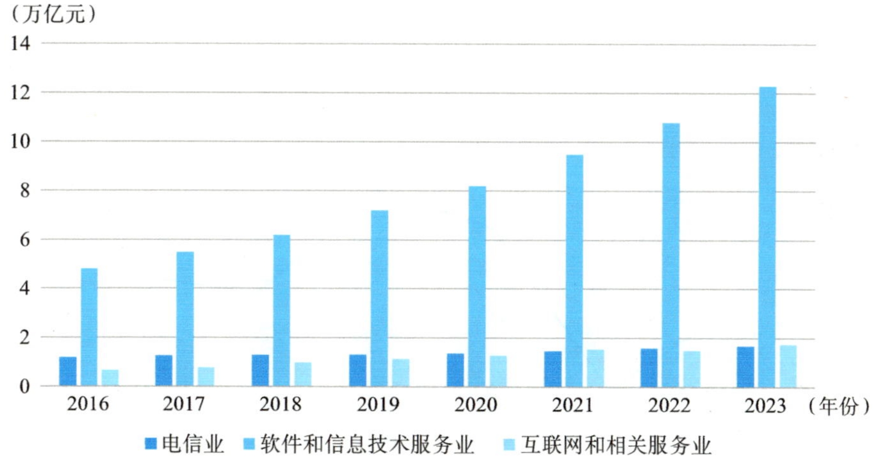

图 7－9　各类数字产业营业收入

数据来源：工业和信息化部。

（二）电信业发展现状

2023 年，我国通信业全面贯彻落实党的二十大精神，认真落实党中央国务院各项决策部署，坚持稳中求进工作总基调，全力推进网络强国和数字中国建设，促进数字经济与实体经济深度融合，全行业主要运行指标平稳增长，5G、千兆光网等网络基础设施日益完备，各项应用普及全面加速，行业高质量发展稳步推进。

1. 各项业务收入情况

（1）2023 年电信业务收入累计完成 1.68 万亿元，比上年增长 6.2%。按照上年价格计算的电信业务总量同比增长 16.8%，比全国服务业生产指数增速快 8.7 个百分点，有力拉动服务业回升向好（见图 7－10）。

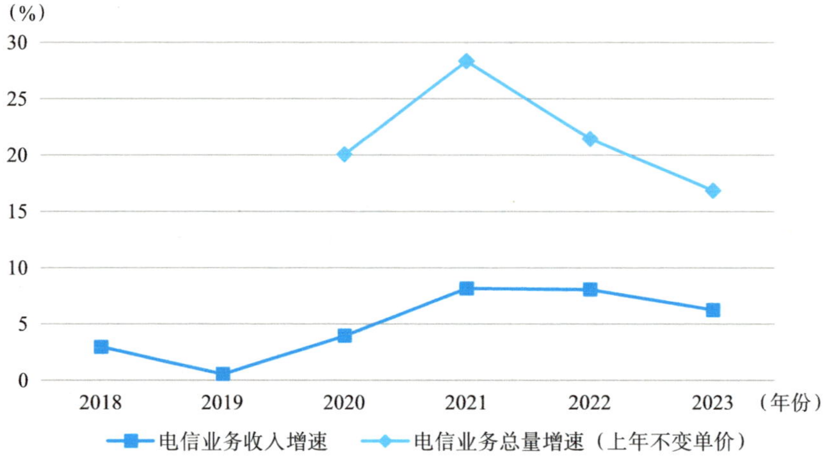

图 7－10　电信业务收入和电信业务总量增长情况

数据来源：工业和信息化部。

（2）完成固定互联网宽带接入业务收入 2626 亿元，比上年增长 7.7%，在电信业务收入中占比由上年的 15.2% 提升至 15.6%，拉动电信业务收入增长 1.2 个百分点（见图 7－11）。

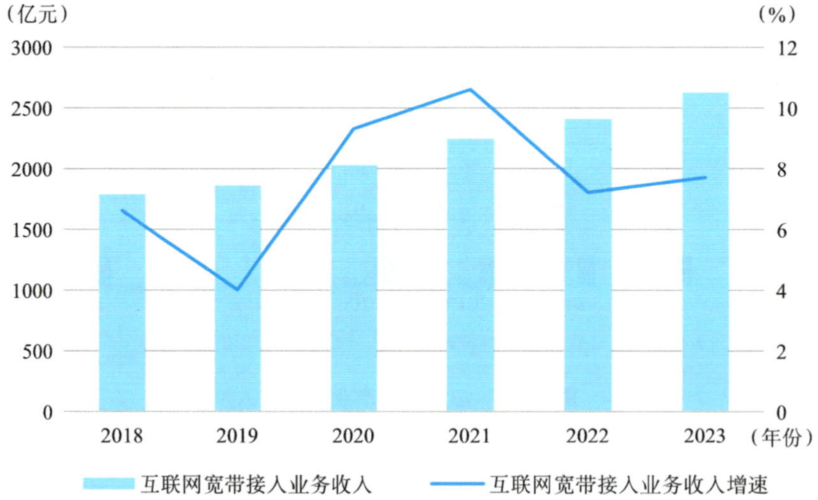

图 7－11　互联网宽带接入业务收入发展情况

数据来源：工业和信息化部。

（3）完成移动数据流量业务收入 6368 亿元，比上年下降 0.9%，在电信业务收入中占比由上年的 40.5% 下降至 37.8%。

（4）数据中心、云计算、大数据、物联网等新兴业务快速发展，2023 年共完成业务收入 3564 亿元，比上年增长 19.1%（见图 7－12），在电信业务收入中占比由上年的 19.4% 提升至 21.2%，拉动电信业务收入增长 3.6 个百分点。其中，云计算、大数据业务收入比上年均增长 37.5%，物联网业务收入比上年增长 20.3%。

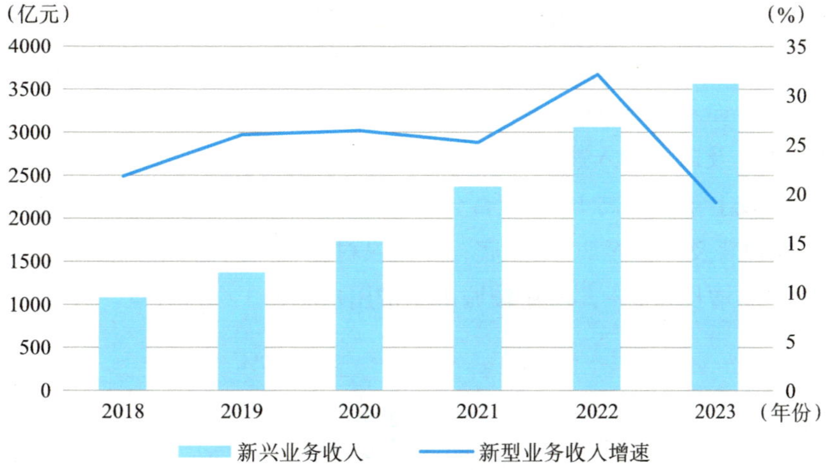

图 7－12　新兴业务收入发展情况

数据来源：工业和信息化部。

（5）互联网应用对话音业务替代影响持续加深。2023 年，三家基础电信企业完成固定语音和移动语音业务收入 185.3 亿元和 1108 亿元，比上年分别下降 8% 和 2.5%，两项业务合计占电信业务收入的 7.7%，占比较上年回落 0.8 个百分点。

2. 用户发展情况

（1）移动电话用户保持增长。2023 年，全国电话用户净增 3707 万户，总数达到 19 亿户。其中，移动电话用户总数 17.27 亿户，全年净增 4315 万户，普及率为 122.5 部/百人，比上年末提高 3.3 部/百人。其中，5G 移动电话用户达到 8.05 亿户，占移动电话用户的 46.6%，比上年末提高 13.3 个百分点。固定电话用户总数 1.73 亿户，全年净减 608.8 万户，普及率为 12.3 部/百人，比上年末下降 0.4 部/百人（见图 7－13）。

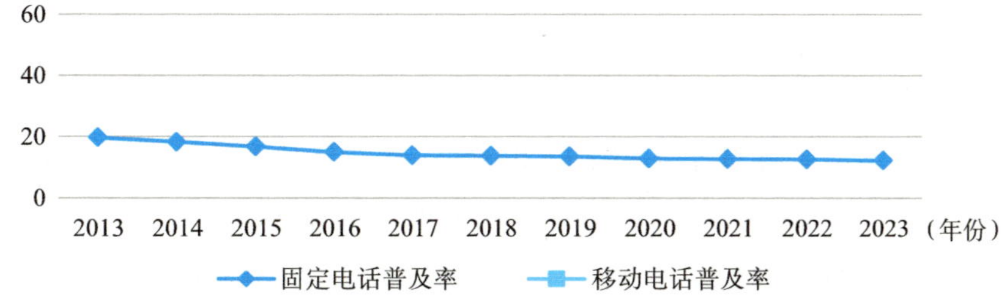

图 7－13　固定电话及移动电话普及率发展情况

数据来源：工业和信息化部。

（2）固定宽带接入用户持续增加。截至2023年底，三家基础电信企业的固定互联网宽带接入用户总数达6.36亿户，全年净增4666万户。其中，100Mbps及以上接入速率的用户为6.01亿户，全年净增4756万户，占总用户数的94.5%，占比较上年末提高0.6个百分点；1000Mbps及以上接入速率的用户为1.63亿户，全年净增7153万户，占总用户数的25.7%，占比较上年末提高10.1个百分点（见图7－14）。固定互联网宽带接入服务持续在农村地区加快普及，截至2023年底，全国农村宽带用户总数达1.92亿户，全年净增1557万户，比上年增长8.8%，增速较城市宽带用户高1.3个百分点。

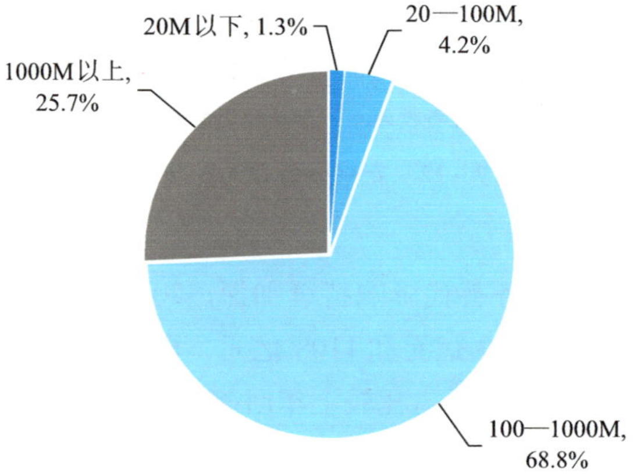

图7－14　2023年固定互联网宽带各接入速率用户占比情况

数据来源：工业和信息化部。

（3）蜂窝物联网用户规模加速扩大。截至2023年底，三家基础电信企业发展蜂窝物联网用户23.32亿户，全年净增4.88亿户，较移动电话用户数高6.06亿户，占移动网终端连接数（包括移动电话用户和蜂窝物联网终端用户）的比重达57.5%。截至2023年底，三家基础电信企业发展IPTV（网络电视）用户总数达4.01亿户，全年净增2058万户。

3. 电信业务量情况

（1）2023年移动互联网接入流量达3015亿GB，比上年增长15.2%。截至2023年底，移动互联网用户达15.17亿户，全年净增6316万户。全年移动互联网月户均流量（DOU）达16.85GB/户·月，比上年增长10.9%；12月当月DOU达18.93GB/户，较上年底提高2.75GB/户。

（2）全国移动短信业务量比上年下降0.3%，移动短信业务收入比上年下降0.7%。全国移动电话去话通话时长2.24万亿分钟，比上年下降2.7%。

4. 网络基础设施情况

（1）固定资产投资保持稳定。2023年三家基础电信企业和中国铁塔股份有限公司共完成电信固定资产投资4205亿元，比上年增长0.3%。其中，5G投资额达1905亿元，同比增长 5.7%，占全部投资的 45.3%。

（2）全光网建设快速推进。新建光缆线路长度 473.8 万公里，全国光缆线路总长度达 6432 万公里；其中，长途光缆线路、本地网中继光缆线路和接入网光缆线路长度分别达 114 万、2310 万和 4008 万公里。截至 2023 年底，互联网宽带接入端口数达到 11.36 亿个，比上年末净增 6486 万个。其中，光纤接入（FTTH/O）端口达到 10.94 亿个，比上年末净增 6915 万个，占比由上年末的 95.7% 提升至 96.3%。截至 2023 年底，具备千兆网络服务能力的 10G PON 端口数达 2302 万个，比上年末净增 779.2 万个。

（3）5G 网络建设深入推进。截至 2023 年底，全国移动通信基站总数达 1162 万个，其中 5G 基站为 337.7 万个，占移动基站总数的 29.1%，占比较上年末提升 7.8 个百分点（见图 7－15）。

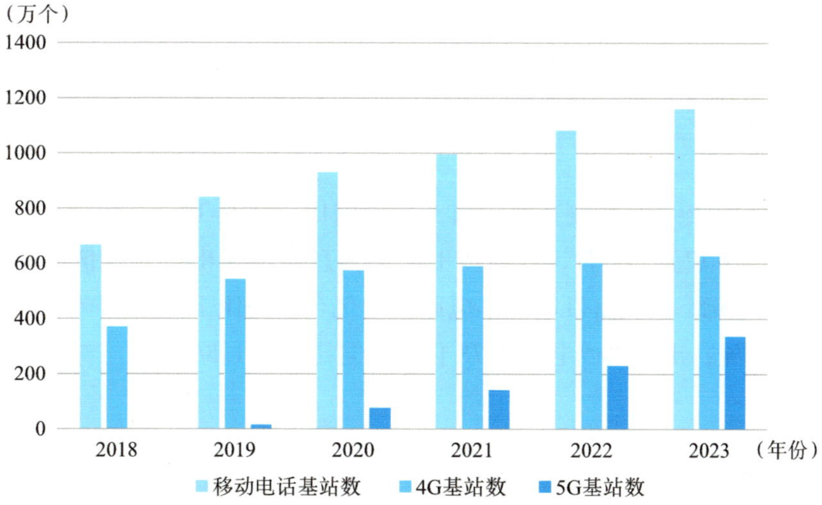

图 7－15　移动电话基站发展情况

数据来源：工业和信息化部。

（4）数据中心机架数量大幅增长。截至 2023 年底，三家基础电信企业为公众提供服务的互联网数据中心机架数量达 97 万个，全年净增 15.2 万个。

（三）电子信息制造业发展现状

2023 年我国电子信息制造业生产恢复向好，出口降幅收窄，效益逐步恢复，投资平稳增长，多区域营收降幅收窄。

1. 生产情况。规模以上电子信息制造业增加值同比增长 3.4%，增速比同期工业低 1.2 个百分点（见图 7－16），但比高技术制造业高 0.7 个百分点。主要产品中，手机产量 15.7 亿台，同比增长 6.9%，其中智能手机产量 11.4 亿台，同比增长 1.9%；微型计算机设备产量 3.31 亿台，同比下降 17.4%；集成电路产量 3514 亿块，同比增长 6.9%。

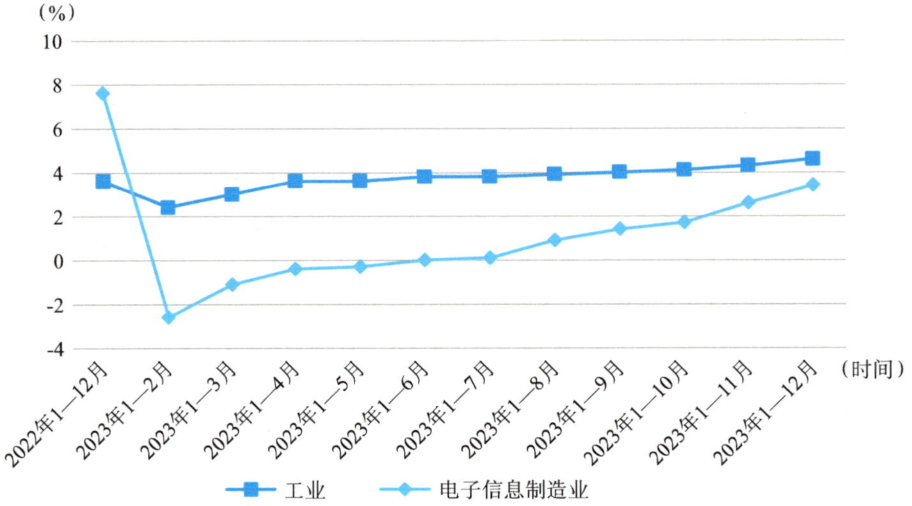

图 7－16　电子信息制造业和工业增加值累计增速

数据来源：工业和信息化部。

2. 出口情况

2023 年规模以上电子信息制造业出口交货值同比下降 6.3%，比同期工业降幅深 2.4 个百分点（见图 7－17）。12 月，规模以上电子信息制造业出口交货值同比下降 5.5%。据海关统计，2023 年，我国出口笔记本电脑 1.4 亿台，同比下降 15.1%；出口手机 8.02 亿台，同比下降 2%；出口集成电路 2678 亿个，同比下降 1.8%。

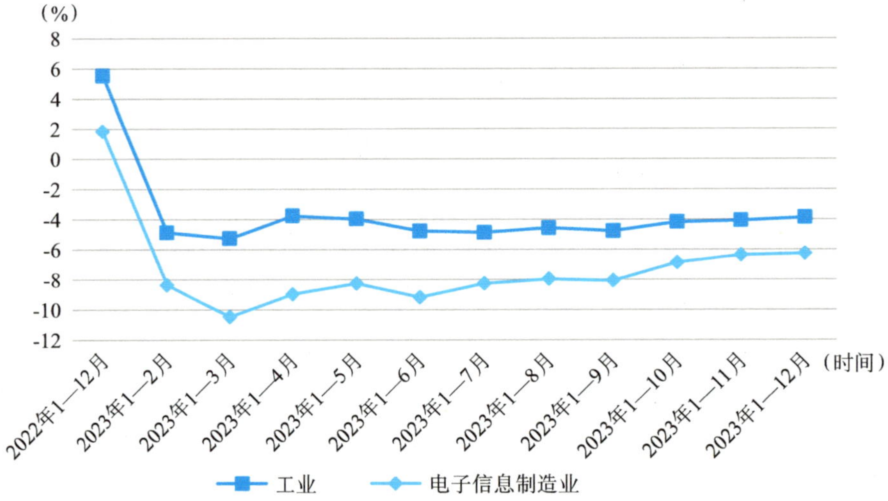

图 7－17　电子信息制造业和工业出口交货值累计增速

数据来源：工业和信息化部。

3. 收入情况

2023 年规模以上电子信息制造业实现营业收入 15.1 万亿元，同比下降 1.5%；营业成本 13.1 万亿元，同比下降 1.4%；实现利润总额 6411 亿元，同比下降 8.6%；营业收入利润率为 4.2%（见图 7－18）。

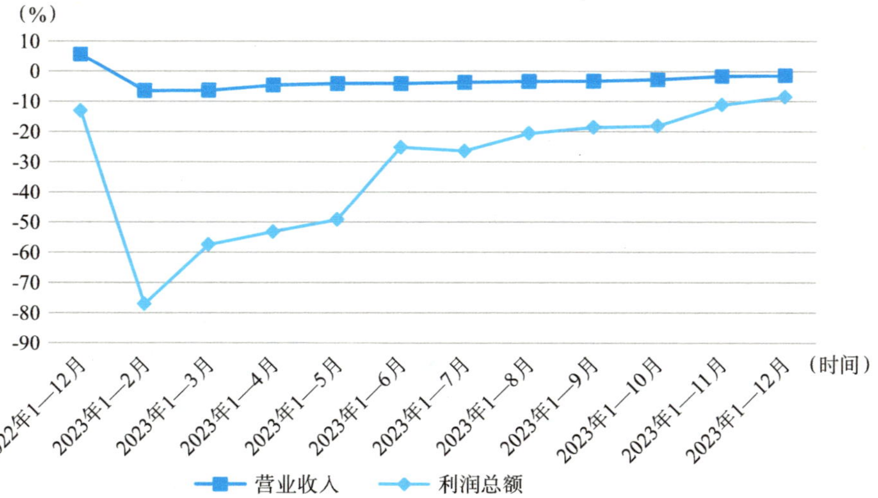

图 7－18　电子信息制造业营业收入、利润总额累计增速

数据来源：工业和信息化部。

4. 投资情况

电子信息制造业固定资产投资同比增长 9.3%，比同期工业投资增速高 0.3 个百分点，但比高技术制造业投资增速低 0.6 个百分点（见图 7－19）。

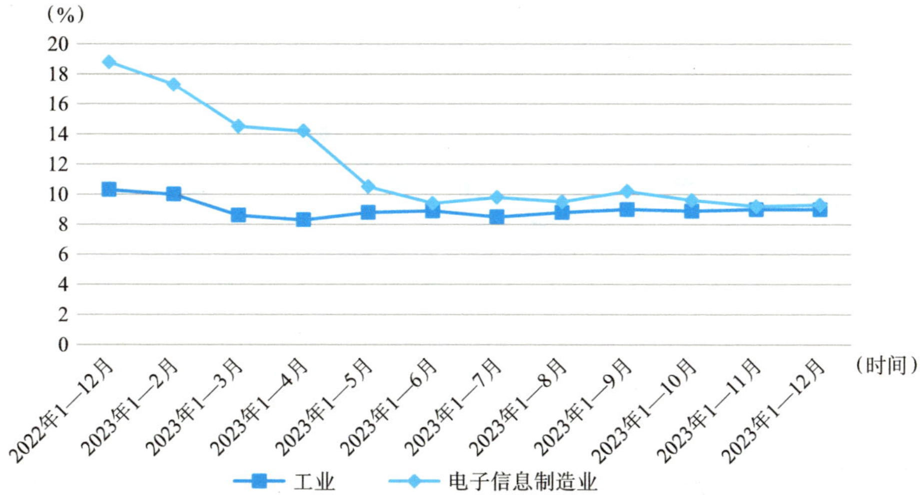

图 7－19　电子信息制造业和工业固定资产投资累计增速

数据来源：工业和信息化部。

（四）软件和信息技术服务业发展现状

2023 年，我国软件和信息技术服务业运行稳步向好，软件业务收入高速增长，盈利能力保持稳定，软件业务出口小幅回落。

1. 总体运行情况

全国软件和信息技术服务业规模以上企业超 3.8 万家，累计完成软件业务收入 123258 亿元，同比增长 13.4%（见图 7－20）。软件业利润总额 14591 亿元，同比增长 13.6%，增速较上年同期提高 7.9 个百分点，主营业务利润率提高 0.1 个百分点至 9.2%（见图 7－21）。

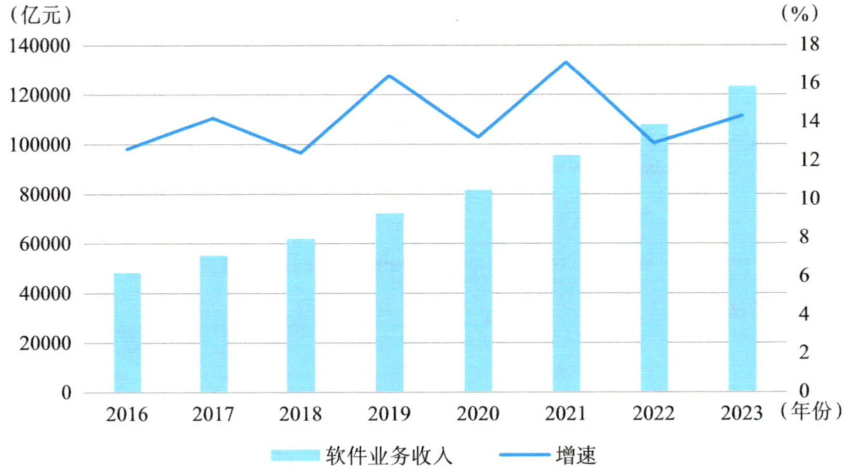

图 7－20　软件业务收入增长情况

数据来源：工业和信息化部。

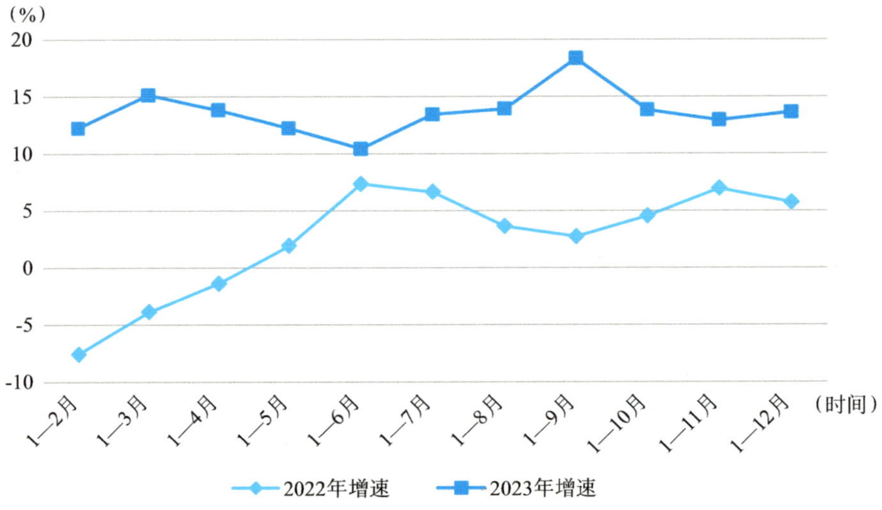

图 7－21　利润总额增长情况

数据来源：工业和信息化部。

2. 分领域情况

（1）软件产品收入 29030 亿元，同比增长 11.1%，增速较上年同期提高 1.2 个百分点，占全行业收入比重为 23.6%（见图 7－22）。其中，工业软件产品实现收入 2824 亿元，同比增长 12.3%。

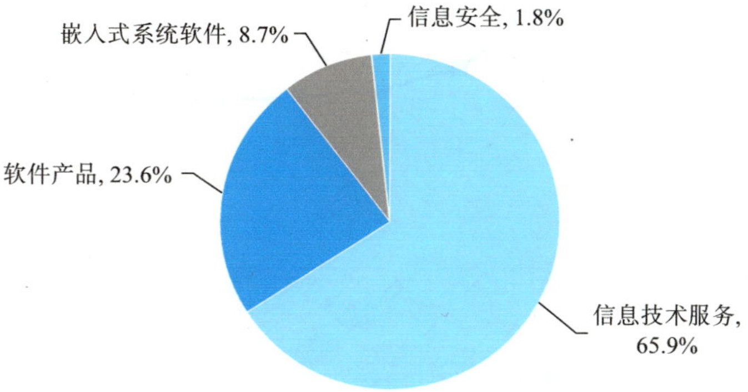

图 7－22　2023 年软件业分类收入占比情况

数据来源：工业和信息化部。

（2）信息技术服务收入 81226 亿元，同比增长 14.7%，高出全行业整体水平 1.3 个百分点，占全行业收入比重为 65.9%。其中，云服务、大数据服务共实现收入 12470 亿元，同比增长 15.4%，占信息技术服务收入的 15.4%，占比较上年同期提高 0.5 个百分点；集成电路设计收入 3069 亿元，同比增长 6.4%；电子商务平台技术服务收入 11789 亿元，同比增长 9.6%。

（3）信息安全产品和服务收入 2232 亿元，同比增长 12.4%，增速较上年同期提高 2.0 个百分点。

（4）嵌入式系统软件收入 10770 亿元，同比增长 10.6%，增速较上年同期回落 0.7 个百分点。

（五）互联网和相关服务业发展现状

2023 年互联网和相关服务业呈现企稳向好发展态势。互联网业务收入持续提速增长，利润总额保持增长，研发经费小幅回落。

1. 总体运行情况

2023 年，我国规模以上互联网和相关服务企业完成互联网业务收入 17483 亿元，同比增长 6.8%（见图 7－23）。营业成本同比增长 10.7%。实现利润总额 1295 亿元，同比增长 0.5%。投入研发经费 943.2 亿元，同比下降 3.7%。

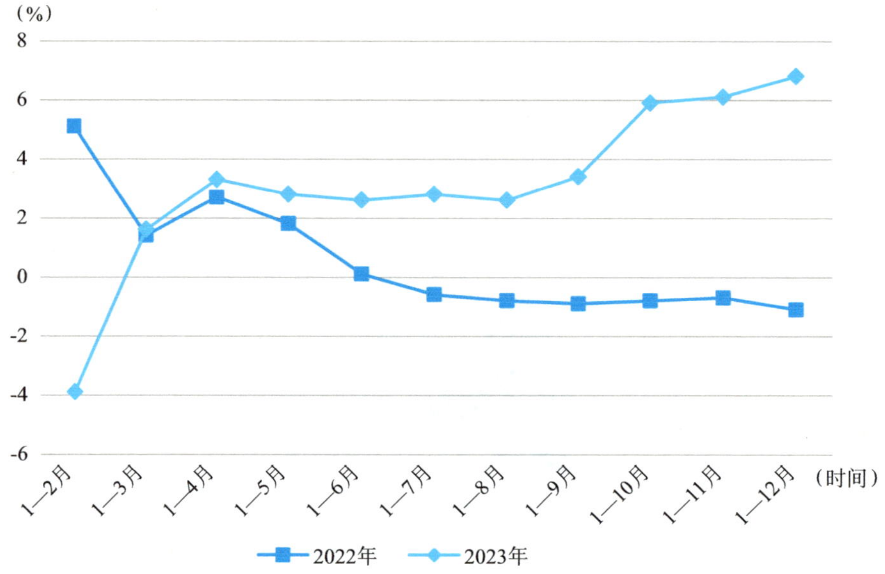

图 7－23　互联网业务收入累计增长情况

数据来源：工业和信息化部。

2. 分领域运行情况

（1）信息服务领域企业收入基本稳定。2023 年以信息服务为主的企业（包括新闻资讯、搜索、社交、游戏、音乐视频等）互联网业务收入同比增长 0.3%。

（2）生活服务领域企业收入增速大幅提升。2023 年以提供生活服务为主的平台企业（包括本地生活、租车约车、旅游出行、金融服务、汽车、房屋住宅等）互联网业务收入同比增长 20.7%。

（3）网络销售领域企业收入高速增长。2023 年主要提供网络销售服务的企业（包括大宗商品、农副产品、综合电商、医疗用品、快递等）互联网业务收入同比增长 35.1%。

3. 分地区运行情况

（1）东部和中部地区互联网业务收入较快增长，西部和东北地区增长承压。2023 年，东部地区完成互联网业务收入 15608 亿元，同比增长 7.3%，高于全国增速 0.5 个百分点，占全国互联网业务收入的比重为 89.3%。中部地区完成互联网业务收入 781.6 亿元，同比增长 8.1%，高于全国增速 1.3 个百分点。西部地区完成互联网业务收入 1054 亿元，同比增长 0.2%，低于全国增速 6.6 个百分点。东北地区完成互联网业务收入 39.4 亿元，同比下降 25.1%，低于全国增速 31.9 个百分点（见图 7－24）。

（2）长三角地区互联网业务收入增速领先。2023 年，京津冀地区完成互联网业务收入 6777 亿元，同比增长 6.4%，占全国互联网业务收入的比重为 38.8%。长三角地区完成互联网业务收入 6624 亿元，同比增长 12.9%，占全国互联网业务收入的比重为 37.9%（见图 7－25）。

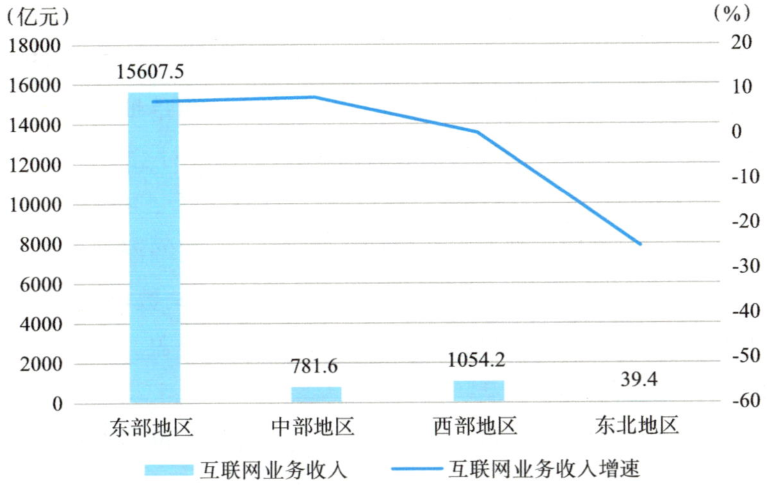

图 7 – 24　2023 年分地区互联网业务收入增长情况

数据来源：工业和信息化部。

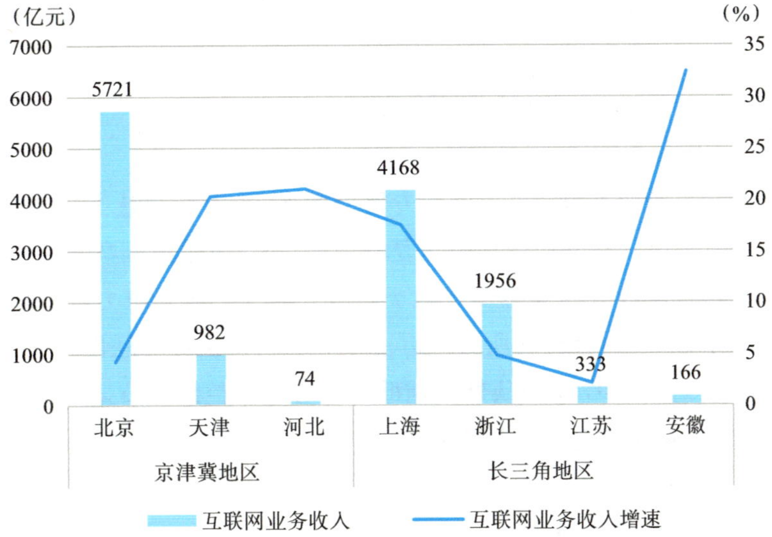

图 7 – 25　2023 年经济带地区互联网业务收入增长情况

数据来源：工业和信息化部。

（六）数字产业化的发展特征

1. 科技创新推动产业发展取得新突破

2023 年取得多项创新突破，行业研发经费同比增长 9.8%，高出收入增速 3.6 个百分点。5G 定制化基站、5G 轻量化技术实现商用部署；发布“手机直连卫星”商用服务，在全球首次实现大众消费类手机直连卫星双向语音通话和短信收发通信服务；成功研制并商用国内首款可重构 5G 射频收发芯片——“破风 8676”，助力攻克 5G 关键核心技术壁垒。

2. 新型基础设施超前规模化部署

“双千兆”网络覆盖持续完善。千兆光网快速规模部署，一方面 FTTR（光纤到房间）走向用户推广阶段，推动高清视频、智能家居等智慧家庭应用落地，另一方面千兆光网支撑千行百业部署企业/工厂网络、智慧教育民生工程等，赋能社会数字化转型。截至 2023 年底，具备千兆网络服务能力的 10G PON 端口数达 2302 万个，在上年翻一番的基础上，2023 年增幅达 51.2%，形成覆盖超 5 亿户家庭的能力。5G 网络深度和广度不断拓展，截至 2023 年底，我国 5G 基站数达 337.7 万个，占移动电话基站数已近三分之一。5G 网络覆盖所有地级市城区、县城城区，持续推进向重点场所深度覆盖。

3. 算力网络实现阶段性跃升

各地区积极落实国家东数西算战略，持续完善全国性算力网络布局。截至 2023 年底，三家基础电信企业为公众提供的数据中心机架数达 97 万架，比上年末净增 15.2 万架，净增量是上年的近两倍，可对外提供的公共基础算力规模超 26EFlops（每秒万亿亿次浮点运算）。适应跨网络算力调度、承载需求多样化等发展趋势，算力、能力、运力等协同提升，打造算力网络一体化与云网融合的全光底座。协同部署通用算力与智算算力，不断优化算力供给结构。围绕国家算力枢纽、数据中心集群布局新建约 130 条干线光缆，启动 400G 全光省际骨干网建设，实现云、算力网络的高效互通。

4. 行业融合应用深化拓展

截至 2023 年底，行业共发展 5G 虚拟专网数量 3.16 万个，达上年末数量的 2.2 倍。5G 行业应用从点状示范向部分领域规模化复制演进，5G 应用案例数超 9.4 万个，已融入 97 个国民经济大类中的 71 个，覆盖 7 成大类行业，并在采矿、电力、港口等行业规模复制；实现我国 31 个省（区、市）、所有地市覆盖。“5G + 工业互联网”加快推广，5G 全连接工厂陆续落地，推动 5G 应用从外围辅助向核心生产控制环节拓展，5G 网络的时延、可靠性等指标为生产业务稳定性提供保障。

（七）数字产业化的发展趋势

1. 推进重点领域数字产业发展

我国高度重视数字产业创新发展以顶层设计和专项规划、指导意见等合力推进数字产业基础高级化。《“十四五”数字经济发展规划》提出，要“加快推动数字产业化”。要增强传感器、量子信息、网络通信、集成电路、关键软件、大数据、人工智能、区块链、新材料等战略前瞻技术创新能力，提升核心产业竞争力。引导支持企业加大研发投入，提升通信设备、核心电子元器件、超高清显示等产业水平。推动集成电路和工业软件产业高质量发展。高标准建设特色软件学院，创建一批中国软件名城和名园。

2. 技术引领数字产业化水平

推动关键技术研发，发挥数据资源基础作用，提升数字产业对地区经济发展的贡献力。数字技术是数字经济发展基础，技术引领数字产业化水平，带动数字经济发展。推动大数据、云计算、物联网、5G 移动通信等核心引领产业发展，发展海量数据存储、数据清洗、可视化、边缘计算、识别溯源等关键核心技术。前瞻布局人工智能、区块链量子技术、虚拟现实等前沿新兴产业，围绕关键核心技术开展攻关，加强技术与场景应用的结合，以技术创新挖掘培育新的应用需求，以场景应用需求来推动技术创新进程。

3. 数据开源培育数字经济新业态

探索基于数字化的新型生产关系，鼓励发展数字经济新技术、新产品、新模式。推动数据赋能生活、流通、服务、消费等全价值链协同和融合应用，支持电子商务、共享经济、金融科技、新零售等数字经济新业态发展。推进数据民生服务与创新服务，围绕数字社区建设、数字化城市应用、数字民生服务、公共数字文化服务、信用大数据服务等开展示范应用。推动数字技术变革传统生产，鼓励颠覆式创新应用，支持智能硬件、自动驾驶、智能机器人、3D 打印等新技术、新产品的发展。

4. 场景应用是数字产业化发展路径

推动数字产业化发展，以场景应用需求为导向，以提升生产、生活效率为目标。一是加强数字化基础设施建设，积极推进物理设施数字化、企业上云等，促进数据融合、数据开源、数据共享，打造数字经济发展底层生态；二是积极培育壮大以大数据、云计算、物联网以及新一代通信产业为代表的数字经济底层信息技术产业；三是前瞻布局人工智能、区块链、量子、虚拟现实等新兴产业，打造一批数字化、智能化应用场景、工具；四是推动数字技术与实体经济结合，发挥企业市场主体作用，支持促进新业态、新模式发展。

5. 构建人工智能（AI）基础设施体系

内部应用与外部赋能相结合探索 AI 应用新模式，推动“云网智”融合发展，全面向“AI +”战略转变。在网络规划—建设—维护—优化等网络运营各环节引入 AI 和大数据技术，提升网络智能化水平，降低网络故障率，节约基站能耗，优化信号覆盖。三家基础电信企业积极构建“1 个通用 + N 个专用”的通专结合大模型体系，通用大模型达千亿级参数级别，行业大模型可面向政务、应急、文旅等多个领域。

二、产业数字化的发展现状、特征与趋势

（一）总体发展状况

产业数字化就是利用现代信息技术对传统产业进行全方位、全角度、全链条的改造。产业结构优化升级是提高我国经济综合竞争力的关键举措。现代信息技术对经济发展具有独特的放大、叠加、倍增作用。从研发设计、生产制造、销售物流等过程的数字化，实现产业的提质增效。新一轮科技革命和产业变革与我国加快转变经济发展方式形成历史性交汇，为我国加快发展数字经济提供重大机遇。互联网、大数据、人工智能等数字技术更加突出赋能作用，与实体经济融合走深向实，产业数字化探索更加丰富多样，产业数字化对

数字经济增长的主引擎作用更加凸显。2022 年产业数字化规模为 41 万亿元，同比名义增长 10.3%，占 GDP 比重为 33.9%，占数字经济比重为 81.7%（见图 7－26）。

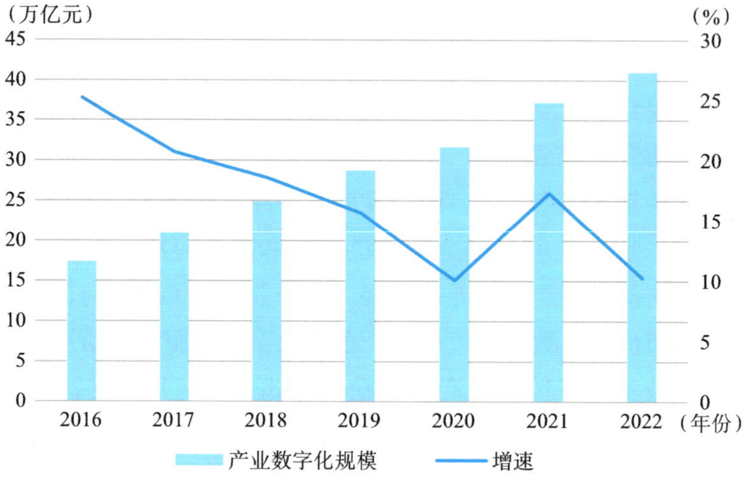

图 7－26　产业数字化规模及增速

数据来源：中国信息通信研究院。

数字经济渗透水平逐年攀升，且三大产业渗透率逐次倍增，第三产业数字经济市场渗透率最高。在线办公、在线教育、网络视频等数字化新业态新模式蓬勃涌现，大量企业利用大数据、工业互联网等加强供需精准对接、高效生产和统筹调配，加速数字化转型。数据显示，我国第一产业、第二产业、第三产业数字经济占行业增加值的比重不断增长，2022 年占比分别为 10.5%、24% 和 44.7%，比例为 1∶2∶4，同比分别提升 0.4 个、1.2 个和 1.6 个百分点（见图 7－27）。产业数字化转型为数字经济发展提供广阔空间，融合发展向深层次演进。随着我国产业数字化发展向深层次融合演进，预计未来数字经济在各行业的渗透率将进一步增长。

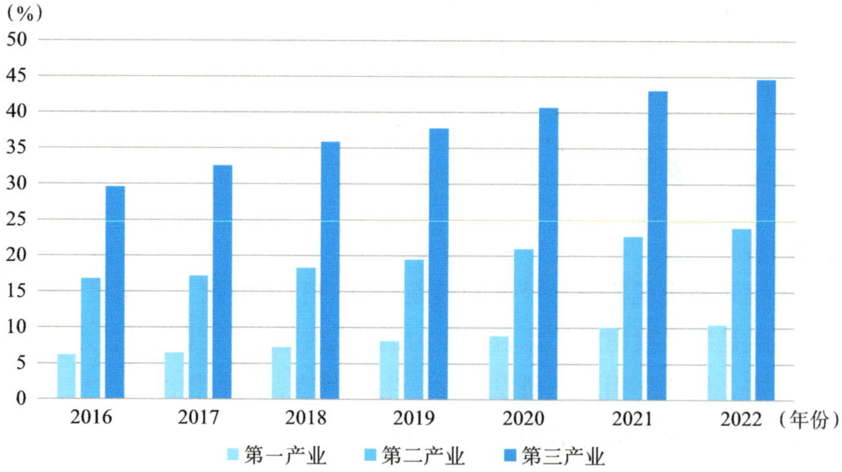

图 7－27　中国三大产业数字经济渗透率

数据来源：中国信息通信研究院。

（二）服务业数字化

1. 电子商务

随着互联网的普及和电子商务的兴起，中国电子商务规模持续扩大。国家统计局数据显示，2023 年我国电子商务交易额 46.83 万亿元，比上年增长 9.4%（见图 7－28）。电子商务作为数字经济的重点领域，正在从消费端向生产端、供给端快速推进，通过数实融合重构产业链与价值链，帮助传统产业转型升级。电子商务模式与业态迭代创新，即时零售、直播电商、短视频电商、社区团购等新业态加速演进，无人零售、大规模定制、小程序电商等新消费场景不断涌现。

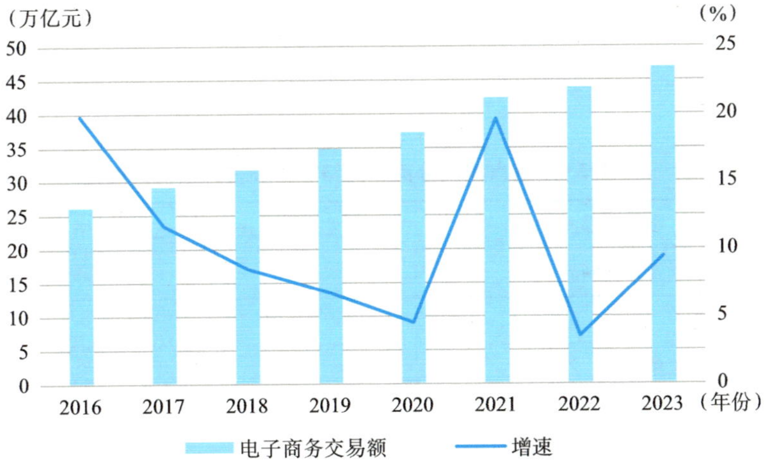

图 7－28 电子商务交易额及增速

数据来源：国家统计局。

2. 网络零售

2023 年，我国网上零售额 15.42 万亿元，比 2022 年增长 11.0%（见图 7－29）。全年实物商品网上零售额 13.02 万亿元，按可比口径计算，比上年增长 8.4%，占社会消费品零售总额比重为 27.6%。从商品品类看，18 类监测商品中，服装鞋帽针纺织品、日用品、家用电器和音像器材网络零售额排名前三，分别占实物商品网络零售额的 21.98%、14.45%、10.59%。有 6 类商品增速超过两位数，金银珠宝、电子出版物及音像制品、通信器材增长最快，同比分别增长 40.3%、26.6%、20.2%（见表 7－1）。从地区情况看，2023 年，东部、中部、西部和东北地区网络零售额占全国比重分别为 83.25%、9.41%、5.91% 和 1.43%，同比增速分别为 10.1%、16.5%、15.7% 和 4.7%。

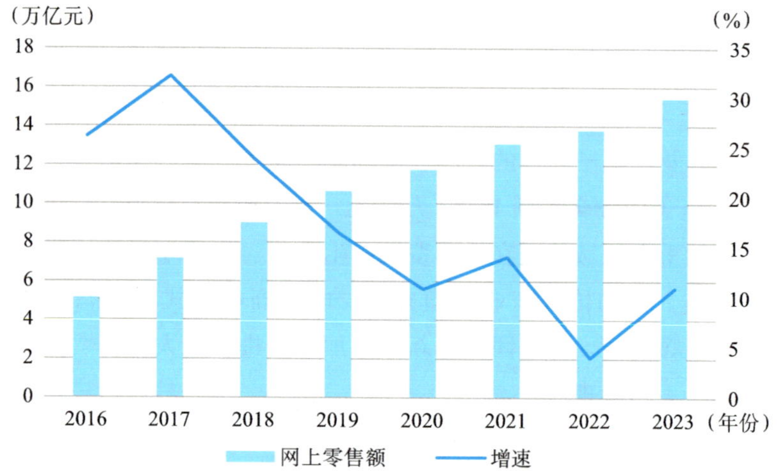

图 7－29　网上零售额及增速

数据来源：国家统计局。

表 7－1　2023 年重点监测分商品网络零售额占比及同比增速

序号	商品品类	网络零售额占比（%）	网络零售额同比增长（%）
1	电子出版物及音像制品	0.02	26.6
2	书报杂志	0.96	2
3	体育、娱乐用品	3.95	15.8
4	五金、电料	2.46	6.8
5	建筑及装潢材料	1.66	1.5
6	汽车	1.33	0.3
7	通信器材	8.41	20.2
8	家具	5.01	2.4
9	文化办公用品	6	3.1
10	中西药品	1.33	16.9
11	家用电器和音像器材	10.59	9.5
12	日用品	14.45	4.6
13	金银珠宝	2.61	40.3
14	化妆品	6.22	2
15	服装鞋帽、针纺织品	21.98	7.5
16	烟酒	1.09	17.1
17	饮料	1.24	5.7
18	粮油、食品	7.13	3.7

数据来源：商务大数据。

3. 即时零售

伴随着新型商业模式基础设施、城市配送服务网络的快速完善和线下商品供应网的逐渐完善，实体商超、便利店、连锁、品牌门店等多种零售业态依托网络和数字平台，就近为消费者实现1小时乃至30分钟内快速送达服务，我国正逐步形成以5公里即时零售消费圈为核心、以电商消费为补充的网上零售网络。即时零售拓展和连接实体商户、仓储等本地零售供给，满足消费者即时需求的新型零售业态，极大扩大优质供给、激发本地消费活力，逐渐成为零售模式创新的新风口，推动我国零售市场向消费体验提升方向演进。2023年我国即时配送订单规模达到约408.8亿单，同比增长22.8%，过去5年年均复合增长率达到21.4%①。据中国连锁经营协会的预测，至2025年，国内即时零售开放平台模式市场规模将达到1.2万亿元，年复合增长率保持在50%以上。即时零售新业态的兴起，不仅开拓了电子商务新的增长点，使得时效性和本地化属性强的消费需求在线上得到满足，更为线下实体商家带来新的发展机遇。依托线下实体零售业务和末端配送效率优势，即时零售业务向上下游延伸，有助于打通全领域数字化通路，助力线下实体商业实现线上线下相融合。

4. 电商直播

截至2023年12月，电商直播用户规模为5.97亿人，较2022年12月增长8267万人，占网民整体的54.7%②。伴随用户规模的持续扩大及交易额的不断攀升，直播电商吸引更多商家将其作为营销引流的“标配”，服务范围快速扩大。商务大数据监测显示，2023年上半年，重点监测电商平台累计直播销售额1.27万亿元，累计直播场次数超1.1亿场，直播商品数超7000万个，活跃主播数超270万人。直播电商利用“人货场”新交互场景激发消费者潜在需求，缩短消费决策时间，销售转化率较传统电商明显提升。与传统网店相比，直播间能实现双向实时互动，凭借超长的直播时长和密集的场次覆盖，直播间已成为新型网络店铺。同时，直播电商利用更丰富的视频信息推介，把一些原本难以在线上销售的非标品也加入了直播间货架。品牌商纷纷入驻直播间，品牌自播成为企业营销的重要方式，利用私域流量助力品牌持续增长。随着人工智能和虚拟现实技术迅速发展，已崭露头角的虚拟主播应用将更加广泛。直播电商行业正从流量驱动转为产品和内容驱动，进入以品牌自播、知识主播、技术赋能和定制化直播等为特点的发展新阶段。

5. 网络支付

我国网络支付行业稳中有进，用户规模持续扩大，支付方式更加丰富，助力国民经济高效运转。CNNIC数据显示，截至2023年12月，我国网络支付用户规模达9.54亿人，连续十年保持增长态势。较2022年12月增长4243万人，占网民整体的87.3%（见

---

① 弗若斯特沙利文. 2023年中国即时配送行业趋势白皮书［R］. 2024.

② 中国互联网络信息中心. 第53次《中国互联网络发展状况统计报告》［R］. 2024.

图 7－30）。中国人民银行数据显示，2023 年银行共处理电子支付业务 2961.63 亿笔，金额 3395.27 万亿元，同比分别增长 6.17% 和 9.17%。其中，移动支付业务 1851.47 亿笔，金额 555.33 万亿元，同比分别增长 16.81% 和 11.15%。作为网络支付的新方式，数字人民币使用率不断提升，试点工作持续深化。截至 2023 年 12 月底，15.3% 的网民表示自己使用过数字人民币，同比提升 1.2 个百分点。数字人民币试点范围已扩展至 17 个省市的 26 个地区，应用场景从个人消费业务拓展到普惠贷款等对公业务，以及税收、助农等政务服务业务中，为服务实体经济提供有力支撑。

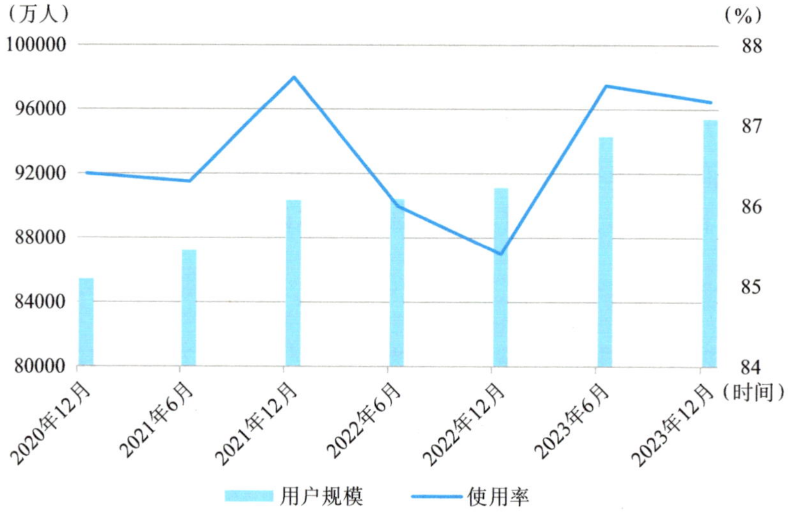

图 7－30　网络支付用户规模及使用率

数据来源：中国互联网络信息中心。

6. 网约车

我国网约车企业营收增势强劲，自动驾驶商业化落地步伐加速，推动行业发展进入新阶段。截至 2023 年 12 月，我国网约车用户规模达 5.28 亿人，较 2022 年 12 月增长 9057 万人，占网民整体的 48.3%（见图 7－31）。网约车平台数与订单量均显著增长，截至 2023 年 12 月 31 日，全国共有 337 家网约车平台公司取得网约车平台经营许可，同比增加 39 家。网约车监管信息交互系统 2023 年全年共收到订单信息 91.14 亿单，同比增长 30.76%。此外，网约车平台积极布局商业化自动驾驶出租车业务，提供智能出行服务。8 月百度 Apollo 自动驾驶出行服务平台“萝卜快跑”正式落地武汉东西湖区，面向市民提供自动驾驶出行服务，实现了跨区通行、全无人驾驶夜间运营的突破。9 月小马智行获得深圳市级首个无人化示范应用许可，近 150 个自动驾驶无人化出行服务站点覆盖多处高频出行目的地，运营时间涵盖早、晚高峰。技术进步促进市场从流量竞争转向服务竞争，推动网约车行业迈入新的发展阶段。

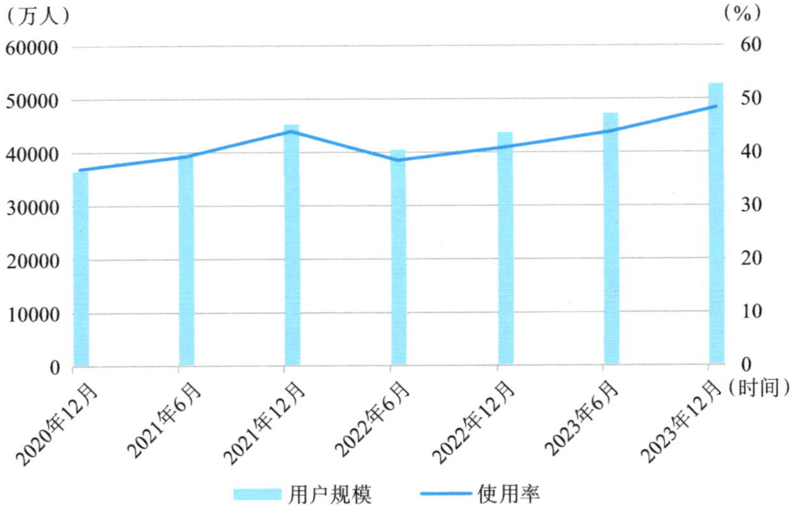

图7－31　网约车用户规模及使用率

数据来源：中国互联网络信息中心。

7. 在线旅行预订

截至2023年12月，我国在线旅行预订用户规模达5.09亿人，较2022年12月增加8629万人，占网民整体的46.6%。伴随着国内旅游经济的快速复苏，重要节假日的出游人数、旅游收入等指标水平均已全面超过2019年同期，带动在线旅行预订企业业绩显著增长。例如，三季度携程集团国内酒店预订量同比增长超过90%，较2019年同期增长超过70%；净营业收入同比增长99%，其中住宿预订、交通票务、旅游度假收入同比分别增长92%、105%和243%。此外，同程旅行、飞猪旅行等企业业绩也都实现了较快增长。

8. 互联网医疗

截至2023年12月，我国互联网医疗用户规模达4.14亿人，较2022年12月增长5139万人，占网民整体的37.9%（见图7－32）。2023上半年，京东健康覆盖全国400余个城市、10万余家门店，带动营收同比增长34.0%。2023年3月至9月，阿里健康的收入、利润分别同比增长12.7%、172.2%，旗下天猫健康平台服务的商家数量超过3.2万个，同比增加4000余个。以人工智能、云计算为代表的数字技术与医疗行业深度融合，人工智能医疗大模型、智能化医疗信息平台等智能产品初步形成。7月，商汤科技发布“SenseCare智慧医院”综合解决方案，围绕智慧诊疗、医学科研等场景，为医院等机构提供一站式服务，提升诊疗效果，优化患者就医体验，助力医院智慧化转型。

9. 网络视频

截至2023年12月，网络视频用户规模为10.67亿人，较2022年12月增长3613万人，占网民整体的97.7%（见图7－33）。其中，短视频用户规模为10.53亿人，较2022年12月增长4145万人，占网民整体的96.4%。网络直播。截至2023年12月，我国网络直播用户规模达8.16亿人，较2022年12月增长6501万人，占网民整体的74.7%。其

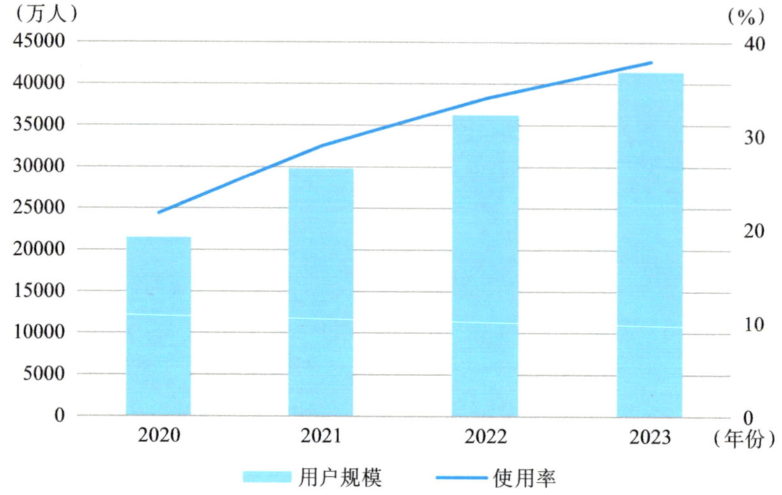

图 7－32　互联网医疗用户规模及使用率

数据来源：中国互联网络信息中心。

中，电商直播用户规模为 5.97 亿人，较 2022 年 12 月增长 8267 万人，占网民整体的 54.7%；游戏直播用户规模为 2.97 亿人，较 2022 年 12 月增长 3133 万人，占网民整体的 27.2%；真人秀直播用户规模为 2.00 亿人，较 2022 年 12 月增长 1259 万人，占网民整体的 18.3%；演唱会直播用户规模为 2.23 亿人，较 2022 年 12 月增加 1596 万人，占网民整体的 20.4%；体育直播用户规模为 3.45 亿人，较 2022 年 12 月减少 2847 万人，占网民整体的 31.6%。网络音乐。截至 2023 年 12 月，我国网络音乐用户规模达 7.15 亿人，较 2022 年 12 月增加 3044 万人，占网民整体的 65.4%。

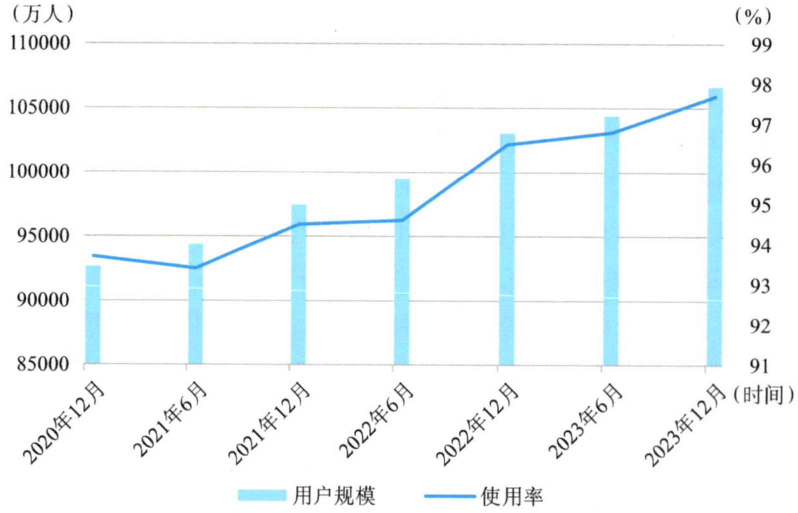

图 7－33　网络视频用户规模及使用率

数据来源：中国互联网络信息中心。

10. 网络文学

截至 2023 年 12 月，我国网络文学用户规模达 5.20 亿人，较 2022 年 12 月增长 2783 万人，占网民整体的 47.6%。

11. 互联网政务

2023 年我国在线政务服务顶层设计更加完善，根基体系更加健全，助力高质量的数字政府建设稳步推进。截至 2023 年 12 月，我国在线政务服务用户规模达 9.73 亿人，较 2022 年 12 月增长 4701 万人，占网民整体的 89.1%（见图 7－34）。

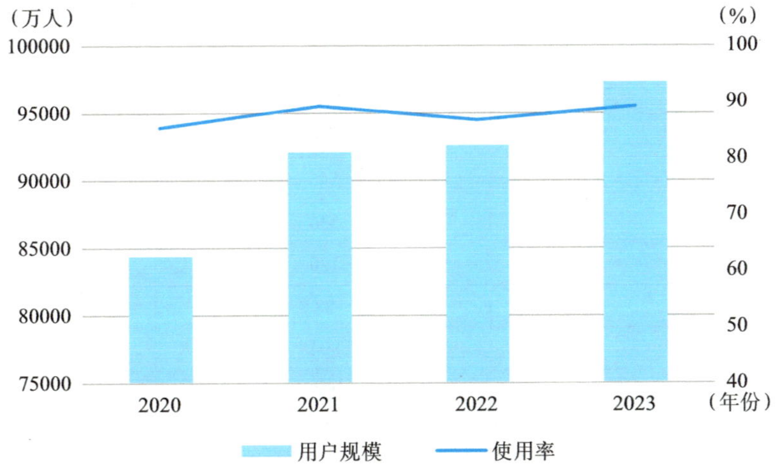

图 7－34 在线政务用户规模及使用率

数据来源：中国互联网络信息中心。

截至 2023 年 12 月，我国共有政府网站 13925 个，主要包括政府门户网站和部门网站。其中，中国政府网 1 个，国务院部门及其内设、垂直管理机构共有政府网站 542 个；省级及以下行政单位共有政府网站 13383 个，分布在我国 31 个省（自治区、直辖市）和新疆生产建设兵团（见表 7－2）。

表 7－2　　分省政府网站数量

省（自治区、直辖市）	2022 年 12 月	2023 年 12 月
北京	76	75
天津	82	82
河北	523	523
山西	420	418
内蒙古	557	559
辽宁	557	556
吉林	311	309
黑龙江	214	213

续表

省（自治区、直辖市）	2022 年 12 月	2023 年 12 月
上海	65	66
江苏	674	674
浙江	546	539
安徽	841	839
福建	457	460
江西	567	563
山东	890	883
河南	892	868
湖北	607	617
湖南	620	617
广东	546	521
广西	536	532
海南	120	123
重庆	88	88
四川	804	787
贵州	437	438
云南	287	285
西藏	258	345
陕西	602	590
甘肃	387	383
青海	143	137
宁夏	101	91
新疆	157	161
新疆生产建设兵团	41	41
合计	13406	13383

数据来源：开普云。

全国一体化政务服务平台作为政府数字化转型的“重中之重”，肩负着推进国家治理体系和治理能力现代化的重任，发挥了重要作用。2023 年，平台运行平稳，成效超出预期。以国家政务服务平台为总枢纽的全国一体化政务服务平台基本建成，推动了全国范围内政务服务事项的标准化供给，困扰企业和群众办事多年的“上多站、满网跑”问题得到有效破解。在实名注册用户方面，各级政务服务平台实名注册用户占网民整体的比例由 2017 年的 13.9% 提升至接近 90%。在构建全国一张网方面，省市县乡村五级网上政务服务体系由 2017 年的 9 个地区提升至 31 个地区，省级依申请办事指南发布数量由 2017 年的不足 4 万项提升至 7 万项。在简审批优服务方面，省级政府行政许可事项实现网上受理和

“最多跑一次”的比例由2017年的不足30%提升至92.5%。全国一体化政务服务平台的品牌辨识度、知晓度、美誉度全面提升，企业和群众的满意度获得感持续增强。

各地区各部门依托全国一体化政务服务平台，推进平台与群众衣食住行、日常生活和社会公共服务等深度融合，大力推进数字惠民服务，提供困难群众基本生活保障、残疾人办事、老年人办事、就业创业等重点民生服务，更好地解决民生痛点、堵点、难点问题，不断满足企业和群众多层次多样化服务需求。数据显示，全国中小学（含教学点）联网率已达100%；国家医保信息服务平台建成运行，医保码上线4周年来全国用户超10亿人，31个省（自治区、直辖市）和新疆生产建设兵团均已支持医保码就医购药，接入定点医药机构超过80万家。

（三）工业数字化

1. 工业互联网发展总体态势

当前，全球科技创新进入密集活跃时期，新工业革命蓬勃发展。工业互联网作为新一代信息通信技术与工业经济深度融合的关键基础设施新型应用模式、全新工业生态。通过人、机、物的全面互联，构建起覆盖全要素、全产业链、全价值链的全新制造与服务体系，为工业数字化、网络化、智能化转型升级提供了实现路径。在市场和政策的双重推动下，我国工业互联网相关产业投资规模继续理性扩大，产业体系建设不断完善，市场空间不断拓展，应用潜力逐步释放。2022年我国工业互联网产业增加值总体规模达4.46万亿元，名义增速7.55%，占GDP的比重为3.69%（见图7-35）。工业互联网产业增加值总体规模实现了较快增长，2017—2022年增长了89.67%，年均复合增速达13.66%，高于GDP增速，工业互联网产业增加值贡献在GDP中的比重逐年提升，是支撑我国经济回稳向好的重要力量。

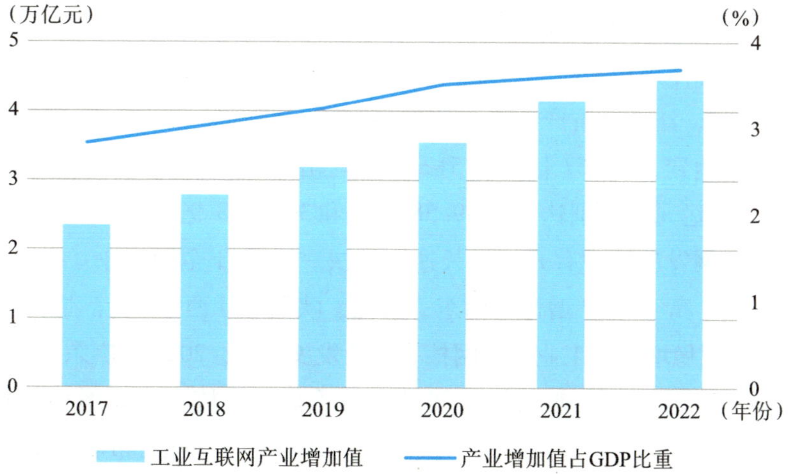

图7-35　工业互联网产业增加值及占比

数据来源：中国工业互联网研究院。

随着工业互联网战略的持续推进，工业互联网核心产业规模不断壮大。2022 年我国工业互联网核心产业增加值达到 1.26 万亿元，名义增速为 6.79%（见图 7－36）。同时，工业互联网核心产业通过相关产品与服务在农业、工业、服务业等其他领域的渗透应用，大幅提升各行业生产效率，推动各渗透行业经济持续增长。在工业领域，目前，我国工业互联网已覆盖 45 个国民经济大类、166 个中类，覆盖工业大类的 85% 以上，在采矿、冶金、石化、电力等多个行业广泛应用。2022 年我国工业互联网渗透产业增加值 3.20 万亿元，名义增速 7.78%（见图 7－36）。工业互联网产业发展带动的渗透产业增加值规模远高于核心产业增加值规模，2022 年工业互联网带动的渗透产业增加值规模为核心产业增加值规模的 2.5 倍。

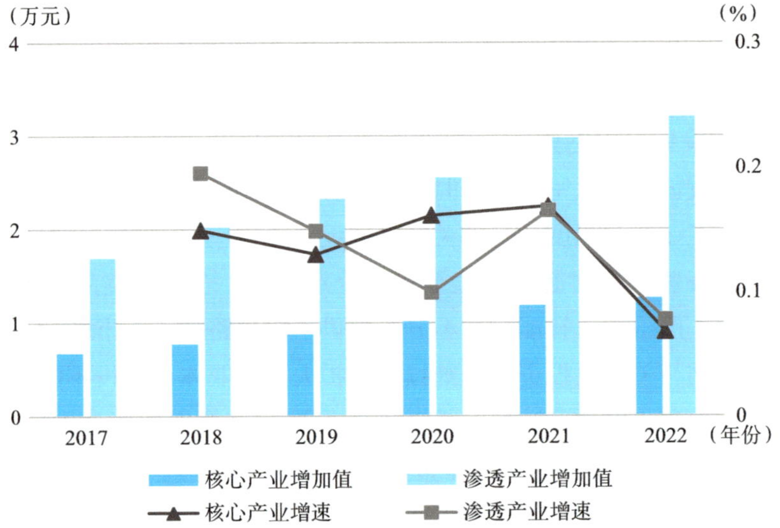

图 7－36　工业互联网核心产业、渗透产业增加值及增速

数据来源：中国工业互联网研究院。

2. 工业互联网区域发展方面

从产业增加值总体规模来看，工业互联网产业增加值总体规模超千亿元的省区市达到 17 个。2022 年广东、江苏两省产业增加值规模超过 5000 亿元，位居全国前二，大幅领先其他省区市，分别达到 5549.67 亿元和 5123.45 亿元。浙江、山东两省紧随其后，产业增加值规模超过 3000 亿元，分别达到 3239.58 亿元和 3029.53 亿元。在发展速度方面，大部分省区市工业互联网发展稳中有升，增长速度较快。2022 年全国工业互联网产业增加值平均增速达到 7.55%，高于 GDP 增速。山东、湖北、陕西、江西等 10 个省区市增速超 10%，有力支撑区域经济回稳增长。工业互联网核心产业发展方面，2022 年广东、江苏、北京和浙江 4 个省市工业互联网核心产业增加值规模突破千亿元，核心产业增加值规模分别达到 2035.67 亿元、1691.42 亿元、1125.41 亿元、1090.10 亿元，这些省市电子信息制造、通信、软件和信息服务等与工业互联网核心产业相关的行业发展基础好，产业规模优势明显。工业互联网渗透产业方面，工业互联网渗透产业增加值规模较高的 5 个省市分别是广东、江苏、山东、浙江、河南，渗透产业增加值规模分别达到3514.00亿元、3432.03亿元、2328.81亿元、2149.48亿元、1627.44亿元，这些省份经济体量大，工业互联网融合应用场景广阔。从对区域经济增长的贡献比例来看，如图7－37所示，大部分省区市工业互联网产业增加值在地区增加值中的贡献比重超过3%。其中，北京市因软件和信息服务等工业互联网核心产业发达，工业互联网产业增加值规模占地区增加值比重较大，占比高达5.10%。

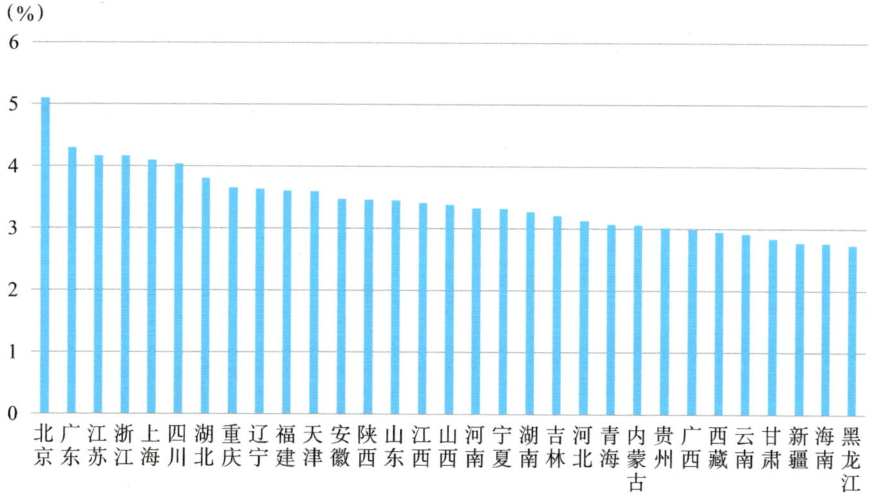

图7－37　工业互联网产业增加值规模占GDP比重

数据来源：中国工业互联网研究院。

3. 产业增加值规模方面

头部城市规模优势突出，全国七城工业互联网产业增加值规模破千亿元。如表7－3所示，北京、上海、深圳、广州、杭州、重庆、苏州7个城市工业互联网产业增加值均达到千亿级别。2023年前10名城市的工业互联网产业增加值占全国比重达26.52%，前30名城市的工业互联网产业增加值占全国比重达46.19%。省区市分布方面，全国工业互联网产业增加值前30名城市分布在16个省市，江苏（6个）、广东（4个）、浙江（4个）、山东（3个）、福建（2个）5个省分布最多，其余11个省市各有1个城市入围全国工业互联网产业增加值前30名城市。

表7－3　工业互联网产业增加值规模前30名城市

排名	城市	所在省市	增加值贡献规模
1	北京	北京	>1000亿元
2	上海	上海	
3	深圳	广东	
4	广州	广东	
5	杭州	浙江	
6	重庆	重庆	
7	苏州	江苏	

续表

排名	城市	所在省市	增加值贡献规模
8	成都	四川	700 亿—1000 亿元
9	南京	江苏	
10	武汉	湖北	
11	无锡	江苏	500 亿—700 亿元
12	佛山	广东	
13	天津	天津	
14	宁波	浙江	
15	青岛	山东	
16	东莞	广东	
17	南通	江苏	
18	长沙	湖南	300 亿—500 亿元
19	泉州	福建	
20	郑州	河南	
21	福州	福建	
22	济南	山东	
23	合肥	安徽	
24	常州	江苏	
25	西安	陕西	
26	徐州	江苏	
27	温州	浙江	
28	烟台	山东	
29	大连	辽宁	
30	绍兴	浙江	

数据来源：中国工业互联网研究院。

4. 工业互联网融通发展方面

近年来，我国工业互联网逐渐从探索起步阶段转向规模化应用阶段，工业互联网与人工智能、元宇宙等新一代信息技术持续深度融合、广泛链接，通过智慧农业、智能制造、智慧服务等模式全方位赋能各大行业，持续推动三大产业高质量发展。如图 7 – 38 所示，2022 年工业互联网带动第一产业、第二产业、第三产业的增加值规模分别为 0.06 万亿元、2.28 万亿元、2.12 万亿元，名义增速分别为 7.76%、8.60%、6.41%，有力带动各行业的稳定增长。

当前，工业互联网融合应用已向农林牧渔领域纵深发展，赋能成效显著。如图 7 – 39 所示，2022 年工业互联网带动农林牧渔产业的增加值规模为 648.21 亿元，名义增速为 8.02%。在农业领域，通过数字技术推动农业智能化，推动农业从经验式、粗放式向数字

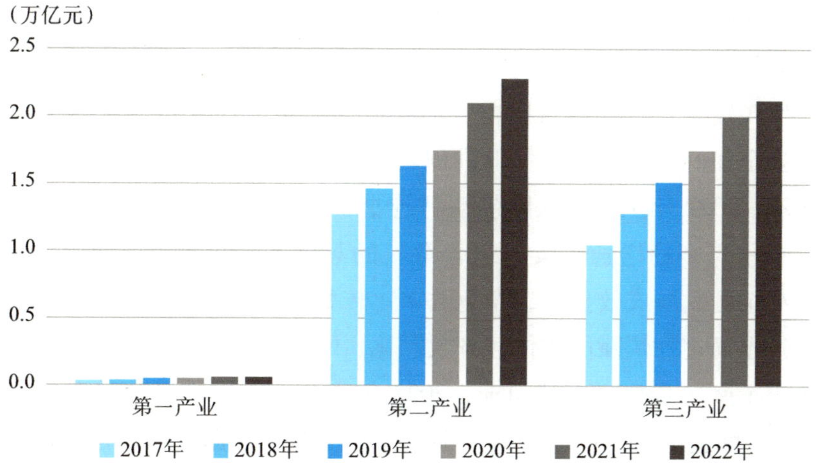

图 7－38 工业互联网融合带动第一、二、三产业增加值规模

数据来源：中国工业互联网研究院。

化、科学化、精细化转型，促进农业节约增效，实现农业现代化发展。在林业领域，数字化技术通过赋能林业生态保护、规划管控、生物多样性监测、森林灾害预警和应急响应，推动林业生态治理更精准、发展态势预测更科学、生态安全风险预警更及时、林业决策部署支撑更有效。在畜牧业领域，通过智能化设备对养殖场全过程进行数字化智能化管理，可实现精准饲喂、智能环控、疫病监管与预警、AI 巡检等，大大提升了畜牧业养殖效率和产品质量，并降低疾病风险。在渔业领域，通过对水产养殖的生产、管理、经营、流通、销售等全环节实行管理数字化和可视化，可实现水产资源的合理高效利用，提升养殖质量、促进供需对接，推动渔业良性健康发展。

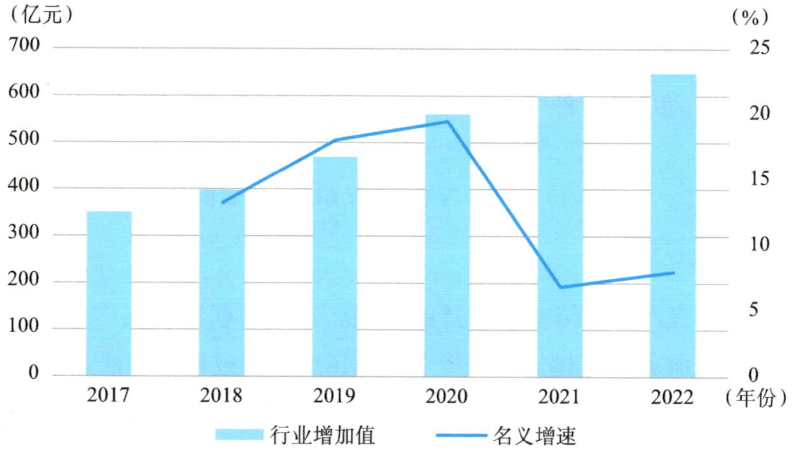

图 7－39 工业互联网带动农林牧渔业发展情况

数据来源：中国工业互联网研究院。

第二产业是工业互联网赋能的主要领域，其中工业互联网对制造业的带动尤为显著。

在制造业，工业互联网是推动制造业数字化转型、推进新型工业化的重要技术支撑，是推动实体经济与数字经济有机融合的重要抓手。制造业是工业互联网赋能的主阵地，工业互联网通过提高生产效率、降低运营成本、提高产品质量、优化资源配置、增强供应链弹性、提升绿色安全和低碳发展水平、促进创新等方式，持续推动制造业实现高质量发展。如图7－40所示，2022年工业互联网带动制造业的增加值规模达到1.89万亿元，名义增速为7.05%。在一系列稳增长政策“组合拳”的落实下，我国工业稳定增长，企业效益加快恢复，中小企业发展成效显著，企业数字化转型取得积极成效。以工业互联网为代表的新一代信息技术通过加快赋能实体经济数字化、网络化、智能化转型升级，推动制造业高质量发展迈出了坚实步伐。在建筑业，2022年工业互联网带动建筑业的增加值规模为37.99亿元，名义增速达到7.48%。随着我国道路等基础设施、房屋建设的不断完善，近年来建筑行业发展增速明显放缓，新时期也对建筑业提出了更加绿色、低碳、节能的发展要求。在此背景下，推进工业互联网等新一代信息技术与建筑业融合创新发展成为重要内容。

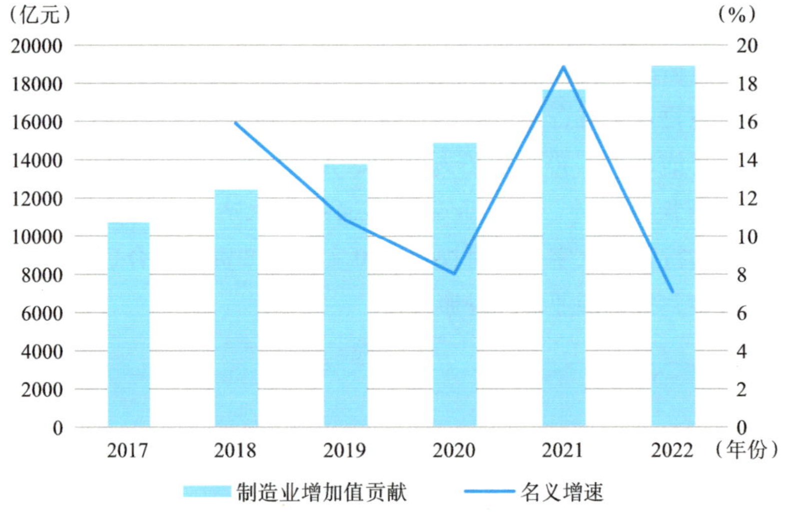

图7－40 工业互联网带动制造业发展情况

数据来源：中国工业互联网研究院。

工业互联网对第三产业的带动作用持续增强。工业互联网不仅广泛应用于工业领域，也通过构建“平台＋服务”等模式向服务业全面拓展，通过创新全社会管理方式、提升服务能力、提高城市治理效能，为社会生产和生活消费提供更加优质、便捷的服务方式。2022年工业互联网带动批发和零售业的增加值规模为3148.35亿元，名义增速为5.53%；带动信息传输、软件和信息技术服务业的增加值规模为10027.71亿元，名义增速为8.08%，首次破万亿元（见图7－41）。信息传输、软件和信息技术服务业是我国数字经济的核心支撑行业，也是我国经济转型和产业升级的重要支柱，工业互联网基础设施的快速建设和融合应用，对网络、互联网平台、软件等信息服务需求与日俱增，推动了我国信息传输、软件和信息技术服务业高速增长，生态逐渐完善。2017—2022 年，我国信息传输、软件和信息技术服务业增加值年均复合增速达到了 17.8%，成为支撑经济发展的强劲力量。此外，工业互联网在金融领域具有广泛应用前景，在政府、金融机构、工业互联网平台企业、生产企业等多方合作探索下，逐步呈现出“产业 + 金融 + 工业互联网”融合共建生态的雏形，推进金融更好赋能实体经济。2022 年工业互联网带动金融业的增加值规模为 2322.66 亿元，名义增速为 8.81%。在文化、体育和娱乐业，2022 年工业互联网带动文化、体育和娱乐业的增加值规模为 100.34 亿元，名义增速为 3.20%。工业互联网等新一代信息技术在文化、体育和娱乐行业有着丰富的应用场景，极大丰富革新了文化、体育和娱乐业行业服务内容和供给方式。

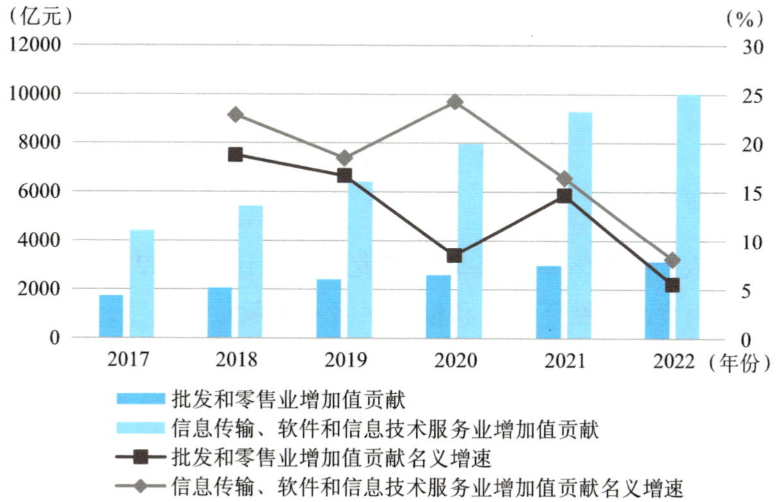

图 7－41 工业互联网带动第三产业发展情况

数据来源：中国工业互联网研究院。

（四）农业数字化

1. 农村电商

农村电子商务作为数字经济的重要组成部分，已经成为助推“三农”高质量发展的强劲动力。2024 年中央一号文件明确提出，实施农村电商高质量发展工程，推进县域电商直播基地建设，发展乡村土特产网络销售。各地政府积极推进“数商兴农”工作，以电子商务为抓手促进农业产业化、品牌化发展，推动农村电子商务产业数字化程度不断提高。2023 年全国农村网络零售额 2.49 万亿元，同比增长 12.9%，比 2014 年增长近 13 倍（见图 7－42）。其中，农村实物商品网络零售额 2.27 万亿元，同比增长 12.1%。分品类看，服装鞋帽针纺织品、日用品、粮油食品网络零售额位居前三，占比分别为 27.9%、18.4% 和 8.7%。其中，烟酒、金银珠宝、粮油食品分别增长 39.2%、30.0% 和 16.3%。分地区看，东、中、西部和东北地区农村网络零售额占全国农村网络零售额比重分别为 75.5%、15.7%、6.7% 和 2.1%，分别增长 10.1%、24.8%、24.9% 和 4.1%。

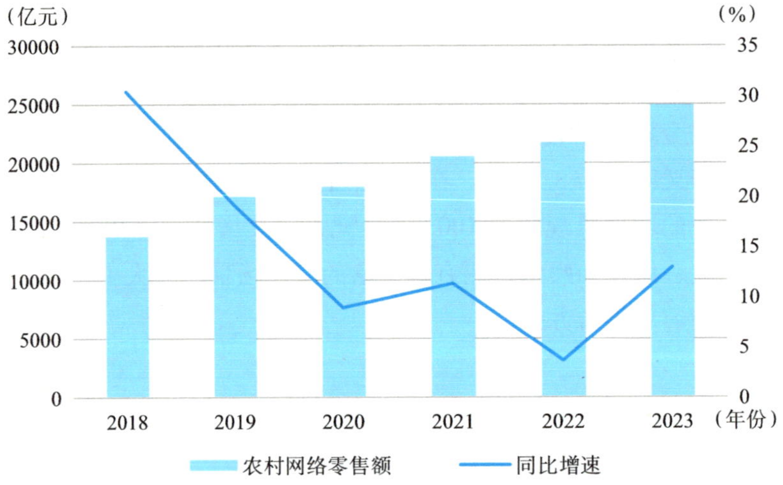

图 7-42　农村网络零售额及增速

数据来源：商务大数据。

2023 年，全国农产品网络零售额 5870.3 亿元，同比增长 12.5%，约是 2014 年的 5 倍。分品类看，休闲食品、滋补食品和粮油网络零售额位居前三，占比分别为 17.1%、13.3% 和 13.3%。分地区看，东、西、中部和东北地区农产品网络零售额占全国农产品网络零售额比重分别为 63.9%、15.7%、14.9% 和 5.5%（见图 7-43），分别增长 11.8%、16.9%、13.1% 和 6.8%。

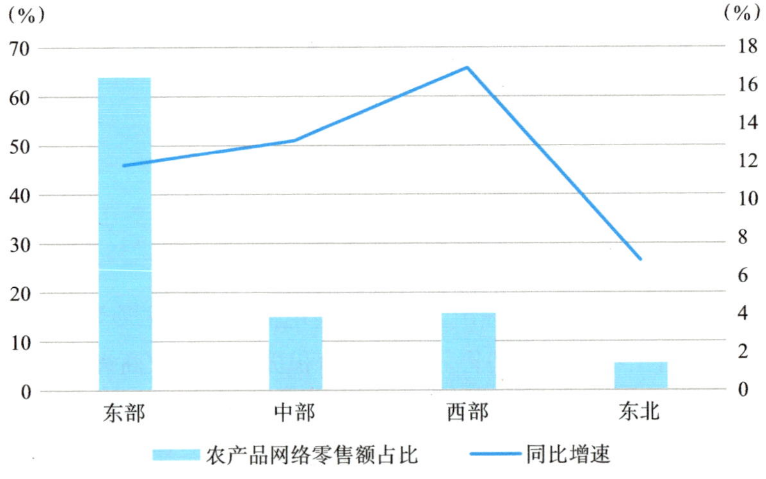

图 7-43　2023 年各地区农产品网络零售额占比及同比增速

数据来源：商务大数据。

农村电子商务物流发展取得显著成效，2023 年我国农村电商物流业务量指数全年均高于电子商务物流指数（见图 7－44）。近年来，商务部会同财政部等部门实施电子商务进农村综合示范，累计支持 1489 个县建成县级电商公共服务中心、物流配送中心近 3000 个，村级电商服务站点超 15.8 万个，建立起覆盖县乡村的电子商务公共服务和物流配送体系。2024 年，商务部等 9 部门印发《关于推动农村电商高质量发展的实施意见》，提出用 5 年时间，在全国培育 100 个左右农村电商“领跑县”、1000 家左右县域数字流通龙头企业、1000 个左右县域直播电商基地、10000 名左右农村电商带头人。实施农村电商高质量发展工程，加快贯通县乡村电子商务和快递物流配送体系，引导农村电商与乡村特色产业协同发展，助力推进乡村全面振兴。

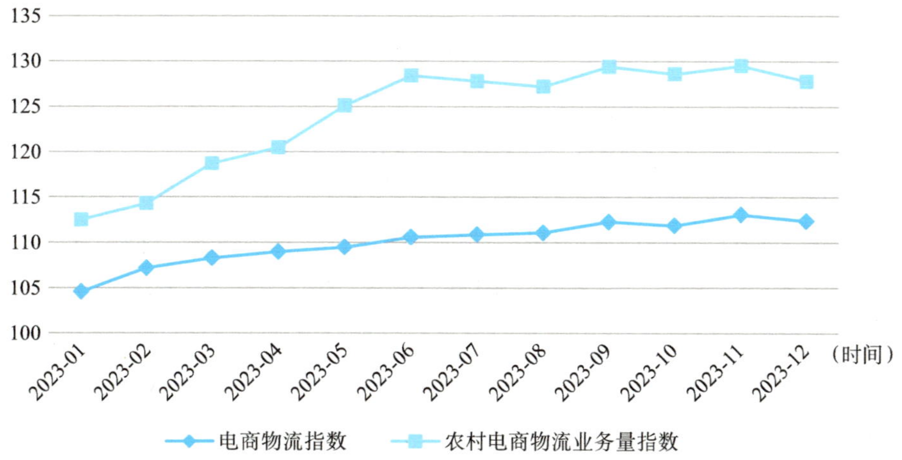

图 7－44　2023 年全国电子商务物流指数和农村电商物流业务量指数

数据来源：中国物流信息中心。

2. 智慧农业

当前，物联网、智能装备、遥感监测、人工智能等现代信息技术与农业产业正在深度融合、加快迭代。农业产业数字化进程加快，数字育种探索起步，智能农机装备研发应用取得重要进展，智慧大田农场建设多点突破，畜禽养殖数字化与规模化、标准化同步推进，数字技术支撑的多种渔业养殖模式相继投入生产。2022 年全国农业生产信息化率达到 27.6%，较上年增长了 2.2 个百分点，智慧农业已贯穿农业发展的各领域各环节。农业重大创新平台体系更加完善，在高效育种、耕地保育、智能装备等领域建成 34 个学科群、469 个重点实验室组成的农业农村部学科群实验室体系，建立 60 个国家农业科技创新联盟，形成解决专业性、产业性区域性重大关键技术协同创新模式。农业智能化水平显著提升，数字农业技术已经广泛应用于农业生产全流程，为农业现代化和精准农业提供了重要支持。

物联网、大数据、人工智能、卫星遥感、北斗导航等现代信息技术在种植业生产中加快应用，精准播种、变量施肥、智慧灌溉、环境控制、植保无人机等技术和装备开始大面积推广。2021 年全国大田种植信息化率为 21.8%，其中，小麦、稻谷、棉花三个农作物的生产信息化率相对较高，分别为 39.6%、37.7%和 36.3%，玉米相对较低，为 26.9%；2021 年全国设施栽培信息化率为 25.3%，比上年增长 1.8 个百分点。畜禽养殖数字化与规模化、标准化同步推进，现代信息技术在畜禽养殖全过程得到广泛、深度应用，在传统三大农业行业中处于领先水平。2021 年全国畜禽养殖信息化率达 34.0%，其中，生猪和家禽养殖信息化率分别为 36.9%和 36.4%。畜牧业综合信息平台、饲料和生鲜乳质量安全监管系统已实现对全国 18 万余个规模猪场、4200 多个生鲜乳收购站、5800 多辆运输车、300 余个牧场、1.3 万家左右持有饲料生产许可证企业的全面监管，畜牧业预测预警、市场调控、疫病防控、质量监管水平明显提升。

养殖水体信息在线监测、精准饲喂、智能增氧、疾病预警与远程诊断等数字技术与装备在渔业行业不断推广应用，数字技术支撑的工厂化养殖、稻虾养殖、鱼菜共生模式相继投入生产，渔业生产信息化稳步推进。2021 年全国水产养殖信息化率为 16.6%，其中，蟹类、虾类、鱼类和贝类的生产信息化率分别为 23.6%、21.6%、20.9%和 6.0%。沿海省份持续开展海洋渔船北斗和天通卫星终端等装备建设，深入推进“插卡式 AIS”更新换代和渔业“宽带入海”。各地农垦集团、国有农场依托规模化、组织化、专业化、企业化优势，在基本实现农业机械化的基础上，大力开展数字技术创新应用，种植业、畜牧业、农产品加工业全链条数字化转型明显加快。全农垦系统共装备北斗导航设备 8300 台套以上，导航作业面积超过 6000 万亩。

（五）产业数字化的发展特征

工业互联网是制造业数字化的核心途径。制造业数字化仍是我国数字经济发展核心命脉。中国作为第一制造大国，以工业互联网、智能制造为主的制造业数字化成为城市数字经济发展的主要动能。工业互联网是制造业数字化的核心基石。工业互联网综合运用 5G、大数据、物联网等数字科技，打通制造业研发设计、生产制造、运营维护等环节信息壁垒，催生出适应新时代背景的平台化设计、网络化协同、智能化制造、个性化定制等新模式、新业态，有效激发了数据要素潜能，加速产业数字化。

基础通信网络向算网融合方向发展，“5G + 云化 + 边缘计算”推动多元场景应用。消费数字化时代，流量是最宝贵的资源，而在步入产业数字化时代之后，创新能力和数字经济发展水平则与算力高度相关。一方面，产业发展对通信能力的要求全面提高，需要数据的传输和表达更及时，容纳量级更大、安全性更强。另一方面，产业数字化下爆炸式增长的数据迫切需要更强的网络数据处理和计算能力，能够高效调用算力节点资源的算力网络，将有力支撑产业发展。算网融合将是驱动技术变革和产业升级的一项重要保障。2023 年，云及大数据中心资源布局逐步完善的背景下，云网融合程度加深，基础通信网络将加快向算网融合方向发展，通过大模型构建底座，小模型边缘部署，结合算力分布规划及调度能力，云端智能将向端边延伸，形成算力的有效供给。另外，算网融合下形成的边缘智能化，将内容与计算能力下沉，可以在能源、制造等领域提供智能流量调度，兼顾上云和数据本地化要求；在医学领域，依托边缘算力构建医学影像平台，将有效解决优质医疗资源分布不均衡问题。“5G + 云化 + 边缘计算”能够满足产业互联网数据高并发、低时延要求，使其在产业层面的大规模应用成为可能。

产业数字化助力实体产业结构升级，推动三大进化目标实现。在新旧动能转化的关键时期，构建产业数字化的创新范式，并将实现三个方面的进化。首先是连接的进化，产业数字化将不再局限于人与人的连接，而是解决更广泛的连接问题，打通产业链各环节，使人与物、物与物之间产生密切和深层的联系，连接的广度和深度增强，形成基于全产业链条的数据流通闭环。在此基础上产业数字化将改善五基原有的碎片化问题，带来模式的进化，产业基础的创新模式有望从企业级创新向产业级创新进化，从单点突破向基于全产业链的链式创新进化，为产业层面注入新的活力。通过产业数字化的赋能作用，智能化的供需匹配将逐步显现，促使资源优化组合、配置效率提高、创新能力增强，推动产业结构向全球价值链中高端升级，从而实现价值的进化。

（六）产业数字化的发展趋势

智能技术集成融合，引领行业持续创新。当前，人工智能发展进入新一轮技术创新期，以 ChatGPT、LLaMA、PaLM2 等为代表的大模型呈现爆发式增长，在“根技术”层面引发数字化相关领域的多技术创新路径转变，在融合应用层面推动各领域数字化发展范式变革，在基础设施支撑层面掀起了存储中心向算力中心、智算中心进一步升级的发展浪潮。基于大模型的数字化技术创新兴起。AI 大模型开创了基于海量数据训练的技术创新范式，技术创新从“人工研发”逐步走向“自主训练”“自我迭代”，甚至能够通过“自我评估”实现“自主升级”在大模型的赋能下，更多数字化技术将通过训练数据进行代码自主编写、应用快速迭代、能力螺旋升级甚至通过数实融合，更深层次影响传统行业技术的替代和转变。智能计算设施及服务需求快速增长。随着大模型应用创新实践的兴起，能够提供云端订阅、弹性供给按需服务、智能计算的数据基础设施建设步伐加快，有效降低行业用户计算成本。同时，模型即服务起步发展，人工智能企业将致力于面向行业打造大模型通用底座，基于行业业务逻辑和流程数据进行个性化、定制化应用开发，更好地支持行业业务和产品创新。

工业互联网加速建设，工业互联网平台成为传统产业数字化转型的重要途径，在百花齐放的工业互联网平台推动下，将会形成大量各具特色的产业集群。

近些年，随着我国对科技创新重视程度的不断提升，第二产业的竞争力也不断增强，尤其是数据要素市场的建立，为第二产业的发展带来了全新的机遇，一些领先的制造企业已经在过去几年中率先尝试建立工业互联网平台。工业互联网不同于消费互联网，它必须要以信用为核心来建设，用以支撑产业链、产业生态的数据流通、自动交易、产品创新、商业模式创新等。2023 年中央经济工作会议强调："要大力推进新型工业化，发展数字经济，加快推动人工智能发展"，新型工业化的一个重要内容就是要利用工业互联网等工具发展数字经济、实现制造业的数字化转型。制造业的数字化转型必须要激活数据要素，激活数据要素就必须要面向产业链、产业生态来实现全产业链的数据链接，这也就是工业互联网的基本功能。2024 年，中国的新能源汽车、光伏等制造业产业链面临打造具有全球竞争力的工业互联网平台的机遇，一些领军企业将在国家统一布局下，建设一批各具特色的工业互联网平台。

围绕数据要素市场的第三产业快速兴起，传统三产的数字化转型也将加速，尤其是数字金融、数字健康、数字文旅、数字科创等产业，未来会涌现大量新模式。围绕数据要素市场，会带来第三产业的大量发展机遇。随着公共数据资源的共享开发、企业数据资源进入财务报表、个人数据资源规范化管理，这些数据资源自身的价值未来会加速体现。从建立规范的数据要素市场来看，一方面要大力发展数据服务产业，为数据市场提供技术、登记、交易、法律、会计等服务；另一方面要大力发展数据应用产业，鼓励政府和各行业企业开发各种数据应用，满足多样化数据需求。在数据服务业推动下，传统三产的数字化转型会加速，尤其是金融业，因为有了可信的数据来源，金融资产穿透的方式方法将会发生改变，从而带来基于数字技术的数字金融服务新模式。将有更多金融企业找到与产业生态融合的数字路径，为市场提供更多中国式数字金融服务。此外，在医疗健康领域，数据市场将进一步推动医疗健康领域的透明化，在符合相关法规的前提下开发健康数据应用新模式、提升健康数据资源的价值，从而进一步提高全民健康水平。在文旅、家居、休闲等领域，在相关政策鼓励下，也会出现数字化新模式，为百姓创造高品质的数字消费新路径。凝聚数据汇聚、知识创造主要职能的科技创新领域的数字化逐步加强，将与产业发展通过数据要素流通打通，为区域科技创新打造知识交换新动力。

第三节　数字经济发展的国际比较

一、数字经济发展规模的国际比较

当前，新一轮科技革命和产业变革为各国带来新的发展机遇。数字经济发展势头较为强劲，发展潜力加快释放，成为推动各国经济复苏的重要力量。在总量方面，全球数字经济规模持续扩张。各个国家纷纷把数字经济作为提升经济发展能力的重要手段，加快发展半导体、人工智能、数字基础设施、电子商务、电子政务等，全球数字经济迎来新一轮发展热潮。

根据中国信息通信研究院数据，2022 年全球 51 个主要经济体①数字经济规模为 41.4 万亿美元，上年同比口径规模为 38.6 万亿美元，2022 年较上年增长 2.9 万亿美元，数字经济发展活力持续释放。在占比方面，数字经济成为全球经济发展的重要支撑。2022 年全球 51 个主要经济体数字经济占 GDP 比重为 46.1%，上年同比口径为 44.3%，同比提升 1.8 个百分点，数字经济在国民经济中的地位稳步提升。在增速方面，2022 年全球 51 个主要经济体数字经济同比名义增长 7.4%，高于同期 GDP 名义增速 4.2 个百分点（见图 7－45），有效支撑全球经济持续复苏。在结构方面，产业数字化仍然是全球数字经济发展的主导力量。2022 年全球 51 个主要经济体数字产业化规模为 6.1 万亿美元，占数字经济比重为 14.7%，占 GDP 比重为 6.8%。数字技术加速向传统产业渗透，产业数字化规模为 35.3 万亿美元，占数字经济比重为 85.3%，占 GDP 比重为 39.3%，较上年提升约 1.8 个百分点。在产业渗透方面，全球一二三产数字经济持续渗透。数字技术在传统产业的应用率先在第三产业爆发，随后持续赋能第二产业数字化智能化发展，在第一产业的应用受到一定的限制，尚且需要进一步探索。2022 年全球 51 个主要经济体的第三、二、一产业数字经济渗透率分别为 45.7%、24.7% 和 9.1%，分别较去年提升 0.7 个、0.5 个和 0.2 个百分点（见图 7－46）。

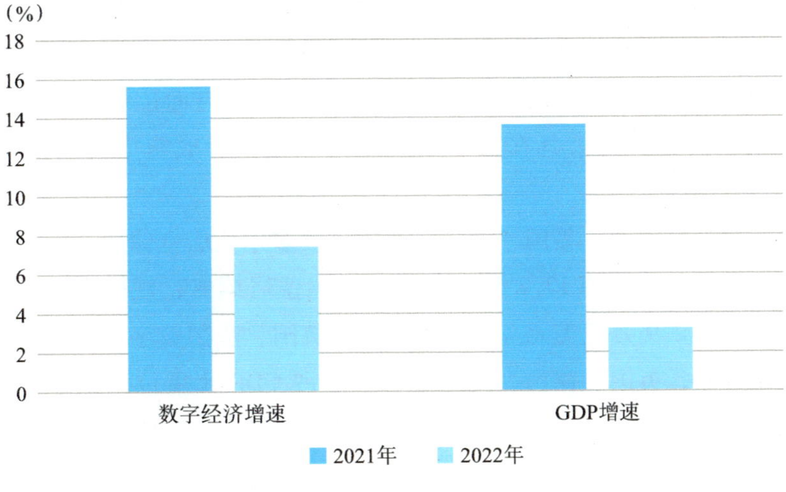

图 7－45 全球数字经济及 GDP 增速

数据来源：中国信息通信研究院。

① 51 个国家包含爱尔兰、爱沙尼亚、奥地利、澳大利亚、巴西、保加利亚、比利时、波兰、丹麦、德国、俄罗斯、法国、芬兰、韩国、荷兰、加拿大、捷克、克罗地亚、拉脱维亚、立陶宛、卢森堡、罗马尼亚、马来西亚、美国、墨西哥、南非、挪威、葡萄牙、日本、瑞典、瑞士、塞浦路斯、斯洛伐克、斯洛文尼亚、泰国、土耳其、西班牙、希腊、新加坡、新西兰、匈牙利、意大利、印度、印度尼西亚、英国、越南、中国、菲律宾、沙特阿拉伯、以色列、老挝。

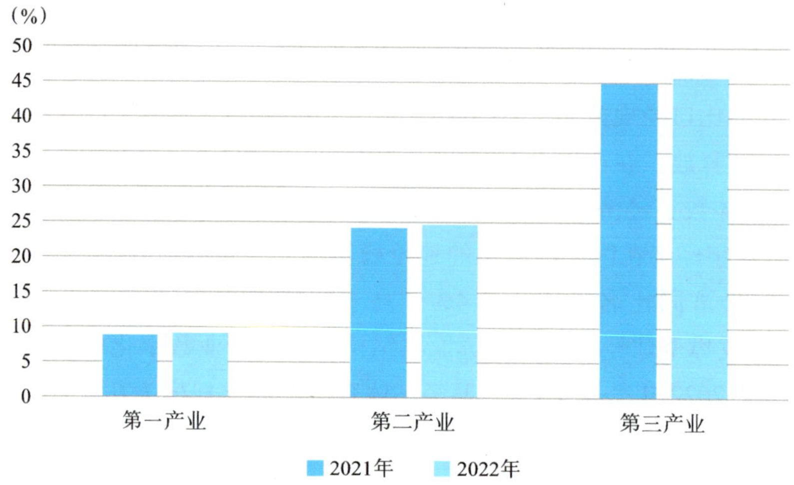

图 7－46 全球数字经济渗透率

数据来源：中国信息通信研究院。

整体来看，中、美、欧基于市场、技术、规则等方面优势，持续加大数字经济发展力度，数字经济规模持续扩大，全球数字经济三极格局持续巩固。与此同时，新兴国家数字经济发展进一步加速，全球数字经济发展的多极化趋势加强。其中，中国数字经济规模仅次于美国，拥有全球最大的数字市场，数字经济顶层设计日益完善，数据资源领先全球，数字产业创新活跃，数字中国建设成效显著。美国数字经济稳居世界第一，产业规模、产业链完整度、数字技术研发实力和数字企业全球竞争力等方面位居世界前列。欧盟具有优秀的科技和创新资源，凭借其在数字治理上的领先，形成与中美两强优势互补的第三极。

具体来看，在规模方面，美国、中国、德国连续多年位居全球前三位。2022 年，美国数字经济蝉联世界第一，达到 17.2 万亿美元；中国位居第二，规模为 7.5 万亿美元；德国位居第三，规模为 2.9 万亿美元。此外，日本、英国、法国数字经济规模也都超过 1 万亿美元。在占比方面，英国、德国、美国数字经济占 GDP 比重位列全球前三位，占比均超过 65%。韩国、日本、爱尔兰、法国四国数字经济占 GDP 比重也超过 51 个国家平均水平。新加坡、中国、芬兰、墨西哥、沙特阿拉伯五国数字经济占 GDP 比重介于 30% 与 45% 之间。在增速方面，沙特阿拉伯、挪威、俄罗斯数字经济增长速度位列全球前三位，增速均在 20% 以上。另有巴西、墨西哥、新加坡、印度尼西亚、越南、土耳其、美国、澳大利亚、马来西亚、以色列、中国和罗马尼亚 12 个国家数字经济增速超过 10%。在产业渗透方面，经济发展水平较高的国家产业数字化转型起步早、技术应用强、发展成效明显。在第一产业数字化方面，英国第一产业数字经济渗透率最高，超过 30%。此外，德国、沙特阿拉伯、韩国、新西兰、法国、芬兰、美国、日本、新加坡、爱尔兰、丹麦、中国、俄罗斯、挪威 14 个国家，第一产业数字经济渗透率高于 51 个国家平均水平。在第二产业数字化方面，德国、韩国二产数字经济渗透率超过40%，此外，美国、英国、爱尔兰、日本、法国、新加坡等二产数字经济渗透水平高于51个国家平均水平。在第三产业数字化方面，英国、德国等国三产数字经济发展遥遥领先，三产数字经济渗透率超过70%。此外，美国、日本、法国等三产数字经济渗透水平高于51个国家平均水平。

二、数字经济发展质量的国际比较

（一）数字基础设施

全球宽带网络发展水平进一步提升，助力弥合数字鸿沟。Ookla's Net Index数据显示，截至2024年4月，全球固定宽带网络下载和上传速度的中位数分别为93.65Mbps和45.94Mbps，网络延迟约为9毫秒，上传和下载速度较去年同期均有提升。新加坡、中国香港、智利、阿拉伯联合酋长国、冰岛、美国、法国、泰国、丹麦、中国内地分别位列固定宽带最快国家和地区的前10位，下载速度均处于220Mbps以上，分别为284.05Mbps、271.29Mbps、270.19Mbps、266.36Mbps、253.89Mbps、249.86Mbps、243.47Mbps、232.30Mbps、230.25Mbps、225.32Mbps。

随着各国宽带网络体系化部署日益完善，2015—2022年，全球固定宽带用户数由8.3亿人提升至14.0亿人，年均复合增长7.6%。按国家收入水平分组看，不同收入水平国家之间的发展差距有所缩小。高收入国家固定宽带用户数基本进入稳定增长阶段，2022年增速为2.9%，2015—2022年年均复合增长3.3%。低收入国家固定宽带用户数近年来实现高速增长，2022年增速达到20.7%，2015—2022年年均复合增速与全球平均水平大致相当。中低收入水平与中高收入水平国家2015—2022年年均复合增速均超过全球平均水平，分别为13.0%和10.1%。

按地区市场份额来看（见图7－47），2022年第四季度，东亚以49.1%的全球固定宽带用户份额占据主导地位，这主要归功于中国的市场规模，该地区的净增长份额为61.52%，表明该地区仍在扩大。其他亚洲地区的市场份额为10.82%，净增长份额为13.79%，也表明增长强劲。东欧的市场份额为5.26%，净增长份额为3.69%，而其他欧洲地区的市场份额为13.58%，净增长份额为4.17%。北美市场份额为10.67%，净增加份额为4.23%。其他美洲地区（拉丁美洲）的市场份额为8.04%，但净增加份额高达9.50%，这表明这些不太成熟的市场增长速度更快。非洲固定宽带用户的市场份额仅为1.75%，其净增长份额为3.15%，是第二低的，这表明对固定宽带服务正在适度增长。最后，大洋洲的市场份额为0.77%，但净增长份额为－0.05%，其固定宽带用户数量正在下降。

自2019年开始商业部署以来，5G覆盖率逐年增加，2023年达到世界人口的40%。然而，分配仍然非常不平衡。虽然高收入国家89%的人口被5G网络覆盖，但低收入国家的覆盖范围仍然有限。欧洲拥有最广泛的5G覆盖率，覆盖了68%的人口，其次是美洲地区（59%）和亚太地区（42%）。5G覆盖率在阿拉伯国家区域达到12%，在独联体区域（8%）

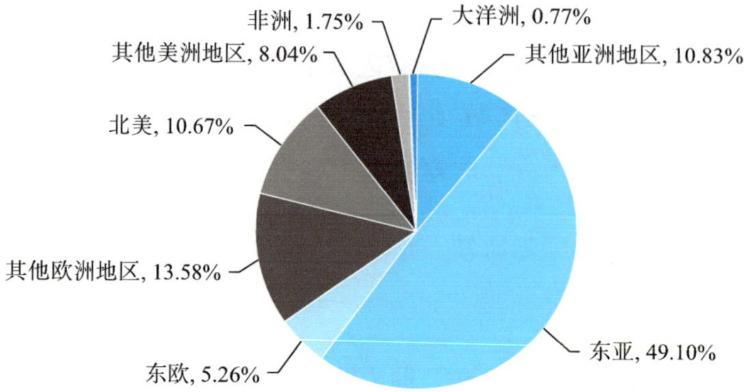

图 7－47　2022 年第四季度各地区固定宽带用户份额

数据来源：Point Topic。

和非洲区域（6%）不到 10%（见图 7－48）。4G 覆盖了全球 90% 的人口，然而，55% 无法使用 4G 网络的人生活在低收入国家。在高收入和中等收入国家，95% 的人口使用 4G 或以上网络，而在低收入国家，这一比例降至 39%。在这些国家，3G 仍然是主导技术，而且往往是连接互联网的唯一可用技术。在最不发达国家和内陆发展中国家，18% 的人口仍然无法使用移动宽带。

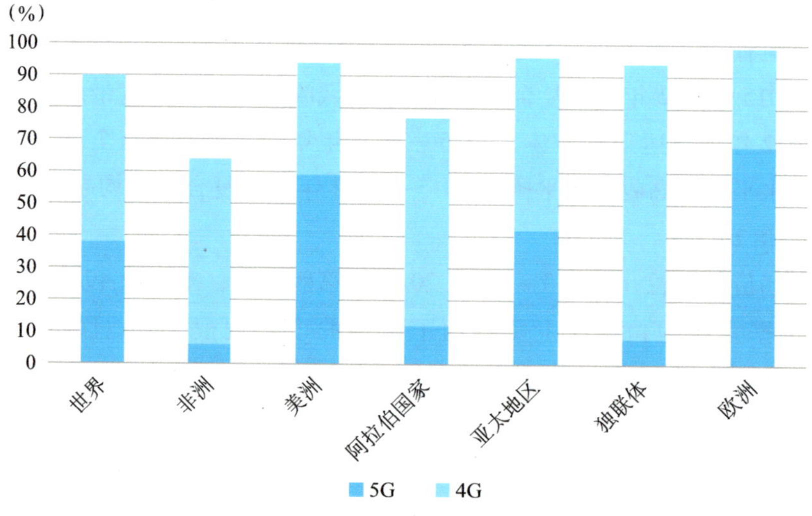

图 7－48　2023 年全球各地区 4G、5G 覆盖率

数据来源：ITU。

（二）工业机器人

工业机器人是推动制造业数字化转型的重要工具。国际机器人联合会（IFR）数据显示，2022 年全球工业机器人销量达到 553052 台，同比增长 5%，再创历史新高。这是连续第二年工业机器人销量打破 50 万台的世界纪录（见图 7－49），2017—2022 年全球工业机器人销量年均复合增长率约为 7%。

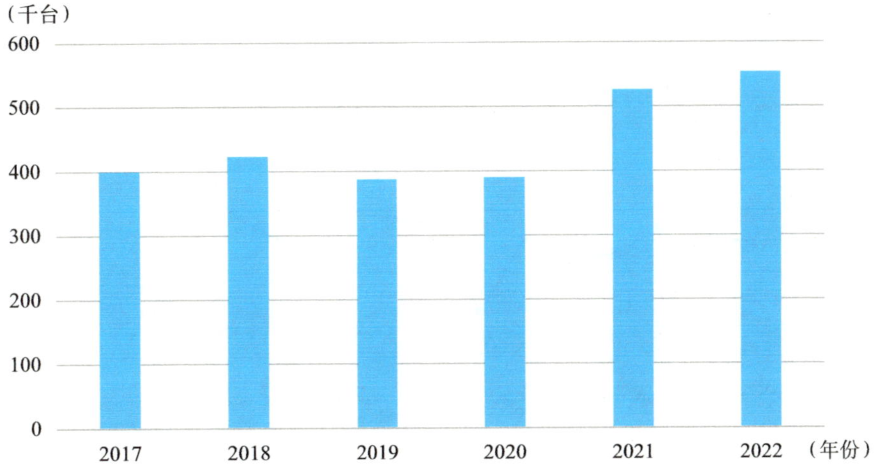

图7－49 全球工业机器人年销量情况

数据来源：IFR。

就世界三大地区来看，2022年亚洲、欧洲、美洲工业机器人销量均呈现增长态势，增幅分别为5.2%、2.4%和7.7%，销量分别为40.5万台、8.4万台和5.6万台。亚洲仍是全球最大的工业机器人市场，并且市场份额依旧在持续上涨，2022年亚洲、欧洲、美洲工业机器人安装数量分别占全球的73%、15%和10%（见图7－50）。中国、日本、美国、韩国、德国是全球五大工业机器人市场，份额总额约占全球市场总额的79.1%（见图7－51）。

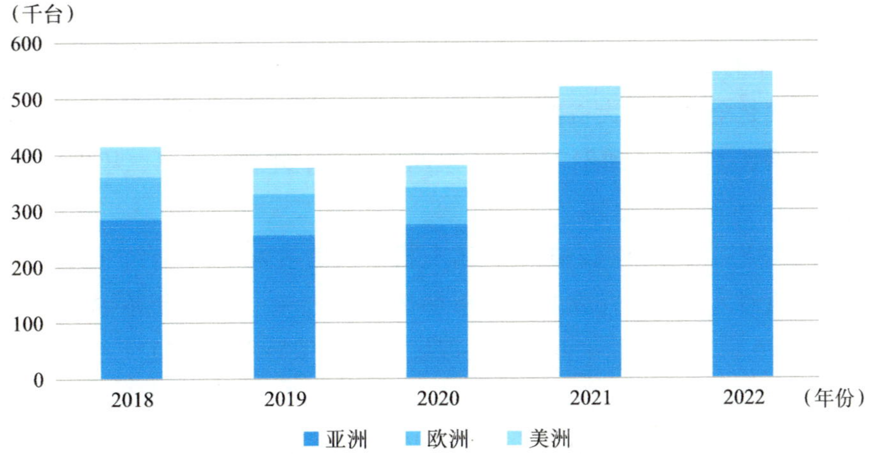

图7－50 全球三大地区工业机器人销量情况

数据来源：IFR。

1. 亚洲

中国是全球最大的工业机器人市场。2022年中国工业机器人销量为290258台，同比增长5%。近年来中国工业机器人销量保持快速增长态势，2017—2022年中国工业机器人销量复合年均增长率约为13%。近十年来中国工业机器人市场份额大幅提升，2012年中

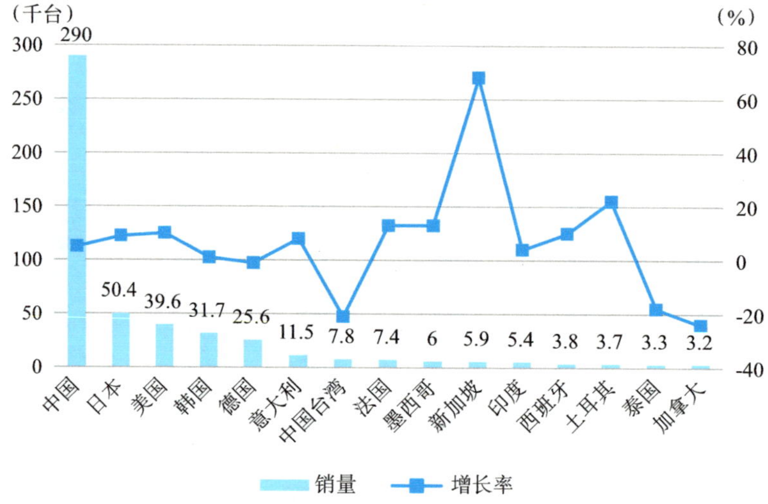

图 7－51　2022 年前 15 国家/地区工业机器人销量及增长率

数据来源：IFR。

国工业机器人销量在全球市场份额占比仅为 14%，2022 年中国工业机器人销量在全球市场份额占比达到 52.5%。工业和信息化部统计数据显示，中国工业机器人应用已覆盖国民经济 60 个行业大类、168 个行业中类，2022 年，中国工业机器人产量达到 44.3 万套，同比增长超过 20%。日本是世界上主要的工业机器人制造国，约占全球机器人产量的 46%，生产的工业机器人中 78% 均出口至国外。2017—2022 年日本工业机器人销量复合年均增长率为 2%，2022 年日本工业机器人销量达到 50413 台，超过 2019 年疫情前的 49908 台，但仍未达到 2018 年的峰值水平（55240 台）。日本工业机器人市场规模仅次于中国，排名世界第二位。韩国是全球第四大机器人市场，仅次于中国、日本和美国。2022 年韩国工业机器人销量同比增长 1%，达到 31716 台，继四年销量下降之后，第二年出现微幅增长。

2. 欧洲

欧盟仍然是世界第二大市场，2022 年工业机器人销量为 70781 台，同比增长 5%。德国是全球第五大机器人市场，在欧盟内的市场份额为 36%。2022 年德国工业机器人销量下降 1%，为 25636 台。意大利工业机器人市场排名全球第六位，2022 年其工业机器人销量为 11475 台，同比增长 8%。意大利是欧盟第二大机器人市场，市场份额占比为 16%。法国是欧盟第三大市场，在欧盟市场份额为 10%。法国位居全球第八大市场，2022 年工业机器人销量为 7380 台，同比增长 13%。

3. 美洲

美国是美洲地区最大的区域市场，约占 2022 年整个美洲地区工业机器人销量的 73%。2022 年美国工业机器人销量为 39576 台，同比增长 10%，略低于 2018 年（40373 台）的峰值水平。美国工业机器人主要增长动力是汽车行业，2022 年该行业机器人销量激增 47%，达 14472 台，汽车行业的市场份额回升至 37%，其次是金属和机械行业（3900 台）和电气/电子行业（3732 台）。墨西哥和加拿大是美洲地区进入销量前十五排行榜的另外两个国家。2022 年墨西哥工业机器人销量增长 13%，达到 6000 台，而加拿大工业机器人销量则下降 24%，为 3223 台，这主要是因为加拿大汽车行业需求下降的结果，而汽车行业是工业机器人需求最强劲的行业。

（三）人工智能

2022 年人工智能专利授权的区域分布如表 7－4 所示。截至 2022 年，全球大部分人工智能授权专利来自东亚和太平洋地区，占全球人工智能授权专利的 75.2%。其次是北美，占 21.21%。按照国家来看，授予的人工智能专利主要来自中国（61.1%）和美国（20.9%），来自美国的人工智能专利的比例相较于 2010 年（54.1%）有所下降。

表 7－4　2022 年全球各区域人工智能专利授权占比

区域	占比（%）	区域	占比（%）
东亚及太平洋地区	75.19	南亚	0.23
北美	21.21	拉丁美洲和加勒比地区	0.21
欧洲和中亚	2.33	撒哈拉以南非	0.12
其他地区	0.68	中东和北非	0.03

数据来源：Center for Security and Emerging Technology。

图 7－52 展示了 2022 年人均人工智能专利授权量前 15 的国家。2022 年，每 10 万居民获得人工智能专利最多的国家是韩国（10.3 项），其次是卢森堡（8.8 项）和美国（4.2 项）。从 2012 年至 2022 年人均人工智能专利的变化数据来看，新加坡（5366%）、韩国（3801%）和中国（3569%）的人均人工智能专利增幅最大。

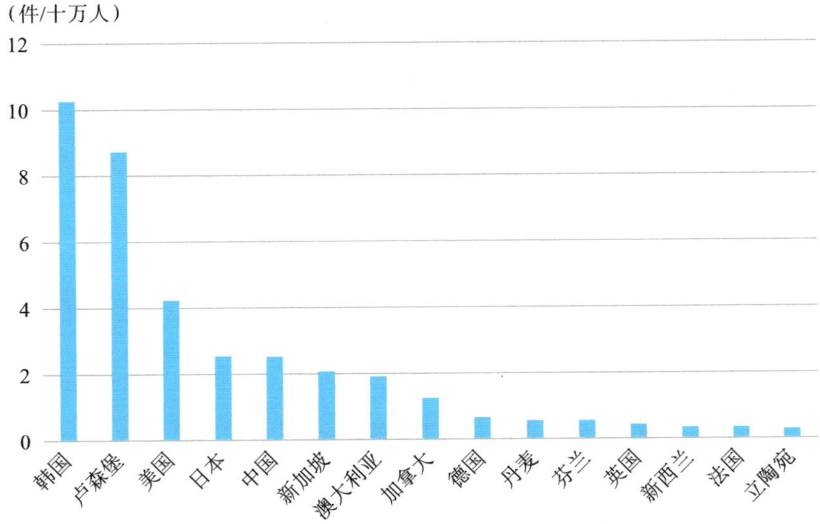

图 7－52　2022 年人均人工智能专利授权量前 15 的国家

数据来源：Center for Security and Emerging Technology。

从著名的人工智能模型数量来看，61 个著名的人工智能模型源自美国的机构，其次中国 15 个和法国 8 个（见图 7 – 53）。自 2019 年以来，欧盟和英国在生产的著名人工智能模型的数量上首次超过了中国。自 2003 年以来，美国生产的模型比其他主要国家更多。

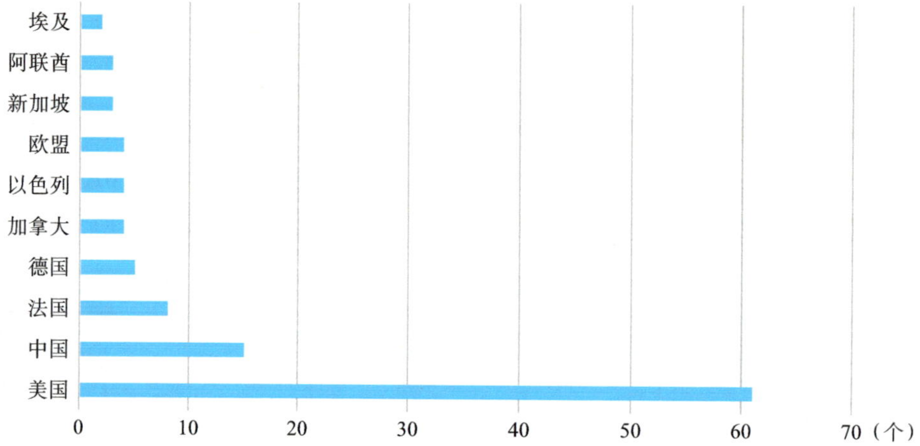

图 7 – 53　2023 年各国家著名人工智能模型数量

数据来源：Center for Security and Emerging Technology。

在人工智能私人投资总额方面，美国再次领先于世界。2023 年，美国在人工智能领域的私人投资总额为 672 亿美元，大约是在中国投资（78 亿美元）的 8.7 倍，是在英国投资（38 亿美元）的 17.8 倍（见图 7 – 54）。

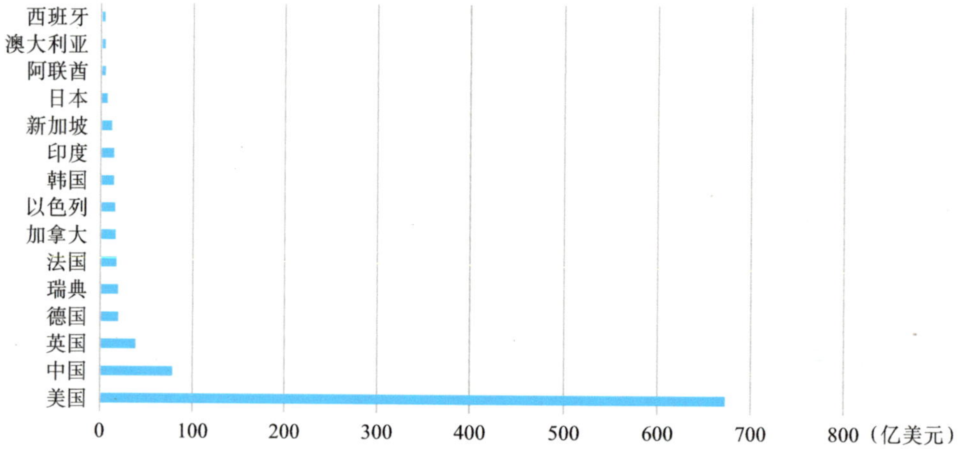

图 7 – 54　2023 年人工智能领域私人投资总额

数据来源：Center for Security and Emerging Technology。

三、数字经济发展政策的国际比较

（一）数字产业化政策

2023 年 5 月，韩国发布《半导体未来技术路线图》，在半导体未来技术领域启动公私合作协商机制，并提出“在半导体存储器和晶圆代工方面保持超级差距”和“在系统半导体领域拉开新差距”两个未来 10 年的发展目标，以保持在全球竞争中的芯片产业技术优势。日本宣布“建立下一代半导体设计和制造基地”的计划，计划到 2027 年生产出 2 纳米的先进逻辑集成电路，通过加强物联网半导体生产基地建设、与美合作开发下一代半导体技术基础设施、深化全球合作建立包含光电融合技术的未来技术基础设施等方法，增强日本开发生产尖端半导体的能力。印度 2021 年公布 100 亿美元芯片产业激励计划，承诺向符合条件的企业提供多达项目成本 50% 的奖励，以吸引显示器和半导体制造商在印度设立制造基地。2022 年，印度出台促进芯片和显示面板制造的激励计划，计划争取至少 250 亿美元的投资。中国先后出台《国务院关于促进云计算创新发展培育信息产业新业态的意见》《国务院关于印发促进大数据发展行动纲要的通知》《新一代人工智能发展规划》《计量发展规划（2027—2035）》《“十四五”大数据产业发展规划》《元宇宙产业创新发展三年行动计划（2023—2025 年）》等，通过加强顶层设计和规划引导，统筹关键核心技术研发、标准制定、安全保障等体系建设，促进网络建设、应用普及、服务创新和产业支撑的协同发展。韩国发布《元宇宙新产业领先战略》，制定元宇宙产业发展的长期路线图，拟创建元宇宙学院，帮助全球元宇宙初创企业进入韩国市场。此外，韩国还将支持元宇宙技术与人文社会领域的四年制大学创办融合型研究生院，预计到 2026 年培养 4 万名专业人员。阿联酋 2018 年启动《区块链战略 2021》，旨在提升公民幸福度：提高政府运行效率、推进科技立法、提升国际领导力等；2019 年发布《人工智能战略 2031》，计划在教育、政府服务等关键领域实现人工智能操作，并不断优化人工智能治理和法规。沙特阿拉伯 2020 年发布《国家数据和人工智能战略》，计划到 2030 年，在人工智能领域吸引约 200 亿美元的国内外投资、培训超过 2 万名数据和人工智能专家、创建 300 多家初创企业等，利用数据和人工智能实现国家经济增长。

（二）产业数字化政策

2022 年，美国推出《国家先进制造业战略》，提出两个关键目标：一是“引领智能制造的未来”，主要目标是大力推进“数字化制造”与“智能化制造”。二是“加强供应链的相互联系”，主要着力于推进供应链数字化转型创新，实现关键部门的生产全链路数字化高速联通。2023 年 4 月，德国在汉诺威工业博览会上提出面向工业供应链的“制造业 ×”计划，旨在建立覆盖制造业所有领域的通用基础设施，构建独立数据生态系统，实现数据跨工业部门协同使用与联合共享。同时，“制造业 ×”计划也是《2028 年机器人与自动化——德国关键技术》战略的重要基础，该战略提出，未来一段时间，德国将在实验室自动化、燃料电池生产和建筑业自动化等 3—5 个应用领域建立机器人基地，加快实现以市场为导向的创新应用。2022 年 7 月，韩国正式实施《产业数字化转型促进法》，法案涵盖产业数据利用与保护规范、支持制度、推进体系等内容，旨在加快产业的数字化转型，为产业数字化政策的制定和实施奠定法律保障。西班牙《数字西班牙 2025 议程》提供 30 亿欧元推进中小企业和个体工商户数字化转型，欧盟通过“数字欧洲计划”，投资近 20 亿欧元推动数字化转型。新加坡发布“制造业 2030 愿景”，通过投资基础设施、建立生态系统等，推动传统制造业向先进制造转型新西兰发布《先进制造业产业转型计划草案》，将先进制造业列为产业转型计划优先考虑行业，确定推动增长和转型的六大优先事项等。

（三）数字创新政策

世界主要国家不断加强总体规划和政策支持。美国是积极打造创新高地和推进区域创新的典型国家，特别重视加大数字创新领域规划和投入以保持全球领先地位。拜登政府在相关法案中启动关键数字技术和产业发展的“区域创新引擎计划”，投资 100 亿美元建设 20 个区域创新中心，致力于培育更多创新高地，维护美国在数字技术和产业创新方面的全球领先地位。欧盟 2022 年发布的《新欧洲创新议程》核心议程中提出创建“区域创新谷”，投资超过 100 亿欧元设立区域间创新项目，强化区域创新；并依托“欧洲数字计划”，建设欧洲数字创新中心，加快数字化转型和缩小数字发展区域鸿沟。我国高度重视创新高地战略布局，数字创新高地成为各地重点。党的十八大以来，我国从中央和地方层面加大战略政策制定及区域重点布局，打造科技创新中心和产业创新高地，其中数字创新成为重点布局方向。2020 年 10 月，习近平总书记在深圳经济特区建立 40 周年庆祝大会上强调，要坚定不移实施创新驱动发展战略，培育新动能，提升新势能，建设具有全球影响力的科技和产业创新高地。党的二十大报告再次强调，要坚持创新在我国现代化建设全局中的核心地位，统筹推进国际科技创新中心、区域科技创新中心建设；加快发展数字经济，促进数字经济和实体经济深度融合，打造具有国际竞争力的数字产业集群。

参考文献

［1］弗若斯特沙利文 . 2023 年中国即时配送行业趋势白皮书［R］. 2024.

［2］中国互联网络信息中心 . 第 53 次《中国互联网络发展状况统计报告》［R］. 2024.

第八章 中国数字经济创新发展[①]

在新质生产力加速形成背景下，包含数字产业化、产业数字化、数据价值化、治理数字化等多维内容，具有高创新性、强渗透性、广覆盖性等多维特征的数字经济本身就代表着先进生产力，是中国推动构建现代化产业体系的关键力量。当下，中国数字经济发展迅速，根据中国信息通信研究院最新发布的《全球数字经济白皮书（2023）》显示，中国数字经济年均复合增长 14.2%，是同期美、中、德、日、韩 5 个国家数字经济总体年均复合增速的 1.6 倍。并且，在数字经济形态日渐成为全球产业发展动力引擎的变革中，中国数字经济创新发展步伐明显加快，发展的速度效益和质量效益开始凸显。因此，围绕中国数字经济创新发展，本章将从发展现状及趋势，数字经济核心产业的价值链分工地位，发展问题及对策三个层面展开。

第一节　中国数字经济创新发展现状及趋势

数字经济是以数字化的知识和信息作为关键生产要素，以数字技术为核心驱动力量，以现代信息网络为重要载体，通过数字技术与实体经济深度融合，不断提高经济社会的数字化、网络化、智能化水平，加速重构经济发展与治理模式的新型经济形态。基于此，中国数字经济创新发展突出表现在：技术创新、商业模式创新、数字治理创新、政策支持与环境建设、研发创新。

一、中国数字经济创新发展现状

（一）技术创新

从数字技术渗透程度看，中国数字经济创新发展可以分为核心层、狭义层和广义层三

① 本章作者为白雪洁、陈达。其中：白雪洁，南开大学经济与社会发展研究院教授；陈达，南开大学经济学院研究生。

个环节。

首先，在核心层，以数字技术应用为核心的信息通信技术持续赋能。根据中国信息通信研究院数据，2022 年中国“5G + 工业互联网”主要专利数占全球 40%，在全球处领先地位，边缘计算、5G TSN、5G LAN、5G NPN 成为专利布局热点。并且，依托 5G 等关键信息通信技术，数字技术产业应用持续深化，产业发展实现巨大突破。截至 2022 年，中国已打造 5 个产业公共服务平台，在汽车、生物医药制造、电子器件制造、煤矿采掘等多个重点行业建设 4000 多个项目，全国“5G + 工业互联网”项目整体上已覆盖 41 个国民经济大类，协同研发设计、远程设备操控等 20 个典型应用场景加速普及。

其次，在狭义层，数字技术和信息产业基础之上产生的互联网经济成长壮大。根据中国互联网信息中心数据，2023 年，中国各类互联网应用不断深化，用户规模持续增长，推动“使用互联网的个人比例”（Individuals Using the Internet）达到 90.6%。其中，网约车、在线旅行预订、网络购物、网络直播、互联网医疗的用户规模较 2022 年 12 月分别增长 9057 万人、8629 万人、6967 万人、6501 万人和 5139 万人，增长率分别为 20.7%、20.4%、8.2%、8.7% 和 14.2%（见图 8 - 1）。

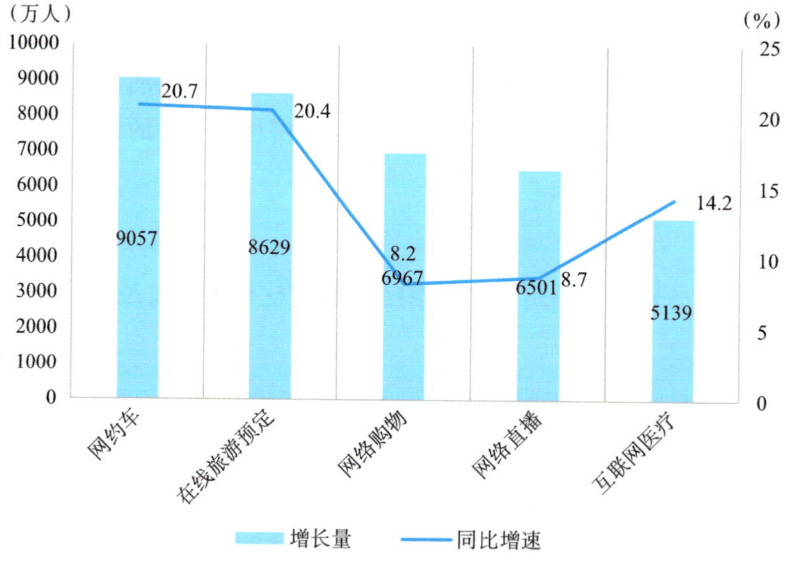

图 8 - 1　2023 年 12 月中国互联网分领域应用同比增量及增速

数据来源：CNNIC。

互联网产品种类和服务范围日趋泛化。以即时通信类产品为例，截至 2023 年 12 月，中国即时通信用户规模达 10.60 亿人，较 2022 年 12 月增长 2155 万人，占网民整体的 97.0%。2023 年，中国即时通信业务发展势头良好，技术创新步伐加快。一是业务发展前景广阔。除传统即时通信业务领域，网络广告营收取得明显增长外，即时通信业务重点发力的新领域，微信、QQ 等应用在内的短视频均实现快速发展。二是技术创新加速产品迭代。即时通信产品引入人工智能技术，在内容创作、数据分析、系统搭建等多个场景中提供智能翻译、自动问答等创新服务，有效提升即时通信产品的智能化水平，不断提高企业运营效率和产品服务能力。

最后，在广义层，依托信息产业、互联网经济，数字技术创新逐渐与传统产业、传统商业、社会治理进行融合，塑造新经济形态。根据国家发展改革委等部门公布的《关于支持新业态新模式健康发展激活消费市场带动扩大就业的意见》，技术创新助推数字经济提速，包含在线教育、互联网医疗、线上办公、数字化治理、产业平台化发展、传统企业数字化转型、"虚拟"产业园和产业集群、"无人经济"、培育新个体经济支持自主就业、发展微经济鼓励"副业创新"、探索多点执业、共享生活、共享生产、生产资料共享和数据要素流通在内的15种新经济形态成长前景广阔。

以在线教育为例，2016年中国在线教育用户规模13764万人，用户规模增长率为25.00%，在线教育使用率占比为16.60%（见图8－2）。2020年中国在线教育用户规模38060万人，用户规模增长率为63.70%，在线教育使用率占比为40.50%。根据艾瑞咨询估计，未来中国在线教育发展增速虽会下降，但市场规模仍会进一步扩大。在数字经济创新发展带动下，中国在线教育发展势头良好。一是在线教育政策红利持续释放。近年来，国家高度重视教育现代化建设，不断通过政策文件积极引导在线教育发展。二是在线教育企业呈现井喷式增长。在阿里、腾讯等互联网龙头企业的引领带动下，各地围绕K12教育、职业培训、高等教育、终身教育等细分领域积极探索布局在线教育新模式。三是在线教育用户规模持续扩大。

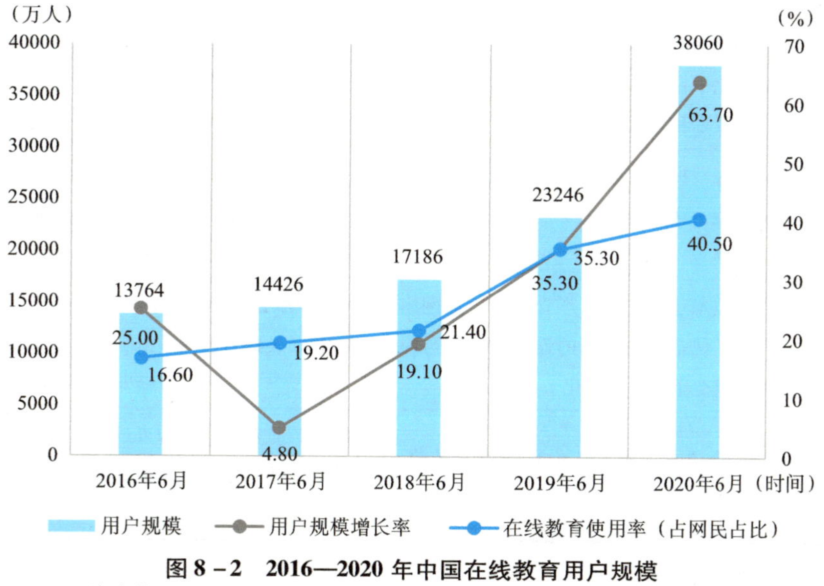

图8－2 2016—2020年中国在线教育用户规模

数据来源：CNNIC、资产信息网、千际投行。

（二）商业模式创新

中国数字经济创新发展，催生的商业模式创新涵盖了从数据驱动的决策优化、新产品和服务开发、供应链和生态系统重塑、客户旅程数字化改造、业务模式的全面整合、新业态新模式创造、资产管理和价值网络变革，以及全新收入来源等多个方面（见表 8－1）。这些创新不仅提升了企业运营效率和盈利能力，还为企业提供了新发展机遇和竞争优势。

表 8－1　数字经济发展背景下商业模式创新的特征和案例

创新商业模式	特征	代表性案例
数据驱动决策和运营优化	数字化技术通过强大的数据处理能力，能够深入渗透到企业经营各个方面，从决策方式、交易模式、用户体验、价值链构成等多个层面进行优化和创新	西南航空通过数据驱动的运营优化，显著提升了其服务质量和效率
新产品和服务开发	数字化技术使企业能够快速构建新产品和服务，满足市场需求	亚马逊通过颠覆式的电商模式，成功地将传统零售业转变为在线购物平台
供应链和生态系统重塑	数字化技术推动了供应链和生态系统重塑，使企业能够更好地协同和整合资源	海尔打造了 COSMOPlat 工业互联网平台，一端连着用户，另一端连接有生产能力的模块化供应商，同时连接有物流配送能力、设计能力的终端，最后形成了既包含资源方，又包含需求方的供应链加生态圈的模式
客户旅程的数字化改造	数字化技术使企业能够全面布局客户旅程的数字化改造，提升客户体验和满意度	以腾讯等为代表的互联网金融领军企业借助社交和线上支付领域的流量和生态圈优势，积极向消费金融、小微金融等领域扩张，并通过数字化、场景化产品创新满足用户多样化、个性化金融服务需求
业务模式全面整合	通过将传统商业模式和业务流程全面整合到数字化平台上，借助新兴技术来提高企业运营效率和盈利能力	通过打造阿里巴巴生态圈，该公司将供应链、物流、支付和电商等多个环节整合到一体，实现了全面数字化服务的提供，帮助企业在全球范围内拓展业务
新业态新模式创造	数字化转型提速，支持了多种新业态新模式的创造，这些新模式为企业提供了新的发展机遇	在线教育、互联网医疗、线上办公等
资产管理和价值网络变革	数字化技术还带来了资产管理和价值网络的变革，使企业内外部的连接、协同与组织方式发生了根本性变化	“神州金服云”为企业信贷挖潜、资质培育、风险评估提供了便捷有力的数据服务，以数字技术应用为驱动，推动产业链和资金链即金融供需两端精准对接
全新收入	数字化转型使企业关注全新的收入来源，如新的数字产品和服务以及新的商业模式	特斯拉通过消除汽车购买过程中的中间人，广泛使用数字技术重新定义汽车的制造和驱动方式，成为汽车行业的变革者

数据来源：根据新闻资讯资料整理。

具体而言，中国数字经济创新发展背景下，其商业创新模式可以归为以下三类。一是大数据驱动的商业模式创新：大数据技术应用推动了企业在价值主张、关键业务与流程、收益模式以及外部关系网络与价值网络重构中的创新。包括利用大数据进行市场细分、客户行为分析、产品推荐等，以及通过数据分析优化供应链管理和客户服务流程。

二是基于价值网络重构的商业模式创新：在数字经济背景下，企业通过重构价值网络，拓展新的收入源，以适应竞争压力和技术变迁带来的挑战，并通过改变企业经营方式，为企业创造了新的价值来源。其中，包括提高交易效率、降低成本、增加客户接触点等。

三是数字化、服务化战略与商业模式创新：数字化和服务化战略的实施，对商业模式创新产生了正向影响。这些战略帮助企业更好地理解和满足客户需求，从而推动商业模式创新。例如，零售业通过数字化转型，探索个性化、虚拟化消费内容以及数字化、平台化消费模式，在创新商业模式的同时推动业务长远发展。

（三）数字治理创新

中国数字治理创新主要体现在：第一，数字基础设施建设稳步推进。云计算、区块链和人工智能等技术的应用，是支撑数据要素市场和企业数字化转型，推动数字经济与实体经济融合的关键抓手。在云计算方面，中国电子技术标准化研究院发布的《云计算标准化白皮书》显示，全球云计算产业类别和服务模式逐步完善，产业规模加速扩容，呈现“一超多强”态势。同时，全球云计算市场竞争激烈，整体陷入存量竞争状态。而中国随着数字经济对国民经济发展推动力日益增强，云计算行业发展原动力日益凸显，传统 IT 服务企业加速切入云计算领域，产业进入高速增长阶段，全国云计算市场开始逐步走向繁荣。但在高速增长阶段，中国云计算行业也存在着市场整体规模依然仍旧偏小、SaaS 市场缺乏行业领军企业等问题（见表 8－2）。

表 8－2　　中国云计算行业发展历程

中国云计算行业发展历程	市场引入阶段（2007—2010 年）	1. 云计算概念不够明确 2. 成功案例十分缺乏 3. 重点厂商各自为政
	成长阶段（2011—2015 年）	1. 应用案例逐渐丰富 2. 用户对云计算逐渐了解 3. 市面上出现大量功能丰富的云应用解决方案供应商
	成熟阶段（2015—2017 年）	1. 云计算厂商竞争格局基本形成 2. 云计算厂商应用解决方案更加成熟 3. SaaS 模式逐渐成为市场应用主流
	高速增长阶段（2017 年至今）	1. 云计算市场整体规模仍旧偏小 2. 云计算市场仍处于高速增长阶段 3. SaaS 市场缺乏行业领军企业

数据来源：中国电子技术标准化研究院。

在区块链方面，2023 年，中国区块链技术应用与经济社会发展深度融合，应用方向涵盖实体经济、社会治理、民生服务、金融科技等重要领域，各类场景创新不断涌现。从备案情况来看，截至 2023 年 12 月，国家互联网信息办公室已公布十三批次共 3647 个境内区块链信息服务备案。其中，社会治理领域 1314 个，占比最多，约 36%；金融科技领域 570 个，占比约 16%；实体经济领域 558 个，占比约 15%；民生服务领域 309 个，占比约 8%；其他领域 896 个，占比约 25%（见图 8－3）。

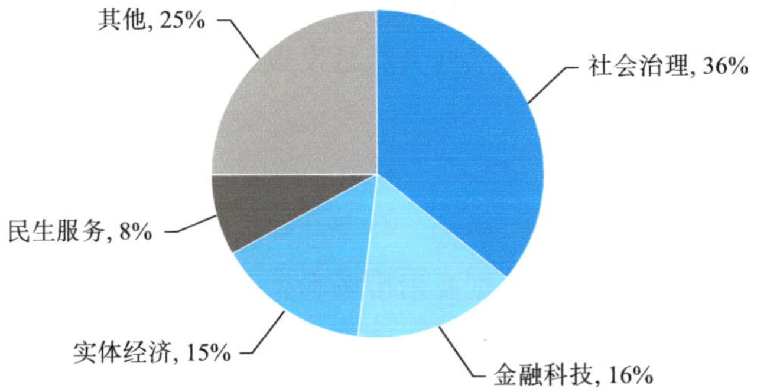

图 8－3　四大领域境内区块链信息服务备案数量占比

数据来源：中央网信办信息化发展局、中央网信办数据与技术保障中心。

从案例征集情况来看，中央网信办开展的 2023 年区块链创新应用案例征集活动数据显示（见图 8－4），民生服务类案例占比约 29%；社会治理类案例占比约 27%；实体经济类案例占比约 23%；金融科技类案例占比约 16%。

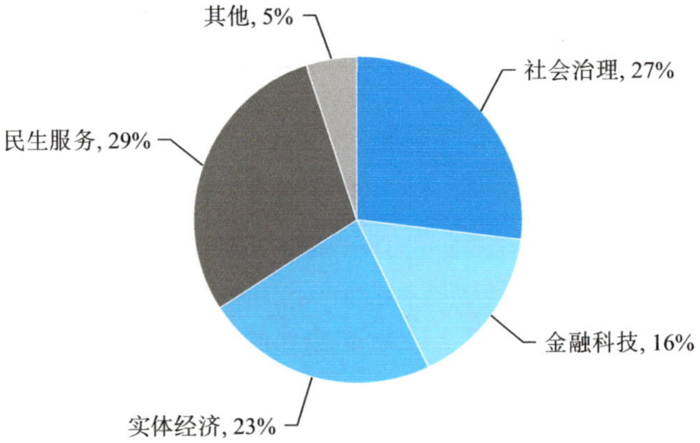

图 8－4　四大领域境内区块链信息服务备案数量占比

数据来源：中央网信办信息化发展局、中央网信办数据与技术保障中心。

区块链在社会治理领域，聚焦提升公共服务和治理能力，其在政务服务、政务数据共享、法治、税费服务、审判、检查、版权等场景应用价值持续释放，支撑服务透明化、平等化、精准化。在民生服务领域，聚焦保障和改善民生，推动其在教育、就业、养老、精准脱贫、医疗健康、商品防伪、食品安全、公益、社会救助等领域的应用，为人民群众提供了更加智能、更加便捷、更加优质的公共服务。

在人工智能方面，随着技术的不断进步和创新，人工智能正逐渐渗透到各个领域，产业规模不断增长。中商产业研究院显示，2022 年中国人工智能产业规模达到 5080 亿元，同比增长 18%。初步统计，2023 年规模达到 5784 亿元，增速放缓至 13.9%。2024 年，预测产业规模将增长至 6530 亿元（见图 8－5）。

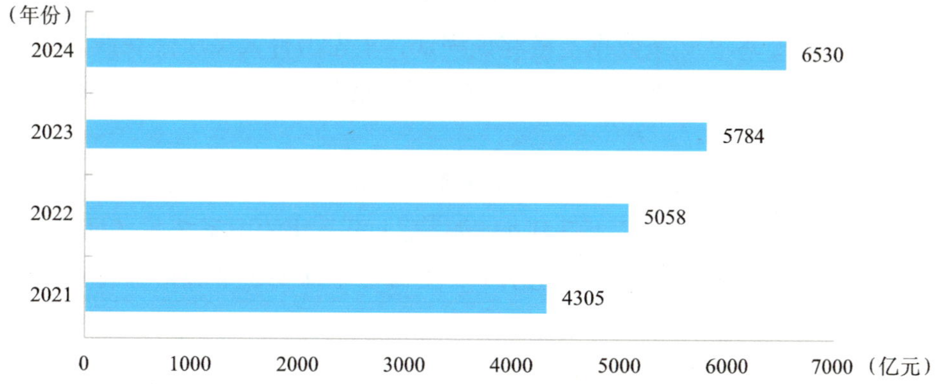

图 8－5　2021—2024 年中国人工智能产业规模及预测

数据来源：中商产业研究院。

从人工智能产业集群形成及区域布局来看，中国人工智能产业发展主要集聚在京津冀、长三角、珠三角、西部地区的成渝和西安、中部地区的武汉和长沙等地。珠三角形成以深圳—广州为中心的人工智能产业聚集区，长三角着力打造人工智能世界级产业群，京津冀协同建设具有全球竞争力的人工智能产业集群。

从国际比较来看，中国人工智能行业发展取得了显著成就，但整体发展水平与发达国家相比仍有较大差距，人工智能在快速发展的同时也面临着诸多挑战及问题。一是人才短缺挑战。中国人工智能人才培养体系尚不健全，人才培养周期长导致人工智能人才供不应求，特别是高端复合型人才需求紧缺。二是盈利困难挑战。人工智能技术应用落地过程定制比例高、周期长导致人工智能技术、产品或解决方案得到落地实施的成本较高、风险大、盈利难。三是数据安全问题。人工智能相关数据一旦被恶意利用，不仅危害个人隐私和企业资产安全，还会影响国家安全和社会稳定。

第二，数字政务协同服务效能提升。2022 年，中国数字政务加快向线上线下相协同、标准规范更统一的方向发展，“一网通办”“跨省通办”服务体系持续优化，有力提升企业和群众满意度、获得感。一是制度规则加快健全。全国各地积极推进数字技术应用与政府职能转变协调配套，探索打造“线上＋线下”协调管理模式。例如，北京坚持从办好“一件事”入手，打造“无事不扰、无处不在”的一体化综合监管体系；天津打造一批应用示范场景，强化“双随机、一公开”监管；浙江全面推进极简审批许可，加快实现商事主体登记“零干预、零材料、零费用、零跑动”。

二是党政机关数字化服务能力不断增强。商务数据中心《数字中国发展报告（2022年）》显示，国家电子政务外网覆盖范围持续扩大，已连接31个省（自治区、直辖市）和新疆生产建设兵团，实现地市、县级全覆盖，乡镇覆盖率达到96.1%。中央纪委国家监委机关推动基层小微权力“监督一点通”信息平台建设完善，已覆盖16个省份836个县（市、区），累计办结群众投诉68.7万件。智慧法院服务能力覆盖100%高院中院和97%基层法院，全国法院电子诉讼占比从2021年的24%提升至2022年的28%，全国统一司法区块链平台累计完成28.9亿条数据上链存证固证，率先出台人民法院在线诉讼、在线调解、在线运行“三大规则”。数字技术有力支撑群众信访办理，7日内程序性回复基本达到100%。

三是在线服务标准化、规范化、便利化水平稳步提升。从2012年到2022年，中国电子政务发展指数国际排名从78位上升到43位，是上升最快的国家之一（见图8－6）。其中“在线服务”指数排名保持全球领先水平，上海在全球193个城市综合排名中位列第10名，城市数字化服务达到国际领先水平。

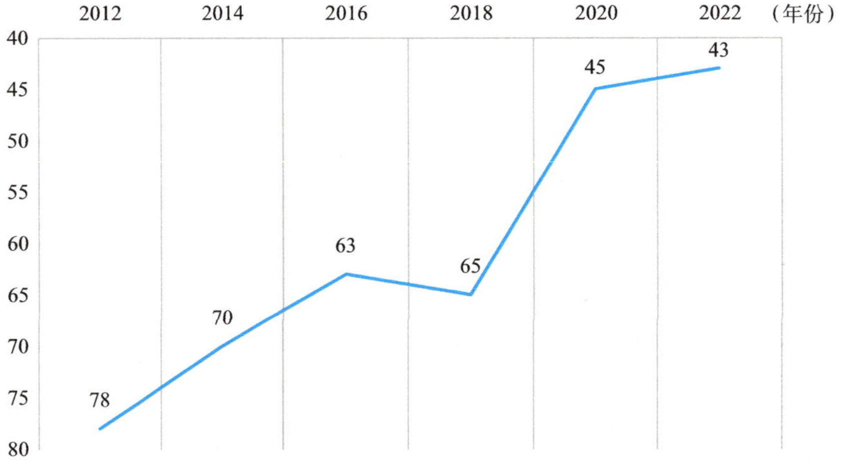

图8－6　中国电子政务发展指数国际排名

数据来源：《2022联合国电子政务调查报告（中文版）》、国务院办公厅电子政务办公室、商务数据中心。

截至2022年底，全国一体化政务服务平台实名注册用户超过10亿人，国家政务服务平台总使用量超过850亿人次（见图8－7），已初步实现地方部门500万余项政策服务事项和1万多项高频应用的标准化服务，大批高频政务服务事项实现“一网通办”“跨省通办”，有效解决市场主体和群众办事难、办事慢、办事繁等问题。同时，国家政务服务平台累计数据共享调用次数表明其在政务数据共享方面的高度活跃、广泛影响力、跨部门和地区的协同效应，以及政策和技术支持下的持续优化和创新。这些因素共同推动了政务服务效率与质量的显著提升，为企业和群众提供了更加便捷、高效的服务。

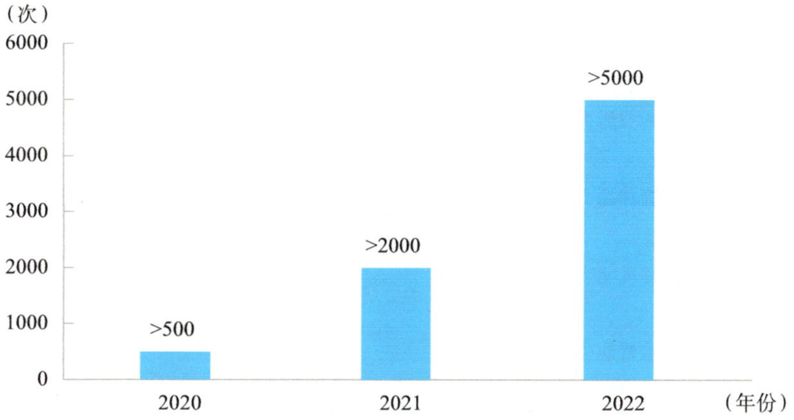

图 8-7　2020—2022 年国家政务服务平台累计数据共享调用次数

数据来源：国务院办公厅电子政务办公室、中国互联网络信息中心、商务数据中心。

第三，数字化赋能国家治理。中国政府全面贯彻网络强国战略，把数字技术广泛应用于政府管理服务，推动政府数字化、智能化运行，为推进国家治理体系和治理能力现代化提供了重要支持。具体而言，中国数字经济创新发展，数字化赋能国家治理主要体现在：一是治理流程再造和模式优化。通过创新治理理念和方式，推动治理流程再造和模式优化，不断提升国家治理效能。二是经济调节、市场监管和社会治理的数字化决策能力提升。综合运用大数据、人工智能等数字技术手段，提升这些领域的数字化决策能力，促进各领域政策有效衔接。三是基层社会治理共同体的构建。强化数字赋能推进基层治理，构建基层社会治理共同体，为提高社会治理水平和国家治理效能提供微观基础。四是发挥政务服务平台的支撑作用。全面强化政务服务数字赋能，充分发挥政务服务平台的支撑作用，着力提升政务数据共享实效，持续加强新技术的应用。

进一步结合中国数字政府建设案例实际情况，从《国务院关于加强数字政府建设的指导意见》中关于政府履职能力的主要几个方面来看，近年来，数字化赋能国家治理呈现新的分布形态。其中，2022 年，社会管理能力和公共服务能力的初选入围案例数量大致相同，占比均在 35% 以上。2023 年，公共服务能力案例数量占比最多，为 42.05%，社会管理能力案例数量占比则明显下降（15.91%），而经济调节能力案例数量则明显上升，占比为 15.91%（见图 8-8）。不难发现，公共服务能力始终是数字政府建设的重要内容，同时，经济调节能力则是新的重要建设方向。随着社会发展及建设的完善，社会管理能力在数字政府建设中的数量则有所下降。

（四）政策支持与环境建设

中国出台的与数字经济相关的政策主要集中在顶层设计和战略规划、产业数字化转型、数字基础设施建设、科技创新和技术攻关、中小企业数字化转型、公共数据管理和智慧城市发展、国际合作与交流等多个方面，这些政策措施共同构成了中国数字创新经济发

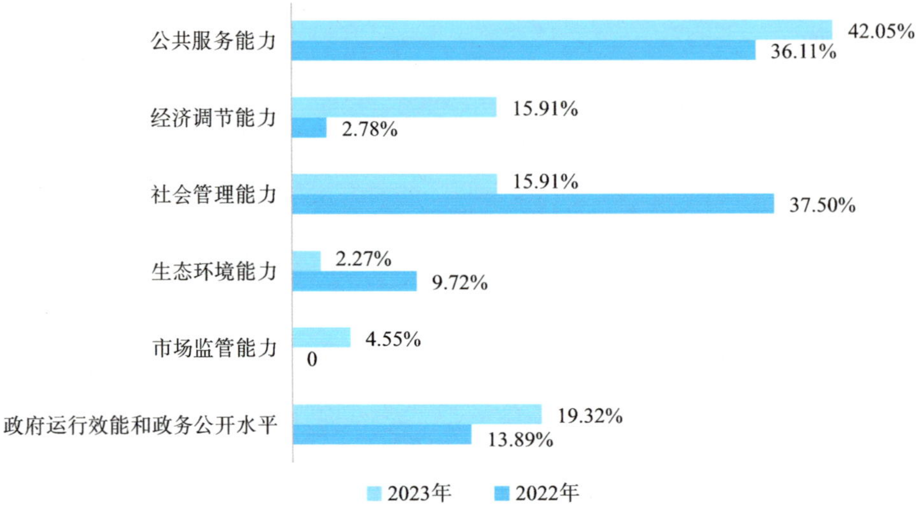

图 8－8　2022—2023 年初选入围案例在政府履职能力的案例数量占比

数据来源：东方财富网。

展的政策框架，对通过数字化手段促进经济高质量发展、加快实现数字经济与实体经济深度融合提供了政策支持。

总体上看（见图 8－9），2016 年《网络强国战略实施纲要》发布，提出建设网络强国“三步走”计划，中国数字经济行业发展已具雏形。2018 年，中国正式发布《数字经济发展战略纲要》，明确数字经济发展基础设施、服务等方面的系统战略部署。2019 年，《国家数字经济创新发展试验区实施方案》发布，国家数字经济创新发展试验区工作开展法规颁布。

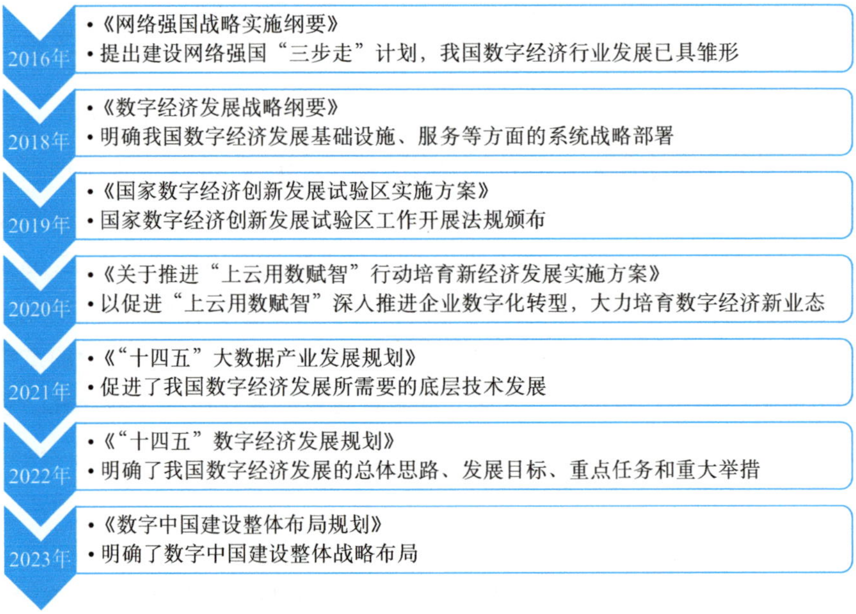

图 8－9　2016—2023 年中国数字经济发展政策历程

数据来源：前瞻产业研究院。

2020 年，《关于推进“上云用数赋智”行动培育新经济发展实施方案》颁布，以“上云用数赋智”深入推进企业数字化转型。2021 年，《“十四五”大数据产业发展规划》发布，促进了数字经济发展所需要的底层技术发展。2022 年，《“十四五”数字经济发展规划》发布，从顶层设计上明确了中国数字经济发展的总体思路、发展目标、重点任务和重大举措。2023 年，《数字中国建设整体布局规划》发布，明确了数字中国建设整体战略部署。

分区域来看，中国主要区域数字经济行业相关发展政策集中聚焦将数字经济与城市建设、高新技术产业园区、新一代信息技术产业园区的建设紧密结合（见表 8－3）。在京津冀地区，北京数字经济发展目标是到 2025 年数字经济增加值达到地区生产总值的 50% 左右，进入国际先进数字经济城市行列；到 2030 年，全面实现数字化赋能超大城市治理。在长三角地区，上海数字经济发展目标是 2025 年全面推进城市数字化转型取得显著成效，国际数字之都建设形成基本框架；2035 年成为世界有影响力的国际数字之都。在珠三角地区，深圳数字经济发展目标是到 2023 年全市数字经济产业增加值（市统计局口径）突破 1900 亿元，年均增速 6.5%；信息传输、软件和信息技术服务业营业收入（市统计局口径）突破 9000 亿元，年均增速 15.3%；软件业收入（工业和信息化部口径）突破 10000 亿元，年均增速 10.8%。

表 8－3　　截至 2023 年中国主要地区数字经济发展目标汇总

<table>
<tr><th>区域</th><th>省市</th><th>目标</th></tr>
<tr><td rowspan="3">京津冀</td><td>北京</td><td>到 2025 年，数字经济增加值达到地区生产总值的 50% 左右，进入国际先进数字经济城市行列；到 2030 年，全面实现数字化赋能超大城市治理</td></tr>
<tr><td>天津</td><td>2023 年，数字经济占国内生产总值比重全国领先</td></tr>
<tr><td>河北</td><td>2025 年，全省电子信息产业主营业务收入突破 5000 亿元</td></tr>
<tr><td rowspan="4">长三角</td><td>上海</td><td>2025 年，全面推进城市数字化转型取得显著成效，国际数字之都建设形成基本框架；2035 年，成为世界有影响力的国际数字之都</td></tr>
<tr><td>浙江</td><td>到 2025 年，数据经济发展水平稳居全国前列，达到世界先进水平，数字经济增加值占 GDP 比重达到 60% 左右</td></tr>
<tr><td>杭州</td><td>到 2025 年，全市规模以上数字经济核心产业企业营业收入达到 2 万亿元，增加值达到 7000 亿元并力争向万亿元迈进，增加值占 GDP 比重达到 30%</td></tr>
<tr><td>无锡</td><td>2024 年使无锡全市数字经济核心产业增加值达到 2500 亿元，占 GDP 比重超过 14%</td></tr>
<tr><td rowspan="4">珠三角</td><td>广东</td><td>2025 年，推动超过 5 万家规模以上工业企业运用新一代信息技术实施数字化转型，带动 100 万家企业上云用云降本提质增效，以数字化引领制造业质量变革、效率变革、动力变革，形成大中小企业融通发展的产业生态</td></tr>
<tr><td>广州</td><td>2025 年，两个万亿级数字产业集群要基本成型，数字经济核心产业增加值占 GDP 比重 15%</td></tr>
<tr><td>深圳</td><td>到 2023 年，全市数字经济产业增加值（市统计局口径）突破 1900 亿元，年均增速 6.5%；信息传输、软件和信息技术服务业营业收入（市统计局口径）突破 9000 亿元，年均增速 15.3%；软件业收入（工业和信息化部口径）突破 10000 亿元，年均增速 10.8%</td></tr>
<tr><td>佛山</td><td>2035 年全市数字经济总体规模达 2 万亿元</td></tr>
</table>

数据来源：前瞻产业研究院。

（五）研发创新

中国数字创新基础研究势力增长势头强劲，能在产业实践中持续转化输出应用价值，推动中国数字经济产业向价值链高端跃升。根据前瞻产业研究院数据，截至2022年底，中国数字经济核心产业发明专利授权量为33.5万件，占发明专利授权总量的41.9%，同比增长17.5%。中国数字经济核心产业发明专利有效量为160.0万件，占发明专利有效量总量的38.0%，同比增长20.3%。总体而言，中国数字创新基础研究发展迅速，数字经济发展科研成果数量规模较大，涵盖范围较广，科研水平相对较高。

从核心产业分类看，2022年四大核心产业发明专利均呈上升趋势（见图8－10）。其中，数字产品制造业专利数量最多，达到82.9万件，占数字经济核心产业发明专利有效量的比重为51.8%。数字要素驱动业为43.8万件，占比为27.4%。数字技术应用业为33.3万件，占比为20.8%。数字要素驱动业为296件，占比微小。

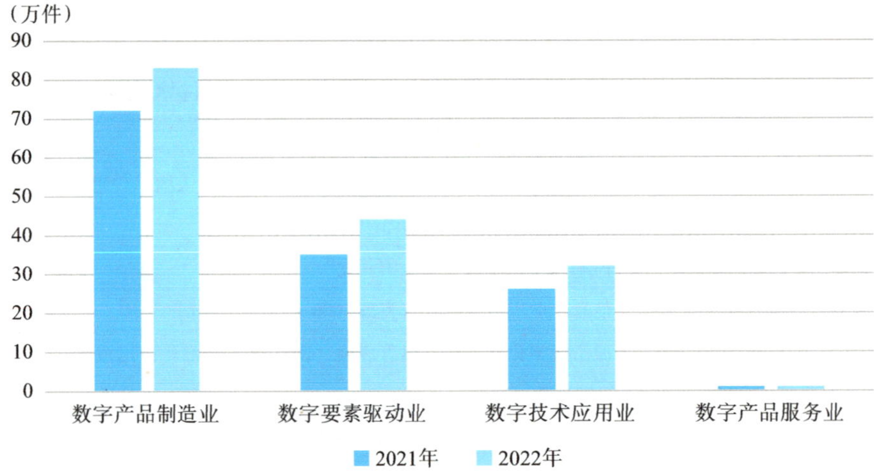

图8－10　2021—2022年中国数字经济核心产业发明专利情况

数据来源：国家知识产权局。

从区域差异看，中国数字经济发明专利呈集聚特征，主要分布在经济较为发达的东部地区（见图8－11）。其中，京津冀地区数字经济有效发明专利数量为27.6万件，占国内数字经济核心产业有效发明专利总量的21.7%。长三角地区34.0万件，占比为26.7%，粤港澳地区29.2万件，占比为22.9%。上述三个地区数字经济有效专利数量合计达到90.8万件，合计占比71.3%。

从国际比较来看，中国数字科技专利总数全球领先，但高价值专利落后于美日韩三国（见图8－12）。具体而言，中国数字科技专利总量全球第一，是排名第二美国的2.9倍，是排名2—10位国家总和的1.6倍。中国数字科技专利总量跻身世界前列，但高价值专利数量仍与世界顶级水平存在差距。中国高价值专利数量仅排在全球第四，落后于美国、日

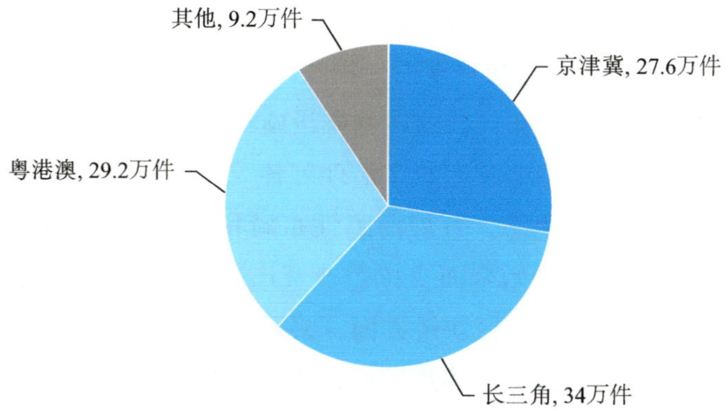

图 8－11 2022 年中国分地区数字经济核心产业发明专利情况

数据来源：国家知识产权局。

本和韩国。特别是越往价值链高端，美国的优势越明显。从近 10 年中美高价值专利数量走势看，这一差距并没有出现明显的缩窄态势。

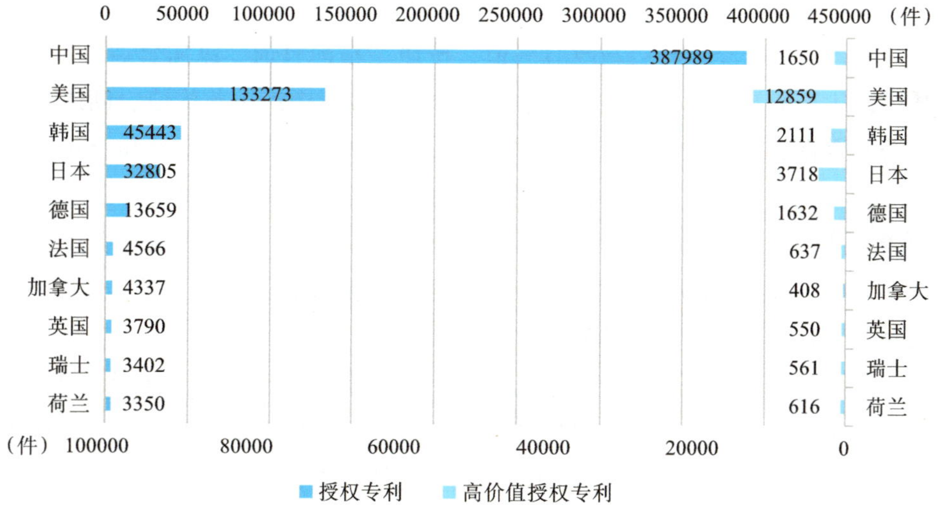

图 8－12 截至 2021 年主要国家有效发明专利授权数情况

数据来源：阿里研究院。

二、中国数字经济创新发展趋势

2023 年，中国经济通过全面深化改革、不断扩大开放，加大宏观调控力度，着力扩大内需、优化结构、提振信心、防范化解风险，整体经济形势保持稳健发展态势。而面对数字经济发展的大量新机遇，中国数字经济创新发展的趋势主要集中在数字基础设施与产业数字生态、数据市场和数据资源、数字需求、数字化与绿色发展以及全球数字治理等方面。

第一，数字基础设施建设与产业数字生态进一步融合。通过数字基础设施建设，中国在5G等网络基础设施建设上已经初具规模，物联网、云计算平台等都开始进入应用阶段，算力基础设施在全国形成了初步布局。这些基础设施将会与各个产业加速融合，全面支撑数据要素市场、企业数字化转型、政府数字治理等各类应用场景。全国各地将有针对性地依托数字基础设施和产业数字生态，开展前瞻性布局和实践应用。例如，在云计算方面，将推动云计算等算力基础设施开始全面支撑企业资产上云、产业链上云、产业集群上云，为产业集群实现协同奠定基础；在区块链方面，将开展部分发达城市的区块链等数据基础设施先行建设，以支撑当地数字信用体系发展，从而用高可信的数字营商环境促进当地经济增长；在人工智能方面，依托生成式人工智能（AIGC）技术，率先在交通、健康、环保等领域形成区域乃至全国性的智能化应用场景，帮助企业提升生产效率和质量，优化产品供给与服务。

第二，数据市场建设与数据资产化进程显著提速。从宏观层面上来看，中国各级政府将会积极探索全国统一的数据要素市场规则，进一步巩固中国在宏观数字化生产关系布局上的优势。在微观层面，企业经过近几年的数字化转型道路摸索，已经充分意识到变革生产关系的重要性，先行企业将会与政府一道，按照“横向打通、纵向贯通”的总体要求，开始实质性的生产关系变革，让数据要素在企业生产经营中产生新价值、创造新模式。同时，围绕公共数据、企业数据、个人数据等产生的细分应用场景，政府和企业可能会采取试点方式，积极探索数据资产化合理路径，解决数据资源的唯一性确定、定价方式、登记方式、监管方式等问题；建立企业数据资产的技术服务体系，以解决数据资产的封装、确权、追踪等问题；建立市场服务体系，以解决数据产品设计、登记、流通、交易等问题；建立监管体系，以保证数据市场的有效、公平和高效。

第三，数字需求效能加速释放，成为中国扩大内需的关键举措。就消费者角度而言，智能家居、数字文旅、数字赛事、国货“潮品”等领域存在大量消费增长点，这些增长点在AI、IoT、5G、AR/VR等数字技术驱动、政策支持、消费升级以及国内超大规模市场潜力推动下，有望转化为数字经济创新发展的热点。就经济发展而言，政府和企业级的数字需求释放对数字经济总规模的推动作用更强。政府作为规则的制定者，可以针对各行业特点，制定行业内的数字交易规则，从而推动行业企业的数字化转型，扩大企业间的数字交易规模。而企业其所属的产业集群数字化程度也会稳步提升，在市场竞争、数据驱动决策、政策支持、产业链协同、创新需求、人才培养和全球化趋势等多方面因素共同作用下，促使产业集群中的企业不断进行数字化转型，转型中会产生大量数据类产品，这类新产品会直接催生产业生态内的大量数字需求，并形成推动产业发展新动力。

第四，产业变革动向日渐明晰。对于第一产业，农业数字化是供给侧结构性改革的重要内容之一。未来农业数字化，将把数据要素市场与农业做深度融合，让数据要素深入农村，通过要素市场的资源调配能力，创造数字农业发展新范式、提高农业产业数字价值。

对于第二产业，2023 年中央经济工作会议强调："要大力推进新型工业化，发展数字经济，加快推动人工智能发展"，新型工业化的一个重要内容就是要利用工业互联网等工具发展数字经济、实现制造业数字化转型。并且，2024 年，中国新能源汽车、光伏等制造业产业链面临打造具有全球竞争力的工业互联网平台的机遇，一些领军企业将在国家统一布局下，建设一批各具特色的工业互联网平台。对于第三产业，围绕数据要素市场，会带来第三产业的大量发展机遇。依托规范要素市场中的可信数据来源，金融资产穿透的方式方法将会发生改变，从而带来基于数字技术的数字金融服务新模式。此外，依托数据市场将进一步推动医疗健康领域透明化，在符合相关法规前提下开发健康数据应用新模式。

第五，数字化与绿色化紧密结合，形成协同发展的强大合力。一方面，数字化让生态环境保护有了准确可靠的基础数据，从而有助于实现更高水平绿色化；另一方面，绿色化让数字化在生态环境保护领域有了更大应用场景，从而获得更高价值的数字化成果。2024 年，在特定行业和特定地域，将会涌现数字化与绿色化协同发展典型案例，并逐步形成两者融合发展的商业模式、治理模式。一些条件成熟的企业，也会在自身业务发展中充分考虑数字化与绿色化融合，借力政策红利，加速企业自身的数字化、绿色化转型发展。数字化与绿色化的总体趋势则是通过技术创新、管理优化和政策支持，推动各行业实现高效、低碳、可持续发展。这种融合不仅将提升经济效益，也会促进生态环境保护，最终推动社会全面可持续发展。

第二节　数字经济核心产业的价值链分工地位

根据中国《数字经济及其核心产业统计分类（2021）》，数字经济核心产业包括数字产品制造业、数字产品服务业、数字技术应用业、数字要素驱动业。这些产业在全球价值链中扮演着重要角色，并且随着数字技术发展，这些产业的价值创造活动越来越依赖于数据和数字技术。同时，数字经济核心产业的价值链分工是一个由多个环节和部门组成的复杂系统，每个环节都依赖于先进的数字技术和数据要素。这种分工不仅提高了产业效率和竞争力，还推动了全球价值链重构和优化。

一、数字经济核心产业的价值链分工测算方法

数字经济核心产业的价值链分工测算方法涉及多种理论和实证分析方法，包括生产分解模型、结构分解、增加值贸易核算方法和投入产出模型等。通过这些方法，可以全面了解数字经济核心产业在全球价值链中的地位和贡献，从而为政策制定和产业发展提供科学依据。

第一，生产分解模型。通过构建包含国内省际投入产出模型的国际投入产出模型，对

全球价值链分工进行测算。这种方法可以帮助分析各个环节在全球价值链中的地位和贡献。例如，全球数字价值链的增加值可以通过结合数字分工、传统分工和综合分工来测算。在中国制造业的研究中，生产分解模型被用来分析不同层级（全国、区域、行业、企业）要素流动对生产率的影响，这种多级分解思路有助于更细致地理解生产率变化的原因。在智能制造和复杂产品系统（CoPS）的研究中，模块化分解模型被用来降低开发管理难度和制造成本，这种方法通过将复杂系统分解为多个模块，简化了设计和生产过程。

数字产业生产分解模型的应用主要包括以下几个方面：一是全球视角。通过国际投入产出模型，分析全球数字价值链的结构和动态。二是层次化分类。采用线分类法和分层次编码方法，对数字经济活动进行系统分类和分析。三是产业融合。分析产业数字化过程中的技术应用、商业模式创新和管理方式变革。

第二，结构分解。利用结构分解方法，对数字经济下的全球分工新格局趋势进行研判。这种方法有助于理解不同国家和地区在全球价值链中的角色和影响力。同时，数字产业价值链分工结构分解模型涵盖了从数据增值环节到战略性新兴数字业态的多个层面，同时考虑了全球价值链的风险与应对、产业数字化的重要性、不同投入来源的影响效应、数字赋能的作用机制、数字经济渗透的影响、全球价值链生产引致的内外产出差异、数字全球价值链构建以及产业数字化转型等多个方面。这些因素共同作用，推动了全球价值链分工结构的演变和优化。

第三，增加值贸易核算方法。通过构建指标体系，对全球价值链（GVC）分工的多维特征进行全面分析。例如，可以使用 VAXR、DVR 和 GVC_Position 等指标来测算制造业全球价值链分工地位。这种方法是目前国际上广泛使用的一种核算方式，它通过构建国家间的投入产出表，计算各国在全球价值链中的增加值部分，能够消除传统贸易统计中的“统计幻象”，更准确地反映各国在国际分工中的实际利益。

这种测度方法表明，数字经济价值链的每一个增值环节都可以实现价值创造，价值链的流向是价值创造和价值转移的过程。数字技术显著促进了中国参与全球价值链分工的程度，并且中国使用国内数字技术更能促进其在全球价值链中的地位。在更大范围内，数字经济对全产业链的渗透和融合改变了技术经济范式，重塑了国际产业分工格局，加速了全球价值链分工的演进。此外，多重不确定性因素引发了全球价值链破坏性结构重构，韧性成为关键考量因素。

第四，投入产出模型方法。该方法是一种经济数据分析方法，利用投入产出表、投入产出系数和投入产出模型，对国民经济各部门之间的技术经济联系和影响进行分析。在数字产业价值链分工背景下，投入产出表需要反映不同环节之间的相互依赖关系，如数据产生与获取、跨境传输、集成分析等。该方法的分析范围应涵盖全球价值链中的所有关键环节，包括生产自动化、分布式制造、供应链 4.0、数字贸易、大数据营销、远程服务等多维视角。具体对象则是数字产业及其在全球价值链中的位置和作用。

这种测度方法表明，数字技术显著促进了中国参与全球价值链分工的程度，并且国内数字技术的使用更能促进中国在全球价值链中的地位。此外，数字经济通过提升生产率水平和降低外部交易成本两条渠道推动企业全球价值链嵌入长度的扩张。

二、数字经济核心产业的价值链分工测算结果与分析

从总体上来看，数字经济产业的兴起，有助于推动跨国公司全球价值链分工的多元化配置与重构，使全球价值链分工的调整更具弹性。一是数字化引领价值链分工转型。数字化与智能化的商务平台促使供需双方的互动对接更加顺畅，去除了中间环节，缩短了价值链分工链条，降低了冗余成本，提高了效率，并通过市场的及时、灵活反馈，优化并创新了价值链分工不同生产制造环节，为企业针对市场个性化需求提供了差异化竞争战略。二是数字化推进价值链分工重构。产业数字化改变了价值链分工链接方式，促使价值链分工参与主体之间链接更趋扁平化。基于产业数字化的价值链分工使各参与主体的决策更透明、信息更对称，改变了中国与发达国家上游企业之间的纵向分工关系，并日益横向化，为市场主体参与价值链分工提供了更多选择、更平等的机会。

具体而言，围绕数字产品制造业、数字产品服务业、数字技术应用业和数字要素驱动业这四类产业展开，进行数字经济核心产业的价值链分工结果测算与分析。一是以智能设备制造为代表分析数字产品制造业，二是以数字产品零售业为代表分析数字产品服务业，三是以软件开发行业为代表分析数字技术应用业，四是以互联网平台分析数字要素驱动业。

（一）智能设备制造

随着新一代信息技术与制造业的深度融合，智能制造已彻底改变了制造环节的产品、过程、装备、模式和业态，从而重构了全球价值链。并且，智能制造装备行业作为中国制造强国建设的主攻方向，其发展水平直接关乎中国未来制造业的全球地位。在分类上，智能制造装备主要包括机器人、传感器、工业控制软件、新型通信技术与设施等，这些都是价值链中基础与关键环节。在这些环节进行科技攻关和突破关键共性技术，智能制造装备能够显著提升生产效率和产品质量，从而推动制造业向高端价值链攀升。

结合生产分解法来看，智能制造产业的价值链分工可以分为上游、中游和下游三个主要部分：一是上游。主要包括核心零部件供应商，这些供应商提供硬件和软件层面的关键组件和技术支持，在智能制造价值链中扮演着基础性角色，能为中游企业提供必要物质和技术基础。实践中，中国企业在智能制造硬件与软件市场竞争力较为薄弱，但发展速度快，助力其在智能制造价值链中攀升。以激光器国产化率为例，低功率激光器已基本实现国产替代，中功率激光器国产化率也在快速提升，高功率激光器的国产化从 2018 年的 34.48% 增长至 2022 年的 83.55%（见图 8 - 13）。

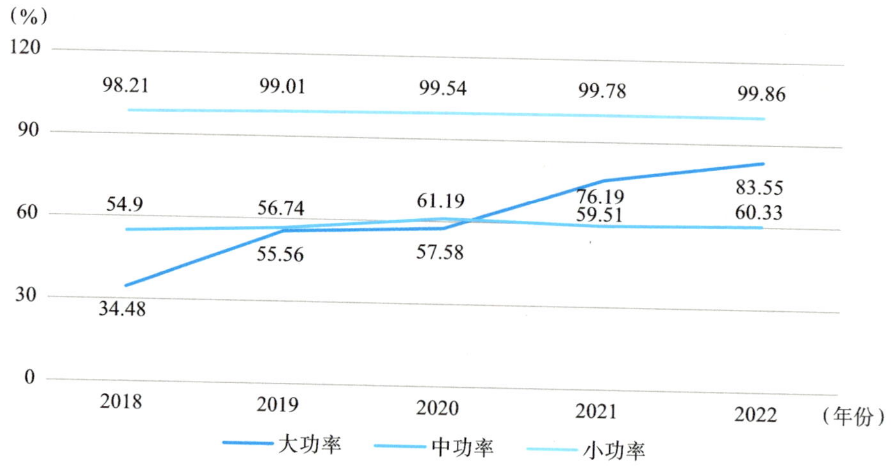

图 8－13　2018—2022 年中国光纤激光器国产化渗透率

数据来源：中商情报网。

二是中游。主要是智能制造企业，这些企业通过提供智能制造装备与解决方案参与市场。它们利用上游供应的零部件和技术，结合自身的研发能力，生产出高质量、高技术含量的智能产品，推动自身在价值链中的位置逐步向上游移动，提升了企业在全球价值链中的地位。需要注意的是，在这一环节，研发成本是智能制造企业的重点支出，工业细分领域过多，且设备要求不尽相同，设备通用性低，需要就具体领域进行调整。同时，智能制造研发人员学历门槛高、薪资高，因此智能制造企业研发投入高。

三是下游。主要是终端用户和销售渠道，包括零售商、分销商等。这些环节负责将智能制造的产品销售给最终用户，完成整个产品的市场流通过程。例如，3C 电子与汽车产业市场化程度更高，消费者信息反馈更加及时，该类企业更偏好于分析消费者偏好与需求进而对其产品进行升级，因此该领域产品迭代周期短，对生产效率要求更高。对效率的更高要求推动制造技术进步，从而提升智能制造行业内渗透率，为以传统制造业为核心的全球价值链解构和以智能制造产业为核心的价值链重构带来契机。

（二）数字产品零售业

数字产品零售业的价值链分工涉及供应链管理、客户体验优化、数字化营销等多个环节。通过综合运用现代技术手段，零售企业可以实现更高效的运营、更好的顾客体验和更大的经济效益。并且，数字化转型使得零售企业能够更好地了解消费者需求和行为，从而提供更加个性化和便捷的购物体验。这种转型不仅改变了传统的商业模式，还为零售业全球价值链变革带来机遇。例如，新零售通过互联网、大数据和人工智能等技术手段，实现线上线下的深度融合，重塑零售业的形态和模式。

此外，在对数字产品零售业的全球价值链分工新格局分析上，如图 8－14 所示，中国数字产品零售业在全球分工格局中占据显著主导地位。中国不仅是全球最大的电子商务市场，而且在全球电子商务市场中保持领先地位。并且，中国在线零售总额接近2.2万亿美元，远超美国、英国等发达国家。

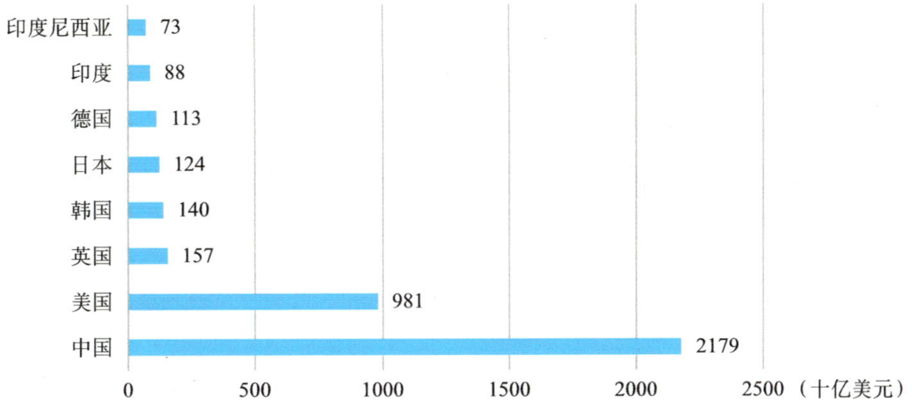

图8－14　2023年全球主要国家电子商务市场规模

数据来源：Statista、观察者网。

中国电子商务市场不仅在规模上领先，还在技术和创新方面展现出强大的竞争力，尤其是移动渠道对零售业的贡献越来越大。中国政府也积极推动电子商务发展，并制定了相关政策以支持这一行业的高水平发展。这些政策措施有助于提升中国零售业的国际竞争力，并促进其在全球市场保持领先地位。

（三）软件开发业

软件开发业的价值链分工涵盖了从需求分析到部署和维护的全过程，包括产业链的上中下游结构和全球价值分布。从全球软件产业链价值分布来看，美国掌握着全球软件产业的核心技术和市场份额，占据世界软件产业链的上游。实际上，如图8－15所示，微笑曲

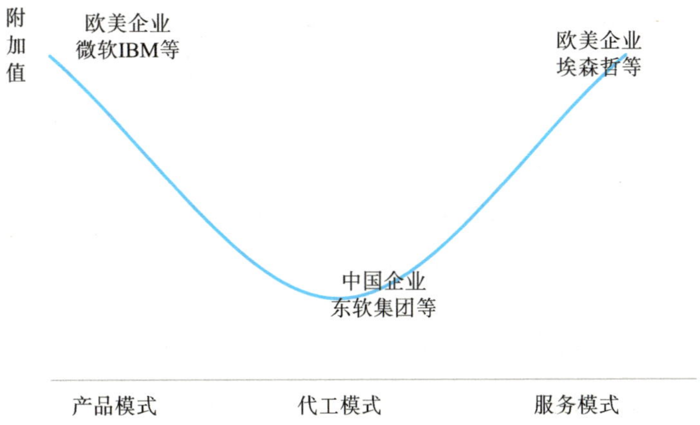

图8－15　全球软件产业价值链分布

数据来源：前瞻网。

线显示，位于高附加值两端的均由欧美企业把持，分别是曲线左上端的软件产品研发，代表整个软件业技术最集中的部分，也是软件创新的根本，代表企业有微软和IBM；曲线右上端的软件服务，它包括管理咨询、二次开发等内容，即服务模式，代表企业有埃森哲等。而中国处于曲线底部，主要是软件外包产业，这部分工作属于低层次、重复性劳动，所以创新成分较低，代表企业有国内的东软集团等。

从中国软件开发业的增加值贸易规模来看，以软件业务出口衡量，2020—2023年，软件业务出口规模保持在500亿美元以上，虽然2023年出口规模及增速有所回落，但仍处于较高水平，这表明中国软件开发业在国际市场上的竞争力仍然较强，且具有一定的增长潜力（见图8-16）。

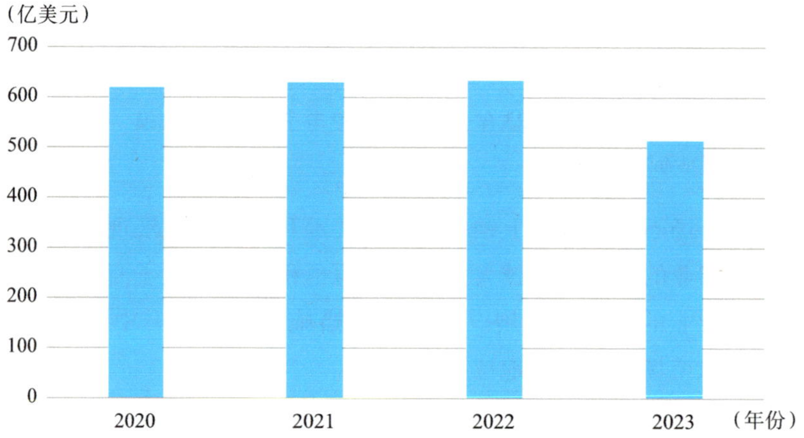

图8-16　2020—2023年中国软件业务出口规模

数据来源：工业和信息化部。

（四）互联网平台

互联网平台通过其独特的“零定价”和“动态竞争”特征，使得市场份额在平台经济领域中的作用被削弱。这种变化导致传统的市场支配地位认定标准需要调整，以适应互联网平台的特殊性。同时，互联网平台的价值创造路径也从传统的价值链转变为价值环或价值网。例如，小米公司通过构建移动互联生态圈、智能终端生态圈和互联网共享平台，展示了互联网企业如何通过协同演化和价值网构建来实现价值创造。这种转变不仅体现在单一企业内部，也体现在整个产业结构中，形成了线上线下相互连接和交织的价值网络。

平台模式还产生了显著的网络效应，实现多主体共赢。网络效应是指用户数量增加时，平台的价值和吸引力也随之增加，从而进一步吸引更多用户。例如，阿里巴巴、百度、腾讯和京东等大互联网公司均基于平台模式运营，在全球范围内取得了巨大成功。

此外，互联网平台具有低成本性、高开放度、高共享度和网络外部性等技术经济特征，这些特征决定了平台的发展方向和竞争优势。例如，信息技术在价值链过程中发挥着使能作用、杠杆作用和协调作用。

需要注意的是，互联网平台的价值链分工地位体现在其作为连接各方的中介角色，以及通过技术手段实现高效运营的能力。这种模式虽然带来了市场上的竞争优势，但也需要注意合规性和公平竞争问题，以避免滥用市场支配地位的风险。

第三节　中国数字经济创新发展问题及对策

当前，各国充分认识到依托数字化转型实现经济发展的重要性，欧美发达国家更是力图主导数字经济创新发展的关键与核心技术，并将其列入战略必争领域，试图进一步加强其主导规则下的关键和新兴技术国际标准领导力，进而把握未来数字经济高质量发展的主动权。与此同时，中国数字经济发展活力迸发，创新步伐日渐加快，数字产业化和产业数字化进程加速推进，数字技术催生的新技术、新业态、新模式与经济社会各领域交叠融合，对中国经济社会发展的引领支撑作用日益凸显。但在中国数字经济创新发展过程中，仍存在制约其发展质量提升的典型问题，亟须采取针对性措施，加以重点突破。

一、中国数字经济创新发展问题

第一，关键核心技术创新亟待增强。是否掌握数字经济主导技术路线、关键技术直接关系国家数字经济竞争力和产业链供应链安全，但中国数字经济关键核心技术创新不足，在技术路线选择与产业发展转型上存在外来冲击风险。一是中国数字经济关键核心技术自主可控程度较低。半导体产业集中于下游应用环节，上游原材料 + 设备、中游制造涉及相对较少（见图 8 - 17）。高端芯片、核心元器件、基本算法等 300 多项与数字产业相关的关键技术仍然受制于人，工业控制软件总体市场规模呈上升趋势，但开发技术门槛最高的研发设计类软件占比依然较低（见图 8 - 18）。数字技术的产业化应用、工程化推广、商业化运作缺乏成体系推进，对中国数字经济发展安全稳定性形成挑战。二是中国数字经济的底层技术逻辑被替代风险大。过去十多年，中国数字经济崛起主要是建立在以 5G 为代表的“软硬件一体化”数字经济技术路线选择上，强大的数字经济技术形成了数字经济崛起的巨大优势。但是，发达国家凭借其在基础软件和芯片技术上的优势重构全球数字经济技术路线，极力倡导以“开源”取代“软硬件一体化”，通过接口标准、核心软件和底层芯片重新定义数字经济基础，中国数字经济底层技术逻辑被冲击风险大。

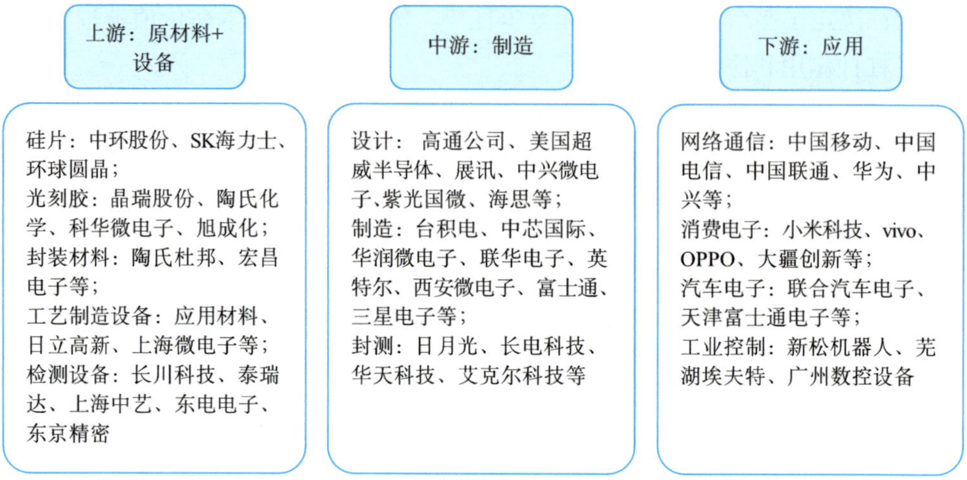

图 8－17　中国半导体上中下游产业链概况

数据来源：前瞻产业研究院、腾讯网。

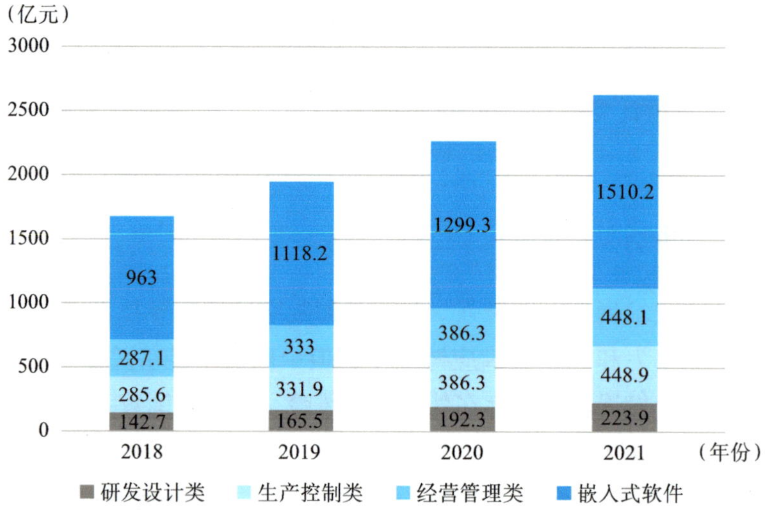

图 8－18　2018—2021 年中国四大类工业软件市场规模

数据来源：华经产业研究院。

第二，数字与实体经济融合程度有待提升。中国数字经济规模虽稳居全球第二位，但整体上数实融合程度还比较低，发展还不平衡，企业数字化转型成本比较高。一是中国三次产业数实融合程度不平衡性大。根据《中国数字经济发展研究报告（2023 年）》，2022 年中国第三、二、一产业数字经济渗透率分别为 44.7%、24.0% 和 10.5%，同比分别提升 1.6 个、1.2 个和 0.4 个百分点，第一、二产业渗透率仍大幅落后于第三产业，第一、二产业数实融合程度较低且增速明显慢于第三产业，这将极大地影响劳动生产率的提高。二是数实融合程度明显滞后于发达国家水平。《全球数字经济白皮书（2023 年）》显示，全球第一、二、三产业的产业数字化水平最高分别超过 30%、40%、70%，中国三次产业数字经济渗透率与发达国家差距较大，仅第一产业数字经济渗透率超过测算51个国家平均水平。三是大量中小企业在数字化转型中踟蹰不前。中小微企业在面对跨越数字鸿沟时，由于转型能力不足、转型成本高昂、转型阵痛期长、市场缺乏有效供给和适用产品与服务等原因，存在着不想转、不会转、不敢转等问题。证券时报网数据显示，中国仍有29%的中小微企业对数字化转型呈消极或观望态度，近七成中小微企业数字化转型投入占营业收入比重在40%以下。

第三，多层次数字化人才培养仍需提速。高技能、复合型人才对推动数字经济高质量发展、赢得国际竞争新优势发挥关键作用。中国数字化人才面临严峻短缺形势，数字领域巨大的人才缺口成为中国数字经济发展的核心瓶颈。具体而言，一是数量型短缺问题长期存在。数字产业化和产业数字化加速推进，催生了众多新产业新业态新模式，带动数字人才需求呈爆发式增长态势，相比之下，数字化人才供给总量趋于平缓、供不应求的数量矛盾长期存在。根据图8－19，未来中国ICT人才缺口持续扩大，在2025年预计将超过2000万人，2021—2025年人才缺口年均复合增长率达到11.7%。二是结构性短缺问题加速显现。在产业结构方面，据中国信息通信研究院政策与经济研究所测算，2019年数字产业化就业岗位需求占总招聘岗位的32.6%，产业数字化就业岗位需求占67.4%，其中第三产业占60.2%、第二产业占7.1%、第一产业占0.1%，数字化人才的产业分布呈现第三产业显著多于第二、一产业的特征。长期来看，数字化人才由第一、二产业向第三产业流动的趋势仍在加剧，行业结构性短缺问题十分严峻。在区域结构方面，2022年，北京、上海、广州和深圳4个城市吸纳了46%以上的数字化人才（见图8－20），二三线城市数字化人才则流失严重，但后者正迎来经济社会数字化转型的发展浪潮，数字产业化、产业数字化和数字化治理加速推进，数字化人才短缺形势严峻。

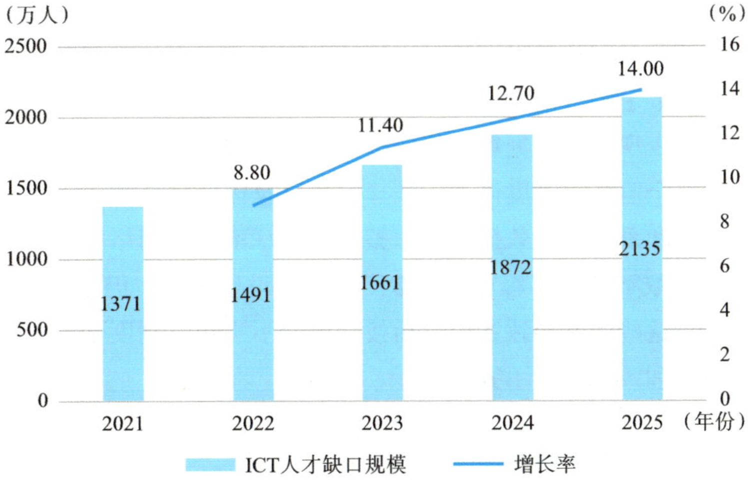

图8－19 中国ICT人才缺口预测

数据来源：《中国ICT人才生态白皮书》。

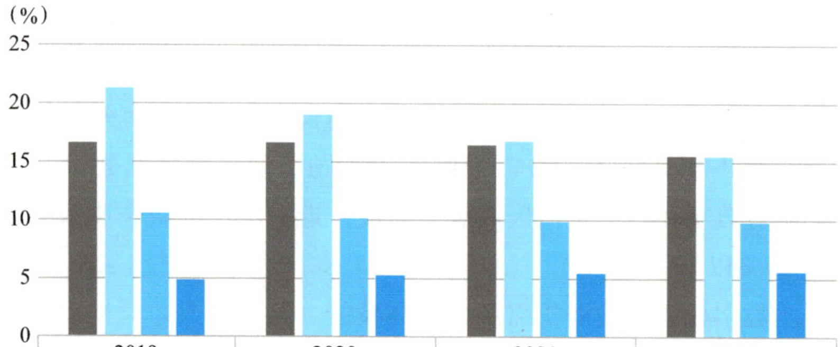

	2019	2020	2021	2022	(年份)
■上海	16.63	16.66	16.47	15.56	
■北京	21.29	19.04	16.78	15.5	
■深圳	10.57	10.16	9.91	9.84	
■广州	4.9	5.32	5.51	5.63	

■上海 ■北京 ■深圳 ■广州

图 8－20　2019—2022 年中国四大城市数字人才占比

数据来源：链上数字产业研究院。

第四，数字治理体系和监管规则亟须健全。数字规则是全球数据竞争的重要利器，是数字经济时代掌握话语权的重要制度基础，但是中国数字规则存在与数字经济发展地位和速度不匹配、不适应问题。一是国际上发达国家把持数字规则严重冲击中国数据治理体系。发达国家通过制定和推广自己的数据治理标准，在全球范围内形成统一规则体系，这对中国数据治理体系构成了挑战。例如，欧盟通过立法为数据跨境传输规定了严格条件，基本宗旨是确保其数据保护水平不会因数据向第三国或国际组织传输而下降。这种做法不仅限制了数据自由流动，还可能导致中国在数据出境监管方面受到约束。同时，中国在数据管理标准体系方面仍存在诸多挑战，导致数据难以互通。这使中国在与国际规则接轨时面临困难，无法有效应对发达国家在数据治理方面的压力。二是中国数字制度建设滞后于数字经济发展。中国数字经济制度建设与数字经济快速发展的现实不相匹配，成为数字经济发展的掣肘。具体表现在，数据壁垒依然存在，关于数据权属确认、数据交易规则、数据流通体系、数据安全监管等制度体系、法律法规以及标准规范等还不健全，数字经济企业间不同的业务框架和系统导致数据联通、整合与共享不足，网络安全保障体系还有不少突出短板，制约着“数字红利”释放。在数字政府建设过程中，仍存在顶层设计不足、体制机制不健全问题。这些问题导致系统不衔接、部门不协同、制度不完善、交互不畅通等现象，促使服务质量和效率参差不齐。

二、中国数字经济创新发展对策

第一，加快数字核心技术突破，超前部署关键基础设施，优化数字创新技术路线选择。要以关键核心技术自主创新为重要抓手，加强重大科技攻关，体系化提升数字技术自主创新能力。一是要打好关键核心技术攻坚战，提高数字技术基础研发能力，深入推进5G、人工智能等数字经济关键核心技术研发和标准研制，牢牢掌握数字经济技术自主权。二是更大力度推动数字基础设施优化升级。协同建设5G网络与千兆光网，加快建设全国一体化算力网络，深入实施“人工智能+”，加快发展数字经济核心产业，持续推进经济社会数字化转型发展。三是系统梳理和研究符合中国国情和安全的数字经济技术路线，扩大数字经济技术发展底层逻辑优势。提出战略性、前瞻性、引领性创新策略，通过深化数字技术应用，形成更多新的经济增长极，在生产、分配、流通、消费各个环节全面深化数字化转型。

第二，激活数实融合内生动力，释放数字要素发展潜能，发挥数实融合全产业链条核心价值。一是激活数据、技术、场景、生态等内生驱动力。通过从单纯的数据“物理汇聚”向数据“化学反应”的转变、从数字核心技术跟跑到自立自强转变、从大企业点上示范向中小企业面上推广转变、从传统监管向包容协同的数字治理转变，更好地实现数实融合的深度和实际应用。二是发挥数实融合全产业链条核心价值。聚焦人工智能、大数据、工业互联网、区块链、元宇宙等数字核心产业，加强面向多元化应用场景的技术融合和产品创新，丰富数字技术应用场景，使数字技术深度融入千行百业。并通过数字化技术赋能，带动产业链、供应链、创新链、价值链全面升级，提升经济发展韧性。三是充分释放数据要素资源潜能。进一步扩大数据要素市场规模，最大限度激活数据要素资源潜能。通过加强数据交易、公共数据开放和数据产业创新，打通数字供给堵点。大力实施数实融合人才引进和培养计划，提升全社会的数字素养和数字技能，夯实数实融合走深向实基础。

第三，构建多层次数字人才培养体系，提高复合型、高技能人力资源积累。一是全面提升数字化人才培养与技能培训。完善数字化人才培养体系，探索产教融合新教育模式，打造职业院校与用人单位高度协同、政府推动与社会支持相互结合的数字化人才职业培训体系，弥补数字化人才供给缺口。二是强化重点领域数字化高端人才培养。加强数字化领域科技领军人才和创新团队培养建设工作，发挥国家实验室、国家科研机构、高水平研究型大学、科技领军企业的先导作用，围绕5G+、工业互联网、大数据、云计算等重点领域、重点产业，加大科研支持力度。三是完善劳动力市场数字化基础设施，提高人才服务能力。支持各类劳动力市场、人才市场、零工市场建设，推动公共就业服务体系数字化、智能化升级，鼓励智能化就业服务平台建设，优化招聘信息推送、人岗智能匹配等个性化就业服务，提高人才供给和人才需求对接效率，化解数字人才结构性短缺矛盾。

第四，完善数字治理体系，健全数字经济监管规则。一是持续完善数字经济治理顶层制度设计。针对数据确权、交易、安全等数字经济发展中出现的新情况、新问题，建立协调统一的数字经济治理框架和规则体系，并从制定规划、政策、体系、机制等方面加强顶层设计，同时鼓励实践探索，坚持顶层设计与实践探索的良性互动。二是加强协同治理和监管机制。增强政府数字化治理能力，完善多元共治新格局。涵盖跨部门、跨地区的协同监管机制，以及政府主导、多元参与的治理模式。三是积极参与和推动数字经济全球治理，抓住数字经济国际规则制定的机会窗口，在全球数据治理、网络空间治理等重点领域，积极参与制定国际标准和规则，贡献中国数字经济治理经验和智慧，加快构建开放、兼容、安全、高效的全球数字经济治理体系。

第九章
人工智能赋能新型工业化[①]

党的二十大报告提出："坚持把发展经济的着力点放在实体经济上，推进新型工业化。"习近平总书记在2023年全国新型工业化推进大会上就推进新型工业化作出重要指示："把高质量发展的要求贯穿新型工业化全过程，把建设制造强国同发展数字经济、产业信息化等有机结合，为中国式现代化构筑强大物质技术基础。"当今世界，以大数据、云计算、人工智能等新一代信息技术广泛应用为主要内容的第四次工业革命迅速发展，我国推进新型工业化与第四次工业革命形成历史性交汇。人工智能作为第四次工业革命的通用性目的技术，对经济社会发展的影响越来越显著。以人工智能赋能新型工业化，加快推进人工智能与制造业深度融合，是新时期推进我国新型工业化发展的重要途径。

第一节　中国式现代化视域下新型工业化的新内涵和新特征

一、新型工业化的新内涵

党的十六大报告提出："坚持以信息化带动工业化，以工业化促进信息化，走出一条科技含量高、经济效益好、资源消耗低、环境污染少、人力资源优势得到充分发挥的新型工业化路子。"传统意义的新型工业化植根于第五次技术革命浪潮时期的信息化时代，新一代信息技术在中国的发展处于开端。然而现阶段全球已经进入以数字技术为主要特征的新一轮技术革命浪潮中，数字化和智能化的趋势愈发明显。在数字经济时代，中国式现代化下新型工业化的核心内涵逐渐深化。结合新型工业化的发展逻辑和原有内涵，笔者认为，中国式现代化下的新型工业化是以有效市场和有为政府更好结合为保障，以数据赋能为动力，以兼顾环境效益与经济效益为目标的智能工业化。根据新内涵，中国式现代化下

① 本章作者为杜传忠，南开大学经济与社会发展研究院教授。

的新型工业化应包含“一个核心”“三个基本面”。“一个核心”是指智能技术触发的智能化贯穿工业化的全过程；“三个基本面”是指以有效市场和有为政府更好结合为保障，以数据赋能为动力，以兼顾环境效益与经济效益为目标。

中国式现代化下新型工业化的核心是智能工业化。智能工业化是对两化融合内涵的深化，是工业化的高级形态。智能工业化将以人工智能为代表的智能技术嵌入工业内部，使智能化与工业化融合愈发紧密，最终实现智能化与工业化的充分融合。一方面，智能化与工业化的融合贯穿制造业全过程，形成智能制造模式，带动产品质量和生产效率的提升。智能制造的核心在于人工智能赋能机器，使其具备感知、分析、学习的能力。在设计和研发过程中，智能化能够使产品在虚拟环境中进行测试和模拟，实现产品性能的优化。在生产过程中，智能化能够链接各种智能设备，使生产过程实现实时可视化。在产品全生命周期管理过程中，智能监测和维护能够及时找出制造过程的问题节点，并进行自我修正，从而保证产品质量。另一方面，智能化与工业化的融合是制造业与服务业融合的微观表现。将服务思想嵌入制造业企业的运行理念中，催生出服务型制造的生产模式。服务型制造以智能技术为依托，注重企业与客户的合作，以提供更灵活和更高附加值的产品和服务，这是新型工业化下的新制造方式。

数据赋能、人工智能赋能是中国式现代化下新型工业化的新动力。一方面，依托数字技术、智能技术将信息转化为数据资源，通过数据流动和积累打通生产链的拥堵环节，控制工业信息流，对传统生产要素进行有效配置，通过识别资源浪费和低效率环节，及时调整生产要素投入组合，消除资源结构性短缺或结构性过剩，实现要素资源的协同；另一方面，人工智能等技术在一定程度上替代了体力劳动和脑力劳动，催生了人机协作的交互式学习模式，使数据要素与劳动力、技术等传统生产要素相协同，提升企业智能化水平，从而推动产业转型升级，为提升新型工业化的运行效率提供内生动力。

中国式现代化下新型工业化除了向数字化、智能化转型外，还进一步向绿色化转型，兼顾环境效益与经济效益是中国式现代化下新型工业化的基本目标。一方面，ESG 投资体现了经济发展、环境保护和社会公正的可持续发展理念，已经成为外部投资者考虑的主要投资项目。投资者投资偏好的转变迫使市场主体在新型工业化发展过程中采用绿色智能技术满足日益增长的环保需求，实现经济活动的绿色化。另一方面，绿色思维渗透到产品制造的全生命周期，数字技术、人工智能技术的更新使传统高耗能技术逐渐被替代，使生产模式趋于绿色化。

二、新型工业化的新特征

在数字经济时代，中国式现代化面临技术快速更迭和全球贸易放缓的现状，以人工智能为代表的数字技术对经济社会的引领带动作用日益凸显。党的二十大报告提出了中国式现代化的五个特征，不仅揭示了新型工业化发展的新特征，而且为新时期加快推进新型工业化指明了方向。

第一，推动劳动力要素与新技能、新就业形态的有效匹配。中国式现代化是人口规模巨大的现代化，人口规模巨大是新型工业化发展的现实基础。一方面，人口规模对新型工业化进程中的劳动力就业问题提出了挑战。不断上涨的劳动力成本和人口老龄化压力使中国逐渐丧失劳动力优势，同时数字技术对劳动力技能匹配提出了要求。新一代信息技术通过挖掘消费者偏好等市场信息，能预测供给数量和价格。然而劳动力对数据的处理和分析能力欠缺，存在人力资本无法匹配数字技术的窘境，出现结构性失业。另一方面，数字平台的兴起对传统标准化的雇佣制就业形态发起了挑战。具备灵活性的“去雇主化”新就业形态具有强大的就业吸纳能力，可以弥补传统就业岗位的不足，为解决劳动力就业问题提供了新途径。依托对资源的重新配置和精准匹配功能，数字平台突破传统产业链在地理、资源等方面的束缚，通过虚拟空间将任务进行碎片化重组，使就业形态突破时空限制，因而劳动力可以随时随地从事自己能力范围内的多项工作。新就业形态凭借低成本、高效率满足新型工业化的市场需求，进而改善资源配置效率和产业组织形态。这就要求在新型工业化的发展过程中，不仅要使人力资本的发展与新技能相匹配，而且要推动人力资本与新就业形态相匹配。

第二，构建协同化、共享化的要素市场。中国式现代化是全体人民共同富裕的现代化，全体人民共同富裕是中国特色社会主义的本质要求，也是新型工业化发展的本质要求。中国式现代化并非绝对的平均主义，而是讲求差距在合理范围内。就收入差距方面而言，一方面，数据垄断出现了“赢者通吃”的局面，隐私加密技术可以用于隐藏财务交易和资金流动，使税务当局难以监测和追踪企业的财务活动。数据垄断和税源隐蔽等问题，正在加速不同群体间收入差距的拉大。另一方面，数字技术的快速发展意味着需要新的技能和知识来适应新的工作场景。数字技术增加了高技能、高学历劳动者的就业机会，使高学历劳动者与低学历劳动者的收入差距逐渐拉大。就区域差距方面而言，一方面，要素市场分割是制约全国统一大市场建设的重点问题，也是中国难以发挥超大市场规模的比较优势获取国际竞争力的关键问题；另一方面，区域间资源禀赋和区位条件的巨大差异也是区域呈现不平衡发展的重要原因。随着数字经济的迅速发展，数字技术的不断革新为释放全国统一大市场的潜力提供了契机，有助于实现跨区域的分工合作，打破市场分割和资源约束。因此，中国式现代化下新型工业化发展的重点在于如何通过数字技术缩小收入差距和区域差距，使发展成果为全体人民共享。

第三，创造市场良性竞争的新型消费场景。中国式现代化是物质文明和精神文明相协调的现代化，物质文明和精神文明相协调是新型工业化发展的价值特征。中国已经全面建成小康社会，人民的需求呈现多样化、个性化、品质化的特征，这就要求新型工业化的产品更应满足人民日益增长的美好生活需要。一方面，新消费模式和新消费场景要求产品保持创意的同时能够高效匹配用户的异质性需求。一味追求创造性会导致研发周期过长，难以将创新创意转化为企业绩效。然而低成本、大规模复制无法满足日益多样化的市场需求。如何在市场供给竞争加剧和消费需求多变的环境中平衡创新与效率成为制造企业关注的重点。另一方面，在精神文明方面，数字技术与文化产业的融合衍生出数字文化产业，这不仅开拓了新的生活方式，而且极大地满足了人们的精神生活。以“点击量”“关注度”为基础的商业盈利模式具有低成本、可复制的特点，不仅能够丰富人们的精神文化生活，而且带来了市场价值。然而由于数字文化平台用户低黏性的特点，客户能够通过快速更换平台满足自身精神需求。因此，在时间约束下，竞争并不限于同类服务，更多体现为平台等生态系统的整体竞争，新型工业化如何引导生态系统间以及生态系统成员间的良性竞争，进而助力需求转化为更高的市场价值成为重要议题。

第四，建设绿色低碳的资源节约型发展模式。中国式现代化是人与自然和谐共生的现代化，人与自然和谐共生是新型工业化发展的内在要求。中国式现代化要求新型工业化道路必须符合自然规律，形成人与自然相协调的正反馈效应。将可持续性纳入新型工业化的目标是推动中国制造走向世界的重要方面。因此，新型工业化必须符合绿色发展理念，重视自然资源的社会价值和经济价值。环境污染是典型的外部性问题，新型工业化要求将外部性问题内部化，关注绿色低碳项目在防范债务风险和环境污染治理过程中的作用。一方面，偿还污染产业的“旧账”，提升绿色治理能力和治理效率，保证新型工业化的绿色低碳转型；另一方面，发展绿色产业，将绿色理念转化为生产力，注重新型工业化过程中生态资源的协调统筹和生态资源产业的价值开发。此外，算力承接的海量数据能够准确计算市场主体减排行为，对碳足迹进行跟踪监测，使环境保护行为与市场和社会激励相容。这就要求在新型工业化发展过程中采用数字技术，将绿色资源转化为绿色生产力，提升绿色治理能力。

第五，倡导互利共赢的全球治理体系。中国式现代化是走和平发展道路的现代化，走和平发展道路是新型工业化发展的必然选择。中国式现代化强调中国的发展以和平的方式崛起，在遵循人类社会发展规律的基础上，使中国的工业化以发展社会生产力和不断满足人民日益增长的美好生活需要为目的，始终坚持新型工业化的成果服务于社会发展和全体人民。此外，改革开放以来，中国同世界各国建立了互利共赢的关系，为和平发展奠定了基础。在信息技术和算法愈发先进的环境下，一方面，持续推进高水平对外开放，推动中国高质量发展，努力为世界经济创造新的增长点；另一方面，践行共商共建共享的全球治理观，坚持将新型工业化的成果惠及世界，共建互利共赢的新型合作方式和全球治理体系，使中国的发展成果能够为各国互利共赢和全球治理作出贡献。

第二节　人工智能促进新型工业化的机制

一、人工智能的技术—经济范式特征分析

“技术—经济范式”这一概念首先是由研究技术创新与长波理论的演化经济学家佩蕾

丝在1983年提出的。她认为，技术—经济范式是“生产组织的一种‘理性类型’或最佳的技术‘常识’”①。1988年，佩蕾丝与弗里曼在对创新进行分类时进一步丰富了“技术—经济范式”的内涵，认为“技术—经济范式”是一个多种要素的集合体，可以有效增加提高生产率的要素数量和创造经济获利机会。由此可以得出，一项技术的“技术—经济范式”可以很好地将要素和产出进行衔接，在生产过程中发挥着“倍增要素数量”和“优化产出结果”的重要作用。作为新一轮科技革命和产业变革的通用性目的技术，人工智能主要具备以下特征：

第一，广泛的渗透性。人工智能作为兼具信息和通信技术特点的数字化、智能化技术，具有通用智能和基础平台的双重属性，其与经济社会各行业、各领域紧密相连，并在生产、交换、分配和消费诸环节发挥着越来越重要的作用。这种对经济、社会所具有的全方位、多层次影响和作用是人工智能广泛渗透性特点的具体体现，也是其在多个领域发挥价值创造功能的重要表现。在人工智能发展初期，其多用于一些简单的场景模拟，重点解决抽象性的概念问题。随着人工智能的发展尤其是进入生成式人工智能阶段，其越来越多地被用于具象化、多元化和实际化的综合应用场景，使用边界渐趋模糊化和多元化，使人工智能更加容易地渗透到其他多个应用场景和领域之中，其广泛的渗透性特征体现得更为突出和鲜明。可以说，广泛渗透性作为人工智能技术的基本特征之一，是对经济高质量发展产生重要影响的基本依据。

第二，较强的替代性。替代性是信息通信技术的基本特征之一，人工智能作为信息通信技术的通用性目的技术，也表现出较强的替代性特征。随着数字智能技术的不断发展和广泛应用，信息通信技术产品的相对价格持续下降，且呈现出稳定性的趋势和发展优势，表现出对其他相关产品的有效替代。具体说，借助智能化、自动化优势及功能，在生产过程中人工智能可以实现对劳动要素的直接替代②，同时也可以实现对高强度、高难度劳动过程的间接替代。在目前阶段，人工智能技术还无法对人脑活动（如思考、推理、判断、联想等）进行较为充分的替代③；但随着以ChatGPT为代表的生成式人工智能技术的不断发展和成熟，各种人工智能大模型不断涌现和逐渐应用，可以预期未来将在更加广泛的领域和岗位实现自动化、智能化替代，从而优化要素投入结构、提升全要素生产率，显著促进经济高质量发展。

第三，明显的协同性。人工智能的协同性与渗透性密切相关，其在渗透各经济领域的过程中表现出明显的协同功能和特征。在消费领域，人工智能依据智能算法能够精准推算用户需求，推测用户消费习惯，进而实现个性化需求与专业化供给之间的有效匹配与协

① 卡萝塔·佩蕾丝．技术革命与金融资本［M］．田方萌，译．北京：中国人民大学出版社，2007：21.

② 蔡跃洲，陈楠．新技术革命下人工智能与高质量增长、高质量就业［J］．数量经济技术经济研究，2019，36(5)：3－22.

③ Holford W. David. The future of human creative knowledge work within the digital economy［J］. Futures，2019，105(1)：143－154.

同。在生产领域，人工智能技术提升生产要素之间在各生产环节的适配性，达到高度精准的要素投入，增强生产过程中要素之间的协同性，从而减少中间生产损耗，提升投入产出效率。在流通和分配领域，人工智能将产品供给和用户需求进行准确对接和匹配，通过大规模个性化定制实现供需有效对应，自动完成智能分配，协同提升产品流通和分配效率，由此大大提升了整个社会再生产过程的协调性、有序性和高效性，促进经济高质量发展。

第四，突出的创新性。人工智能的自动化和智能化能够完成人类完成不了的劳动过程，并有“额外”的劳动创新和价值创造，具备越来越明显的对劳动者体力和脑力的替代，表现出突出的创新性特征。人工智能在与各行业各领域深度融合过程中，通过发挥自身超强的创造力和突出创新潜能，强化技术、流程、组织的创新和升级，大大增加了整个生产过程的附加值。与传统技术的创新相比，人工智能的创新性是一种更高层次、更新“质”态的创新，它是凭借其深度学习和神经网络实现的自我进化、自我优化和自我升级的过程，有可能引致整个行业领域技术创新的突变及质变，带来产业结构根本性变革和经济显著的高质量发展。

第五，显著的赋能性。赋能是数字化、智能化技术的通行特征，也是这类技术作用于实体经济的基本依据。与一般数字化、智能化技术相比，人工智能技术的赋能性表现得更为显著和突出，它可以赋能各生产要素向多元化、高级化和复杂化方向发展。在生产过程中，人工智能与资本、劳动等传统生产要素深度融合，赋予这些生产要素越来越多的数字化、智能化特征，由此延伸和拓展了生产要素的属性和功能，使被赋能要素的作用呈现明显的“乘数倍增效应”。人工智能技术本身具有的特殊价值形态，通过在生产过程中赋能其他生产要素，将极大地提升这些生产要素的生产潜能，显著实现要素价值增值。要素价值的增值又会改变要素在生产投入中的数量比例和结构，并基于被赋能要素属性和功能的延伸及拓展，使生产要素之间的替代性大大增强，这将在很大程度上优化资源要素的禀赋条件，提高要素配置效率。

第六，强大的自生成性。随着以 ChatGPT 为代表的生成式人工智能的前沿性突破和不断发展，人工智能具备了强大自生成能力。在以大模型为生成式人工智能最核心的底层技术基础上，人工智能具备自生成模式，可以从海量信息数据中自我查找学习要素，进而生成全新、原创的知识内容或产品，更加强调学习归纳后进行的演绎和创新，并持续提高自身能力，从而实现闭环式学习体系的构建。同时，这种特征不仅具备传统人工智能的分析、判断和决策功能，还具有一定的创造属性，进一步加速人工智能行业从决策式、分析式向生成式的跃升演化。生成式人工智能技术的突破性创新和涌现，正不断促进新产业、新业态和新商业模式的出现，成为助推经济高质量发展的新动能。

二、人工智能促进我国新型工业化的作用机制

基于以上对人工智能的技术—经济范式特征及我国新型工业化建设的基本要求的分

析，人工智能主要从要素、企业、产业层面，对我国新型工业化发展进行赋能。

（一）人工智能通过推动要素结构优化升级促进现代化产业体系建设

人工智能赋能现代化产业体系，一方面表现在对生产要素系统的重组和优化，另一方面表现为对中低技能劳动力的替代，进一步在资本—技能互补作用下不断促进生产要素协同和要素结构优化升级，进而推动现代化产业体系发展。首先，人工智能应用使数据成为关键生产要素，促进要素生产效率不断提高。人工智能的应用依赖于底层技术如机器学习、自然语言处理、知识图谱、人机交互、计算机视觉的不断突破，其中机器学习是人工智能的核心技术。机器学习需要从观测数据出发寻找规律，利用这些规律对未来数据或无法观测的数据进行预测，进而解决现实问题。因此，数据是驱动人工智能取得更好识别率和精准度进而优化生产模型、提升生产效率、降低生产成本的核心因素。人工智能的广泛应用势必推动数据成为生产中的主导性要素①，并通过对劳动、资本等传统生产要素的渗透、溢出效应，促使全要素生产率不断上升。另外，大数据时代，在数据总量爆炸式增长的同时，迫切需要人工智能与计算机技术相结合，从而快速提升数据处理效率和能力，由此将进一步加快数据作为关键生产要素的进程。与传统生产要素相比，数据具有可复制、可共享、无限增长等特点，能够打破传统生产要素的供给限制，推动产业结构的持续优化和升级。

其次，人工智能替代中低技能劳动力，倒逼劳动力禀赋持续提升。借助于人工智能赋能，产业生产过程的数字化、网络化、智能化水平不断提升，在这一过程中，一些主要从事重复性劳动的中低端劳动力逐渐被智能机器替代②，并且这种替代效应呈现不断增强态势，其结果：一方面，中低端劳动力被挤出原有岗位，表现在现实中即人工智能在金融业、制造业、零售业的广泛渗透产生了如智能投资、智能工厂和无人商店等新业态、新模式，大大减少了对银行柜员、车间安装工人、收银员的需求；另一方面，人工智能对劳动力岗位又会产生一定的创造效应，即为劳动力追求更高附加值的活动提供新的创新机会和创造空间，表现在现实中即人工智能的使用催生了人机交互、语音识别、视觉识别技术等新兴产业，并且对数据分析师、物联网工程师等新技能岗位产生较大的需求。新的工作岗位的出现倒逼劳动力不断提升自身工作技能和素质，以更好满足新职业、新岗位的技术和素质要求③。

最后，人工智能基于资本—技能互补特性促进生产要素协调发展。人工智能的研发与应用需要大量资金投入。根据资本—技能互补理论，相对于非技能劳动，技能劳动与物质

---

① 胡俊，杜传忠．人工智能推动产业转型升级的机制、路径及对策［J］．经济纵横，2022（3）：94－101.

② 蔡跃洲，陈楠．新技术革命下人工智能与高质量增长、高质量就业［J］．数量经济技术经济研究，2019（5）：3－22.

③ 杜传忠．无人经济行业人才供需问题研究［J］．人民论坛，2023（12）：68－73.

资本的互补性更强。这种互补性意味着人工智能技术的应用可以提高资本和技能之间的互补效应，从而更有效地利用两者之间的关系，推动生产力提升。与此同时，在数据要素的赋能下，人工智能基于深度学习、虚拟仿真生产得到优化的生产模型，从而可以合理规划生产要素投入，优化资本、人力等资源的配置。通过实时数据的分析和反馈，企业可以更好地调整资本和技能的使用，从而实现更加有效的生产要素组合，改善现存要素错配格局。在生产过程中，优化要素投入比例，提升要素利用效率。现代化产业体系是生产要素协同的产业体系，也是生产要素得到高效利用的产业体系。人工智能通过优化要素的配置结构、提高要素的使用效率，从而促进现代化产业体系发展。

（二）人工智能通过提升企业质效促进现代化产业体系建设

现代化产业体系是以数智化为主要特征的产业体系，企业作为现代化产业体系的微观载体，体现出质量升级和效益变革特点。在人工智能赋能作用下，传统企业得以实现智能化转型，新兴企业快速衍生成长，从而促进企业组织结构优化和质效提升，推动现代化产业体系建设。首先，人工智能促进传统企业智能化转型，加速企业质态提升。在组织管理方面，传统企业通常采用层级化管理结构，决策和指令从上而下垂直传递，信息传输相对缓慢；生产决策往往依赖于管理者和工人的经验和直觉，缺乏科学化的数据支持和分析。而人工智能采用平台化的管理结构，强调团队合作和信息共享，在信息收集、生产决策和方案执行中更具效率且成本低下。智能决策支持系统通过分析大数据、模拟方案等方式提供决策建议，帮助管理者更准确地作出决策，以提高管理效率和准确性。在生产制造方面，传统企业生产过程依赖于人工劳动或利用自动化设备替代辅助人工操作，通过固定的程序和设备执行任务，生产效率和品质受到人为因素的限制。人工智能赋能生产制造，赋予设备和系统智能化，使其具备自主学习和自主决策能力，能够应对生产过程中出现的变化和不确定性。通过数据分析和智能算法，可以实现生产过程的持续优化，提高生产效率和产品质量。在商业运营方面，传统企业生产流程相对固定，商业模式以企业为核心，难以灵活调整和应对市场变化，导致资源利用效率低下。人工智能通过与互联网、大数据等其他新一代信息技术结合，使企业生产流程更加灵活，真正实现以客户需求为中心，及时依据市场需求和实时数据进行调整、优化，加速企业质态提升，从而显著提高企业运营效率。

其次，人工智能加速企业优胜劣汰，驱动新兴企业快速衍生成长。一方面，人工智能作为一种通用性目的技术，具有引发整个行业领域技术创新的潜力，被称为“发明方法的发明”，其爆发式发展将加速其他领域技术创新的不断突破。人工智能技术的商业化过程不仅会带来底层技术的创新和突破，更将进一步引发其他行业的技术变革。这种技术创新的推动会加速企业优胜劣汰，促使以智能化为核心特征的现代化产业体系逐渐建立。另一方面，在智能金融、智能零售、智能制造等领域，以人工智能为主导技术的智能企业正在迅速崛起。它们通过结合先进的人工智能技术，为社会提供了一系列新产品、新服务、新体验，从智能客服到智能生产管理，从智能风险管理到智能营销推广，深刻地改变着人们的生产生活方式，在很大程度上助推消费结构优化升级。新兴企业数量的大幅增加，产品和服务的技术含量持续上升，是现代化产业体系建设的重要内容。人工智能应用有效促进传统企业提升组织管理、生产制造、商业运营效率水平，并加速企业优胜劣汰、推动新兴企业快速发展，从而促进现代化产业体系建设。

（三）人工智能通过推动产业结构优化升级促进现代化产业体系建设

人工智能发展应用促使三大产业之间以及各产业内部结构调整优化，驱动产业链供应链结构多元化发展，实现整个产业结构和产业链供应链的优化升级，从而促进现代化产业体系建设。第一，人工智能加强产业间协调、关联程度，促进产业结构融合化。从产业网络来看，主体之间的网络化分工与协作不断加强。企业之间通过长期业务往来建立起互利、互补的协调关系，将其联结成彼此相对独立却又相互关联的网络整体。传统产业网络是较为线性单一的，产业间的协作有限，而现代化产业体系注重主体之间的网络化分工与协作，生产较为灵活。借助工业互联网平台，由人工智能技术支持的产业网络单元之间点到点的联系使不同产业主体分工协作成本下降，打破企业边界、模糊地域界限，主体之间的网络化分工与协作得以加强。从产业关联来看，三次产业结构之间的协调程度持续提升。农业、制造业通过数字网络连接消费者，在大数据分析的基础上获取消费者偏好，可以有效缩短与消费者之间的“距离”，增强产业链下游环节的参与度，减少信息不对称而导致的生产盲目性。同时，模块化的智能生产过程使大规模生产与个性化定制共存，改变了以产品为中心的生产模式，充分满足目标顾客的个性化需求，与服务业的边界日益模糊，三次产业间关联性和协调程度持续提升。

第二，人工智能提升产业间资源配置效率，促进产业结构绿色化、生态化。产业生态化是指产业发展兼顾经济效益和生态环境效益，在资源环境的约束下，以最小的资源环境代价实现产业经济利润最大化的过程。传统产业体系的粗放型生产模式导致资源利用效率低下，呈现高消耗、高污染和高排放的“三高”特征，产业结构绿色化、生态化水平较低。人工智能与产业发展相结合，通过生产要素质量的提高、要素投入的集中以及要素组合方式的调整来增进生产效益，能够以最优的资源投入实现最大化的产出规模，改变传统粗放型生产模型，实现产业增长和生态保护的双赢局面。人工智能的商业应用在提升各产业内部资源配置效率的同时，也不断优化要素在产业间配置的结果。促进要素更多流向低污染、低排放的清洁产业，高污染、高排放产业比重不断降低，产业体系逐步呈现绿色、低碳、环保属性，进而促进现代化产业体系建设。

第三，人工智能推动战略性新兴产业、未来产业发展，促进产业结构高端化。发展新质生产力，培育新产业是建设现代化产业体系的重点任务。战略性新兴产业、未来产业是发展新质生产力的主阵地，也是产业结构高端化的主力军。人工智能作为新一轮科技革命最具颠覆性的科技创新，能够催生新产业、新模式、新动能，促进战略性新兴产业及未来产业的数字化、智能化，开辟新质生产力的新模式，为产业结构高端化发展注入强劲动能。一方面，技术创新是产业结构高端化的驱动因素之一[①]，人工智能技术本身具有技能偏向属性，其催生的新产业、新业态、新模式也往往以资本和知识密集型为主。随着新一轮工业革命的推进，人工智能加速扩散和渗透，相关战略性新兴产业和未来产业所占比重不断提升，各类新质生产力竞相涌现，促使产业结构沿着高端化方向升级。另一方面，资源配置优化是产业结构高端化的另一主要驱动因素。人工智能与传统农业、制造业、服务业深度融合，不断改造提升传统业态，发展为现代农业、先进制造业和现代服务业，产业资源配置效率不断提高，从而为产业结构趋向高级化提供动能。随着人工智能的应用，高技术产业占比不断增加，推动产业结构高级化发展。

第四，人工智能通过推动产业链供应链延链、补链、强链，促进产业链供应链优化升级。人工智能技术赋能企业智能化转型，在大数据的协同作用下促进市场主体间信息互联互通，显著缓解信息不对称，提升产业链供应链上下游互动协作和运营效率，不仅是帮助产业链供应链实现稳链、固链的可靠手段，也是促进产业链供应链补短板、拉长板、锻新板的重要支撑。主要表现为以下两个方面：其一，人工智能具有的较强替代性，能够促使企业采用资本替代成本较高的劳动要素，这一方面有利于企业向上游资本密集度更高的生产环节延伸，另一方也有利于企业向下游劳动密集度更高的生产环节渗透[②]，从而促进产业链供应链的延链、补链。不仅如此，人工智能通过强化产业网络的分工协作，降低市场主体间的分工协作成本，促进跨区域分工合作，能够为产业链供应链实现延链、补链提供新的驱动力。其二，人工智能应用提升产业链供应链上下游企业挖掘、分析和运用数据生产要素的能力，在机器学习的赋能下有效提高企业创新效率和组合创新水平[③]，通过创新强化产业链供应链的韧性和竞争能力，最终促进产业链供应链优化升级。

第三节　人工智能赋能我国新型工业化的成效与制约因素

一、人工智能促进我国新型工业化建设取得的成效

自 2017 年国务院印发《新一代人工智能发展规划》以来，我国加快布局发展新一代

① 刘元雏，华桂宏，庞思璐. 数字金融发展、资本跨区流动与产业结构高级化 [J]. 西部论坛，2023 (6)：1 – 16.

② 吕越，张昊天，高恺琳. 人工智能时代的中国产业链“延链补链”——基于制造业企业智能设备进口的微观证据 [J]. 中国工业经济，2024 (1)：56 – 74.

③ 习明明，倪勇，刘旭妍. 数字化转型如何促进产业链供应链现代化——基于产业链供应链结构优化视角 [J]. 兰州大学学报（社会科学版），2023 (4)：59 – 73.

人工智能，各级政府部门相继实施了一系列促进人工智能发展和应用的政策及措施，促进人工智能与实体经济深度融合。2017 年党的十九大报告中就提出要“推动互联网、大数据、人工智能和实体经济深度融合”。推动人工智能与实体经济深度融合，一个重要的方面就是通过人工智能赋能现代化产业体系和新型工业化发展。2022 年党的二十大报告进一步提出要“推动战略性新兴产业融合集群发展，构建新一代信息技术、人工智能、生物技术、新能源、新材料、高端装备、绿色环保等一批新的增长引擎”。现阶段，人工智能在提高我国全要素生产率、促进产业结构转型升级、加快企业数字化、智能化转型等赋能新型工业化发展方面，都取得较为明显的成效。

第一，人工智能的应用促进了全要素生产率的提升。人工智能技术本身是一种高级化生产要素，同时又能在生产过程中对生产体系赋能，使生产体系和生产技术朝着自动化、智能化方向升级，由此促进技术进步和生产效率提升。根据相关学者的研究测算，目前，我国工业智能化发展对制造业上市公司的全要素生产率有正向提升作用，每提高 1% 智能化水平，会带来 1.3% 左右的全要素生产率提升①。近期以来，以 ChatGPT 为代表的生成式人工智能的发展，对各行业和各领域生产率的提高将产生深远影响。具体而言，生成式人工智能可以在原有人工智能拥有海量数据集（文本、代码等）的基础上进一步进行预训练，使现有模型自主学会语法运用、句式结构和语言表达，可以在特定任务、特殊场合和各种领域的数据上进行微调，来生成流畅、自然、拟人化的文本内容。生成式人工智能的突破发展，为各行业、各领域带来创新性的技术变化，可以根据自身需求自动生成有效内容，从而显著提高企业和产业的全要素生产率。根据麦肯锡相关机构的预测，到 2030 年，人工智能技术的行业覆盖率将达到 70%，预计各行业全要素生产率的提升将增加全球约 13 万亿美元的经济附加值②。从以上分析可以得出，我国人工智能的发展应用有效提升了企业和行业的全要素生产率，对新型工业化发展起到积极促进作用。从生产率提升的要素贡献度来看，近年来，传统生产要素拉动经济增长的边际效应在逐步下降，数据作为新型生产要素，在以人工智能为代表的新一代信息技术作用、赋能下对 GDP 的贡献率持续上升。2021 年，我国数据要素对 GDP 增长的贡献率与贡献度分别为 14.7% 和 0.83%，且自 2018 年以来明显提速。人工智能推动数据作为新型生产要素，快速融入生产、流通、分配、消费等经济发展的各个环节，成为产业体系发展的基础性、战略性资源。数据要素产量方面，截至 2022 年，我国数据产量达 8.1ZB，同比增长 22.7%，高于同期 GDP 增速；全球占比达 10.5%，仅次于美国位居世界第二③。2023 年，我国数据产量规模进一步爆炸式增长，预计超过 32ZB。在数据要素市场规模方面，2022 年我国数据市场规模达 815 亿

① 温湖炜，钟启明．智能化发展对企业全要素生产率的影响——来自制造业上市公司的证据［J］．中国科技论坛，2021（1）：84－94．

② 中国信息通信研究院．人工智能核心技术产业白皮书（2021）［R］．2021．

③ 国家互联网信息办公室．数字中国发展报告（2022 年）［R］．2023．

元，产业链条逐渐完善[①]。从以上分析可以看到，人工智能推动数据要素快速发展，成为有效提升全要素生产率、促进新型工业化建设的重要推动力量。

第二，人工智能的应用加快了企业的数字化、智能化转型。从企业层面考察，人工智能与应用场景深度融合，应用范围、领域不断扩展，企业应用比重不断提升。2018 年 6 月，全球人工智能企业达到 4925 家，其中 1011 家为我国人工智能企业，全球占比接近 1/5。到 2022 年，全球人工智能企业总数超过 11000 家，而我国人工智能企业数量已接近 4000 家[②]。从以上数据中可以看出，我国人工智能企业数量迅速增加，在全球人工智能市场中所占的比重也逐步上升。另据麦肯锡 2022 年基于全球人工智能的调研报告，近五年来全球范围内企业的人工智能使用率大幅增加并逐渐趋于稳定。其中，中国受访公司的人工智能应用占比为 41%。目前，国内企业如南方电网、鞍钢集团等，在数字化、智能化转型方面已初见成效。南方电网以“数据模型 + 数据 + 算法”为核心构建新型电网形态，实现价值效益的增加。2002 年以来，鞍钢集团坚持“智慧管理、智慧运营、智能制造”三种路径的数字化转型发展，到 2022 年 4 月，集团在生产、管理、运输、销售等各环节中对数字技术的运用最高达到 80%[③]。这说明人工智能技术可以加速与实体经济的融合，企业数字化、智能化转型取得显著效果，有效提升了企业运行效率。另一方面，机器人应用是人工智能促进企业数字化、智能化转型的重要体现，人工智能作用下我国机器人应用大幅增加，说明企业数字化、智能化转型步伐加快。据国际机器人联合会发布的《全球机器人报告》显示，2022 年中国机器人安装量超过 29 万台，占全球安装量的 52%；运营存量突破 150 万台，位列世界首位。机器人应用促使企业智能化转型进而实现生产成本降低与效率提升。目前，我国已建成 2500 多个数字化车间和智能工厂，经过智能化改造，研发周期缩短了约 20.7%、生产效率提升了约 34.8%、不良品率降低了约 27.4%[④]。人工智能促进企业实现数字化、智能化转型，其带来的成本降低和效率提升效应在推动新型工业化发展方面展现了不可忽视的重要作用。

第三，人工智能的应用促进了我国产业结构的转型升级。人工智能作为一种通用性信息技术，其主要通过智能产业化和产业智能化两个方面对产业结构转型升级产生影响。智能产业化方面，2015 年以来，我国人工智能产业化应用发展逐步取得显著成效，我国人工智能软件及应用市场规模在 2020 年达到 230.9 亿元人民币，约为美国 AI 软件产业市场规模的 6 成[⑤]。2021 年，我国人工智能产业规模达 4041 亿元人民币，产业投融资金额为

---

① 国家工业信息安全发展研究中心．中国数据要素市场发展报告（2021—2022）[R]．2022.

② 清华大学中国科技政策研究中心．中国人工智能发展报告（2018）[R]．2018.

③ 简冠群，冯浩文．国有企业数字化转型路径及价值效益——分类改革下的多案例研究 [J]．财会月刊，2023（5）：109 - 116.

④ 人民网．从世界人工智能大会看 AI 赋能“进度表” [EB/OL]．（2023 - 07 - 07）．http：//finance. people. com. cn/n1/2023/0707/c1004 - 40030177. html.

⑤ 国际数据公司（IDC）．中国人工智能软件及应用市场研究报告（2020）[R]．2021.

201.2 亿美元，同比增长 40.4%[①]。2022 年仅上半年人工智能软件及应用市场规模约为 158.93 亿元人民币[②]。以上数据表明，我国人工智能产业、软件和应用市场规模呈现逐年扩大趋势，智能产业化不断发展。产业智能化方面，从人工智能对三次产业的技术赋能情况看，其对第三产业的赋能排名第一，占比为 78.05%；第二产业排名第二，占比为 21.45%；排名第三的是第一产业，占比为 0.49%[③]。国际数据公司（IDC）与浪潮信息联合发布的《2022—2023 中国人工智能计算力发展评估报告》显示，2022 年，人工智能在各个行业的渗透度均有提升，应用渗透度排名前五的行业依次为：互联网、金融、政府、电信和制造，排名前列均为服务行业。总体来看，目前，人工智能与我国第三产业融合发展比重较高，产业智能化发展较快。随着新一代信息技术、智能制造及工业互联网的创新发展，人工智能与第二产业的融合进程将不断加快，融合程度不断加深。人工智能对三次产业的全面赋能有力促进了我国产业智能化的不断发展。与此同时，我国智能产业化规模也在不断扩大，围绕 ChatGPT 的相关支撑产业及新兴产业也在不断涌现，这都对我国产业结构的优化升级起到重要促进作用，并成为促进新型工业化、推进经济高质量发展的重要引擎。

第四，人工智能的应用推动了就业的高质量转型。人工智能的自动化技术会对劳动力市场产生一定的影响，具体表现在就业结构、就业方式和就业类型等方面。通用性目的技术的发展往往体现出对低端劳动力的替代效应，人工智能作为第四次工业革命的通用性目的技术，也展现出较强的替代性。具体而言，人工智能与制造业深度融合，生产流程呈现高度自动化、数字化和智能化趋势，低端技能劳动力被智能机器人取代，从而倒逼劳动力提升自身技能水平。替代性作为人工智能技术的基本特征之一，将不断促进劳动力结构升级。与此同时，人工智能与实体经济深度融合，也改变了劳动者的就业方式，增加了劳动者就业类型。ChatGPT 作为生成式人工智能发展的最新产物，对一般劳动者来说是具体和直观的，劳动者只需简单注册和稍加学习即可使用，由此成为劳动者提高工作效率的“个人助理”。基于 48 家移动互联网平台的数据分析，截至 2019 年 12 月，在尚未脱贫的 52 个贫困县 63.52 万网络从业者中，存在 22 种新职业类型就业。在网络从业者中，人数最多的职业类型为视频创作者，共计 23.34 万人，占比为 36.74%；其次为内容创作者，共计 21.61 万人，占比为 34.02%；排名第三的是市场拓展员，共计 18.14 万人，占比为 28.55%[④]。总体来说，人工智能对劳动力市场的直接影响是，一方面，在部分行业和领域替代低技术含量和重复性的工作岗位，同时可以创造出与其相关属性较高的岗位需求，促进就业结构的优化升级，使就业结构朝高级化方向发展。另一方面，人工智能技术在劳动

---

① 中研普华产业研究院. 2022—2026 年中国人工智能行业全景调研与发展战略研究咨询报告［R］. 2022.

② 国际数据公司（IDC）. 中国人工智能软件及应用市场研究报告（2020）［R］. 2021.

③ 中国新一代人工智能发展战略研究院. 中国新一代人工智能科技产业发展报告（2021）［R］. 2021.

④ 中国新一代人工智能发展战略研究院. 中国新一代人工智能科技产业发展报告（2021）［R］. 2021.

力市场的应用，还会改变劳动者的就业方式，实现劳动者的灵活和自由就业，增加劳动就业类型，带来就业市场的繁荣。新型工业化发展需要高质量劳动力的重要支撑，人工智能推动我国就业向高质量方向转型升级，为新型工业发展提供了坚实力量。

二、人工智能推动我国新型工业化建设存在的问题及制约因素

人工智能作为新一代通用性目的技术，现阶段在企业应用落地方面产生了一定积极成效，但也面临着诸多问题和挑战。在人工智能产业发展生态建设、基础研究和关键核心技术突破、高质量人才供应、制度支撑体系建设等方面均存在短板，制约着人工智能推动我国新型工业化建设的进程。

第一，人工智能产业发展生态系统不健全，尚未形成强有力的生态合力。人工智能深度赋能新型工业化建设需建立在高质量的数据、低成本的算力和高性能的算法基础上，形成数据、算力、算法、场景“四位一体”的应用框架。但目前，我国在高质量数据开发、低成本算力供应、高性能算法落地等方面仍存在问题。

一是数据开发利用能力不足。数据是制约人工智能赋能新型工业化建设的一大因素，人工智能依赖数据训练基础算法。如果缺少统一、标准化、高质量的数据，人工智能的全面赋能性就无法有效发挥。当前，多数企业仍处于数据应用感知的初级阶段，覆盖全流程、全产业链、全生命周期的工业数据链尚未构建。以制造业生产为例，人工智能优化生产模型需要大量生产数据作为训练集，这要求生产线全流程覆盖高精度的传感器实时收集生产数据，但受限于成本因素绝大部分企业存在样本数据获取困难和高质量标注欠缺等问题。另一方面，由于数据格式、标准、安全性等差异带来的数据壁垒，数据资源散落在各个企业内部，企业之间无法实现互联互通。企业外部数据融合度不高，无法及时全面感知数据的分布与更新。这些因素导致产业之间形成“数据孤岛”，影响企业间资源优化配置和产业间融合发展，进而制约人工智能赋能新型工业化建设。

二是算力支撑供给能力偏弱。算力是指计算设备执行算法、处理数据的能力，是人工智能赋能新型工业化建设的重要支撑。在算力芯片方面，我国芯片国产化率低，高性能芯片几乎完全依赖进口。生成式人工智能模型硬件以通用图形处理器（GPGPU）为主，高性能芯片代表企业英伟达、AMD 垄断全球。国内研发企业海光信息、寒武纪等奋起直追，均拥有具备自主知识产权的 GPU 芯片，但相比国际巨头仍有较大差距，难以支撑人工智能应用市场。在算力规模方面，人工智能大模型训练需要大规模的集群算力处理。虽然目前我国算力设施建设加快，初步形成国家枢纽节点—省内—边缘协同发展的算力梯次布局体系和通用—智算—超算协同发展的算力结构格局，腾讯等国内互联网龙头企业也纷纷自建大规模智算集群以充分发挥算力效能，算力规模增长迅猛。但大模型的训练迭代对智能算力需求的拉动远超预期，当前枢纽智能算力的供需比例仍有一定差距。在算力调度方面，算力调度对于合理利用计算资源，提高计算效率和资源利用率有着重要作用。通过算

力调度，企业得以经济、高效地运行各类人工智能计算任务，进一步服务于企业的质量变革和效率升级。当前我国部分省市已初步上线算力调度平台，持续完善算力监测、匹配和调度等方面的能力，部署节奏加快。但在算力感知、算力建模、算力评估，以及算力调度的具体商业模式和技术细节方面仍存在短板和不足。

三是算法模型落地存在困难。算法是一系列解决问题、实现特定功能的有序指令和步骤，人工智能推动新型工业化建设依赖算法模型的落地应用。由于行业、产品、工艺等维度的差异，不同企业的数据模态、数据体量及质量、硬件环境等均有较大差别，人工智能面对的场景及其需求差异化较大，任务多样性明显。人工智能算法难以在应用场景之间进行迁移，需针对不同行业的产品、工艺重新建模、训练、部署，算法模型与方案复制推广困难。在工业智能落地推进过程中，人工智能依赖的深度学习算法可解释性不强。一方面，当模型遇到不在训练数据分布范围之内的测试样本时，模型的效果会显著下降。工业生产环境经常面临高温、高压、湿度大等极端物理情况，同时光照不均、高强度振动等因素也极大影响模型的使用效果。另一方面，深度学习算法本质是一个端到端的黑箱系统，通常无法解释自身推理过程，导致归因溯源、异常排查等变得十分困难，进而限制核心环节或直接决策应用。更为重要的是，算法模型开发周期较慢，尤其涉及工业生产的算法模型需要与工业领域的众多硬件适配，以及算法工程师和行业专业人员的深度参与，人工智能算法落地面临切实问题与困难。

第二，在人工智能研究领域，存在“理论基础薄，技术运用强”的现象。与发达国家相比，我国人工智能研究起步较晚、相关理论基础薄弱，并且目前主要研究多集中在应用层面，对相关基础理论和学科建设方面投入不足。在基础理论、前沿理论创新、核心算法及关键设备、高端芯片等方面与发达国家差距较大，缺少重大原创性成果①。目前，我国在语音识别、视觉识别技术等人工智能应用方面的研究世界领先，在无人自动驾驶、跨媒体智能、自主智能系统等核心技术方面也处于国际领先地位，已迈入人工智能产业竞争力的国际第一方阵②。我国人工智能行业的投资和企业分布也大多集中在技术应用领域，例如，我国芯片产业技术已逐渐走向成熟，AI 芯片的智能度进一步提高，向更接近人脑的高度智能方向不断推进。同时，我国在深度学习的 AI 芯片上也取得不断进展，截至 2022 年 6 月，我国 AI 芯片行业的投资金额达 92.47 亿元，且在芯片行业出现了大批初创企业③。但到目前为止，除华为外，我国尚未出现像美国的谷歌、英伟达和英特尔公司等具有强大国际竞争力的芯片企业。从根本上来说，这些企业的强大国际竞争力是源于不断积累的理论基础和基于理论基础之上的研究能力。我国在 AI 研究领域长期存在的“理论基

---

① 杜传忠，胡俊，陈维宣．我国新一代人工智能产业发展模式与对策［J］．经济纵横，2018（4）：41－47＋2.

② 国务院．新一代人工智能发展规划［Z］．2017.

③ 中商情报网．2022 年中国 AI 芯片行业投融资情况分析：投融资规模快速增长［EB/OL］．（2022－06－22）．https：//www. askci. com/news/chanye/20220622/1551261899215. shtml.

础薄，技术运用强”的状况，从根本上制约着人工智能促进新型工业化建设。

第三，人工智能领域的关键核心技术受制于人，存在“卡脖子”瓶颈。就目前我国人工智能所处的研究阶段而言，关键核心技术仍存在“卡脖子”的制约，在核心芯片硬件方面尚待突破。大部分企业遵循市场导向，进行投资周期短、回报率高的短期创新方式，对于不确定性高、回报周期长的基础性研究投入不足。从目前计算机市场上看，美国基本垄断了全球计算机的芯片市场，如国际巨头英伟达在 AI 芯片领域形成寡头垄断，拥有 AI 芯片市场约四分之三的份额，亚马逊、谷歌和阿里巴巴等运用的人工智能加速器基本都是英伟达的 GPU（图形处理器），其他大型公司也几乎都使用英伟达的系统。从手机芯片市场看，全球手机芯片主要的提供商有高通、苹果、联发科和华为等。2022 年第二季度，在中国智能手机芯片市场的占有份额中，高通占 42%，位居第一；Apple 占 36%，位居第二；联发科排名第三，所占市场份额 15%；华为只占 2%①，美国手机芯片公司依旧是全球手机芯片市场的领头羊。我国在芯片领域很大程度上还需要依赖进口，在关键核心技术上有待进一步突破，影响新兴产业长期健康发展。当前阶段，人工智能等战略性新兴产业领域的底层技术原理仍不断变化，关键核心技术创新突破存在“窗口期”，亟须避免被发达国家通过知识产权“卡脖子”的潜在瓶颈。

第四，人工智能领域人才短缺，人才供给速度跟不上产业快速发展的需求。在数字化、智能化的推进过程中，我国人工智能技术应用的企业数量不断增加，人才需求在短时间内激增。相比之下，由于我国人工智能相关人才储备明显不足，加上人才培养体系、机制不健全，导致当前我国人工智能人才供给数量远不能满足人工智能产业快速发展的需要，人才供需矛盾较为突出，具体表现在：首先，人工智能不同类型岗位供需不平衡。当前，人工智能初创企业对算法算力研究岗、市场应用开发岗、实用技能操作岗等技术型岗位的人才需求最大，这些岗位分别占人工智能整体需求岗位的 12.2%、19.8% 和 34.8%，但其人才供需比分别仅为 0.13、0.17 和 0.98②。其次，人工智能不同技术方向上岗位的供需不平衡。机器学习和计算机视觉在现阶段的人才需求中最为突出，二者占人工智能整体需求岗位的比重分别为 39.1% 和 33.4%，但这两者在人工智能人才市场上的供给极度缺少，人才供需比仅为 0.23 和 0.09③。可见，目前我国对人工智能在不同类型岗位、不同技术方向上的需求较大但供给不足，供需结构失调较严重。最后，不同区域人才供需失衡。目前，京津冀经济圈、长三角经济圈、粤港澳大湾区和成渝经济圈是我国人工智能产业发展的高地，同时也是人工智能产业人才的主要聚集区，以上区域整体上对人工智能人才的需求规模占全国总需求的 90.9%，但供给规模小于总需求规模，供给占全国总供给的

① 搜狐网. 2022 手机芯片市场谁更强 [EB/OL]. http: //news. sohu. com/a/603465540_121119003.
② 工业和信息化部人才交流中心. 人工智能产业人才发展报告（2019—2020 年版）[EB/OL]. 2020: 6.
③ 工业和信息化部人才交流中心. 人工智能产业人才发展报告（2019—2020 年版）[EB/OL]. 2020: 6.

82.9%，依旧存在将近10%的缺口①。从以上几个方面可知，目前我国人工智能人才总量不足、地区结构失衡较突出，制约人工智能产业进一步发展和应用。

第五，人工智能技术与实体经济融合渗透的广度不均、深度不够。首先，从融合广度上看，人工智能技术与实体经济的融合在空间分布上存在着不均衡，呈现“东部领先，中西部追赶”的格局。数据显示，2020年数字技术与实体经济渗透最高的前五个省份都属于东部地区，但中西部地区渗透速度上升较快，河南较2013年的排名上升了11位，广西、安徽和贵州分别上升了7位、6位和4位②。人工智能空间分布的不均衡影响人工智能与实体经济整体融合渗透的广度和效率。其次，从融合深度上看，对传统产业而言，人工智能发展的基础有待完善，相应的设施更新较慢，与其相适应的市场准入门槛标准、技术应用标准等尚未完全建立，同时与实体经济的信息交换、资源对接机制尚不健全，导致企业对数字化转型的动力和积极性不高。即便有些企业进行转型探索，也面临资金短缺、人才短缺和技术瓶颈等方面的挑战，使得人工智能技术与实体经济融合渗透的深度不够，甚至在一些领域存在一定的“脱节”现象。2018年我国人工智能的行业渗透率仅为4%，2019年人工智能的行业渗透率虽有所提高，也仅为7%③。人工智能与实体经济的融合渗透在空间上不均、深度不够的现象，制约着人工智能对经济赋能的进一步推进和深化，不利于实体经济的高质量发展。

第六，适应人工智能发展的标准体系、伦理规范和政策法规亟待完善。人工智能作为一种特殊生产要素和新型技术类型，其应用改变了产业之间的分布状态和空间联系，加速了产业融合，使原有衡量技术和筛选要素的标准体系趋向多元化，并且数据叠加和各产业技术创新的衡量没有统一固定标准。2020年，虽然我国国家标准化管理委员会、中央网信办、国家发展改革委、科技部和工业和信息化部联合印发了《国家新一代人工智能标准体系建设指南》，推动人工智能技术在开源、开放的产业生态上不断实现自我优化，发挥引领作用。但同时也要认识到，人工智能技术作为一种能够实现自我动态调整和优化的技术，加上其广泛渗透性、突出创新性和显著赋能性等特征，其对各行各业有着重要且深远的影响。另外，人工智能发展应用引起的有关伦理道德问题的讨论一直持续不断，甚至在一些方面将人类推到了新的伦理边界，亟待加以规范和监管，而目前我国在这方面的相关研究和规范明显不足，需要动态调整和优化对人工智能发展的标准体系、政策法规的制定完善，有效规制、监管人工智能产业的发展和市场建设，有效保障国家安全，稳步推进人工智能赋能经济高质量发展进程。

---

① 工业和信息化部人才交流中心．人工智能产业人才发展报告（2019—2020年版）[EB/OL]．2020：20.

② 郭晗，全勤慧．数字经济与实体经济融合发展：测度评价与实现路径[J]．经济纵横，2022（11）：72-82.

③ 中国青年报．华为常成：2026年人工智能的行业渗透率将达到20%[EB/OL]．（2022-09-24）．https://s.cyol.com/articles/2022-09/24/content_k6lBPOIG.html.

第四节　人工智能赋能我国新型工业化的思路及对策

第一，加强新一代人工智能基础理论研究，夯实人工智能发展应用的理论根基。一是聚焦人工智能重大科学前沿问题，进一步加强对人工智能应用基础理论的研究，提前规划、布置可能引发人工智能范式变革理论及问题的研究。二是超前布局前沿基础理论研究，重点布局大数据分析、高级机器学习、类脑智能计算等跨领域基础理论的研究。三是开展跨学科探索性研究，推动人工智能与更多基础学科交叉融合，加强引领人工智能算法、模型发展的基础理论研究，支持原创性的研究探索，勇于探究和攻破人工智能前沿科学难题，提出更多原创理论和发现。四是突出人工智能在智能科技创新生态系统中的重要地位及作用，强化人工智能技术在创新合作机制中的主体地位，加快构建以人工智能基础理论研究为基础、以人工智能技术开发应用为核心的协同开放型智能科技创新体系。

第二，大力推进科技创新特别是关键核心技术的创新及其应用。关键核心技术是驱动人工智能与制造业深度融合的根本力量，也是我国人工智能赋能新型工业化的突出短板。要更好推动人工智能赋能新型工业化，必须进一步夯实人工智能技术底座。一是要瞄准大数据、人工智能、区块链、传感器、量子信息、网络通信、集成电路、关键软件等战略性前瞻性领域，发挥新型举国体制优势，加大研发投入，强化自主创新能力。通过设立专项资金、提供税收优惠等措施，强化企业创新主体，鼓励企业加大研发投入。在人工智能基础研究领域加紧布局，探索新型机器学习、类脑智能的前沿方向，着重增加对智能芯片、脑模型等产业核心技术研发投入，实现脑科学、认知科学、计算机等多学科的交叉融合。二是着力推动大模型算法、框架等基础性原创性技术突破，加快提升智能芯片算力水平。聚焦集成电路、关键软件等发展，提升数字产业化水平，加快云计算、大数据、虚拟现实等融合创新。三是构建多元化主体参与、网络化协同研发、市场化运作管理的新型创新生态体系。支持具有自主核心技术的开源社区、开源平台、开源项目发展，促进开放式创新、平台化创新，借助于数智技术及平台实现创新资源共建共享。四是完善智能制造、两化融合、工业互联网等标准体系，加快推进数字化转型、智能制造等贯标，以标准引领提升人工智能与制造业深度融合的质量和水平。

第三，建立新一代人工智能关键共性技术体系，着力打造以国产芯片为主体的产业链。一是要突破群体智能关键技术，重点突破基于互联网的大众化协同、大规模协作的资源管理与开放式共享等技术，努力实现开放动态环境下的群智融合，构建自主适应环境的人机智能系统及支撑环境。二是构建开放协同的科技创新体系，不断完善我国智能科技创新生态系统。围绕人工智能的创新源头构建科技创新体系，建立以科技创新企业为主导和核心，供应链、产业链、服务链和创新链深度融合的创新联合体，促进创新开源共享，持续提升创新能力，整体提高我国创新生态系统的活力和韧性。三是要以算法为核心，以数据和硬件为基础，构建开放兼容、成熟稳定的技术体系，重点推进自主无人系统的智能技术构建和无人机自主控制等共性技术。同时，要鼓励科技企业依托自身技术及业务优势带头重点布局相关芯片研发，共建国产芯片研发基础，构建数据、技术开源共享平台，共同搭建多源异构的应用大数据生态圈和产业链。四是加强产学研用合作，构筑技术创新生态。建立产业基础共性技术研发和服务平台，特别是跨学科、大协作、高强度、开放式的协同创新基础平台，成为连接基础研究、共性技术、成果转化的载体。积极推动企业与高校、科研机构的合作，形成协同创新的良好机制，建立产学研用一体化的创新体系。通过联合研发、技术转移、成果转化等方式，促进科技成果的转化和应用。

第四，着力构建数据、算力、算法、场景一体化的人工智能产业生态。在数据方面，加快建设制造环节的工业数据库。工业领域目前主要以企业私有数据库为主，且数据规模有限。要实现人工智能与制造业的深度融合，就必须要在制造业领域加强数据获取与整合，打通企业数据采集、集成、管理、分析的产业链条。与此同时，加快数据要素市场化改革进程。完善数据要素市场规则制度和标准体系建设，制定数据规范、定义数据标准，注重建立统一的数据共享平台，打破“数据孤岛”，实现数据的互联互通和有效利用。在算力方面，围绕算力发展需要，增强企业自主创新能力，持续推进 GPU 等关键产品和技术的研发。注重政府引导与市场机制有机结合，通过创建算网城市、打造算力中心标杆等方式形成示范效应，同时鼓励企业适度超前部署大规模智算算力，促进算力设施的高质量建设。进行算力调度技术的应用试验，形成一批具有自主产权的完整解决方案。在算法方面，进一步识别人工智能重点应用场景，进行高价值高需求场景或可复制推广场景的梳理及遴选。通过解耦和标准化的形式，将算法涉及的环节和模块进行分解，包括数据生产标准化、算法模型标准化、推理框架标准化，推动硬件、基础软件、应用软件等适配协同，不断提高算法模型落地应用的易用性与适配性。

第五，加快推进人工智能与实体经济深度融合，更好发挥人工智能对新型工业化的赋能、赋智功能。首先，要加速人工智能技术与企业的深度融合。进一步夯实企业的数字化基础，加快建设企业智能化发展的基础设施，加快布局企业高度智能化的办公体系和高速移动通信网络等新基建的建设，加强人工智能成果的转化与运用，进一步推进企业大数据中心和云计算平台的构建，充分运用人工智能算法、高级机器学习和类脑智能计算等赋能企业高质量发展。其次，全面深化人工智能技术在产业中的赋能、赋智作用。进一步加大人工智能在制造业领域的应用力度，可按照“一业一策”的原则，强化人工智能技术对制造业的产业升级和结构转型作用。最后，充分发挥人工智能在服务业，尤其是在交通领域的赋能作用。运用人工智能的精确算法赋能智能交通，大幅提升人们对出行交通的感知，降低能源消耗，提升通勤效率。有效运用人工智能技术监测工业化的动态运行，预测我国工业化发展走势，为推动新型工业化高质量发展提供有力依据。

第六，重点提升企业数字化、智能化水平。首先，加快数字基础设施建设。数字基础设施作为数字经济、智能经济的底层构架，是企业数字化转型的基础。为建设以智能化为主要特征的现代化产业体系，必须适度超前部署数字基础设施建设，进一步推动5G、千兆光网、区块链、大数据中心等新型数字基础设施布局。其次，加快搭建产业互联网平台。产业互联网平台是中小企业数字化智能化转型的重要载体，能够依托产业互联网整合企业资源数据，实现整个产业链的资源优化配置。产业互联网 + 人工智能可以最大化发挥人工智能推动现代化产业体系构建的作用效果。鼓励各行业龙头企业或创新型领军企业搭建互联网平台，逐步吸引产业内中小企业聚集。基于平台打造包含高校、科研院所和企业的协同创新生态系统，为数字化转型提供个性化方案，加速中小企业技术改造升级，最终形成完整的产业链生态。最后，加大财政支持力度。围绕重点产业打造2—3家数字化转型典型示范企业，对运用大数据、人工智能、物联网、工业互联网等技术实施改造提升且纳入典型示范的企业给予相应补贴，以减轻企业在数字化转型过程中的经济压力。同时设立专项基金和税收优惠政策，鼓励企业加大对数字化智能化转型的投入。

第七，加强人工智能领域的人才培养和人才引进，构建政产学研一体化的人才生态系统。一是加大对高端人工智能人才的引进力度，可以实行特殊政策，实现人工智能高端人才的精准引进，重点引进大数据分析、机器学习、类脑智能计算等国际著名研究团队和高水平研究专家；激励企业、科研机构引进人工智能人才，可以依托项目合作、技术顾问的形式等进行引进。二是加快推进人工智能学科的建设和发展，做好人工智能学科顶层规划，依托现有人工智能学科的研究基础，加快布局相关学科建设，将人工智能研究与人才培养更好地结合起来。三是建立和完善适应智能时代的学习和技能培训体系，更好地对接人工智能人才供给与产业发展需求，形成完整、连续的人工智能人才培养新生态。

第八，通过人工智能提升制造业产业链供应链现代化水平和自主可控能力。首先，增强产业链供应链的国际竞争力。充分发挥关键产业和龙头企业的带动作用，着力推进其工业智能化进程，在人工智能的溢出效应和产业链上下游关联效应下，带动全产业链实现智能化水平提升，从而增强产业链供应链的国际竞争力。强化产业链的集群优势，培育打造若干数字化、智能化的世界级先进制造业集群，借助专业化聚集带来的成本降低效应和效率提升效应，强化集群竞争优势。其次，提升产业链供应链的韧性程度。积极运用人工智能等现代信息技术手段构建产业备份系统，重要产品和供应链渠道都至少有一个替代性来源，以形成应急状态下快速供应链部署、精准供需对接和重要物资配置的有效支撑能力，提高产业链供应链韧性水平和抗风险能力。最后，提高产业链供应链的安全水平。在现代信息技术手段赋能下强化安全生产风险防控科技支撑，推动物联网、云计算、人工智能、区块链等技术融合创新以建立健全重要产业链供应链风险识别、预警和处置机制。形成多层次监测监控体系，确保风险早感知、早识别、早预警、早发布，提升风险及时识别发现、精准有效处置能力，统筹推进重点领域产业链供应链自主可控。

第九，进一步完善人工智能发展应用的相应规则和治理机制，为更好地发挥人工智能促进经济高质量发展提供有效保障。一是加快制定和完善人工智能应用的法律法规，包括隐私保护、数据安全、知识产权、人工智能伦理等方面的规定，确保制度建设与技术发展同步，为人工智能技术应用创造良好的外部制度环境。加快研究和制定人工智能的市场准入原则、相关安全管理法规及治理机制，尽快完善从事人工智能产业工作人员的行为准则、道德规范，为人工智能技术的运用和推广提供保障。二是在数据安全性方面，加快完善适应人工智能发展应用的法律法规、行业标准和规范，同时企业需要严格执行防止数据外泄的制度，为更好地发挥人工智能促进经济高质量发展营造竞争有序、良好的市场环境。三是强化人工智能技术标准建设，建立人工智能技术和应用的标准化体系，包括数据标准、算法标准、安全标准等，以确保人工智能系统的质量和可靠性，提高其技术可信度和国际市场竞争力。明确市场中人工智能要素和主体概念的界定，加快制定统一标准，方便市场中数据和技术之间的叠加，促进人工智能技术在产业间的扩散。

参考文献

[1] 蔡跃洲，陈楠. 新技术革命下人工智能与高质量增长、高质量就业［J］. 数量经济技术经济研究，2019，36（5）：3－22.

[2] 杜传忠，胡俊，陈维宣. 我国新一代人工智能产业发展模式与对策［J］. 经济纵横，2018（4）：41－47＋2.

[3] 杜传忠. 无人经济行业人才供需问题研究［J］. 人民论坛，2023（12）：68－73.

[4] 工业和信息化部人才交流中心. 人工智能产业人才发展报告（2019—2020 年版）［EB/OL］. 2020：20.

[5] 工业和信息化部人才交流中心. 人工智能产业人才发展报告（2019—2020 年版）［EB/OL］. 2020：6.

[6] 郭晗，全勤慧. 数字经济与实体经济融合发展：测度评价与实现路径［J］. 经济纵横，2022（11）：72－82.

[7] 国际数据公司（IDC）. 中国人工智能软件及应用市场研究报告（2020）［R］. 2021.

[8] 国家工业信息安全发展研究中心. 中国数据要素市场发展报告（2021—2022）［R］. 2022.

[9] 国家互联网信息办公室. 数字中国发展报告（2022 年）［R］. 2023.

[10] 国务院. 新一代人工智能发展规划［Z］. 2017.

［11］胡俊，杜传忠．人工智能推动产业转型升级的机制、路径及对策［J］．经济纵横，2022（3）：94－101.

［12］简冠群，冯浩文．国有企业数字化转型路径及价值效益——分类改革下的多案例研究［J］．财会月刊，2023（5）：109－116.

［13］卡萝塔·佩蕾丝．技术革命与金融资本［M］．田方萌，译．北京：中国人民大学出版社，2007：21.

［14］刘元雏，华桂宏，庞思璐．数字金融发展、资本跨区流动与产业结构高级化［J］．西部论坛，2023（6）：1－16.

［15］吕越，张昊天，高恺琳．人工智能时代的中国产业链“延链补链”——基于制造业企业智能设备进口的微观证据［J］．中国工业经济，2024（1）：56－74.

［16］清华大学中国科技政策研究中心．中国人工智能发展报告（2018）［R］．2018.

［17］人民网．从世界人工智能大会看AI赋能“进度表”［EB/OL］．（2023－07－07）．http：//finance.people.com.cn/n1/2023/0707/c1004－40030177.html.

［18］搜狐网．2022手机芯片市场谁更强［EB/OL］．http：//news.sohu.com/a/603465540_121119003.

［19］温湖炜，钟启明．智能化发展对企业全要素生产率的影响——来自制造业上市公司的证据［J］．中国科技论坛，2021（1）：84－94.

［20］习明明，倪勇，刘旭妍．数字化转型如何促进产业链供应链现代化——基于产业链供应链结构优化视角［J］．兰州大学学报（社会科学版），2023（4）：59－73.

［21］中国青年报．华为常成：2026年人工智能的行业渗透率将达到20%［EB/OL］．（2022－09－24）．https：//s.cyol.com/articles/2022－09/24/content_k6lBPOIG.html.

［22］中国新一代人工智能发展战略研究院．中国新一代人工智能科技产业发展报告（2021）［R］．2021.

［23］中国信息通信研究院．人工智能核心技术产业白皮书（2021）［R］．2021.

［24］中商情报网．2022年中国AI芯片行业投融资情况分析：投融资规模快速增长［EB/OL］．（2022－06－22）．https：//www.askci.com/news/chanye/20220622/1551261899215.shtml.

［25］中研普华产业研究院．2022—2026年中国人工智能行业全景调研与发展战略研究咨询报告［R］．2022.

［26］Holford W. David. The Future of Human Creative Knowledge Work within the Digital Economy［J］．Futures，2019，105（1）：143－154.

第十章
中国数字经济协调发展与数字产业集群①

第一节　中国数字产业化和产业数字化的协调发展

一、中国数字产业化和产业数字化协同进展

（一）数据要素市场发展壮大，为两化协同提供市场基础

数据要素是数字经济时代最为重要的生产要素之一，我国对此出台多项政策文件，高度重视培育数据要素市场。2020 年将数据定义为与劳动、资本、土地、技术并列的第五大生产要素。2022 年由国家发展改革委牵头制定了“数据二十条”，聚焦数据产权、流通交易、收益分配、安全治理四大重点方向，初步搭建我国数据基础制度体系，明确了对各级党政机关、企事业单位依法履职或提供公共服务过程中产生的公共数据，要加强汇集共享和开放开发，推进互联互通，打破“数据孤岛”。2023 年，浙江、上海、四川、北京等出台地方立法，对公共数据产权、收集与归集、流通交易、监管治理、数据安全等方面进行了积极的探索和实践。最具有代表性的是《浙江省公共数据条例》《上海数据条例》等。同时，我国成立了国家数据局，负责协调推进数据基础制度建设，统筹数据资源整合共享和开发利用。通过构建完善的数据基础制度体系，促进数据要素市场化，优化数据资源的配置和提升应用效率。此外，我国数据要素流通市场的活跃度显著提升，各地纷纷成立了数据管理机构和数据交易所，主要分布在深圳、上海、北京、浙江等数字经济发达地区和全国率先探索数据要素市场培育的贵州。数据交易的总体规模不断上升，2023 年的数据要素市场规模达到 1273.4 亿元，预计 2024 年将达到 1593 亿元。2024 年上半年，由国家数据局牵头颁布了《“数据要素 ×”三年行动计划（2024—2026 年）》，将数据要素同传统

① 本章作者为刘维林、李雪家、颜钶洋、段佳佳。其中：刘维林，南开大学经济与社会发展研究院教授；李雪家，南开大学经济学院研究生；颜钶洋、段佳佳，南开大学经济与社会发展研究院研究生。

产业和传统应用场景进行融合，充分发挥数据要素的放大、叠加、倍增作用，构建以数据为关键要素的数字经济，真正释放数据资源的要素价值。数据要素市场的发展推动了数据要素的价值挖掘和利用，提高了资源配置效率，推动了数字产业化与产业数字化的有效协同，为数字经济的高质量发展奠定良好的市场基础。

（二）各级政府出台发展规划，为两化协同指引方向

近年来，随着数字经济的发展繁荣，我国陆续出台了一系列旨在推动数字经济健康持续发展的规划，为数字产业化与产业数字化的协同发展提供了方向指引，进一步明晰了两化协同发展的目标和要求，推动数字经济转向深化应用、规范发展、普惠共享的新阶段。

从中央层面来看，2022 年国家发展改革委出台了专门的《“十四五”数字经济发展规划》，强调要进一步增强关键数字技术的创新能力，不断增强数字化产品和服务的供给质量，为传统产业的数字化改造提供强大的数字技术支持，推动传统产业全方位、全链条数字化转型。同时，要进一步加强企业、重点产业、产业园区与产业集群的数字化转型，推动数字技术在社会经济各领域的全面应用，为数字产业的成长与发展提供规模更大的市场，为数字产业的发展提供驱动力。2023 年中共中央、国务院印发了《数字中国建设整体布局规划》，强调数字产业化与产业数字化要统筹推进，在推动数字产业高质量发展的同时要进一步推动数字技术与实体经济的深度融合，在农业、工业、金融、教育、医疗、交通、能源等重点领域加快数字技术创新应用，推动数字技术在应用过程中不断创新进步。从地方层面来看，2023 年以来，各城市在推动本地区数字经济发展的过程中也出台了大量规划文件。2023 年，上海市政府发布《立足数字经济新赛道、推动数据要素产业创新发展行动方案（2023—2025 年）》、长沙市政府发布《数字长沙建设行动计划（2023—2026 年）》。2024 年，厦门市数据管理局发布《厦门市加快数字经济发展行动计划（2024—2025 年）》，长春市政府发布《长春市数字经济发展攻坚突破行动计划》，威海市政府发布《数字威海建设规划（2024—2026 年）》，等等。越来越多的城市在发展规划中强调协同推进数字产业化与产业数字化，以实现数字经济高质量发展。各地结合自身发展数字经济的条件与优势，科学合理规划两化协同发展的路径，为各地数字经济发展迈上新台阶奠定了良好的基础。

（三）央企布局数字产业，为两化协同搭建对接平台

长期以来，数字产业化的企业主体以经营数字技术业务的创新性小微企业为主，这类企业规模小、地点布局分散、资本积聚能力弱、金融支持不足，能拿到的重点项目相对其他产业要少得多。而传统产业中数字化转型进程较快的企业往往规模较大，资金、技术、人才等资源雄厚。这导致数字产业化和产业数字化的企业间生态协同机制难以建立。

随着数字产业化的快速发展，作为国民经济“压舱石”的中央企业开始争相布局数字产业。央企立足其产业基础和优势特长，通过“链长”制获得合法身份，通过构建“科研——工程耦合”组织模式和“产学研用协同”合作网络，在产业链延链、补链、固链、强链上发挥带头作用，承担行业关键共性技术研发平台功能，带动中小企业技术升级。央企通过内部资产整合，陆续组建了以数字经济为主要业务的专业化数字科技公司，在服务自身数字化转型的同时，打造数字科技力量，谋篇数字经济新战场。为加快数字新兴产业培育，布局新一代信息技术、人工智能等战略性新兴产业，央企已成立近 500 家数字科技类公司，加快产业新旧更迭和动能转换。央企大量涉足数字产业，为推动数字产业化与产业数字化协同发展带来积极影响。一方面，大量央企所属的传统行业本身就是产业数字化发展的主力军，央企布局数字产业能够直接引领和带动传统产业加快数字化转型发展，为产业数字化的推进提供源源不断的动力，服务数字中国战略。另一方面，央企布局数字经济能够凭借资金和资源的优势，进一步打造在数字产业链中的核心地位，发挥“链主”企业“以大带小”的作用，在技术创新、金融服务、产业促进等政策支持下进一步提升其产业生态主导力和产业链整体效率。央企作为“链主”企业，能够对产业链上下游的企业都具有较强的影响力和辐射力，进一步规范和推动整个数字产业的健康有序发展，从而推动数字产业化与产业数字化企业间生态协同机制进一步建立。最终实现数字技术的发展能够真正与传统产业和实体经济深度融合，使数字经济成为建设现代化产业体系、推动经济高质量发展的主要力量。

（四）数字经济领域立法推进，为两化协同保驾护航

数字经济的发展不可避免地带来网络数据安全风险、个人隐私侵犯风险、市场垄断、金融安全、社会公平等诸多的经济社会风险，需要相关法律的进一步完善与监管的持续推进来维护公共利益。目前，中国已经建立了数字经济监管的法律框架基础，形成了《反垄断法》《网络安全法》《电子商务法》《个人信息保护法》《数据安全法》等数字经济监管法律框架，并不断强化监管执法。相关法律随着数字经济的发展不断完善，能够为数字产业化和产业数字化的协同发展保驾护航。一方面，相关法律的完善能够为数字产业的发展提供更加公平、安全的发展环境，更好地保护科技创新活动，推动数字关键核心技术取得进一步突破，使得创新生态圈和产业链充分形成，在高端芯片、算力、基础软件等领域的“卡脖子”问题得到进一步解决，不断实现数字产业发展的提质增效。另一方面，产业数字化已经深入各行各业，安全风险遍布所有数字化场景，覆盖了关键基础设施、工业互联网、车联网、能源互联网、数字政府、智慧城市等各大场景。数字化的安全威胁已经从虚拟世界延伸到了现实世界，影响国家、国防、经济、社会安全。法律的施行使得所有相关企业都要尽到保护数据安全的义务和责任，能够显著降低传统产业数字化改造过程中存在的安全风险，更好地推动传统产业的转型升级。

二、中国各地区数字产业化和产业数字化的耦合协调度评价

（一）耦合协调水平测度方法

首先，本报告基于国家统计局对数字产业化与产业数字化的定义，选取可衡量数字产业化与产业数字化水平的 9 项指标；其次，利用熵权法计算数字产业化指数及产业数字化指数；最后，采用修正后的耦合协调模型计算中国各地区数字产业化与产业数字化的耦合协调度。以下为具体的耦合协调水平测度方法简介。

1. 数字产业化和产业数字化水平测度

基于国家统计局对数字产业化与产业数字化的定义，结合中国信息通信研究院对数字产业化与产业数字化的内涵释义，选取以下可衡量数字产业化与产业数字化水平的 9 项指标，具体如表 10－1 所示。

表 10－1　数字产业化与产业数字化指标选取

一级指标	二级指标
数字产业化	数字产业从业人员 软件业务收入 电信业务总量 数字电视用户数 数字企业个数
产业数字化	电子商务销售额 企业网站覆盖率 数字普惠金融指数 快递业务数量

本报告采用熵权法对数字产业化水平与产业数字化水平进行测度，将数字产业化每年的综合得分记为 U_S，将产业数字化每年的综合得分记为 U_C。

2. 耦合协调度测算

耦合度是对系统间相互作用程度的测度，计算公式如下：

$$M = \frac{\sqrt{U_S \times U_C}}{U_S + U_C} \qquad (10-1)$$

其中，U_S 为数字产业化每年的综合得分，U_C 为产业数字化每年的综合得分，M 为由二者计算所得的耦合度。为提高耦合度的使用效率，本报告采用修正过的耦合度模型。此模型将 M 值尽可能分散分布于［0，1］，加大 M 值的区分度，计算公式如下：

$$M_{SC} = \sqrt{\left[1 - \sqrt{(U_2 - U_1)^2}\right] \times \frac{U_2}{U_1}} = \sqrt{\left[1 - (U_2 - U_1)\right] \times \frac{U_2}{U_1}} \qquad (10-2)$$

其中，$U_1 = \min\{U_S, U_C\}$，$U_2 = \max\{U_S, U_C\}$。

耦合度仅能反映数字产业化与产业数字化之间的同步程度，无法表明系统间发展水平所处的状态，会出现当两系统同步处于低水平发展阶段而耦合度值却很高的情况。因此，需进一步使用耦合协调度反映系统的耦合协调发展水平，计算公式如下：

$$T = aU_S + bU_C \tag{10-3}$$

$$D_{SC} = \sqrt{M_{SC} \times T_{SC}} \tag{10-4}$$

其中，T 为数字产业化与产业数字化的耦合协调水平的综合评价指数，a 为数字产业化的权重，b 为产业数字化的权重。参考陈瑞义和戴静①的做法，将 a 和 b 分别赋值 0.4 和 0.6。D_{SC}为耦合协调度。

通过上述方法计算出数字产业化与产业数字化每年的耦合协调水平，并将结果与表 10－2 中的衡量标准进行对比，以判断中国各地区数字产业化与产业数字化所处的协调等级。

表 10－2　耦合协调等级表

序号	协调度	协调等级
1	(0，0.3]	低度耦合协调阶段
2	(0.3，0.5]	中度耦合协调阶段
3	(0.5，0.8]	高度耦合协调阶段
4	(0.8，1]	极度耦合协调阶段

（二）中国各地区的两化耦合协调水平的总体状况

基于上述方法，本报告测算了中国 31 个省份在 2011 年、2014 年、2017 年、2020 年、2021 年、2022 年的数字产业化和产业数字化的耦合协调水平，测算结果如表 10－3 所示。

表 10－3　2011—2022 年部分年份中国各地区数字产业化和产业数字化的耦合协调度

省（自治区、直辖市）	2011 年	2014 年	2017 年	2020 年	2021 年	2022 年
北京	0.297	0.433	0.559	0.639	0.663	0.682
天津	0.174	0.246	0.320	0.429	0.477	0.483
河北	0.141	0.238	0.307	0.397	0.423	0.419
山西	0.111	0.207	0.252	0.299	0.332	0.349
内蒙古	0.113	0.206	0.263	0.290	0.307	0.317
辽宁	0.139	0.239	0.298	0.352	0.384	0.402
吉林	0.114	0.206	0.245	0.284	0.307	0.301

① 陈瑞义，戴静. 数字产业化和产业数字化耦合协调性研究——以江苏省为例 [J]. 经济论坛，2022，619 (2)：63－75.

续表

省（自治区、直辖市）	2011 年	2014 年	2017 年	2020 年	2021 年	2022 年
黑龙江	0.097	0.196	0.249	0.275	0.295	0.303
上海	0.275	0.390	0.427	0.610	0.643	0.685
江苏	0.306	0.345	0.406	0.517	0.537	0.603
浙江	0.260	0.382	0.534	0.704	0.744	0.789
安徽	0.173	0.244	0.327	0.402	0.441	0.456
福建	0.203	0.291	0.371	0.458	0.495	0.512
江西	0.143	0.236	0.301	0.344	0.374	0.377
山东	0.198	0.291	0.434	0.466	0.513	0.569
河南	0.130	0.226	0.319	0.359	0.391	0.397
湖北	0.168	0.261	0.341	0.377	0.414	0.440
湖南	0.150	0.243	0.291	0.345	0.374	0.390
广东	0.305	0.443	0.535	0.748	0.824	0.839
广西	0.148	0.202	0.236	0.294	0.316	0.327
海南	0.148	0.197	0.260	0.284	0.300	0.304
重庆	0.145	0.240	0.291	0.367	0.394	0.473
四川	0.150	0.241	0.319	0.369	0.399	0.405
贵州	0.110	0.205	0.253	0.275	0.290	0.308
云南	0.145	0.242	0.256	0.297	0.312	0.309
西藏	0.042	0.173	0.176	0.248	0.259	0.258
陕西	0.142	0.230	0.279	0.323	0.349	0.355
甘肃	0.103	0.176	0.207	0.255	0.274	0.275
青海	0.101	0.175	0.232	0.247	0.267	0.264
宁夏	0.127	0.169	0.227	0.265	0.283	0.282
新疆	0.110	0.186	0.197	0.245	0.263	0.271
平均值	0.160	0.250	0.313	0.380	0.408	0.424

数据来源：作者测算。

由表 10－3 可以看出，从本报告选择的关键时间节点来看，总体上，我国各地区的数字产业化与产业数字化的耦合协调水平呈上升趋势，两化耦合协调水平的平均值逐步上升。通过对比 2022 年的耦合协调度数据和表 10－2 的耦合协调等级表，可以发现，现阶段我国大部分地区处于中度耦合阶段，占总省级行政区数量的 61.3%。浙江、上海、北京等少数东部地区省级行政区迈入高度耦合阶段，仅有广东达到极度耦合阶段。此外，宁夏、新疆、甘肃等西部地区的数字产业化与产业数字化的耦合协调水平较低，尚处于低度耦合阶段。2022 年各区域[①]省级行政区的两化耦合协调等级如表 10－4 所示。

表 10－4　2022 年各省级行政区两化耦合协调等级

类型	东部地区	中部地区	西部地区
极度耦合协调阶段	广东		
高度耦合协调阶段	浙江、上海、北京、江苏、山东、福建		
中度耦合协调阶段	天津、河北、辽宁、海南	安徽、湖北、河南、湖南、江西、山西、广西、内蒙古、黑龙江、吉林	重庆、四川、陕西、云南、贵州
低度耦合协调阶段			宁夏、甘肃、新疆、青海、西藏

（三）2022 年各地区两化耦合协调度的变化

为了深入分析和考察我国各地区数字产业化和产业数字化的耦合协调水平，本报告以 2021 年和 2022 年为关键时间节点，对我国 31 个省级行政区的两化耦合协调水平进行排名，并就 31 个省级行政区的年平均值和各省级行政区的排名变化进行详细分析。2021 年、2022 年两化耦合协调水平及排名如表 10－5 所示。

表 10－5　2021 年、2022 年各省级行政区两化耦合协调水平及排名

省（自治区、直辖市）	2021 年耦合度	2021 年排名	2022 年耦合度	2022 年排名	排名变化
广东	0.824	1	0.839	1	—
浙江	0.744	2	0.789	2	—
北京	0.663	3	0.682	4	↓1
上海	0.643	4	0.685	3	↑1
江苏	0.537	5	0.603	5	—
山东	0.513	6	0.569	6	—
福建	0.495	7	0.512	7	—
天津	0.477	8	0.483	8	—
安徽	0.441	9	0.456	10	↓1
河北	0.423	10	0.419	12	↓2
湖北	0.414	11	0.440	11	—
四川	0.399	12	0.405	13	↓1
重庆	0.394	13	0.473	9	↑4

① 东部地区包括北京、天津、河北、辽宁、上海、江苏、浙江、福建、山东、广东、海南；中部地区包括山西、内蒙古、吉林、黑龙江、安徽、江西、河南、湖北、湖南、广西；西部地区包括四川、贵州、云南、西藏、陕西、甘肃、青海、宁夏、新疆、重庆。

续表

省（自治区、直辖市）	2021 年耦合度	2021 年排名	2022 年耦合度	2022 年排名	排名变化
河南	0. 391	14	0. 397	15	↓1
辽宁	0. 384	15	0. 402	14	↑1
江西	0. 374	16	0. 377	17	↓1
湖南	0. 374	17	0. 390	16	↑1
陕西	0. 349	18	0. 355	18	—
山西	0. 332	19	0. 349	19	—
广西	0. 316	20	0. 327	20	—
云南	0. 312	21	0. 309	22	↓1
内蒙古	0. 307	22	0. 317	21	↑1
吉林	0. 307	23	0. 301	26	↓3
海南	0. 300	24	0. 304	24	—
黑龙江	0. 295	25	0. 303	25	—
贵州	0. 290	26	0. 308	23	↑3
宁夏	0. 283	27	0. 282	27	—
甘肃	0. 274	28	0. 275	28	—
青海	0. 267	29	0. 264	30	↓1
新疆	0. 263	30	0. 271	29	↑1
西藏	0. 259	31	0. 258	31	—
平均值	0. 408		0. 424		

数据来源：作者测算。

从表 10 - 5 可以看出，2021 年各省级行政区的两化耦合协调水平位于 0. 259 到 0. 824 之间，平均值为 0. 408，2022 年各省级行政区的两化耦合协调度位于 0. 258 到 0. 839 之间，平均值为 0. 424。整体来看，2022 年全国的两化耦合协调水平较 2021 年呈现上升趋势。从排名上升的省级行政区来看，上升幅度最大的是重庆市，2022 年排名较 2021 年上升 4 名。国家网信办《数字中国发展报告（2022）》显示，重庆市数字化综合发展水平位列全国第 9，属于第一梯队，2022 年重庆市数字基础设施加速迭代升级、数据资源共享利用有序推进、数字产业与实体经济加速融合，推动了重庆市 2022 年两化耦合协调水平的腾飞。其次是贵州省，2022 年排名较 2021 年上升 3 名。贵州省 2022 年数字经济增速排名全国第一，相关数字基础设施投资增长迅猛，大数据产业重大项目如火如荼，推动了两化耦合协调度的攀升。此外，上海、辽宁、湖南、内蒙古、新疆的排名较 2021 年也有所上升。但同时我们也可以看到北京、安徽、河北、四川、江西、云南、吉林、青海的两化耦合协调度较 2021 年有所下降，这些省级行政区需要进一步推动数字产业化与产业数字化的协同发展，努力推动地区数字经济的繁荣。

（四）2022 年三大区域两化耦合协调度的变化

为了进一步分析我国各地区数字产业化和产业数字化耦合协调水平的区域差异，本报告以 2021 年、2022 年为关键时间节点，绘制了各地区数字产业化与产业数字化耦合协调水平图像，比较分析各地区耦合协调水平的差异（见图 10 – 1）。

(a) 东部地区　(b) 中部地区　(c) 西部地区

图 10 – 1　2022 年中国三大地区两化耦合协调度的变化情况

由图 10 – 1 可以看出，2021—2022 年我国各地区的两化耦合协调水平呈现出显著的地区差异，两化耦合协调水平呈现出区域发展不均衡的现象。

一是从各区域的总量上来看，我国两化的耦合协调度在东部沿海地区最高，中部地区次之，西部地区最低。总体上呈由东部向西部降低的阶梯状分布。2021 年广东的耦合协调度最高，西藏的耦合协调度最低，二者的差值为 0.56。2022 年，二者的差值进一步扩大到 0.58，地区差异悬殊且有扩大的趋势。二是从各区域的平均值变化来看，东部地区的增长量显著高于中部和西部地区。2022 年，东部地区耦合协调度平均值为 0.572，较 2021 年上升 0.026。中部地区耦合协调度的平均值为 0.355，较 2021 年上升 0.011。西部地区耦合协调度的平均值为 0.320，较 2021 年上升 0.011。从上述统计结果不难发现，我国各地区两化耦合协调发展水平的区域差异较大，各地区的数字经济发展呈现出不平衡的特征，推动中部、西部地区提高两化耦合协调水平应成为接下来工作的重点。

（五）耦合协调四水平差异扩大的成因

从 2022 年三大区域两化耦合协调度的变化情况来看，我们不难发现，当前中国数字经济发展存在显著的区域不平衡问题，中西地区与东部地区的差距有进一步扩大的趋势，我国数字经济发展水平具有两极分化的特征，存在明显的“马太效应”①，从而产生了较

① 马太效应是指在经济、政治等领域已经处于优势地位的个体会因此得到更多的优势，而处于劣势地位的个体则会因此变得更加劣势。

为严重的“数字鸿沟”①。“数字鸿沟”现象的出现是多种因素交织的结果。这种现象的出现与梅特卡夫定律是吻合的。该定律指出，网络的价值等于该网络内节点数的平方，并且该网络的价值与联网的用户数的平方成正比。即一个网络的用户数目越多，那么整个网络的价值就越大。首先，东部地区经济发达、人口稠密、年地区生产总值和一般公共预算收入较高，拥有发展数字经济的先天优势条件，能够吸引众多数字产业布局，加快推进核心数字技术攻关，形成丰富多样、实用性强的数字化产品与服务。其次，东部地区的产业基础好，大量关系国民经济命脉的传统产业也密集分布在东部地区，数字化转型的迫切需求能够倒逼上游数字产业加快数字技术创新力度，推动数字技术与实体经济加速融合。最后，随着数字技术的创新迭代、数字人才的不断供给、数据要素的潜力被充分挖掘、传统产业数字化转型进程的加快，两化耦合协调水平有进一步提高的态势，形成数字产业化与产业数字化相互促进、互相补充的良性循环，推动两化耦合协调度水平不断攀升。而中西部地区数字经济的发展起步较晚，数字基础设施建设不够完善，数字产业发展的先天环境不足；同时传统产业的基础能力不足，数字化转型速度也较东部地区慢。尽管西部地区各地政府已出台相关政策推动数字产业化与产业数字化的发展，也涌现了诸如重庆、贵州等数字经济实现跨越式发展的地区，但其整体发展水平与东部地区相比，仍有显著差距，两化耦合协调度的提升速度也慢于东部地区，并且这种差距在“马太效应”和梅特卡夫定律的作用下呈现出进一步扩大的趋势，“数字鸿沟”进一步加剧。

第二节　中国数字产业集群的发展现状

2022 年 10 月，习近平总书记在党的二十大报告中指出：“加快发展数字经济，促进数字经济和实体经济深度融合，打造具有国际竞争力的数字产业集群。”加快发展数字产业集群是助力中国式现代化、提升我国数字经济国际竞争力、促进数实深度融合的客观要求。近年来，随着数字技术的不断发展和普及，数字产业集群正在全球范围内蓬勃发展，成为推动经济增长和创新的重要引擎，更是把握新一轮信息技术革命进而构筑国家竞争优势的关键战略选择。因此本节在界定数字产业集群内涵的基础上，从多维角度分析我国数字产业集群发展的现状。

一、数字产业集群的内涵

产业集群是一种产业组织形式，集群内企业紧密联系，往往通过共同参与研发、生

① 数字鸿沟是指在全球数字化进程中，不同国家、地区、行业、企业、社区之间，由于对信息、网络技术的拥有程度、应用程度以及创新能力的差别而造成的信息落差及贫富进一步两极分化的趋势。

产、供应链和市场等方面的合作与竞争等，形成明显的协同效应，其外部经济和集聚效应可以大幅度降低成本。数字产业集群则是数字经济背景下的产业集聚现象①。具体而言，数字产业集群是由数字产业链上的企业以及相关机构在空间上形成聚集，并发挥聚集效应带来的低成本优势从而保持持续竞争力的现象。数字产业集群的建成，需要以电子制造业、软件与信息技术服务业、互联网行业、大数据行业等为核心，形成集数字设施建设、数字技术研发、数字资源整合、数字内容生产、数字平台建设、数字应用服务等于一体的数字经济产业链体系集群。

通过查阅国内外文献关于数字产业集群的定义，本节汇总了众多学者对数字产业集群不同侧重点的多重解释，如表 10－6 所示。

表 10－6　　数字产业集群的内涵

研究视角	作者	数字产业集群的内涵
空间分布	Kayley②	与传统产业集群相比，数字产业集群可以突破地理距离的限制，企业之间通过使用数字技术如视频会议、共享网络平台实现远距离协作和产生上下游之间的联系，仍然能够发挥规模经济效应和知识溢出效应。
空间分布	Taura 和 Radicic③	数字产业集群具有连通性，相关行业与企业可以形成协作共享的数字网络空间，企业在特定网络中进行交流、采购、研发、设计与生产并在其中不断积累社会资本。
空间分布	吕璐④	数字产业集群是数字产业链上的企业主体以及相关组织机构在空间上聚集而成，能够发挥集聚效应并带来低成本优势从而保持持续竞争力的现象。
空间分布	王定祥等⑤	从广义数字产业形态看，分为真实数字产业集群、虚拟数字产业集群两种类型。数字产业集群的核心是真实数字产业集群，虚拟数字产业集群只不过是现实物理世界产业形态及其活动的数字孪生及其交易关系的再现，如包括数字生命体系和元宇宙世界等。

① 焦豪，马高雅，张文彬．数字产业集群：源起、内涵特征与研究框架［J］．产业经济评论，2024，（2）：72－91.

② Kayley，P. Interpersonal Relationships as Key Drivers of Cluster Performance［J］．European Conference on Innovation and Entrepreneurship，2017：362－367.

③ Taura，N. and D. Radicic. Intra－Cluster Knowledge Exchange and Frequency of Product Innovation in a Digital Cluster［J］．Journal of Small Business Management，2019，57（S2）：350－373.

④ 吕璐．世界主要数字产业集群案分析及启示［J］．中国统计，2022（9）：19－21.

⑤ 王定祥，李雪萍，李伶俐．打造有国际竞争力的数字产业集群［J］．上海经济研究，2024（3）：59－72.

续表

研究视角	作者	数字产业集群的内涵
功能视角	Evans①	数字产业集群强调科技公司的驱动力，通过发展广泛的关系网络，能够实现跨部门的活动融合，推动知识技术共享与知识溢出。
	赵作权等②	数字产业集群是同时在地理空间和互联网空间上彼此邻近和联系的企业主体和组织机构形成的线上线下共享网络，有利于各集群成员借助数字技术用以强化自身与其他企业在数字技术、数据要素及数据技能上的关联共享。
	宋华和卢强③	虚拟数字产业集群是通过信息与网络等技术突破物理距离的限制，进而形成专业化分工明晰以及整体协作的一种新的产业集群形式，这类企业或机构专门运用计算机互联网技术对现实中某种物质形态或物理过程进行处理，转化成可演绎、可处理的数字化信息系统，产出如专业网、公共网等各种虚拟产品投向市场，以赋能实体经济发展。
	Fernandez - Escobedo 等④	数字产业集群是数字化组织竞争与合作的虚拟空间，这些组织属于相互关联的、地理上分散的产业集群，它们利用虚拟空间中的技术基础设施，支持甚至取代任何数字化的组织功能。
主体构成	王政⑤	数字产业集群是以新发展理念为引领，由从事数字技术应用、数字化产品服务与制造、数据驱动的企业主体及其相关机构等组成，拥有较为强大的核心竞争力的企业集群。
	周海川等⑥	数字产业集群是指以新发展理念为引领，从事数字化服务开发与产品制造、技术应用、数据驱动的企业以及基础设施供应商、管理机构、服务机构、金融机构、中介机构等组织在特定地理空间或互联网平台上集聚，围绕创新链、产业链、资金链和人才链相互融合、协同发展，形成彼此联结、共生、竞争、合作关系的群体。
	王定祥等⑦	打造具有国际竞争力的数字产业集群需要若干具有强大的技术创新能力、辐射带动力和国际影响力的数字技术企业及其互动关联的合作企业、专业化供应商、服务供应商、相关产业厂商和相关机构（如大学、科研机构、制定标准的机构、产业公会等）聚集在某个特定地域（如数字经济产业园区或高新技术产业园区等）。

资料来源：作者自行整理。

① Evans, G. Emergence of a Digital Cluster in East London: Birth of a New Hybrid Firm [J]. Competitiveness Review, 2019, 29 (3): 253 - 266.

② 赵作权，戴宜畅，范秋辞，等．中国国家级产业集群数字化程度估计：基于与线上产业带的匹配分析［J］．中国科学院院刊，2022，37（12）：1757 - 1769.

③ 宋华，卢强．基于虚拟产业集群的供应链金融模式创新：创捷公司案例分析［J］．中国工业经济，2017（5）：172 - 192.

④ Fernandez - Escobedo, R., et al. Economic Agglomeration in the Age of Industry 4.0: Developing a Digital Industrial Cluster as a New Policy Tool for the Digital World [J]. Competitiveness Review, 2023.

⑤ 王政．我国数字产业集群加速成长［N］．人民日报，2022 - 11 - 30.

⑥ 周海川，刘帅，孟山月．打造具有国际竞争力的数字产业集群［J］．宏观经济管理，2023（7）：27 - 32.

⑦ 王定祥，李雪萍，李伶俐．打造有国际竞争力的数字产业集群［J］．上海经济研究，2024（3）：59 - 72.

2023年7月，国家工业信息安全发展研究中心发布的《数字产业集群：新引擎 新路径 新图景》研究报告指出，数字产业集群是以新发展理念为引领，从事数字产品制造、数字产品服务、数字技术应用、数字要素驱动、数字化效率提升的企业主体及其相关机构等组成的具有较强核心竞争力的企业集群。产业集群起初表现为大量企业、产业在某一物理空间内聚集的经济过程或现象，这是产业集群的首要外在表现形式。随着产业集群的纵深发展，企业之间形成更为紧密的产业链关系，向着成熟的产业集群阶段迈进。高阶的产业集群内，企业之间通过紧密的联系和协作，共享技术、人才、供应链、市场信息等资源，促进知识和技术的传播与创新。因此，可以认为成熟的数字产业集群不仅是数字产业相关主体在某一特定空间的集聚，更是能够联动集群内外企业和众多机构服务组织，进一步推动企业间的紧密合作与交流，形成持续的创新动力，推动新技术的不断涌现和产品的不断更新，最终提升产业整体竞争力，推动数字经济与实体经济实现深度融合的企业集群。

对比以上主流观点，可以发现数字产业集群与传统产业集群相比具有更为丰富的内涵。在空间分布上，数字产业集群的集聚范围不仅包括地理空间上的集聚，更包括数字产业集群使得主体成员能够通过互联网平台在网络空间上实现数字化、虚拟化集聚；功能作用上，数字产业集群能够通过最新技术支持他们在流程、服务和商业模式上的数字化转型，提升企业效率和竞争力，同时有利于形成线上与线下相互融合的企业网络，有助于企业成员借助数字技术强化自身与其他企业在数字技术、数据要素及数据技能上的关联共享；构成主体上，数字产业集群由多元化的经济主体与组织机构构成，除了从事具体生产、交易活动的企业组织，还需要及其互动关联的合作企业、专业化供应商、服务供应商、相关产业厂商和相关机构等。

二、中国数字产业集群发展的整体状况

近年来，面对全球数字化浪潮，我国数字产业集群蓬勃发展，成为推动经济社会高质量发展的新引擎。目前我国已形成集成电路、人工智能、大数据、数字安防、超高清视频、元宇宙、电子信息等一大批以数字领先企业为引领的数字产业集群，数字产业集群主要分布在东部沿海地区，其中京津冀、长三角、粤港澳是我国数字产业集群发展的核心区域。随着数字产业集群不断发展，各地抢先布局数字优势产业，数字产业集群效应逐步凸显。本部分内容从区域分布、产业领域、发展阶段三个角度对我国数字产业集群发展的整体状况进行系统性概述。

（一）从区域分布看，中国数字产业集群整体呈现梯级分布特征

一是东部地区全面开花，遥遥领先。我国数字产业集群区域发展格局与数字经济发展格局较为一致，东部地区发展强势。东部地区凭借其天然的地理环境、多样的优惠政策、

扎实的人才储备以及雄厚的产业基础，大数据、人工智能等数字产业集群蓬勃发展，逐渐形成了由北京、上海、深圳引领的京津冀、长三角、粤港澳大湾区呈现的“三足鼎立”的数字产业集群发展格局。以北京为核心的京津冀地区在人工智能、高端软件等领域发展较快，涌现出海淀区人工智能产业集群、中关村软件园等影响力较大的数字产业集群。以上海为核心的长三角地区，电子信息制造业、人工智能、软件与通信等在全国范围内处于领先地位，其中上海市持续建设集成电路、人工智能等世界级数字产业集群，电子信息制造在五大高技术产业总产值构成中占比超50%。以深圳为核心的粤港澳大湾区在信息通信、智能智造等领域拥有一批实力较强的龙头企业，产业基础雄厚，建成深圳新一代信息通信集群、广州智能装备集群等，已各自形成核心竞争力，向世界级产业集群迈进。各个城市群数字产业集群重点发展内容和产业载体具体如表10－7所示。

表10－7　三大城市群数字产业集群发展重点及载体

所属城市群	发展重点	数字产业集群载体
京津冀	人工智能技术、高端软件、智能制造、数字服务等	中关村软件园、中关村人工智能科技园、中关村科学城、清华科技园、中关村集成电路设计园、北京未来科学城、北京经济技术开发区；天津华苑软件园、天津大学科技园、西青人工智能产业园、天津电子商务产业园、滨海—中关村科技园、天开高教科创园；秦皇岛经济技术开发区、张家口互联网软件园、张家口张北云计算产业基地、数据港张北数据中心
长三角	微电子产业、集成电路、计算机及网络设备、新型电子元器件、软件与通信产业等	张江人工智能岛、西岸智慧谷、马桥人工智能创新试验区；苏州软件科技园、张家港沙洲湖科创园、常熟国家大学科技园、苏州湾科技城；杭州电子商务产业园、西湖科技园、杭州人工智能小镇；甬江数字经济产业园、宁波慧谷、宁波经济开发区数字科技园；中国声谷、物联网科技产业园、大数据产业园滨湖金融大数据中心
粤港澳大湾区	家用电器智能制造、数字民生、数字商业、数字政务、电子信息、数字健康	琶洲人工智能与数字经济试验区、中大国际创新谷、黄花岗科技园人工智能产业园区、天河科技园、南沙资讯科技园；广东省仲恺高新区人工智能产业园、惠城区京东智联；交椅湾新一代信息技术产业基地、松山湖高新技术产业开发区、京东智谷项目、松山湖光大We谷、东莞天安数码城；佛山高新区人工智能产业园；珠海智慧产业园、珠海云溪谷数字产业园、无人船科技港、国机机器人科技园、联东U谷·数字智造产业园；香港科学园、香港数码港；深圳湾科技生态园（互联网）、新一代信息技术产业园（人工智能）、南山智园、深港科技创新合作区

资料来源：作者自行整理。

二是中西部地区聚焦优势产业，强势崛起。近年来，中西部地区加大数字产业集群发展力度。湖北正在加快建设世界一流的光通信产业高地、全国顶尖的新型显示产业集群、具备全球竞争力的激光产业基地和存储器基地、全国重要的智能终端基地，以实现产业从局部特色优势向整体能级领先迈进，形成了以武汉东湖新技术开发区（中国光谷）为代表的信息产业集群，并在多个细分领域处于领先位置。其中，光纤光缆产业规模位居世界第一，约占全球市场的25%、全国市场的50%；光电器件占全球市场的12%，是国内最大的光电器件生产基地；光通信设备规模位居国内前三，处于第一梯队；激光器等产品，品种占全国激光设备的70%以上，产值占全国的50%以上。合肥市中国声谷通过部省共建、龙头企业引领、创新生态培育等举措，形成了产业特色明显、技术领先、配套齐全、辐射全球的人工智能产业集群。目前入园企业已超过2200家，2023年营业收入超过2000亿元。中国声谷的发展不仅推动了合肥乃至安徽的经济增长，也为全国人工智能产业的发展树立了标杆，探索出新兴产业发展的新模式和新路径。成渝地区电子信息先进制造业集群成为全国首个入选的跨省域国家级先进制造业集群，2022年规模达1.68万亿元，占全国比重达到10.9%，成为中国大陆第三、全球前十的电子信息制造业聚集地。

三是城市群协同发展，竞争与协作共存。城市群各级政府立足于城市群整体产业规划，并依靠本地产业优势，与关联城市错位发展，形成资源互补、产业链协同的发展模式，进一步提升本地数字产业集群发展规模与竞争力。例如，滨海—中关村科技园围绕智能科技、生命大健康、新能源新材料、科技服务“3+1”产业定位，“北京研发、天津转化”的合作模式由此形成。科技园发挥京津产业优势，促进产业集聚发展。2023年，滨海—中关村科技园战略性新兴产业、高技术服务业营收超过72亿元。河北省张家口市怀来县被纳入全国一体化算力网络京津冀枢纽节点张家口数据中心集群建设的起步区，并构建起“北京做总部、怀来做计算”和“北京做研发、怀来做交付”的差异化发展格局。同样，长三角在G60科创走廊加持下①，特色数字产业集群集聚优势初显。通过长三角数字经济增长极的辐射带动，逐步发展形成覆盖上海、嘉兴、杭州、金华、苏州、湖州、宣城、芜湖、合肥的“人字形”南北两翼产业带。主要城市间的智能制造、电子信息、新能源汽车等优势产业合作趋势将进一步扩大，数字创新要素带动传统制造业突破智能化升级瓶颈。粤港澳大湾区以通信、集成电路、科技金融等优势产业为驱动，不断加强基础设施“硬联通”与规则机制“软对接”，向打造“数字湾区”目标前进。

总体而言，我国数字产业集群在区域分布发展中呈现多样化和差异化特点，各地区在数字经济发展中发挥着不同的作用和优势。随着数字经济的不断发展，数字产业集群将继续推动经济转型升级和创新驱动发展。

（二）从产业领域看，传统数字产业集聚效应显著，新兴数字产业集群优化布局初现

一是电子信息制造业、软件业等传统数字产业集聚效应显著。上海积极打造集成电路产业集群，成为国内半导体产业发展的高地。上海集聚了超过1200家行业重点企业，汇

---

① 长三角G60科创走廊依托G60高速和沪苏湖高铁等交通大动脉，串联起上海松江，江苏苏州，浙江嘉兴、杭州、金华、湖州和安徽宣城、芜湖、合肥九地，瞄准高水平科技自立自强，不断夯实“智造经济”主阵地，成为“创新廊道”新标杆。

聚了全国40%的产业人才和50%的行业创新资源。2023年，上海集成电路、生物医药、人工智能三大先导产业规模达1.6万亿元，其中张江高新区集成电路产业销售规模2900亿元，占全市90%，占全国20%。珠三角地区电子信息产业“小巨人”企业超过200家入选工业和信息化部第4批专精特新“小巨人”名单。深圳作为全球电子信息产业的重镇，2022年其电子信息制造业的产值达到了2.48万亿元，占全国六分之一。截至2023年4月，深圳规模以上电子信息制造企业超过4100家，年产值千亿级企业有5家，过百亿企业27家，五亿以上企业近400家，全国电子信息百强企业21家。数据表明，深圳在电子信息产业集群的发展上具有显著的优势和潜力，并正在积极向更高的发展目标迈进。

二是大数据、人工智能、云计算等新兴数字产业集群优化布局初现。对于大数据，根据中商产业研究院发布的《2024—2029年中国数据中心建设市场需求预测及发展趋势前瞻报告》，2023年中国数据中心市场规模约为2407亿元，同比增长26.68%。根据中国信息通信研究院统计，我国大数据企业主要分布在北京、广东、上海、浙江等经济发达、数据资源丰富的省份。特别是北京，大数据产业实力雄厚，大数据企业数量约占全国总数的35%，体现了其在大数据领域的显著优势。对于人工智能，我国人工智能核心产业规模已超过5000亿元，企业数量超过4400家，形成了相当的产业规模和实力。根据新一代人工智能发展战略研究院的数据，我国人工智能产业是高度聚集的。2022年，84.58%的人工智能企业聚集在排名靠前的五个省份，排名前五的城市拥有的人工智能企业数量占全国的比重达到71.91%。其中，京津冀、长江三角洲、珠江三角洲和川渝地区是人工智能企业集聚的主要区域，北京、上海、深圳、广州和杭州是人工智能企业聚集的主要城市。从上市企业区域分布情况来看，人工智能产业链上中下游企业主要分布在华东和华南地区，其中华北地区中北京市的产业优势尤为明显。京津冀、长江三角洲、珠江三角洲和川渝地区是人工智能企业集聚的主要区域。对于云计算，2022年中国云计算市场规模达到了4550亿元人民币，较上年末增长了40.9%。云计算发展集聚现象明显，形成了长三角、大湾区、京津冀三大战略高地。从云计算企业地区分布情况来看，我国云计算企业注册地分布较为集中，主要分布在北京、广东、上海、浙江、江苏等地，均为经济及互联网产业相对较为发达地区。其中北京地区排名第一，企业数量占比达29%；其次为广东省，企业数量占比21%；上海地区排名第三，企业数量占比15%①。

（三）从发展阶段看，数字产业集群建设进入统筹规划、各地争相建设的新阶段

一是中央政府顶层设计，提升数字产业集群发展定位。中共中央、国务院印发了《数字中国建设整体布局规划》，明确指出建设数字中国是数字时代推进中国式现代化的重要引擎，是构筑国家竞争新优势的有力支撑，要加快构建有国际竞争力的数字产业集群。工

① 前瞻产业研究院．中国云计算产业发展前景预测与投资战略规划分析报告［R］．2022.

业和信息化部、国家发展改革委、国务院国资委联合发布《关于巩固回升向好趋势加力振作工业经济的通知》，推动云计算、大数据、工业互联网、人工智能等新兴产业集群化发展，推进国家级集群向世界级集群培育提升，打造具有核心技术产品、生态构建力强的行业龙头企业，通过规模集聚、优势互补来促进新兴产业的高速增长。

二是地方政府积极响应，有序布局数字产业集群。例如，广东省在 2021 年发布《广东省人民政府关于印发广东省制造业数字化转型实施方案及若干政策措施的通知》，加快培育新一代电子信息、软件与信息服务、超高清视频显示、智能机器人、数字创意等数字经济领域战略性产业集群，预计到 2025 年，广东数字产业集群营业收入超过 10.7 万亿元。重庆市在 2021 年发布《重庆市数字产业发展“十四五”规划（2021—2025 年）》，到 2025 年，聚力培育 5 家以上数字经济上市企业或独角兽企业、集中打造 10 个以上数字经济产业园、协同建设 100 个以上研发创新平台、加快培育 1000 家以上高成长型数字经济企业，数字产业实现跨越式发展，建成万亿级数字产业集群。山西省在 2022 年发布《数字经济高质量发展的实施意见》，明确目标要打造一批在全国有影响力的数字技术应用先导区、数字产业发展集聚区。江苏省于 2023 年发布《关于推动战略性新兴产业融合集群发展实施方案的通知》，到 2025 年，将智能制造装备产业集群、集成电路产业集群打造为具有国际竞争力的战略性新兴产业集群；将人工智能产业集群、物联网产业集群、高端软件及信息服务产业集群建设成国内领先的战略性新兴产业集群；培育未来网络通信产业集群、先进计算产业集群、虚拟现实产业集群等未来产业集群。

第三节　中国数字经济区域协调发展

一、中国数字经济的区域分布及差异

2022 年，我国数字经济规模呈现出持续攀升态势，数字经济占 GDP 比重稳步提升，呈现出较为强劲的增长活力。但由于区域间资源禀赋、战略导向、经济基础、产业结构等存在明显差异，我国数字经济发展水平呈现出明显的省际差异。因此要明确区域数字经济发展的动态性差异特征，完善我国数字经济发展空间格局。

（一）区域数字经济整体发展差异

由图 10－2 可以看出，2022 年数字经济指数①总体保持相对稳定，广东省数字经济指

① 数字经济指数、数字基础设施指数、数字产业指数和产业数字化指数具体测算过程参见上一版第十章第一、二节，此处省略。

数为0.74，数字基础设施指数为0.67，数字产业化指数为0.73，产业数字化指数为0.82，均处于全国榜首地位，数字经济发展水平较高；但西藏自治区、甘肃省、宁夏回族自治区数字经济指数均为0.17，数字基础设施指数分别为0.11、0.16和0.10，数字产业化指数分别为0.32、0.26和0.30，产业数字化指数分别为0.07、0.08和0.08，上述三省数字经济指数及二级指数均处于较低水平，这主要与区域经济发展、产业结构、自然禀赋差异等密切相关。2022年东三省数字经济指数排名下降幅度仍相对明显，其数字产业化与产业数字化发展进程显著落后于其他地区，主要由于国企主导传统重工业转型发展进程，民营企业参与度较低，市场化程度相对缓慢，并且受制于区域自然禀赋和地理位置，当地数字人才与高素质劳动力流失严重，造成东三省数字经济产业发展仍存在阻力。

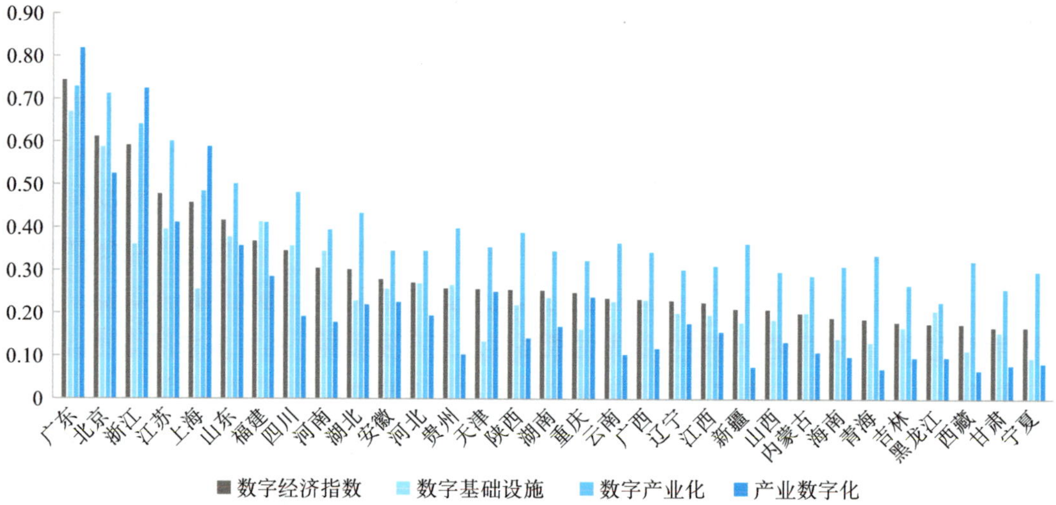

图10-2　2022年我国各省数字经济各级发展指数

数据来源：作者自行整理。

（二）区域数字经济企业TOP500分布差异

数据显示，数字经济企业TOP500的地区分布不均衡，超过80%的TOP500企业均分布在东部地区，其中北京市拥有143家TOP500企业，位居首位；广东、上海、浙江、江苏等省市紧随其后；但东北地区TOP500企业数量少于10家，呈现出东部地区遥遥领先、东北地区明显落后、其他地区奋起直追的格局（见图10-3）。

从城市群分布来看，京津冀城市群有156家数字经济企业入围TOP500榜单，101家数字经济企业位于长三角城市群，90家数字经济企业位于粤港澳大湾区城市群，24家数字经济企业位于长江中游城市群，11家数字经济企业位于成渝城市群，五大城市群的数字经济企业占比超过75%（见图10-4）。相较其他城市群，京津冀、长三角等五大城市群的企业集聚分布趋势更加明显，城市群间数字经济企业TOP500分布差异显著存在。

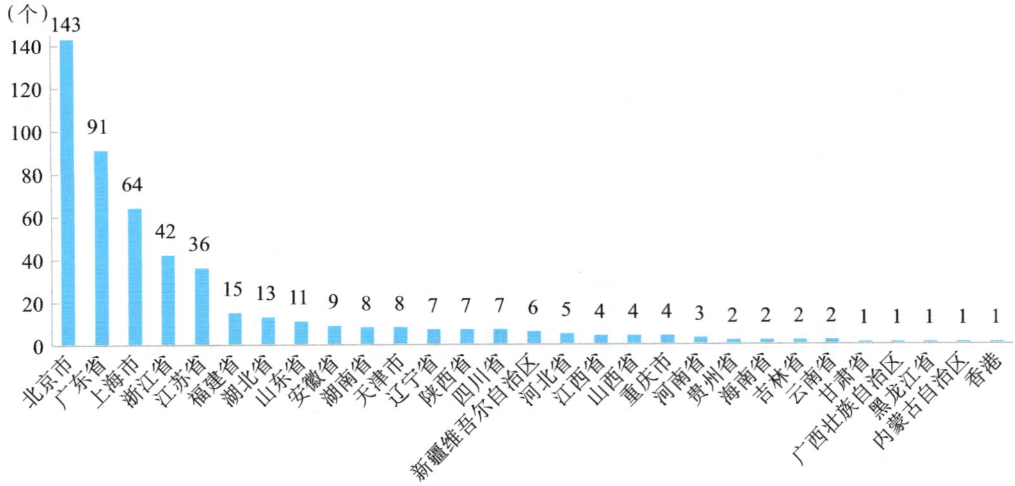

图 10－3　数字经济企业 TOP500 省份分布

数据来源：中国企业评价协会，中国信息通信研究院．2022 中国数字经济企业发展报告［R］．2023.

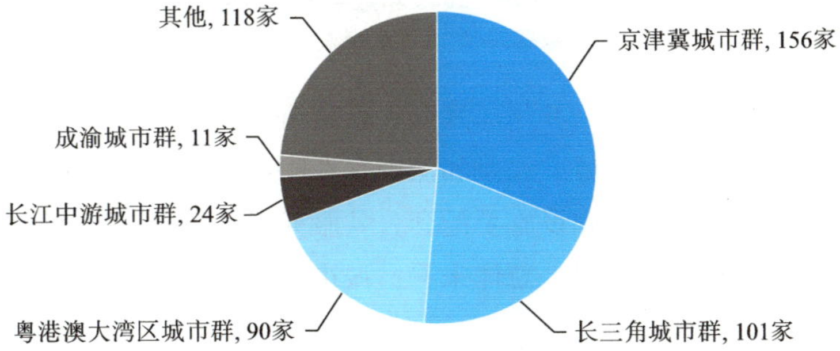

图 10－4　数字经济企业 TOP500 城市群分布

数据来源：中国企业评价协会，中国信息通信研究院．2022 中国数字经济企业发展报告［R］．2023.

（三）区域数字经济人才分布差异

从数字人才区域分布来看（见图 10－5），2022 年数字人才主要集中分布在华东地区、华北地区和华南地区，而西南地区、华中地区、东北地区、西北地区及港澳台地区数字人才占比均保持相对较低水平。其中，2022 年华东地区数字人才占比为 44.38%，2022 年数字人才占比相较 2021 年增加 5.14%；2022 年华北地区、华南地区的数字人才占比大体相当，占比均接近 20%，但西南地区、华中地区、东北地区、西北地区及港澳台地区数字人才占比均低于 5%。总体来看，不同地区经济水平、产业结构及发展基础的明显差异使得区域间数字人才分布差异依然明显。

从数字人才前十大城市分布来看（见图 10－6），上海、北京和深圳数字人才占比分布最为集中，2022 年北京数字人才占比为 15.50%，上海数字人才占比为 15.56%，深圳数字人才占比为 9.84%。相较 2021 年，2022 年北京、上海、深圳数字人才占比均呈现出

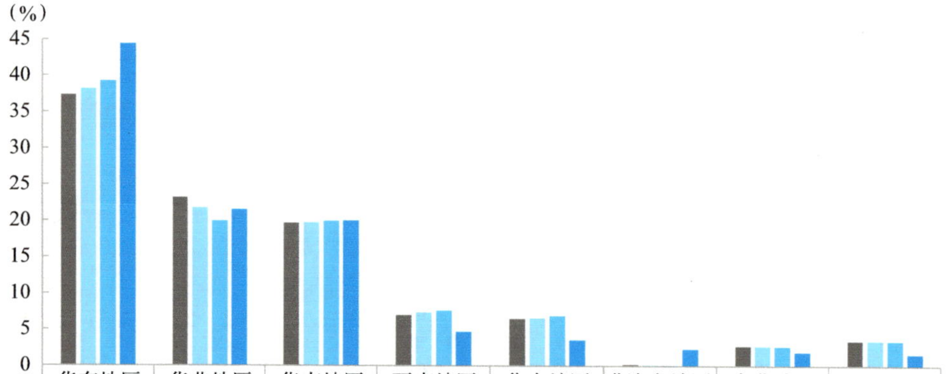

	华东地区	华北地区	华南地区	西南地区	华中地区	港澳台地区	东北地区	西北地区
2019年	37.35	23.18	19.65	6.97	6.50	0.20	2.73	3.43
2020年	38.17	21.76	19.75	7.37	6.63	0.15	2.71	3.47
2021年	39.24	19.95	19.97	7.64	6.96	0.14	2.66	3.43
2022年	44.38	21.53	20.01	4.70	3.56	2.31	1.89	1.63

■2019年 ■2020年 ■2021年 ■2022年

图 10-5　2019—2022 年数字人才区域分布

数据来源：链上数字产业研究院，猎聘大数据. 2023 中国数字人才发展报告［R］. 2023.

下降的趋势，广州、杭州、成都、苏州、武汉、西安等城市数字人才占比均低于 6%，呈现出明显的增长态势，但仍与上海、北京和深圳存在明显差异，这主要由于新一线城市及二线城市崛起进程加快，城市基础设施及配套公共服务日渐完善，城市魅力不断提升，吸引高素质数字人才向其他地区倾斜。总体来看，城市间数字人才分布的差距有降低趋势。

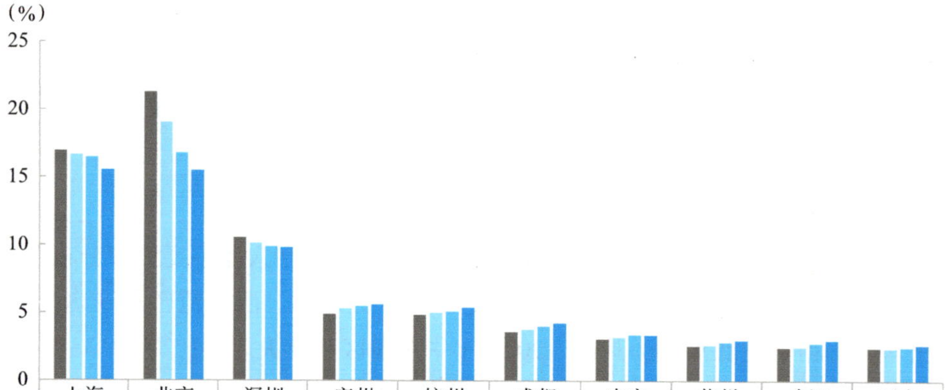

	上海	北京	深圳	广州	杭州	成都	南京	苏州	武汉	西安
2019年	16.93	21.29	10.57	4.90	4.84	3.60	3.09	2.57	2.46	2.42
2020年	16.66	19.04	10.16	5.32	5.02	3.80	3.23	2.64	2.49	2.41
2021年	16.47	16.78	9.91	5.51	5.11	4.02	3.41	2.86	2.77	2.50
2022年	15.56	15.50	9.84	5.63	5.40	4.27	3.39	2.99	2.98	2.66

■2019年 ■2020年 ■2021年 ■2022年

图 10-6　2019—2022 年数字人才前十大城市分布

数据来源：链上数字产业研究院，猎聘大数据. 2023 中国数字人才发展报告［R］. 2023.

（四）各地区数字经济发展典型模式

1. 上海模式：以算力、算法、网络、数据为牵引，加快城市数字底座建设

2021 年上海市进一步明确上海数字底座建设目标——到 2025 年，上海基本构建起底座、中枢、平台互联互通的城市数基，为建成国际数字之都奠定坚实基础。上海市依据“市场化 + 公共服务”缓解算力资源紧缺难题，充分利用本土企业商汤科技的自身算法积累优势，借助上海超算中心的公共服务平台优势，弹性调配闲置算力实现资源最大化利用；并且，上海市积极推动“算法 + 产业”实现深度融合，研发了人工智能实验室“书生”系列开源通用大模型、商汤科技日日新等基础大模型，打造了一批具有国际影响力的算法创新企业和平台；同时，上海数据交易所持续探索构建数据流通和交易制度，培育数据要素市场体系，2023 年上海数据交易所全年数据交易额超 1 亿元，累计挂牌数据产品 2100 个，日益活跃的市场交易生态正在逐步形成；此外，5G 网络产业遍布上海各行各业，2023 年上海建成 5G 基站 1.9 万个，累计建成 9.2 万个，5G 基站密度和占比均居全国第一，全市 503 个重点场所的 5G 信号覆盖率达到 96.8%，位居直辖市第一，全市 1568 个行政村实现 5G 和千兆光网全覆盖。上海以算力、算法、数据、网络构建城市数字底座的关键环节，加快构建面向未来的数字城市基础设施体系，为城市数字化转型提供数据支撑、技术赋能和平台服务。

2. 贵州模式：以数字产业化为牵引，紧抓先天先发优势

2022 年国务院《关于支持贵州在新时代西部大开发上闯新路的意见》发布，赋予贵州“数字经济发展创新区”战略定位，贵州省围绕算力、赋能、产业三个关键点，通过数字产业化集聚发展，打造全国领先算力保障基地。贵州省充分利用煤炭等自然资源优势，加快构建“粤港澳—贵州—成渝”数据新走廊，相继开展“信息基础设施三年大会战”“光网贵州、满格贵州、数聚贵州”等行动，充分发挥出资源禀赋先天优势；并且，贵州省以大数据产业为核心增长点，抢占大数据产业集群发展新机遇，2023 年全省全投运及在建重点数据中心达 37 个，是全球集聚大型和超大型数据中心最多的地区之一，2024 年一季度贵州首单数据资产入表案例在贵阳大数据交易所完成，提高企业数据管理水平和数据资产利用效率，发挥先发优势实现数据产业集群；此外，贵州省充分发挥比较优势，主动融入服务国家战略，先后获批建设 48 项国家级试点示范、建设国家建设枢纽节点、启动“东数西算”工程等，2023 年全省数字产业实力实现大幅提升，软件和信息技术服务业收入 856.2 亿元，增长 20.7%，数字经济占 GDP 比重预计超过 42%，较上年提升 3 个百分点，增速继续排名全国前列。贵州省以自然资源和区位发展优势为先天基础，以政策支撑为数字经济发展抢占先发优势，抓好数据中心发展窗口，构建完善大数据产业链条，推动全省数字产业化蓬勃发展。

3. 浙江模式：以服务业数字化为牵引，发挥民营经济第一省优势

浙江省基于民营经济第一大省优势，以服务业数字化为牵引实现数字经济创新发

展。浙江省服务业数字化渗透率高达47.5%，仅次于北京市，浙江模式的成功开展，离不开民营经济活跃、服务业基础牢固和“一号改革工程”引领。首先，浙江省拥有着优越的企业营商环境和强大的商业创新能力，2023年浙江省108家企业入选“中国民营企业500强”，连续25年保持全国第一，民营经济实现高水平发展；其次，浙江省具备自身发达的小商品市场优势，截至2023年，浙江省服务业占GDP比重仅次于京津沪粤琼等区域，服务业基础扎实；并且，2023年浙江省将持续优化营商环境作为“一号改革工程”，加快构建亲清政商关系，营造市场化、法治化、国际化一流营商环境，全面推进数字经济创新协调发展。浙江省立足于现行经济与产业基础，以头部互联网企业为核心打开电商发展窗口，主动把握服务业数字化趋势，将技术成果、发展经验拓展至其他产业数字化进程，推动区域整体产业数字化发展，构筑浙江省数字经济创新生态。

4. 福建模式：以第二产业数字化为牵引，做强实体经济发展根基

福建省以2022年颁布的《做大做强做优数字经济行动计划（2022—2025年）》为指引，形成以电子信息制造业为基础，以软件和信息技术服务业、通信服务业为增长点，以大数据、云计算、人工智能等为突破口的数字经济发展新格局。2000年以来，福建省较早提出“数字福建”蓝图、率先成立数字福建建设领导小组、连续制订数字福建专项规划，形成了建设“数字福建”渊源深厚的思想文化；并且，福建省第二产业发展水平高，2023年第二产业增加值占地区生产总值的比重为44.1%，高于全国5.8%，在全国尤其是沿海省份中处于优势地位，扎实的工业基础为数字化应用提供丰富的应用场景；此外，福建省以人工智能产业园为依托，推动福建人工智能产业集群发展，2023年先后授牌建设以人工智能为核心的福州园区、以厦门市“4+4+6”现代化产业体系为基础的厦门园区、以“AI+现代制造”为基础的泉州园区，推动以人工智能产业为代表的数字经济进入集群发展新阶段。福建模式凭借深厚的思想文化基础、扎实强劲的第二产业基础、集群发展的人工智能产业园，打造第一、第二产业协同数字化发展模式，推动整体产业数字化，牵引全省数字经济做大做强。

二、中国区域间数字经济协调发展评价

区域间数字经济协调发展侧重关注释放不同区域比较优势，以区域协同发展战略和互补发展机制形成区域间高效联动、优势互补的格局，缩小数字经济发展差距。为进一步测算我国区域间数字经济协调发展水平，本报告在上一年度报告的基础上，通过泰尔指数来追踪测度我国2011—2022年区域间数字经济协调发展程度。

（一）数字经济区域差距测算分析

泰尔指数用以衡量区域间差异程度，可进一步分解为区域内差异与区域间差异来判断

总体差异性的来源。本报告将我国各省市分为七大区域①，并计算出其数字经济泰尔指数②，泰尔指数数值越大，表明发展差距越大。

从整体发展情况来看，2022 年我国 GDP 泰尔指数仍延续总体下降趋势，地区间经济水平差异进一步缩小（见图 10－7）。但相较 2021 年，2022 年间数字经济泰尔指数总体保持不变，且 2022 年数字经济泰尔指数值明显大于 GDP 泰尔指数值，数字经济区域发展差距仍远高于经济水平区域差距（见图 10－8）。从数字经济区域内差异来看，2022 年七大区域数字经济泰尔指数相较 2021 年仍保持相对稳定，华北区域相对其他区域的区内差距仍较大，主要由于北京、天津等核心城市数字经济发展领先，而山西、内蒙古等省区发展相对滞后，导致华北区域的区内差异较为突出（见图 10－9）。并且，2022 年东北区域的区内差异最低且仍呈现出缩小趋势，但该区域数字经济发展水平均处于落后阶段。因此，如何在“数据＋”时代协调好区域数字经济发展仍是值得关注的重要议题。

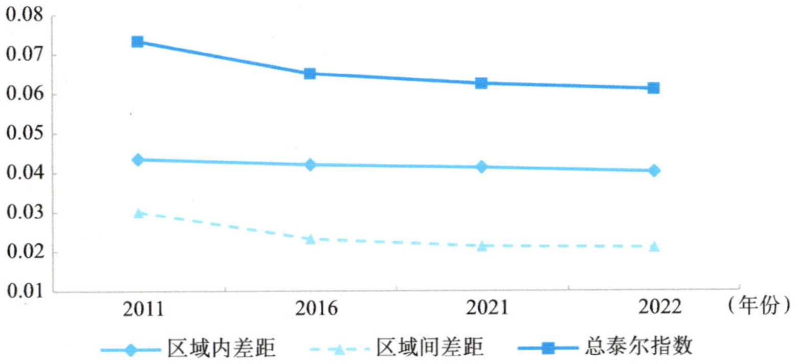

图 10－7 GDP 泰尔指数

数据来源：作者自行整理。

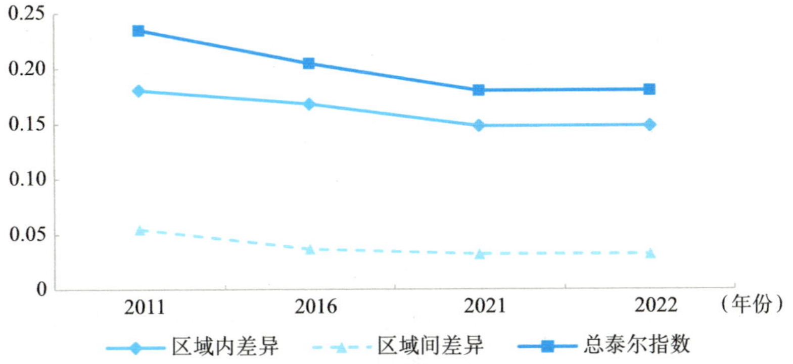

图 10－8 数字经济泰尔指数

数据来源：作者自行整理。

---

① 七大区域划分标准参见上一版第十章第三节。
② 数字经济泰尔指数具体测算方式参见上一版第十章第三节。

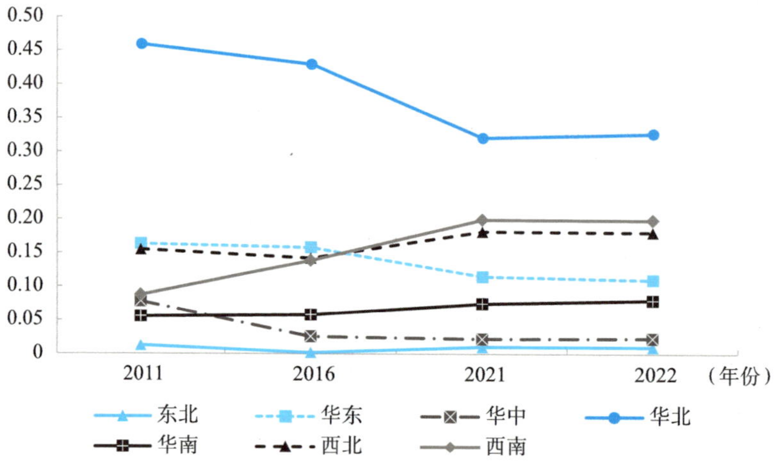

图 10-9　数字经济泰尔指数——区域内差距

数据来源：作者自行整理。

从数字经济二级指数的泰尔系数对比来看，相较于数字产业化和产业数字化泰尔指数，2022 年数字经济基础设施泰尔指数仍保持在较低水平（见图 10-10），说明数字基础设施的区域发展差距最小，区域协调程度最高。相较 2021 年，2022 年数字产业化和产业数字化泰尔指数均小幅下降（见图 10-11、图 10-12），但数字基础设施泰尔指数却出现回升，这说明区域集聚与溢出效应开始逐渐发挥效用，数字产业化和产业数字化区域协调程度有所提升。但由于各区域早已布局数字基础设施，在早期阶段区域内和区域间数字基础设施差距不断缩小，但现阶段数字基础设施逐渐走向成熟发展，建设数字经济基础设施对缩小区域差距的效用下降，且部分区域率先发展新一轮新型数字基础设施，导致数字经济基础设施的区域协调程度下降。

从七大区域数字基础设施的区域内差异来看，相较 2021 年，华北区域 2022 年数字基础设施区内差异呈现明显的上升态势，北京、天津等省市率先进行新一轮数字基础设施建设，而同处于华北区域的内蒙古、山西等省份新基建存在滞后性，华北区域数字基础设施区内差距增加（见图 10-13）。从七大区域数字产业化的区域内差异来看，相较 2021 年，西南区域 2022 年数字产业化区内差异缩小趋势最为明显，其他区域数字产业化泰尔指数保持相对稳定（见图 10-14），主要受益于西南区域的贵州、重庆、云南、四川、西藏的数字产业化指数增长明显，西南区域充分把握自然资源禀赋优势挖掘数字经济新业态、新模式，使数字产业化区域内协调程度有所提升。从七大区域产业数字化的区域内差异来看，相较 2021 年，除西南区域外，其他区域产业数字化也保持相对稳定的态势（见图 10-15），受益于西南区域的贵州、重庆、四川的产业数字化指数增长明显，上述三省利用现有优势拓展数字经济应用场景，但西藏、云南两省的产业数字化指数并未出现明显提升，使区域内产业数字化协调程度出现下降。

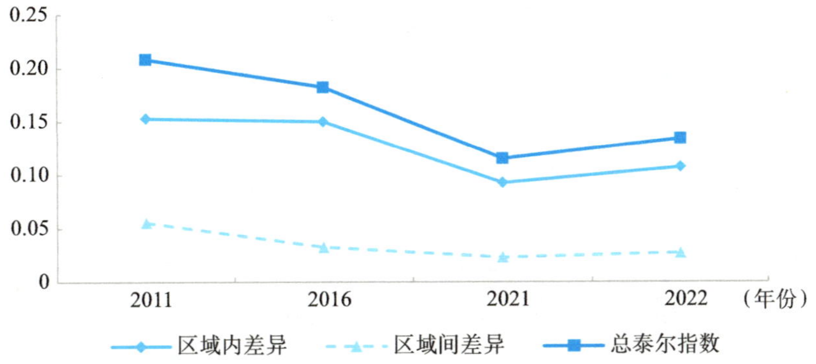

图 10－10　数字基础设施泰尔指数

数据来源：作者自行整理。

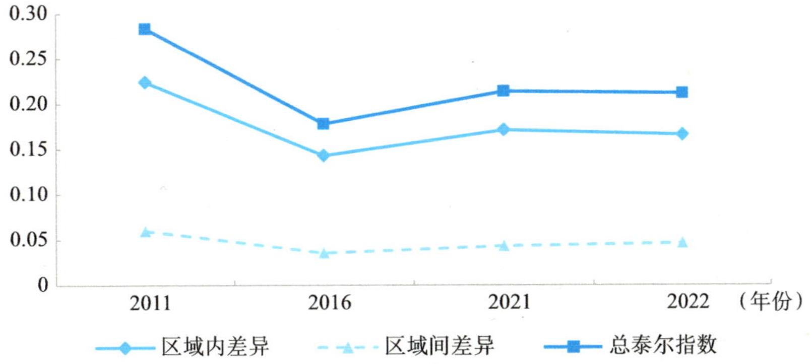

图 10－11　数字产业化泰尔指数

数据来源：作者自行整理。

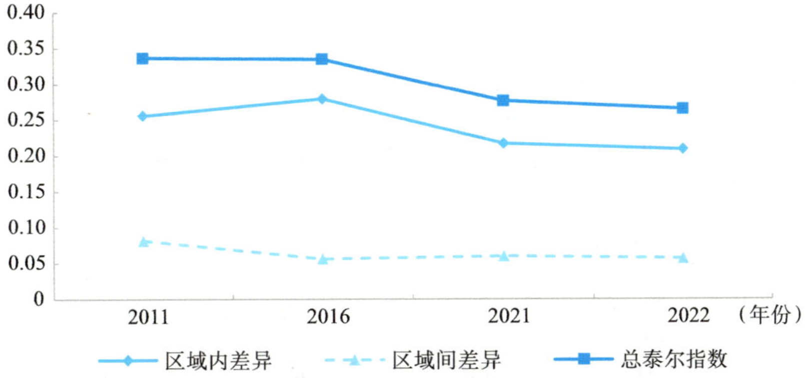

图 10－12　产业数字化泰尔指数

数据来源：作者自行整理。

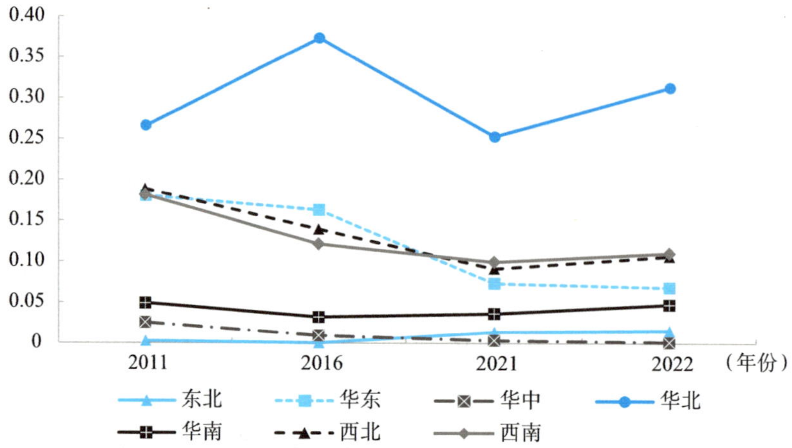

图 10－13　数字基础设施泰尔指数——区域内差异

数据来源：作者自行整理。

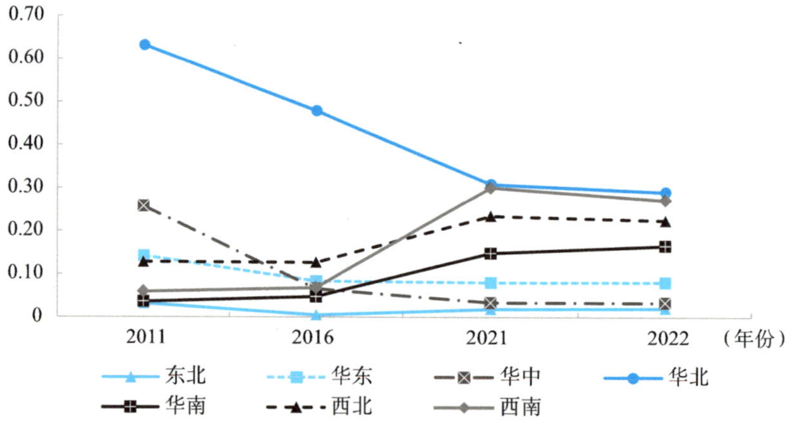

图 10－14　数字产业化泰尔指数——区域内差异

数据来源：作者自行整理。

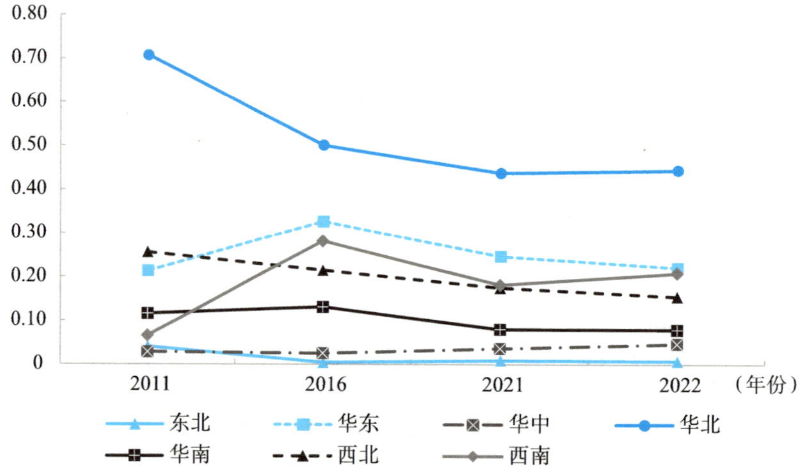

图 10－15　产业数字化泰尔指数——区域内差异

数据来源：作者自行整理。

（二）数字经济协调发展现状评价

观察数字经济及二级指数的泰尔指数变化趋势，可以发现，我国各省份数字经济发展水平的差异性仍然明显：

从全国范围整体差距来看，相较 2021 年，2022 年我国数字经济发展水平的区域差异相较经济发展的区域差距仍较为明显，但数字经济发展的区域差距呈现相对稳定趋势，早期数字技术发展使我国数字经济进入高速增长期，现有数字产业规模基础下，我国数字经济进入持续稳定增长新阶段，使得数字经济区域差距整体呈现出相对稳定格局。并且，我国数字经济的区域内差距总体也保持稳定趋势，各地区内部数字经济发展速度不均衡问题依然突出。

从全国范围区域间差距来看，相较 2021 年，2022 年我国产业数字化的区域间协调程度有所增加，但数字基础设施、数字产业化的区域协调程度出现下降，主要与少部分省份率先开展新一轮数字基础设施建设，充分挖掘 AIGC 新用途、新业态、新模式，呈现出暂时领先于其他省份的态势，从而出现了区域间差距扩大的趋势；从全国范围区域内差距来看，相较 2021 年，2022 年我国数字基础设施区域内差距出现短暂扩大态势，数字产业化和产业数字化区域内差距缩小，主要受地区经济基础、产业结构差异性明显，使得区域内数字基础设施建设不协调程度有所提升。

从各区域来看，相较 2021 年，2022 年东北地区的区域内差异仍接近于零，但数字经济发展停滞甚至不断退步的问题依然突出，如何推动东北地区数字经济发展仍是当前工作重点。华北地区的区域内差距最大，应重点考虑山西、内蒙古与其他三个省份如何实现数字经济协调发展。西南地区数字产业化区域内差异缩小趋势最为明显，但产业数字化区域内差异却出现小幅扩大趋势，当前背景下，如何利用西南地区自然资源禀赋优势挖掘数字经济潜在场景，也成为值得关注的现实问题。

三、“东数西算”工程推进情况及其效果

（一）“东数西算”工程政策规划

2022 年 2 月，国家发展改革委、中央网信办、工业和信息化部、国家能源局同意在京津冀、长三角、粤港澳大湾区等 8 地启动建设国家算力枢纽节点，并规划了 10 个国家数据中心集群，京津冀、长三角、粤港澳大湾区、成渝等地区重点统筹城市内部及周边地区数据中心布局，贵州、内蒙古、甘肃、宁夏等地区充分利用资源优势夯实网络基础设施，全国一体化大数据中心体系完成总体布局设计，“东数西算”工程正式全面启动（见表 10－8、表 10－9）。

表 10－8　　“东数西算”八大枢纽和十大集群一览表

算力枢纽	数据中心集群
内蒙古枢纽	和林格尔集群
宁夏枢纽	中卫集群
甘肃枢纽	庆阳集群
成渝枢纽	天府集群
	重庆集群
贵州枢纽	贵安集群
京津冀枢纽	张家口集群
长三角枢纽	芜湖集群
	长三角生态绿色一体化发展范区集群
粤港澳枢纽	韶关集群

数据来源：国家发展改革委网站。

表 10－9　　“东数西算”工程八大枢纽发展规划

八大枢纽规划	京津冀	到 2025 年，张家口集群大数据服务器规模达到 500 万台，具备千万台级承载能力
	粤港澳	到 2023 年，韶关数据中心集群将建成 50 万架标准机架、500 万台服务器规模，投资超 500 亿元
	长三角	芜湖到 2025 年规划新增 60 万机架，到 2030 年机架规模可达 100 万架
	宁夏	“十四五”期间宁夏枢纽节点规模为 72 万个机柜，服务器上架率大于 85%
	贵州	到 2025 年，全省数据中心标准机架达到 80 万架、服务器达到 400 万台
	内蒙古	2025 年投运服务器规模达 80 万台以上，上架率达到 65% 以上
	甘肃	庆阳数据中心将于“十四五”末新建 30 万架标准机架
	成渝	2025 年天府数据中心集群起步区内机架规模达到 30 万架，上架率不低于 70%，可调度服务器超过 100 万台。重庆市标准机架规模达 50 万，总体上架率 >75%

数据来源：各省市政府官网、北京市通信行业协会、新浪财经、东方证券研究所等。

（二）“东数西算”工程推进现状

“东数西算”工程全面启动以来，国家顶层设计得到持续完善，加速推动国内数据中心市场实现持续健康发展，有序打造全国算力“一张网”；区域层面上，10 个区域数据中心明确起步区建设目标，集群政策相继推出（见表 10－10、表 10－11）。当前，各大枢纽节点建设开始进入提速升级新阶段，围绕算力布局、网络配套、数据中心集群、产业引进等方面不断加大政策支持力度，不断完善以绿色低碳、集约高效、自主可控为特点的数据中心建设运营新模式。

表 10-10 “东数西算”中央政策出台及推进实施情况

时间	历程
2022 年 2 月	国家发展改革委等四部门同意启动建设国家算力枢纽节点，规划了 10 个国家数据中心集群，全国一体化大数据中心体系完成总体布局设计，“东数西算”工程正式全面启动
	腾讯云、阿里云、快手等表示，已经在“东数西算”算力枢纽节点地区布局或投产了数据中心
	中国联通明确新战略，全面承接国家“东数西算”工程，制定《建设新型数字信息基础设施行动计划》和《算网融合发展行动计划》
2022 年 5 月	“东数西算”京津冀国家枢纽节点建设在天津正式启动
2022 年 6 月	“东数西算”黄河流域生态环境算力中心正式启动建设
2022 年 9 月	《东数西算下新型算力基础设施发展白皮书》发布；8 个国家算力枢纽节点建设方案均进入深化实施阶段，起步区新开工数据中心项目达到 60 余个，新建数据中心规模超过 110 万标准机架项目总投资超过 4000 亿元
2022 年 10 月	八大枢纽节点间的算力网络及调度平台建设战略合作签约仪式举行；成渝枢纽节点建设添新动能，重庆嘉云智能算力中心落户两江新区水土新城

数据来源：工业和信息化部、长城证券产业金融研究院。

表 10-11 “东数西算”区域枢纽集群政策文件

区域枢纽	文件名称	发布机构	发布时间	内容
京津冀枢纽	《关于同意京津冀地区启动建设全国一体化算力网络国家枢纽节点的复函》	国家发展改革委、中央网信办、工业和信息化部、国家能源局	2022 年 2 月 7 日	围绕数据中心集群，抓紧优化算力布局，积极承接北京等地实时性算力需求
成渝枢纽	《关于同意成渝地区启动建设全国一体化算力网络国家枢纽节点的复函》		2022 年 2 月 7 日	围绕两个数据中心集群，抓紧优化算力布局，平衡好城市与城市周边的算力资源部署，做好与“东数西算”衔接
长三角枢纽	《关于同意长三角地区启动建设全国一体化算力网络国家枢纽节点的复函》		2022 年 2 月 7 日	围绕两个数据中心集群，抓紧优化算力布局，积极承接长三角中心城市实时性算力需求，引导温冷业务向西部迁移，构建长三角地区算力资源“一体协同辐射全域”的发展格局
粤港澳大湾区枢纽	《关于同意粤港澳大湾区启动建设全国一体化算力网络国家枢纽节点的复函》		2022 年 2 月 7 日	围绕韶关数据中心集群，抓紧优化算力布局，积极承接广州、深圳等地实时性算力需求，引导温冷业务向西部迁移，构建辐射华南乃至全国的实时性算力中心
内蒙古枢纽	《关于同意内蒙古自治区启动建设全国一体化算力网络国家枢纽节点的复函》		2021 年 12 月 20 日	充分发挥集群与京津宾毗邻的区位优势为京津宾高实时性算力需求提供支援，为长三角等区域提供非实时算力保障

续表

区域枢纽	文件名称	发布机构	发布时间	内容
贵州枢纽	《关于同意贵州省启动建设全国一体化算力网络国家枢纽节点的复函》	国家发展改革委、中央网信办、工业和信息化部、国家能源局	2021 年 12 月 20 日	围绕贵安数据中心集群，抓紧优化存量，提升资源利用效率，以支持长三角、粤港澳大湾区等为主，积极承接东部地区算力需求
甘肃枢纽	《甘肃省启动建设全国一体化算力网络国家枢纽节点的复函》		2021 年 12 月 20 日	要尊重市场规律、注重发展质量，打造以绿色、集约、安全为特色的数据中心集群，重点服务京津冀、长三角、粤港澳大湾区等区域的算力需求
宁夏枢纽	《关于同意宁夏回族自治区启动建设全国一体化算力网络国家枢纽节点的复函》		2021 年 12 月 20 日	要充分发挥区域可再生能源富集的优势，积极承接东部算力需求，引导数据中心走高效、清洁、集约、循环的绿色发展道路

数据来源：国家发展改革委网站。

"东数西算"工程推进以来，在国家顶层设计和区域枢纽政策支持下，东西部算力资源分布不均衡问题得到了有效缓解，西部地区充分挖掘以大模型为代表的算力需求增长点，数据中心集群取得了突破性进展（见表 10－12）。

表 10－12　　各区域"东数西算"工程推进现状

枢纽	推进现状
京津冀	张家口：腾讯、阿里巴巴、联通、百度、秦淮数据、合盈数据等企业将数据中心落户张家口，张家口市投入运营的数据中心为 27 个、标准机柜 33 万架、服务器 153 万台，算力规模达到 7600P； 北京：已形成 1.2 万 P 的算力供给规模，包括通用算力 8672P、智能算力 3402P、超算算力 340P； 天津：数据中心互联低时延达标率、算力灵活调度节点占比均达 100%
长三角	芜湖集群：起步区数据中心项目 17 个、设计装机规模 64 万架、投资额约 2588 亿元；已投产数据中心项目 6 个、在建未投产项目 6 个、待建项目 5 个； 长三角生态绿色一体化发展示范区：汇聚起 291 项数据资源，全国一体化算力网络国家枢纽节点——长三角一体化示范区数据中心集群全面建设
粤港澳	韶关：已批准机架超 40 万，接近 2025 年 50 万标准机架目标，电信、移动已完成粤港澳大湾区超高速 400G 全光运力网络建设，到大湾区城市时延达到 2 毫秒以内； 广东：综合算力指数居全国第一，拥有约 230 个数据中心，合计标准机架数量约 62 万个
贵州	智算芯片规模超过 7.6 万张，较年初提升 93 倍，综合算力水平位居全国前列；总算力规模增长 28.8 倍，智算规模占比超过八成；全省在建及投运数据中心 39 个，大型以上数据中心 22 个，服务器承载能力超过 244 万台

续表

枢纽	推进现状
成渝	四川：全省用于存储的标准机架共4.2万架，截至2023年6月，全省100个标准机架以上的数据中心项目已投产66个； 重庆：数字经济快速成长，建成投用重庆人工智能创新中心，全市算力规模超过1000P
甘肃	庆阳：数据中心集群机架数量累计达到1.5万架，平均上架率约83.8%，形成算力规模达到5300P，燧弘科技、憨猴科技、金山云、智谱华章、百川智能等智算企业及大模型企业实现落地
宁夏	宁夏：建成全国首个万卡智算基地，服务器制造项目实现零的突破，算力质效指数西部第一，数字经济占GDP比重为35%以上； 中卫：每家数据中心现在都是三线机房，互联网出口带宽达到18T，实现中卫到北京的单向时延8—10毫秒以内，到上海的单向时延15毫秒以内，到广东的单向时延20毫秒左右
内蒙古	数据中心服务器在运行已达到260万台，和林格尔新区数据中心标准机架达到22万架，服务器装机能力达到150万台，通用算力总规模达到1000P；国内首个绿色算力超市在和林格尔上线

数据来源：公开资料整理、通信产业网。

（三）“东数西算”工程现实意义

“东数西算”工程是数字经济时代发展的重要战略选择，由东向西梯次建设8个国家算力枢纽节点，规划10个国家数据中心集群，充分集中国家政策和区域资源，通过着力优化网络、能源等配套设施保障，促进东西部数据流动，更好地引导全国数据中心实现集约化发展；同时，以数据中心为核心，带动数字经济相关产业实现东西部产业资源优化配置，为数字经济区域统筹协调发展提供基础设施支撑。总体来看，全国一体化算力体系建设有效缓解区域间算力资源分布不均衡、供需失衡等问题，有效缩小区域数字经济发展差距，实现数字经济东西部协调发展。

首先，“东数西算”工程实现数据和信息要素跨区域间自由流动，有利于西部地区以一体化的信息算力网络体系、优越的自然资源禀赋和低廉的成本优势夯实大数据、人工智能等数字经济产业基础，把握好技术、人才、资金等资源从东部向西部转移流动的良好契机，充分激发西部地区数字经济发展潜力，加快全国一体化算力体系建设进程；并且，算力枢纽和数据中心建设将大幅降低算力资源的使用成本，直接惠及西部地区数字经济企业，推动各类新技术、新产业、新业态不断发展，加速西部地区实现数字产业化，进一步缩小区域间数字经济发展差异；此外，由于我国区域间产业结构差异明显存在，区域内分化现状仍然存在，“东数西算”工程有利于西部地区结合自身自然资源禀赋、产业发展特点和经济基础，加速推进西部地区产业数字化转型进程，同时东部地区可以积极转移算力需求大、算力成本高的产业链，拓展东部数据经济发展空间，推进西部产业链数字化格局建设，以实现数字经济东西部协调发展。

参考文献

［1］陈瑞义，戴静．数字产业化和产业数字化耦合协调性研究——以江苏省为例［J］．经济论坛，2022，619（2）：63－75.

［2］焦豪，马高雅，张文彬．数字产业集群：源起、内涵特征与研究框架［J］．产业经济评论，2024（2）：72－91.

［3］吕璐．世界主要数字产业集群案分析及启示［J］．中国统计，2022（9）：19－21.

［4］前瞻产业研究院．中国云计算产业发展前景预测与投资战略规划分析报告［R］．2022.

［5］王定祥，李雪萍，李伶俐．打造有国际竞争力的数字产业集群［J］．上海经济研究，2024（3）：59－72.

［6］王政．我国数字产业集群加速成长［N］．人民日报，2022－11－30.

［7］赵作权，戴宜畅，范秋辞，等．中国国家级产业集群数字化程度估计：基于与线上产业带的匹配分析［J］．中国科学院院刊，2022，37（12）：1757－1769.

［8］周海川，刘帅，孟山月．打造具有国际竞争力的数字产业集群［J］．宏观经济管理，2023（7）：27－32.

［9］Evans，G. Emergence of a Digital Cluster in East London：Birth of a New Hybrid Firm［J］．Competitiveness Review，2019，29（3）：253－266.

［10］Fernandez－Escobedo，R.，et al. Economic Agglomeration in the Age of Industry 4.0：Developing a Digital Industrial Cluster as a New Policy Tool for the Digital World［J］．Competitiveness Review，2023.

［11］Kayley，P. Interpersonal Relationships as Key Drivers of Cluster Performance［J］．European Conference on lnnovationand Entrepreneurship，2017：362－367.

［12］Taura，N. and D. Radicic. Intra－Cluster Knowledge Exchange and Frequency of Product Innovation in a Digital Cluster［J］．Journal of Small Business Management，2019，57（S2）：350－373.

第十一章
稳定币的发展与其货币属性研究[①]

2009 年，比特币的诞生开创了数字货币的新时代。新型数字货币（加密货币）作为数字资产的典型形态，以其安全性高、匿名以及交易速度快等特点，带动市场规模快速扩张。截至 2023 年底，全球数字货币市值已达数十万亿美元，全球日交易量最大的数字货币交易所币安 2024 年 6 月 8 日宣布，其全球用户已达 2 亿，而全球数字货币消费者的安装基数达到 5.62 亿人。新型数字货币经过 2022 年的市场动荡之后，2024 年再次成为全球投资焦点。比特币现货价格再次突破 7 万美元；美国证监会批准加密货币现货 ETF 上市，加密货币政策成为总统大选的关键议题；欧盟推出《加密资产市场监管法案》，成为世界第一个为加密货币行业引入全面、定制规则的司法管辖区，是加密资产发展的里程碑；美国众议院金融服务委员会和农业委员会联合通过的、旨在确立加密货币监管框架的《21 世纪金融创新与技术法案》，也在推动过程中。毫无疑问，虚拟货币已经成为全球热门的投资资产。目前加密货币的种类繁多。公链板块的比特币是加密货币领域的黄金品种，是投资者的首选，而以太币（ETH）、Solana（SOL）、波卡（DOT）也因其适用技术特色和多元交易场景在市场中举足轻重。DeFi 板块、NFT 板块、游戏机板块、体育板块等领域的加密货币更是五花八门，近来基于网络迷因和流行文化而产生的 Meme 币则在很多社区成为爆款。尽管各类加密货币在特定的数字交易场景发挥着货币职能，均具有一定的投资属性，但是距数字世界通用货币的距离还很远。比特币虽然是加密货币的黄金品种，具有全球通用性，且因其储量有限、投资价值高、价格波动过大，其美元价格的波动通常是主要国家法币美元价格的十倍以上，难以成为交易媒介，履行货币职能[②]。稳定币则是为了解决上述比特币问题而诞生的一种目标于全球通用数字货币的一种解决方案。稳定币是指相对特定资产或资产池保持稳定价格的加密资产[③]。凭借低廉的交易成本、稳定的价格以及

---

① 本章作者为戴金平、范猛。其中：戴金平，南开大学经济学院教授；范猛，南开大学经济学院研究生。

② Yermack D. Is Bitcoin a Real Currency? An Economic Appraisal ［M］ //Handbook of Digital Currency. Academic Press, 2015: 31 -43. Elsevier, 2015.

③ Financial Stability Board. Regulatory Issues of Stablecoins ［S］. 2019.

主要交易平台的支持，稳定币作为数字资产的交易手段得到了快速推广。自 2019 年起，使用稳定币交易的比特币数量超过了直接使用美元交易的数量，稳定币成为了数字资产市场中最主要的交易手段，扮演了“数字法币”的角色①。但也有一些关于稳定币“数字法币”职能的质疑，主要针对稳定币储备状况不透明或储备不足问题，认为稳定币无法长期履行货币的职能，不具备货币属性②。2022 年全球第三大稳定币 UST 的崩溃引发了全球对算法型稳定币的巨大质疑。

准确认识稳定币的货币属性是判断其宏观经济效应、制定相应的监管措施以及中央银行货币政策考量的依据，具有重要的现实意义。目前市场中的稳定币多为盯住美元的稳定币。此类稳定币的运行机制通常为用户将法币存入发行商的账户中，发行商在公链上向用户钱包发行对等数量的加密货币供用户使用。流通结束后用户可以向发行单位兑换成法币，发行单位同时销毁该稳定币。由于稳定币发行商声称具有完全储备并会按照合约兑换法币，因此法币的信用与购买力保证了稳定币的购买力，从理论上稳定币能够履行货币职能，具有货币属性。但现实中自诞生以来稳定币的价格曾出现大幅波动，加之市场对稳定币储备状况等的质疑，稳定币的货币属性引起了学者们的广泛争论，相关研究对于稳定币是否真正具有货币属性以及在何范围内扮演货币角色尚未达成一致。此外，现有关于稳定币货币属性的研究多从法律的角度或与比特币等数字货币简单的对比分析出发，尚未有关于数字稳定币货币属性的经济学理论分析与相应的实证检验。为了准确认识稳定币的货币属性，补充现有研究中的不足，本文首先对稳定币的发展历程进行梳理，其次基于货币的本质与宏观经济效应，从理论与实证的角度检验稳定币的货币属性。

我们的研究要回答以下问题：

1. 数字稳定币是否发挥了数字资产市场通用货币的功能？

2. 数字稳定币是否完美链接了数字世界法币与物理世界法币，发挥了数字法币的功能？

第一节　稳定币的内涵、分类与发行机制

稳定币是指相对特定资产或资产池保持稳定价格的加密资产③。Tether 公司在 2014 年发布的泰达币白皮书中最早设计了一套完整可行的稳定币运行体系，在实践中界定了稳定

---

① Lyons R. K., Viswanath - Natraj G. What Keeps Stablecoins Stable? [R]. National Bureau of Economic Research Working Paper Series, 2020. Kristoufek L. Tethered, or Untethered? On the Interplay Between Stablecoins and Major Cryptoassets [J]. Finance Research Letters, 2021, 43.

② Griffin J. M., Shams A. Is Bitcoin Really Untethered? [J]. The Journal of Finance, 2020, 75 (4): 1913 - 1964.

③ Financial Stability Board. Regulatory Issues of Stablecoins [S]. 2019.

币的内涵与发行机制，为后续各种稳定币的发展奠定了基础①。在上线之初，稳定币的交易量较少，市场使用热情不高。但随着比特币等数字资产的规模不断扩大，其交易需求快速提升。另一方面比特币价格波动幅度大，交易费率攀高，已不适合作为一种数字支付手段。加之部分交易场所美元提现业务出现延迟，市场担心主要数字资产存在与美元切断联系的风险，稳定币的使用率快速提升，各大加密货币交易所纷纷上线稳定币交易。经过多年的发展，市场中已衍生出多种不同类型的稳定币。在具体研究中，按照抵押品的差异对稳定币进行分类的做法最为常见。学者常根据抵押品的不同将稳定币划分为盯住法币、盯住加密货币、盯住石油等商品以及无抵押的稳定币②。另一些研究根据抵押品是否位于链上将其划分为盯住链下资产的稳定币、盯住链上资产的稳定币以及算法稳定币。前两类稳定币通过锚定特定资产，保证可兑换性维持价格的稳定，最后一类则通过算法自动调节供给维持币值的稳定。此外，还有一些研究按照其是否代表合法索赔权进行划分。部分稳定币要求发行机构按照合约兑现承诺，其余则不依赖于任何机构。不包含合法索赔权的稳定币是去中心化的，系统开放性高。参照当前研究中通常的做法，本文按照抵押品差异对市场中现有的稳定币进行分类介绍。

（一）盯住法币的稳定币

盯住法币的稳定币是最早出现以及使用范围最广的一类。该类稳定币的发行机制前面已有介绍。发行机构发行稳定币有充足的准备金，准备金以现金和现金等价物为主；主要通过收取手续费或储备金利息盈利。Tether 公司发行的泰达币（USDT）与 Circle 公司发行的 USDC 是这类稳定币的代表，此外，Binance 在 2023 年推出的 First Digital USD（FDUSD）在上线后市场占有率也快速提升。这类稳定币通常存在一个中心发行机构，其币值的稳定性取决于公众对该机构的信任，有充足的流动性资产准备并托管于第三方机构以提升公众的信任度，是典型的中心化设计。巴塞尔委员会将数字资产分为两类，第一类包括这类具有有效稳定机制的稳定币③。目前私人发行的稳定币尚未得到政府的严格监管。以 USDT 为例，虽然其宣称严格按照准备金 1∶1 的比例发行稳定币，但不同于商业银行，发行机构并不直接受到中央银行的管辖，因此可能存在抵押准备不足的问题。Griffin 和 Shams④ 通过考察稳定币与比特币价格的关系发现了 USDT 等稳定币可能存在超发风险，稳定币发行机构可能会利用不透明的准备金操控数字资产价格，扰乱市场秩序。

Tether 公司发行的 USDT 的准备金池中包括美元现金、货币市场基金和政府债券，还

---

① Tether. Tether：Fait Currencies on the Bitcoin Blockchain. Tether Operations Limited，2014.

② Mita M.，Ito K.，Ohsawa S.，et al. What is Stablecoin? A Survey on Price Stabilization Mechanisms for Decentralized Payment Systems［C］. 2019 8th International Congress on Advanced Applied Informatics，2019.

③ 戴金平．数字资产的发展与国际监管［M］. //南开大学数字经济交叉科学中心编写组．数字经济与中国（2023）. 北京：中国财政经济出版社，2024：404－410.

④ Griffin J. M.，Shams A. Is Bitcoin Really Untethered［J］. The Journal of Finance，2020，75（4）：1913－1964.

包括比特币等数字黄金资产。根据该公司 2024 年第一季度最新报告，公司总准备金 1102 亿美元；公司第一季度净利润达到 45.2 亿美元，其中大约 10 亿美元来自持有美国公债的净营业利润，35.2 亿美元来自公司比特币和黄金部位的浮盈。另外报告显示，Tether 公司持有比特币 75354 枚比特币，价值 45 亿美元，占 USDT 储备的 4.87%，是世界第 8 大比特币持有者；持有美国国债价值达 908.7 亿美元，占总储备 90%，已经成为全球第 19 大美国国债持有人。另外据 2024 年 5 月 17 日 MarketCap 数据显示，USDT 市值已经达到 1114.5 亿美元，超过安达保险公司、平安保险公司，在全球资产市值中排名第 153 位。

USDC 是由区块链支付公司 Circle 发行的稳定币，是全球市值排名第二的稳定币。Circle 公司由比特大陆、高盛集团、IDG、中金公司、光大集团和百度公司等投资成立，公司发行稳定币更注重合规与合法。USDC 是一种基于以太坊平台的 ERC－令牌（通证），运行机制简单明了，每发行一枚 USDC，公司就在托管银行账户存入 1 美元或者等值货币，确保 USDC 价格稳定。与 USDT 和 BUSD 相比，USDC 的设计更符合美国监管要求，有充足完备的准备金，准备金由第三方银行托管，均是现金和美国国债，现金准备比例较高。除此之外，USDC 更专注于支付以及跨链转账协议计划，它开发的跨九个区块链的中心化桥，为 USDC 成为数字通用货币奠定了基础。USDC 的用途还涉及现实物理世界的金融服务，包括跨境商品支付、贷款和报销服务。

（二）盯住加密数字资产的稳定币

盯住加密数字资产的稳定币以加密数字资产为抵押品，也与美元挂钩，保持发行货币与准备金价值 1∶1 的比例。用户需要向智能合约中存入一定数量的加密数字资产，以获得相应数量的稳定币。这种稳定币以 MakerDAO 系统的 DAI 币为代表。该系统是一个去中心化的自治组织，是基于以太坊平台发行的加密货币，由治理权（MKR）的持有者共同管理 Maker 协议，包括调节稳定币 Dai 的政策，扩展新的抵押品类型以及提高治理流程本身等。值得注意的是，由于数字资产价值波动较大，为了维持币值的稳定性，该稳定币在发行过程中通常存在“超额抵押”现象。即发行的稳定币价值低于智能合约中加密资产的价值。当被抵押的加密资产大幅贬值时，智能合约中的抵押品将被自动清算。总体来看，这种稳定币通过智能合约在链上进行管理，相较于盯住法币的稳定币更符合去中心化的要求。Dai 币也用于商品支付、贷款和其他金融服务中，也是当前数字资产市场的交易媒介。

（三）盯住石油等商品的稳定币

盯住商品的稳定币多以石油或黄金等商品作为抵押。例如，委内瑞拉政府曾发行过“石油币”。这种货币主要以政府储备为背书，与盯住法币的稳定币创造机制相同。此类稳定币目前尚未得到市场的认可，二级市场鲜有交易，关于这种货币的研究也相对较少。

（四）无抵押的稳定币

此类稳定币没有任何资产支持，通过算法自动调整供应量来维持币值稳定。算法稳定币的安全性广受争议，发展较为坎坷。Basis（原名 Basecoin）是其中的代表。该系统通过发行货币（basecoin）或债券（base bonds）等方式调整稳定币供应量进而稳定币值。当需要调减稳定币供应量时，系统向稳定币持有者发行债券，这些债券通过在未来支付票面价值与利息刺激稳定币持有者购买，用来购买该债券的代币被销毁，从而减少市场整体稳定币供应。当需要增加稳定币供应时，系统则会向债券持有人支付代币购买债券。此外，该系统在创世区块还发行了总量恒定的股票（base shares）。在系统需要增加稳定币供给量时，一旦基础债券还清，系统会发行稳定币给股票持有者，并通过股票持有者向市场出售稳定币抑制其价格。但目前该种类型的稳定币多处于设计阶段，发行与调整机制中仍存在很多不完善之处，也尚未得到市场广泛的认可，市场占比较小。

2022 年 5 月，算法稳定币代表 UST 崩溃是算法稳定币风险的集中体现。2018 年 Terra 公司推出 Terra 公链及其原生代币 LUNA，之后又推出了与 LUNA 具有双向套利机制（稳定机制）的稳定币 UST。当 UST 市场价格大于 1 美元时，投资者可以通过销毁 1 美元的 LUNA 来铸造 1 个 UST，在二级市场上销售 UST 从而获利；UST 的供给随之增加，UST 的价格下降至 1 美元。当 UST 市场价格低于 1 美元时，投资者可以在市场上购买 UST，然后销毁 UST 铸造 LUNA，再在二级市场上销售 LUNA 获利。为了推广 UST 的应用场景，Terra 公司得到了韩国第二大支付集团的投资背书，为 UST 设计了电商的消费支付场景，用于支付结算交易中；还推出了合成资产协议 Mirror，增加 UST 的金融应用。该公司还推出了一个年化收益率高达 20% 的储蓄协议 Anchor，用户只要将 UST 存入 Anchor 协议中，就可以获得年化收益率 20% 的活期收益。UST 的设计吸引了加密货币投资者，其市值曾经仅次于 USDC，成为第三大稳定币。UST 与 LUNA 的稳定机制在投机浪潮下，演变成了死亡循环。当市场预期悲观时，UST 价格暴跌，投资者退出 UST，UST 销毁，LUNA 供给增大，LUNA 供给的扩张也引发 LUNA 市场价值的暴跌，UST 与 LUNA 的死亡循环便形成了。2022 年 5 月，UST 脱离与 1 美元挂钩机制，UST 与 LUNA 价格双双暴跌，直至为零附近，UST 价格与美元脱钩，UST 退出稳定币市场。UST 崩盘给全球金融市场带来动荡，无数投资者损失惨重，新型数字货币的全球监管势在必行。

第二节　文献综述

在对稳定币的分类及其发行机制总结的基础上，本文进一步对稳定币的货币属性进行研究。稳定币是否具有货币属性是指稳定币是否以及在何种范围内扮演了货币的角色。分析一种商品是否具有货币属性，既要从货币的本质出发，考察其从内涵与发行机制上是否具备成为货币的条件；又要从货币的外在表现出发，考察其是否履行了货币的职能，是否同其他货币一样对宏观经变量产生相应的影响。因此，与本文相关的文献主要为关于稳定币内涵、发行机制的研究以及关于稳定币与宏观经济变量关系的研究。在上节的分析中本文已经就稳定币的分类及其发行机制进行了梳理，该节本文对国内外其他学者对稳定币货币属性的相关分析进行简要总结。

（一）稳定币货币属性相关研究

Lyons 和 Viswanath – Natraj① 通过分析稳定币的交易机制发现，稳定币交易具有低交易成本与高效的特点，使其具有成为数字资产市场中最常用交易手段的可能。国内的学者如邓建鹏等②、姚前等③也对稳定币的内涵与交易机制进行了总结与梳理，并对我国数字人民币的建设提出相应的建议。还有一些研究通过分析稳定币的内涵与机制，从法律角度入手，分析稳定币在法律上的定位。Sokolov④ 分别从欧盟以及英国监管部门对于电子货币法律上的定义，根据发行机制考察了 Libra、USDT、DAI 等 9 种稳定币是否是电子货币（e – money）。根据欧盟的电子货币指令 2（EMD2）与英国电子货币指令（EMRs）的规定，电子货币是指电子化的硬币或纸币。通过对欧盟与英国相关法规的详细分析，作者认为除 USDT 最接近电子货币外，其余的稳定币均不是电子货币。杨延超⑤等根据我国政府部门现阶段对数字货币（主要指比特币）的认识，认为可在法律上先将数字货币界定为准货币，并根据后续的发展在适当时候将其作为货币进行监管。

关于稳定币货币属性的分析通常与对其潜在风险的分析相关联，大量学者根据稳定币发行过程中潜在的问题总结其可能存在的风险。由于稳定币发行机构并不直接受到中央银行的管辖，因此可能存在抵押不足的问题。Griffin 和 Shams⑥ 通过考察稳定币与比特币价格的关系发现了 USDT 等稳定币可能存在超发风险，稳定币发行机构可能会利用不透明的储备金操控数字资产价格，扰乱市场秩序。此外，稳定币本身还存在非法交易、数据泄露与非法运用等风险，给社会稳定带来诸多挑战⑦。除自身的风险外，以 USDT 为代表的稳定币兼具信用基础与交易职能，加之 Libra 等稳定币依托于用户广泛的互联网公司，其推

---

① Lyons R. K. , Viswanath – Natraj G. What Keeps Stablecoins Stable? ［R］. National Bureau of Economic Research Working Paper Series, 2020.

② 邓建鹏，张夏明 . 稳定币的内涵、风险与监管应对［J］. 陕西师范大学学报（哲学社会科学版），2021（5）：165 – 176.

③ 姚前，孙浩 . 数字稳定代币的试验与启示［J］. 中国金融，2018（19）：49 – 50.

④ Sokolov M. Are Libra, Tether, MakerDAO and Paxos Issuing E – Money? Analysis of 9 Stablecoin Types Under the EU and UK E – Money Frameworks［R］. Working Paper, 2020.

⑤ 杨延超 . 论数字货币的法律属性［J］. 中国社会科学，2020（1）：84 – 106.

⑥ Griffin J. M. , Shams A. Is Bitcoin Really Untethered［J］. The Journal of Finance, 2020, 75（4）：1913 – 1964.

⑦ Financial Stability Board. Regulatory Issues of Stablecoins［S］. 2019.

广与使用会对各国主权货币造成显著的冲击，引发货币替代等问题，进而对整个国际货币体系造成影响①。因此，学者们建议应通过完善基础设施建设、设立市场准入、建立发行商制度与监管部门间有效的监管机制等对稳定币的发展进行规范，防范数字稳定币可能给宏观经济带来的风险②。当然，也有学者认为央行数字货币等因素的冲击会使私人部门稳定币难以持续，因此私人稳定币的这些负面影响不会长期存在③。

（二）稳定币与其他宏观变量的关系

关于稳定币与其他宏观变量关系的研究主要集中于数字资产价格。USDT 作为发行最早、目前使用最广泛的稳定币，是学者关注的重点。很多研究注意到了 USDT 与其他数字资产价格的关系，Bianchi 等④和 Mita 等⑤认为 USDT 为代表的数字稳定币已经被广泛用作支付手段，并使用贝叶斯 VAR 证明了 USDT 发行量的提升会给市场带来额外的购买力，并推高数字资产价格。此外，通过控制稳定币的发行量还能够起到操控数字资产价格的作用⑥。但也有研究认为不是稳定币发行量的提升推高了数字资产价格，发行量的提升仅反映了市场对于数字资产需求的提升，是数字金融资产需求量的上升引致的数字稳定币发行量的提升而不是反之⑦。关于稳定币对数字资产市场以外宏观经济变量影响的研究相对较少。Bojaj 等⑧使用黑山宏观数据研究了 1∶1 锚定欧元的稳定币对经济的影响。基于贝叶斯 VAR 模型的研究发现，对于黑山这一经济严重依赖于外部资本流入的欧元区小国来说，稳定币的使用有利于提升投资水平，促进当地旅游业的发展，进而提升当地 GDP 水平。Liao 和 Caramichael⑨ 与 Xu 和 Yang⑩ 分析了稳定币对银行系统可能产生的影响。研究发现随着稳定币的普及，商业银行对稳定

---

① 戴金平．数字货币为什么没有成为货币——概念、缘由与过渡状态［J］．探索与争鸣，2019（11）：9－13．陈雨露．当前全球中央银行研究的若干重点问题［J］．金融研究，2020（2）：1－14．

② Arner D. W.，Auer R.，Frost J. Stablecoins：Risks，Potential and Regulation［R］．BIS Working Paper，2020．王信，骆雄武．数字时代货币竞争的研判及应对［J］．国际经济评论，2020（2）：25－35．

③ Eichengreen B. From Commodity to Fiat and Now to Crypto：What Does History Tell Us?［R］．National Bureau of Economic Research Working Paper Series，2019．Gorton G. B.，Ross C. P.，Ross S. Y. Making Money［R］．National Bureau of Economic Research Working Paper Series，2022．

④ Bianchi D.，Rossini L.，Iacopini M. Stablecoins and Cryptocurrency Returns：Evidence from Large Bayesian Vars［R］．Working Paper，2020．

⑤ Mita M.，Ito K.，Ohsawa S.，et al. What is Stablecoin? A Survey on Price Stabilization Mechanisms for Decentralized Payment Systems［C］．2019 8th International Congress on Advanced Applied Informatics，2019．

⑥ Griffin J. M.，Shams A. Is Bitcoin Really Untethered?［J］．The Journal of Finance，2020，75（4）：1913－1964．

⑦ Kristoufek L. Tethered，or Untethered? On the Interplay Between Stablecoins and Major Cryptoassets［J］．Finance Research Letters，2021，43．

⑧ Bojaj M. M.，Muhadinovic M.，Bracanovic A.，et al. Forecasting Macroeconomic Effects of Stablecoin Adoption：A Bayesian Approach［J］．Economic Modelling，2022，109．

⑨ Liao G. Y.，Caramichael J. Stablecoins：Growth Potential and Impact on Banking［R］．International Finance Discussion Papers 1334，2022．

⑩ Xu C.，Yang H. Real Effects of Stabilizing Private Money Creation［J］．National Bureau of Economic Research Working Paper Series，2022．

币的接受会对银行的信用创造产生影响。稳定币交易成本的不断降低与交易效率的提高会助力去中心化金融（DeFi）场景的发展，使传统金融中介的作用逐渐减弱。关于比特币与宏观经济变量关系的研究较为丰富，很多研究通过分析比特币与宏观经济变量的关系判断比特币的货币属性，对本文的研究具有重要的借鉴意义。如研究者使用 STVAR – BT-GARCH – M、混频 GARCH – MIDAS 等模型研究发现，比特币作为一种新型资产与传统的资产收益率和波动率之间存在明显的溢出效应，且这种溢出效应存在非对称性，比特币通常是信息溢出的接收方①。但相对于传统金融资产来说，比特币相对独立于其他金融资产，因此对于分散化投资组合非常有利②。基于中国的研究同样发现比特币等数字货币对上证指数、恒生指数等会产生显著的影响③，但我国央行等监管机构的监管措施有力阻绝了比特币对我国金融资产的溢出效应④。这些研究均证明了比特币与传统金融资产具有竞争效应，是数字资产，而不是一种货币。

通过上述对已有文献的梳理可以发现，现有关于稳定币货币属性的研究主要从法律角度出发，通过将稳定币与法律条文对比界定其货币属性，缺少从货币本质与宏观经济表现出发的经济学分析，因此根据现有研究难以准确判断稳定币的货币属性。随着数字稳定币规模的提升以及被越来越广泛地应用于理财、结算或跨境支付等场景，更多地作为交易媒介被使用，稳定币是否具有货币属性，以及在何种范围内具有货币属性，是各国对其监管并判断其宏观经济效应的基础。为了回答上述问题，补充已有文献中研究的不足，本文从货币的本质以及货币的宏观效应入手，从理论与实证两方面对稳定币的货币属性进行检验。

第三节　稳定币货币属性的理论分析

货币是商品交易发展过程中从商品中分离出来固定充当一般等价物的特殊商品，交易媒介是货币最基本的职能。由于市场中存在不完全监测及不对称信息等摩擦，降低了交易的效率，货币通过作为历史交易信息的凭证以及“一般等价物”，具有普遍接受的购买力，

---

① Bouri E., Das M., Gupta R., et al. Spillovers between Bitcoin and Other Assets During Bear and Bull Markets [J]. Applied Economics, 2018, 50 (55): 5935 – 5949. Conrad C., Custovic A., Ghysels E. Long – and Short – Term Cryptocurrency Volatility Components: A GARCH – MIDAS Analysis [J]. Journal of Risk and Financial Management, 2018, 11 (2): 23.

② Corbet S., Meegan A., Larkin C., et al. Exploring the Dynamic Relationships Between Cryptocurrencies and Other Financial Assets [J]. Economics Letters, 2018, 165: 28 – 34.

③ 谢文浩，曹广喜. 基于 MFXDMA 方法的加密货币和中国股市间的多重分形交叉相关性研究 [J]. 中国管理科学, 2020: 1 – 13.

④ 赵越强，蔚立柱，雷建. 私人部门数字货币对金融资产的波动溢出效应——基于比特币跨市场信息传递视角 [J]. 财经科学, 2021 (1): 1 – 15.

缓解了市场中的摩擦，提高了交易效率，是商品交易市场的一种最优机制①。货币的购买力建立在持有者认为货币能够贮藏价值并在需要时可以交换到合意商品的基础上，是市场参与者间订立的契约，因此货币的本质是一种信用。在金属货币时期，货币的信用来源于金属的自然属性；在法币时期，货币的信用来源于政府的背书及法律的强制约束。近些年获得广泛关注的 CBDC 是法币的延伸，是中央银行的数字负债，其信用来源与传统法币一致②。稳定币作为一种盯住法定货币的数字产品，其发行单位承诺按照固定比例兑换法定货币，是一种建立在政府信用上的私人信用，本质上也是一种信用。在现有货币体系下，稳定币信用的强弱取决于发行单位的私人信用。货币的信用本质可以外化为市场对交易媒介的普遍接受性和购买力的稳定性。因此，本文通过考察稳定币作为交易媒介的普遍接受性和购买力的稳定性分析稳定币的货币属性。

（一）普遍接受性

在货币为中介的交易中，从实用角度来看，货币对于持有者来说是没有价值的，或者价值是低于原有商品价值的。持有者之所以愿意持有货币，是预期货币在未来的交换过程中会被其他市场参与者所接受，即具有普遍接受性。这种普遍接受性使得货币成为购买力的暂栖，履行价值贮藏职能，并在适当的场合再次转换为商品。商品货币或法币均在相应时间内具有普遍接受性。对于商品货币来说，这种普遍接受性来源于商品的自然属性。对于法币来说，这种普遍接受性来源于政府的信用，受法律的制约。因此，只有当一种商品在市场内具有普遍接受性时，它才可能具有货币属性，能够扮演交易媒介的角色。CBDC 在设计时被作为法币的延伸，与传统法币来源相同，形式不同。随着 CBDC 在日常生活中使用便利性超过传统货币，数字法币具有普遍接受性。

对于稳定币来说，其普遍接受性来源于发行单位与锚定法币的信用。稳定币发行机构声称稳定币在任意时间能够按固定比例兑换成法币，因此稳定币持有者预期总能将其兑换为现实中被普遍接受的购买力。对于数字资产内部以及想要进入数字资产市场的市场参与者来说，稳定币是一种连接现实购买力与数字资产市场的最优通道，能够被广泛地接受。从现实状况来看，稳定币目前最主要的应用场景正是作为数字资产的交易手段以及联通法币与数字资产市场的桥梁。越来越多的人通过向 USDT 或 USDC 的发行公司支付美元来换取稳定币，参与数字资产市场。世界上各大数字加密货币平台均接受稳定币作为支付手段进行数字资产交易。自 2019 年起，使用稳定币交易比特币的笔数超过了直接使用美元进行交易的笔数，成为交易比特币等数字资产最主要的手段。根据 The Block 的数据，在

① Wallace N. The Mechanism - Design Approach to Monetary Theory [M] //Handbook of Monetary Economics. Elsevier, 2010, 3: 3-23.

② The Federal Reserve. What is a central bank digital currency [EB/OL]. https://www.federalreserve.gov/faqs/what-is-a-central-bank-digital-currency.htm.

2024年5月，稳定币参与了84%以上的数字资产交易活动，是去中心化金融场景中最常用的支付手段。事实上，稳定币已经成为数字资产市场的“数字法币”①。除数字资产市场外，稳定币凭借其快速、便捷、全天候及弱监管的特点，还被认为是点对点支付、跨境转移资金的潜在途径。但需要注意的是，尽管一些实体企业或传统金融公司在近些年来陆续有接受USDT等稳定币作为支付手段的迹象，但目前多局限于设想与项目试点阶段，尚未大规模地应用。此外，稳定币在线下使用过程中受到各国法律的严格限制。一旦某国宣布稳定币为非法货币，稳定币作为线下支付手段使用的普遍接受性便会大幅下降。这也是在各国出台对Libra的相应监管措施后，Libra的推进速度明显放缓的原因。通过上述分析中可以发现，以USDT为代表的稳定币已经作为交易媒介被数字资产市场的参与者广泛接受，而在与数字资产相对应的实体资产市场中则尚未具有普遍接受性。因此，就接受的普遍性来看，数字稳定币的货币属性目前局限于数字资产市场。

（二）币值稳定性

币值稳定是履行货币职能的内在要求。货币作为购买力的暂栖地，币值的剧烈波动使其不能履行价值尺度和交易媒介的职能，带来商品市场的紊乱，难以具备货币属性。商品货币稳定的购买力来自商品的内在价值，法定货币稳定的购买力则来自政府部门的信用以及法律的规定。CBDC作为电子形式的法币，其使用场景与传统法币相似，拥有与传统法币相同的稳定购买力。因此，上述形式货币在相应时期内均满足履行货币职能的内在要求。比特币等数字货币由于缺少信用支撑，其价值完全取决于市场参与者的预期，因而币值波动较大。币值大幅波动提供了套利空间，市场参与者的套利行为进一步放大了其币值的波动，这也是很多学者认为比特币难以成为货币的原因。稳定币通过锚定国家信用克服了比特币等数字货币表现出的币值波动较大的问题。事实上，稳定币设计之初的目的就是为数字资产市场提供一种币值稳定的交易媒介，在USDT与USDC的白皮书中均表明本公司稳定币的币值能够像数字美元或“稳定币”一样稳定。

从发行机制上看，稳定币能够实现币值稳定的目标，但成立以来各主要稳定币的币值均表现出了一定程度的波动。这些波动主要来源于投资者的赎回风险以及二级市场中的价格错位。观察历史数据可以发现，稳定币价格的大幅波动通常出现在关于发行机构储备不足的新闻之后。为了打消市场的疑虑，自2021年3月起，泰达公司宣布将在每季度公布关于公司储备金的第三方审计公报，以打消市场对于储备不足的疑虑，降低赎回风险。与泰达公司类似，Circle官方网站也会定期发布USDC透明度与信任度报告，并声称每年会接受关于USDC储备金的审计，并按照规定将审计报告提交至美国证券交易委员会。除公布公司储备金状况外，超过69%的稳定币发行机构同时选择开源稳定币发行代码（如智能合约等），供市场监

① Kristoufek L. Tethered, or Untethered? On the Interplay Between Stablecoins and Major Cryptoassets [J]. Finance Research Letters, 2021, 43.

督。从稳定币价格波动的数据来看，以上措施均显著缓解了稳定币的赎回风险。

稳定币币值波动的另一个来源是二级市场上的供需不平衡。如在 2020 年 3 月，新冠疫情全球暴发初期，大量的数字资产投资者希望将比特币等数字货币兑换为稳定币，二级市场对稳定币需求快速增加推高了稳定币的价格。由于稳定币发行单位宣称的 1∶1 兑换率，这给市场带来了套利空间，稳定币供应量快速上升。随着二级市场中稳定币供应量的增加，其价格又回到官方价格。只要稳定币发行单位能够确保充足的储备，稳定币价格的波动就会被一、二级市场自发的供需行为所抵消。因此，稳定币的发行机制能满足货币作为一种交易媒介所需的币值稳定要求。

为了检验数字货币币值稳定性的现实表现，本文绘制了 2023 年 1 月 1 日至 2024 年 6 月 5 日以 USDT 为代表的稳定币美元价格与比特币、黄金及主要国家法币美元价格波动的比较。在图 11－1 中，虚线分别代表不同的资产或主要世界货币美元价格的波动，黑色实线代表稳定币价格的波动。观察图 11－1 可以发现，比特币与黄金分别作为数字资产与

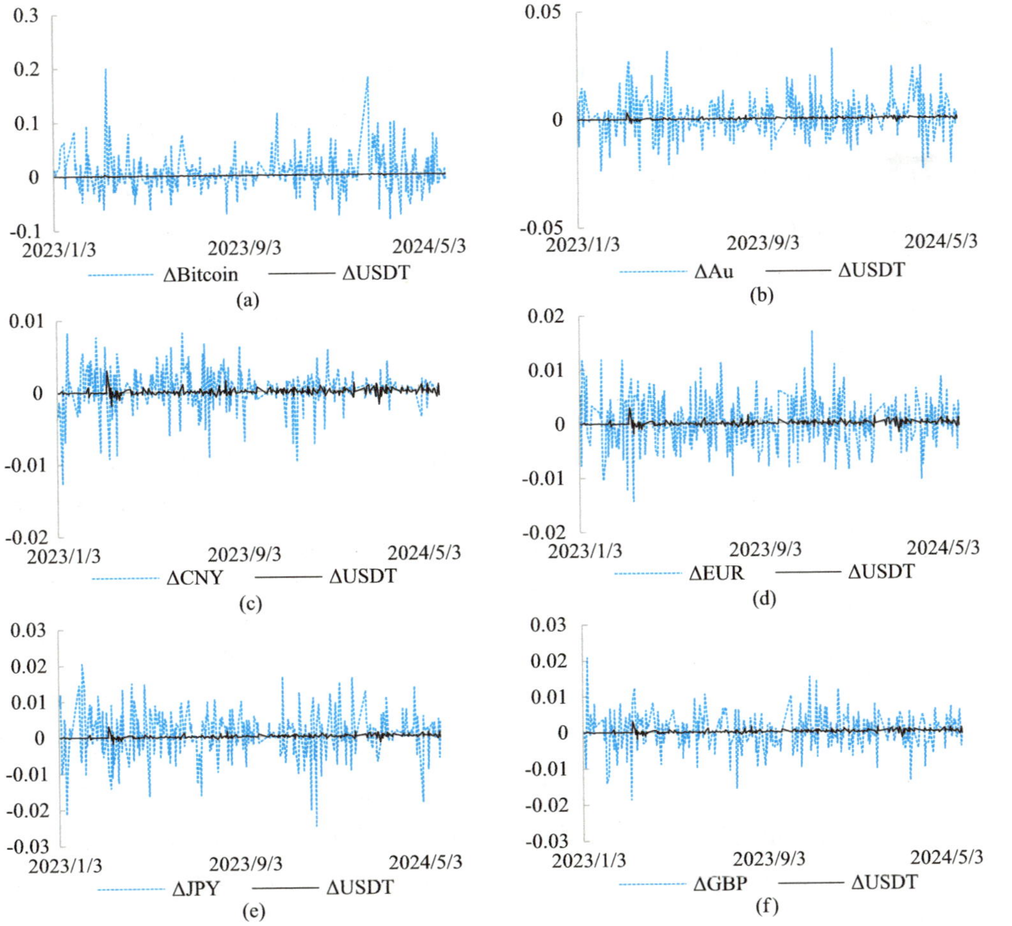

图 11－1　稳定币与主要资产与货币美元价格波动比较

数据来源：Wind、Coinmarketcap。

传统资产的代表，在样本期内二者价格的波动均显著高于稳定币，稳定币的币值表现出了更好的稳定性。相较于人民币、欧元、日元与英镑这四种世界主要货币的美元价格，稳定币价格在样本期间内同样维持在相对稳定水平，波动率远小于各世界货币的美元价格。因此从币值稳定的角度看，稳定币的稳定性优于不同类型资产以及主要世界货币，在币值稳定方面满足履行货币职能的要求。

本节基于货币本质的分析可以发现，稳定币的本质同货币相同，是一种信用。在履行货币职能所需具备的两个特性中，稳定币在数字资产市场中具有普遍接受性，在数字资产市场外则不具备普遍接受性，部分满足了第一个特性。此外，相较于比特币、黄金等资产或主要世界货币，稳定币价格表现出了更好的币值稳定性，满足了第二个特性。以上分析表明，稳定币在数字资产市场内具有货币属性，在数字资产市场外则不具备货币属性。为了进一步验证理论部分的分析，本文的余下部分将使用稳定币及相关变量的历史数据对稳定币的货币属性进行实证检验。

第四节　稳定币货币属性的实证研究

理论上，如果稳定币在经济中具有货币属性，稳定币发行量的提升便起到了传统货币体系以外流动性创造的作用，增加了经济中的货币供应量。稳定币补充了市场中法币提供的流动性，进而带来资产价格与货币市场价格的变动。如果稳定币仅作为一种投资手段，其总量的提升则会与市场中的其他资产形成竞争，影响资产价格与货币需求，产生与流动性冲击不同的反应。因此，可以通过考察市场中各变量对稳定币发行量提升的反应，来判断稳定币是否具有货币属性。

具体来说，在标准的 IS－LM 框架下，短期内 LM 曲线向下倾斜，货币量与利率负相关。货币供应量的增加给市场带来的流动性使货币供给相对于货币需求增加，降低市场利率。货币供应量的提升还会推高资产价格，带来通货膨胀效应，且这种效应会长期存在。因此，若稳定币在市场中具有货币属性，则稳定币发行量的提升预期会带来市场利率的降低与资产价格的提升。若稳定币在市场中不具有货币属性，仅为一种数字资产，则供应量的提升不会给市场带来流动性效应。资产数量的增加会与市场中其他资产形成竞争效应，挤出其他资产价格。与此同时，资产的购买需求还会使得市场中货币的需求增加，从而提高货币市场价格。因此若稳定币在市场中扮演数字资产的角色，则预期会观察到稳定币数量的提升使得市场其他类资产价格下降，货币价格提升。基于上述分析，该部分本文通过观察稳定币发行量与市场中其他变量的关系对稳定币的货币属性进行检验。

一、数据选择

（一）稳定币发行量

截至2022年初，市场中有近200种不同类型的稳定币，其中规模最大、交易最活跃、适用范围最广的稳定币为Tether公司发行的1∶1锚定美元的泰达币（USDT）。截至2024年6月6日，USDT的流通市值已经达到了1123.98亿美元，在数字加密货币中仅次于比特币和以太币，是目前市值最高的稳定币，其交易额占整个稳定币市场的65%以上，24小时换手率最高时达到了300%以上。规模仅次于USDT的稳定币是Circle公司发行的1∶1锚定美元的USD Coin（USDC）。Circle公司拥有牌照优势，是目前支付牌照数量最多的稳定币发行机构。自2018年9月上线以来获得了市场的青睐，市场规模快速提升。截至2024年5月27日，USDT与USDC的总供应量占整个稳定币市场的90%以上，具有整体代表性。因此，本文使用USDT与USDC每周平均日发行总量作为稳定币发行量的代理变量。由于USDC交易数据最早可获得日期为2018年10月15日，本文样本时间范围为2018年10月15日至2024年6月2日共294个周度数据。稳定币市场在本文样本时间内经历了多轮涨跌，为本文研究检验稳定币发行量对其他变量的影响进而验证稳定币的货币属性提供了良好的样本。本文涉及USDT与USDC相关数据均来源于数字货币交易数据集合平台Coinmarketcap。

（二）货币价格

本文使用美元利率作为货币价格的代理变量。由于本文样本均为盯住美元的稳定币，且美国是世界上稳定币项目团队与稳定币合法注册项目最多的国家，涉及稳定币的交易也多发生在美国①，因此在检验稳定币发行量与宏观经济变量的关系时使用美元利率作为货币价格的代理变量。参照已有研究，本文选择1月期美元伦敦银行间同业拆借利率（Libor）表示美元价格。美元利率数据来源于Wind数据库。为了进一步验证分析结果，后文的稳健性检验中还将按照IMF的标准，使用美国三月期国库券利率代表美元价格，该数据来源于IMF官方网站。

（三）传统资产价格

参照已有研究，本文使用标普500（S&P500）指数代表资产价格。标普500指数覆盖了美国主要交易所的重要股票，具有采样面广、代表性强等特点，是资产价格的重要指标，已有丰富的研究证明了其与货币供应量的正向关系②，能够有效地实现本文通过二者

① Hileman G. State of Stablecoins（2019）[R]. Working Paper, 2019.

② Rogalski R. J., Vinso J. D. Stock Returns, Money Supply and the Direction of Causality [J]. The Journal of Finance, 1977, 32（4）: 1017-1030.

关系判断稳定币货币属性的目的。此外，为了保证实证结论的稳健性，本文在稳健性检验部分进一步使用道琼斯指数作为资产价格的代理变量。作为世界上最有影响、使用最广的股价指数之一，道琼斯指数涵盖了行业内最有影响的公司，这些大型跨国企业不仅对美国股票资产价格具有代表性，在一定程度上也反映了世界股票资产价格的波动，受到了全球投资者的关注，为检验稳定币与资产价格间的关系提供了有益的补充。

（四）数字资产价格

本文分别使用比特币（Bitcoin）与以太币（Ethereum）的美元价格作为数字资产价格的代理变量。比特币是世界上第一款基于区块链技术的数字货币，对数字货币市场具有象征意义，是目前市值最高的数字货币，其价格的变化被认为是数字资产市场的晴雨表。以太币作为以太坊网络的专用货币，是目前市值仅次于比特币的第二大数字货币，在数字货币市场中具有特殊地位。以太坊被称为“公链之王”，包括 USDT 与 USDC 在内的新一代数字稳定币几乎均主要基于以太坊区块链网络发行。以太币作为以太坊的专用货币，被用来支付以太坊区块奖励与矿工费用，所有基于以太坊的智能合约均需要支付以太币作为费用，以太币是使用以太坊网络的“燃料”，被称为“数字石油”。因此，以太币价格也能够充分反映数字资产市场的发展状况。比特币与以太币是数字加密市场中（不含稳定币）最主要也是交易最活跃的数字资产，本文使用二者的价格代表数字资产的价格，以检验稳定币与数字资产价格的关系。

二、模型选择

通过前文的分析，本文主要根据相关变量对稳定币供应量的反应对稳定币的货币属性进行检验——若稳定币具有货币属性，则其发行量的提升会拉低市场内利率水平与推高资产价格；若不具备货币属性，则会与现有资产形成竞争效应，产生相反的作用。考虑到本文样本区间内数字稳定币发行量的激增，以及稳定币作为交易媒介被更加广泛地使用，数字稳定币的货币属性可能会表现出时变特征，各变量间的关系具有一定的复杂性。为了更好地考察数字稳定币货币属性所可能呈现的时变特征，本文使用 TVP－SV－VAR 模型进行检验。除能反映数字稳定币交易的时变效应外，该非线性模型还有助于解决时变波动性带来的异方差问题，提高模型估计的准确性，估计结果优于其他固定参数的 VAR 模型①。

TVP－SV－VAR 将时间因素纳入 SVAR 模型，通过将基础 VAR 模型的截距项、系数和方差等设为随时间变化的参数，建立的一个时变参数的向量自回归模型②。简化后的

---

① Nakajima J. Time－Varying Parameter VAR Model with Stochastic Volatility：An Overview of Methodology and Empirical Applications［R］. Bank of Japan，2011.

② Primiceri G. E. Time Varying Structural Vector Autoregressions and Monetary Policy［J］. The Review of Economic Studies，2005，72（3）：821－852.

SVAR 模型可表示如下：

$$y_t = A^{-1}F_1 y_{t-1} + \cdots + A^{-1}F_s y_{t-s} + A^{-1}\sum \varepsilon_t \tag{11-1}$$

其中，A 为同期变量间相互影响的系数，在未纳入时间因素时，A 的下三角矩阵为 $\begin{bmatrix} 1 & 0 & \cdots & 0 \\ a_{2,1} & \ddots & \ddots & \vdots \\ \vdots & \ddots & \ddots & 0 \\ a_{k,1} & \cdots & a_{k,k-1} & 1 \end{bmatrix}$，纳入时间因素后 A_t 中元素堆积向量为 $a_t, a_t = (a_{2,1}, \cdots, a_{k,k-1})'$。$F_1, \cdots, F_S$ 为变量与滞后变量间的相互影响的系数，为 k×k 维矩阵。$\sum t\varepsilon_t$ 为结构冲击，$\sum t = \begin{bmatrix} \delta_{1t} & \cdots & 0 \\ \vdots & \ddots & \vdots \\ 0 & \cdots & \delta_{kt} \end{bmatrix}$。进一步将 $A_t^{-1}F_i$ 按行堆积得到新的矩阵 β_t。其中 β_t 为 $k^2s\times 1$ 维向量。定义矩阵 $X_t = I_k \otimes (y_{t-1}, \cdots, y_{t-s})$ 代表滞后变量，其中⊗表示克罗内克积运算。根据上述设置，TVP－SV－VAR 方程的简化形式可以表示为

$$y_t = \beta_t X_t + A_t^{-1}\sum t\varepsilon_t \tag{11-2}$$

设 $h_t = [h_{1t}, \cdots, h_{kt}]'$ 为对数随机波动率向量，其中 $h_{j,t} = \log\delta_{j,t}^2, j = 1, 2, \cdots, k$。为了有效把握结构参数的变化、提高估计效率，本文假设 TVP－SV－VAR 模型中的系数服从随机游走过程，即 $\beta_{t+1} = \beta_t + v_{\beta t}$，$a_{t+1} = a_t + \epsilon_{at}$，$h_{t+1} = h_t + \xi_{ht}$。且有

$$\begin{bmatrix} \varepsilon_t \\ v_{\beta t} \\ \epsilon_{at} \\ \xi_{ht} \end{bmatrix} \sim N\left(0, \begin{bmatrix} I & 0 & 0 & 0 \\ 0 & \sum\beta t & 0 & 0 \\ 0 & 0 & \sum at & 0 \\ 0 & 0 & 0 & \sum ht \end{bmatrix}\right) \tag{11-3}$$

其中，$v_{\beta t}$、ϵ_{at}、ξ_{ht} 分别为 β_t、a_t 与 h_t 的冲击，三者相互独立。TVP－SV－VAR 模型的估计主要在贝叶斯框架下，使用马尔可夫蒙特卡洛（MCMC）方法进行估计。本文中 y_t 为三维可观测的向量，分别为标普 500 指数（S&P500），一月期美元伦敦银行间同业拆借利率（Libor）与 USDT、USDC 发行量（Stablecoin），即 $y_t = (S\&P500_t, Libor_t, Stablecoin_t)'$。本文的实证模型可以表示为

$$(S\&P500_t, Libor_t, Stablecoin_t)' = I_3 \otimes \beta_t \begin{bmatrix} (S\&P500_{t-1}, Libor_{t-1}, Stablecoin_{t-1})', \cdots, \\ (S\&P500_{t-s}, Libor_{t-s}, Stablecoin_{t-s})' \end{bmatrix} + A_t^{-1}\sum t\varepsilon_t \tag{11-4}$$

参照通常的做法，在实证过程中，本文首先使用 MCMC 法求出参数的后验分布，然后通过绘制脉冲响应图分析稳定币发行量对名义利率与资产价格的冲击。

三、实证分析

（一）稳定币与传统金融市场关系的检验

鉴于 TVP－SV－VAR 模型所需估计系数较多，为了避免非平稳时间序列导致的虚假回归，已有研究在使用过程中通常使用基础 VAR 模型对数据的平稳性与滞后项进行处理与选择。本文首先对时间序列变量的平稳性进行 ADF 检验。检验结果表明，本文的三个时间序列变量均存在显著的时间趋势，因此本文对时间序列变量均取一阶差分，一阶差分后各变量通过了平稳性检验。在通过单位根检验后，进一步根据基础 VAR 的设定对滞后期进行选择。在综合考虑 LR、FPE、AIC、SIC 等检验结果与 TVP－SV－VAR 模型的特点后，本文选择滞后阶数为 2。本文使用 MATLAB 软件对模型进行模拟与求解，求解过程中相关参数的设定及所使用的 MATLAB 代码主要参考 Nakajima① 和 Amar② 的研究。本文首先使用 MCMC 方法进行 10000 次模拟抽样，最终的估计结果如表 11－1 所示。观察表 11－1 可以发现，所有参数的 Geweke 检验值均小于 1.96 的临界值，无法拒绝原假设，模型参数收敛于后验分布。无效影响因子最大为 73.69，表明在本文的 10000 次模拟抽样中至少可以得到 135$\left(\frac{10000}{73.69}\right)$个不相关样本，能够满足估计要求。根据上述模型估计结果，并结合 MCMC 模拟参数分布情况图等综合判断，本文使用 MCMC 法对模型进行的模拟是有效的③。

表 11－1　TVP－SV－VAR 模型估计结果

参数	均值	标准差	95% 置信区间	Geweke 收敛判断值	无效影响因子
$(\sum\beta)_1$	0.0023	0.0003	[0.0018, 0.0029]	0.025	12.14
$(\sum\beta)_2$	0.0023	0.0003	[0.0018, 0.0028]	0.739	15.88
$(\sum a)_1$	0.0052	0.0014	[0.0033, 0.0087]	0.905	73.07
$(\sum a)_2$	0.0053	0.0015	[0.0034, 0.0093]	0.059	73.69
$(\sum h)_1$	0.2803	0.0441	[0.2064, 0.3769]	0.093	29.41
$(\sum h)_2$	0.4346	0.0663	[0.3182, 0.5793]	0.017	37.87

① Nakajima J. Time－Varying Parameter VAR Model with Stochastic Volatility：An Overview of Methodology and Empirical Applications [R]. Bank of Japan，2011.

② Amar A. B. The Effectiveness of Monetary Policy Transmission in a Dual Banking System：Further Insights from TVP－VAR Model [J]. Economics Bulletin，2019，39 (4)：2317－2332.

③ 限于篇幅原因，本文没有提供详细的参数分布图，留存备案。

TVP - SV - VAR 模型分析过程中的关键是脉冲响应图。通过脉冲响应图能够直观地观察到各变量之间的相互冲击及其时变特征，有效考察稳定币发行量的提升对宏观经济中其他变量的影响。根据样本时间特征，本文选取时间间隔一致的三个时点检验各变量的脉冲响应。三个时点分别对应于样本的第 90 期（2020 年 6 月 29 日至 7 月 5 日），第 180 期（2022 年 3 月 21 日至 3 月 27 日）以及第 270 期（2023 年 12 月 11 日至 12 月 17 日）。图 11 - 2 展示了各变量间在不同时期内的冲击结果。本文主要关注稳定币供应量对利率与资产价格冲击。从图 11 - 2 中可以看出，稳定币供应量的增加在初期对资产价格表现出了正向影响，随后快速转变为负向影响，并逐渐收敛。这种负向冲击表现出了显著的时间异质性，随着时间的推移负向冲击不断增强且维持时间延长，这表明随着数字资产市场的发展，稳定币发行量对传统资产价格的影响不断提升。稳定币供应量的冲击对实际利率产生了正向影响，稳定币发行量的增加刺激了货币市场需求，提高了资金价格。稳定币的这种正向冲击具有显著的时间异质性，在第 90 期稳定币规模相对较小的时期，稳定币发行量的提升对市场利率的冲击相对较小。到了 270 期，稳定币的市场规模快速增长，该时期内稳定币发行量对市场资金价格的影响相对较大。比较稳定币对资产价格与利率的影响可以发现，稳定币对市场利率影响收敛较慢，持续时间长于资产价格。根据前文的分析，以上结果均表明对于传统金融市场来说，稳定币是一种数字资产而非货币，没有表现出流动性效应。稳定币供给量的提升与传统资产产生竞争效应，挤出了传统资产价格。对稳定币需求的提升带动了对货币的需求，带来了市场利率的增加。

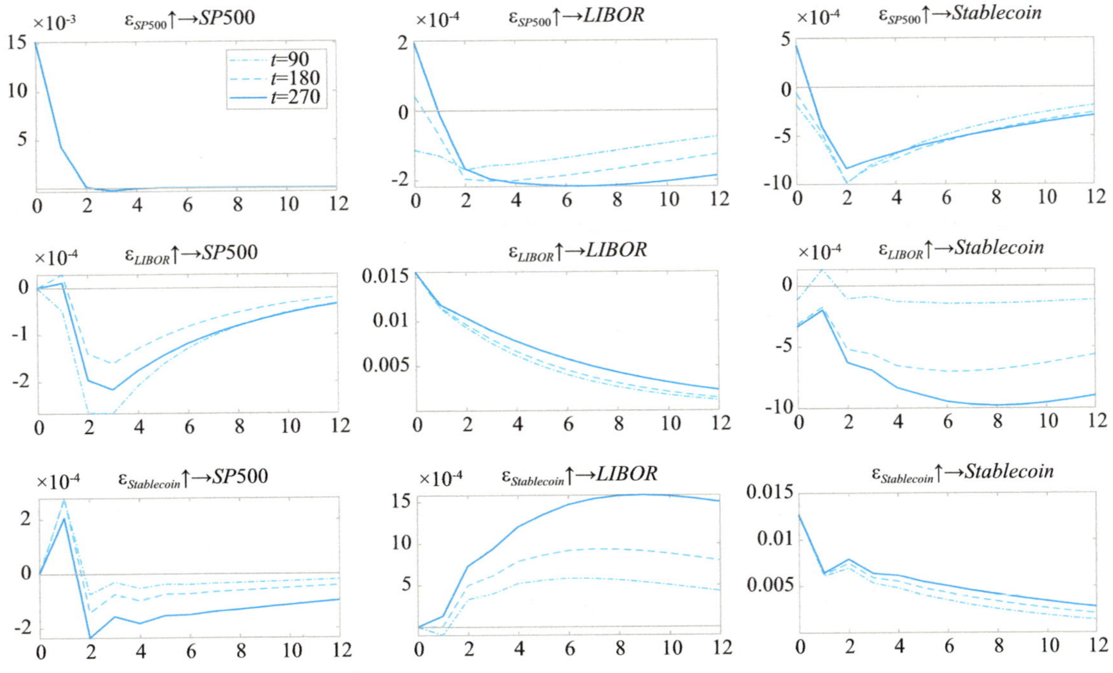

图 11 - 2　数字稳定币冲击的脉冲响应分析

进一步观察资产价格对稳定币发行量的冲击可以发现，整体上资产价格的提升降低了稳定币的供应量，表现出资产之间的竞争效应，而非资产价格高时对货币需求增加带来的货币发行量提升。同时，资金价格的上升提高了持有稳定币资产的成本，使得稳定币的发行量下降。

为了进一步分析稳定币对资产价格与市场利率冲击的时变特征，参照 Nakajima① 的设定，本文分别考察滞后 2 期、4 期、6 期的累积冲击结果。图 11 –3 列出了样本期内滞后 2 期、4 期与 6 期的累积脉冲响应图。从图 11 –3（a）中可以看出，样本期内稳定币对资产价格产生了负向冲击，虽然随着样本期内稳定币市场的变化，稳定币对资产价格负向冲击出现了一定的波动，但冲击的方向却没有改变。这表明稳定币主要作为传统资产的竞争而非交易媒介。此外，这种负向冲击持续时间较长，且随着时间的推移有逐渐扩大的趋势。以上表明稳定币没有作为一种货币进入到金融市场中，不具备货币属性。图 11 –3（b）所示稳定币对市场利率的冲击同样如此，稳定币的正向冲击始终对货币价格有正向冲击，表明稳定币作为一种资产刺激了市场对流动性的需求，而非作为现有货币的替代，为市场提供了流动性。累计脉冲响应的结果再次证明了稳定币在传统金融市场中不具备货币属性，仅是一种数字资产。

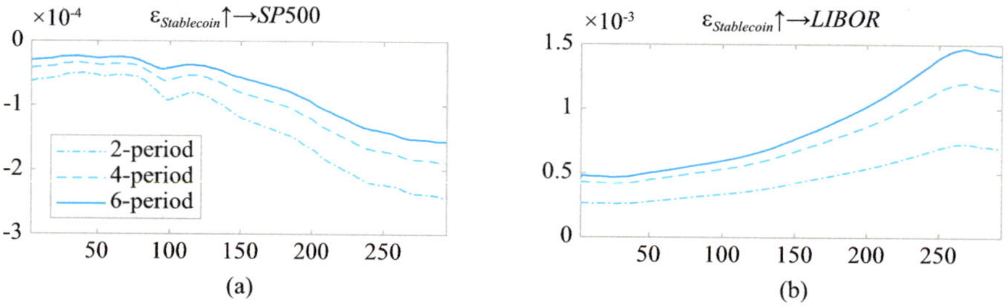

图 11 –3　数字稳定币冲击的累积脉冲响应

（二）稳定币与数字加密资产市场关系的检验

本节采用与上节相同的做法，使用 TVP – SV – VAR 模型检验稳定币发行量的提升对数字资产价格的影响，进而判断稳定币在数字资产市场是否具有货币属性。根据前文的理论分析，若稳定币在数字资产市场内部具有货币属性，则发行量的提升会给数字资产市场带来流动性，提升其余资产的市场价格；若稳定币不具备货币属性，仅为新型数字资产，则稳定币发行量的提升会与其他数字资产形成竞争效应，挤出其他资产价格。

根据前文关于 TVP – SV – VAR 模型与检验步骤的描述，在对模型进行单位根检验与滞后项选择后，用 MCMC 模拟的方法对模型进行估算，并根据相关图表判断估计是否有效。在证明了模型有效性后，绘制出各变量的脉冲响应图，最终结果如图 11 –4 所示。

① Nakajima J. Time – Varying Parameter VAR Model with Stochastic Volatility：An Overview of Methodology and Empirical Applications［R］. Bank of Japan，2011.

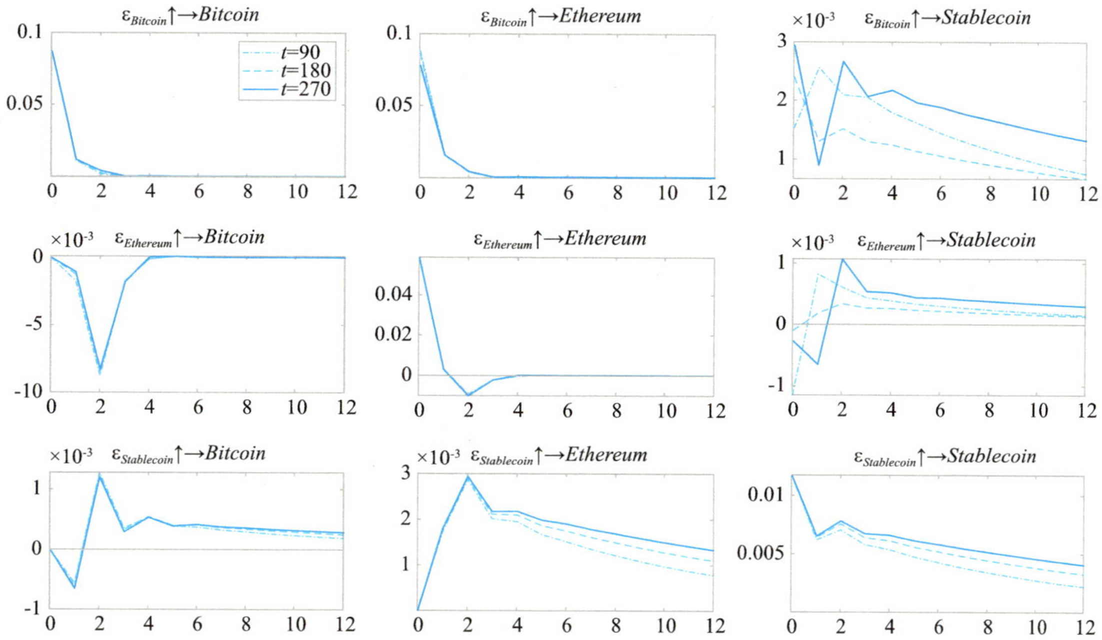

图 11 -4　稳定币脉冲响应图

图 11 -4 中本文主要关注稳定币发行量对比特币与以太币价格的冲击。从脉冲响应结果可以看出，稳定币供应量的提升显著提升了比特币与以太币的价格。稳定币发行量对数字资产价格的影响均在两周时间达到最大值，随后缓慢收敛，影响持续时间较长。该结果表明稳定币作为一种购买力而非资产进入数字资产市场中，给市场带来了流动性效应而非竞争效应。比特币与以太币作为两种最主要的数字加密资产，二者的价格则表现出了竞争性，与稳定币形成对比。进一步观察图 11 -4 可以发现，作为两种主要数字资产，以太币价格的正向冲击使比特币价格出现了显著的下降。比特币价格的上升则带动了以太币价格的上升，这主要是因为目前市场中关于比特币交易大多采用基于以太坊网络的稳定币，比特币价格上升带来的交易量提升会带来稳定币需求的增加。正如本文在指标选取部分所述，以太币作为以太坊网络的专用货币，稳定币的增加会使作为“数字石油”的以太币价格上升。综合上述分析，两种资产之间的相互影响与稳定币对二者的影响存在相异，再次验证了稳定币在数字资产市场中的货币属性。

为了进一步考察稳定币对数字资产市场主要资产价格冲击的时变特征，验证稳定币的货币属性，本文进一步绘制了稳定币与数字资产市场价格的累计脉冲响应图。为与前文保持一致，本文分别选择滞后 2 期、4 期与 6 期的脉冲响应图，最终结果如图 11 -5 所示。从图中稳定币对主要货币资产价格的冲击可以发现，稳定币发行量的提升对比特币与以太币价格具有持续稳定的正向影响，这种影响随时间衰减较慢，但滞后 6 期后对数字资产价格仍具有显著的正向影响。货币发行量对市场价格具有长期水平效应，货币发行量的提升会带来数字资产市场的通货膨胀，导致资产价格维持在较高水平。以上分析表明，稳定币作为一种流动性带来了数字资产市场的通货膨胀，具有货币属性。从数字资产价格对稳定币的累积冲击来看，虽然在样本期内表现出了一定的波动，但数字资产价格的提升仍显著提升了稳定币的发行。数字资产价格的提升带来的交易需求的提升增加了对交易媒介——稳定币的需求，而非与其产生资产之间的竞争效应，降低稳定币的发行。上述基于累积脉冲响应图的分析表明稳定币在数字资产市场内部具有货币属性，扮演了交易媒介的角色。

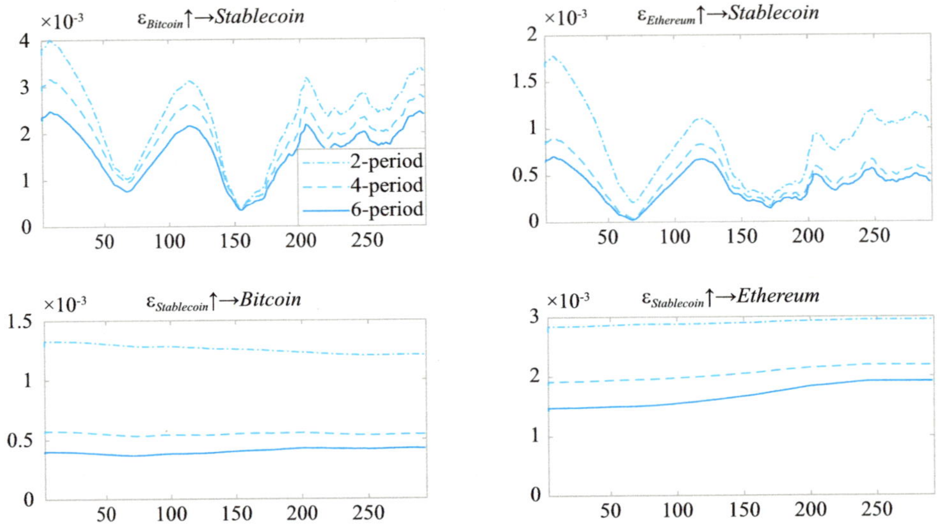

图 11－5　累积脉冲响应图

四、稳健性检验

本文通过更换实证模型与更换变量的方法检验实证结果的稳健性。在原有模型与分析框架下，本文首先通过更换代理变量进行稳健性检验。在对稳定币与宏观经济变量的分析中，使用道琼斯指数作为资产价格的代理变量，使用美国三月期国债利率作为美元利率的代理变量。在对稳定币对数字资产价格的检验中，分别使用 USDT 或 USDC 单独的供应量以及 USDT 与 USDC 的交易量（美元）作为稳定币的代理变量，验证稳定币对宏观经济变量与数字资产市场的影响，判断其货币属性。此外，本文还构建了一个基础的 VAR 模型，分别使用前文所涉及的各代理变量，对稳定币发行量与宏观经济变量以及数字资产价格的关系进行检验。最终的检验结果均表明前文实证部分所得关于稳定币货币属性的结果是可靠的。限于篇幅原因，本文不再报告该部分的检验结果。

第五节　结论与建议

本文首先梳理了稳定币的发展现状，其次基于货币的本质，从普遍接受性与币值稳定性角度对稳定币的货币属性进行分析。在此基础上基于TVP-SV-VAR模型，使用具有传统抵押资产和稳定机制的第一类稳定币（USDT和USDC）为研究样本，从宏观经济相互关系角度对稳定币的货币属性进行检验。

我们的研究发现：

其一，稳定币具有价格稳定性，但在传统金融市场中不具备普遍接受性，因此不具备货币属性；在数字资产市场中，稳定币具有普遍接受性，扮演了交易媒介的角色，具有货币属性。

基于稳定币历史数据的实证结果表明，稳定币与传统金融资产相互竞争，其发行量的提升降低了其他资产价格；此外，稳定币发行量的提升还刺激了货币需求，提升了货币市场价格。因此稳定币在传统金融市场中是一种资产，不具备货币属性。在数字资产市场中，稳定币发行量的提升推高了数字资产价格，给市场带来了流动性效应，扮演了“数字法币”的角色，具有货币属性。需要说明的是，本文实证分析部分仅限于USDT与USDC这两类主要的盯住美元的稳定币。尽管二者的市值占稳定币总市值的90%左右，但仍存在一些其他重要的盯住美元的稳定币，如FDUSD和TrueUSD（TUSD）等。这些稳定币大多与本文重点分析的两种稳定币在发行机制等方面的表现相似，但其在使用广泛度上较为局限，仅被作为USDT和USDC的补充，因此仅在有限的范围内扮演了货币的角色。此外，根据本文第二节的描述，除盯住美元的稳定币外，数字资产市场中还有盯住数字资产的稳定币或算法稳定币。受市场供求的影响，这些稳定币美元价格波动幅度较大，使用范围相较于盯住美元稳定币也较窄，本文的结论难以直接适用于这些稳定币。这些稳定币的货币属性有待于未来进一步的研究与讨论。

其二，虽然现阶段稳定币在现实场景中还没得到大规模的应用，其货币属性仅局限于数字资产市场。但随着去中心化金融（DeFi）、元宇宙等概念的不断推广，越来越多的个体参与到数字资产市场中，数字资产市场的系统重要性不断提升。这种游离于国家监管之外受私人部门控制的“数字法币”在金融系统中的扮演了越来越重要的角色。私人货币发行部门的目标与社会整体目标存在偏离，相关监管措施的滞后可能会使数字资产市场的流动性脱离政府的控制，带来金融风险，对国家的金融安全造成冲击。

因此，我们认为，客观认识稳定币在数字经济发展中的作用，正视私人发行数字货币对于推动跨境数字支付、提升金融服务效率、增强金融消费者自主灵活性以及保护金融消费者隐私等诸多方面的正向贡献，同时要认真研究和充分认识私人发行数字货币给全球金融稳定带来的巨大风险，基于新型数字货币本身的跨国基因，要通过加强国际合作，尽快构建对新型数字货币的监管体系；同时要充分考虑私人发行数字货币对宏观金融领域的影响，在宏观经济政策实施中将新型数字货币的作用考量在内。

其一，对于私人发行稳定币持更加包容和支持的态度。作为私人发行数字货币的创新性尝试，盯住法币的稳定币的设计集合了交易的安全性和高效性、价格的稳定性、发行的抵押约束、可赎回性等诸多优势，符合数字法币的基本要求。数字法币对于推动数字经济发展具有重要意义。数字法币的形成是数字经济发展的历史必然。目前数字法币有两种选择，一是中央银行发行数字货币，二是私人发行数字货币。中央银行发行数字货币具有天然的国别属性、中心化特征，且大概率维持传统的货币发行体系。私人发行数字货币具有天然的全球性、创新性、市场适配性、去中心化特征，且大概率对传统的货币金融体系造成巨大冲击。我们应该鼓励新型数字货币发展的各种创新，尝试数字法币发展的各种可能，探寻一个合理的数字法币形成和发展的路径。正是由于美国对新型数字货币，尤其是对稳定币发展的包容态度，目前全球市值最大的两大稳定币（USDT 和 USDC）都是盯住美元的，且在美国发行、接受美国的司法管辖，盯住美元的稳定币的发展对于强化美元的国际地位，尤其是奠定未来全球数字世界美元的法币地位，具有重要意义。人民币国际化要实现弯道超车，需要有创新思维，中国数字经济的发展在全球位居前列，研究制定未来全球数字世界货币发行权的战略具有历史意义。

其二，加强国际合作，尽快制定全球统一的新型数字货币监管与治理体系。作为数字世界的法币，稳定币是首先应该接受全球统一监管的新型数字货币。根据稳定币的货币属性明确法律地位，明确稳定币监管和治理的司法适用机构、原则与具体政策。稳定币市场参与者众多。对于这种主要锚定美元且具有一定货币功能的数字产品在法律上如何认定是各国明确对其监管主体与监管方式的前提，对各国数字经济时代监管体系的建设具有重要意义。我们的研究发现[①]，各国政府和国际机构一直高度关注新型数字资产尤其是稳定币的发展，审慎评估新型数字资产的作用与风险，并提出了对于新型数字资产发展的态度和治理原则。2019 年稳定币的发展引起七国集团的高度关注，他们认为，必须对稳定币采用高要求监管标准并制定健全法律基础，形成整体监管框架系统性管理稳定币生态，防止监管套利。国际清算银行一直追踪新型数字货币尤其是稳定币的发展，巴塞尔委员会于 2022 年 12 月发布对于数字资产的审慎监管标准“加密资产风险暴露的审慎处理原则”（Prudential treatment of cryptoassets exposures），该标准于 2025 年 1 月 1 日实施。该标准对于加密资产进行了分类，将具有抵押和稳定机制的稳定币视为第一类加密资产，而缺乏抵押和稳定机制的稳定币是第二类资产；第一类资产须遵守基于现有巴塞尔框架中规定的基础风险全球的资本要求，第二类资产则不属于现有资产分类的任何一种，故需要对其进行较为严格和保守的资本处理。2023 年欧盟发布并于 2024 年 6 月 1 日实施的《加密资产市场监管法案》（简称 MiCA），制定了对加密资产进行全面监管和统一监管的原则与框架，其中对稳定币的监管是该法案的重点。该法案追踪，将盯住法币的稳定币称为电子货币代币，要求该种货币需要有适当的储备，并接受良好的管理。美国针对新型数字资产的统一监管方案也在制定与推动中。

---

① 戴金平．数字资产的发展与国际监管［M］．//南开大学数字经济交叉科学中心编写组．数字经济与中国（2023）．北京：中国财政经济出版社，2024：404－410．

其一，对于货币政策部门，在制定货币政策时应重视数字资产市场，将数字稳定币可能给货币政策效果带来的影响纳入考察范围，并对数字稳定币给货币市场可能带来的冲击进行监测，以保证在数字资产市场迅速发展的情况下仍能准确控制通货膨胀等相关宏观变量，应对数字货币冲击。

其二，借鉴数字稳定币的运行机制，助力本国货币使用范围拓展，弥补现有国际货币体系的不足。稳定币作为一种支付手段，借助区块链技术实现了跨境支付速度的提升与手续的简化，成为数字资产市场的交易媒介。稳定币这种匿名性与便捷性等特点克服了现有国际支付报文和清算环节存在的复杂流程，使得数字资产的跨国交易效率远高于传统资产。这为同样作为支付媒介的法定货币的跨国使用提供了有益参考。另外，稳定币中的私人信用使得稳定币存在兑付风险，基于国家信用的数字货币能够克服私人信用风险，是较稳定币更好的选择。各国可以合理利用稳定币与以太坊网络结合的设计思路与技术，克服现有国际货币体系中支付环节烦琐等问题，推进本国货币的在数字资产市场的使用，以数字资产市场为契机推动本国货币使用范围的拓展。

参考文献

[1] 陈雨露. 当前全球中央银行研究的若干重点问题 [J]. 金融研究，2020 (2)：1 -14.

[2] 戴金平，黎艳. 货币会消亡吗？——兼论数字货币的未来 [J]. 南开学报 (哲学社会科学版)，2016 (4)：141 -149.

[3] 戴金平. 数字货币为什么没有成为货币——概念、缘由与过渡状态 [J]. 探索与争鸣，2019 (11)：9 -13.

[4] 戴金平. 数字资产的发展与国际监管 [M]. //南开大学数字经济交叉科学中心编写组. 数字经济与中国 (2023). 北京：中国财政经济出版社，2024：404 -410.

[5] 邓建鹏，张夏明. 稳定币的内涵、风险与监管应对 [J]. 陕西师范大学学报 (哲学社会科学版)，2021 (5)：165 -176.

[6] 王信，骆雄武. 数字时代货币竞争的研判及应对 [J]. 国际经济评论，2020 (2)：25 -35.

[7] 谢文浩，曹广喜. 基于 MFXDMA 方法的加密货币和中国股市间的多重分形交叉相关性研究 [J]. 中国管理科学，2020：1 -13.

[8] 杨延超. 论数字货币的法律属性 [J]. 中国社会科学，2020 (1)：84 -106.

[9] 姚前，孙浩. 数字稳定代币的试验与启示 [J]. 中国金融，2018 (19)：49 -50.

［10］赵越强，蔚立柱，雷建．私人部门数字货币对金融资产的波动溢出效应——基于比特币跨市场信息传递视角［J］．财经科学，2021（1）：1－15.

［11］Amar A. B. The Effectiveness of Monetary Policy Transmission in a Dual Banking System：Further Insights from TVP－VAR Model［J］．Economics Bulletin，2019，39（4）：2317－2332.

［12］Arner D. W.，Auer R.，Frost J. Stablecoins：Risks，Potential and Regulation［R］．BIS Working Paper，2020.

［13］Bianchi D.，Rossini L.，Iacopini M. Stablecoins and Cryptocurrency Returns：Evidence from Large Bayesian Vars［R］．Working Paper，2020.

［14］Bojaj M. M.，Muhadinovic M.，Bracanovic A.，et al. Forecasting Macroeconomic Effects of Stablecoin Adoption：A Bayesian Approach［J］．Economic Modelling，2022，109.

［15］Bouri E.，Das M.，Gupta R.，et al. Spillovers between Bitcoin and Other Assets During Bear and Bull Markets［J］．Applied Economics，2018，50（55）：5935－5949.

［16］Conrad C.，Custovic A.，Ghysels E. Long－and Short－Term Cryptocurrency Volatility Components：A GARCH－MIDAS Analysis［J］．Journal of Risk and Financial Management，2018，11（2）：23.

［17］Corbet S.，Meegan A.，Larkin C.，et al. Exploring the Dynamic Relationships Between Cryptocurrencies and Other Financial Assets［J］．Economics Letters，2018，165：28－34.

［18］Eichengreen B. From Commodity to Fiat and Now to Crypto：What Does History Tell Us？［R］．National Bureau of Economic Research Working Paper Series，2019.

［19］Financial Stability Board. Regulatory Issues of Stablecoins［S］．2019.

［20］Gorton G. B.，Ross C. P.，Ross S. Y. Making Money［R］．National Bureau of Economic Research Working Paper Series，2022.

［21］Griffin J. M.，Shams A. Is Bitcoin Really Untethered？［J］．The Journal of Finance，2020，75（4）：1913－1964.

［22］Hileman G. State of Stablecoins（2019）［R］．Working Paper，2019.

［23］Kristoufek L. Tethered，or Untethered？ On the Interplay Between Stablecoins and Major Cryptoassets［J］．Finance Research Letters，2021，43.

［24］Liao G. Y.，Caramichael J. Stablecoins：Growth Potential and Impact on Banking［R］．International Finance Discussion Papers 1334，2022.

［25］Lyons R. K.，Viswanath－Natraj G. What Keeps Stablecoins Stable？［R］．National Bureau of Economic Research Working Paper Series，2020.

［26］Mita M.，Ito K.，Ohsawa S.，et al. What is Stablecoin？ A Survey on Price Stabilization Mechanisms for Decentralized Payment Systems［C］．2019 8th International Congress on

Advanced Applied Informatics, 2019.

[27] Nakajima J. Time – Varying Parameter VAR Model with Stochastic Volatility: An Overview of Methodology and Empirical Applications [R]. Bank of Japan, 2011.

[28] Primiceri G. E. Time Varying Structural Vector Autoregressions and Monetary Policy [J]. The Review of Economic Studies, 2005, 72 (3): 821 – 852.

[29] Rogalski R. J., Vinso J. D. Stock Returns, Money Supply and the Direction of Causality [J]. The Journal of Finance, 1977, 32 (4): 1017 – 1030.

[30] Sokolov M. Are Libra, Tether, MakerDAO and Paxos Issuing E – Money? Analysis of 9 Stablecoin Types Under the EU and UK E – Money Frameworks [R]. Working Paper, 2020.

[31] Tether. Tether: Fait Currencies on the Bitcoin Blockchain. Tether Operations Limited, 2014.

[32] The Federal Reserve. What is a central bank digital currency [EB/OL]. https://www.federalreserve.gov/faqs/what – is – a – central – bank – digital – currency.htm.

[33] Wallace N. The Mechanism – Design Approach to Monetary Theory [M] //Handbook of Monetary Economics. Elsevier, 2010, 3: 3 – 23.

[34] Xu C., Yang H. Real Effects of Stabilizing Private Money Creation [J]. National Bureau of Economic Research Working Paper Series, 2022.

[35] Yermack D. Is Bitcoin a Real Currency? An Economic Appraisal [M] //Handbook of Digital Currency. Academic Press, 2015: 31 – 43. Elsevier, 2015.

第十二章 APEC 新愿景框架下亚太数字贸易发展的现状和趋势[①]

近年来，全球经济增长严重失速，新冠疫情全球大流行、地缘政治冲突、贸易保护主义抬头和全球供应链危机等多重因素叠加导致国际贸易疲软，数字贸易作为国际贸易的新业态，由于新冠疫情期间线下交易渠道受限而迅速崛起，日益成为推动全球贸易发展和经济复苏的重要动力。亚太地区是全球数字经济最活跃的区域之一，近年来，尤其是《2040年亚太经合组织布特拉加亚愿景》发布以来，亚太地区的数字贸易迅速发展，区域贸易协定下的数字贸易规则持续增加，但相比欧美发达经济体建立的数字贸易规则体系仍有一定差距，在这样的背景下，有必要对新愿景下亚太地区数字贸易发展的现状和未来趋势进行系统分析，从而为亚太地区数字贸易的进一步发展提供理论支持。

本章聚焦亚太经合组织（APEC）新愿景框架下亚太地区数字贸易的发展现状和未来趋势，共分为六节：第一节分析了新愿景框架下 APEC 主要成员采取的数字贸易政策；第二节采用 WDI 和 ITU 数据库，从互联网使用和互联网连接质量两个维度研究了 APEC 成员间互联网连接与贸易规模之间的关系；第三节使用 TAPED 数据库梳理了 APEC 各成员之间签订的含有数字贸易条款和章节的贸易协定情况；第四节讨论了 APEC 成员推行数字贸易自由化的现状，利用 WTO 关税数据库和 UN Comtrade 数据库对 APEC 总体以及各成员的数字贸易自由化水平进行测度和分析；第五节总结了 APEC 数字贸易发展的未来趋势和面临的挑战，认为 APEC 数字贸易发展呈现出互联网基础设施加速发展、经贸协定中数字贸易内容不断增多和数字贸易规则日益多元化的趋势，同时面临数字经济治理规则滞后、“数字鸿沟”问题突出、成员在数字贸易规则制定上存在分歧和中美竞争阻碍数字贸易规则制定等挑战；第六节就如何抓住机遇、应对挑战，为 APEC 和中国提出了一些数字贸易发展方面的针对性建议。

---

① 本章作者为许家云、刘晨阳。其中：许家云，南开大学 APEC 研究中心副教授；刘晨阳，南开大学 APEC 研究中心教授。

第一节 新愿景框架下 APEC 主要成员数字贸易政策

随着信息和通信技术（ICT）的迅猛发展，全球经济正经历着前所未有的变革，电子商务和数字经济等新兴领域逐渐为公众所熟知，并且其影响力持续扩大。与此同时，国际贸易的模式也在电子商务和数字经济的推动下经历着转型，贸易在各个方面越来越多地与数字化元素相结合，从而催生了数字贸易[①]这一新业态。在当前的全球化背景下，数字贸易正逐步成为推动全球经济增长的新动力，为经济全球化注入了新的活力，并引发了国际贸易结构以及全球产业链和供应链的显著变化，全球范围内的数字贸易规则也呈现出多样化的发展趋势。然而，这也带来了一系列新的挑战和问题，需要各国深入研究和应对。APEC 作为亚太地区规模和影响力最大、级别最高的区域经济合作组织，对数字贸易的发展非常重视，各主要经济体纷纷制定和完善数字贸易相关法规和政策，以促进数字贸易的健康发展，下文将对近年来 APEC 主要成员针对数字贸易制定的相关政策进行梳理。

一、美国

美国作为信息技术革命的发源地，在全球数字贸易领域处于领先地位，并在数字贸易国际规则的制定上发挥着关键作用。为了在全球数字贸易治理中占据主导地位，美国政府积极出台了多项促进数字贸易发展的政策措施。1997 年，克林顿政府颁布了《全球电子商务框架》[②]，这份文件奠定了美国数字贸易政策的基础，明确了美国在数字贸易相关重要议题上的立场，并为国际谈判设定了指导原则。此后，美国各届政府持续优化国内的数字贸易法规，并积极参与国际数字贸易协定谈判。2013 年，美国国家贸易委员会发布了《美国与全球经济中的数字贸易》[③] 报告，该报告指出数字贸易对美国经济增长的重要性，强调要将数字贸易作为美国双边和多边贸易谈判的重要组成部分，并呼吁政府与私营部门共同努力，推动全球互联网的开放性，消除对数字服务贸易的限制。2015 年，美国贸易代表办公室（USTR）提出了《数字贸易 12 条》[④]（Digital Dozen）原则，旨在促进跨境数据的自由流动，取消对数字产品的关税，以及确保数字贸易的非歧视性原则。2016 年，在奥

---

① WTO、OECD、IMF 和 UNCATD 联合发布的《数字贸易测度手册》第二版将数字贸易定义为所有以数字方式订购和/或数字交付的国际贸易，其中数字订购就是跨境电商，数字交付就是数字服务贸易。数字贸易的兴起根植于数字经济的土壤之中，其最初的体现形式主要是电子商务，数字贸易可以视为是一种对跨境电子商务概念的扩展，二者具有紧密的联系。因此，本研究在讨论“数字贸易”时尤其是讨论早期数字贸易发展时也会使用“电子商务“概念。

② 参见：http：//iolaw. cssn. cn/flxw/200406/t20040617_4591141. shtml。

③ 参见：Digital Trade in the U. S. and Global Economies， Part 1 | United States International Trade Commission（usitc. gov）。

④ 参见：https：//ustr. gov/sites/default/files/USTR – The_Digital_Dozen. pdf。

巴马政府的推动下，美国签署了《跨太平洋伙伴关系协定》[①]（TPP），其中“电子商务”在协定中占据单独一章，对全流程电子商务相关法律关系制定了高标准的适用规则。尽管特朗普执政后，美国退出了 TPP，但依然在区域层面积极推动数字贸易协定的发展，并在 2018 年达成了包含“数字贸易”章节的《美墨加协定》（USMCA）；2019 年，美国与日本签订了具有里程碑意义的《美日数字贸易协定》（UJDTA），这是首个国家间专门针对数字贸易的双边协定[②]。2022 年 5 月，美国总统拜登在日本正式提出旨在加强美国在世界经济中的领导作用的“印太经济框架”[③]（IPEF），该框架特别强调要推动包容性数字贸易，各国要建立数字经济中的信任环境，提高网络信息的可获取性，以及促进安全、可靠的跨境数据流动。然而，近年来美国在数字贸易上也出现了加强监管的趋势，2024 年 3 月，美国贸易代表办公室发布了年度对外贸易壁垒报告——《国家贸易评估报告》（National Trade Estimate，NTE），与之前报告不同的是，本次报告不再将数字本地化要求视为外国对数字贸易的壁垒，并删除了对数据本地化要求的具体内容，而且强调美国的贸易伙伴拥有“为促进合法公共目的而采取措施的主权权利”，这在某种程度上反映出美国对于之前相对激进的数字贸易政策的后退[④]。

二、日本

日本作为数字化战略的早期倡导者，拥有先进的数字基础设施和技术。在全球数字贸易迅猛发展的背景下，日本政府积极参与数字贸易规则的谈判和制定工作。日本在推动 WTO 全球数字贸易规则谈判方面发挥了重要作用，积极参与 WTO 电子商务工作组的讨论，并在 2019 年 1 月与澳大利亚、新加坡等 76 个 WTO 成员签署了《关于电子商务的联合声明》（JSI），该声明旨在构建高标准的国际电子商务规则体系。进一步地，2023 年 12 月，日本与新加坡、澳大利亚作为 WTO 电子商务谈判的共同召集方，宣布了包括中国、美国和欧盟在内的 90 个 WTO 成员在部分全球数字贸易规则谈判中取得了实质性进展，并呼吁各方在 2024 年完成谈判。在谈判过程中，各参与方已就电子签名、在线消费者保护、无纸化贸易、电子交易框架和电子合同等 13 个议题达成了基本共识[⑤]。此外，日本政府也积极谋求与美国、欧洲及亚洲其他国家签订包含数字贸易规则的贸易协定，并在区域性贸易协定的数字贸易规则制定中发挥了重要作用。在特朗普政府退出 TPP 后，日本接过了主导权，将其更名为《全面与进步跨太平洋伙伴关系协定》（CPTPP），并于 2018 年促成了 11 个国家签署该协定，该协定中包含的数字贸易规则内容全面，且自由化水平较高，对

---

① 参见：http：//gjs. mofcom. gov. cn/article/wj/ftar/202101/20210103030940. shtml。

② 张帆，雷平. 中美国际数字贸易规则立场比较及中国对策［J］. 上海对外经贸大学学报，2023（6）.

③ 参见：Statement on Indo – Pacific Economic Framework for Prosperity | The White House。

④ 参见：2024 NTE Report. pdf（ustr. gov）。

⑤ 参见：https：//www. mofa. go. jp/mofaj/files/100598742. pdf。

此后贸易协定中数字贸易规则的制定产生了示范作用。2019 年 10 月，日本与美国签署了《美日数字贸易协定》，该协定自 2020 年 1 月起生效，进一步提升了数字贸易规则的标准[①]。日本也积极开展同欧盟的数字贸易合作，2022 年 5 月，日本和欧盟正式启动数字伙伴关系，强调日欧双方将寻求就建立在欧盟—日本经济伙伴关系协定上的数字贸易规则达成共识，这些规则涵盖与数字贸易相关的众多问题，例如无纸化贸易、电子发票、电子交易框架和数字身份、在线消费者保护、网络安全、源代码和密码学等；同时要适当分享信息，并共同反对来自第三方的数字保护主义措施[②]。2023 年 10 月，欧盟和日本在大阪举行的七国集团（G7）贸易部长会议期间，在“欧盟—日本高级别经济对话”上就跨境数据流动达成了协议，在该协议获得批准后，商定的条款将被纳入欧盟—日本经济伙伴关系协定（EPA），2024 年 3 月，欧洲议会通过了该协议。该协议实现的重大突破是取消了数据本地化要求，使企业不需要对数据进行烦琐的管理或存储，有利于降低日本和欧盟企业的成本，推动双方数字贸易的发展[③]。

三、俄罗斯

与美国、日本、欧洲等发达经济体相比，俄罗斯在数字经济和数字贸易领域的发展水平相对较低，但其在数字贸易政策方面也展现出一定的特色。自 2014 年克里米亚事件以来，美国领导的西方国家对俄罗斯实施了严格的经济制裁，而在 2022 年俄乌冲突之后，这些制裁措施进一步加剧。面对外部的制裁压力，俄罗斯政府加强了对数字贸易的监管力度，以维护其数据主权。俄罗斯政府特别强调数据本地化的重要性，强制要求俄罗斯的数据在本国境内存储或处理，并分别在 2018 年和 2020 年对不遵守数据本地化规定的 Facebook 和 Twitter 进行了经济制裁。2019 年 11 月，俄罗斯《主权互联网法》正式实施，该法案强调，为维护国家主权和安全，在必要时可以切断数据跨境流动，进一步加强了对跨境数据流动的监管[④]。尽管俄罗斯在数字贸易领域的发展尚处于较低水平，但其互联网的普及率和活跃度较高，人均国内生产总值与中国相近，消费者购买力较强，因此俄罗斯在数字贸易领域具有潜在的增长空间。此外，由于欧美国家持续的制裁，俄罗斯的数字贸易逐渐向中国转移。在 2023 年 3 月[⑤]和 2024 年 5 月[⑥]发布的中俄联合声明中均强调要扩大双边贸易规模、优化贸易结构、发展电子商务和数字经济。因此，虽然俄罗斯当前数字贸易发

---

① 张雪春，曾园园．日本数字贸易现状及中日数字贸易关系展望［J］．金融理论与实践，2023（2）．

② 参见：https：//www. meti. go. jp/english/press/2022/0512_004. html。

③ 参见：https：//ec. europa. eu/commission/presscorner/detail/en/ip_23_5378。

④ 姚亭亭．数据跨境流动限制性措施对数字服务贸易的影响研究［D］．北京：对外经济贸易大学，2022.

⑤ 新华社．中华人民共和国主席和俄罗斯联邦总统关于 2030 年前中俄经济合作重点方向发展规划的联合声明［EB/OL］．（2023－03－21）．https：//www. gov. cn/xinwen/2023－03/22/content_5747725. htm.

⑥ 新华社．中华人民共和国和俄罗斯联邦在两国建交 75 周年之际关于深化新时代全面战略协作伙伴关系的联合声明［EB/OL］．（2024－05－16）．https：//www. gov. cn/yaowen/liebiao/202405/content_6951404. htm.

展水平较低，且监管较为严格，但是俄罗斯具有较大的消费市场和较好的互联网基础设施，随着俄罗斯国家政策的推进，其数字贸易具有一定的发展与合作潜力。

四、中国

作为全球第二大经济体和最大的货物贸易国，中国对数字贸易这一新兴的国际贸易形态给予了高度重视，并采取了多项措施以推动其发展。在国内层面，中国通过完善相关法律法规来优化数字贸易的发展环境。2018 年 8 月，中国全国人大常委会审议通过了《电子商务法》[①]，该法的实施旨在规范电子商务行为，保护消费者权益，并确保电子商务经营者之间的公平竞争，为数字贸易创造了一个公平和透明的商业环境。随后，2021 年 6 月，《数据安全法》[②] 审议通过，该法首次系统性地规定了数据处理、使用和流动的规则，并提出了建立国家数据分类分级保护制度，以及制定重要数据目录。进一步地，2022 年 7 月，《数据出境安全评估办法》[③] 的出台对数据跨境传输的评估情形、事项、程序和过渡期进行了明确规定。同年 12 月，中共中央和国务院发布了《关于构建数据基础制度更好发挥数据要素作用的意见》[④]，从数据产权、流通交易、收益分配和安全治理等方面构建了数据基础制度。

在国际层面，中国政府积极参与全球数字贸易规则的谈判，并推动双边和区域合作。自 2017 年提出“数字丝绸之路”建设以来，截至 2022 年底，中国已与 17 个国家签署了“数字丝绸之路”合作谅解备忘录[⑤]；截至 2023 年 9 月，中国已与 30 个国家签署了电子商务合作谅解备忘录，持续推进“一带一路”共建国家的数字贸易发展[⑥]。2021 年 11 月，中国正式申请加入《数字经济伙伴关系协定》（DEPA），并已与成员方进行了多轮磋商，推动谈判取得积极进展。DEPA 代表了当前贸易协定领域的一个创新趋势，即数字经济协定（DEA），与其他协定相比，DEPA 专注于构建跨境数字经济产业链，推动数据创新和公开规则的制定，以及促进中小企业在数字经济中的包容性增长。在同年的 9 月，中国向 CPTPP 提交了加入申请。CPTPP 被认为是目前全球最高标准的自由贸易协定之一，该协定的数字贸易规则不仅继承了诸如电子传输免税、个人数据保护和线上消费者权益保障等传统电子商务议题，还引入了创新元素，例如跨境数据流通、计算设施的本地化要求以及源代码的保护等新兴议题[⑦]。中国申请加入这样的高标准数字贸易协定，体现出其积极参与高水平数字贸易规则制定，推动构建开放型世界经济的决心。此外，中国还深入参与了

---

① 参见：http：//www. npc. gov. cn/zgrdw/npc/lfzt/rlyw/2018 – 08/31/content_2060827. htm。
② 参见：http：//www. npc. gov. cn/c2/c30834/202106/t20210610_311888. html。
③ 参见：https：//www. cac. gov. cn/2022 – 07/07/c_1658811536594644. htm。
④ 参见：https：//www. gov. cn/zhengce/2022 – 12/19/content_5732695. htm。
⑤ 商务部. 中国数字贸易发展报告（2022）［R］. 2023.
⑥ 参见：https：//www. yidaiyilu. gov. cn/p/0AJK3DPO. html。
⑦ 参见：http：//chinawto. mofcom. gov. cn/article/br/bs/202304/20230403403121. shtml。

WTO 的电子商务谈判，自 2019 年加入谈判以来，中国已就电子支付、物流服务等 20 余个议题提交了 9 份“中国方案”，为全球数字贸易的发展作出了积极贡献[①]。通过这些措施，中国不仅在国内为数字贸易的发展提供了坚实的法律基础和政策支持，而且在国际舞台上展现了其在推动全球数字贸易发展中的积极角色。

五、东盟

东盟地区是全球经济增长最为迅速的区域之一，对全球经济具有显著的推动作用。该区域对数字经济和数字贸易的发展给予了高度重视，并将其视为推动经济复苏的关键动力。一方面，东盟致力于构建和完善内部的数字贸易发展框架。2018 年 11 月，在东盟经济共同体理事会上，《东盟数字一体化框架》[②] 获得通过，该框架提出要制定统一的跨境数据流动标准，促进电子商务和数字贸易发展。随后，2019 年 10 月，东盟经济共同体理事会通过了《〈东盟数字一体化框架〉行动计划 2019—2025》[③]，该计划基于前述框架，提出了推动数字贸易发展的一系列具体行动，包括完善成员国的数据保护政策、加强网络安全管理、推广数字支付应用以及简化跨境电子商务的清关流程。2021 年 1 月，东盟数字部长系列会议通过了《东盟数字总体规划 2025》[④]，旨在将东盟建设成一个由安全、创新的数字服务、技术和生态系统驱动的领先数字社区和经济体。该规划将“促进产业对接和跨境贸易的数字服务”作为预期的八项成果之一，具体措施包括提升电信服务水平、降低服务成本、推动贸易流程的数字化，以及利用技术手段促进贸易便利化。2023 年 9 月，东盟经济部长们在东盟经济共同体理事会（AECC）会议上启动了关于东盟数字经济框架协议（DEFA）的谈判，该协议被誉为世界上第一个主要的区域性数字经济协议；DEFA 框架涵盖包括数字贸易、跨境电子商务、网络安全、数字支付、跨境数据流动等在内的众多领域，对于推动东盟的数字化转型和数字贸易的进一步发展具有重要意义[⑤]。另一方面，东盟也在积极拓展与其他经济体在数字贸易领域的合作。2020 年 11 月，东盟十国连同中国、日本、韩国、澳大利亚和新西兰等十五个亚太国家共同签署了《区域全面经济伙伴关系协定》[⑥]（RCEP）。RCEP 中的“电子商务”章节详细讨论了数字贸易的规则，规定了无纸化贸易、电子认证和电子签名等促进数字贸易便利化的措施，并希望通过完善线上消费者保护、线上个人信息保护、海关关税和跨境传输信息等方面的规则来培育有利于数字贸易发展的环境。

---

① 商务部．中国数字贸易发展报告（2022）［R］．2023.

② 参见：Adopted – ASEAN – Digital – Integration – Framework. pdf。

③ 参见：AECC18 – ASEAN – DIFAP_Endorsed. pdf。

④ 参见：ASEAN – Digital – Masterplan – 2025. pdf。

⑤ 参见：https：//asean. org/asean – launches – worlds – first – regionwide – digital – economy – framework – agreement/。

⑥ 参见：http：//fta. mofcom. gov. cn/rcep/rcep_new. shtml。

第二节　APEC 成员间的互联网连接和贸易现状

一、指标衡量

考虑到两经济体之间的互联网连接状况会影响双边贸易情况，本章参考 Herman 和 Oliver（2023）[①] 的研究，从互联网使用和互联网连接的质量两个维度度量 APEC 成员之间的互联网连接。首先，本章使用 $IU_{ijt}=\phi_{it}\times\phi_{jt}$ 来表示互联网使用，其中 ϕ_{it} 和 ϕ_{jt} 分别为国家 i 和 j 在第 t 年使用互联网的人口比例，数据来源于世界银行的世界发展指标数据库，能够涵盖 2010—2022 年 APEC 的所有成员[②]。上述指标是在 APEC 内部各成员之间（$i\neq j$）和成员内部（$i=j$）构建的，为双边因素。所构建的指数范围介于 0 和 1 之间，1 表示两成员的所有居民都使用互联网，0 表示至少有一个成员没有人使用互联网。该指标越大，则意味着两成员之间互联网使用水平越高。

其次，本章使用 APEC 成员之间的双边带宽容量最小值来衡量互联网连接的质量。带宽是一种速度或容量的度量，指的是在一定时间内通过互联网连接可以传输的最大数据量，可以分为上行容量（用户到网站上传）和下行容量（网站到用户下载），通常以兆比特每秒（Mbps）为单位。不同的互联网应用有不同的最低带宽要求，虽然基本的电子邮件和网页浏览下载只需要 1Mbps，但更多的数据密集型应用，如视频流和游戏，需 3—8Mbps 甚至更多。

为衡量双边互联网带宽容量，我们使用国际电信联盟（ITU）中“每位互联网用户的平均国际互联网带宽”的数据，该数据衡量的是所有可用国际带宽的互联网交换机的总使用容量。为了将该指标转化为能够具体衡量双边互联网质量的指数（记为 BWijt），我们选择两成员之间每年互联网带宽容量的最小值，即网络贸易的潜力和效率受限于两个市场中网络质量较低的一方。

二、APEC 成员间的互联网连接情况

本章将 APEC 各成员中满足以下几个条件的界定为发达成员：联合国开发计划署的人类发展指数评级为“高”、世界银行认定为高收入经济体、国际货币基金组织及美国中央情报局评定为发达经济体，其余成员界定为发展中成员。按照此标准，APEC 中的发达成

---

① Herman, P. R., Oliver, S. Trade, policy, and economic development in the digital economy [J]. Journal of Development Economics, 2023: 103－135.

② 互联网使用率数据的覆盖率达 95%，本章对于缺失值采用线性插补法进行补充，对于尚未披露数据采用最近五年增长率的均值进行预测。后文采用同样方式对缺失值进行补充和预测。

员包括：美国、加拿大、日本、中国香港、韩国、新西兰、新加坡、澳大利亚、中国台北，其他为发展中成员。

（一）互联网连接变化趋势

图 12－1 展示了 APEC 范围内发达成员、发展中成员和 APEC 总体的互联网平均使用率年度变化情况。图 12－1 表明，2010—2022 年，APEC 范围内各成员互联网使用率的总体水平稳步提高，由 2010 年的 50.4% 上升至 2022 年的 86.0%。其间，APEC 范围内发达成员的平均互联网使用率明显高于发展中成员的平均互联网使用率。发达成员的互联网普及起步更早、也更为成熟，其间增幅为 25.5%，2022 年互联网使用率高达 96.2%；发展中成员的互联网使用率增长速度较快，增幅则高达 148.7%，2022 年互联网使用率达到 81.6%。两者之间的差距逐年缩小，呈现出明显的收敛趋势。反映出了近十年间，APEC 范围内发展中成员在互联网应用普及方面取得了显著进步。

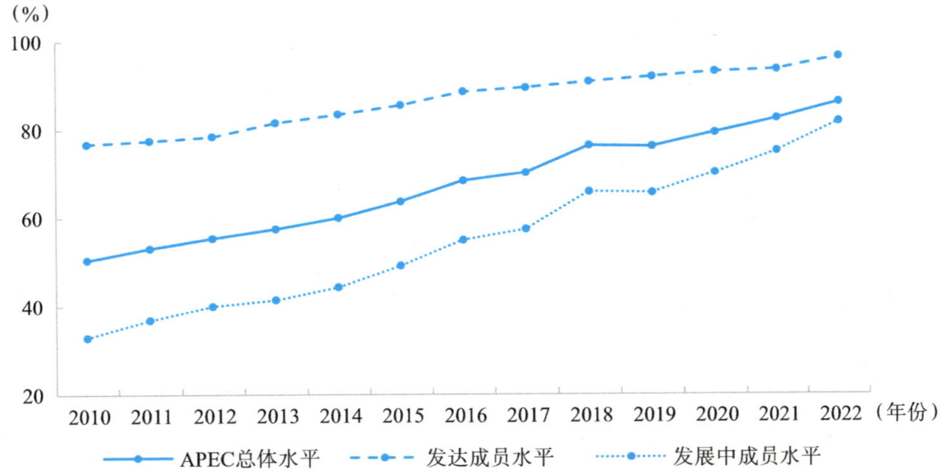

图 12－1　2010—2022 年各成员互联网使用率

数据来源：世界银行 WDI 数据库（https：//datatopics. worldbank. org/world－development－indicators/）。

（二）人均带宽容量变化趋势

图 12－2 展示了 APEC 范围内发达成员、发展中成员和 APEC 总体的人均带宽容量（Mbps）年度变化情况。图 12－2 表明，2010—2022 年，APEC 范围内各成员的人均带宽容量持续稳步提高，且增长速度呈现逐渐加快的指数型增长趋势，人均带宽容量由 2010 年的 60.5 Mbps 上升至 2022 年的 2250.9 Mbps，这表明 APEC 成员的互联网基础设施得到了显著改善。发达成员的曲线始终位于最上方，显示出这些成员在互联网连接质量方面的领先地位，这与发达成员较早地进行互联网基础设施建设和持续的技术投资有关。2010 年，APEC 范围内发达成员和发展中成员的人均带宽容量均不高于 500Mbps，差距较小，但 2010—2022 年，APEC 范围内发达成员人均带宽容量的增长幅度明显高于发展中成员。APEC

范围内发达成员的人均带宽容量由2010年发展中成员的12.85倍，上升至2022年发展中成员的37.16倍，反映了发达成员在互联网基础设施建设方面投资更大，技术更先进。

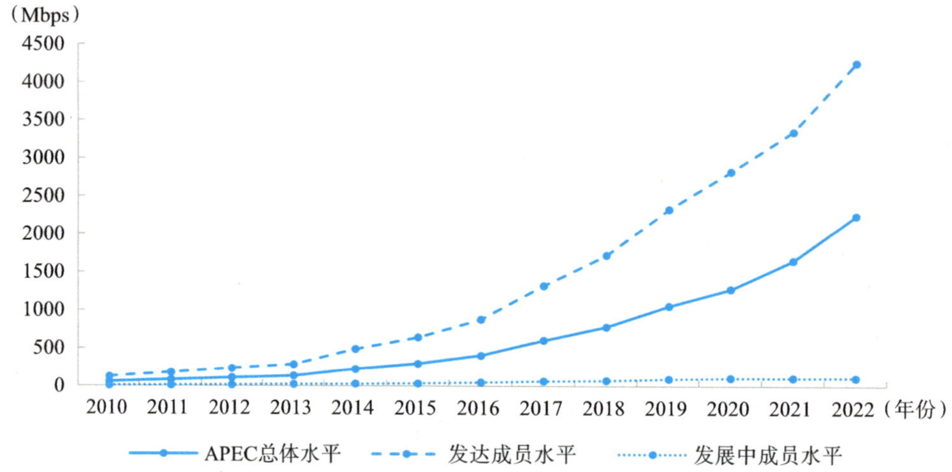

图12－2 2010—2022年各成员人均带宽容量

数据来源：国际电联ITU的数据库（https：//www.itu.int/zh/Pages/default.aspx）。

（三）APEC成员之间互联网使用（IU）变化趋势

图12－3展示了APEC范围内发达成员之间、发展中成员之间和APEC所有成员之间的平均互联网使用年度变化情况。图12－3表明，互联网使用的变动趋势与上文中各成员的互联网使用率的变动趋势高度一致，2010—2022年，APEC整体范围的互联网使用的总体水平稳步提高。其间，APEC范围内发达成员之间的平均互联网使用率明显高于发展中成员之间的平均互联网使用率。与APEC成员的互联网使用率趋势相同，发达成员与发展中成员之间的差距逐年缩小，呈现出明显的收敛趋势。

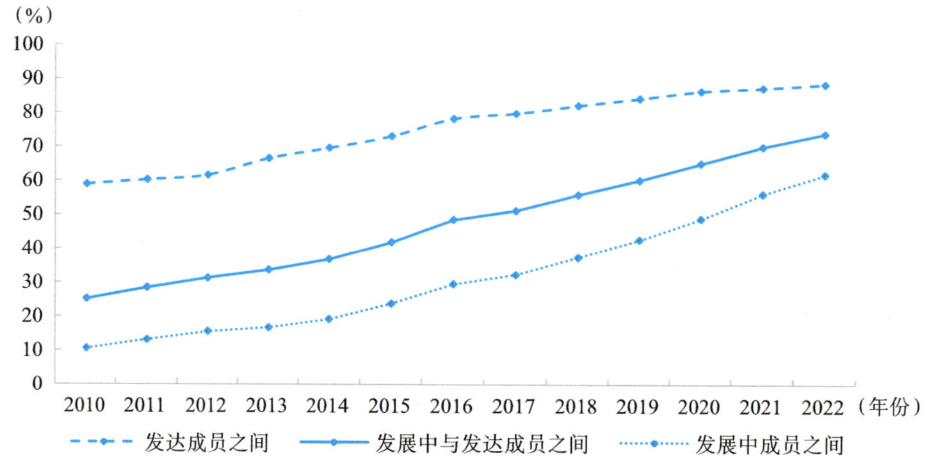

图12－3 2010—2022年APEC成员之间的IU水平

数据来源：世界银行WDI数据库（https：//datatopics.worldbank.org/world－development－indicators/）。

图 12－4 给出了 2010—2022 年 APEC 整体以及主要成员与其他成员之间的平均互联网使用年度变化趋势。其中，主要成员包含中国、美国、日本、俄罗斯和东盟，东盟互联网使用变化趋势是通过计算东盟七个成员的平均年度互联网使用数据得到的。图中 APEC 整体和主要成员的平均互联网使用均呈现稳定上升的线性增长趋势。其中日本在 2010—2019 年始终处于领先地位，但在 2021 年小幅下降，被美国、俄罗斯和东盟反超，甚至在 2022 年低于 APEC 整体水平。美国在 2010—2019 年始终处于第二，于 2020 年反超日本后，始终稳定在 APEC 主要成员的首位。俄罗斯与其他成员之间的平均互联网使用始终较高，2011—2022 年始终高于 APEC 的整体水平。东盟与其他成员之间的平均互联网使用始终较低，低于 APEC 的整体水平。中国与其他成员之间的平均互联网使用在 APEC 主要成员中始终最低，2010—2022 年始终低于 APEC 的整体水平。

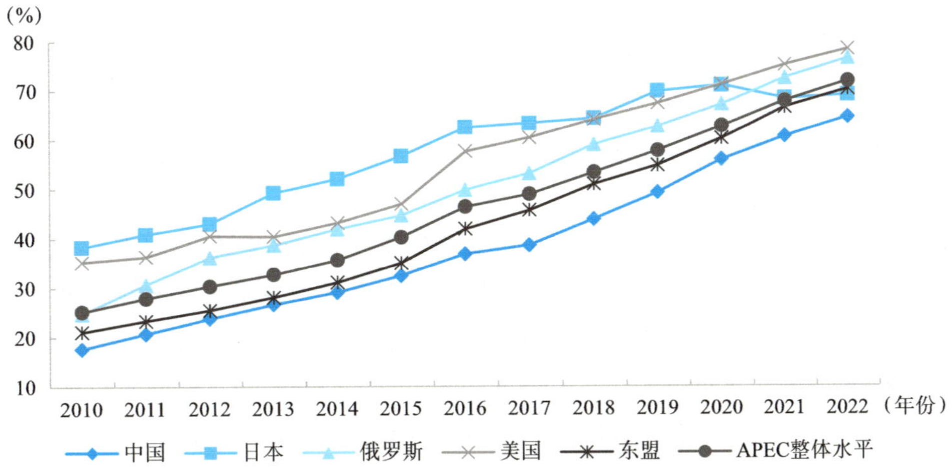

图 12－4　2010—2022 年 APEC 主要成员的平均 IU 水平

数据来源：世界银行 WDI 数据库（https：//datatopics. worldbank. org/world－development－indicators/）。

（四）APEC 成员之间互联网连接质量（BW）变化趋势

图 12－5 展示了 APEC 范围内发达成员之间、发展中成员之间和 APEC 所有成员之间的平均互联网质量年度变化情况。图 12－5 表明，互联网连接质量的变动趋势与上文中各成员的人均带宽容量的变动趋势高度一致，2010—2022 年，APEC 整体范围的互联网连接质量的总体水平稳步提高。其间，APEC 范围内发达成员之间的平均互联网连接质量明显高于发展中成员之间的平均互联网连接质量。

发达成员互联网连接质量的增长主要经历了三个阶段，第一个阶段是 2010—2015 年，其间互联网连接质量的增长率较低，无论是互联网连接的绝对质量还是增长率，均没有与发展中成员拉开明显差距；第二个阶段是 2015—2020 年，其间发达成员互联网连接质量得到明显提升，且与发展中成员之间的差距越来越大；第三个阶段是 2020 年之后，发达成员互联网连接质量在 2020 年之后开始起飞，增长率进一步提高，体现了发达成员在互

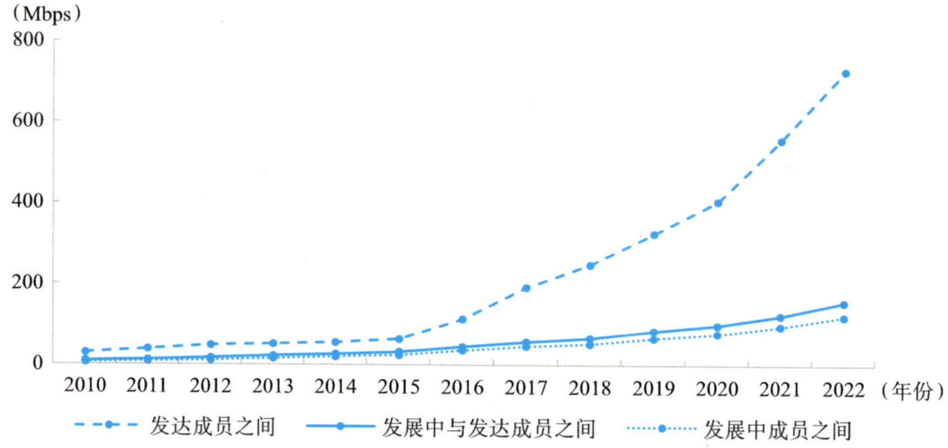

图 12－5　2010—2022 年 BW 水平

数据来源：国际电联 ITU 的数据库（https：//www. itu. int/zh/Pages/default. aspx）。

联网基础设施建设方面的绝对领先地位。而发展中成员互联网连接质量的增速虽有小幅提升，但由于投入力度较小、互联网基础设施迭代速度较慢，赶超发达成员整体的互联网连接质量难度越来越大。

图 12－6 展示了 APEC 范围内主要成员与其他成员之间的平均互联网质量年度变化情况。图 12－6 中 APEC 整体和主要成员的平均互联网质量均呈现稳定上升趋势，APEC 互联网质量的整体水平在 2016 年之后的迅速提升，主要是由于中国香港、新加坡和中国台北的人均带宽容量的水平迅速提高。东盟与其他成员之间的平均互联网质量领先于 APEC 整体水平，且增速不断加快，一方面是由于东盟整体的人均带宽容量较高，另一方面也得益于新加坡人均带宽容量水平飞速提升的强势带动。美国与其他成员之间的平均互联网质量在 2010—2016 年始终处于领先地位，且高于 APEC 整体水平，但其始终保持线性增长

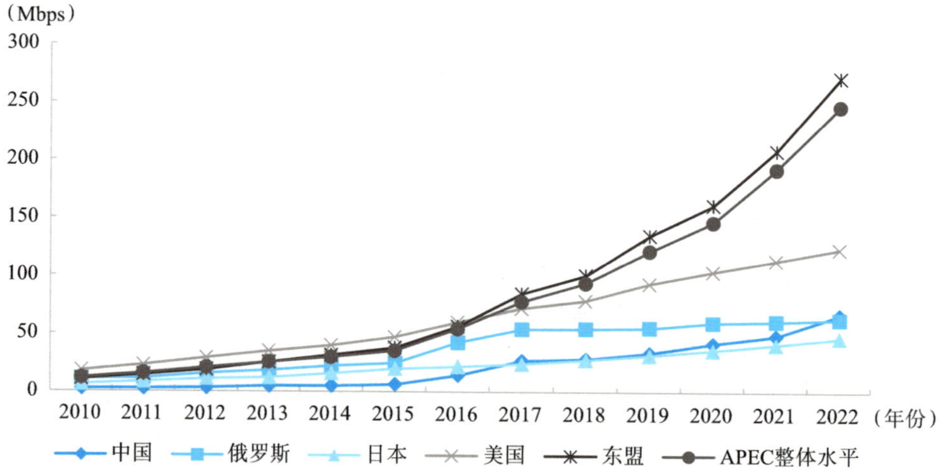

图 12－6　2010—2022 年 APEC 主要成员的平均 BW 水平

数据来源：国际电联 ITU 的数据库（https：//www. itu. int/zh/Pages/default. aspx）。

趋势，2017 年后便被东盟和 APEC 整体水平所反超。俄罗斯和日本与其他成员之间的平均互联网质量始终位于 APEC 整体水平之下，且同样为线性增长趋势。中国与其他成员之间的平均互联网质量在 2016 年之前始终位于最低水平，在 2017—2022 年开始依次超越日本和俄罗斯，提升至较高水平状态。

（五）2022 年 APEC 成员间的互联网连接情况分析

为了更直观地展示出 APEC 各成员之间的互联网连接情况，表 12－1、表 12－2、表 12－3 分别对 2022 年发达成员之间、发展中与发达成员之间、发展中成员之间的互联网连接情况进行刻画。对应背景颜色的浅度反映了成员之间互联网连接的强弱情况，即背景颜色越浅则反映两成员互联网连接相对更强，背景颜色越深则反映两成员互联网连接相对更弱。

从表 12－1、表 12－2、表 12－3 可以明显看出，发达成员之间的互联网连接情况较强，发展中成员之间的互联网连接情况较弱。其中，发达成员之间的互联网连接情况均值为 0. 88，且双边互联网连接超过 0. 8 的比例高达 83%；发展中与发达成员之间的互联网连接情况均值为 0. 74，且双边互联网连接超过 0. 8 的比例为 44%；发展中成员之间的互联网连接情况均值仅为 0. 62，且双边互联网连接超过 0. 8 的比例只有 21%。发达成员之中，澳大利亚和新西兰与其他成员之间的互联网连接最强，日本和加拿大与其他成员之间的互联网连接最弱。发展中成员之中，文莱和马来西亚与其他成员之间的互联网连接最强，巴新和菲律宾与其他成员之间的互联网连接最弱。美国与其他成员之间的互联网连接水平处于发达成员的较低水平，同样地，中国与其他成员之间的互联网连接水平处于发展中成员的较低水平。

表 12－1　2022 年 APEC 发达成员之间的互联网连接情况

2022 年	澳大利亚	新西兰	韩国	新加坡	中国香港	美国	加拿大	日本
澳大利亚	0. 97	0. 97	0. 96	0. 94	0. 94	0. 91	0. 91	0. 80
新西兰		0. 97	0. 96	0. 94	0. 94	0. 91	0. 91	0. 80
韩国			0. 94	0. 93	0. 93	0. 90	0. 90	0. 79
新加坡				0. 92	0. 92	0. 89	0. 89	0. 78
中国香港					0. 91	0. 89	0. 88	0. 78
美国						0. 86	0. 86	0. 75
加拿大							0. 85	0. 75
日本								0. 66

数据来源：世界银行 WDI 数据库（https：//datatopics. worldbank. org/world－development－indicators/）。

表 12－2　　2022 年 APEC 发展中与发达成员之间的互联网连接情况

2022 年	文莱	马来西亚	智利	俄罗斯	泰国	墨西哥	越南	中国	秘鲁	印度尼西亚	菲律宾	巴新
澳大利亚	0.98	0.96	0.91	0.89	0.87	0.82	0.77	0.74	0.74	0.65	0.55	0.40
新西兰	0.97	0.96	0.91	0.89	0.87	0.82	0.77	0.74	0.73	0.65	0.55	0.40
韩国	0.96	0.95	0.89	0.88	0.85	0.81	0.76	0.73	0.73	0.65	0.54	0.40
新加坡	0.95	0.93	0.88	0.87	0.84	0.80	0.75	0.73	0.72	0.64	0.54	0.39
中国香港	0.95	0.93	0.88	0.86	0.84	0.80	0.75	0.72	0.71	0.64	0.54	0.39
美国	0.92	0.90	0.85	0.84	0.82	0.78	0.73	0.70	0.69	0.62	0.52	0.38
加拿大	0.91	0.90	0.85	0.83	0.81	0.77	0.73	0.70	0.69	0.61	0.52	0.38
日本	0.80	0.79	0.75	0.73	0.71	0.68	0.64	0.61	0.61	0.54	0.45	0.33

数据来源：世界银行 WDI 数据库（https：//datatopics. worldbank. org/world－development－indicators/）。

表 12－3　　2022 年 APEC 发展中成员之间的互联网连接情况

2022 年	文莱	马来西亚	智利	俄罗斯	泰国	墨西哥	越南	中国	秘鲁	印度尼西亚	菲律宾	巴新
文莱	0.98	0.97	0.91	0.90	0.87	0.83	0.78	0.75	0.74	0.66	0.56	0.41
马来西亚		0.95	0.90	0.88	0.86	0.81	0.77	0.74	0.73	0.65	0.55	0.40
智利			0.85	0.83	0.81	0.77	0.72	0.70	0.69	0.61	0.52	0.38
俄罗斯				0.82	0.80	0.76	0.71	0.68	0.68	0.60	0.51	0.37
泰国					0.77	0.73	0.69	0.67	0.66	0.58	0.49	0.36
墨西哥						0.70	0.66	0.63	0.62	0.56	0.47	0.34
越南							0.62	0.59	0.59	0.52	0.44	0.32
中国								0.57	0.56	0.50	0.42	0.31
秘鲁									0.56	0.50	0.42	0.31
印度尼西亚										0.44	0.37	0.27
菲律宾											0.31	0.23
巴新												0.17

数据来源：世界银行 WDI 数据库（https：//datatopics. worldbank. org/world－development－indicators/）。

（六）2018—2022 年 APEC 成员的人均带宽容量情况分析

表 12－4 展示了 2018—2022 年 APEC 区域内各成员的人均带宽的年度变化情况。APEC 成员的人均带宽普遍增长，显示出亚太地区互联网基础设施的整体进步。其中，人均带宽最高的四名成员均为发达成员，分别是中国香港、新加坡、中国台北和新西兰，且在 2018—2022 年显示出强劲增长。人均带宽最低的三名成员分别是菲律宾、日本和墨西

哥，但三者的人均带宽也在逐年稳步提高的过程中。美国、中国和俄罗斯分别位列第 14、16 和 17 名，其中中国的人均带宽增长率最高，五年间整体增长率高达 149%；俄罗斯的人均带宽增长率最低，五年间整体增长率不足 5%。

表 12-4　2018—2022 年 APEC 各成员的人均带宽（Mbps）

APEC 成员	2018 年	2019 年	2020 年	2021 年	2022 年
中国香港	10514. 90	14048. 14	16803. 65	21534. 95	29710. 28
新加坡	2729. 07	4106. 68	5175. 35	6969. 55	9385. 77
中国台北	1661. 50	1997. 12	2329. 59	2840. 88	3464. 38
新西兰	252. 93	380. 47	572. 32	860. 91	1295. 03
马来西亚	152. 41	141. 05	266. 97	379. 14	538. 45
澳大利亚	95. 38	138. 61	201. 44	292. 74	425. 42
越南	63. 48	117. 95	198. 67	271. 00	369. 67
印度尼西亚	51. 75	129. 83	117. 19	201. 35	345. 95
巴新	59. 78	87. 19	127. 16	185. 45	270. 48
智利	150. 17	188. 95	196. 47	229. 33	267. 69
文莱	174. 98	243. 25	150. 38	182. 88	222. 39
韩国	86. 23	107. 48	133. 98	167. 88	210. 37
泰国	121. 21	114. 27	137. 50	146. 09	155. 23
美国	113. 81	122. 99	132. 90	143. 61	155. 18
加拿大	77. 60	83. 99	90. 90	98. 38	106. 48
中国	28. 31	33. 75	42. 44	49. 45	70. 46
俄罗斯	62. 57	61. 37	65. 63	65. 45	65. 28
秘鲁	37. 77	42. 91	48. 76	55. 40	62. 94
墨西哥	40. 47	44. 53	49. 01	53. 93	59. 35
日本	27. 64	31. 55	36. 02	41. 12	46. 93
菲律宾	29. 12	31. 93	35. 02	38. 39	42. 10

数据来源：国际电联 ITU 的数据库（https：//www. itu. int/zh/Pages/default. aspx）。

三、互联网连接与双边贸易情况

为考察 APEC 各成员之间互联网使用和互联网连接质量能否带来贸易规模的增加，我们制作了2010—2022年APEC各成员之间互联网使用和互联网连接的质量与双边之间的服务贸易、商品贸易规模的拟合图，分别如图12－7、图12－8、图12－9和图12－10所示。其中，APEC各成员之间的商品贸易、服务贸易规模数据均来自联合国UN Comtrade数据库，由于数据库的服务贸易数据只公布到2021年，本章根据近5年双边进、出口规模的平均变动率对2022年的服务贸易规模进行预测。为了保证选取数据的代表性和时效性，本章选取了2018—2022年的服务贸易、商品贸易规模与IU和BW进行线性拟合，考察各成员之间的互联网连接与贸易规模之间的关系。

图12－7描绘的是APEC各成员之间服务贸易总规模与双边之间互联网使用水平的散点图和拟合曲线。不难发现，服务贸易总规模与互联网使用水平的拟合曲线向右上方倾斜，这说明互联网使用水平越高，服务贸易总规模越高，表明互联网连接水平可能是推动服务贸易发展的一个重要因素。随着互联网使用水平的提升，数字化服务（如云计算、在线内容、远程服务等）得到了快速发展，这些服务的增加直接反映在服务贸易的总规模上。

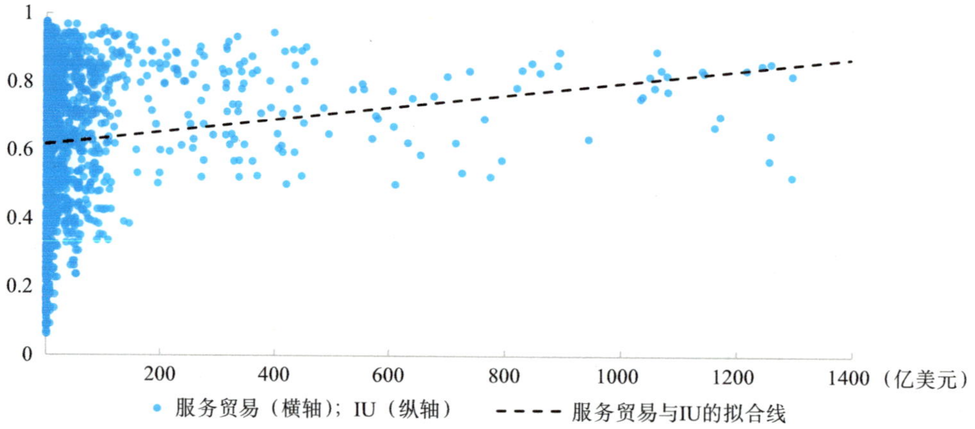

图12－7　2018—2022年IU与服务贸易额的关系

数据来源：世界银行WDI数据库（https：//datatopics. worldbank. org/world－development－indicators/）和联合国Uncomtrade数据库（https：//comtrade. un. org/data/）。

同样地，用APEC各成员之间商品贸易总规模与双边之间互联网使用水平的散点图进行拟合，可以得到类似的结论。从图12－8中可以清晰地发现，APEC各成员之间的商品贸易总规模与互联网使用水平成正相关关系，表明互联网连接可能是推动商品贸易发展的一个重要因素。这一正相关关系也反映了全球化趋势中商品贸易的数字化转型，其中互联网连接是实现商品跨境交付的关键工具。

图12－9描绘的是APEC各成员之间服务贸易总规模与双边带宽容量最小值的散点图和拟合曲线。不难发现，服务贸易总规模与互联网连接质量的拟合曲线向右上方倾斜，这说明双边带宽容量最小值越高，服务贸易总规模越高，表明互联网连接质量可能是推动服

务贸易发展的一个重要因素。带宽容量作为一项关键的技术基础设施，其普及和使用水平的提高能够降低服务贸易的交易成本，促进信息流通，增加市场接入机会，从而有助于服务贸易的扩大。

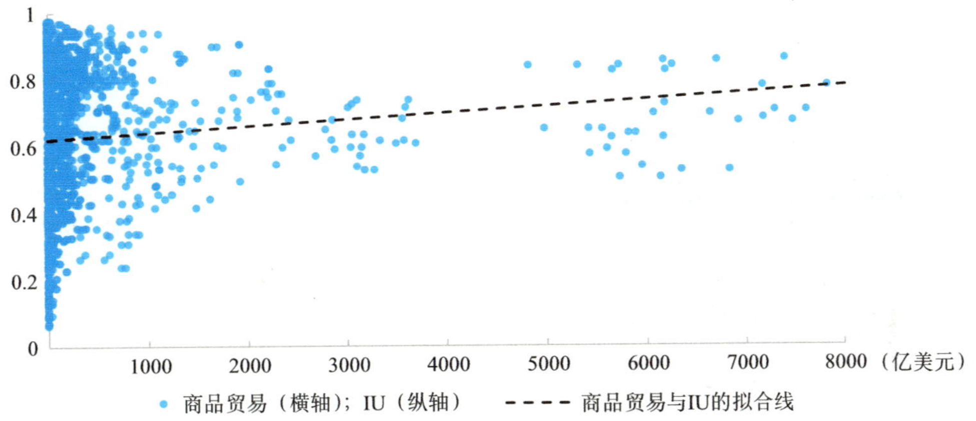

图 12－8　2018—2022 年 IU 与商品贸易额的关系

数据来源：世界银行 WDI 数据库（https：//datatopics. worldbank. org/world－development－indicators/）和联合国 Uncomtrade 数据库（https：//comtrade. un. org/data/）。

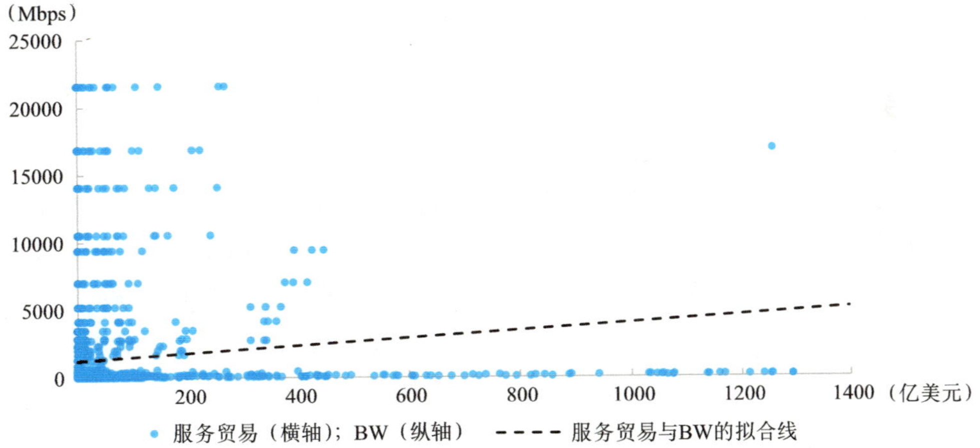

图 12－9　2018—2022 年 BW 与服务贸易额的关系

数据来源：国际电联 ITU 的数据库（https：//www. itu. int/zh/Pages/default. aspx）和联合国 Uncomtrade 数据库（https：//comtrade. un. org/data/）。

同样地，用 APEC 各成员之间商品贸易总规模与双边带宽容量最小值的散点图进行拟合，可以得到类似的结论。从图 12－10 中可以清晰地发现，APEC 各成员之间的商品贸易总规模与双边带宽容量最小值成正相关关系，表明互联网连接质量可能是推动商品贸易发展的一个重要因素。但双边带宽容量最小值与商品贸易总规模之间绘制的拟合曲线相对平缓，意味着双边带宽容量最小值对商品贸易总规模的促进作用程度有进一步加强的空间。

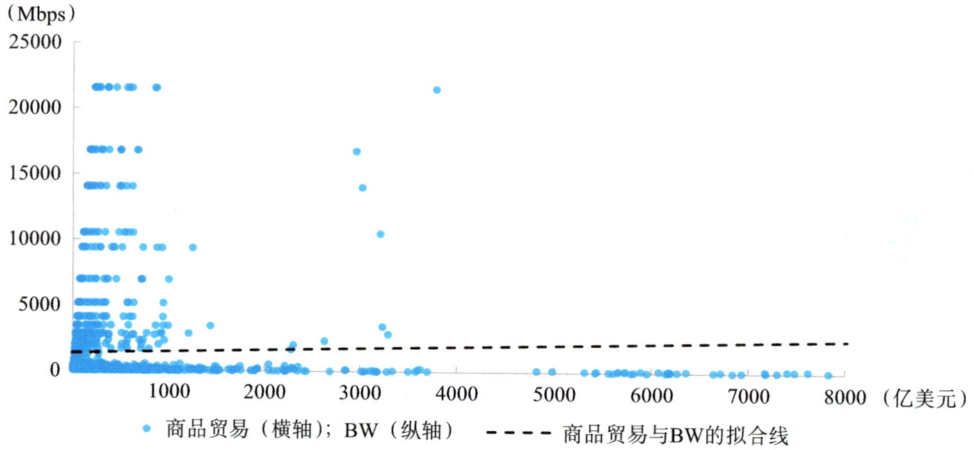

图 12－10　2018—2022 年 BW 与商品贸易额的关系

数据来源：国际电联 ITU 的数据库（https：//www. itu. int/zh/Pages/default. aspx）和联合国 Uncomtrade 数据库（https：//comtrade. un. org/data/）。

第三节　APEC 成员间的数字贸易协定和贸易现状

一、指标衡量

目前，关于全球数字贸易条款的量化研究中，由瑞士卢塞恩大学 Mira Buri 研究团队发布的 TAPED 数据库（Trade Agreements Provisions on Electronic Commerce and Digital）是对区域贸易协定中数字贸易规则文本量化的最详细和最完整的数据库①。该数据库于 2020 年 1 月首次发布，得到该领域学者的广泛认可，本章采用了该团队 2022 年 6 月 22 日发布的数据集，该版本数据库对 2000 年至 2022 年 6 月间已生效的 379 项贸易协定（含已失效的 RTA）进行了文本量化，并将其划分为关于数字贸易、数据专用条款、新的数据经济问题（2021 年后签署的条款赋值）、数字贸易和新的数据经济规定交叉问题以及知识产权 5 个章节，其中包含了数字贸易的一般规定、数据流动、法律条款、市场准入、消费者保护、数据和网络安全、政府采购等 112 个具体条款分类。

在贸易协定是否含有数字贸易条款和章节的判定上，主要依据为 RTA 协议文本中是否涵盖了数字贸易相关条款。如表 12－5 所示，本章将数字贸易相关条款具体分解为数据相关条款指数（data）、贸易促进条款指数（facilitation）、信息安全条款指数（security）和组织运行条款指数（function）4 个一级指标、13 个二级指标和 15 个三级指标，以及 50 个细分条款②。

① TAPED 数据库包含了除巴布亚新几内亚之外的所有 APEC 成员所签订的贸易协定数据。

② 李董林，李春顶．RTA 中数字贸易规则对成员国增加值贸易的影响研究［J］．世界经济研究，2024（5）：20－34＋134.

若 TAPED 数据库中收录的 APEC 成员之间的贸易协定含有表 12－5 中任意一项具体条款，则将会被判定为含有数字贸易条款和章节的贸易协定。

表 12－5　　贸易协定中数字贸易条款和章节的判定

一级指标	二级指标	三级指标	具体条款
数据相关条款	数据跨境流动	数据跨境流动	(1) 电子商务章节是否包含关于数据自由流动的规定；(2) 电子商务章节是否包含解决数据流障碍的机制；(3) 在电子商务章节之外是否包括数据自由流动的条款；(4) 电子商务章节之外是否包括解决数据流动障碍的机制；(5) 电信章节/规定中是否提及数据传输或数据流动；(6) 计算机和相关服务 (CRS) 章节中是否提及数据传输或数据流动；(7) 视听章节中是否提及数据传输或数据流动；(8) 金融服务章节中是否提及数据传输或数据流动；(9) 是否在知识产权一章中包含有关数据流的规定
	数据本地化	数据本地化	(1) 电子商务章节是否包含禁止或限制数据本地化的规定；(2) 其他章节是否包含禁止或限制数据本地化要求的条款
	披露源代码	披露源代码	(1) 是否包括禁止转让或访问个人拥有的软件源代码，作为进口、分销、销售或使用此类软件的条件
贸易促进条款	市场准入规则	市场准入规则	(1) 是否规定了数字贸易中的国民待遇；(2) 是否规定了数字贸易中的最惠国待遇；(3) 是否为计算机及相关服务提供所需的市场准入和国民待遇承诺；(4) 是否为电信服务业提供所需的市场准入和国民待遇承诺；(5) 是否为金融服务提供所需的市场准入和国民待遇承诺；(6) 是否包含技术中立原则（即对数字供应的非歧视原则）
	电子商务关税	电子商务关税	(1) 是否有关于对电子传输不征收关税的规定；(2) 协议中是否包含关于载体媒介的关税值的规定
	电子商务法规体系	电子商务法规体系	(1) 是否提及 WTO 规则对电子商务的适用性；(2) 是否包含关于《1996 年贸易法委员会电子商务示范法》的国内法律框架；(3) 是否包括国内法律框架与《联合国国际合同使用电子通信公约》一致性的规定；(4) 是否符合世贸组织《与贸易有关的知识产权协议》(TRIPs)；(5) 是否遵守了世界知识产权组织的互联网条约
	中小企业	鼓励中小企业参与	(1) 是否包括促进中小企业使用数字贸易的条款
	贸易便利化	流程便利化	(1) 是否包括有关电子认证、电子签名或数字证书的规定；(2) 是否包括有关无纸化交易的条款；(3) 是否包括有关电子交易框架的条款；(4) 是否包含有关电子发票的规定；(5) 是否包含关于简化付款的规定；(6) 是否包含关于电子可转让记录的条款
		系统便利化	(1) 是否包含海关程序自动化或海关数据交换系统的规定；(2) 是否包括有关电子政务的条款；(3) 是否包括关于公开政府数据或公开数据的条款

续表

一级指标	二级指标	三级指标	具体条款
信息安全条款	在线消费者保护	在线消费者保护	（1）是否包括有关保护消费者的条款
	非应邀商业电子信息	非应邀商业电子信息	（1）是否包括关于未经请求的商业电子信息的规定
	网络安全及网络中介平台责任	数据信息保护	（1）是否包含数据保护条款；（2）是否包含无限制的数据保护条款；（3）是否包括国内法规定的数据保护条款；（4）是否包括承认某些关键原则的数据保护条款；（5）是否包括承认某些国际标准的数据保护条款；（6）是否将数据保护规定作为最低限度的限制措施；（7）是否包括有关网络安全的条款
		网络中介平台责任	（1）是否包括关于互联网服务提供商（ISP）责任的规定
组织运行条款	争端解决机制	争端解决机制	（1）争端解决机制是否适用于数字贸易条款，特别是关于非歧视和关税的核心条款；（2）争端解决机制是否明确排除了数字贸易条款或章节；（3）是否包括关于信通技术、电子商务或数字贸易合作条款的谅解；（4）是否包括协调数字贸易与知识产权（IP）的条款
	组织机构	组织机构	（1）是否考虑了数字贸易的具体体制安排，例如工作组、委员会等

资料来源：根据2022年6月22日版本TAPED数据集整理所得。

二、APEC成员签订的数字贸易协定情况

根据TAPED数据库，截至2022年6月22日，除巴新以外的20个APEC成员之间共签署了55项含有数字贸易条款和章节的贸易协定。其中APEC成员参与最多的贸易协定有RCEP、CPTPP和TPP，分别包含APEC成员12个、11个和11个。

图12－11展示了APEC范围内各成员所签署的含有数字贸易条款和章节的贸易协定数量，以及发达成员和发展中成员的平均数量。图12－11显示，发达成员平均签订了7.11项含有数字贸易条款和章节的贸易协定，发展中成员平均签订了4.27项含有数字贸易条款和章节的贸易协定，反映出发达成员在数字贸易自由化方面的领先地位。发达成员与发展中成员在数字贸易协定数量上的差异，同样也反映出APEC范围内数字贸易自由化进程的不均衡性。

具体到APEC各成员层面，澳大利亚、新加坡与APEC成员签署的含有数字贸易条款和章节的贸易协定数量最多，分别有16个和12个，其次是韩国、新西兰和美国，均已签署8个含有数字贸易条款和章节的贸易协定。以上五个成员均为发达成员，这也反映出发达成员在数字贸易规则体系建设方面起步较早，在数字贸易自由化领域具有领先地位，同时也在引领和推动APEC范围内数字贸易自由化、数字贸易合作方面的发展。与APEC成员签订含有数字贸易条款和章节的贸易协定最少的三个成员分别是俄罗斯、中国香港、中

国台北。

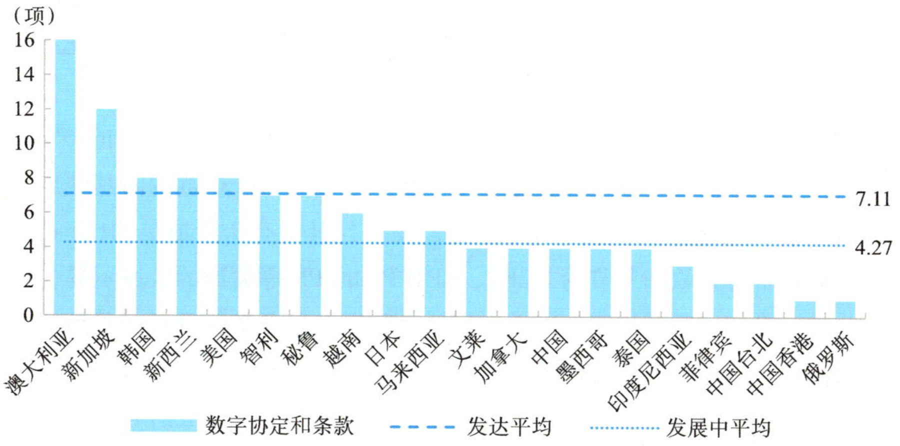

图 12－11　APEC 各成员签署的含有数字贸易条款的协定数量

数据来源：TAPED 关税数据库（https：//www. unilu. ch/en/faculties/faculty－of－law/professorships/managing－director－internationalisation/research/taped/）。

图 12－12 展示了 APEC 范围内各成员所签署的含有数字贸易条款和章节的贸易协定占所有贸易协定的比例。图 12－12 显示，发达成员参与签订的贸易协定有 73. 6% 含有数字贸易条款和章节，而发展中成员参与签订的贸易协定只有 65. 3% 含有数字贸易条款和章节，而这进一步反映了发达成员在数字贸易自由化方面的领先地位。签订含有数字贸易条款和章节的贸易协定数量较多（超过 5 项）的成员中，贸易协定数字化率最高的成员分别为澳大利亚、美国、新加坡、越南和韩国，大多都为发达成员，贸易协定数字化率最低的成员为日本，仅有 38%。

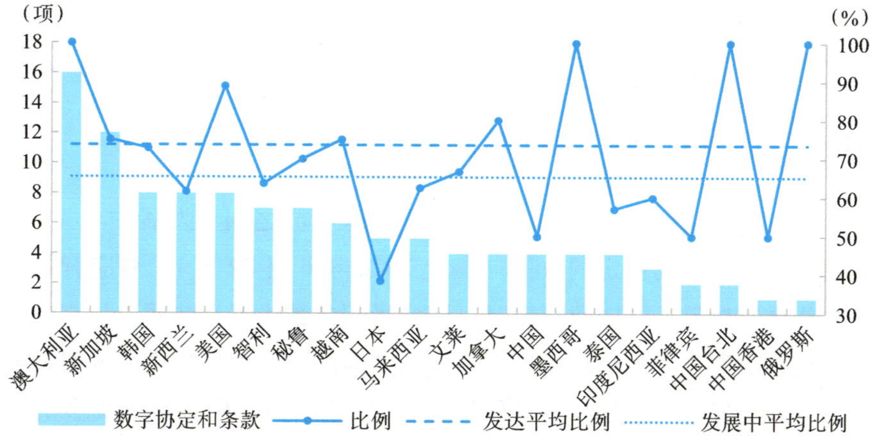

图 12－12　APEC 各成员签署的含有数字贸易条款的协定占所有协定的比例

数据来源：TAPED 关税数据库（https：//www. unilu. ch/en/faculties/faculty－of－law/professorships/managing－director－internationalisation/research/taped/）。

中国共与 APEC 成员签订了 8 项贸易协定，其中有 4 项协定包含了数字贸易的条款和章节，分别是：RCEP、中韩自由贸易协定（China Korea FTA）、中智自由贸易协定（Chile China FTA）、中澳自由贸易协定（Australia China FTA），贸易协定的数字化率仅有 50%，这意味着中国在贸易协定的数字化方面还有进一步的提升空间。

图 12－13 展示了 APEC 各成员与 APEC 范围内其他成员数字贸易协定的签订比例，不难看出，除了俄罗斯、中国香港、中国台北以外，其他成员与 APEC 范围内其他成员签署含有数字贸易条款和章节的贸易协定比例均已超过 55%，且其中有 7 个成员的比例已超过 80%。这得益于含有数字贸易条款和章节的 RCEP、CPTPP 和 TPP 等关键的区域贸易协定在推动数字贸易自由化方面发挥了重要作用，因为它们包含数字贸易条款，并且成员数量众多。高比例的数字贸易协定签署反映了 APEC 区域内数字经济一体化的进展，也反映了 APEC 成员之间的经济联系和数字贸易合作较为紧密，有助于形成更加统一和开放的数字市场。

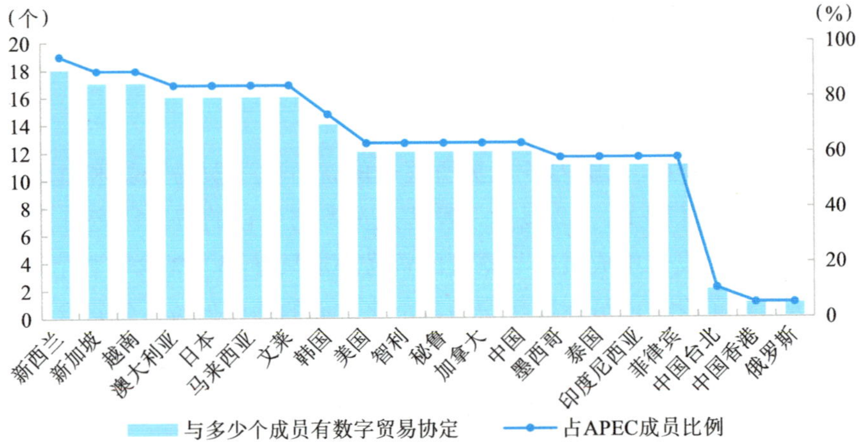

图 12－13　APEC 各成员与 APEC 范围内其他成员数字贸易协定的签订数量

数据来源：TAPED 关税数据库（https：//www. unilu. ch/en/faculties/faculty－of－law/professorships/managing－director－internationalisation/research/taped/）。

三、APEC 成员间的数字贸易协定情况

表 12－6、表 12－7、表 12－8 分别展示了发达成员之间、发展中与发达成员之间、发展中成员之间的数字贸易协定的数量（截至 2022 年 6 月 22 日）。对应背景颜色的浅度反映了成员之间数字贸易的协定数量情况，即背景颜色越浅则反映两成员之间的数字贸易协定数量相对更多，背景颜色越深则反映两成员之间的数字贸易协定数量相对更少。

从表 12－6、表 12－7、表 12－8 可以看出，发达成员之间签订了更多的含有数字贸易条款和章节的贸易协定，这表明发达成员在推动数字贸易自由化和制定相关政策方面处于领先地位。发达成员中，除了中国台北、中国香港外，两两之间至少签订了一项含有数字贸易条款和章节的贸易协定；且除中国台北、中国香港外的发达成员与俄罗斯以外的其

他发展中成员大多都签订了含有数字贸易条款和章节的贸易协定，这一覆盖率达到了91.4%。而发展中成员之间的数字贸易协定普及率较低，只能达到56.4%，表明发展中成员在数字贸易协定领域有较大的增长空间和发展潜力。中国台北、中国香港和俄罗斯与其他APEC成员签订的数字贸易协定较少，这可能与它们的特定经济状况、地缘政治因素有关。

表 12-6　2022 年 APEC 发达成员之间的数字贸易协定数量

协定数量	新西兰	新加坡	加拿大	日本	美国	韩国	中国台北	中国香港
澳大利亚	4	7	4	4	2	2	0	0
新西兰		5	4	3	1	1	1	1
新加坡			3	3	2	2	1	0
加拿大				3	1	1	0	0
日本					2	1	0	0
美国						1	0	0
韩国							0	0
中国台北								0

数据来源：TAPED 关税数据库（https://www.unilu.ch/en/faculties/faculty-of-law/professorships/managing-director-internationalisation/research/taped/）。

表 12-7　2022 年 APEC 发达成员与发展中成员之间的数字贸易协定数量

协定数量	越南	马来西亚	智利	秘鲁	墨西哥	文莱	泰国	中国	印度尼西亚	菲律宾	俄罗斯
澳大利亚	4	5	3	3	2	2	3	2	3	2	0
新西兰	4	4	3	2	2	2	3	1	2	2	0
新加坡	3	3	3	3	2	2	1	1	1	1	0
加拿大	3	3	2	2	2	2	1	1	1	1	0
日本	3	3	2	2	2	2	1	1	1	1	0
美国	1	1	2	2	2	2	0	0	0	0	0
韩国	2	1	0	1	0	1	1	2	1	1	0
中国台北	0	0	0	0	0	0	0	0	0	0	0
中国香港	0	0	0	0	0	0	0	0	0	0	0

数据来源：TAPED 关税数据库（https://www.unilu.ch/en/faculties/faculty-of-law/professorships/managing-director-internationalisation/research/taped/）。

表 12-8　2022 年 APEC 发展中成员之间的数字贸易协定数量

协定数量	马来西亚	智利	秘鲁	墨西哥	文莱	泰国	中国	印度尼西亚	菲律宾	俄罗斯
越南	3	2	2	2	2	1	1	1	1	1
马来西亚		2	2	2	2	1	1	1	1	0
智利			3	3	2	0	1	0	0	0

续表

协定数量	马来西亚	智利	秘鲁	墨西哥	文莱	泰国	中国	印度尼西亚	菲律宾	俄罗斯
秘鲁				3	2	0	0	0	0	0
墨西哥					3	0	0	0	0	0
文莱						0	0	0	0	0
泰国							1	1	1	0
中国								1	1	0
印度尼西亚									1	0
菲律宾										0

数据来源：TAPED 关税数据库（https：//www. unilu. ch/en/faculties/faculty – of – law/professorships/managing – director – internationalisation/research/taped/）。

为了更直观地展示 APEC 中 20 个成员之间的数字贸易协定状况，图 12 – 14 采用网状图对双边数字贸易协定关联进行刻画（截至 2022 年 6 月 22 日）。网状图揭示了 APEC 成员之间数字贸易协定的网络化特征，显示出一个互联互通的贸易协定网络。图中共显示 APEC 中的 20 个成员，对应圆的半径大小代表了各个成员在 APEC 范围内与其他成员签订含有数字贸易条款和章节的贸易协定的数量，从而可以直观地看出哪些成员在数字贸易协定方面更为活跃；两成员之间直线的粗细代表了双方签订协定的数量，这可以反映出两成员在数字贸易协定合作的紧密程度。

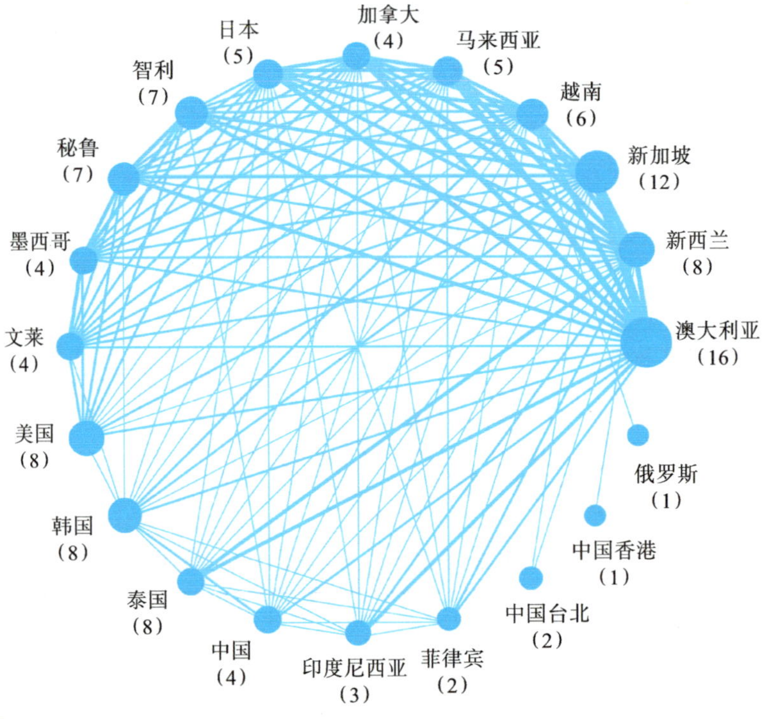

图 12 – 14　APEC 各成员之间的数字贸易协定关联状况

可以明显看出，发达成员在签订含有数字贸易条款的贸易协定方面表现活跃，显示出发达成员在推动数字贸易自由化和制定相关政策方面的领先地位。相比之下，发展中成员之间的数字贸易协定覆盖率则较低，表明发展中成员在数字贸易协定领域存在较大的增长空间和发展潜力。发达成员与发展中成员在数字贸易协定的普及率上存在明显差异，这也反映了 APEC 内部在数字贸易自由化方面的不均衡性。

第四节 APEC 数字贸易自由化的现状

一、数字贸易自由化的测度

参照现有文献的通用做法，本部分通过计算 APEC 成员之间数字贸易的关税率，来衡量 APEC 整体以及内部各成员之间数字贸易自由化的情况：

$$DigitTariff_{jt} = \frac{\sum_{s \in C_j} n_{st} \cdot Tariff_{st}}{\sum_{s \in C_j} n_{st}} \qquad (12-1)$$

其中，j 和 t 分别表示测算主体（APEC 或 APEC 成员）和年份，s 表示 HS 六位码产品，C_j 表示主体 j 的产品集合，$DigitTariff_{jt}$ 表示第 t 年 j 主体的数字贸易自由化情况，n_{st} 表示第 t 年 HS 六位码产品 s 的税目数，$Tariff_{st}$ 表示第 t 年 HS 六位码产品 s 的进口关税税率。具体地，由于 $Tariff_{st}$ 选用每种 HS 六分位产品的平均从价税，我们选择 j 主体 s 产品的进口金额作为 j 主体产品 s 第 t 年的税目数。因此，每种产品关税 $Tariff_{st}$ 前乘以的是主体 j 进口该种产品在其进口所有数字贸易产品中的比重，作为该种产品关税的加权项。而 j 主体 t 年的数字贸易自由化便是使用该比重加权得到的平均关税率。

对于数字贸易的界定，本章参照 USITC、BEA 以及 OECD、WTO 和 IMF（2020）发布的《数字贸易测度手册（第一版）》，选取数字产品出口作为数字贸易的代理变量数据来源于联合国贸易与发展会议（UNCTAD）数据库①。依据 UNCTAD 数字产品定义，本章采用 *DTijt* 对两成员之间的数字贸易规模进行衡量，表示 t 年 i 成员对 j 成员的 ICT 产品总出口值，单位是百万美元。其中全球 ICT 产品包括计算机及外围设备、通信设备、消费类电子产品、电子元件和杂项电子产品五种分类，共计 50 种产品的 HS 六位码。为得到 APEC 以及其内部各成员层面数字贸易自由化情况，根据式（12－1）的测算方式，我们测得 APEC 以及其内部各成员的数字贸易进口关税水平。相关数据来自 WTO 关税数据库和联合国 UN Comtrade 数据库。

---

① 杨连星，王秋硕，张秀敏．自由贸易协定深化、数字贸易规则与数字贸易发展［J］．世界经济，2023，46（4）：32－59.

二、APEC 数字贸易自由化的现状

（一）APEC 数字贸易自由化的整体情况

图 12－15 给出的是 2010—2022 年 APEC 总体的数字贸易自由化情况。由于我们使用的是 APEC 范围内各成员数字贸易进口关税率的加权平均值来表征 APEC 的数字贸易自由化，因而测得加权平均关税率越低，说明该区域内数字贸易自由化程度越高。发达成员水平与发展中成员水平计算方式同理。

如图 12－15 所示，2010—2015 年，APEC 总体数字贸易关税率虽有小幅度的起伏，但总体呈现下降态势。而自 2016 年起，整体关税率就陡然提高，于 2018 年达到峰值，随后大幅下降至 2022 年。其间 APEC 的整体关税率仍然下降，关税率从 2010 年 0.46%，降至 2022 年的 0.08%，相比 2010 年，2022 年数字贸易关税率下降了 83.43%。其间 2017 年关税率的陡然提高可能与中美贸易摩擦相关。

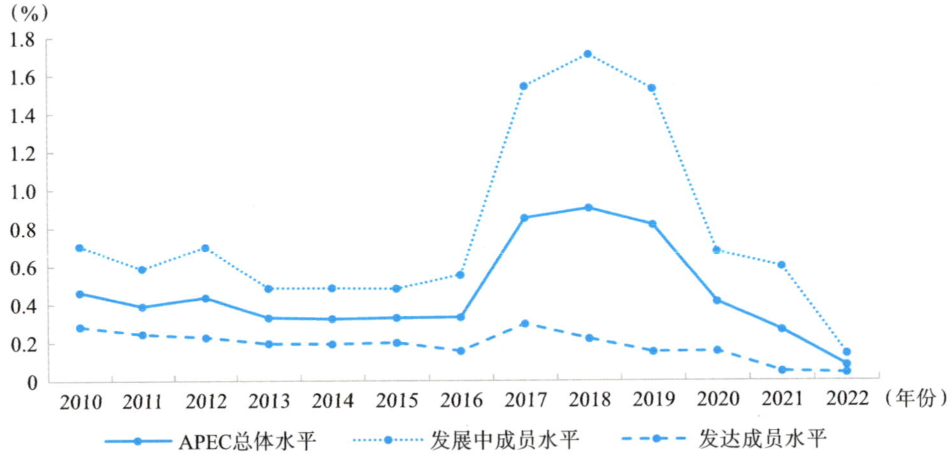

图 12－15　2010—2022 年 APEC 总体数字贸易自由化情况

数据来源：WTO 关税数据库（http：//tariffdata. wto. org/ReportersAndProducts. aspx）以及联合国 Uncomtrade 数据库（https：//comtrade. un. org/data/）。

发展中成员的数字贸易关税率更高，走势与 APEC 总体数字贸易关税率的走势基本一致，但波动幅度更大，反映了发展中成员在数字贸易自由化水平方面仍有待深化。发达成员的数字贸易关税率更低，在 2017 年仅有小幅上升，整体波动幅度较小，反映了发达成员在数字贸易自由化水平方面的领先地位。

（二）主要成员的情况

为了进一步考察 APEC 主要成员数字贸易自由化的情况。图 12－16 给出了 2010—2022 年 APEC 整体和主要成员的数字贸易自由化趋势。由于 2010—2022 年俄罗斯与 APEC

其他成员的数字贸易数据存在较多缺失值，故在此只展示中国、美国、日本和东盟的整体关税率。

图 12－16 中可以看出，第一，无论是 APEC 总体还是其主要成员，2010—2022 年，数字贸易的平均进口关税整体有所下降，表明在上述时间内，APEC 内数字贸易自由化程度有所提高。第二，中国的数字贸易进口关税在 2017—2018 年经历了显著增加，随后逐年回落，向 APEC 整体的关税水平靠拢。值得注意的是，自 2016 年以来，中国的数字贸易进口关税在 APEC 主要成员中一直保持在最高水平，这一现象反映了中国在数字贸易自由化方面的进展与其他成员相比存在一定差距。第三，相比发展中成员，发达成员数字贸易关税率的下降空间已经有限，日本自 2010 年以来，数字贸易关税率一直为零。美国虽然降幅达到 84.65%，但是绝对值上仅仅降低了 0.68 个百分点。第四，2022 年 APEC 数字贸易的整体进口关税已由 2010 年的 0.5% 降至 0.1% 以下，趋近于零关税状态，这一水平标志着 APEC 数字贸易自由化的显著提高，而且也是近年来各成员在推动数字贸易自由化方面取得积极进展的有力证明。

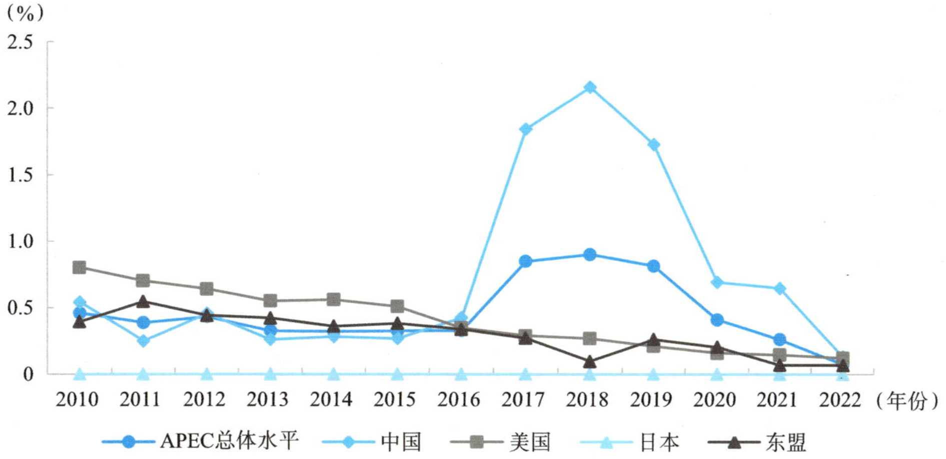

图 12－16　2010—2022 年 APEC 及其内部主要成员数字贸易自由化情况

数据来源：WTO 关税数据库（http：//tariffdata. wto. org/ReportersAndProducts. aspx）和联合国 Uncomtrade 数据库（https：//comtrade. un. org/data/）。

为了更直观地展示 APEC 各成员之间的数字贸易关税情况，表 12－9 对 2022 年 APEC 各成员之间的数字贸易平均关税进行展示。对应背景颜色的深度反映了成员之间数字贸易平均关税强度，即背景颜色越深，则进口方从出口方进口数字产品面临更高水平的关税率。根据 WTO 关税数据库，我们发现新加坡、日本和中国香港在数字贸易进口方面对所有 APEC 成员均实行零关税。参与数字贸易进口且非零关税的 APEC 成员共有九个，其中存在缺失值的表格代表 2022 年进口方未从该出口方进口数字产品；关税率显示为“0”则代表进口方对该出口方实行零关税政策，或者数字贸易关税率低于0.005%。

表12-9　　2022年APEC各成员之间的数字贸易关税率情况　　单位：%

出口方＼进口方	新西兰	澳大利亚	菲律宾	中国台北	美国	中国	印度尼西亚	韩国	马来西亚
新加坡	0	0	0	0	0	0.01	0	0.01	0
马来西亚	0	0	0	0	0.01	0.01	0	0.02	—
韩国	0	0	0	0	0	0.23	0.01	—	0.01
菲律宾	0	0	—	0	0.19	0.04	0	0.06	0.01
日本	0.03	0	0	0	0.19	0.12	0	0.02	0.02
泰国	0	0	0	0	0.26	0.15	0	0.02	0.40
中国	0	0	0.24	0	0.30	—	0.30	0.12	0.27
中国香港	0	0	0.09	0.01	0.05	0.11	1.15	0.01	0.09
澳大利亚	0	—	0.30	0.01	0	0.31	0	1.50	0.39
新西兰	—	0	0	0	0.01	0.02	0	0.62	2.46
加拿大	0	0	0.13	0	0	0.10	3.34	0.33	0.04
中国台北	0	0.34	0.01	—	0.06	0.02	3.48	0	0.01
墨西哥	0.03	0	0.21	0	0	0.25	2.81	1.09	0.03
美国	0.08	0	0.01	0.01	—	0.02	3.67	0.23	0.04
俄罗斯	0	0.28	0	0.01	2.11	0.45	0.01	0.77	1.32
越南	0	0	0	0.43	0.66	1.23	0	2.02	0.92
文莱	—	0	0	—	3.12	—	0	—	0
智利	—	0	0.07	0	0	0	0	4.15	2.47
秘鲁	0	—	—	0	0	10.49	0	1.28	—
印度尼西亚	0	0	0	1.89	0.02	0.59	—	6.53	14.57
巴新	—	0	0	0	0	0	—	0	25.00

资料来源：WTO关税数据库（http：//tariffdata.wto.org/ReportersAndProducts.aspx）和联合国Uncomtrade数据库（https：//comtrade.un.org/data/）。

可以看出，新西兰对APEC其他成员征收的平均进口关税水平很低，只对三个成员征收关税，且最高关税为对美国征收0.08%的数字贸易关税，已经接近零关税。澳大利亚、菲律宾对APEC其他成员征收的平均进口关税水平较低，均在0.35%以下。而美国、中国对APEC其他成员征收的平均进口关税水平相对较高，其中，美国对俄罗斯、文莱分别征收2.11%和3.12%的数字贸易关税；中国则对越南和秘鲁分别征收1.23%和10.49%的数字贸易关税。马来西亚、韩国和印度尼西亚对 APEC 其他成员征收的数字贸易平均进口关税水平最高。

三、数字贸易自由化与数字贸易情况

为考察 APEC 各成员数字贸易自由化是否带来了数字贸易进口规模的增加，我们制作了 APEC 各成员 2010—2022 年数字贸易平均关税率与数字贸易进口规模和产品种类的拟合图，分别如图 12－17 和图 12－18 所示。

图 12－17 描绘的是 APEC 各成员数字贸易进口规模与各成员数字贸易平均进口关税率的散点图和拟合曲线。不难发现，数字贸易进口金额与数字贸易平均进口关税率之间的拟合曲线向右下方倾斜，这说明平均关税率越高，数字贸易进口规模越低，也即较高的关税率抑制了数字贸易的进口规模。关税作为一种贸易保护手段，其提高会增加进口商品的成本，从而减少进口规模，而这一现象在数字贸易领域同样适用。

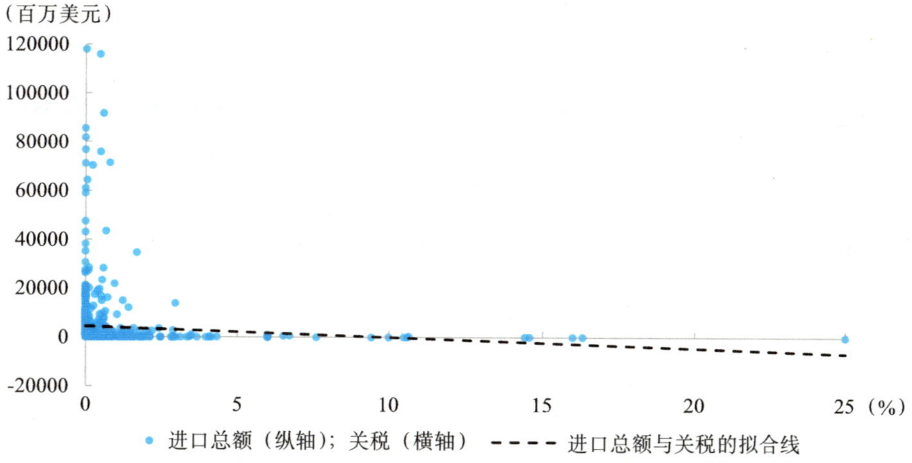

图 12－17 APEC 数字贸易进口金额与数字贸易平均进口关税率的关系

数据来源：WTO 关税数据库（http：//tariffdata. wto. org/ReportersAndProducts. aspx）和联合国 Uncomtrade 数据库（https：//comtrade. un. org/data/）。

图 12－18 中可以清晰地发现，APEC 各成员进口的数字贸易产品种类与数字贸易平均进口关税率的拟合线向右下方倾斜，即较高的关税率限制了数字贸易产品的多样性。由此可以推测，APEC 数字贸易自由化对促进产品多样性具有积极作用，因为高关税可能抑制对某些产品的需求和进口。相比于进口金额，数字贸易进口产品种类对关税变化更为敏感，因此关税的提高导致了数字贸易进口产品种类的显著下降。

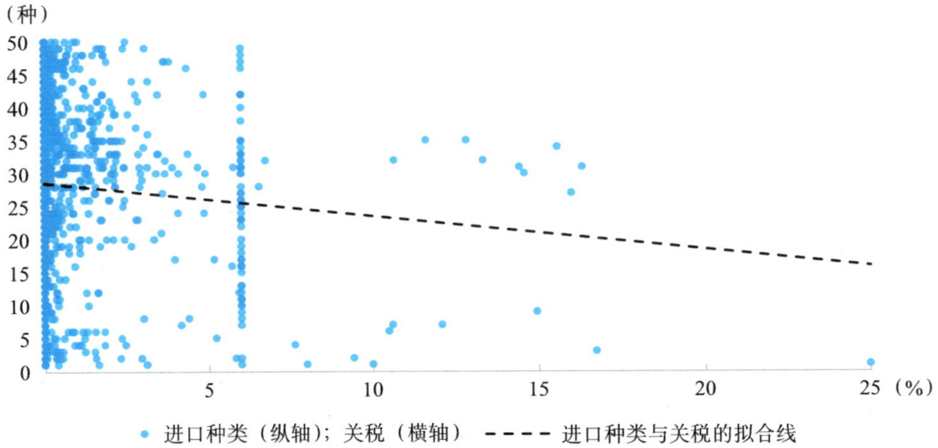

图 12－18　APEC 数字贸易进口产品种类与数字贸易平均进口关税率的关系

数据来源：WTO 关税数据库（http：//tariffdata. wto. org/ReportersAndProducts. aspx）和联合国 Uncomtrade 数据库（https：//comtrade. un. org/data/）。

第五节　新愿景框架下 APEC 数字贸易发展的未来趋势和挑战

一、APEC 新愿景关于数字贸易合作的内容

2020 年 11 月 20 日，由东道国马来西亚主办的 APEC 第二十七次领导人非正式会议以线上形式成功举办。在这次峰会上，APEC 领导人共同通过了《2020 年吉隆坡宣言》，同时发布了具有前瞻性的《2040 年亚太经合组织布特拉加亚愿景》[①]。2023 年 11 月 17 日，APEC 第三十次领导人非正式会议在美国加利福尼亚州旧金山召开，并发表了《2023 年亚太经合组织领导人旧金山宣言》[②]。该宣言强调，APEC 将继续遵循《2040 年亚太经合组织布特拉加亚愿景》和《奥特奥罗亚行动计划》的指导原则，致力于 2040 年建成开放、活力、强韧、和平的亚太共同体，实现所有人民和子孙后代的共同繁荣。

APEC 的新愿景在数字贸易合作方面涵盖了以下几个关键点：首先，APEC 承诺持续推动一个自由、开放、公平、非歧视、透明和可预测的贸易及投资环境，旨在确保亚太地区持续成为全球最具活力和互联互通的区域经济体。其次，为了帮助本地区的人民和企业更好地融入全球经济并实现增长，APEC 将致力于营造一个由市场驱动、由数字经济和创

① 参见：https：//www. mfa. gov. cn/web/gjhdq_676201/gjhdqzz_681964/lhg_682278/zywj_682290/202109/t20210901_9183951. shtml。

② 参见：https：//www. fmprc. gov. cn/gjhdq_676201/gj_676203/bmz_679954/1206_680528/1207_680540/202311/t20231120_11183516. shtml。

新支持的有利环境。最后，APEC 将推进结构性改革和实施良好的经济政策，以促进创新、提高生产力和增强经济活力。APEC 还将加强数字基础设施的建设，加速数字化转型，缩小数字鸿沟，促进数据流动，并增强数字交易中消费者和商业的信任。

总体而言，APEC 的新愿景紧扣第四次工业革命的趋势和数字经济的蓬勃发展，将为亚太地区未来 20 年的新产业革命、创新增长、数字贸易的发展与合作提供持续的动力和支持。

二、APEC 数字贸易发展的未来趋势

当前，世界正经历百年未有之大变局，新一轮科技革命和产业变革迅猛发展。数字贸易作为一种新兴的贸易形式，以数据作为核心生产要素、以数字服务为主要构成、以数字订购和交付为显著特征，正迅速崛起，日益成为推动国际贸易发展的新业态和拉动经济增长的新引擎。数字贸易的发展有利于全球产业链、供应链和价值链的快速整合与优化，显著降低了贸易成本，并为全球经济的复苏与增长提供了新的动力。在这样的时代背景下，APEC 在数字贸易领域的发展也呈现出多种趋势。

（一）互联网基础设施建设加速发展

互联网基础设施的发展是数字贸易发展的基石，近年来，APEC 成员在互联网基础设施上实现了较大的发展。就互联网普及率而言，2019 年至 2023 年五年间，亚太地区互联网用户的比例从 45% 显著提升至 66%，增长了 46.7%，在世界六大地区中增长率领先；美洲地区的互联网普及率也从 2019 年的 77% 增长至 2023 年的 87%，显示出较快的增长速度①。在互联网带宽方面，2020 年全球新冠疫情的暴发加速了全球国际带宽使用量的增长，亚太和美洲地区作为 APEC 的主要组成部分，聚集了大部分的国际带宽。TeleGeography 的数据显示，2014—2024 年，北美至亚洲和北美至南美的国际数据流动量位居全球前列，表明这些区域拥有较高的带宽容量。具体到跨境数据流量，2019 年，中国在全球跨境数据流量中占比达到 23%，位居世界第一，而美国则以 12% 的占比位居第二。中国的跨境数据流量的主要合作伙伴正在从美国转移至亚洲其他地区。2001 年，美国占中国数据流量流入和流出的 45%，而到了 2019 年，这一比例降至 25%。与此同时，亚洲经济体占中国数据流量流入和流出的一半以上，尤其是越南和新加坡，分别以 17% 和 15% 的比例成为流入和流出中国数据流量最大的经济体。

联合国贸易和发展会议（UNCTAD）的数据显示，目前全球主要的超大型互联网平台大多位于 APEC 地区，尤其是位于美国和中国这两个经济体。疫情推动了大型互联网企业的进一步扩张。国家工业信息安全发展研究中心的数据显示，2020 年，全球市值排名前

① 参见：2019—2023 年国际电信联盟“事实与数字”系列报告。

70 的互联网上市公司市值增长了 58.9%，增速远超前两年，且这些公司大多集中在亚太地区①。综上所述，APEC 成员近年来在互联网基础设施上实现了快速发展，不仅在互联网普及率和带宽容量方面取得了显著成就，而且在跨境数据流量和全球互联网经济中占据了重要地位，可以预见，APEC 成员将会继续促进互联网基础设施的发展，从而为该地区的数字化转型和数字贸易发展提供坚实的基础。

（二）区域经贸协定中数字贸易内容不断增多

近年来，APEC 地区在制定数字贸易规则方面取得了显著进展，为区域内的数字贸易发展奠定了基础。一方面，亚太地区签订的自由贸易协定中有关数字贸易的内容不断增加，不少协定包含针对电子商务或数字贸易的专门章节，例如 2018 年 12 月 30 日生效的 CPTPP 和 2022 年 1 月 1 日生效的 RCEP。另一方面，亚太地区还出现了一些专注于数字贸易规则的协定，如 2020 年 1 月 1 日生效的《美日数字贸易协定》、2021 年 1 月 7 日生效的《数字经济伙伴关系协定》和 2023 年 1 月 14 日生效的韩国—新加坡数字伙伴关系协定（KSDPA）。

在这些协定中，CPTPP、RCEP 和 DEPA 尤为具有代表性。CPTPP 在数据流动方面继承了 TPP 的相关规定，侧重于扩大市场化边界，在本国数据隐私保护与扩大市场开放之间，选择了后者。与之相对，RCEP 鉴于成员国在数字化发展水平上的差异，对跨境数据流动采取了更为谨慎的立场，对跨境数据流动的自由化设置了较多的限制，主张在确保数据安全的前提下，实施较低程度的跨境数据流动。DEPA 作为一项具有前瞻性和代表性的数字贸易协定，协定内容全面覆盖了有关数字经济和数字贸易的各个方面，包括促进无纸化贸易、加强网络安全、保护数字身份，以及在金融科技领域加强合作等内容。DEPA 还特别关注市民和社会所关心的问题，如个人信息隐私、消费者权益保护、数据治理、透明度和开放性等问题。同时，DEPA 不仅包括了签署国早期协定中已有的内容，也包括了一些新的内容。例如，DEPA 在数字包容性方面的内容比当前主流贸易协定中数字贸易部分都更加具有前瞻性。②

可以预见，APEC 各成员会随着数字贸易的发展制定更多的数字贸易规则，签署更多有关数字贸易的协定，从而为数字贸易的发展提供一个更加稳定和完善的法律框架。

（三）数字贸易规则日益多元化

CPTPP 与 RCEP 作为亚太地区最具影响力的自由贸易协定，其关于数字贸易的条款为该地区数字贸易规则的演进提供了示范效应，但其主要是由大型经济体主导的成员众多的普适性贸易协定，在数字贸易规则的深度和广度上均较低。与此同时，亚太地区中小经济

---

① 国家工信安全中心．APEC 与数字经济：进程、挑战与展望［R］．2021.

② 耿楠，全毅．“兼相爱则治”：亚太地区数字经贸规则治理［J］．金融市场研究，2024（2）：87－97.

体主导的新型高标准数字贸易协定数量也在稳步增长。2020 年 6 月 12 日，新加坡、新西兰和智利签订了 DEPA，并于 2021 年 1 月 7 日实施，这是全球首个纯数字贸易协定，对亚太数字贸易规则的发展产生了深远影响。2020 年 8 月 6 日，澳大利亚与新加坡签署了新加坡—澳大利亚数字经济协定（SADEA），并于同年 12 月 8 日生效，该协定在现有 CPTPP 和双边自由贸易协定的基础上增加了一系列数字贸易规则。2022 年 11 月 21 日，新加坡与韩国签署了 KSDPA，该协定于 2023 年 1 月 14 日生效，其重点条款包括取消通过电子渠道传输的数字产品关税、确保个人信息等数据在两国间自由流动以及防止建立贸易技术壁垒。

这些协定的签署显示了亚太中小经济体在数字贸易规则重构方面的积极姿态。新加坡、新西兰和澳大利亚等中小经济体积极推动亚太区域数字贸易规则的发展，主要出于以下原因：（1）WTO 框架下的多边数字贸易规则进展缓慢，中国、美国、欧盟等具有巨大影响力的成员在关键议题上存在分歧，导致电子商务多边谈判难以在短期内取得实质性成果，中小型经济体希望通过推动合作框架来填补这一空白。（2）数字经济和贸易的兴起为地理上的小国提供了进入全球市场的机会，在传统货物贸易时代，这些小国因生产要素和地理位置的限制而处于不利地位，而数字贸易的发展使它们能够首次超越这些限制①。因此，新加坡和新西兰等非传统领导型经济体积极参与区域数字贸易规则的制定，希望借此实现在贸易规则制定中的领导角色转变。综上，可以认为 APEC 成员之间在利益诉求和立场上存在的巨大差异将推动亚太区域数字贸易规则向多元化发展。

三、APEC 数字贸易发展面临的挑战

（一）数字经济发展与治理规则的错位

亚太地区是当前全球互联网和数字经济发展最快的地区。首先，亚太地区跨境数据流量全球领先，国际带宽集中在以亚太和美洲为代表的 APEC 地区。其次，亚太地区拥有全球最多的超大规模数据中心，中国、美国、日本三个经济体超大规模数据中心的数量占全球一半以上。最后，亚太地区拥有全球最多的大型互联网平台，大型互联网平台主要分布于美国和中国。

然而，数字经济治理规则的发展却没有跟上亚太地区数字经济发展的速度，诸多领域的实践远远领先于治理体系。例如，在线上消费者保护方面，虽然亚太地区消费者对电子商务的偏好和适应性都很强，但不同经济体个人数据保护的国内监管规则差异很大，政府对在线消费者保护的能力也有所不同，亚太地区出现了欺诈、假冒伪劣、退货、争端解决等一系列问题，降低了消费者对线上消费的信任度和商家使用电子商务拓展业务的能力。在税收政策方面，当前在数字经济领域，不同经济体跨不同区域征收各种单边税的情况普

---

① 吴希贤．亚太区域数字贸易规则的最新进展与发展趋向［J］．国际商务研究，2022，43（4）：11.

遍存在，给中小企业通过数字贸易开展国际业务带来极大的不便①。

（二）“数字鸿沟”问题突出

在 APEC 区域，尽管互联网接入和使用率整体呈上升趋势，但该区域内部分发展中经济体在数字基础设施方面的发展仍存在不足，显示出发展的不均衡和不充分性。在互联网、大数据、云计算和人工智能等新兴技术领域，发达经济体与发展中经济体之间存在显著的发展和应用差异，这导致了所谓的“数字鸿沟”。国际电信联盟发布的《衡量数字发展：事实与数据》系列报告指出，2019—2023 年，亚太地区互联网用户的增长率高于全球其他地区，截至 2023 年，亚太地区约有三分之二的人口已经接入互联网，与全球平均水平持平。然而，互联网接入的进展在 APEC 成员之间并不均衡，其中发展中经济体的互联网普及率较低，且这些用户平均使用的数据量也较少。一些发展中经济体还面临互联网使用成本高、宽带接入速度慢和移动互联网发展滞后等问题。此外，5G 网络的覆盖在该地区也表现出不均衡性，低收入经济体几乎没有 5G 服务，这限制了它们从数字连接和数字化转型中获益的机会。

在 APEC 框架下，旨在推动数字经济更高层次合作的《APEC 互联网和数字经济路线图》和《APEC 数字经济行动计划》，在数据和隐私保护、网络安全、数字经济制度标准等关键领域的进展相对缓慢。这表明，尽管存在增长和合作的意愿，但在实现区域内均衡的互联网基础设施建设和服务普及方面，仍需进一步的努力和国际合作，这些问题的存在也对 APEC 数字贸易的发展构成了挑战②。

（三）成员在数字贸易规则制定上存在分歧

APEC 成员在数字经济的发展水平、监管能力以及制度理念上存在显著差异，这导致了在数字贸易规则的制定上，不同成员有着不同的利益诉求和立场。这种诉求的多样性增加了在区域层面上达成数字贸易协定的难度。从发展水平的角度考虑，那些数字经济发展水平较低的经济体更加重视保护本国新兴产业，期望数字贸易规则的制定有助于培养本国的数字贸易竞争力。而数字经济发展水平较高的经济体更加注重保护其在技术和创新上的领先地位，期望能够将本国政策和标准国际化，从而可以巩固和扩大其在本土和国际市场的占有率及影响力，这两种经济体在利益诉求上的不一致使得它们在数字贸易规则制定上难以达成共识。从监管能力的角度考虑，作为新兴的经济和贸易形式，数字经济和数字贸易对政府的监管能力提出了更高的要求。数字贸易的基础技术、数据的管理、控制和所有权等问题不仅关乎经济层面，还可能造成社会契约、公民身份、国家安全、法律框架、监管理念、意识形态和社会价值等众多层面的调整和变化。目前，许多 APEC 成员在数字

---

① 国家工信安全中心. APEC 与数字经济：进程、挑战与展望［R］. 2021.

② 耿楠，全毅. “兼相爱则治”：亚太地区数字经贸规则治理［J］. 金融市场研究，2024（2）：87－97.

贸易的法律法规和监管体系方面尚不完善，因此对于过于激进的规则开放持谨慎态度，以防止给国内的数字治理带来风险。鉴于此，APEC 成员可能会优先加强内部的数字治理立法，对于涉及敏感和争议性议题的区域规则的深入协调持谨慎态度。此外，在制度理念层面，随着“数字主权”意识的不断加强，各成员越来越重视在数字经济发展过程中保护公民权利和网络安全，数据的“主权”和“自治权”等政治含义日渐凸显，建立“数字边界”的呼声越来越高，这也在一定程度上增加了开展区域数字贸易规则合作的难度。

总体而言，APEC 发达经济体更倾向于推动数字贸易规则的自由化，将数据隐私、标准制定、网络安全等作为亚太数字经济合作的优先领域。而发展中经济体则不那么追求数字贸易自由化的深度合作，而是更关注信息基础设施建设、跨境电子商务便利化和数字化转型等方面的合作①。

（四）中美竞争阻碍数字贸易规则制定

近年来，中美两国在数字经济领域的竞争愈演愈烈，美国在数字经济领域加强了对中国的战略遏制。美国试图通过对数字产业全产业链的控制，加大国内数字基础设施投入并提升数字基础设施建设的国际影响力，以及主导跨境数据流动规则、人工智能技术标准与伦理准则等数字经济规则来维护其全球领导地位。在亚太—印太地区，美国积极推动构建符合其利益的数字经济规则体系，与中国展开全面竞争。2021 年，拜登政府上台伊始，便与亚太地区多国探讨了签署《跨太平洋数字贸易协定》的可能性，并试图将中国排除在外。2022 年 5 月，美国启动的印太经济框架也涵盖了数字贸易议题。与此同时，美国还通过国内立法加强对中国的战略遏制。《2021 年美国创新与竞争法案》明显指向中国，其中 67 节内容涉及对华数字经济竞争，重点关注数字技术、数字安全和数字规则等关键领域②。

然而，亚太地区部分经济体当前仍然维持着经济上依赖中国、安全上依赖美国的双元区域政治经济架构。特别是中国在数字经济领域已经具备了明显的先发优势和庞大的国内消费市场，这使得亚太地区的其他经济体不太可能放弃与中国的合作。因此，在中美之间的地缘政治博弈背景下，亚太地区可能难以形成一个包含所有主要经济体的大型数字贸易协定。相反，更可能出现众多小型的、专项的双边数字贸易协定，从而不利于 APEC 区域数字贸易的一体化发展。美国对中国在数字经济领域的遏制不仅破坏了两国在科技产业的合作，而且对 APEC 成员之间的数字贸易往来也带来了严重的负面影响。

---

① 夏融冰，尹政平．中国参与全球数字贸易治理——基于亚太地区规则合作的机遇与挑战［J］．国际经济合作，2023（1）：51－59＋93－94.

② 耿楠，全毅．“兼相爱则治”：亚太地区数字经贸规则治理［J］．金融市场研究，2024（2）：87－97.

第六节　促进 APEC 数字贸易发展的政策建议

一、APEC 促进数字贸易发展的政策选择

当今世界，数字技术加速迭代，应用场景更加丰富，产业数字化、数字产业化不断演进，数字贸易成为数字经济时代重要贸易形态，其不仅日益成为推动全球贸易恢复发展的重要支撑，而且对推动经济复苏增长具有重要作用。亚太地区是全球数字经济最活跃的区域之一，互联网基础设施建设正加速推进，区域贸易协定下的数字贸易规则也不断增加，APEC 大力推动数字贸易发展，在数字贸易规则合作等领域取得显著成效，但仍面临许多问题和挑战，有较大进步空间。APEC 要进一步促进数字贸易发展可以采取以下政策措施。

（一）加强互联网基础设施建设，推动地区互联互通

数字贸易的繁荣与发展紧密依赖于坚实的数字基础设施，它是数字贸易发展的基石和纽带。由于不同成员在经济和技术发展上的不均衡，APEC 成员在互联网基础设施的建设上表现出显著的差别，导致成员之间以及成员内部存在明显的“数字鸿沟”现象。其中，美国和日本等发达经济体的互联网基础设施较为先进，数字贸易发展迅猛，它们更倾向于制定和推动高水平的数字贸易规则和标准。与之相对，许多发展中经济体的数字贸易发展仍处于早期阶段，其主要关注点在于数字基础设施的建设和完善，以及互联网的普及和应用。因此，为了进一步推动数字贸易的发展，APEC 必须加强成员的互联网基础设施建设，努力缩小成员之间的数字发展差距。

APEC 应继续推进《APEC 互联互通蓝图》，构建普及、高速和易于获取的数字基础设施，并在通信、互联网、卫星导航等关键领域加强合作。此外，APEC 应积极推动 4G 网络的普及、5G 网络的应用以及 6G 网络的研发工作，共同致力于以合理的价格扩大高速互联网的覆盖范围。APEC 还应鼓励成员制定明确的战略规划和政策体系，确立互联网基础设施建设的优先顺序和发展目标。这不仅包括对现有网络设施的升级改造，特别是对偏远和农村地区进行改造，以提高网络覆盖和服务质量，还包括鼓励成员国采用 5G、云计算、物联网等新技术，以提升网络速度、稳定性和智能化水平。同时，APEC 应促进成员之间的合作，分享优秀实践案例，鼓励发展中经济体借鉴发达经济体在互联网基础设施建设方面的先进管理经验，共同推动区域互联网基础设施的发展。通过这些措施，APEC 有望在成员之间建立一个更加均衡和互联互通的数字贸易环境。

（二）大力发展数字技能教育，提高公民数字技能和素养

提升全民的数字技术与知识素养是缩小数字鸿沟、推动中小企业全面融入数字经济活

动的关键，对数字贸易的繁荣至关重要。鉴于亚太地区存在的显著数字鸿沟和众多的中小企业，加速提升全民的数字技能和素养成为推动该地区数字贸易发展的关键任务。APEC应持续推进对劳动力市场的数据收集与分析，致力于缩小数字劳动力的供给与就业市场需求之间的差距。各成员应基于APEC现有的资格互认工作，进一步深化实施《APEC教育战略》（APEC's Education Strategy）和《APEC数字时代人力资源开发框架》（APEC Framework on Human Resources Development in the Digital Age），加大力度培育亚太地区公民的数字素养与技能，提升数字贸易合作水平。此外，APEC还应特别关注老年人、妇女、贫困和残障人群等所面临的特殊挑战，重视不同年龄、性别、教育背景、经济状况群体的数字技能提升，让更多的民众有能力参与到数字经济和数字贸易的发展中，共同享受数字贸易发展带来的红利。只有通过这样的努力，才能有效缩小“数字鸿沟”，确保数字贸易的发展成果能够公平地惠及亚太地区的广大民众。

（三）加强机制建设，完善APEC成员之间的协调和合作机制

APEC成员在数字经济的发展水平、监管能力以及理念上存在显著差异，这些差异使得发达成员和发展中成员在数字贸易规则制定上的利益诉求和立场观点存在较大分歧，导致APEC难以就数字贸易制定一套具体且统一的规则，覆盖整个APEC地区经济体的数字贸易协定也迟迟未能出台。为了解决这一问题，APEC需要化解机制安排中的固有矛盾，增强成员参与合作的凝聚力。APEC应加强事前的讨论和可行性评估，同时强调事后的回顾和评价，及时更新指导原则。鼓励成员通过先实践、后总结的方式，在实践中探索、在总结中进步，并在各成员国经验的基础上分享优秀实践案例。同时，APEC应更加积极地协调各成员的利益，组织领导人就新形势下APEC数字贸易合作和发展进行深入讨论。通过这种方式，促进成员国之间的互利合作，实现亚太地区数字贸易和数字经济的繁荣和可持续发展。此外，APEC应保持合作机制的多元化和灵活性，积极采取“探路者方式”来为数字贸易发展提供空间，允许和鼓励部分成员依据自身情况，率先制订单边、双边或小范围多边行动计划，推动围绕数字贸易前沿规则的合作，在经验积累足够或条件成熟后，再将合作计划逐步推广至全体成员，从而实现数字贸易规则的稳步发展。

二、中国的政策选择

作为世界第二大经济体和数字经济大国，中国积极参与APEC框架下的数字贸易合作，已与14个亚太区域经济体成功签署了RCEP，并先后申请加入在亚太地区数字贸易合作中具有重要地位的CPTPP和DEPA。面对亚太区域数字经济、数字贸易规则合作的碎片化和大国博弈的激化，中国需要继续推进数字经济和数字贸易发展，在国内制度建设和区域规则合作方面明确战略选择和对策。

（一）加强数字贸易顶层设计，完善数字贸易政策法规

中国政府应加快制定并发布一系列旨在推动数字贸易改革、创新和发展的政策文件。这些文件应明确中国数字贸易的总体战略、发展目标和关键任务，从而构建起支撑中国数字贸易发展的坚实基础。

首先，应建立一个数字贸易改革和创新发展的工作机制，以分析和评估重大问题，制定数字贸易政策，协调相关制度的创新，并推动数字贸易的国际谈判。这一机制将有助于形成支持中国数字贸易长期发展的有利政策和管理框架。

其次，应完善与数字贸易相关的法律法规，为中国积极参与亚太地区数字贸易规则合作提供必要的法律基础和原则。同时，将成熟的国内规则纳入中国参与亚太地区数字贸易规则谈判的相关条款。加强对《中华人民共和国个人信息保护法》《中华人民共和国数据安全法》《数据出境安全评估办法》等法律法规实施细则的完善和执行力度，以保障个人信息的保护和数据的安全。

再次，应积极推进对数字经济前沿议题规则和标准的研究，对标高标准的数字贸易规则，同时维护数字主权和网络安全。组建数字贸易标准化技术委员会，加强数字贸易标准化前沿议题研究与标准制定工作，结合中国数字贸易发展优势和企业需求，制定一批高质量行业标准。保障国家关键信息基础设施和关键数据资源的安全，加强个人信息保护，以及加强数据确权、交易、跨境流动等规则和标准的研究和制定。

最后，应建立和完善数字贸易统计监测体系，借鉴国际经验，明确数字贸易的定义、范围和统计口径，研究制定中国的数字贸易统计分类和测度方法，为数字贸易改革创新提供有效的统计支持。以上措施有助于中国在数字贸易领域实现持续创新和发展。

（二）补齐数字贸易发展短板，塑造数字贸易发展新动能

中国政府应积极培育数字经济的原始创新能力，加强关键技术领域的研究与开发，并加速数字技术人才的培养，以弥补国内信息通信技术和关键硬件制造领域的不足，以支撑产业型数字经济发展。中国政府应大力建设和完善数字贸易基础设施，加快数字“新基建”的布局，优化数字经济生态系统，并加大对算法、算力等数字基础技术的投入。此外，还应加速开源软件和工业操作系统的研发，并增加对生物电子元件、光电子元件、生物计算机、神经网络计算机、量子计算和量子通信等前沿领域的政策支持。中国政府应充分利用现有的自由贸易试验区、服务贸易创新发展试点和数字贸易示范区等开放平台，进行先行先试，推动数字服务贸易的“放管服”改革，拓展数字贸易的应用场景，并提高其便利化水平。同时，探索建立“数字贸易港”和国际离岸数据中心，制定数据跨境流动的中国标准。

在此基础上，中国应充分利用国内外资源，加强关键数字技术的创新应用，加速贸易

数字化进程，培育具有国际竞争力的产业集群。这将为贸易生态的包容性创新发展提供强大的内生动力和关键支撑，全面提升数字贸易的国际竞争力。此外，应着力强化企业在贸易创新中的主体地位，促进数据的高效流通，确保数字贸易的高质量发展。通过这些措施，中国将能够推动数字经济的持续健康发展，为实现贸易强国战略提供坚实的基础。

（三）积极参与国际数字贸易规则制定，推进数字贸易合作

中国应当积极地参与到全球、区域以及双边层面的数字贸易规则的讨论和制定中去，深入分析和研究这些数字贸易协定的内容及其所体现的趋势性变化。同时要坚决反对任何形式的贸易保护主义，以促进数字贸易的自由化和便利化。在多边框架中，中国应积极参与 WTO 中关于数字贸易议题的谈判，推动全球数字贸易规则的制定和发展；并在二十国集团（G20）、APEC 等多边区域组织中，积极推动数字贸易相关规则的制定。同时，中国还应利用其在上合组织、金砖国家等国际组织中的影响力，加强在数字贸易领域的务实合作。在 RCEP 框架下，中国应深化区域数字贸易合作，并与相关国家签署数字贸易合作文件，以促进数字经贸领域的合作与交流。此外，中国应推动实施《携手构建网络空间命运共同体行动倡议》和《全球数据安全倡议》，与各方共同探讨制定反映各方意愿、尊重各方利益的数字贸易国际规则，努力营造一个开放、公平、公正、非歧视的数字贸易发展环境。

中国既要在已经加入的国际组织和协定中继续推动数字贸易规则制定和合作，也要积极推进加入 CPTPP、DEPA 等重要数字贸易协定的相关工作。在这一过程中，中国必须明确自己的主要立场、倡议和方案，不断推进与高标准国际规则的对接试点，努力缩小中国数字贸易规则与国际高标准规则之间的差距，以推动谈判工作取得突破性进展。在必要时，中国可以根据 DEPA 和 CPTPP 的要求，适当调整现有的对外贸易、知识产权保护、数据流动和电子商务等方面的政策规定，但在此过程中，中国应坚持自己的基本立场。对于接受难度较大的相关条款，可以在谈判中采取灵活的策略，如纳入软性条款，设置一般或特殊例外，甚至考虑不纳入争端解决机制等方式，以争取尽快加入 CPTPP 和 DEPA。通过这些努力，中国将在区域和全球数字贸易规则中获得更大的主动权和影响力。

（四）构建数字贸易规则的“中式模板”，树立中国数字贸易话语权

由于中国在数字经济和数字贸易领域具有显著优势和庞大的市场潜力，中国政府应当充分利用自身优势，持续跟踪数字贸易规则谈判的最新动态。在此基础上，中国需要在数字贸易规则的关键领域内明确并完善自身的立场，同时积极吸收世界高水平数字贸易规则，如欧盟的数字贸易规则和 DEPA 的相关规定，逐步构建起一套既符合中国经济发展利益，满足中国发展需求，又能助力其他经济体发展、为其他经济体所接受的数字贸易规则体系。中国应以“互信、公平、共享”的原则为指导，提出在双边和多边层面的数字贸易

协定的倡议和构想，并推动经贸协定的谈判，以促进亚太地区乃至全球数字贸易规则的合作。从具体规则来看，中国需要在跨境电子商务的便利化（如简化海关程序、发展便捷的跨国电子支付系统）、数据自由流动（包括跨境数据传输、数据本地化要求、网页拦截限制）、数字产品的公平待遇（如免税和非歧视待遇）、专有信息的保护（包括源代码保护和防止强制技术转让及歧视性技术要求）、数字安全（如加密技术和网络安全）、互联网服务的促进（包括市场准入承诺、政府数据开放、中介责任），以及竞争性电信市场的准入等核心议题上明确自身的主要立场，并提出倡议和方案。

在推广“中式模板”的过程中，中国可以以亚太地区的数字贸易合作为切入点，通过推动亚太区域数字经贸规则的发展，来提升“中式模板”在区域乃至全球的影响力。在推动亚太地区数字贸易发展时，中国需要考虑亚太地区各经济体具有的多元化利益诉求，并采取分类的应对措施。例如，在与数字贸易开放程度较高、限制较少的经济体签订的双边自贸协定中，中国可以通过正面和负面清单相结合的方式，适当引入前沿数字贸易规则内容，并进行先行先试。对于数字贸易限制较多、保护程度较高的经济体，中国可以提出在关税和非关税壁垒、投资和市场准入限制、数据和交易限制等方面达成双边谅解备忘录，并充分利用自身经验与优势，为数字贸易发展水平相对较低的发展中经济体提供技术援助和支持。

总体而言，中国应在维护自身利益的基础上，借鉴国际上高水平的数字贸易协定规则，努力打造具有区域乃至全球影响力的数字贸易规则“中式模板”，推动亚太地区乃至全球的数字贸易发展。

参考文献

[1] 耿楠，全毅．“兼相爱则治”：亚太地区数字经贸规则治理［J］．金融市场研究，2024（2）：87－97.

[2] 李董林，李春顶．RTA中数字贸易规则对成员国增加值贸易的影响研究［J］．世界经济研究，2024（5）：20－34＋134.

[3] 李晓嘉．美国数字贸易战略：趋势、影响与应对［J］．人民论坛，2023（14）：89－93.

[4] 牛玮璐，《APEC与数字经济：进程、挑战与展望》，国家工业信息安全发展研究中心，2021.

[5] 史佳颖．APEC数字经济合作评估及中国的参与策略［J］．亚太经济，2021（2）：8－17.

[6] 王琪．俄罗斯数字贸易发展及中俄合作建议［J］．北方经贸，2023（2）：7－9.

[7] 吴希贤．亚太区域数字贸易规则的最新进展与发展趋向 [J]．国际商务研究，2022，43 (4)：86 –96.

[8] 夏融冰，尹政平．中国参与全球数字贸易治理——基于亚太地区规则合作的机遇与挑战 [J]．国际经济合作，2023 (1)：51 –59 +93 –94.

[9] 肖宇，梁威．数字“一带一路”框架下中国—东盟数字贸易发展问题研究 [J]．北京工业大学学报（社会科学版），2023，23 (6)：58 –81.

[10] 谢谦，姚博，刘洪愧．数字贸易政策国际比较、发展趋势及启示 [J]．技术经济，2020，39 (7)：10 –17.

[11] 新华社．中华人民共和国和俄罗斯联邦在两国建交 75 周年之际关于深化新时代全面战略协作伙伴关系的联合声明 [EB/OL]．(2024 –05 –16)．https：//www.gov.cn/yaowen/liebiao/202405/content_6951404.htm.

[12] 新华社．中华人民共和国主席和俄罗斯联邦总统关于 2030 年前中俄经济合作重点方向发展规划的联合声明 [EB/OL]．(2023 –03 –21)．http：//www.xinhuanet.com/2023 –03/22/c_1129452461.htm.

[13] 杨连星，王秋硕，张秀敏．自由贸易协定深化、数字贸易规则与数字贸易发展 [J]．世界经济，2023，46 (4)：32 –59.

[14] 姚亭亭．数据跨境流动限制性措施对数字服务贸易的影响研究 [D]．北京：对外经济贸易大学，2022.

[15] 余振．全球数字贸易政策：国别特征、立场分野与发展趋势 [J]．国外社会科学，2020 (4)：33 –44.

[16] 张帆，雷平．中美国际数字贸易规则立场比较及中国对策 [J]．上海对外经贸大学学报，2023，30 (6)：22 –34.

[17] 张生．美国跨境数据流动的国际法规制路径与中国的因应 [J]．经贸法律评论，2019 (4)：79 –93.

[18] 张雪春，曾园园．日本数字贸易现状及中日数字贸易关系展望 [J]．金融理论与实践，2023 (2)：1 –8.

[19] Herman，P. R.，Oliver，S. Trade，policy，and economic development in the digital economy [J]．Journal of Development Economics，2023：103 –135.

第十三章 构建多维立体经济法治促进我国数字经济创新发展[①]

当前，我国数字经济规模持续扩张，互联网、人工智能、大数据、云计算、区块链等科学信息技术加速迭代。数字经济以数据资源作为关键驱动力、借助数字技术与市场经济的深度融合为重要推动力，依托现代信息网络，正在以前所未有的速度和规模改变着人们的生活和工作方式。实践中，互联网、物联网大数据、人工智能算法等技术的高速发展，为数据的收集、储存、传输、使用、挖掘、分享提供了技术支持，加快了市场数字数据化和数字数据市场化的进程。

然而，数字经济的蓬勃发展在深刻改变经济社会各领域的组织结构与运行模式的同时，也加剧了新旧秩序之间的矛盾。新经济秩序与旧经济秩序之间的鸿沟因互联网聚集扩散效应和网络交叉效应的加强而日益凸显。新模式、新业态、新产业的发展也引发了诸多经济规制与社会治理问题，给现有的法治体系与法治实践系统带来了诸多挑战[②]。只有将数字经济纳入法治框架之中，探索构建安全与发展并重的法治保障体系，才能为推动数字经济发展提供良好的法治环境，在高质量发展和高水平安全的动态平衡中促进数字经济的创新发展。

第一节　以常态化监管夯实数字经济创新发展之基

数字经济创新发展离不开规范有序的监管。常态化监管作为有序、有效、有力的监管方式，对于推进数字经济高质量发展有着重要意义。2022 年 4 月 29 日，中共中央政治局会议明确提出“要促进数字经济健康发展，完成数字经济专项整改，实施常态化监管”。

① 本章作者为陈兵，南开大学法学院教授。

② 陈兵. 从包容审慎到常态化：数字经济监管的完善进路［J］. 社会科学辑刊，2023（5）：57－67.

同年，7 月 28 日，中共中央政治局会议再次提出，“要促进数字经济健康发展，完成数字经济专项整改，实施常态化监管”。两次会议均明确提出对数字经济要进行“常态化监管”。2023 年，全国两会政府工作报告中首次提出了“大力发展数字经济，提升常态化监管水平，支持数字经济发展”的战略方针，标志着我国数字经济正式步入常态化监管阶段。同年 12 月，全国市场监管工作会议再次强调，要切实促进数字经济有序竞争和创新发展。常态化监管不仅有利于提振市场主体的信心，还能够充分释放市场创新活力，夯实数字经济创新发展之基，确保相关主体在安全发展、创新发展的道路上行稳致远。

一、常态化监管的内涵、特点与思路

在数字经济领域实行常态化监管[①]，一方面为数字经济规范健康持续发展提供市场化、法治化、国际化营商环境，为消费者合法权益提供有力保障。另一方面，常态化监管对于资本利用平台垄断地位限制竞争，威胁市场竞争秩序的行为也起到了防范和规制作用。现阶段在数字经济领域实行常态化监管，要求监管者在监管和发展之间寻找平衡点，因此需要实现动态包容审慎监管，建立长效监管机制，形成监管与发展的良性互动。通过上述分析可知，常态化监管通过实施科学精准、透明规范的监管政策，可以稳定市场主体预期，提振市场主体信心，为数字经济相关主体的经营行为划定“安全红线”，提供“绿灯指引”，推动数字经济规范持续健康发展[②]。

常态化监管相较于专项监管，具有以下特点。一是监管思路更精细。鉴于数字经济领域的复杂性，需要对具体问题具体分析，进行“分类分级”监管。若是采取“一刀切”式监管，忽略数字经济领域内部要素的多样性，例如，对安全程度较低的要素采取较为严格的监管措施，必然会限制数字经济领域的发展。因此，应当贯彻分类分级的理念，以要素为具体抓手精准监管。

二是监管主体更多元。在数字经济的背景下，政府部门不再是唯一的监管主体。相较于政府部门，部分平台企业、科研机构、行业协会等组织具有更加先进的技术，对于数字经济领域的底层逻辑、数字市场的经营模式更加熟悉。常态化监管不仅是政府部门单方主体的监管，更意味着吸纳多元主体共同参与到监管过程中，形成合力，各取所长，提高监管效率，降低政府部门监管成本。

三是监管规则更明确。在常态化监管实施以前，囿于数字经济领域作为新兴领域，传统部门法在应对新兴领域出现的问题时均出现了一定程度的局限性，难以提供高效合理的规制方案。不断得到完善，以及《个人信息保护法》《数据安全法》《关于平台经济领域的反垄断指南》等法律法规相继出台，使得监管依据更加充分，相关规则更加细化。因此

---

① 常态化监管即是在法治框架下，依据明确的法律法规，统筹发展与安全的基础理念，通过多元主体联合监管，多元工具系统监管，展开敏捷监管、精准监管、透明监管与日常监管。

② 陈兵，夏迪旸．平台经济常态化监管的路径研究［J］．中国市场监管研究，2023（3）：30－35.

在常态化监管中，应当优先适用上述新颁布的法律法规中有针对性的具体条款，在有具体条款的情况下不对“兜底条款”“原则性条款”的进行援引。

四是监管行为常态化。对于数字经济领域出现的问题要保持规范性监管的稳定化、持续化。因为数字经济领域具有高度动态性，一旦发生不当经营行为，风险很容易传导至各行业、各领域。对此应保持监管行为的常态化，即对于数字经济领域的风险做到随时发现，随时处理，随时解决。

五是监管过程更透明。在行政执法过程中，应主动释明执法所依据的法律法规，及时公布处罚情况与企业违法行为；在司法过程中，应当将司法裁判文书及时公开，让数字经济领域相关主体对于什么是合法行为，什么是非法行为做到熟知，从而规范市场主体的经营，提振市场主体信心。

二、反垄断常态化监管执法的实践检视

常态化监管是推动数字经济创新发展的有效手段，其核心目标在于实现创新发展。自2020年起，市场监管总局连续五年发布《中国反垄断执法年度报告》，其中滥用市场支配地位与经营者集中反垄断执法成为关键议题，且数字经济市场垄断行为的内容所占篇幅逐年增多。近年来，我国一些在线支付、网络购物、外卖餐饮等领域的头部平台企业被指控涉嫌垄断，常以“二选一”、封锁屏蔽外链等行为，干扰平台间的互操作与数据流通构成，限制消费者的自由选择。

在此背景下，我国适时强化平台经济领域的反垄断专项整改工作。2020年12月14日，国家市场监督管理总局公布对阿里巴巴投资收购银泰商业股权、阅文集团收购新丽传媒股权、丰巢网络收购中邮智递股权三起未依法申报违法实施经营者集中案作出顶格行政处罚决定书，这是我国反垄断执法机关首次对数字经济领域的经营者集中交易作出的行政处罚。2021年4月10日，国家市场监督管理总局发布对阿里巴巴集团实施“二选一”垄断行为的行政处罚决定。2021年7月24日，国家市场监督管理总局发布对腾讯控股有限公司收购中国音乐集团股权违法实施经营者集中案的行政处罚，责令腾讯及其关联公司采取措施重塑相关市场竞争秩序，处以50万元罚款，并依法申报经营者集中。该案是《中华人民共和国反垄断法》（以下简称《反垄断法》）实施以来，对违法实施经营者集中采取必要措施以恢复市场竞争的一起典型案件，对积极维护公平竞争、推动行业创新发展有重要意义。

除强化反垄断执法，国家市场监督管理总局也会同其他行业监管部门多次召开针对平台企业的行政指导会，以事前监管的方式对平台企业竞争行为作出进一步的规范。譬如，在近两年的“双11”前夕，国家市场监督管理总局会同其他部门，都召开了由各大互联网平台企业参加的“规范网络经营活动行政指导座谈会”和“规范线上经济秩序行政指导会”。各行业主管部门也对行业内落实强化反垄断执法，促进行业内新业态规范健康发

展等，提出相关工作要求，譬如，2021 年 7 月 30 日，交通运输新业态协同监管部际联席会议召开 2021 年第二次全体会议，指出“要加强反垄断监管和反不正当竞争，依法查处网约车和货运平台垄断、排除和限制竞争”“进一步加强网络与数据安全管理，切实保护消费者个人信息安全”。此外，各地方市场监管部门也陆续组织执法辖区内的互联网企业参加行政指导会，督促其依法合规经营①。

上述一系列整改措施对于平台经济领域排除、限制竞争行为起到积极的规制作用。然而，由于数字经济市场竞争具有不同于传统经济竞争的特点，具有典型的“赢者通吃”、网络效应、双边市场、快速创新以及高水平投资等，这些特点在数字平台经济领域更为明显和典型。这也就决定了在数字经济下，特别是在平台经济领域加强常态化监管具有充分的正当性及紧迫性。同时，也应注意的是，如同其他领域一样，数字经济领域的反垄断也应遵循比例原则，保持合理的限度，而不是监管越严越好，处罚越多越好。反垄断常态化监管本身只是手段，促进数字经济规范健康持续发展是最终目的②。

三、数字经济时代常态化监管面临的挑战

随着网络技术、信息通信技术以及数字数据技术等科技和产业的底层技术和硬件支撑的不断丰富和创新，围绕以互联网为场景和背景的市场竞争行为及样态不断涌现，其发生机理、运行模式、效果都呈现新变化。如在平台企业围绕数据和流量展开激烈竞争的过程中，出现了数据爬取、强制“二选一”、虚假刷量、浏览器屏蔽视频广告、“微信群控”③、屏蔽链接等新型不正当竞争行为，相比于传统线下竞争行为，其竞争形态、目的以及产生的效果都发生了一定变化。这也为规范、系统地认定和判断这类涉及互联网竞争行为的正当性和合法性带来了挑战。

（一）垄断协议的新样态及监管挑战

在数字经济场景下，经营者可能利用技术手段、数据和算法、平台规则等方式达成横向垄断或者纵向垄断协议，相较传统垄断协议中经营者达成排除、限制竞争协议或者进行其他协同行为的形式更具技术性、复杂性，更加隐蔽，致使监管执法机构更难发现这些行为。

在数字经济下，垄断协议的新样态表现为以下形式（包括但不限于）：第一，算法共谋，即平台企业间通过算法、大数据和其他信息技术手段隐秘地达成价格固定、划分市

① 陈兵，马贤茹．全球视阈下数字平台经济反垄断监管动态与中国方案［J］．统一战线学研究，2022，6（2）：66－79.

② 王先林．论常态化监管下平台经济领域反垄断的定位和举措［J］．江淮论坛，2023（4）：100－108.

③ “微信群控”案是指开发商开发出某款群控软件，利用外挂技术将该群控软件中的“个人号”功能模块嵌套于个人微信产品中运行，为购买该软件服务的微信用户在个人微信平台中开展商业营销、商业管理活动提供帮助。“微信群控”不正当竞争纠纷案系全国首例涉及微信数据权益认定的案件。

场、限制生产或销售数量等协议。这种协议往往更难被发现，因为它们可以在瞬间通过算法调整完成，且不留下传统纸质或电子文档形式的直接证据①。第二，以平台为轴心的轴辐协议，即平台作为中间轴心，使得原本分散的竞争者能迅速协调行动，具有竞争关系的平台内经营者可能借助与平台经营者之间的纵向关系，或者由平台经营者组织、协调，达成具有横向垄断协议效果的轴辐协议②。然而，由于反垄断法中存在着横向垄断协议与纵向垄断协议的类型化立法，对游离于横向垄断协议与纵向垄断协议之外存在的轴辐协议，如何认定与规制就成为实践中的一大难题③。这一点也可从有关轴辐协议的相关立法中窥见一斑，譬如，2021 年国务院颁布的《关于平台经济领域的反垄断指南》对于轴辐协议的概念作了明确的定义④，然而，2022 年修订的《反垄断法》第 19 条⑤却未明确写入轴辐协议概念，仅对相应行为模式作了规定，并未涉及结构性的要件，譬如如何认定轴心经营者，其操作性仍然不强，在一定程度上造成了适用现行《反垄断法》的困境。

（二）滥用市场支配地位的新样态及监管挑战

滥用市场支配地位是数字经济领域经营者从事非法垄断的典型行为，亦是近年来市场监管部门的执法重点。当平台经营者在相关市场上具有极强的市场影响力，并且借助平台优势将这种市场影响力进行传导，就可能对其他竞争者或消费者乃至市场整体的竞争秩序造成损害⑥。在数字经济下，平台还可基于其自身的数据优势滥用市场地位，以独占数据的方式阻碍其他经营者获取数据，影响平台间互联互通，实施自我优待行为，借助数据要素实施“二选一”行为等⑦。对于这些新型行为违法性的认定也是反垄断执法机构面临的挑战。具体而言，数字经济领域滥用市场支配地位行为的表现形式可以归纳为以下四种。

第一，强制“二选一”。强制“二选一”指大型平台企业凭借市场优势地位要求经营者在其与竞争对手之间作出排他性选择，阻止商家多平台运营。第二，大数据杀熟。大数据杀熟是基于大数据技术和算法，平台对具有相似需求的消费者提供不同价格或服务，利用个人信息进行歧视性定价，可能会构成“不公平高价”或差别待遇⑧。第三，自我优

---

① 孙晋，蓝澜．数字垄断协议的反垄断法甄别及其规制［J］．科技与法律（中英文），2023（1）：1－10.

② 侯利阳．轴辐协议的违法性辨析［J］．中外法学，2019，31（6）：1598－1616.

③ 孙晋，蓝澜．数字垄断协议的反垄断法甄别及其规制［J］．科技与法律（中英文），2023（1）：1－10

④ 《关于平台经济领域的发垄断指南》第 8 条：“具有竞争关系的平台内经营者可能借助与平台经营者之间的纵向关系，或者由平台经营者组织、协调，达成具有横向垄断协议效果的轴辐协议。分析该协议是否属于《反垄断法》第十三条、第十四条规制的垄断协议，可以考虑具有竞争关系的平台内经营者之间是否利用技术手段、平台规则、数据和算法等方式，达成、实施垄断协议，排除、限制相关市场竞争。”

⑤ 《反垄断法》第 19 条规定：“经营者不得组织其他经营者达成垄断协议或者为其他经营者达成垄断协议提供实质性帮助。”

⑥ 陈兵，徐文．规制平台经济领域滥用市场支配地位的法理与实践［J］．学习与实践，2021（2）：87－96.

⑦ 陈兵．因应我国规制数据垄断面临的挑战［J］．数字法治，2024（2）：18－30.

⑧ 孟勤国．治理算法歧视侵害消费者权益的关键问题——以大数据杀熟为视角［J］．法律适用，2023（3）：37－47.

待。自我优待是平台给自己或者己方关联企业所提供的相关产品或服务给予优于第三方的待遇，例如优先展示、更低佣金等，以挤压竞争对手的生存空间[①]。第四，搭售或捆绑销售。搭售或捆绑销售是平台将产品或服务与其他商品或服务绑定销售，强制用户接受条件才能使用核心服务[②]。

需要注意的是，“自我优待”作为近年来平台经济领域频发的现象，是平台经营者利用数据和算法、技术及平台规则等优势作出的有别于传统滥用市场支配地位的竞争行为，其违法性具有很强的技术特征，不容易识别。当前，我国现行法律法规中尚缺少对“自我优待”行为的明确规定，在实践中平台实施“自我优待”行为是否构成滥用市场支配地位行为仍存在认定困境，并非所有的“自我优待”行为都是违法的，其违法认定需要进一步细化[③]，这也是目前关于平台常态化监管所面临的挑战之一。此外，在数字经济下，不少头部平台企业也存在着滥用共同市场支配地位行为的问题，如何完善共同市场支配地位制度并进行规制需要进一步探索[④]。

（三）经营者集中的新样态及监管挑战

平台经济领域经营者集中是指互联网平台经营者通过诸如合并、取得股权或签订合同等方式取得对其他经营者的控制权或者能够对其他经营者施加决定性影响。目前来看，平台经济领域市场竞争结构较为固化，在各相关市场上通常表现为一方或者少数几方的经营者占据了较大的市场份额、竞争优势或者技术优势，通过经营者集中将能够排除、限制其他竞争者进入相关市场或者影响相关市场的竞争状况。

在平台经济领域，可能具有排除、限制竞争效果的经营者在算法、算力、技术等要素的加持下，使经营者集中行为发生地愈发隐蔽[⑤]。在此情况下，经营者集中可能表现为以下新形式：第一，扼杀型并购。大型平台企业通过收购或兼并竞争对手、上下游企业以及创新型初创企业，迅速获得市场支配地位或增强已有的市场影响力。关于扼杀型并购，目前主要适用反垄断法进行规制，但是对于扼杀型并购的监管挑战一方面在于反垄断执法时对于并购双方真实意图的判断[⑥]。收购作为投资者退出投资的重要途径，如果反垄断监管中对于收购行为打击力度过大，将导致一些初创公司难以挽回成本，最终影响其创新力。因此在反垄断监管过程中，对于并购行为需要判断是否具有经营者集中的意图，但是监管者往往很难通过外部信息分析并购者的真实意图。另一方面，平台经济具有动态竞争的特

---

① 陈永伟．平台的自我优待：性质、影响和应对［J］．竞争政策研究，2023（5）：5－24.

② 郑鹏程．论搭售的违法判断标准［J］．中国法学，2019（2）：183－201.

③ 陈兵，傅小鸥．平台自我优待行为规制方法再探——在商业竞争与竞争合规之间［J］．学习与探索，2024（2）：52－61.

④ 张素伦，胡明明．数字时代滥用共同市场支配地位的法律规制［J］．人民论坛，2024（5）：69－71.

⑤ 王煜婷．数字经济背景下我国经营者集中制度的完善［J］．中国政法大学学报，2022（1）：161－172.

⑥ 郭志伟．扼杀型并购行为的竞争损害及反垄断法规制［J］．福建金融管理干部学院学报，2022（2）：46－54.

质，一些初创企业的并购行为造成的反竞争效应持续很多年，这样对于损害评估的时间难以确定也增加了监管的难度①。

第二，数据驱动型并购。大型平台企业当并购涉及海量用户数据和关键技术时，可能导致市场集中度显著提高。对于数据驱动型并购，反垄断监管主要采取营业额标准②。但是数据驱动型并购的目标企业是一些初创企业，其营业额较低甚至存在亏损的情况，很多初创企业的营业额不能达到《反垄断法》最低门槛从而逃避审查监管③。虽然，修订后《反垄断法》第 26 条第 2 款④针对未达到营业额的企业作出了规定，在一定程度上弥补了采取营业额标准监管的漏洞，但是依然不能解决监管过程中的困境。依照《反垄断法》第 26 条第 2 款对于排除、限制竞争效果的分析往往基于静态市场，而数字平台往往是一种动态市场，基于传统竞争效果很难对数字平台动态市场进行分析。而且传统竞争效果以价格为中心，但是数据驱动型并购涉及很多非价格因素对市场的影响，在适用《反垄断法》第 26 条第 2 款对于是否排除、限制竞争进行判断时，往往忽视非价格因素的影响，不能准确、合理地进行判断数据驱动型并购的竞争效果⑤。

第三，涉 VIE 架构并购。大型互联网平台企业往往具有出海业务，一些跨国互联网公司在海外设立 VIE 架构⑥，通过复杂合同安排实际控制境内子公司，这也需要引起反垄断关注。

在经营者集中审查方面，传统的经营者集中审查通常以经营者在相关市场上的市场份额（通常是营业额占比）为主要考察指标，这一审查方法面临着新商业模式的挑战——在以数据为代价的“零定价”交易模式下，就需要在价格之外另行选取能够合理计算市场份额的变量——这就表现为审查标准滞后、竞争分析存在认定障碍等问题⑦。

四、常态化监管下推动平台互联互通发展的制度安排

平台互联互通的核心在于建立平台间无障碍的连接，实现数据的安全流动与合理共享，业务的有效互通与便利操作。故促进平台互联互通既是进一步推进数据要素市场化配置与流通的核心内容，也是更好发挥数据要素加乘作用的关键所在。特别是多领域、多场景下的平台互联互通，既能促进数据多场景应用、多主体复用，培育基于数据要素的新产品和新服务，也有助于更好地推进数字产业化、产业数字化，促进数字技术和实体经济的

① 王迪，孙晋．反垄断：无序并购的违法判定与规制路径［J］．长江论坛，2021（5）：69－75.

② 详见《反垄断法》第 26 条第 1 款，《关于经营者集中申报标准的规定（2023 年修正）》第 3 条相关规定。

③ 卢均晓：《数据驱动型国际并购反垄断审查：挑战与应对》，《国际贸易》2021 年第 2 期。

④ 《反垄断法》第 26 条第 2 款规定：“经营者集中未达到国务院规定的申报标准，但有证据证明该经营者集中具有或者可能具有排除、限制竞争效果的，国务院反垄断执法机构可以要求经营者申报。”

⑤ 董凡．我国数据驱动型并购的反垄断审查困境及其制度因应［J］．青海社会科学，2024（1）：161－171.

⑥ VIE 架构，全称为可变利益实体，也被称为“协议控制”，是一种特殊的公司架构，主要用于中国企业实现海外上市和融资。VIE 架构的核心在于通过一系列协议，而不是直接股权控制，实现对境内运营实体的控制和财务合并。

⑦ 陈兵．从包容审慎到常态化：数字经济监管的完善进路［J］．社会科学辑刊，2023（5）：57－67.

深度融合。

近年来，我国通过对平台“二选一”和“屏蔽链接”等阻碍互联互通的现象的专项整改工作，取得了一定效果。然而，总体而上更深层次的开放尚未实现。此外，在推进互联互通的过程中可能存在与数据安全、利益协调和连通性风险承受能力相关的风险。因此，在平台经济领域真正实现互联互通，使平台互联互通成为平台经济领域的主流和常态，仍有许多工作要做。在数字经济已进入常态化监管的新阶段，为了促进数字经济监管的稳定性，有必要结合数字经济常态化监管的内涵和要求，提高监管能力，重点关注平台互联互通的堵点，提出切实可行的常态化监管路径。

（一）健全平台分类分级监管规则体系

常态化监管对平台互联互通提出了新要求、新标准和新方向，因此有必要建立健全平台分类分级监管规则体系。《互联网平台分类分级指南（征求意见稿）》基于对平台的连接属性和主要功能的考虑，将平台分为网络销售类、生活服务类、社交娱乐类、信息资讯类、金融服务类、计算应用类，共计六个大类，对不同类型的平台采取相应的监管手段与监管方式，符合常态化监管下敏捷治理、精准治理的基本要求。但是该划分标准及相应的六种平台类型对具有“多主体、多行业、多市场”属性的平台而言仍略显粗略，可以结合实际情况予以进一步细化完善。

在平台分类监管过程中，为了避免分类交叉、重叠等问题，可以考虑采用多层次的分类方法，使用商业模式作为分类标准。具体而言，基于平台的交叉网络效应将其分为三类：第一，向双边或多边平台用户群体提供商品或经纪服务的交易型平台；第二，通过在平台的一侧提供免费商品或服务以吸引大量用户，在平台的另一侧通过提供增值业务或广告等获得收入，在这一点上，平台不直接参与免费客户和付费客户的交易，可以称为非交易型平台，最典型的非交易平台也可分为视听平台、社交平台、搜索引擎平台等①；第三，上述两种商业模式的混合型平台。为了区分和确定不同商业模式中特定因素的价值，还可以根据交易和非交易型平台的初始划分，结合平台互联的现实，进行更精确和细微的划分。

对于平台分级来讲，《互联网平台分类分级指南（征求意见稿）》主要依据用户规模、业务种类以及限制能力三项指标，将互联网平台划分为三个级别，即超级平台、大型平台和中小平台。该征求意见稿中所提及的三项平台分级指标固然是评估企业市场力量的重要标准，但是目前在超大型平台的认定上，《互联网平台分类分级指南（征求意见稿）》主要以业务数量来对平台级别进行认定。仅以业务数量来对平台级别进行认定会限缩超级平台对象的范畴，从而容易形成监管盲区②。因此，为了更好地提升监管的科学性和针对性，

① 陈兵，张浩东．常态化监管下平台互联互通的实施路向［J］．上海财经大学学报，2023，25（4）：123－137.

② 展鹏贺，罗小坤．互联网平台分级监管的法理逻辑与路径完善——基于欧盟《数字服务法》的比较观察［J］．湖南大学学报（社会科学版），2023，37（3）：72－79.

仍可考虑结合互联网平台的运营模式和规律，对平台进行更加细化的分级，在此基础上实现对平台互联互通的敏捷治理、精准治理，为不同级别的平台提供更明确的互联互通边界。

（二）构建“事前事中事后”的全周期监管模式

常态化监管要求建立全方位、多层次、立体化监管体系。因此需要理顺事前事中事后监管的衔接机制，对于监管链条上的漏洞定期进行复盘，做到及时查漏补缺。同时要科学规划监管重点，合理配置监管资源，提高监管效率，构建对平台互联互通的全周期监管模式①。

具体来看，首先监管机构应革新监管理念、创新监管方式。充分利用现有技术手段对平台之间的交互关系和数据流动情况做到充分了解，并对平台企业互联互通进行实时监测，从而对存在的违规行为做到有效监管并杜绝潜在的安全隐患。同时监管机构要提高监管的前瞻性和主动性。要构建智慧化、精准化的监管工具，促使监管机构突破技术束缚，形成与平台企业协同联动的实时监管机制，实现事前、事中、事后的全链条动态管理。

其次，谨慎使用事前监管工具。事前监管可以有效地补充事后制裁，是监管平台互联互通全周期的重要组成内容。然而，由于市场是一个动态变化的系统，事前监管很难用尽所有可能的情况，即使有详细的规则和标准，也很难涵盖市场变化和创新的所有方面。此外，事前监管的执行仍然不足，存在一些问题，如缺乏明确和统一的标准来定义与数字平台相关的市场，以及过于重视事前监管而支持保护主义的趋势。因此，必须非常谨慎地执行事前条例。建议监管机构在对平台企业进行监管时要将事前监管的适用条件与监管方式予以明确。

最后，在事前审慎监管运用科学合理的同时，更要确保事中、事后监管能够准确有效地衔接。通过反垄断法和反不正当竞争法的适用，将平台经营者不公平、不适当的拒绝或链接数据行为纳入反垄断法和反不正当竞争法的范畴，以增强事前、事中市场监管的力度和效果，有效应对平台经营者的不当数据行为，促进公平竞争市场环境的形成。同时，监管部门需要整合跨界互联网领域执法和法院审理案件的经验，建立适应新形势的监管框架，为维护国家互联网经济市场竞争秩序、保护国家数字主权提供法治依据和行动指南。

第二节　以科学立法引领数字经济新业态创新发展

数字经济创新发展离不开坚实的法治保障，数字经济正步入调整、换挡、提质的关键

---

① 陈兵．常态化监管下平台互联互通方向及制度安排［J］．国家治理，2024（4）：56－63.

时期，以科学立法引领数字经济新业态创新发展具有重要意义。科学立法能够推进数字经济创新发展，充分发挥法律在数字经济发展中提纲挈领的作用，使市场主体有更加稳定的预期，更好地掌握数字经济高质量发展的脉络。

一、科学立法纾解数字经济高质量发展难题

数字经济领域的科学立法，必须以“创新发展、安全可靠、公平合理、包容开放”四大价值为基础，实现多元价值的动态平衡。这一过程旨在确保数字经济能够在健康有序的环境中蓬勃发展，同时满足激励创新、确保公平竞争、增进效率、维护社会公正、保障国家安全以及保持开放包容等多重法律价值的需求。基于此，须深入理解和把握数字经济的独特属性、内在逻辑和发展规律，在与技术标准、市场规范的不断交互中，科学合理设计一套完善的数字经济法律规范体系。审视我国目前相关法律法规，围绕数字经济的经济法促进和保障体系有待进一步完善，特别是缺乏一部能够引领和推动数字经济高质量发展的基础性法律。这种状况明显滞后于数字经济的飞速发展，严重制约了其可持续高质量发展的可能。故须在制度层面进行深入的反思和改革，通过科学的立法工作，以满足新质生产力的实际需求。

就现有的立法状况来看，与数字经济紧密相关的经济法规范主要包括两大类。一类是在传统法律规范中新增的、与数字经济直接相关的内容，例如，反垄断法、反不正当竞争法和消费者权益保护法在其修改过程中，新增的有关现代信息技术和数字经济的经济法规范。另一类则是专门针对数字经济而制定的新兴法律规范，如网络安全法、电子商务法、数据安全法和个人信息保护法等。

随着经济法立法对数字经济的回应不断深化，这两大类规范在数量、类型等方面都将实现进一步的拓展和丰富。不论是数据垄断、网络基础设施开放竞争，还是消费者保护、平台综合治理等，这些由数字经济引发的挑战，都须从立法的维度予以系统回应，做好先立后破，稳中求进，重大改革举措于法有据。推动数字经济的科学立法，不仅是数字经济高质量发展的重要制度保障，同时也是促进新时代市场经济法律制度创新发展的历史选择。

无论是通过传统经济法的立法扩展，还是通过新兴数字经济法律规范的制定，都必须始终保持“发展导向”，确保立法工作锚定数字经济创新发展方向，补齐各项制度短板，不断提高整体立法工作的系统性和协调性。在此过程中特别需要关注市场和政府双平台机制的协同作用，对数字经济高质量发展中的基础性制度问题作出明确回应，譬如数据权属规定，数据开放流通基础制度等。与此同时，还需围绕信息通信技术、大数据技术、云计算等技术集成应用所引发的新型权利归属、创新利益保护、动态竞争规制、侵权责任承担等问题展开深入研究和立法。

需要注意的是，在数字经济科学立法中要处理好中央与地方的关系，平衡好统一立法与因地制宜做设计的关系。具体来讲，在针对数字经济高质量发展的立法工作中，既包括

中央立法，也包括地方立法[①]。中央层面立法对于数字经济领域的发展具有宏观指引的作用，但是目前中央层面的立法，并没有产生系统的数字经济规范群，故在中央层面立法不断完善的同时，加强地方层面立法具有重要意义[②]。事实上，在数字经济发展产生的新问题中，有一些问题过于细化，不易将其上升为国家层面立法进行保护，相反地方层面对于一些新问题具有敏锐性，可以迅速制定相应对策。因此，地方层面的科学立法具有重要意义。

实践中数字经济领域的地方立法仍然存在一些困境。譬如，《立法法》第 81 条对于设区的市可以在哪些方面进行立法作出了规定，其中包括基层治理，对数字经济发展过程中产生的问题是否属于基层治理，有哪些问题属于基层治理现行《立法法》没有进一步规定，这就对地方层面的立法工作的进行造成了影响。基于此，在后续《立法法》修订或制定配套法规条例时须对基层治理作进一步的细化与完善。另外，关于数据分类规制的相关立法，对什么是“公共数据”目前没有明确的定义，由此存在有些地方立法对“公共数据”的认定过宽，有些地方立法又对于“公共数据”的认定过窄的情况，这些都在现实中影响了数字经济规范高效发展。

二、健全竞争法律法规体系为数字经济发展保驾护航

数字经济科学立法需要符合数字和法治的双重逻辑。在数字时代下，竞争法律法规体系须围绕随着数字技术进步而产生的新型权利归属、创新利益保护、市场规则界定、法律责任分配、技术风险防范等问题，通过设定合理的法律框架和法律规则来加以回应、协调和规范[③]。

（一）针对数据垄断行为，出台相关法律文件

2019 年颁布的《电子商务法》第 22 条对电商滥用市场力量作出了规定，同年《国务院办公厅关于促进数字经济规范健康发展的指导意见》第二部分提出了“维护公平竞争市场秩序”的要求，2021 年印发的《国务院反垄断委员会关于平台经济领域的反垄断指南》第二、三、四章为数字治理工作拓展了平台竞争监管的领域并多次提及数据与算法。2022 年新修订的《反垄断法》明确提出，“经营者不得利用数据和算法、技术、资本优势以及平台规则等从事本法禁止的垄断行为”，基于数据优势的垄断受到重点关注。以上法规执行框架以“垄断协议”“滥用市场支配地位”“经营者集中”为中心[④]。

---

① 目前，很多地方出台了数字经济立法章程，如《浙江省数字经济促进条例》《广东省数字经济促进条例》《河南省数字经济条例》《江苏省数字经济促进条例》《山西省数字经济促进条例》等。

② 顾天杰，孙正．多层治理视角下我国数字经济的地方立法：定位、挑战与发展［J］．长春理工大学学报（社会科学版），2024，37（2）：23－31＋44.

③ 刘小妹．数字经济立法的内在逻辑和基本模式［J］．华东政法大学学报，2023，26（4）：28－37.

④ 陈兵，张天蓉．从规制数据垄断前提的厘清到规制方案的厘定——公平竞争抑或平等使用［J］．学术交流，2024（2）：51－66.

（二）针对算法滥用行为，出台相关法律文件

数字经济新业态中，算法共谋是典型的算法滥用行为。早在 2021 年 2 月 7 日，国务院反垄断委员会印发的《国务院反垄断委员会关于平台经济领域的反垄断指南》就对经营者利用算法达成垄断协议以及利用算法实施拒绝交易、限定交易、差别待遇等滥用市场支配地位行为作出了阐释。2021 年 9 月 17 日，国家互联网信息办公室、国家市场监督管理总局等九部门联合印发《关于加强互联网信息服务算法综合治理的指导意见》，将防范算法滥用风险作为促进算法生态规范发展的重要任务。2021 年 12 月 31 日，国家互联网信息办公室、国家市场监督管理总局等四部门联合发布《互联网信息服务算法推荐管理规定》，明确经营者不得利用算法实施影响网络舆论、规避监督管理以及垄断和不正当竞争行为。2022 年 6 月修订的《反垄断法》第 9 条明确规定：经营者不得利用数据和算法、技术、资本优势以及平台规则等从事本法禁止的垄断行为；第 22 条禁止具有市场支配地位的经营者利用算法实施滥用市场支配地位的行为。2023 年 4 月 15 日生效的《禁止垄断协议规定》规定：具有竞争关系的经营者不得利用算法，通过意思联络、交换敏感信息、行为协调一致等方式，或通过对价格进行统一、限定或者自动化设定转售商品价格等方式，达成垄断协议。

（三）修订《经营者反垄断合规指南》

在当前全球竞争日益激烈背景下，确保公平竞争市场环境，不仅是激发各类经营主体经济活力的关键所在，也是推动我国经济高质量发展的基础保障。反垄断合规作为企业合规管理的重要组成部分，其体系建设程度直接关系到企业的长期竞争力和发展潜力。2024 年 4 月 25 日，国务院反垄断反不正当竞争委员会印发《经营者反垄断合规指南》，对 2020 年 9 月 11 日国务院反垄断委员会印发的《经营者反垄断合规指南》（“2020 版合规指南”）进行了修订，增强了其指引性和可操作性，为企业建立健全合规管理体系提供了明确方向和实用工具，帮助企业有效预防和控制合规风险，从而在激烈的市场竞争中保持稳健发展。同时《经营者反垄断合规指南》的修订也体现了反垄断法理论与实践的最新发展，充分考虑了当前全球经济下的挑战和机遇，其更深远的意义在于，通过强化企业合规管理，促进市场公平竞争，鼓励创新，为我国经济高质量发展奠定更加坚实的基础。

（四）出台《网络反不正当竞争暂行规定》

公平竞争是市场经济的基本原则，是建设全国统一大市场的客观要求。在当前数字经济发展如火如荼，但围绕互联网不正当竞争的行为却层出不穷的背景下，确保公平竞争市场环境，不仅是激发互联网经营者主体经济活力的关键所在，也是加快建设全国统一大市场的强大动力，并最终助力推动我国经济高质量发展。2024 年 5 月，国家市场监督管理总

局发布了《网络反不正当竞争暂行规定》。《网络反不正当竞争暂行规定》是引导各类经营主体有序竞争、创新发展的重要制度保障，暂行规定的发布对于反不正当竞争法中网络不正当竞争行为的构成要件和认定标准作出了进一步细化和完善。暂行规定的出台也为平台经营者提供了更加具体的市场竞争行为指引。通过上文分析可知，《网络反不正当竞争法暂行规定》的出台，以科学高效的竞争监管执法助力数字经济高质量发展，通过科学规制和有力保护促进质优要素向新质生产力发展，以监管促发展。

数字经济中，大型数字平台既是经营者也是管理者。对此，《网络反不正当竞争暂行规定》为平台设立了明确的主体责任，强调了其在规范平台内竞争行为方面的角色。这一规定的出台，对于大型数字平台来说，是一个明确的指引，要求其以更高的标准来管理自身行为，确保市场主体的公平竞争。数字化时代，竞争从实体领域转向了网络空间，互联网企业的竞争行为逐渐呈现多元化和隐蔽性。为应对这一挑战，《网络反不正当竞争暂行规定》应运而生。它不仅与全国统一大市场建设紧密相连，也为维护市场秩序、鼓励创新、保护经营者和消费者权益提供了坚实的法律保障。通过明确平台责任，规范竞争行为可以形成一个更加稳定、健康的数字经济环境。这不仅能够促进数字经济的健康发展，还能加快全国统一大市场的建设步伐，为各方创造更多机遇。

第三节　以公正司法促数字经济关键要素公平竞争

司法作为数字经济创新发展的重要保障，其重要性不容忽视。司法的公正对于相关数据市场信心的建立起到积极的作用。数字经济时代的法律关系有其独特的特点，因此司法审判也应作出相应改变，从审判理念与裁判规则上与数字经济时代的法律关系相适应。在具体的司法规则过程中，结合数字经济发展的核心要素，在“数据、算法、平台”领域重点规划。

一、数据不正当竞争行为的法律规制

数据是数字经济的关键要素，因数据引发的不正当竞争行为损害互联网行业的竞争秩序，也使数字经济不能良性发展。因此需要司法裁判的公正来保证数据的公平竞争秩序[①]。现阶段，涉数据不正当竞争行为包括未经授权擅自抓取、使用数据，刷单炒信，账号租赁，流量劫持等多种行为，其中最为典型的是不当爬取、使用数据的行为。同时，在进行数据不正当竞争行为的司法规制中，审判理念正由静态竞争向动态竞争观转变。其中静态竞争观强调保护静态的既得利益以及静态取予意义上的公平，对于市场竞争的干预范围相

① 程啸．论大数据时代的个人数据权利［J］．中国社会科学，2018（3）：102－122＋207－208.

对较宽；而动态竞争规则强调市场竞争的动态激烈程度，强调竞争自由、市场效率、科技创新。目前涉数据产业的相关市场竞争激烈，《反不正当竞争法》同样奉行保护竞争而非简单保护竞争者的理念，因此动态竞争观无疑更为契合《反不正当竞争法》的立法理念。以动态竞争观对不正当的数据利用行为进行规制，可以更好地保障数据发挥竞争效能。

（一）数据爬取、使用行为的法律规制现状

当下，涉数据爬取、使用行为的正当性考量指标主要包括实质性替代，以及“用户授权＋平台授权＋用户授权”的三重授权原则、Robots 协议①约定等。在大众点评诉爱帮网案中，法院提出“实质性替代”标准；在新浪微博诉脉脉案中，法院适用了三重授权原则；在奇虎诉百度不正当竞争纠纷案中，法院指出鉴于 Robots 协议成为国际互联网领域确立的通行商业惯例和行业规范，可将其视为商业道德判断的标准之一。在谷米公司诉元光公司案中，法院裁判时将重点放在元光公司是否违反诚实信用原则和商业道德，并以元光公司未经谷米公司授权，不正当爬取谷米公司的实时公交数据，有违诚实信用原则和公认的商业道德为由，认定其构成不正当竞争。在本案中，“商业道德”被解释为未经许可获取数据。与此同时，法官在判案时通常适用《反不正当竞争法》第 2 条“一般条款”或第 9 条“商业秘密条款”，抑或第 12 条“互联网专条”予以规制。然而，随着司法案例的不断增多，不同法律保护路径的作用逐渐清晰，但也反映出些许规制困境。

1. 适用“一般条款”的规制路径

法律在某些时候可能无法及时适应社会和技术的快速发展，但是为了保持法律的稳定，在立法时也往往具有一定的前瞻性。《反不正当竞争法》中的“一般条款”为一般性法律原则，旨在没有具体法律规制或法律规制不明确时起到填补漏洞的作用。2017 年《反不正当竞争法》对“一般条款”进行了完善修订，明确了竞争秩序、经营者利益、消费者利益三位一体的利益观。其第 2 条第 2 款将不正当竞争行为认定为“扰乱市场竞争秩序，损害其他经营者或者消费者的合法权益的行为”。可见，《反不正当竞争法》重点在于维护竞争秩序，在维护竞争秩序，认定不正当竞争行为时对侵害经营者和消费者权益的行为加以考量。此外，《反不正当竞争法》第 2 条第 1 款详细阐述了经营者进行生产经营活动时应当遵循的基本原则，即“自愿、平等、公平、诚信”，侧面确立了对未包含在分则中具体类型中行为是否属于不正当竞争行为的原则性标准，即“诚实信用”“商业道德”的要求。

在司法实践中，当穷尽《反不正当竞争法》其他条款仍无法规制数据不正当竞争行为时，司法机关可以审慎发挥自由裁量权，将“一般条款”作为裁判依据。然而，“一般条

---

① Robots 协议也称爬虫协议，爬虫规则等，是指网站可以建议一个 robots. txt 文件来告诉搜索引擎哪些页面可以抓取，哪些页面不能抓取，而搜索引擎则可以通过读取 robots. txt 文件来识别这个页面是否允许被抓取。

款”为原则性条款，适用时具有极大的主观性。最高人民法院在“海带配额案”中就如何适用“一般条款”提出，适用1993年《反不正当竞争法》第2条第1款和第2款认定构成不正当竞争行为应当同时具备以下条件：一是法律对该种竞争行为未作出特别规定；二是其他经营者的合法权益因该种竞争行为受到实际损害；三是该种竞争行为因确属违反诚实信用原则和公认的商业道德而具有不正当性或可责性①。

在司法实践中，审判机关一般按照最高人民法院给出的条件，从实际损害和遵守诚实信用原则、商业道德两个角度进行论证和证明。一是对事实进行认证，认定涉案行为是否对市场竞争秩序、其他经营者和消费者的合法权益造成了实际损害；二是认定涉案行为是否违反了诚实信用原则和商业道德。在不正当竞争行为的认定过程中，不断明确商业道德的认定标准。诚实信用原则是大陆法系的“帝王条款”，具有广泛的内涵。诚实信用原则可以直接作为裁判说理的具体依据，但因其含义相对模糊而不具有足够的说服力，因而司法审判较少采用诚实信用原则，而多将商业道德作为判断违法与否的衡量标准。在“奇虎诉百度不正当竞争纠纷案”② 中，法院指出，鉴于Robots协议成为国际互联网领域确立的通行商业惯例和行业规范，可将其视为商业道德判断的标准之一。除了考虑商业惯例和行业规范外，判断是否符合商业道德还可以参考以下因素：符合消费者利益、社会公共利益的经营规范以及网络产业技术规范，同时契合开放、协作、共享的互联网精神。

2. 适用“互联网专条”的规制路径

为适应数字经济的不断发展，2017年新修订的《反不正当竞争法》新增第12条，即“互联网专条”。该条款前3项以概括列举的方式明确了3种互联网不正当竞争行为，第4项设立“兜底条款”以应对法律的滞后性。“互联网专条”第4项的兜底条款，相较于《反不正当竞争法》第2条的兜底条款，更加细化和有针对性，为互联网不正当竞争行为在不满足前3项规定的类型的情况下，根据实际情况判断是否符合互联网不正当竞争提供法律依据。数据作为以“0”和“1”的形式存在的流动的比特，无法脱离互联网这一载体，因此，对于商业利用数据而产生的不正当竞争行为可以适用“互联网专条”去进行规制。

《反不正当竞争的》第2条规定一般反不正当竞争行为的“兜底条款”，又在第12条“互联网专条”第4项中设立“小兜底条款”，因此产生的问题是法院在审理案件时，在穷尽《反不正当竞争法》其他条款仍无法规制数据不正当竞争行为时，是应优先援引第2条还是第12条第4项的相关规定。这两个“兜底条款”是否在适用时具有先后顺序，两个条文之后是否是排斥的关系，是否存在法条竞合，是目前司法审判中存在的问题。在“微播视界诉六界公司直播数据侵权案”的裁判中法院认为，“一般条款”的适用应具有谦抑性，在适用“一般条款”之前，应先考虑适用“互联网专条”；在适用“互联网专

① 参见：最高人民法院民事裁定书（2009）民申字第1065号民事判决书。

② 参见：北京市高级人民法院民事判决书（2017）京民终487号民事判决书。

条”时，应优先考虑是否符合该条第 2 款前三项的法定情形。

3. 适用“商业秘密条款”的规制路径

一方面，2019 年修订的《反不正当竞争法》主要围绕商业秘密进行展开。其中《反不正当竞争法》第 9 条第 1 项即规定禁止以欺诈、胁迫、电子侵入等手段获取商业秘密，因此对于侵犯商业秘密的行为有了明确的规定，不再以兜底条款的方式认定违法，这使得在数字经济时代对商业秘密的保护更具客观性、针对性和有效性、但是《反不正当竞争法》所规定的商业秘密的范围过大，在条款中所规定的“商业秘密”包括经营信息、技术信息等。另一方面，商业秘密之所以被法律保护在于其“价值性”“秘密性”，其不易被一般人所掌握。随着《数据二十条》的出台数据共建共享逐渐成为主流趋势，如果将数据视为“商业秘密”保护时其“秘密性”很难被认定，因此，在实践中“商业秘密条款”在规范不正当的数据竞争行为上存在一定困难①。

在数字经济发展的背景下，数据流通有利于更大程度发挥数据资源的价值，因此数据流通非常重要，但这并不意味着应当弱化对于数据持有方权益的保护。用司法手段保护涉案数据的合法权益与数据流通并不矛盾，数据流通应当依法、有序进行，不应以牺牲数据权益方利益、弱化对数据权益方的保护为代价。司法保护应为构建数据合法、有序流通利用的产权制度保驾护航，以此促进数字经济健康发展。

（二）建立司法行政协同、多元共治的治理模式

我国实施了《反垄断法》《反不正当竞争法》《电子商务法》《数据安全法》《个人信息保护法》等与数字经济发展密切相关的法律。这些法律虽然不是规制数据竞争行为的专门法，但是在一定程度上都可以有效防治数据领域的不正当竞争行为。同时，也引发了规制数据不当竞争行为法律适用竞合甚或冲突的现象，市场竞争监管与行业主责监管之间的交叠问题，容易诱发监管的合成谬误②，如何选择适当的法律法规及监管方式回应实际问题是亟待解决的问题。

一方面，要强化司法机关与行政机关的合作，对于数据不正当竞争行为跨部门联合治理。数据不正当竞争行为往往涉及市场监管、知识产权、消费者权益、经营者权益等多个领域，因此，司法机关与执法机关联合对数据不正当竞争行为进行治理，可以促进案件信息、调查结果快速传递，提高治理效率，提升治理水平。

另一方面，引导多元主体参与数据不正当竞争行为治理。在实践中，市场活动的利益关系较为复杂，对于数据的利用往往涉及多方主体的利益，因此对于数据不正当竞争行为治理，不仅需要行政部门司法部门有力配合，还要吸纳行业协会、相关企业、经营者、消费者等多元主体参与到数据治理中去。只有多元主体共同参与，才能适应数字经济时代数

---

① 陈兵．规制数据不正当竞争行为的司法实践检视及改进方向［J］．知识产权，2024（3）：73－87.

② 陈兵，马贤茹．互联网新型不正当竞争行为司法规制面临的挑战与完善［J］．人民司法，2022（2）：18－22.

据侵权、数据不正当竞争行为的复杂性以及多样性，有利于维护公正、可持续的经营环境。

二、平台屏蔽行为的反不正当竞争法规制

（一）平台屏蔽行为出现

互联网的应用使得信息产生迅速且庞杂，平台经营者和管理者面对海量信息带来的监管压力，难以对混杂在其中的诸如网络谣言、知识产权侵权、极端主义、恐怖主义、网络色情、网络暴力、网络诈骗等违法甚至犯罪信息做到一一审查。由此，通过互联网技术对互联网信息展开过滤，成为有效遏制不良信息蔓延扩散的现实需求。这一具体措施表现为“剔除不相关信息”，即“屏蔽”，也就是在网络空间提供与物理隔离类似的东西，以限制对某些信息的访问。

然而，平台经营者和监管者在使用以屏蔽为代表的技术手段积极参与网络空间治理的同时，也引发了大众对其以“管理者”身份利用技术手段实施不正当竞争甚至是排除、限制竞争，从而扰乱市场竞争秩序、损害消费者合法权益的隐忧。这并非空穴来风，如知名社交平台脸书就曾对竞争对手实施了“屏蔽”，给予合作伙伴特殊的数据访问权限，并拒绝竞争对手相同的访问权限。当前已出现了一系列屏蔽在线视频片前广告的案例，我国学界及实务界对互联网企业实施屏蔽行为的竞争法属性的研究主要集中在视频广告屏蔽行为上，即平台经营者实施的屏蔽视频片前广告的行为是否构成不正当竞争行为。

（二）平台屏蔽行为规制现状

在审视广告屏蔽行为的合理性时，各地法院逐步形成了一种稳定的裁判逻辑，即“维护既有法益”。在这种逻辑下，法院首先会明确视频网站的“广告+免费视频”商业模式是合法的，用户与网站之间基于这种模式形成的权益应得到尊重和维护。随后，法院会确认在互联网竞争中，各方对于用户流量的争夺是正常的商业行为，但也应当遵循一定的规则和边界。进一步地，开发屏蔽软件的商家在主观上明知其行为可能对视频网站的正常经营产生影响，却依然进行开发。最后，屏蔽片头广告不仅损害了广告方的合法权益，从长远看，也损害了消费者的利益。这种行为违背了商业活动中的诚实信用原则，属于为了一己之利而损害他人权益的不正当竞争行为。

在“腾讯诉世界星辉案”一审中，法院展现了裁判思路的创新性，从社会法属性的角度解读反不正当竞争法。判决指出，判断竞争行为的正当性不能仅从竞争者利益出发，而应站在社会的高度审视诚实信用原则。虽然屏蔽软件可能损害部分竞争者的利益和改变部分网络用户的选择，但如果其影响尚未达到威胁对方生存的地步，则不足以认定为市场干扰。法院提倡在保护经营模式时保持谨慎，确保法律判决与社会整体利益和谐共进。

虽然一审法院提出了“动态性考量竞争效果”的思路，但是二审法院并不同意这一观

点。二审法院仍然坚持“一般侵权行为”传统裁判逻辑，基于经营者和消费者长期利益的考量，得出原告在一审中所实施的屏蔽广告行为构成不正当竞争行为。究其理由在于，屏蔽广告的行为使得经营者的广告投放效果大打折扣，实质上损害了经营者的合法权益，违反了诚实信用原则和公认的商业道德。因此，法院作出判决，实施屏蔽行为或提供屏蔽软件的经营者须承担不正当竞争的法律责任。法院还强调，屏蔽行为的技术属性本身并无善恶之分，技术同样可能被用于非法目的，除非经营者能证明自身没有故意教唆或引诱他人侵权的意图，否则应当承担相应的侵权责任。

在实践中，广告屏蔽行为在反不正当竞争法上的合法性一直备受争议。2018 年新修订的《反不正当竞争法》的实施，标志着法律进入了一个全新的“修订后时代”。在这一时代背景下，数字时代反不正当竞争法的解释论问题成为研究的热点。特别是业界所称的“互联网专条”，被专门用来规制那些在过去无法适用具体条款的互联网新型不正当竞争行为。尽管学界对此条款的评价各不相同，但无可否认的是，它已经成为反不正当竞争法不可或缺的一部分。在司法实践中，一些法院已经开始尝试运用“互联网专条”来审理原先使用一般条款进行裁判的屏蔽行为案件。这些法院运用《反不正当竞争法》第 12 条第 4 项的兜底性条款对屏蔽行为进行了规制，认为其本质上是通过技术手段破坏其他经营者提供的网络产品或服务的正常运行。这一转变意味着，在进入“修订后时代”后，对屏蔽行为的规制正在从原先依赖于“一般条款”的方式，逐渐转向依靠互联网专条的“兜底条款”。但是对于广告屏蔽行为适用《反不正当竞争法》第 12 条第 4 项的“兜底性条款”，需要满足的大前提条件是第 12 条所规定的“经营者不得利用技术手段，通过影响用户选择或者其他方式，实施下列妨碍、破坏其他经营者合法提供的网络产品或者服务正常运行的行为。”因此，根据第 12 条规定，广告屏蔽行为适用第 4 项需要满足两个先决条件的其中之一：广告属于经营者所提供的网络产品的一部分，对广告进行屏蔽即破坏了网络产品；平台对广告进行屏蔽是属于妨碍、破坏服务正常运行的行为①。只有符合《反不正当竞争法》规定的这一大前提条件，才能对互联网广告屏蔽行为适用“兜底条款”，这是对于互联网反不正当竞争行为适用《反不正当竞争法》进行行为规制的困境之一。除此之外，仍需不断优化和改善现行《反不正当竞争法》第 2 条“一般条款”与第 12 条“互联网专条”之间的关系②。

第四节　以多元共治激励数字经济经营者合规经营

平台经济在促进经济结构调整、加快经济转型的同时，也对现有市场竞争法律制度形

---

① 杨明. 互联网广告屏蔽行为的效应分析及规制路径选择［J］. 清华法学，2021，15（4）：176－194.

② 陈兵. 互联网屏蔽行为的反不正当竞争法规制［J］. 法学，2021（6）：123－142.

成冲击，平台经济及其衍生的各类新业态、新产业和新模式已成为当前我国经济生产生活和社会运行治理中至关重要的一环。构建社会团体、行业协会、平台经营者共同参与政府主导的多元治理系统，确保公平竞争市场环境，激励平台经济经营者合规经营。

一、引领平台经营者合规经营的指南相继出台

2021 年 2 月 7 日，《国务院反垄断委员会关于平台经济领域的反垄断指南》（简称《平台经济反垄断指南》）正式发布，全面详尽地回应了平台经济领域广受关注且备受争议的平台“二选一”、“大数据杀熟”、相关市场界定、最惠国待遇条款的违法性认定、新兴创新型企业收购审查等热点问题，对加强平台经济领域反垄断规制，引导平台经济经营者依法合规经营，促进平台经济规范有序创新和健康发展具有重要意义。此外，国家市场监督管理总局于 2021 年 10 月 29 日公布了《互联网平台分类分级指南（征求意见稿）》以及《互联网平台落实主体责任指南（征求意见稿）》，全方位、多维度、分层次地对不同类型平台的经营行为和主体责任予以规范。

在追求市场公平竞争秩序的理念下，国务院反垄断反不正当竞争委员会于 2024 年 4 月 25 日发布了《经营者反垄断合规指南》。这份指南不仅是对“2020 版合规指南”的深化和具体化，更是对经营者反垄断合规管理的全新诠释。其目的在于引导经营者更好地遵循反垄断法的要求，加强自身的反垄断合规风险防范能力和水平，以确保市场主体的稳健和持续发展。这份指南的重要性，不仅在于其基于《反垄断法》的最新修订，为经营者揭示了法律风险的走向，更在于它为经营者提供了操作层面的指引，帮助他们规范自身的经营行为，有效避免反垄断法律纠纷的发生。指南的出台，是中国市场竞争监管工作的重要里程碑，标志着我们在营造市场化、法治化、国际化一流营商环境上的不懈追求。反垄断合规是企业合规管理的重要一环，它不仅是企业长期竞争力和发展潜力的体现，更是企业在数字经济、平台经济等新兴领域中的生存之道。从中央政策定位到国家政策的实施，从法律制定到法律落实，反垄断工作一直是中国市场竞争监管的重中之重。因此这份指南的发布能够推动经营者更好地理解和遵循反垄断法的要求，为加快建设全国统一大市场提供坚实的法治保障。

在数字经济时代，经营者面临着前所未有的挑战与机遇。《经营者反垄断合规指南》的修订为经营者提供了稳健的合规指引。该指南不仅注重实践落地，更强调合规的激励作用。本次修订创新地融入了合规激励专章，将企业主动加强合规管理与行政监管激励反馈紧密衔接。突出合规激励，鼓励企业主动合规①。合规不再仅是义务与责任，更是获取政策优惠的关键。在行政处罚裁量、宽大处理制度等方面，合规表现良好的企业将得到更多的关注与支持。此次修订，更为企业真实、完善、有效的合规体系提供了科学的衡量标

① 兰磊．我国平台经济领域反垄断指南的竞争政策评估［J］．竞争政策研究，2023（6）：36－59.

准。它鼓励企业主动投资于合规建设，将合规视为提升竞争力和规避风险的战略选择。企业不再视合规为单纯的成本负担，而是将其转化为推动发展的强大动力。修订后的《经营者反垄断合规指南》，为企业建立健全合规管理体系提供了明确的指引和实用工具。它帮助企业在激烈的市场竞争中稳固阵脚，有效预防和控制合规风险，实现稳健发展。这不仅是对经营者的有力支持，更是对我国经济实现高质量发展的坚实保障。

二、多元共治体系下引领平台经济创新发展

系统观念强调从总体和全局视角，把握事物的内在联系和发展规律，旨在优化整个系统。在平台经济生态系统中，数据与算法共同驱动，涵盖了平台、经营者及消费者等多方参与者。这一复杂环境中，“生态型”垄断风险浮现，需政府积极介入，同时激发多元主体的参与热情。在治理模式上，鼓励平台、消费者等多方共同行动，构建多层次、多维度的治理模式。结合平台生态的运行特点，探索内外双圈层的治理框架，以促进平台经济生态系统的和谐发展与持续优化。此举不仅能保护消费者权益，也能激发平台创新的活力，共同推动平台经济健康、有序前行。

在平台经济生态系统的内部圈层中，主导平台及其相关业务、消费者和商家等主体共同构成了一个错综复杂的网络。这些主体之间的互动与平衡，是维系整个生态稳定与发展的关键。主导平台，作为这一生态的核心管理者，扮演着企业与市场的双重角色。在管理平台事务时，它不仅要考虑自身的经济利益，更要关注如何平衡各方利益，确保整个生态的和谐与公正。在此种情况下，平台自治尤为重要。平台只有实现自治，才能为平台经营者遵守竞争规定提供坚实的保障。主导平台控制着大量数据和算法，这些数据和算法不仅是平台生态系统的重要资源，也是潜在的安全风险。为规避这些风险，主导平台必须加强对相关法律法规合规性的审查，特别是在数据安全方面，必须落实数据分类分级管理制度，必须加强技术保护措施，确保数据在传输和流通过程中的安全。在平台生态系统的算法技术方面，主要平台应更加谨慎，它应定期对平台内的算法进行自检，识别不同场景下算法技术可能存在的违规风险点，确保算法在自学习过程中不会触犯相关法律。只有这样，平台经济生态系统才能健康、稳定、持续地发展，为各方参与者创造一个公平、公正、安全的环境。

同时，身为生态系统规则缔造者的主导平台应确保所制定的平台规则，不得对内部市场竞争进行歪曲。若无充分的客观效率支撑，绝不可滥用规则制定之权，对商家间竞争产生不当影响，亦不得掠夺性地侵占商家或第三方合作商的合法权益。对商家而言，它们可能会面临来自主导平台的不当干预，或遭受“数据霸权”之害，利益遭受减损。因此，当务之急在于对生态系统“管理者”的责任与义务进行明确界定，以便当平台生态系统内的合作经营者受到不当约束时，能够有据可循地向相关部门提出申诉。对于消费者而言，则需积极引导其参与数据安全等教育活动，以提升自我保护意识和维权意识。鉴于消费者自

身力量的薄弱性，有必要进一步完善消费者投诉举报机制，强化消费者公益诉讼制度，并遵循《数据安全法》第 12 条之规定，为举报和投诉者提供必要保障，消除消费者的后顾之忧，使消费者能够对平台生态系统的违法行为进行有效的监督和威慑，从而确保整个生态系统健康、有序地运行。

平台生态系统的外部圈层汇聚了执法、司法部门以及各类社会组织等重要的治理主体。这些主体肩负着重要责任，尤其在国家层面而言，其目标是密切关注平台生态系统对市场竞争中、竞争者以及消费者等主要市场参与者构成的潜在威胁。平台经济中的反垄断执法和司法目前面临多重挑战，包括繁重和高度专业化的案件量。目前执法资源的提供和分配存在明显的不平衡和不匹配，这无疑增加了执法和司法的难度。因此，加强执法和司法人员的专业培训，积极引进具有专业技术知识的人才，为执法和司法工作提供强有力的技术支持显得尤为迫切。此外，相关组织在平台生态系统治理中的关键作用也不能忽视。根据《数据安全法》第 10 条的规定，相关行业组织不仅需依照章程制定数据安全行为规范和团体标准，还需加强行业自律。这意味着后续需要进一步鼓励社会组织积极参与平台治理，充分发挥其正向自律管理职能。在缺乏明确法律依据时，可以鼓励行业协会等社会组织发挥正向自律管理职能，通过制定行业规范维护市场公平竞争秩序，尤其是针对平台生态系统数据的采集和使用等多环节的规范，以及算法技术应用的行为规范，切实保护消费者合法权益①。

三、搭建平台互联互通多元治理体系

首先，在现实考量之下，我国监管机构针对互联网平台提出了互联互通的必要性。该要求在《反垄断法》中具体表现为平台互操作性，这不仅是解决平台封禁问题的关键途径，还能有效降低数字经济中网络效应所产生的市场进入门槛，推动平台间的良性竞争。为了达到这一目标，需要构建一套完善且常态化的监管模式。这不仅涉及政府监管机制的完善，还要形成多部门、跨地域、立体化的协同监管机制。此外，社会各界的积极参与也是不可或缺的，最终形成一个多元化的监管格局，让全社会共同参与治理，确保互联互通的真正实现。

具体来看，一方面，政府需要精心构筑一套多部门、跨域性、立体化监管机制，优化协调监管方式，从而提高联动监管的有效性，其中既包括国内多部门联合监管，也包括与国外监管部门互相合作进行的跨域监管。对于国内跨部门联合监管，关键在于明确各主管部门和监管机构的职责，划清监管的边界，制定统一的规则。通过细化互联互通平台监管事项目录，全面确定跨部门监管事项清单，加强部门分工协作。同时，还必须建立健全信

① 陈兵，林思宇．“数据 + 算法”双轮驱动下互联网平台生态型垄断的规制［J］．知识产权，2021（8）：43 - 64.

息共享、联合会商研究、重点舆情联合回应等联动机制。一旦确定了平台企业互联互通的牵头监管机构，具体监管机构就可以与涉及具体分行业的相关单位组织深入。这样，就能进一步促进部门监管机构与市场监管机构之间的协同作用，实现部门监管与市场监管的有效衔接。

对于与国外监管部门的合作监管，还应充分结合平台企业的跨地域属性，要加强对有重要价值的个人数据、企业数据、政府数据的境外传输的监管工作，并对关键基础设施信息进行严格把控。并且积极推动与国外监管部门的交流，借鉴国外的监管经验，结合中国国情更好地进行平台监管工作①。

另一方面，在构建治理监管模式的进程中，必须激发并引领多元主体的积极参与，包括平台企业、行业协会以及社会公众等。首先，在企业层面，需要促进和鼓励合规，引导企业主动实现互联互通。为此，平台企业需要在充分理解互联互通重要性的基础上，将这一概念纳入公司章程或内部治理体系。通过制度化、系统化和规范化，将这些要求转化为独立的企业合规政策文件或运营行为准则，确保每家公司都能严格遵守，从而加强预防和应对违规行为的能力。

其次，在行业层面，要促进和加强行业自律管理。通过制定行业性规则、公约和市场自治规则，引导协会会员建立健全平台互联的合规管理体系。这不仅可以加强行业自律，增强行业的正向管理功能，也有利于实现行业内的互联互通，促进整个行业的高质量发展，同时也为政府监管部门分担了一定的执法压力。

最后，必须积极利用公众的力量。让消费者参与进来，确保他们对互联互通的控制权，这对于实现健康、可持续的数字经济至关重要。随着平台的互联互通属性越来越强，用户作为数据元素的主要生产者和平台的主要使用者，正逐步融入市场发展进程。公众信任是数字经济可持续发展的基石，这种信任要求数字经济真正为公众带来利益。为此，有必要让社会公众作为监督主体之一，参与到数字经济互联互通的监督治理当中②。

第五节　结语

2024 年是互联网全功能介入我国经济社会生活 30 年，其极大地形塑甚或重构了经济社会的组织架构和生产生活方式。其中数字经济作为依托互联网基础设施而蓬勃发展的新经济业态，在追求资本最大化的过程中，作为数字经济主要商业组织体的平台企业被驱动

① 邓小兵，石博文．常态化监管视角下促进平台经济发展的执法进路［J/OL］．华北水利水电大学学报（社会科学版），1－9［2024－07－24］．http：//kns. cnki. net/kcms/detail/41. 1429. C. 20240604. 1928. 002. html.

② 陈兵，林思宇．构筑数字经济发展新格局着力公平有序高质量发展［N］．第一财经日报，2022－02－15（A11）．

着实现流量和数据的变现。因此，用户流量和用户数据已成为平台企业市场竞争的核心要素，对于其规模扩张和竞争力提升至关重要。当前，在数字经济高质量发展的要求下，强化对平台经营者的反垄断，防止资本利用平台商业模式不断演变的事实，实现无序扩张的目的已成为数字经济领域常态化监管的应有之义。必须清晰地认识到，常态化监管并不意味着放任不管，而是要依法敏捷监管、精细监管，加大有效监管的强度，以监管促发展的主基调没有变，也不会变。在常态化监管下，需规范和引导平台在自由公平的市场竞争秩序下，提高商品和服务的质量、创新和合理使用资本；规范平台数据收集和使用行为，有力保护消费者合法权益。基于此，须通过科学立法引领数字经济创新发展，通过公正司法规范数字经济下的违法行为，通过多元共治激励数字经济经营者合规经营，从而推动数字经济的创新与发展。

参考文献

[1] 陈兵，傅小鸥．平台自我优待行为规制方法再探——在商业竞争与竞争合规之间［J］．学习与探索，2024（2）：52－61.

[2] 陈兵，林思宇．“数据＋算法”双轮驱动下互联网平台生态型垄断的规制［J］．知识产权，2021（8）：43－64.

[3] 陈兵，林思宇．构筑数字经济发展新格局着力公平有序高质量发展［N］．第一财经日报，2022－02－15（A11）.

[4] 陈兵，马贤茹．互联网新型不正当竞争行为司法规制面临的挑战与完善［J］．人民司法，2022（2）：18－22.

[5] 陈兵，马贤茹．全球视阈下数字平台经济反垄断监管动态与中国方案［J］．统一战线学研究，2022，6（2）：66－79.

[6] 陈兵，夏迪旸．平台经济常态化监管的路径研究［J］．中国市场监管研究，2023（3）：30－35.

[7] 陈兵，徐文．规制平台经济领域滥用市场支配地位的法理与实践［J］．学习与实践，2021（2）：87－96.

[8] 陈兵，张浩东．常态化监管下平台互联互通的实施路向［J］．上海财经大学学报，2023，25（4）：123－137.

[9] 陈兵，张天蓉．从规制数据垄断前提的厘清到规制方案的厘定——公平竞争抑或平等使用［J］．学术交流，2024（2）：51－66.

[10] 陈兵．常态化监管下平台互联互通方向及制度安排［J］．国家治理，2024（4）：56－63.

[11] 陈兵．从包容审慎到常态化：数字经济监管的完善进路［J］．社会科学辑刊，2023（5）：57－67.

[12] 陈兵．规制数据不正当竞争行为的司法实践检视及改进方向［J］．知识产权，2024（3）：73－87.

[13] 陈兵．互联网屏蔽行为的反不正当竞争法规制［J］．法学，2021（6）：123－142.

[14] 陈兵．因应我国规制数据垄断面临的挑战［J］．数字法治，2024（2）：18－30.

[15] 陈永伟．平台的自我优待：性质、影响和应对［J］．竞争政策研究，2023（5）：5－24.

[16] 程啸．论大数据时代的个人数据权利［J］．中国社会科学，2018（3）：102－122＋207－208.

[17] 邓小兵，石博文．常态化监管视角下促进平台经济发展的执法进路［J/OL］．华北水利水电大学学报（社会科学版），1－9［2024－07－24］．http：//kns. cnki. net/kcms/detail/41. 1429. C. 20240604. 1928. 002. html.

[18] 董凡．我国数据驱动型并购的反垄断审查困境及其制度因应［J］．青海社会科学，2024（1）：161－171.

[19] 顾天杰，孙正．多层治理视角下我国数字经济的地方立法：定位、挑战与发展［J］．长春理工大学学报（社会科学版），2024，37（2）：23－31＋44.

[20] 郭志伟．扼杀型并购行为的竞争损害及反垄断法规制［J］．福建金融管理干部学院学报，2022（2）：46－54.

[21] 侯利阳．轴辐协议的违法性辨析［J］．中外法学，2019，31（6）：1598－1616.

[22] 兰磊．我国平台经济领域反垄断指南的竞争政策评估［J］．竞争政策研究，2023（6）：36－59.

[23] 刘小妹．数字经济立法的内在逻辑和基本模式［J］．华东政法大学学报，2023，26（4）：28－37.

[24] 孟勤国．治理算法歧视侵害消费者权益的关键问题——以大数据杀熟为视角［J］．法律适用，2023（3）：37－47.

[25] 孙晋，蓝澜．数字垄断协议的反垄断法甄别及其规制［J］．科技与法律（中英文），2023（1）：1－10.

[26] 王迪，孙晋．反垄断：无序并购的违法判定与规制路径［J］．长江论坛，2021（5）：69－75.

[27] 王先林．论常态化监管下平台经济领域反垄断的定位和举措［J］．江淮论坛，2023（4）：100－108.

[28] 王煜婷．数字经济背景下我国经营者集中制度的完善［J］．中国政法大学学报，2022（1）：161－172.

［29］杨明. 互联网广告屏蔽行为的效应分析及规制路径选择［J］. 清华法学，2021，15（4）：176－194.

［30］展鹏贺，罗小坤. 互联网平台分级监管的法理逻辑与路径完善——基于欧盟《数字服务法》的比较观察［J］. 湖南大学学报（社会科学版），2023，37（3）：72－79.

［31］张素伦，胡明明. 数字时代滥用共同市场支配地位的法律规制［J］. 人民论坛，2024（5）：69－71.

［32］郑鹏程. 论搭售的违法判断标准［J］. 中国法学，2019（2）：183－201.

第十四章
数字经济内涵与量化指标体系研究综述[①]

随着数字经济的快速发展，对于数字经济的测度已受到了理论与实务界的广泛关注。国内外关于数字经济发展的量化研究主要由国际组织、政府下设研究机构、学术界研究组织、数字领域龙头企业巨头等组织机构作出，这些研究从不同角度出发对数字经济发展进行了深入分析和量化评估。

从研究对象看，对数字经济的量化研究可以分为经济整体层面、产业层面和企业层面三个视角。针对经济整体层面的研究根据所研究对象的规模与范围又可以进一步分为：针对国家（经济体）层面的研究、针对国内省份和直辖市层面的研究，以及针对地级市或县级市等小规模经济整体层面的数字经济规模核算或指标体系构建研究，据此，本章将针对国家（经济体）整体经济层面的数字经济量化评估研究，以及我国省市县层面数字经济发展水平量化研究分为两节进行综述。此外，由于数字经济的核心和基础是“数字产业化”和“产业数字化”，现有文献中有不少从这两个方面对数字经济发展水平进行评估，因此，第三节重点梳理这两方面的研究进展。进一步，数字产业化与产业数字化的微观主体是企业，数字经济发展的最重要微观单元就是企业的数字化转型，现有研究有不少从企业“数字化”或企业“数字化转型”视角来评估数字经济发展水平，因此，本章第四节重点梳理这方面的研究进展。总体上，本章遵循“经济整体—产业层面—企业层面”的从宏观到微观的内在逻辑展开对数字经济发展水平测度相关研究的梳理工作。

总体来看，数字经济的量化测度是一项复杂而多维的任务，由于整个数字经济体系框架太大、各位研究者对数字经济内涵的理解不一，导致不同的量化方法之间各有侧重，目前尚未形成较为统一的度量标准。随着数字经济的不断发展演进，量化指标体系的构建和完善也将是一个持续的过程，需要政府、学术界和实务界的共同努力和协作。

---

① 本章作者为庞瑞芝、张绡茜。其中：庞瑞芝，南开大学经济与社会发展研究院教授；张绡茜，南开大学经济学院研究生。

第一节　国家及经济体层面的数字经济量化研究

目前，国际组织、研究机构、学界和政府部门衡量某一国家或经济体整体数字经济发展水平的方式可大致分为两类：一是直接法，即在界定范围之下，直接统计或估算出一国数字经济的规模体量（增加值），如基于国民账户体系、基于增长核算框架的测算以及利用现代计量经济学方法构建模型核算数字经济增加值；二是间接法，即选取多个维度、多个层级的指标构建数字经济综合评价指标体系，通过主观赋权或熵值法、主成分分析法等客观赋权方法计算赋予各指标相应权重，得到数字经济发展的综合指数或分项指数，可以评估及比较分析国家间数字经济发展水平的差异。

对数字经济的核算首先要基于对“数字经济”内涵的理解。数字经济的概念和内涵十分丰富，目前国际社会尚未对数字经济的定义达成一致，各位研究者结合研究需要和数字经济发展的实际情况，对数字经济内涵的理解和对测算范围的界定各有侧重，不尽相同。在部分现有研究成果中，研究者对数字经济内涵的定义较广，但在实际测算中口径会有所收窄。为便于整理比较，本文根据量化范围的不同，将量化口径大致分为核心口径、窄口径和宽口径三类。

核心口径对数字经济的测算侧重于数字产业化层面，主要指信息通信技术（ICT）产业的发展，以及以ICT为支撑衍生出的新兴产业部门，如电子商务。基于核心口径的代表性测度机构有美国商务部经济分析局（BEA）、国际货币基金组织（IMF）等。BEA以互联网和相关ICT产业部门为起点定义了数字经济，将数字经济初步界定为数字化基础设施、电子商务和数字媒体三类数字经济商品与服务；IMF认为应把数字经济与数字部门区分开来，随着数字经济渗透到国民经济的各个环节，似乎整个经济都应该被纳入数字经济的范畴中，但在测度层面还是对以数字化为核心的重点领域进行测度。

窄口径的量化范围在核心口径的基础上增加了产业数字化部分，代表性组织有中国信息通信研究院等。2021年国家统计局公布并实施的《数字经济及其核心产业统计分类（2021）》从数字产业化和产业数字化两个方面确定了数字经济的基本内涵及范围。中国信息通信研究院对数字经济内涵的理解从数字产业化和产业数字化的“两化”逐步扩展到包含数据价值化、数字化治理的“四化”，但在实际测算中只覆盖了数字产业化和产业数字化两部分。

宽口径则不再局限于生产领域，在包含窄口径的基础上进一步增加了对数字治理等社会化影响的度量，代表性研究有欧盟的数字经济与社会指数、经济合作与发展组织（OECD）的数字经济指标体系等。OECD认为数字技术的发展不应仅服务于经济增长，更应该以公平性、普惠性、平衡性、稳定性等为目标，让更多的人享受到改革和发展的成果，因此，OECD 对数字经济的界定更多地包含了其对数字技术影响力的把握和对未来经济社会转型的宏观愿景（向书坚和吴文君，2018）。

以上的口径分类方法主要针对宏观层面整个经济体数字经济发展水平的测度研究，此处将这部分国内外机构组织的典型数字经济量化指标体系相关研究总结如表 14－1 所示。

表 14－1　　国家（经济体）整体经济层面数字经济量化研究集合

内容	发布机构	口径	直接/间接法	测度层面
美国数字经济规模	美国商务部经济分析局（BEA）	核心口径	直接	国家
数字部门增加值	国际货币基金组织（IMF）	核心口径	直接	国家
数字经济规模核算	中国信息通信研究院	窄口径	直接	国家
中国数字经济总体量	腾讯研究院	窄口径	直接	国家
数字经济与社会指数（DESI）	欧盟委员会	宽口径	间接	国家
数字经济指标体系	经济合作与发展组织（OECD）	宽口径	间接	国家
网络就绪度指数（NRI）	世界经济论坛（WEF）	宽口径	间接	国家
数字经济指数（DEI）	中国信息通信研究院	窄口径	间接	国家
全球数字经济竞争力指数	上海社会科学院信息研究所	宽口径	间接	国家
全球数字经济发展指数	阿里研究院和毕马威	宽口径	间接	国家
全球数字经济发展指数（TIMG 指数）	中国社会科学院金融研究所等	宽口径	间接	国家

资料来源：作者自行整理。

一、采用直接法核算数字经济规模

当前对于数字经济规模或增加值的核算，大部分文献的研究思路为先界定数字经济增加值范围，再分门别类进行增加值核算，最后将各部分逐一加总。由于对数字经济内涵的定义不一，各机构、学者在核算时的侧重点也不一致。以美国商务部经济分析局（BEA）、国际货币基金组织（IMF）为代表的研究机构基于核心口径进行测算，通过构建卫星账户等方法核算了数字产业以及电子商务等易于统计的数字技术与传统产业相互融合的经济活动。中国信息通信研究院、腾讯研究院等研究机构的核算范围有所扩大，涵盖了“数字产业化”和“产业数字化”两部分，这对应于窄口径的数字经济内涵进行量化研究。

（一）基于核心口径的数字经济测算

美国商务部经济分析局（BEA）在 2018 年发布的文件《数字经济的定义和测度》（Defining and Measuring the Digital Economy）中首次构建了数字经济卫星账户，对美国的数字经济进行了规模测算①。测算过程共分为三个步骤：首先定义了数字经济的概念；其

① 参见：https://www.bea.gov/research/papers/2018/defining-and-measuring-digital-economy。

次，在“供给—使用”框架内圈定与数字经济相关的商品和服务类别；最后，通过“供给—使用”框架确定生产这些商品和服务的产业，并估算这些产业的产出、附加值、就业、薪酬等相关指标。在该文件中，BEA 参考了 OECD 对数字经济的测度研究，对数字经济的定义主要基于互联网以及信息和通信技术（ICT），包括数字基础设施、数字交易（电子商务）和数字媒体三部分。之后 BEA 为了扩展数字经济估计的覆盖范围，使其更加全面和精确，对此测度方法进行了持续的更新和改进。例如，区分和量化“部分数字化”的商品和服务，将其纳入其数字经济卫星账户的估计中，以及探索如何测量并评估云技术对经济的贡献等。该方法较大地影响了澳大利亚、新西兰、加拿大等国家的统计机构对数字经济的核算。许宪春和张美慧①也参照该方法估计了中国数字经济规模，认为数字经济应主要包括数字化赋权基础设施、数字化媒体、数字化交易以及数字经济交易产品（货物、服务、信息/数据）四项内容，最终测算中只包括了完全或主要特征为数字化的产品。

IMF 在 2018 年发布的《测算数字经济》报告中区分了“数字部门”和通常所说的“数字经济”②。数字部门涵盖了数字化的核心活动，包括信息通信技术（ICT）产品和服务、在线平台以及平台支持的活动，如共享经济。而在广义上，所有使用数字化数据的活动都可以视为数字经济的一部分。在测算时 IMF 关注数字部门的具体经济活动范围，而不是尝试覆盖“数字经济”这一宽泛且不明确的概念。采用生产法对数字部门的增加值进行加总，并利用回归分析的结果来补充初步测算中可能遗漏的部分，结果显示数字部门在大多数经济体中的增加值占比不到 10%。

向书坚和吴文君③将数字经济的内涵定义为支撑经济活动数字化的基础设施及服务产业和开展数字化交易的产业活动，构建了包含数字促成产业（ICT 产业）、数字中介平台产业、依赖于中介平台生产的数字产业、电子商务产业以及其他数字产业的中国数字经济卫星账户框架，但在实际测算中只对数字经济促成产业和电子商务产业的增加值进行了测算。

（二）基于窄口径的数字经济核算

康铁祥④将数字经济总规模定义为数字产业部门总增加值和数字辅助活动创造的增加值的总和。其中数字辅助活动是指非数字产业中的数字活动，即产业数字化部分，数字辅助活动所创造的增加值通过非数字产业部门对数字产品及服务的中间消耗占总消耗的比重来确定。

中国信息通信研究院自 2017 年起，对中国和部分其他国家的数字经济规模进行测算。

---

① 许宪春，张美慧．中国数字经济规模测算研究——基于国际比较的视角［J］．中国工业经济，2020（5）：23－41.

② 参见：https：//www. imf. org/en/Publications/Policy－Papers/Issues/2018/04/03/022818－measuring－the－digital－economy。

③ 向书坚，吴文君．OECD 数字经济核算研究最新动态及其启示［J］．统计研究，2018，35（12）：3－15.

④ 康铁祥．中国数字经济规模测算研究［J］．当代财经，2008（3）：118－121.

信通院认为数字经济应包括数据价值化、数字产业化、产业数字化、数字化治理四部分，鉴于数据可得性、核算方法的局限性等问题，对数字经济增加值规模进行核算时仅包括数字产业化和产业数字化两部分[①]。数字产业化是指信息通信产业以及大数据、云计算等由数字技术广泛融合渗透所带来的新兴行业，计算时将各行业的增加值进行加总。产业数字化是指数字技术通过与传统产业的融合渗透，促进传统产业的产出和效率提升，计算时采用行业增长核算账户框架（KLEMS），将传统产业产出中数字技术的贡献部分剥离出来后再进行加总。

彭刚和赵乐新[②]基于数字经济包括基础层和融合应用层这一范围界定，借助增长核算框架，按照"先贡献度、后增量、再总量"的思路，对2003—2018年我国数字经济总量进行了测算。数字经济的基础层被界定为ICT行业（或部门）增加值，这能够从历年的投入产出表中直接获取；数字经济融合应用层的增加值则被定义为非ICT行业（或部门）中因使用ICT资本而创造的增加值规模，包括ICT资本对GDP增长的贡献和对TFP的作用两部分。

蔡跃洲和牛新星[③]将数字经济主要划分为"数字产业化"和"产业数字化"，结合国民经济核算体系、增长核算以及计量分析等方法测算了中国1993—2018年的数字经济规模（增加值）。其中，数字产业化增加值即各ICT产业部门增加值；产业数字化部分包括了"ICT替代效应增加值"和"ICT协同效应增加值"，测算步骤较为复杂，按照"先增量后总量、先贡献度后规模"的顺序，在增长核算及全要素生产率指数测算基础上再展开测算。

利用计量经济学方法估算数字经济规模与上述测算方法有较大不同，也鲜有研究机构使用。腾讯研究院通过回归模型测算得到中国数字经济总体量。腾讯研究院自2015年起编制中国"互联网+"数字经济指数，将该指数与官方公布的GDP数据整理为面板数据，使用面板数据固定效应模型进行回归分析得到回归系数，进而由合成的"互联网+"数字经济指数推算出中国数字经济增加值[④]。这种测算方法测得数字经济规模增速较快，在GDP中的占比逐渐上升，2018年数字经济规模占我国经济总量的三成左右。有学者认为该方法尚存在许多值得推敲之处，例如，外推的前提是其他条件保持不变，但报告中没有具体说明包括哪些其他自变量，因此很难判断其他条件（变量）能否保持不变。

二、采用间接法构建数字经济综合指标体系

与直接核算数字经济规模相比，构建综合指标体系的间接测度方法能够涵盖更加丰富

---

① 参见：http：//www. caict. ac. cn/kxyj/qwfb/bps/202007/t20200702_285535. htm。

② 彭刚，赵乐新．中国数字经济总量测算问题研究——兼论数字经济与我国经济增长动能转换［J］．统计学报，2020，1（3）：1－13.

③ 蔡跃洲，牛新星．中国数字经济增加值规模测算及结构分析［J］．中国社会科学，2021（11）：4－30＋204.

④ 参见：https：//www. tisi. org/4868。

的数字经济内涵，例如能够量化考察数字治理等数字化社会影响，即基于宽口径的视角测度数字经济。本小节总结了由欧盟、经济合作与发展组织（OECD）、中国信息通信研究院、上海社会科学院信息研究所等7个机构（部门）的研究，其中中国信息通信研究院构建了基于窄口径的数字经济综合评价体系，其他机构则从宽口径的视角设计指标体系。经整理比较发现这些指标侧重于度量数字基础设施和数字产业的发展，且大部分都能关注到数字治理或数字公共服务，对产业数字化相关指标有所涉及但数量较少。对比国内外研究机构的数字经济指标体系，国外研究机构更重视对数字人才在数字经济发展中的作用（单独设立一级指标），而国内研究机构则更关注数字技术研发创新的综合水平。

（一）欧盟的数字经济与社会指数（DESI）

自2014年以来，欧盟委员会一直在通过数字经济和社会指数（DESI）报告监测成员国经济社会的数字化进展。该指标体系从网络连通（connectivity）、人力资本（human capital）、互联网应用（use of Internet）（该维度2021年起被去除）、数字技术集成（integration of digital technology）、数字化公共服务（digital public services）5个维度来综合刻画欧盟及其成员国经济社会的数字化发展水平和进程，由10余个二级指标和30余个三级指标构成，具体指标根据实际情况进行过多次调整（见表14－2）。DESI中的大多数数据由各成员国统计局、欧盟统计局等国家当局或组织直接收集或核实，注重指标数据获取的权威性①。

表14－2　欧盟DESI指数体系（2021年后）

一级指标	二级指标
人力资本	互联网用户技能（internet user skills）
	高级技能及发展（advanced skills and development）
网络联通	固定宽带接入（fixed broadband take－up）
	固定宽带覆盖（fixed broadband coverage）
	移动宽带（mobile broadband）
	宽带价格（broadband prices）
数字技术集成	数字化强度（digital intensity）
	企业数字技术（digital technologies for businesses）
	电子商务（e－commerce）
数字化公共服务	电子政务（e－government）

资料来源：欧盟 The Digital Economy and Society Index（DESI）2022。

① 参见：https：//digital－strategy. ec. europa. eu/en/search？search＝The＋Digital＋Economy＋and＋Society＋Index＋%28DESI%29。

（二）OECD 数字经济指标体系

OECD 在 2014 年发布的《衡量数字经济：一个新的视角》从投资智能化基础设施、赋权社会、创新能力和促进经济增长与增加就业岗位四个维度选取了 38 个具有国际可比性的指标，侧重反映政府在 ICT 领域行动时的优先事项[①]。2019 年 OECD 进一步完善指标体系，发布了《走向数字化：回到未来》和《衡量数字化转型：未来路线图》，前者提出了新的数字政策框架和工具组合（走向数字化工具包），后者提出了新的数字化转型指标体系[②③]。新版指数从增强访问、增加有效利用、释放创新、确保就业、促进社会繁荣、加强信任和促进市场开放七个方面选取衡量指标，广泛覆盖了教育、创新、贸易、经济和社会成果等领域。但该指标体系并未计算形成总的综合指数，而是旨在提供一个多维度的评估框架。不同国家或地区可以通过这个指标体系进行比较，识别各自的优势和劣势，以及在数字化转型方面与其他国家的差异。

（三）网络就绪度指数（NRI）

网络就绪度指数（NRI）的编制和测算由世界经济论坛（WEF）于 2002 年发起，2019 年由其创始人和联合编辑 Soumitra Dutta 和 Bruno Lanvin 重新设计，以反映技术和人才需要如何整合到有效的治理结构中，以便对经济、社会与环境产生正确的影响。目前最新版的 NRI 模型基于技术、人才、政府治理和影响四个维度选取 12 个二级指标、58 个三级指标对全球 130 余个国家和地区信息和通信技术（ICT）的发展及影响进行评价[④]（见表 14－3）。

表 14－3　　网络就绪度指数（NRI）指标体系

一级指标	二级指标
技术	访问（access）
	内容（content）
	未来技术（future technologies）
人才	个体（individuals）
	企业（businesses）
	政府（governments）

① 参见：https：//doi. org/10. 1787/9789264221796－en。

② 参见：https：//www. oecd－ilibrary. org/sites/1249c88f－en/index. html？ itemId＝/content/paper/1249c88f－en。

③ 参见：https：//www. oecd－ilibrary. org/science－and－technology/measuring－the－digital－transformation_9789264311992－en。

④ 参见：https：//networkreadinessindex. org/。

续表

一级指标	二级指标
政府治理	信任（trust）
	监管（regulation）
	包容（inclusion）
影响	经济（economy）
	生活品质（quality of life）
	可持续发展（sustainable development goal contributions）

资料来源：世界经济论坛 Network Readiness Index 2023。

（四）中国信息通信研究院的数字经济指数（DEI）

中国信息通信研究院构建了数字经济指数（DEI），从宏观经济、基础能力、基础产业、融合应用四个层面选取与数字经济发展周期波动存在明确相关关系的经济发展指标，利用统计方法计算得出的景气合成指数，可分为先行指标、一致指标和滞后指标三类，力求综合反映当前数字经济的波动轨迹，有效监测数字经济的发展态势。宏观经济层面从大处着眼，反映数字经济发展的宏观背景情况；基础能力层面立足数字技术及基础设施，从网络、终端、用户等的发展情况来反映支撑数字经济发展的基础能力；基础产业层面从信息产业自身视角，用行业运行的总体态势来反映支撑数字经济发展的产业基础；融合应用层面对行业细化分解，从典型业务的具体发展情况和“互联网＋”重点领域增加值情况来反映数字经济对国民经济其他行业的带动作用①（见表 14－4）。

表 14－4　　中国信息通信研究院 DEI 指标体系

先行指标	一致指标		滞后指标
基础能力	基础产业	融合应用	宏观经济
大数据投融资	ICT 主营业务收入	电子商务规模	第一产业增加值
云计算服务市场规模	ICT 综合价格指数	互联网服务市场规模	工业增加值
物联网终端用户数	互联网投融资	“互联网＋”协同制造	第三产业增加值
移动互联网接入流量	电子信息产业进出口总额	“互联网＋”智慧能源	信息消费规模
移动宽带用户数		“互联网＋”普惠金融	
固定宽带接入时长		“互联网＋”高效物流	
固定宽带用户数			
固定资产投资完成额			

资料来源：《中国数字经济发展白皮书（2017 年）》。

① 参见：https：//www.cac.gov.cn/files/pdf/baipishu/shuzijingjifazhan.pdf。

（五）全球数字经济竞争力指数

上海社会科学院信息研究所2017年首次发布《全球数字经济竞争力指数（2017）》，从数字设施竞争力、数字产业竞争力、数字创新竞争力和数字治理竞争力四个方面，对全球50个国家和经济体的数字经济竞争力进行定量评估和特征分析（见表14-5）。其中数字基础设施、数字产业和数字创新是一国数字经济竞争力的三大支柱，数字治理则是这一体系健康运行的保障[①]。后续报告中也对原指标体系进行了多次调整，数据基本来自世界银行、世界经济论坛、国际电信联盟等机构的数据库或报告，数据来源比较权威和稳定。

表14-5　　全球数字经济竞争力指标体系

一级指标	二级指标	三级指标
数字设施竞争力	网络设施	互联网普及率
		移动蜂窝订阅率
	通信设施	移动传输速度
		宽带传输速度
	终端设备	智能手机普及率
数字产业竞争力	经济产出	数字产业总量
		数字产业增速
	引擎产业	人工智能指数
		电子商务额
数字创新竞争力	创新产出	数字技术相关专利和期刊数量
		知识产权收入占贸易总额比重
	人才资本	高等教育入学率
	研发投入	研发投入强度
数字治理竞争力	安全保障	网络安全
		隐私安全
	服务管理	政府电子服务指数
		监督质量
	市场环境	知识产权保护力度

资料来源：《数字经济蓝皮书：全球数字经济竞争力发展报告（2023）》。

（六）全球数字经济发展指数

2018年，阿里研究院和毕马威联合发布《全球数字经济发展指数》，覆盖150个国家和地区，通过数字基础设施、数字消费者、数字产业生态、数字公共服务、数字科研五大

① 王振，王滢波，赵付春，惠志斌．全球数字经济竞争力发展报告（2017）［M］．北京：社会科学文献出版社，2017.

维度，刻画数字经济的水平、结构与发展路径①（见表 14 –6）。

表 14 –6　　全球数字经济发展指数指标体系

一级指标	二级指标	三级指标
数字基础设施	互联网渗透率	
	每百人移动电话用户	
	平均网速	
	移动电话消费能力指数	
	移动流量消费能力指数	
数字消费者	社交网络渗透率	
	网购渗透率	
	移动支付渗透率	
数字商业生态	企业新技术吸收水平	
	独角兽数量	
	数字商业生态发展水平	电商占社零比重
		数字广告占广告总支出比重
数字公共服务	在线服务覆盖水平	
数字教育科研	ICT 专利数量	
	数学、计算机数学高引用论文指数	计算机高引用论文指数
		数学高引用论文指数

资料来源：《2018 全球数字经济发展指数》。

（七）全球数字经济发展指数（TIMG 指数）

2023 年，中国社会科学院金融研究所、国家金融与发展实验室、中国社会科学出版社联合发布了《全球数字经济发展指数报告（TIMG2023）》，构建了全球数字经济发展指数——TIMG 指数，并使用 2013—2021 年的数据对全球 106 个经济体的数字经济发展程度进行了测算。指标体系从数字技术、数字基础设施、数字市场和数字治理四个维度衡量全球数字经济发展，侧重从支撑数字经济发展的国家资源禀赋差异和制度环境视角来测度数字经济发展水平②（见表 14 –7）。

表 14 –7　　TIMG 指数的指标体系

一级指标	二级指标	三级指标
数字技术	研发产出	数字专利规模、数学和计算机发表论文数
	人力资本	高等教育入学率、国民数字素养
	创新水平	创新活跃程度、产学研合作水平

① 参见：https：//zhuanlan. zhihu. com/p/44886311。
② 参见：http：//www. cbdio. com/BigData/2023 –06/21/content_6174049. htm。

续表

一级指标	二级指标	三级指标
数字基础设施	普惠性	活跃的固定宽带用户、活跃的移动宽带用户、移动电话订阅量
	便捷性	人均国际互联网带宽、移动资费、手机价格
	安全性	网络安全指数
数字市场	需求侧	数字消费者规模、移动社交媒体渗透率
	供给侧	数字企业数量、数字企业获得融资规模
	国际市场	数字服务出口规模
数字治理	数字政府	电子政务指数
	经济与社会环境	营商环境指数、知识产权保护程度
	政治与法律环境	数字相关法律规制建设、ICT 监管跟踪指数、政府支持程度

资料来源：《全球数字经济发展指数报告（TIMG2023）》。

第二节　我国省市县域层面数字经济发展水平的量化研究

本节从省级、市级以及县域经济层面上对特定行政区域范围内数字经济发展水平进行量化研究，受限于可操作性，现有研究基本都采用构建综合评价指标体系的方式进行测度。本节对于指标体系的分析继续沿用上一节对数字经济口径的定义，此处将这部分机构组织的典型相关数字经济量化指标体系相关研究总结如表 14－8 所示。

表 14－8　　我国省市县域层面数字经济量化研究集合

内容	发布者	口径	直接/间接法	测度层面
中国数字经济指数（DEI）	财新智库等	窄口径	间接	中国各省份
中国数字经济指数（DEDI）	赛迪顾问	宽口径	间接	省份
城市数字经济竞争力	上海社会科学院信息研究所	—	间接	城市
“互联网＋”数字经济指数/数字中国指数	腾讯研究院	宽口径	间接	城市
中国城市/县域数字经济指数	新华三集团	宽口径	间接	城市、县域

资料来源：作者自行整理。

一、省级行政区域数字经济发展水平的测度

（一）基于窄口径的测度

财新智库、中国信息通信研究院侧重于从数字化基础、数字产业化和产业数字化方面选取指标构建数字经济指数。中国信息通信研究院的研究在第一节已经进行了详细介绍，该指标体系也可用于测度省级数字经济发展水平，此处不再赘述。

财新智库与数联铭品联合研发提出了中国数字经济指数（DEI），该指数包含数字经济产业指数、融合指数、溢出指数和基础设施指数四个一级指标，以及14个二级指标和38个三级指标，度量了全国及各省份由信息技术革新驱动的数字经济的增长（见表14－9）。该指数的测算利用了网络大数据挖掘手段，紧跟国家统计局、国家知识产权局、各地工商局等机构，以及各类招标网站、风险投资网站、互联网招聘网站等，按月度发布，具有较好的时效性[①]。

表14－9　　财新智库DEI数字经济指标体系

一级指标	二级指标
数字经济产业指数	大数据产业
	互联网产业
	人工智能产业
数字经济融合指数	工业互联网
	智慧供应链
	共享经济
	金融科技
数字经济溢出指数	制造业对数字经济的利用率
	制造业占比
	其他行业对数字经济的利用率
	其他行业分别占比
数字经济基础设施指数	数据资源管理体系
	互联网基础设施
	数字化生活应用普及程度

资料来源：《中国数字经济指数2024.04》。

从学界的研究看，张雪玲和焦月霞[②]较早地构建了数字经济发展指标体系，从信息通信基础设施指标、ICT初级应用、ICT高级应用、企业数字化发展、信息和通信技术产业发展五个方面测算了我国数字经济的发展状况。刘军等[③]将数字经济指数分解为信息化发展、互联网发展和数字交易发展三个维度，其中每个维度进一步从基础与影响的角度选取指标，衡量了全国和各省份的数字经济发展水平。温珺等[④]从基础设施和应用程度两方面选择了11个指标，杨慧梅和江璐[⑤]则立足于数字经济发展的数字产业化与产业数字化两大

① 参见：https：//yun. ccxe. com. cn/indices/dei。

② 张雪玲，焦月霞．中国数字经济发展指数及其应用初探［J］．浙江社会科学，2017（4）：32－40＋157.

③ 刘军，杨渊鋆，张三峰．中国数字经济测度与驱动因素研究［J］．上海经济研究，2020（6）：81－96.

④ 温珺，阎志军，程愚．数字经济驱动创新效应研究——基于省际面板数据的回归［J］．经济体制改革，2020（3）：31－38.

⑤ 杨慧梅，江璐．数字经济、空间效应与全要素生产率［J］．统计研究，2021，38（4）：3－15.

特征构建数字经济发展水平的指标体系。

（二）基于宽口径的测算

中华人民共和国工业和信息化部赛迪研究院2017年发布《2017中国数字经济指数（DEDI）》白皮书，从基础（数字基础设施）、资源（数据应用和潜在数据资源）、技术（数字技术的投入与产出）、融合（数字技术与工农两业的融合）和服务（数字技术与传统服务业的融合）五个维度提出了数字经济的五型分类和评价体系，构建了对我国省级行政区域的数字经济发展指数（DEDI）和五种类型数字经济指数的评价体系。2019年、2020年赛迪研究院对该指标体系进行了升级，调整为基础、产业、融合、环境四个一级指标，三级指标增长到41个，指标体系也更名为数字经济发展指数[①]（见表14－10）。

表14－10　中国数字经济发展指数评价指标体系

一级指标	二级指标	三级指标
基础指标	传统数字基础设施	4G用户数、4G平均下载速率、互联网普及率等
	新型数字基础设施	数据中心招标数量、5G试点城市数量、IPv6比例等
产业指标	产业规模	计算机、通信和其他电子设备制造业总产值、电信业务总量等
	产业主体	ICT领域主板上市企业数量、独角兽企业数量、互联网百强企业数量
融合指标	工业和信息化融合	“两化融合”水平、生产设备数字化率、关键程序数控化率等
	农业数字化	数字农业农村创新项目数、淘宝村数量
	服务业数字化	第三方支付金融牌照数量、电子商务交易额等
环境指标	政务新媒体	政府网站数量缩减比例、政府机构微博数量等
	政务网上服务	政府网上政务服务在线办理成熟度和成效度
	政务数据治理	政务数据治理平台项目数量、政务数据平台建设资金投入等

资料来源：《2020中国数字经济发展指数（DEDI）》。

部分学者也以宽口径编制数字经济指数。万晓榆等[②]基于投入产出视角，从数字化投入（基础设施和创新）、数字化产出（数字产业化和产业数字化）和数字化治理（政府、企业、公众）三大维度最终选取70个指标建立了数字经济评价指标体系，但该指标尚停留在理论探讨的层面，实际测算时数据获取有较大难度。王军等[③]基于数字经济的内涵，选取数字经济基础设施、数字产业化、产业数字化以及数字经济发展环境（数字治理和创新）作为数字经济的4个一级指标，并下设9个二级指标和30个变量，考虑指标数据的

---

① 参见：http：//cbdio. com/image/site2/20191105/f42853157e261f2b7ce507. pdf。

② 万晓榆，罗焱卿，袁野．数字经济发展的评估指标体系研究——基于投入产出视角［J］．重庆邮电大学学报（社会科学版），2019，31（6）：111－122.

③ 王军，朱杰，罗茜．中国数字经济发展水平及演变测度［J］．数量经济技术经济研究，2021，38（7）：26－42.

时代性和可获得性，在省级层面对数字经济的综合指数进行测算。葛和平和吴福象[①]认为数字经济指数评价体系可以从发展环境（基础设施和创新）、数字产业化、产业数字化及数字化治理四个维度展开。金灿阳等[②]从投入产出的角度选取一级指标，投入视角包括数字基础设施、数字创新和数字治理，产出视角包括数字产业化和产业数字化，并采用模糊集合的方法筛选出二级指标，构建了中国省域数字经济发展指数评价指标体系。

二、城市及县域数字经济发展水平测度

数据的可得性直接影响数字经济指标体系的编制。在城市及县域层面上，使用官方统计机构数据的指标体系在指标选取和测度范围上明显受限，如上海社会科学院信息研究所和学术界相关学者的研究；而基于企业建立的研究机构，基于自身业务数据和大数据计算能力，能够设计指标构成较为丰富的指数评价体系，如腾讯研究院、新华三集团等。至此可以明显看出，与学界的研究相比，由各类机构或组织构建的数字经济指数评价体系更加庞大，包含的具体指标较多，也常使用其他研究者难以获得的专属性数据。尤其是基于企业建立的研究机构，在指数构建时具备明显的个性化特征。

上海社会科学院信息研究所在2019年的《全球数字经济竞争力发展报告》中开始尝试在城市层面构建数字经济竞争力指标体系，从经济与基础设施、数字创新和数字人才三个方面来考量，并选取全球30个城市进行评估，包括中国的北京和上海[③]。受到数据资料可得性的限制，该指标数据来源以各类报告或排名为主，缺乏原始数据。这也是目前研究中测度城市层面数字经济发展水平的主要障碍之一。

腾讯研究院从2015年开始编制“互联网+”数字经济指数，2019年改名为数字中国指数，由腾讯公司联合京东、猫眼、携程等众多核心互联网平台，依托各家公司的技术、业务与数据基础，从产业、文化、政务和生活四个维度构建指标体系，通过“大数据”分析衡量对中国31个省份和351个城市的数字经济发展水平进行评价。其中数字产业指数测度各省市产业数字化程度，细分金融、零售、工业、教育、医疗等12个主要行业；数字文化测度各省市数字内容和文化消费，包括长短视频、音乐、新闻等；数字政务度量政务服务在线化发展水平；数字生活测度线上社交活跃情况[④]。

新华三集团于2017年首次发布《中国城市数字经济指数白皮书（2017）》，从城市信息基础、产业融合、城市服务、城市治理四个方面建立城市数字经济评估体系，并于2022年将指标体系更新为数字基础设施、数字经济、数字社会、数字政府、数字生态五个数字

---

① 葛和平，吴福象．数字经济赋能经济高质量发展：理论机制与经验证据［J］．南京社会科学，2021（1）：24-33.

② 金灿阳，徐蔼婷，邱可阳．中国省域数字经济发展水平测度及其空间关联研究［J］．统计与信息论坛，2022，37（6）：11-21.

③ 王振，惠志斌，徐丽梅，等主编．数字经济蓝皮书：全球数字经济竞争力发展报告（2023）［M］．北京：社会科学文献出版社，2023.

④ 参见：https：//www. tisi. org/4868、https：//research. tencent. com/report?id=29j。

中国核心内容，测算范围逐渐由最初的 40 个城市扩大到 200 余个。2019 年新华三集团开始尝试评估县域的数字经济水平，次年开始发布区县一级的单独报告。报告对城区、县市和高新区/经开区分别构建差异化的数字经济指标体系，在沿用城市评估体系主脉络的基础上突出产业融合能力评价，测算规模现已增长到 300 余个区县[①]。

也有部分文献尝试在城市层面构建评价体系，但受限于数据的可得性等问题，最终的指数构成与省级相比较为简单。赵涛等[②]学者最早在城市层面上构建指标体系，从互联网发展和数字金融普惠两方面对数字经济综合发展水平进行测度，其中前者包括互联网普及率、相关从业人员情况、相关产出情况和移动电话普及率四个指标。柏培文和张云[③]借鉴赵涛等的研究，进一步从数字产业、数字创新、数字用户、数字平台四个角度对数字经济进行衡量，其中数字产业活跃度主要囊括了数字经济基础产业发展程度，数字创新活跃度主要体现了数字经济智能技术与数字技术创新水平，数字用户活跃度主要测算了用户数字化水平与数字经济移动支付的功能，数字平台活跃度则主要凸显了网络平台数字化水平。

第三节　产业分类视角下数字经济发展水平的量化研究

国家统计局发布的《数字经济及其核心产业统计分类（2021）》确定了数字经济的基本范围，将其分为数字产品制造业、数字产品服务业、数字技术应用业、数字要素驱动业、数字化效率提升业 5 大类。其中，前 4 大类为数字产业化部分，即数字经济核心产业，是指为产业数字化发展提供数字技术、产品、服务、基础设施和解决方案，以及完全依赖于数字技术、数据要素的各类经济活动；第 5 大类为产业数字化部分，是指应用数字技术和数据资源为传统产业带来的产出增加和效率提升，是数字技术与实体经济的融合。本小节分别从数字产业化和产业数字化的视角整理了目前已有主要研究成果。

一、对数字产业化的量化研究

数字产业化作为数字经济的核心构成，对其进行量化研究同样可以分为直接的核算法和间接的指标体系法。

（一）直接法

目前对测算数字产业化规模（增加值）的研究按照其界定范围不同，可以分为狭义定

---

① 参见：https：//deindex. h3c. com/2024/Faq/。

② 赵涛，张智，梁上坤．数字经济、创业活跃度与高质量发展——来自中国城市的经验证据［J］．管理世界，2020，36（10）：65－76.

③ 柏培文，张云．数字经济、人口红利下降与中低技能劳动者权益［J］．经济研究，2021，56（5）：91－108.

义下的数字产业化核算和广义定义下的数字产业化核算。从狭义上讲，数字产业化主要是指ICT行业（或部门），包括但不限于电子信息制造业、电信业、软件和信息技术服务业等。这部分数据可以从国家层面各年的投入产出表中直接获取[①]。广义的数字产业化不仅包括直接的ICT产品和服务业，还包括由于数字技术的广泛融合渗透所带来的新兴行业，如云计算、物联网、大数据、互联网金融等，计算时按照国民经济统计体系中各个行业的增加值进行直接加总。

（二）间接法

目前针对数字产业化进行测算评估的指标体系相关研究比较少。从各类机构的研究来看，国际电信联盟的ICT发展指数（IDI）和华为公司编制的全球联接指数（GCI）衡量了国家层面的数字产业化水平。从学界的研究来看，一部分文献出于实证研究目的构建了数字产业化指标，另一部分文献则是在数字经济综合指标下包含了数字产业化的维度。

IDI是由国际电信联盟（ITU）每年定期发布的衡量一个国家和地区ICT发展水平的综合评价指标，能反映绝大部分联合国成员的ICT行业发展及其应用进程。在指标构成方面，IDI包括接入、使用以及技能三个维度，共11项二级指标（见表14－11）。由于数据可用性和质量问题，该指数于2018年暂停测算，基于新方法的IDI指数于2023年重新发布。新的IDI指数从普遍性（universal）和有意义（meaningful）两个维度选取指标构建评估体系[②]（见表14－12）。

表14－11　　ICT发展指数指标体系（旧）

一级指标	二级指标
ICT接入	固定电话普及率
	移动电话普及率
	用户平均国际互联网带宽
	家庭电脑普及率
	家庭互联网接入率
ICT使用	互联网用户比例
	固定宽带普及率
	移动宽带普及率

① 彭刚，赵乐新．中国数字经济总量测算问题研究——兼论数字经济与我国经济增长动能转换［J］．统计学报，2020，1（3）：1－13. 蔡跃洲，牛新星．中国数字经济增加值规模测算及结构分析［J］．中国社会科学，2021（11）：4－30＋204.

② 参见：https：//www. itu. int/en/ITU－D/Statistics/Pages/IDI/default. aspx#gsc. tab＝0。

续表

一级指标	二级指标
ICT 技能	平均受教育年限
	中学毛入学率
	高等教育毛入学率

资料来源：国际电信联盟 ICT Development Index 2017。

表 14－12　　ICT 发展指数指标体系（新）

一级指标	二级指标
连接普遍性	互联网人口普及率（最近 3 个月）
	互联网家庭普及率
	每百人活跃移动宽带用户数
有效连接	3G/4G/LTE 移动网络覆盖率
	用户平均移动宽带互联网流量
	移动数据和语音高消费篮子价格（占人均国民总收入百分比）
	固定宽带互联网篮子价格（占人均国民总收入的百分比）
	拥有手机的个人比例
	用户平均固定宽带互联网流量

资料来源：国际电信联盟 ICT Development Index 2023。

华为公司推出的全球联接指数（GCI）是 ICT 技术评估框架，已对全球 79 个国家现有的 ICT 联接水平和数字化转型程度进行了比较分析①。GCI 共有 40 个衡量指标，可以从纵向和横向两个方面分析。纵向看包含了供给、需求、体验、潜力四个维度，涵盖了 ICT 发展和数字化转型的所有要素；横向看可分为技术基础和宽带、云计算、物联网、人工智能四大智能技术，后者是衡量数字经济相对优势、劣势、机遇和挑战的重要标杆（见表 14－13）。该指数已于 2021 年暂停更新。

表 14－13　　全球联接指数（GCI）指标体系

	供给	需求	体验	潜力
	衡量数字经济中 ICT 产品和服务的现有供给水平	衡量数字经济产业的使用现状及应用水平	衡量个人和企业的用户体验和满意度	衡量 ICT 对数字经济的潜在推动力基础
基础	ICT 投资	应用下载量	电子政务	研发投入
	电信投资	智能手机渗透率	电信客户满意度	ICT 专利数
	ICT 相关的法律法规	电子商务交易量	互联网参与度	IT 从业人员数量
	国际出口带宽	计算机家庭渗透率	宽带下载速率	软件开发者数量
	安全软件投资	安全互联网服务器数量	网络安全意识	ICT 对新商业模式的影响

① 参见：https：//www. huawei. com/minisite/gci/cn/media. html。

续表

	供给	需求	体验	潜力
	衡量数字经济中 ICT 产品和服务的现有供给水平	衡量数字经济产业的使用现状及应用水平	衡量个人和企业的用户体验和满意度	衡量 ICT 对数字经济的潜在推动力基础
宽带	光纤到户	固定宽带用户数量	固定宽带可支付性	宽带潜力
	4G 和 5G 联接	移动宽带用户数量	移动宽带可支付性	移动潜力
云计算	云服务投资	云化率	云服务体验	云服务潜力
物联网	物联网投资	物联网设备总量	物联网分析	物联网潜力
人工智能	人工智能投资	人工智能需求	数据生成量	人工智能潜力

资料来源：《全球联接指数 2020》。

学界在构建数字产业化指标时基本都包含了产业规模和产业主体两方面的相关指标，部分研究在此基础上增加了创新水平、产业基础等维度。王军等①从产业规模和产业主体两方面衡量数字产业化，产业规模主要由相关数字产业的总营收或人均营收等指标度量，如电信业务总量、软件与信息服务业产值等，产业主体则由 ICT 上市公司数量、互联网百强企业数量等指标构成。刘钒和余明月②、向云等③在考虑规模和主体的同时增加了数字创新，包括专利数据、技术市场成交额、高新技术企业相关数据等指标。高煜和李佳余④、杨梦洁⑤在构建数字产业化指数时还加入了数字产业固定资产投资额等反映投入水平的指标，以及光缆长度等产业基础指标。

二、对产业数字化的量化研究

随着数字技术与实体经济的不断融合，产业数字化对经济发展的贡献不断增强。研究显示我国产业数字化占数字经济比重大于数字产业化，产业数字化发展速度也快于数字产业化，产业数字化对经济增长的间接贡献大于数字产业化的直接贡献，正逐渐成为经济增长的主引擎⑥。对产业数字化（或数字化转型）进行测算的相关量化研究成果可以主要归纳为直接核算法和构建综合指标体系两大类方法。

---

① 王军，朱杰，罗茜．中国数字经济发展水平及演变测度［J］．数量经济技术经济研究，2021，38（7）：26－42.

② 刘钒，余明月．长江经济带数字产业化与产业数字化的耦合协调分析［J］．长江流域资源与环境，2021，30（7）：1527－1537.

③ 向云，陆倩，李芷萱．数字经济发展赋能共同富裕：影响效应与作用机制［J］．证券市场导报，2022（5）：2－13.

④ 高煜，李佳余．数字产业化和产业数字化的耦合协调度测度与分析［J］．统计与决策，2023，39（18）：119－124.

⑤ 杨梦洁．中部地区数字产业化与产业数字化发展水平及耦合协调度评价分析［J］．区域经济评论，2023（2）：79－88.

⑥ 陆洋，王超贤．数字化转型量化评估研究的比较分析与最新进展［J］．科技进步与对策，2021，38（9）：152－160. 刘波，洪兴建．中国产业数字化程度的测算与分析［J］．统计研究，2022，39（10）：3－18.

（一）采用直接法核算产业数字化规模

产业数字化规模的核算是数字经济规模核算的一部分，采用增长核算框架是测算产业数字化的主流方法。中国信息通信研究院、彭刚和赵乐新[①]、蔡跃洲和牛新星[②]都通过构建增长核算框架、测算各行业 ICT 资本存量的方法，把不同传统产业产出中数字技术的贡献部分剥离出来，进而加总得到传统产业中的数字经济总量。彭刚和赵乐新[③]将数字技术的贡献进一步分为 ICT 资本对 GDP 增长的直接贡献和通过作用于 TFP 进而影响 GDP 增长的间接贡献两部分。蔡跃洲和牛新星[④]分析认为数字技术渗透到非数字部门后，将通过替代效应和协同效应参与价值创造，共同构成数字经济“产业数字化”部分的增加值。替代效应增加值是指 ICT 资本通过对非 ICT 资本、劳动力要素的替代而创造增加值，协同效应增加值是指 ICT 技术及数据要素促进企业层面和产业链整体效率提升，即 TFP 增长，从而带来更多价值创造。

（二）构建指标体系衡量产业数字化发展水平

腾讯研究院自 2021 年起调整数字经济研究方向，发布《数字化转型指数报告》对城市数字化和产业数字化发展水平进行测度。构建包含数字基础设施、数字平台、数字应用三个方面的数字化转型指数，评估城市和产业的数字化发展规模，该指标体系测算覆盖全国 351 个城市、18 个行业的季度数字化转型指数[⑤]（见表 14－14）。该指标体系的特点是基于微观市场主体层面测算产业数字化水平，其主要使用企业主要业务数据，这能够反映市场微观主体的数字化转型发展水平，对产业中观层面的数智化发展指标考虑不足，其中以专家打分的方式确定权重的做法存在一定主观性，总体上看还有较大优化调整空间。

表 14－14　　腾讯数字化转型指数指标体系

一级指标	二级指标
基础设施指数	云计算、人工智能、安全
平台指数	支付、电商、影视娱乐
应用指数	数字化采购、数字化研发、数字化协作（如会议、文档）

资料来源：《数字化转型指数报告 2022》。

① 彭刚，赵乐新．中国数字经济总量测算问题研究——兼论数字经济与我国经济增长动能转换［J］．统计学报，2020，1（3）：1－13.

② 蔡跃洲，牛新星．中国数字经济增加值规模测算及结构分析［J］．中国社会科学，2021（11）：4－30＋204.

③ 彭刚，赵乐新．中国数字经济总量测算问题研究——兼论数字经济与我国经济增长动能转换［J］．统计学报，2020，1（3）：1－13.

④ 蔡跃洲，牛新星．中国数字经济增加值规模测算及结构分析［J］．中国社会科学，2021（11）：4－30＋204.

⑤ 参见：https：//www. tisi. org/23327。

2023 年厦门大学经济学科发布《中国产业数字化转型指数（2023）》。该指数聚焦中国数字经济产业数字化转型，以三次产业数字化活动、数字化基础设施建设及产业数字化政策基础为指标要素构建评估指标体系。该项研究成果综合利用通信大数据、政策文本挖掘及数据分析等方法，采集了 2017—2022 年我国农业、工业、服务业三次产业数字化转型相关活动数据，产业数字化政策文件及产业数字化基础设施建设数据，评估中国 31 个省级行政单位（不包含港澳台地区）产业数字化转型发展程度①。

学界关于产业数字化的实证研究相对较少，对如何构建产业数字化指数的探讨比较有限，暂未形成较为一致或被广泛借鉴的指标体系。王军等②从产业分类的角度切入，测度我国农业数字化、工业数字化和服务业数字化的水平，在此基础上集成得到产业数字化指数。其中，农业数字化由农村宽带接入、农产品电子商务额等指标衡量；工业数字化由工业应用互联网比重、两化融合指数等指标构成；服务业数字化包含电子商务交易数据、数字普惠金融指数等指标。傅为忠和刘瑶③从数字化基础与数字化能力两个维度评价产业数字化。杨文溥④、赵利等⑤参考已有相关研究成果，从数字人才、产业数字化投入、产业数字化收入、数字基础设施四个方面对我国产业数字化转型程度进行测度，但在具体指标的选择上不同研究成果之间有较大差异。

第四节　对企业数字化发展水平的研究与测度

一、国际组织对企业数字化转型的量化研究

目前国际组织或机构基本采取构建数字化成熟度模型来衡量企业的数字化发展水平。2018 年国际咨询机构埃森哲首次推出“中国企业数字化转型指数”，量化评估中国八大代表性行业中 450 家企业的数字化成熟度⑥。该指标体系包含智能运营、商业创新和主营业务增长三方面，指标体系共有四级，其中第四级指标为数据采集项，分值为 0—100。数据由下至上逐级加总平均，最终得到企业数字化转型指数总分。随着数字化转型的广度和深度极大扩展，2023 年埃森哲公司进一步丰富了企业数字化转型的内涵，从开创竞争新前

---

① 参见：https：//soe. xmu. edu. cn/info/6411/557664. htm。

② 王军，朱杰，罗茜．中国数字经济发展水平及演变测度［J］．数量经济技术经济研究，2021，38（7）：26 –42.

③ 傅为忠，刘瑶．产业数字化与制造业高质量发展耦合协调研究——基于长三角区域的实证分析［J］．华东经济管理，2021，35（12）：19 –29.

④ 杨文溥．中国产业数字化转型测度及区域收敛性研究［J］．经济体制改革，2022（1）：111 –118.

⑤ 赵利，黄韵雪，汪发元．产业数字化、产业结构升级对共同富裕的影响——基于城乡收入差距的视角［J］．统计与决策，2024，40（8）：94 –98.

⑥ 参见：https：//www. accenture. cn/cn – zh/insights/digital/corporate – digital – transformation – index。

沿、全局性拉通（integrate across the enterprise）、打造数字核心、融入可持续、释放人才力量五大维度重新构建了指数体系①（见图 14－1）。

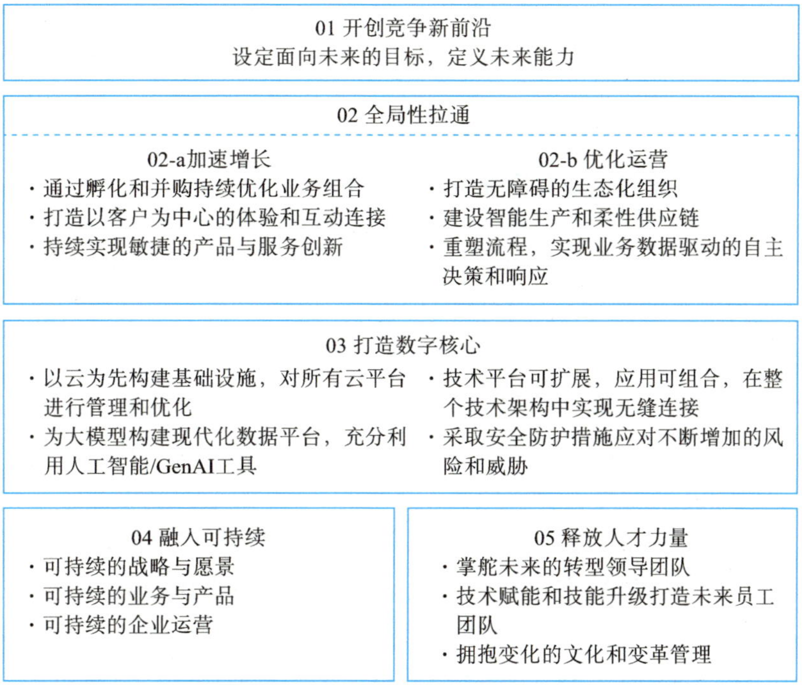

图 14－1　埃森哲公司构建的“中国企业数字化转型指数”评估框架

资料来源：《2023 埃森哲中国企业数字化转型指数》。

与华为公司类似，德勤公司也开发了企业数字成熟度模型（digital maturity model，DMM），旨在帮助企业在数字化转型过程中评估自身所处的阶段，并制定相应的目标和计划。DMM 模型评估企业在客户、战略、技术、运营、组织与文化五个核心业务维度的数字化能力，如表 14－15 所示。

表 14－15　　德勤公司提出的企业数字化成熟度模型（DMM）

客户	战略	技术	运营	组织与文化
客户参与	品牌管理	应用	敏捷变化管理	文化
客户体验	生态系统管理	连接事物	自动化资源管理	领导力与治理
客户洞察与行为	财务与投资	数据与分析	集成服务管理	组织设计与人才管理
客户信任与感知	市场与客户	交付管理	实时洞察与分析	员工赋能
	产品组合、创意与创新	网络	智能和自适应流程管理	

① 参见：https：//www. accenture. cn/cn－zh/insights/strategy/china－digital－transformation－index－2023。

续表

客户	战略	技术	运营	组织与文化
	利益相关者管理	安全	标准和治理自动化	
	战略管理	技术架构		

资料来源：德勤 deloitte - digital - maturity - model. pdf。

二、国内机构及企业对企业数字化的量化研究

中国电子技术标准化研究院发布的《企业数字化转型白皮书（2021 版）》通过定性与定量结合的方法构建企业数字化转型能力模型①。依据“企业数字化转型发展思路”和“企业数字化转型实践路径”，确定了战略与发展、组织与人才、技术与平台、数据与应用、业务与流程五个评价维度，结合企业组织、文化、客户、资产、业务、安全、治理、运营等因素，确定了 21 个评价指标。并进一步根据评分结果将企业数字化能力分为认知级、初始级、发展级、先进级和领先级五个等级。

由点亮智库 & 中关村信息技术和实体经济融合发展联盟（以下简称“中信联”）联合中国企业联合会、北京国信数字化转型技术研究院、中核集团、航空工业集团、国家电网、中国三峡集团、东方电气集团、南航集团、中国中化、华润集团、中国中车集团、中交集团、中国电建、南光集团等其他 40 余家央国企、行业协会、科研机构、服务企业等单位，基于超过 8000 家国有企业的数字化发展现状数据，共同研制并发布《2021 国有企业数字化转型发展指数与方法路径白皮书》②。该白皮书重点考虑企业数字化转型的推进过程及结果，构建了涵盖企业发展战略、新型能力、系统性解决方案、治理体系、业务创新转型、综合效益等各方面业务活动数字化的指标体系。在此基础上，根据企业经营特点的不同，分别设计了集团型企业和非集团型企业两类指标体系。点亮智库 & 中信联 2023 年发布了《企业数字化转型成熟度发展报告（2022 年）》，从战略、能力、技术、管理、业务五个方面刻画企业数字化转型进程，并按照数据要素由局部到全局、由内到外、由浅到深、由封闭到开放的趋势将数字化转型划分为规范级、场景级、领域级、平台级和生态级五个发展阶段，从深度和广度两方面进一步分为 10 个水平档次③。

为助力中小企业数字化转型，工业和信息化部组织相关单位共同研究制定了《中小企业数字化水平评测指标（2022 年版）》④。《评测指标》根据行业特点，分别为制造业、生产性服务业和其他行业制定了数字化水平评测表，从数字化基础、数字化经营、数字化管

① 参见：https：//www. cesi. cn/202111/8006. html。

② 参见：https：//www. clii. com. cn/lhrh/hyxx/202112/t20211215_3951929. html。

③ 参见：https：//dxobs. obs. cn - north - 1. myhuaweicloud. com/dxzk/2023/05/qi - ye - shu - zi - hua - zhuan - xing - cheng - shu - du - fa - zhan - bao - gao. pdf。

④ 参见：https：//www. gov. cn/zhengce/zhengceku/2022 - 11/12/content_5726411. htm。

理、数字化成效四个维度综合评估中小企业数字化发展水平，并依据评测得分将企业数字化水平划分为一至四级，其中四级代表的数字化水平最高。

华为公司提出 ODMM（Open Digital Maturity Model）这一数字化成熟度模型来度量企业的数字化发展水平。该模型把企业数字化分成了战略决心，以客户为中心，数字文化、人才和技能，创新与精益交付，大数据与人工智能以及技术先进性六大评估维度（见表 14－16）。较为特殊的是，ODMM 的评估结果由企业当前数字成熟度水平与其理想的数字化程度之间的差距来表示，这有助于为企业的数字化转型指明目标和方向。

表 14－16　　华为公司对企业数字化评估的 ODMM 模型

战略决心	以客户为中心	数字文化、人才和技能	创新和精益交付	大数据与人工智能	技术先进性
数字愿景	经验管理	数字文化	大规模创新	数据治理	技术管理
商业敏捷度	体验治理	组织数字人才	精益交付	数据工程	基础技术
财务与投资模型	品牌意识	持续学习	按需供应链	数据利用	技术操作

资料来源："Open ROADS Community" 的开放组织（该组织由华为公司牵头成立）。

三、国内外学者对企业数字化转型的量化研究

通过梳理学界的经验研究文献，可将目前测度企业数字化转型程度的方法大致归为指标体系法、代理变量法和文本分析法三类。

指标体系法测度企业数字化转型程度的研究大多通过设计量表并发放调查问卷的方式采集数据，量表条目的设计往往因研究者的对企业数字化的理解而异，有些从业务融合的视角选取测量维度①，有些则侧重于从技术驱动的角度制定指标体系②。Schumacher 等③从战略、领导力、客户、产品、运营、文化、人员、治理和技术 9 个维度制定了指标体系衡量制造业领域工业企业的工业 4.0 成熟度。Nasiri 等④设计了一个能够评估中小企业数字化转型程度的量表，从人力、协作、技术和创新四个维度定义数字化相关能力，采用 7 点 Likert 量表，通过调查问卷获取量化数据，最终收集了 280 家芬兰中小企业经理的反馈。池毛毛等⑤侧重于从数字化技术方面构建企业数字化转型指标体系，即传统制造企业转型并采用虚拟化系

① Schumacher, Andreas, Selim Erol, and Wilfried Sihn. A maturity model for assessing Industry 4.0 readiness and maturity of manufacturing enterprises [J]. Procedia Cirp, 2016, 52: 161－166.

② 池毛毛，叶丁菱，王俊晶，等．我国中小制造企业如何提升新产品开发绩效——基于数字化赋能的视角［J］．南开管理评论，2020，23（3）：63－75. 杨震宁，侯一凡，李德辉，等．中国企业"双循环"中开放式创新网络的平衡效应——基于数字赋能与组织柔性的考察［J］．管理世界，2021，37（11）：184－205＋12.

③ Schumacher, Andreas, Selim Erol, and Wilfried Sihn. A maturity model for assessing Industry 4.0 readiness and maturity of manufacturing enterprises [J]. Procedia Cirp, 2016, 52: 161－166.

④ Nasiri, M., Saunila, M., Ukko, J., Rantala, T., Rantanen, H. Shaping digital innovation via digital－related capabilities [J]. Information Systems Frontiers, 2023, 25 (3): 1063－1080.

⑤ 池毛毛，叶丁菱，王俊晶，等．我国中小制造企业如何提升新产品开发绩效——基于数字化赋能的视角［J］．南开管理评论，2020，23（3）：63－75.

统、移动系统、嵌入式分析系统三项数字化关键技术的水平。杨震宁等[①]则从数字化技术水平和数字化应用范围两方面构建企业数字化转型的指标体系，前者测度企业对大数据、智能化等数字技术的采纳程度，后者衡量企业对数字产品或服务的应用情况，研究采用线上发送问卷的方式从企业高管处获取数据。此外，谢绚丽和王诗卉[②]从战略、业务、管理三个维度构建了一套银行数字化转型的指标体系，数据收集不依赖调查问卷。其中战略数字化考察银行整体战略层面对数字技术的关注度，通过计数银行年报中对数字技术关键词的提及构建；业务数字化包括渠道、产品和研发的数字化；管理数字化则包含数字化架构、人才和合作三方面。

总体来看，指标体系法对企业数字化转型的测度比较灵活，可根据研究者的研究重点调整具体指标。但该方法的局限在于学者所能获取的样本量较小、代表性有限，且难以进行动态追踪研究；数据获取基本上通过高管填写调查问卷的方式，数据的主观性较强。

代理变量法是指将企业在信息化系统建设等数字化项目上的投资额作为测量企业的数字化的代理变量。祁怀锦等[③]、张永珅等[④]以上市公司财务报告附注披露的年末无形资产明细项中，与数字经济相关项目资产占无形资产总额的比例以及每年的变化程度作为企业数字化代理变量。杨彦欣和高敏雪[⑤]认为该路线的实质是尝试用无形资产对应数字化转型的技术属性，但实际操作中有来自会计计量方式和信息披露方式等方面的测度问题，因此用该方法衡量企业数字化转型，其信息覆盖程度、信息可靠程度可能无法满足要求。

文本分析法是近年来学界提出的一种基于大数据分析技术的企业数字化转型度量方法。其基本原理是构建数字化相关词汇词库，利用文本分析技术对上市公司公开披露信息（如半年度报告、年度报告、临时公告等）中的数字化转型关键词的提及频率进行测度。吴非等[⑥]将“数字化转型”关键词分类为人工智能技术、大数据技术、云计算技术、区块链技术和数字技术应用五个维度，借助爬虫技术统计企业年报中各维度的词频，进而加总形成对企业数字化转型的度量指标。赵宸宇等[⑦]则从数字技术应用、互联网商业模式、智能制造和现代信息系统四个方面统计关键词的披露次数，以此反映企业在各方面的转型程

---

① 杨震宁，侯一凡，李德辉，等．中国企业“双循环”中开放式创新网络的平衡效应——基于数字赋能与组织柔性的考察［J］．管理世界，2021，37（11）：184－205＋12.

② 谢绚丽，王诗卉．中国商业银行数字化转型：测度、进程及影响［J］．经济学（季刊），2022，22（6）：1937－1956.

③ 祁怀锦，曹修琴，刘艳霞．数字经济对公司治理的影响——基于信息不对称和管理者非理性行为视角［J］．改革，2020（4）：50－64.

④ 张永珅，李小波，邢铭强．企业数字化转型与审计定价［J］．审计研究，2021（3）：62－71.

⑤ 杨彦欣，高敏雪．企业数字化转型：概念内涵、统计测度技术路线和改进思路［J］．统计研究，2024，41（3）：62－73.

⑥ 吴非，胡慧芷，林慧妍，等．企业数字化转型与资本市场表现——来自股票流动性的经验证据［J］．管理世界，2021，37（7）：130－144＋10.

⑦ 赵宸宇，王文春，李雪松．数字化转型如何影响企业全要素生产率［J］．财贸经济，2021，42（7）：114－129.

度。袁淳等①从来自中央政府网站、工业和信息化部网站等国家官方层面政府文件人工筛选得到企业数字化相关词汇，以此构建企业数字化术语词典。文本分析法虽然能较为客观地反映企业在数字化转型方面的行动，但无法有效测度数字化转型的成效。且数字化转型是一项系统性的战略变革，不仅涉及数字技术的使用，还包含数字技术与企业组织管理、产品服务等方面的深度融合，该方法可能难以涵盖企业在组织管理等方面的数字化转型行动②。

参考文献

[1] 柏培文，张云．数字经济、人口红利下降与中低技能劳动者权益［J］．经济研究，2021，56（5）：91－108.

[2] 蔡跃洲，牛新星．中国数字经济增加值规模测算及结构分析［J］．中国社会科学，2021（11）：4－30＋204.

[3] 池毛毛，叶丁菱，王俊晶，等．我国中小制造企业如何提升新产品开发绩效——基于数字化赋能的视角［J］．南开管理评论，2020，23（3）：63－75.

[4] 傅为忠，刘瑶．产业数字化与制造业高质量发展耦合协调研究——基于长三角区域的实证分析［J］．华东经济管理，2021，35（12）：19－29.

[5] 高煜，李佳余．数字产业化和产业数字化的耦合协调度测度与分析［J］．统计与决策，2023，39（18）：119－124.

[6] 葛和平，吴福象．数字经济赋能经济高质量发展：理论机制与经验证据［J］．南京社会科学，2021（1）：24－33.

[7] 金灿阳，徐蔼婷，邱可阳．中国省域数字经济发展水平测度及其空间关联研究［J］．统计与信息论坛，2022，37（6）：11－21.

[8] 康铁祥．中国数字经济规模测算研究［J］．当代财经，2008（3）：118－121.

[9] 刘波，洪兴建．中国产业数字化程度的测算与分析［J］．统计研究，2022，39（10）：3－18.

[10] 刘钒，余明月．长江经济带数字产业化与产业数字化的耦合协调分析［J］．长江流域资源与环境，2021，30（7）：1527－1537.

[11] 刘军，杨渊鋆，张三峰．中国数字经济测度与驱动因素研究［J］．上海经济研

① 袁淳，肖土盛，耿春晓，等．数字化转型与企业分工：专业化还是纵向一体化［J］．中国工业经济，2021（9）：137－155.

② 戚聿东，杜博，温馨．国有企业数字化战略变革：使命嵌入与模式选择——基于3家中央企业数字化典型实践的案例研究［J］．管理世界，2021，37（11）：137－158＋10．谢绚丽，王诗卉．中国商业银行数字化转型：测度、进程及影响［J］．经济学（季刊），2022，22（6）：1937－1956.

究，2020（6）：81－96.

［12］陆洋，王超贤．数字化转型量化评估研究的比较分析与最新进展［J］．科技进步与对策，2021，38（9）：152－160.

［13］彭刚，赵乐新．中国数字经济总量测算问题研究——兼论数字经济与我国经济增长动能转换［J］．统计学报，2020，1（3）：1－13.

［14］戚聿东，杜博，温馨．国有企业数字化战略变革：使命嵌入与模式选择——基于3家中央企业数字化典型实践的案例研究［J］．管理世界，2021，37（11）：137－158＋10.

［15］祁怀锦，曹修琴，刘艳霞．数字经济对公司治理的影响——基于信息不对称和管理者非理性行为视角［J］．改革，2020（4）：50－64.

［16］万晓榆，罗焱卿，袁野．数字经济发展的评估指标体系研究——基于投入产出视角［J］．重庆邮电大学学报（社会科学版），2019，31（6）：111－122.

［17］王军，朱杰，罗茜．中国数字经济发展水平及演变测度［J］．数量经济技术经济研究，2021，38（7）：26－42.

［18］温珺，阎志军，程愚．数字经济驱动创新效应研究——基于省际面板数据的回归［J］．经济体制改革，2020（3）：31－38.

［19］吴非，胡慧芷，林慧妍，等．企业数字化转型与资本市场表现——来自股票流动性的经验证据［J］．管理世界，2021，37（7）：130－144＋10.

［20］向书坚，吴文君．OECD数字经济核算研究最新动态及其启示［J］．统计研究，2018，35（12）：3－15.

［21］向云，陆倩，李芷萱．数字经济发展赋能共同富裕：影响效应与作用机制［J］．证券市场导报，2022（5）：2－13.

［22］许宪春，张美慧．中国数字经济规模测算研究——基于国际比较的视角［J］．中国工业经济，2020（5）：23－41.

［23］谢绚丽，王诗卉．中国商业银行数字化转型：测度、进程及影响［J］．经济学（季刊），2022，22（6）：1937－1956.

［24］杨慧梅，江璐．数字经济、空间效应与全要素生产率［J］．统计研究，2021，38（4）：3－15.

［25］杨梦洁．中部地区数字产业化与产业数字化发展水平及耦合协调度评价分析［J］．区域经济评论，2023（2）：79－88.

［26］杨文溥．中国产业数字化转型测度及区域收敛性研究［J］．经济体制改革，2022（1）：111－118.

［27］杨彦欣，高敏雪．企业数字化转型：概念内涵、统计测度技术路线和改进思路［J］．统计研究，2024，41（3）：62－73.

［28］杨震宁，侯一凡，李德辉，等．中国企业“双循环”中开放式创新网络的平衡效应——基于数字赋能与组织柔性的考察［J］．管理世界，2021，37（11）：184－205＋12.

［29］袁淳，肖土盛，耿春晓，等．数字化转型与企业分工：专业化还是纵向一体化［J］．中国工业经济，2021（9）：137－155.

［30］张雪玲，焦月霞．中国数字经济发展指数及其应用初探［J］．浙江社会科学，2017（4）：32－40＋157.

［31］张永珅，李小波，邢铭强．企业数字化转型与审计定价［J］．审计研究，2021（3）：62－71.

［32］赵宸宇，王文春，李雪松．数字化转型如何影响企业全要素生产率［J］．财贸经济，2021，42（7）：114－129.

［33］赵利，黄韵雪，汪发元．产业数字化、产业结构升级对共同富裕的影响——基于城乡收入差距的视角［J］．统计与决策，2024，40（8）：94－98.

［34］赵涛，张智，梁上坤．数字经济、创业活跃度与高质量发展——来自中国城市的经验证据［J］．管理世界，2020，36（10）：65－76.

［35］Nasiri，M.，Saunila，M.，Ukko，J.，Rantala，T.，Rantanen，H. Shaping digital innovation via digital－related capabilities［J］．Information Systems Frontiers，2023，25（3）：1063－1080.

［36］Schumacher，Andreas，Selim Erol，and Wilfried Sihn. A maturity model for assessing Industry 4.0 readiness and maturity of manufacturing enterprises［J］．Procedia Cirp，2016，52：161－166.